Revista de Direito Tributário

85

MALHEIROS EDITORES

Revista de Direito Tributário

Publicada sob os auspícios do

Instituto Geraldo Ataliba — IDEPE — Instituto Internacional de Direito Público e Empresarial e do
IBET — Instituto Brasileiro de Estudos Tributários

ISS 0102-7956

REVISTA DE DIREITO TRIBUTÁRIO
publicação trimestral de
MALHEIROS EDITORES LTDA.
Rua Paes de Araújo, 29, 17º andar - conj. 171
CEP: 04531-940 - São Paulo, SP
Tel. (0xx) 3078-7205
Fax. (0xx) 3168-5495
Diretor Responsável: Álvaro Malheiros
Diretora: Suzana Fleury Malheiros

Assinaturas e comercialização:
CATAVENTO DISTRIBUIDORA
DE LIVROS S.A.
Rua Conselheiro Ramalho, 928
CEP 01325-000 - São Paulo - SP
Tel. 289-0811 - Fax. 251-3756
Supervisão Gráfica: Vânia Lúcia Amato
Composição: *Scripta*
Impressão: Paym Gráfica e Editora Ltda.

SUMÁRIO

XV CONGRESSO BRASILEIRO DE DIREITO TRIBUTÁRIO

SESSÃO DE ABERTURA 7

CONFERÊNCIA — **SÚMULAS VINCULANTES E DIREITO TRIBUTÁRIO**
— Eduardo Domingos Bottallo 11

MESA DE DEBATES "A" — **TAXA E PREÇO PÚBLICO** 19

MESA DE DEBATES "B" — **PROGRESSIVIDADE NO IPTU E NO IMPOSTO SOBRE DOAÇÕES** 40

CONFERÊNCIA — **PROBLEMÁTICA CONSTITUCIONAL DA CRIAÇÃO INDISCRIMINADA DE CONTRIBUIÇÕES PARAFISCAIS — SEBRAE, CIDE ETC.**
— Andrade Martins 56

MESA DE DEBATES "C" — **SIGILO BANCÁRIO E A LEI COMPLEMENTAR 105/2001** 66

MESA DE DEBATES "D" — **PLANEJAMENTO TRIBUTÁRIOS E A NORMA ANTIELISIVA** 78

CONFERÊNCIA — **RENÚNCIA À RECEITA TRIBUTÁRIA, EM FACE DA NOVA LEI DE RESPONSABILIDADE FISCAL**
— Roque Antonio Carrazza 99

MESA DE DEBATES "E" — **EFICÁCIA DAS NOVAS ALTERAÇÕES DO CÓDIGO TRIBUTÁRIO NACIONAL** 109

MESA DE DEBATES "F" — **ICMS — CARÁTER NACIONAL — GUERRA FISCAL** 127

MESA DE DEBATES "G" — **SERVIÇOS DE COMUNICAÇÃO — INTERNET —TRIBUTAÇÃO** 140

MESA DE DEBATES "H" — **CONTRIBUIÇÕES — CONSTITUCIONALIDADE** 155

MESA DE DEBATES "I" — **IMPOSTO SOBRE A RENDA — CONCEITO — ALTERAÇÕES NO ART. 43 DO CTN** 169

CONFERÊNCIA — **INCONSTITUCIONALIDADE E ILEGALIDADE DA TAXA SELIC PARA FINS TRIBUTÁRIOS**
— Domingos Franciulli Neto 180

SESSÃO DE ENCERRAMENTO 189

TESES APROVADAS NO XV CONGRESSO 193

RELEVÂNCIA DA QUEBRA DE SIGILO BANCÁRIO PARA COMPROVAÇÃO DE DELITOS CONTRA A ORDEM TRIBUTÁRIA E "LAVAGEM" DE DINHEIRO

— José Antônio Farah Lopes de Lima 193

ALTERAÇÃO DO ART. 43 DO CTN E A DISPONBILIZAÇÃO DOS LUCROS DE COLIGADAS E CONTROLADAS ESTABELECIDAS NO EXTERIOR

— Nereida de Miranda Finamore Horta 224

A "GUERRA FISCAL" E OS LIMITES AO PRINCÍPIO DA NÃO-CUMULATIVIDADE DO ICMS

— Gilberto Ayres Moreira 235

CIBERESPAÇO: CONCEITO E TRIBUTAÇÃO DO SERVIÇO DE PROVIMENTO DE ACESSO

— Roberto Figueiredo Paletta de Cerqueira 250

XVI CONGRESSO BRASILEIRO DE DIREITO TRIBUTÁRIO

CARTÕES DE CRÉDITO: SERVIÇO OU OPERAÇÃO FINANCEIRA

— Aires F. Barreto 281

POSSIBILIDADE DE REVISÃO JUDICIAL DE DECISÕES ADMINISTRATIVAS CONTRÁRIAS À FAZENDA PÚBLICA

— Eduardo Domingos Bottallo 286

IPI — ICMS — NATUREZA JURÍDICA DO DIREITO AO CRÉDITO, APROVEITAMENTO E TRANSFERIBILIDADE

— José Eduardo Soares de Melo 290

A GRAVE CUMULATIVIDADE REMANESCENTE DO ICMS E A EMENDA CONSTITUCIONAL 33/2001

— Misabel Abreu Machado Derzi 306

COMPENSAÇÃO TRIBUTÁRIA: ANÁLISE DO ART. 170-A DO CÓDIGO TRIBUTÁRIO NACIONAL

— Paulo César Conrado 322

ASPECTOS DA CONTRIBUIÇÃO DE INTERVENÇÃO NO DOMÍNIO ECONÔMICO REFERENTE A PETRÓLEO E DERIVADOS, GÁS NATURAL E DERIVADOS E ÁLCOOL ETÍLICO COMBUSTÍVEL (CIDE)

— Regina Helena Costa 334

PROPORCIONALIDADE, PROGRESSIVIDADE E SELETIVIDADE NO IPTU

— Ricardo Lobo Torres 342

INCIDÊNCIA DO INSS — CONTRIBUIÇÕES SOCIAIS

— Wagner Balera 348

IMPOSTO SOBRE TRANSMISSÃO "CAUSA MORTIS" E DOAÇÃO, DE QUAISQUER BENS OU DIREITOS — ITCMD

— Yoshiaki Ichihara 372

XV CONGRESSO BRASILEIRO DE DIREITO TRIBUTÁRIO

24, 25 e 26 de outubro de 2001

Presidente do Congresso
PROF. JOSÉ ARTUR LIMA GONÇALVES

Presidente da Comissão Científica
PROF. PAULO DE BARROS CARVALHO

Presidente da Comissão de Trabalhos
PROF. EURICO M. DINIZ DE SANTI

Presidente da Comissão Organizadora
PROF. SIDNEY SARAIVA APOCALYPSE

Conferencistas
Des. ANDRADE MARTINS
Prof. EDUARDO DOMINGOS BOTTALLO
Min. FRANCIULLI NETTO
Prof. ROQUE ANTONIO CARRAZZA

SESSÃO DE ABERTURA

PRESIDENTE DO IGA-IDEPE (PROF. DR. AIRES BARRETO) – (*Abrindo os trabalhos*): Composição da mesa: Professor Paulo de Barros Carvalho, Professor Titular de Direito Tributário da Pontifícia Universidade de São Paulo e também Professor Titular de Direito Tributário da Faculdade de Direito da Universidade São Paulo; Professor José Artur Lima Gonçalves, que será o Presidente deste Congresso, Doutor pela PUC-SP; Professor Souto Maior Borges, Professor Emérito da Faculdade de Direito da Universidade Católica de São Paulo; Professor Eduardo Domingos Bottallo, nosso conferencista desta manhã. Também estão à Mesa a Desembargadora Federal Anna Maria Pimentel, os Professores José Eduardo Soares de Melo, Maria Leonor Leite Vieira, Estevão Horvath, Sidney Saraiva Apocalypse, Roque Antonio Carrazza, Elizabeth Nazar Carrazza, Eurico M. Diniz de Santi, Paulo Ayres Barreto, Ricardo Lobo Torres, nosso colaborador da IOB, Fugimi Yamashita, Heron Arzua, Luiz Pereira da Silva, Felipe Silva, Thiago Araújo, Presidente do Tribunal de Impostos e Taxas do Estado de São Paulo, Dr. José Eduardo Monteiro de Barros, Vice-Presidente do TIT, Pedro Luciano Marrey Júnior, Júlio de Oliveira, Betina Grupenmacher, Walter Cardoso, Silvana Egles, e também entre nós, embora não tenha querido compor a Mesa por ter que retirar-se antecipadamente, a esposa do Professor Geraldo Ataliba, Ana Maria Ataliba, a quem peço uma salva de palmas.

Aqui estamos reunidos para o XV Congresso Brasileiro de Direito Tributário e quero nessa oportunidade, na qualidade de Presidente do IGA-IDEPE, Instituto Geraldo Ataliba – IDEPE, Instituto Internacional de Direito Público e Empresarial, em rápidas palavras, simples, mas com emoção, dizer-lhes um pouco do que tem feito o nosso Instituto.

São seis longos anos sem o Mestre Geraldo Ataliba, mas em sua homenagem, precisamente em sua homenagem, o IDEPE procurou crescer e cresceu efetivamente. Cresceu não apenas na sigla, o IDEPE transformou-se em IGA-IDEPE, Instituto Geraldo Ataliba, mas com ela cresceram os seus Congressos, cresceram as atividades do IGA-IDEPE que conta agora também com um bem sucedido curso de iniciação ao Direito Tributário, já na sua segunda versão, com vagas esgotadas previamente e com reservas já efetuadas para o terceiro curso a realizar-se no ano que vem, se Deus quiser.

A Diretoria do IGA-IDEPE não espera qualquer recompensa pelos serviços que vem prestando há mais de trinta anos, especialmente nesses últimos seis anos de IGA-IDEPE sem Geraldo Ataliba.

Sobreleva, no entanto, no nosso foro íntimo, a certeza de que temos feito o melhor possível, e é por isso que estamos satisfeitos e em paz com as nossas consciências. Nossa bandeira tem tido por cores o trabalho de que nasce a tranqüilidade, a tranqüilidade que gera a produção, a produção que conduz a confiança, a confiança que proporciona a respeitabilidade e, com essa, a certeza do reconhecimento do que se fez nestes últimos anos.

No último ano, em que Geraldo aqui esteve entre nós, em 1995, o Congresso contou com 341 congressistas. Nos dois últimos anos, o número de participantes ultrapassou em muito essa casa. Nesse ano, especificamente, precisamos suspender inscrições, gratamente surpresos com o número, após atingirmos um total de 520 participantes, recorde absoluto de todos os Congressos.

Para falar ao vento bastam palavras. Para falar ao coração, são necessárias obras. A razão disso é que as palavras ouvem-se enquanto que as obras vêem-se. As palavras entram pelos ouvidos, mas as obras entram pelos olhos. Basta olhar este auditório, basta olhar os participantes deste Congresso para que se veja a obra.

O Presidente do IGA-IDEPE pôde, nesse esforço, contar com uma plêiade de diretores dedicados, atuantes, empenhados na busca do sucesso sempre crescente do IGA-IDEPE.

Agradeço, portanto, aos seus diretores Professores Paulo de Barros Carvalho, Eduardo Bottallo, Estevão Horvath, José Eduardo Soares de Melo e a Maria Leonor Leite Vieira.

Além disso, pudemos contar com o apoio relevante dos Professores José Artur Lima Gonçalves, que presidirá esse Congresso e dos Professores Eurico de Santi, Sidney Saraiva Apocalypse e Paulo Ayres Barreto. Mas, sobretudo, o nosso agradecimento se dirige a todos os professores, conferencistas, expositores, debatedores, a eles que são os verdadeiros astros deste evento.

Sejam bem-vindos, por fim, todos os participantes desse Congresso, que constituem a força mais viva da cultura jurídica nacional. Estamos certos de que Geraldo Ataliba sorri para todos nós, porque o Congresso, como disse Doin Vieira, "somos nós os pegureiros", prontos mais uma vez para esgrimir visando a defesa dos princípios e da Constituição. Muito obrigado.

Tenho a grata satisfação de passar a Presidência dos Trabalhos desse Congresso ao eminente Professor José Artur Lima Gonçalves que, além de Mestre e Doutor pela Pontifícia Universidade Católica, é pessoa da família do Professor Geraldo Ataliba e que, também por isso, conduzirá com grande emoção este evento, que se avizinha de grande sucesso.

Com a palavra, o Professor José Artur Lima Gonçalves.

PROF. JOSÉ ARTUR LIMA GONÇALVES (ASSUMINDO A PRESIDÊNCIA DO XV CONGRESSO) – Obrigado Dr. Aires, eu cumprimento a todos os participantes desse XV Congresso Brasileiro de Direito Tributário do Instituto Geraldo Ataliba, em especial, a Dona Anna Ataliba.

É para mim grande honra e alegria ocupar a Presidência desse Congresso, que foi idealizado e concretizado pelo Professor de todos nós, Geraldo Ataliba. Amigo leal, jamais deixava um companheiro desamparado. Há vários deles aqui. Incontáveis vezes abandonou os seus próprios interesses, de todas as naturezas, para socorrer amigos que dele necessitavam, nas mais diversas formas de dificuldade.

Ataliba foi didata notável, argumentador exímio, debatedor incansável. Ensinou que a Constituição é origem suprema dos valores que dão substrato ao Estado, para legitimamente servir ao cidadão. Convenceu vários de nós de que é na Constituição que devemos procurar a tutela dos interesses dos cidadãos, dentre os quais está o funcionamento ordenado do Estado brasileiro, subordinado aos parâmetros constitucionais.

Advertiu, enfaticamente, que o desrespeito às instituições constitucionais só servia para instauração do arbítrio. Não cansava de repetir, com tom sarcástico, que em um Estado republicano, por mais incrível que pudesse parecer, o Executivo aplicava a lei, o Legislativo legislava e o Judiciário julgava.

Notamos que suas advertências foram e continuam a ser ignoradas pelo Estado brasileiro.

De todas as suas exuberantes qualidades intelectuais, talvez a que mais esteja nos fazendo falta neste momento seja a sua incansável combatividade. Não abria mão da luta por suas convicções, dentre as quais destacou-se a supremacia da ordem constitucional.

Hoje, mais do que nunca, o Estado brasileiro está totalmente desorganizado. As mais básicas instituições constitucionais estão sendo diariamente desrespeitadas pelos próprios agentes do Estado.

Há quem sustente, seriamente, que alicerces republicanos como a legalidade são categorias funcionais que estão a merecer revisão, pois teriam sido o objeto das chamadas "mutações constitucionais".

Com isso, obviamente, os arautos desta teoria pretendem encontrar instrumentos para resolver as extraordinárias aflições que estão aí postas ao administrador público. E estas discussões a respeito das "mutações constitucionais" e de seu cabimento são especialmente importantes em matéria tributária.

Se é verdade que a própria Constituição contém diversos comandos finalísticos, como é o caso da contratação de concessões de certo tipo de serviço público, esta realidade não autoriza a aplicação indiscriminada em matéria tributária destas chamadas "mutações constitucionais" com o intuito de reduzir o primado da legalidade.

Se a combatividade de Geraldo Ataliba estivesse aqui presente hoje e disponível, certamente a conclusão seria no sentido de que não é desrespeitando a Constituição que vamos conseguir superar os terríveis desafios que estão aí para serem enfrentados.

A prova cabal disso está aí no nosso dia a dia; as instituições constitucionais já não são respeitadas. Um terço do PIB já está comprometido com a carga tributária, e mesmo assim o Estado brasileiro continua incapaz de assegurar ao cidadão as condições mais mínimas necessárias para o desenvolvimento dele próprio e de sua família.

Devemos perguntar, portanto, se o caminho a percorrer é esse. Porque não, perguntaria Ataliba, aplicar a Constituição? ou ao menos tentar aplicar a Constituição? Neste contexto de coisas foi preparado o temário deste Congresso, que passa por vários aspectos desta difícil conjuntura que estamos aqui vivendo.

Esse temário será objeto de discussão por todos nós a partir de uma dinâmica estruturação de trabalhos feita pelo Professor Eurico de Santi.

Antes de terminar, eu não posso deixar de registrar a inestimável colaboração da Professora Maria Leonor Leite Vieira, que ao longo de todos estes anos tem viabilizado a realização deste Congresso.

Saudando os colegas e desejando dias de profundo debate e agradável convívio, eu agradeço a atenção dispensada. Muito obrigado. *(Palmas)*

PROF. DR. AIRES BARRETO – Só para suprir uma omissão aqui involuntariamente cometida, por ter referido o Professor Eduardo Bottallo como conferencista dessa manhã, esqueci de registrar que ele também é componente da Diretoria do IDEPE.

Dando prosseguimento aos trabalhos, passo a palavra ao querido amigo e Mestre, Professor Paulo de Barros Carvalho que fará uma homenagem ao nosso colaborador Dr. Célio Batalha e em seguida apresentará o conferencista desta manhã, Professor Bottallo.

PRESIDENTE DA COMISSÃO CIENTÍFICA (PROF. PAULO DE BARROS CARVALHO) – Senhor Presidente do Congresso, Presidente do Instituto Geraldo Ataliba, ilustres professores, autoridades aqui presentes, prezados congressistas.

Ao ensejo da abertura desse Congresso, nada mais justo do que fazermos uma homenagem à memória do Prof. Célio Freitas Batalha, que nos deixou há questão de 15 dias aproximadamente, com 51 anos.

O Prof. Célio Batalha, ocupando os mais elevados cargos no empresariado paulista e brasileiro, foi um dos colaboradores do primeiro momento da equipe do Prof. Geraldo Ataliba.

Eu me lembro que em 1976, ele, recém formado, já era assistente, justamente da minha turma, onde também trabalhava como monitora aquela época a Profa. Maria Leonor Leite Vieira. Pois bem, o Prof. Célio, com seu temperamento afável, com o seu jeito amistoso, cordial, só fez amigos. E o Prof. Célio Batalha fez questão, ainda que com uma vida atribulada de Presidente de grandes companhias, não deixou em nenhum dos Congressos de colaborar, de cooperar efetivamente para a realização desses eventos, além do que, comparecia rigorosamente a todos, participando de Mesas de Debates, fazendo exposições etc.

É uma homenagem que me parece muito justa e que eu faço com muito sentimento também neste momento da Abertura do "XV Congresso de Direito Tributário Brasileiro".

Passo agora a apresentar, se isso não fosse dispensável, mas a apresentar o ilustre palestrante de hoje que é um dos diretores do Instituto Geraldo Ataliba, Prof. Eduardo Bottallo, também um dos fundadores da equipe liderada pelo Prof. Geraldo Ataliba.

Uma figura impar pelo seu caráter uniforme, pela sua conduta retilínea, em todo esse tempo o Prof. Eduardo Bottallo sempre foi exatamente o mesmo durante todo esse percurso.

Sampaio Dória sempre se referia a ele de uma forma especialíssima, porque salientava ter sido o primeiro aluno da turma dele, Prof. Sampaio Dória. E o importante no perfil de formação jurídica do Prof. Eduardo Bottallo é exatamente essa conjugação que ele faz, ao lado de uma objetividade grande, de uma seriedade de princípios inabalável; o Prof. Eduardo Bottallo congrega uma formação tradicional do Direito com uma abertura muito grande para questões teórico-práticas atuais.

Isto faz do Prof. Eduardo Bottallo, que é da Justiça Eleitoral, que é Juiz Eleitoral, que é Professor do Departamento de Filosofia da Faculdade de São Francisco, da Universidade São Paulo e que substituía nas aulas que o Prof. Geraldo Ataliba dava naquela instituição. Isso faz do Prof. Eduardo Bottallo uma expressão, digamos assim, *sui generis* no contexto dos juristas brasileiros, porque ele congrega essa formação tradicional com o conhecimento firme das categorias jurídicas, do raciocínio jurídico convencional, a essa abertura, e uma abertura muito grande, sincera, para as questões teóricas e práticas atuais.

De modo que o Instituto Geraldo Ataliba, nesta primeira exposição, tem exatamente o prazer de receber Eduardo Bottallo, a quem eu passo a palavra.

CONFERÊNCIA

SÚMULAS VINCULANTES E DIREITO TRIBUTÁRIO

PROF. EDUARDO DOMINGOS BOTTALLO

PROF. EDUARDO DOMINGOS BOTTALLO – Professor Aires Barreto, querido amigo, Presidente do Instituto Geraldo Ataliba – IDEPE; Professor José Artur Lima Gonçalves, Presidente desse Congresso e também amigo de longa data; meu prezado Mestre, Paulo de Barros Carvalho, de tantos créditos que já tem no meu coração, acaba de acrescentar mais uma com essa generosa apresentação; Professor Souto Maior Borges, Mestre de todos nós, figura ímpar do Direito Tributário do Brasil; querida Ana Maria Ataliba Nogueira, cuja doce presença faz com que a memória do Professor Ataliba esteja presente e concreta nesse conclave; meus demais colegas componentes da Mesa, minhas senhoras e meus senhores.

I – É para mim difícil e embaraçoso exprimir a honra e a alegria que sinto em ter sido distinguido com o privilégio de proferir a Conferência inaugural deste Congresso, que hoje representa um destacado marco no calendário dos eventos jurídicos do País.

Não pretendo sucumbir aos impulsos da falsa modéstia, mas tenho a serena convicção de que muitos dos que aqui estão presentes teriam melhor qualificação e maiores méritos para estar agora ocupando esta Tribuna.

Assim, move-me a certeza, que agora torno pública, de que a lembrança de meu nome não representa mais do que a homenagem que meus queridos amigos e companheiros responsáveis pela organização do Congresso, prestam a um veterano soldado cuja maior virtude reside em estar perseverando já há cerca de quarenta e cinco anos no exercício da advocacia e do magistério, dos quais pelo menos dois terços tiveram, como grande ponto de referência, o Direito Tributário.

Ocorreram-me várias idéias, algumas bem específicas, outras mais gerais, mas o fato é que – agora que a decisão já foi tomada, posso confessar – no fundo, bem no fundo, eu nunca tive muitas dúvidas sobre qual a mensagem que gostaria de transmitir nesta oportunidade singular que me foi oferecida.

Apenas me incomodava, como ainda me incomoda, a sensação de não ter certeza de estar a altura da tarefa a que me propus: o criador intimidado pelas dimensões e pela complexidade da criatura que concebeu.

Em todo o caso, o risco foi assumido e agora é muito tarde para mudar de idéia.

II – Como acabei de registrar, certamente para espanto e perplexidade de muitos dos presentes, eu venho atuando como operador do Direito há ininterruptos quarenta e cinco anos.

Em tão extraordinário lapso de tempo, tive a ventura de circular por quase todos os quadrantes desse mundo particular.

Advogado, atuei como Procurador do Poder Público, como empregado de multinacional e finalmente como autônomo.

Professor, tive – e tenho – o privilégio de lecionar em três das mais prestigiosas Faculdades de Direito do País: a da Universidade de São Paulo, a da Pontifícia Universidade Católica de São Paulo e a de São Bernardo do Campo.

E, já quase há oito anos, integro os quadros do Tribunal Regional Eleitoral, como Juiz representante da classe dos juristas.

Faço estas referências, não por jactância ou outra razão de menor dimensão, mas apenas para acentuar que a condição, até certo ponto incomum, de que desfruto – ser, ao mesmo tempo, advogado, professor e juiz – permite-me observar o cenário jurídico do Brasil, de ângulos dos mais privilegiados. E é justamente o resultado dessas observações que me atrevo, agora, a expor e compartilhar com os presentes.

III – No começo deste ano, a imprensa registrou, sem muito alarde, um episódio que, entretanto, a mim causou funda impressão, plantando a semente que, ao fim e ao cabo, veio a dar origem a esta exposição.

O incidente ocorreu quando um advogado, ocupando a tribuna do Plenário do Supremo Tribunal Federal, exortou, de forma veemente, e até com alguma contundência, os Ministros daquela Corte a abreviarem o julgamento de causas pendentes, sobretudo aqueles que foram interrompidos por pedidos de vista.

Este acontecimento me impressionou por várias razões.

Desde logo chama atenção o desassombro do advogado, não hesitando em assumir postura que, por muitas e boas razões, poderia trazer-lhe sérios e previsíveis transtornos profissionais.

Mas, ao mesmo tempo, não pode deixar de ser destacado, também, o lado perverso da crítica, quando se sabe que os Ministros da nossa mais alta Corte de Justiça lutam bravamente para não sucumbir ao peso dos milhares de feitos que, a cada ano, são submetidos à sua apreciação.

Desponta, ainda, neste contexto, outro elemento a ser considerado, qual seja, o fato, estatisticamente confirmado, de que cerca de oitenta por cento das ações que tramitam nos Tribunais Superiores (o Supremo Tribunal Federal e o Superior Tribunal de Justiça) envolvem o Poder Público, compreendendo aí a União, os Estados, o Distrito Federal e os Municípios, além de órgãos da administração indireta.

Desnecessário acrescentar que esta fortíssima presença do Estado no caótico cenário de nosso Judiciário tem muito – e que "muito" – a ver com questões de natureza tributária.

A justificada e cada vez mais veemente insatisfação dos jurisdicionados com a lentidão que têm de suportar até a solução das demandas em que estão envolvidos; a pesadíssima carga de trabalho que os magistrados enfrentam e a destemperada ação do Estado em suas relações com a sociedade (sobretudo na área tributária), fizeram-se presentes de forma marcante no episódio que acabei de relatar.

E a maneira inusitada pela qual ele ocorreu sugeriu-me uma proposta de reflexão em torno das idéias, que agora, peço licença para tornar públicas.

A sociedade brasileira – e aqui não excluo os próprios operadores do Direito – acostumou-se de tal forma a apontar o seu dedo crítico para a decantada morosidade da Justiça, que isto acabou por converter-se em verdadeiro truísmo, a dispensar a necessidade de uma meditação mais aprofundada e serena a respeito.

É preciso que se lembre, porém, que não só em nosso País, mas no mundo civilizado em geral, o andamento do processo judicial tende a ser lento, o que se explica pela necessidade de evitar-se superficialismos, erros e injustiças e de assegurar-se a efetividade das garantias do contraditório e da ampla defesa.

Por outro lado, há setores da justiça brasileira que se destacam exatamente pela presteza e eficiência com que apreciam e solucionam as questões que lhe são submetidas.

Neste particular, não podem deixar de ser lembradas as experiências, extremamente positivas, resultantes da atuação dos juizados especiais cíveis e criminais e da própria Justiça Eleitoral, à qual eu tenho grande orgulho de pertencer, cujo desempenho é inspirado pela magia de duas deusas que atendem pelo nome de "ade": *simplicidade* e *necessidade*.[1]

Mas, sem embargo da vitalidade demonstrada por estes setores diferenciados, o fato é que o aparelho Judiciário brasileiro está enfermo e, como já antecipado, uma área onde esta enfermidade se faz presente é a Direito Público, notadamente do Direito Tributário.

Apenas para ilustrar esta assertiva eis uma rápida e exemplificativa enumeração de relevantes teses tributárias que, de longa data, aguardam solução definitiva por parte de nossos Tribunais Superiores: a) critério de dedutibilidade dos efeitos das diferenças de índices da base de cálculo do imposto sobre a renda e da contribuição social sobre o lucro; b) tratamento, no exercício de 1994, dos expurgos determinados pela legislação que instituiu o Plano Real; c) restrições à dedutibilidade de prejuízos fiscais; d) constitucionalidade do "velho" salário educação; e) constitucionalidade – já assentada provisoriamente – da CPMF; f) reajustes das tabelas do imposto sobre a renda.

Ademais, para uma platéia de especialistas, como a presente, não se faz necessário acentuar a freqüência e a celeridade com que esta lista se engrossa. Basta que se atente para as recentíssimas discussões encetadas em torno da elevação das contribuições, a cargo das empresas, para o Fundo de Garantia por Tempo de Serviço, e da cobrança de uma inacreditável taxa em favor do IBAMA, ambas exibindo um perigosíssimo potencial de multiplicação.

A seu turno, os diagnósticos que são feitos deste quadro, sempre acabam chegando, com maior ou menor intensidade, às mesmas conclusões.

Aos advogados e procuradores de órgãos públicos, é imputada a responsabilidade pela condução procrastinatória dos processos, inclusive por aquilo que já se denominou de "abuso recursal".

Os juízes são acusados ora de exceder extraordinariamente os prazos de que dispõem para despachar ou decidir, ora de valerem-se de inúteis expedientes procedimentais, destinados apenas a mascarar estes atrasos.

O sistema processual é condenado por inspirar-se em fundamentos obsoletos, excessivamente formalistas, e que, assim, não guardam passo com a dinâmica e a celeridade das mutações sociais de nossos tempos.

O aparelho Judiciário é desnudado sob a ótica de suas precárias condições de funcionamento, que obrigam magistrados e funcionários a trabalhar em condições que tangenciam a penúria.[2]

Os serventuários não são estimulados, por falta de uma política de pessoal definida, a permanecer na carreira. Não raro, a exercem com desinteresse, abandonando-a, tão logo surja uma oportunidade mais condigna, levando consigo as experiências e os conhecimentos acumulados. Vai daí, que os serviços auxiliares do Judiciário acabam ficando a cargo de uma maioria – cada vez "maior" – de inexperientes ou despreparados, conduzida por uma minoria – cada vez "menor" – de abnegados.

Postos de lado tanto os exageros quanto a simplificação que poderiam ser identificados na maneira pela qual estes fatores (por vezes) são apresentados, o certo é que, em essência, todos eles encontram eco na realidade e concorrem para a caracteriza-

1. Na Sessão Plenária realizada em 10 de agosto de 1998, portanto, durante a campanha eleitoral daquele ano, o TRE de São Paulo marcou um recorde histórico nos anais do Judiciário brasileiro, julgado 957 processos referentes a pedidos de registro de candidatura. No período de agosto a dezembro de 2000, o mesmo Tribunal estabeleceu novo recorde em ano de eleição municipal, julgando 3.227 processos referentes a registro de candidatos, propaganda eleitoral e direito de resposta.

2. Recentemente os jornais divulgaram que, no contexto da greve do Judiciário de São Paulo, os funcionários do Fórum de São José dos Campos decidiram retirar os equipamentos que, visando assegurar condições mínimas de trabalho, para lá haviam levado por sua conta. Estes equipamentos compreendiam desde microcomputadores, até utensílios para preparo do cafezinho.

ção do desalentador panorama que a justiça brasileira exibe.

A seu turno, muitas são as propostas aventadas com vistas à correção ou, quando menos, a minimização do impacto por eles provocado.

Permito-me citar algumas:

a) a redução do número de recursos ou a restrição à sua utilização, especialmente aqueles destinados aos tribunais superiores ou que versem apenas matéria de fato;[3]

b) a aplicação de ônus sucumbenciais, ou sanções pecuniárias, às partes, e também a seus procuradores, em casos de retardamento indevido de processo, ou interposição de recursos descabidos ou manifestamente protelatórios;[4]

c) a ampliação e o desdobramento de Comarcas, Varas e Cartórios;[5]

d) a oferta de salários estimulantes aos membros da magistratura e dos quadros auxiliares;[6]

e) a utilização, em grande escala, da informática e dos registros eletrônicos em suas inúmeras variações;[7]

f) a diversificação, o aperfeiçoamento e a especialização dos currículos das Faculdades de Direito;[8]

g) a instituição do controle de qualidade do Judiciário, bem como o acompanhamento da atuação do magistrado nos processos, com previsão de instauração de procedimento disciplinar em casos de negligência funcional.[9]

Todas estas propostas apresentam aspectos bastante positivos, embora nenhuma delas mostre-se infensa a críticas ou a aperfeiçoamentos.

Entretanto, toma corpo o sentimento, cada vez mais presente, de que tantos e tão relevantes caminhos esmaecem diante da importância que certas correntes do pensamento jurídico brasileiro se empenham em dar a um, que apresentam como sendo a verdadeira pedra de toque, a grande solução para os crônicos e profundos males de que padece o Poder Judiciário brasileiro.

Refiro-me, como acredito que todos já tenham percebido, à adoção de súmulas vinculantes por parte do Supremo Tribunal Federal e, como já se alardeia, também dos demais Tribunais Superiores do País.

A justificativa óbvia para a adoção da súmula vinculante estaria no seu efeito neutralizador do "mal" consistente na interposição excessiva de recursos tratando de mesma matéria. Ademais, apregoa-se que as súmulas vinculantes realizariam "o princípio da igualdade na prestação jurisdicional",[10] além de já serem bem conhecidas e aplicadas em outros Países, como a Alemanha e os Estados Unidos.

Quanto a este último ponto, creio que não se abre, nesta oportunidade, espaço para maiores considerações, até em razão do grande abismo cultural, econômico e social que nos separa das nações citadas.

Todavia, sob outras perspectivas, o debate mostra-se atual, oportuno e, principalmente necessário em um evento como este que, sem nenhum favor, reúne notáveis expressões do mundo jurídico brasileiro, sobretudo na área do Direito Público.

IV – Há muitos anos, eu me atrevi a publicar um pequeno estudo – do qual, a bem da verdade, não me envergonho – a respeito da natureza normativa das Súmulas do Supremo Tribunal Federal.[11]

Naquela oportunidade – estávamos em meados da década de setenta – as Súmulas

3. Cf. Miguel José Nader, "Algumas causas da morosidade na Justiça Civil", *Lex* 139/9-17 (JSTJ e TRF).

4. Idem; v., também, de Carlos Mario Velloso, "Como eliminar a lentidão da Justiça?", jornal *Folha de S. Paulo*, 1º Caderno, p. 3, ed. de 4.10.1998.

5. "Algumas causas...", cit.

6. Idem.

7. Idem.

8. Idem.

9. Idem e, também, "Como eliminar...", cit.

10. "Como eliminar...", cit.

11. "Natureza normativa das Súmulas do Supremo Tribunal Federal, segundo as concepções de direito e de norma de Kelsen, Alf Ross, Hart e Miguel Reale", *Revista de Direito Público* 29/17-25.

do STF eram figuras relativamente novas e havia muitas dúvidas quanto ao seu real significado, sobretudo se considerarmos que, pelas circunstâncias políticas de então, a palavra "oficial" do Estado, independentemente do Poder de onde proviesse, era cercada de muita reverência, quase que de verdadeira magia.

A abordagem levou-me, então, a concluir que as súmulas possuem conteúdo normativo apenas quanto à atuação judicante do próprio tribunal que as assenta, já que, em relação aos demais órgãos do Judiciário, elas se apresentam – para usar a construção de Miguel Reale – como verdadeiros "modelos dogmáticos", pelo que se limitam a "mostrar" o direito posto pela Corte Superior, sem, entretanto, estarem dotadas de poder vinculante.

É certo que não se pode ignorar a fortíssima influência que as súmulas exercem sobre o desempenho do Judiciário como um todo. Trata-se, todavia, de influência que poderia ser denominada de "persuasiva", não normativa.

Passados tantos anos, continuo convencido ser este o limite ideal do poder vinculante possível de ser reconhecido em favor das súmulas.

Ir além – ainda que com as melhores intenções – parece-me atentar contra os fundamentos sobre os quais se assenta o *Estado Democrático de Direito.*

É fácil demonstrar quão perceptível tem sido a expansão, pelo nosso ordenamento, daquele que poderia ser denominado de "poder sumular", ou que lhe faça as vezes.

Atente-se, neste sentido, para o § 2º, do art. 102, da Constituição, introduzido pela Emenda 3/1993, que, tratando das decisões proferidas em ações declaratórias de constitucionalidade de leis ou atos normativos federais, é expresso em declarar que elas "produzirão eficácia contra todos e efeito vinculante, relativamente aos demais órgãos do Poder Judiciário e ao Poder Executivo".

Na mesma linha, é o art. 557 do Código de Processo Civil, com redação da Lei 9.139/1995, que autoriza a rejeição sumária, por decisão singular, de recursos interpostos perante tribunais, que se mostrem contrários às súmulas.

A própria figura da *argüição de descumprimento*, prevista no § 1º, do art. 102, da Lei Maior e regulamentada pela Lei 9.882/1999, não deixa de apresentar conotações que muito a aproximam, em termos de efeitos, das súmulas vinculantes, sobretudo quando se constata que o § 3º, do art. 4º, deste diploma permite que o Supremo Tribunal Federal determine a "juízes e tribunais que suspendam o andamento de processo ou os efeitos de decisões judiciais, ou de qualquer outra medida que apresente relação com a matéria objeto da ação de descumprimento de preceito fundamental, salvo se decorrente de coisa julgada".

A bem da verdade, entretanto, são pouco expressivos os sinais de que estas medidas tenham concorrido significativamente para desafogar o Judiciário.

Como se vê, o alongamento ainda maior e mais incisivo, como se pretende, do campo de atuação das súmulas vinculantes e similares – que alguns defendem como a panacéia que irá resolver o crônico problema da morosidade da justiça brasileira – talvez não atinja este objetivo, mas, com certeza, concorrerá, em muito, para que o Brasil consolide a exótica postura de manter um Poder Legislativo autônomo, livre, operacional e, porque não dizer, bastante dispendioso, mas do qual pouco se vale para o desempenho da precípua missão constitucional de produzir leis, preferindo trilhar, em tal mister, caminhos alternativos, seja o das medidas provisórias, a cargo do Executivo, seja o das decisões com efeito normativos, a cargo do Judiciário.

V – A Constituição Federal, ao tratar das prerrogativas do Poder Judiciário, declara, em seu art. 95, que os juízes gozam das garantias da vitaliciedade, da inamovibilidade e da irredutibilidade de seus vencimentos.

Estas garantias, como é de comum sabença, definitivamente não são inspiradas pelo propósito menor de beneficiar uma determinada categoria profissional.

Muito pelo contrário, elas se destinam a proteger a sociedade, assegurando às pessoas que buscam a tutela do Judiciário, o direito de acreditar que os juízes e tribunais agirão com independência e liberdade, a salvo de pressões externas que possam comprometer seus julgamentos.

Tanto isto é certo que se criou sólido consenso em torno da compreensão de que este art. 95 veicula *cláusula pétrea*, eis que sua supressão implicaria, em essência, a abolição de direitos e garantias fundamentais.

Ora, se tais predicamentos da magistratura foram erigidos em *cláusulas pétreas* exatamente para preservar a independência e a liberdade de seus integrantes, o que dizer, então, de institutos, como as súmulas vinculantes, que – em certa medida, pior até do que o risco de ser removido de seu cargo ou de ter seus vencimentos reduzidos – atentam contra o juiz naquilo que é mais próprio e específico de sua atividade, ou seja, a maneira de oferecer a prestação jurisdicional que lhe é solicitada no interior do processo, obrigando-o a decidir, não em função da livre apreciação dos fatos da causa (CPC, art. 131) e do Direito aplicável, mas sim pela compulsória aplicação de fórmulas sintetizadas, que, ademais, trazem embutidas o grave risco da "coisificação", da "civilização do número", que Alfredo Augusto Becker, com sua brilhante e santa irreverência, tão bem denunciou.[12]

VI – Como todos sabem, o Supremo Tribunal Federal decidiu recentemente que as medidas de imposição de racionamento tomadas pelo Governo Federal, no tocante à crise de energia elétrica, não atentam contra a Constituição.

Para não correr o risco de cometer qualquer deslize, ou de estar mal interpretando pensamentos, eu vou me permitir reproduzir, na íntegra, o que o Ministro Sidney Sanches declarou a respeito desse julgamento em entrevista dada ao *Boletim Informativo da Faculdade de Direito de São Bernardo do Campo*:

"Informativo: Quando da edição das medidas de racionamento de energia elétrica, a imprensa noticiou uma queda-de-braço entre o Governo e o Judiciário. No centro da discussão estava a incompatibilidade das medidas e o Código do Consumidor. O STF acabou por se pronunciar a favor das medidas. Qual é a sua opinião sobre esse procedimento?

12. Em seu comovente livro de memórias e reflexões, *Carnaval Tributário* (Saraiva, São Paulo, 1989), Becker dedica um capítulo ao exame da súmula do Supremo Tribunal Federal, ao qual deu o título de "Súmula do Supremo Tribunal Federal: Migração da Civilização do Texto para a Civilização do Número". Vale transcrever alguns parágrafos da devastadora crítica que ele faz ao instituto: "(...) a Súmula do Supremo Tribunal Federal substituiu as fundamentações doutrinárias. Substituiu até mesmo a citação dos textos legais aplicáveis ao caso. Por sua vez, o próprio texto da Súmula é substituído por um *Signo*: a cifra aritmética. (...) Para que sejam conhecidos e obedecidos os efeitos jurídicos numerosíssimos e particularíssimos da legislação que impõe a disciplina jurídica à conduta dos indivíduos que integram um Estado, é ***indispensável que a regra jurídica continue a ter a formulação em texto escrito, isto é, a sua estrutura deverá ser enunciada por linguagem que formule uma específica estrutura lógica e não por linguagem que enuncia simples afirmações dogmáticas e, muito menos, por imagens ou signos ou números***. Caso contrário, não haverá mais cognição do efeito jurídico que disciplinará a conduta humana, o qual era alcançado pela *reflexão* do raciocínio. O que, então, estará ocorrendo é simples *choque psíquico*: sensação-ação. Ora, quando para a apreensão (ou transmissão) das idéias se elimina a fase intermediária da reflexão pelo raciocínio e se utiliza mecanismo psíquico da ligação direta: sensação-ação, o indivíduo humano perde a possibilidade de ajuizar sobre a qualidade sadia ou nociva da conduta que lhe está sendo imposta (ou que ele pretende impor aos outros). ***Perde a oportunidade de aperfeiçoar o instrumental jurídico e substituir o que se tornou obsoleto (ou prejudicial) por novas regras jurídicas. Perde a humanidade. Coisifica-se.*** (...) A civilização do número, predominando sobre a civilização do texto, já determinou distorções e atrofias na atitude mental do homem, a tal ponto que este texto que acabou de ser escrito, se for lido por juristas, será julgado fantasia" (pp. 74, 75 e 76 — os destaques em negrito não constam do original).

"Sidney Sanches: Eu votei pelo indeferimento da medida cautelar que pedia a suspensão do plano de racionamento. Não vislumbrei na lei nenhuma inconstitucionalidade. Quanto à proibição de aplicação do Código de Defesa do Consumidor nas eventuais ações contra o referido plano, contida na primeira proposta do governo, não houve julgamento porque a medida foi retirada pelo próprio governo. De maneira que a polêmica que se estabeleceu foi se era possível ou não impor a sanção do corte de energia elétrica para o consumidor que estivesse com o pagamento em dia, mesmo pagando a multa. *Isto pode ser injusto mas não inconstitucional. Para ser inconstitucional é preciso violar alguma norma expressa da Constituição*".[13]

Em seu livro *O Poder dos Juízes*, o Professor Dalmo de Abreu Dallari, ao apontar o excesso de apego à legalidade formal, que alguns juízes revelam, cita a seguinte frase de Marcel Camus: "uma forma legal de promover injustiças".[14]

Ora, a explicação dada pelo Ministro sobre a posição do Supremo Tribunal Federal diante das medidas de racionamento decretadas pelo Executivo, potencializa a crítica de Camus, levando o observador crítico a cogitar de "uma forma constitucional de promover injustiças".[15]

Pode-se até admitir – e quem conhece a carreira do Ministro Sidney Sanches não afasta esta possibilidade – que a explicação dada por Sua Excelência não corresponda, no íntimo, às suas convicções pessoais.

13. *Informativo da Faculdade de Direito de São Bernardo do Campo* 2/8, ano I, setembro de 2001. Os grifos não constam do original.

14. "O legalismo expulsou a justiça", in *Juízes para a Democracia* 24/3, ano 5.

15. Cabem, a propósito, as palavras do Ministro Sálvio de Figueiredo, do Superior Tribunal de Justiça: "A melhor interpretação da lei é a que se preocupa com a solução justa, não podendo o seu aplicador esquecer que o rigorismo na exegese dos textos legais pode levar a injustiças" (*RSTJ* 4/1.554 e *STJ-RT* 656/188). Neste sentido: *RSTJ* 28/312. "A interpretação das leis não deve ser formal, mas sim, antes de tudo, real, humana, socialmente útil" (*RSTJ* 26/378).

Todavia, o mais grave deste episódio é a revelação – eu me atreveria a dizer, a confirmação – de que o excesso de poder decisório concentrado em alguns poucos órgãos de cúpula do Judiciário, por mais respeitáveis que possam ser, dá margem a efetivas contaminações, oriundas dos interesses perseguidos por outros Poderes e que nem sempre correspondem aos da sociedade em sua maioria.

Neste sentido, cabe evocar a palavra do saudoso e querido mestre Geraldo Ataliba – nome e presença imorredouramente ligados a este Congresso – que, bem apontou o fundamental papel que cabe ao Poder Judiciário no Estado de Direito, aquele que "obedece a lei e a jurisdição": "os cidadãos republicanos dotaram o Estado de poderes para que tais poderes sirvam de instrumento para realização das finalidades que a Constituição e as Leis vão fixando. *Esse poder de que é armado o Estado não pode voltar-se contra os cidadãos, e a garantia disso há de estar num Poder Judiciário objetiva e subjetivamente dotado de condições de absoluta independência com relação ao Poder Político*; imparcialidade com relação aos litígios que porventura venha apreciar. *Daí que, submetido à jurisdição, o Estado, perante ele compareça como parte, em igualdade de condições com qualquer parte.* O funcionário dessa jurisdição haverá de pronunciar-se com a mais rigorosa imparcialidade, *atendendo ao direito das partes, sejam elas quais forem*, como proposto e postulado em normas jurídicas prévias que já defendiam o interesse das partes".[16]

Não nego que o ato de julgar apresenta, também, uma dimensão política. Mas, a política a ser cultivada pelo Judiciário não é a convencional. Ela tem um sentido bem próprio, que já se definiu como sendo o de "imaginar o passado e lembrar-se do futuro".[17]

16. *Revista de Direito Tributário* 46/118-119.

17. Eduardo Bottallo, "Constitucionalismo", in *O Torto e o Direto (Crônicas)*, Ed. Alpharrabio, Santo André/SP, 1994, p. 56.

Imaginar o passado e lembrar-se do futuro significa, de um lado, não ser vassalo – nem destituído de sentido crítico – do sistema normativo posto, em tudo aquilo que se mostre insatisfatório ou insuficiente para a missão de atribuir, a cada um, o seu (*suum cuique tribuere*), e, de outro, não ser liberto de compromissos e nem insensível às repercussões sociais que às decisões judiciais, por mais específicas que sejam, sempre provocam, dentro e fora dos autos.

Eu não creio, com todo o respeito que merecem as opiniões em contrário, que a disseminação das súmulas vinculantes em nosso País possa servir, com propriedade, a tão elevados propósitos.

VII – Eis, pois, as idéias que tomo a liberdade de submeter ao crivo dos participantes deste tradicional e importante conclave.

Elas resumem-se em apontar as razões pelas quais estou convencido que a súmula vinculante não é senda merecedora de ser trilhada na busca de soluções que possam elevar os níveis de eficiência e de celeridade da justiça brasileira.

E isto porque elas perpetram clara e manifesta ingerência no exercício da atividade jurisdicional a cargo de juízes e tribunais, levando à sua compulsória pré-ordenação e, em conseqüência, ao seu amesquinhamento.

Os caminhos que podem conduzir à solução dos problemas com que se defronta o Judiciário são muitos. Alguns, foram aqui evocados, e a outros, por certo, se somarão, todos aptos a atender a este desiderato, que é demanda das mais urgentes e ansiadas pela nossa sociedade.[18]

Não é aceitável, contudo, que, entre tais caminhos, se inclua, com imerecido destaque, o das súmulas vinculantes, posto que elas trazem, em si, o indesejável efeito de reduzir ao patamar da subserviência a mais solene e nobre prerrogativa dos membros do Judiciário, qual seja, a de poder julgar com independência, seguindo, apenas e tão-somente, os ditames do Direito e de suas consciências.

VIII – Eu agradeço a atenção de todos e, desde já, peço desculpas pelas inevitáveis falhas e equívocos cometidos.

Permito-me, contudo, imaginar que são estas falhas e estes equívocos os fatores que, eventualmente, poderão contribuir para a discussão mais acurada e proveitosa do tema.

As "virtudes do erro", tão bem retratadas pelo grande mestre Souto Maior Borges, em seu notável ensaio sobre a *Ciência Feliz*, servem-me, assim, de consolo.

De resto, e como já se disse em contexto bem semelhante ao presente, é este o meu jeito de assobiar, enquanto espero o anoitecer.

18. No campo específico do Direito Tributário, considero oportuno recordar que, há cerca de 30 anos, os Professores Geraldo Ataliba, Gilberto de Ulhoa Canto e Gustavo Miguel de Mello entregaram ao Ministério da Fazenda o texto de um anteprojeto de lei que, entre outras medidas, propunha a unificação dos processos administrativo e judicial tributário na parte relativa à produção de provas, de sorte a afastar as inconveniências, que subsistem, de repetir-se na esfera judicial o que já foi apurado no âmbito administrativo. Esta idéia mostra-se extremamente atual, sobretudo em razão de ter, a Constituição de 1988, estendido ao processo administrativo, de modo expresso, as garantias do contraditório e da ampla defesa (art. 5º, LV).

MESA DE DEBATES "A"

TAXA E PREÇO PÚBLICO

PRESIDENTE DA MESA: PROF. ESTEVÃO HORVATH
MEMBROS DA MESA: PROFS. ANNA EMÍLIA CORDELLI ALVES,
BETINA GRUPENMACHER, AIRES BARRETO E RICARDO LOBO TORRES

PRESIDENTE (PROF. ESTEVÃO HORVATH) – Damos início aos trabalhos do "XV Congresso Brasileiro de Direito Tributário", com a primeira Mesa de Debates, a Mesa "A", que versará o tema Taxa e Preço Público.

Compõem esta Mesa a Profa. Anna Emília Cordelli Alves, Professora da Pontifícia Universidade Católica de São Paulo, o Prof. Ricardo Lobo Torres, Professor Titular da Universidade Estadual do Rio de Janeiro, a Profa. Betina Grupenmacher, que é professora da Universidade Federal do Paraná, da Universidade de Tuiuti, também do Paraná e Prof. Aires Barreto, Presidente do Instituto Geraldo Ataliba.

Para iniciarmos, passo imediatamente a palavra à Profa. Betina Treiger Grupenmacher, para, no tempo regimental, proceder a sua palestra.

PROFA. BETINA TREIGER GRUPENMACHER – Bom dia a todos. Inicialmente eu gostaria de agradecer ao Prof. Aires Barreto, Presidente do Instituto Geraldo Ataliba, pelo convite que me foi feito; igualmente gostaria de agradecer ao Prof. José Artur, Presidente desse Congresso, ao Prof. José Eduardo Soares de Melo e a toda a diretoria do IDEPE, por ter a oportunidade de estar aqui, hoje, falando para uma platéia tão seleta, num Congresso tão prestigiado como é o Congresso Brasileiro de Direito Tributário, e diante de um tão repleto auditório, e com tanta respeitabilidade – o que aumenta o meu compromisso e minha responsabilidade.

De qualquer maneira fui incumbida de lhes falar sobre as cobranças que as municipalidades têm feito com relação à instalação da infra-estrutura necessária para a prestação de serviço de telecomunicação, no que tange ao seu equipamento de fibra ótica, para a implantação da instalação necessária aos serviços de gás canalizado, de saneamento básico e de energia elétrica. Tais serviços têm uma infra-estrutura bastante grande e necessitam instalar-se nas propriedades públicas em nível de solo, subsolo e espaço aéreo.

É necessário observar-se que a cobrança que tem sido feita em relação a essas empresas concessionárias de serviço público é, em verdade, uma inovação trazida pelo processo de privatizações, resultado do movimento de desestatização, pois, anteriormente a tal processo, tais cobranças eram praticamente inexistentes. Quando os mencionados serviços eram prestados diretamente por sociedades de economia mista, por exemplo, onde havia participação direta do Estado, inexistia, por parte das municipalidades, qualquer cobrança pela instalação de infra-estrutura, pela utilização do solo e do subsolo.

O principal fundamento adotado pelos municípios para amparar a propalada cobrança é o princípio da autonomia municipal. Os Municípios, defendendo a sua autonomia, entendem que podem realizar a cobrança pela instalação da infra-estrutura necessária para prestação desses serviços que acontecem em nível de solo, subsolo e de espaço aéreo. Então, o primeiro fundamento é o da a autonomia municipal.

O segundo fundamento adotado pelos Municípios para justificar a cobrança é a utilização de bens públicos por particulares. Entendem que os bens públicos, sendo usados por particulares, devem ser remunerados, ou seja, devem ser objeto de pagamento. Há ainda a argumentação em relação à quebra do pacto federativo, porque a União tem se insurgido contra essa cobrança por parte dos Municípios. Apresentam como fundamento para tal pretensão a competência que lhes foi outorgada pela Constituição. Quanto a tal pretensão, manifestam-se os Municípios com uma certa razão, como vamos expor ao longo da nossa participação, que isso ocasionaria uma quebra do pacto federativo.

Por outro lado, as concessionárias de serviço público, que têm que pagar pela instalação da infra-estrutura necessária a prestação de seus serviços, apresentam os seus argumentos contra as cobranças que lhes são dirigidas pelos municípios, ou seja, o fundamento para que não paguem os valores que estão sendo cobrados pelos Municípios da maneira como estão sendo cobrados.

O primeiro argumento funda-se no artigo 155, § 3º da Constituição Federal, que veda a cobrança de outros tributos em relação a energia elétrica, serviços de telecomunicações, derivados de petróleo e outros elementos, além dos impostos previstos naquele dispositivo.

O segundo argumento é que os serviços de telecomunicação e de energia elétrica são serviços privativos da União, de acordo com o artigo 21 da Constituição Federal.

E o terceiro argumento é de que a cobrança pelos Municípios afronta legislação federal específica, que trata da instalação dessa infra-estrutura e disciplina a prestação desses serviços. Há, inclusive, afronta em relação ao código de águas, segundo alegam as concessionárias, já que nele há uma disposição que isenta as concessionárias do pagamento de qualquer contribuição em relação à instalação de infra-estrutura.

Então há argumentos de parte a parte. Os Municípios apresentando os seus fundamentos para cobrar e as concessionárias seu inconformismo, seguido de seus argumentos, para não pagar.

O tema é um tanto prolixo, o que para nós, operadores do direito é bastante instigante, visto ser um imenso campo para investigação científica. Mas eu digo que o tema é prolixo porque é interdisciplinar, porque envolve questões atinentes ao Direito Administrativo e ao Direito Tributário, essa interdisciplinaridade que hoje é tão presente na Ciência Jurídica, no estudo do Direito.

E para que esse tema possa ser analisado de uma maneira mais condizente com essa dificuldade, é necessário fazer uma sistematização, abordando a competência dos Municípios, a competência efetiva da União, quais são as espécies de bens públicos e de que maneira se dá a gestão desses bens públicos.

Em primeiro lugar, em relação à competência do Município, efetivamente, diante da autonomia municipal, os Municípios podem e devem fiscalizar e disciplinar o uso do solo, do subsolo e, inclusive, do espaço aéreo. Eu repito, a competência que os Municípios detém é de fiscalização e disciplinar a utilização desses bens públicos, independentemente, até, de uma manifestação da respectiva Câmara de Vereadores. Essa competência, na verdade, deflui das leis orgânicas dos Municípios, que lhes dão essa autorização para disciplinar e fiscalizar os bens públicos dentro do seu espaço territorial.

Os bens públicos, por sua vez, podem ser, segundo o artigo 65 do Código Civil, dominiais ou dominicais, bens públicos de uso especial e bens públicos de uso comum. Os bens públicos dominicais ou dominiais são aqueles de propriedade do Poder Público que, inclusive, podem ser explorados, como terrenos, prédios públicos etc. Os bens de uso especial são aqueles que um ato administrativo atribui a certa pessoa, física ou jurídica, para utilização de maneira privativa, sem, no entanto, fazê-lo com exclusividade. Esses bens de uso especial são atribuídos por lei, regulamento, contrato ou simples consentimento. E, finalmente, os bens de uso comum são aqueles que são utilizados indistintamente pela sociedade, como ruas, praças, vias, rodovias, mares, enfim, tudo aquilo que é de uso comum do povo e, o que acho importante ficar claro, no meu entender, não podem ser explorados nem cedidos; então, as ruas, mares, rodovias, enfim, não podem ser cedidos a particulares e não podem ser explorados, vamos assim dizer, economicamente.

Por outro lado, há de se esclarecer de que maneira se dá a gestão desses bens. Através da concessão, da permissão, e da autorização – esta última privativa da União, e ocorre por ato administrativo em relação a atividades curtas, urgentes e transitórias. A concessão é um direito real de uso sobre bens públicos, estabelecido contratualmente, mediante concorrência, que visa normalmente a urbanização, a industrialização ou qualquer outra atividade de interesse público, e que tem caráter de exclusividade. É apanágio da concessão a exclusividade.

No caso da concessão, só se abriria exceção à concorrência no caso das entidades assistenciais, ou quando houver um outro interesse público relevante.

A permissão de uso, por outro lado, é aquela que decorre de um ato administrativo em função de uma necessidade, vamos assim dizer, de um particular; esse ato administrativo também deve ser precedido de licitação se houver mais de um interessado; caso não haja mais de um interessado essa permissão até pode ocorrer sem concorrência e, enquanto o Poder Público não necessite do bem ou o interesse social não demande a sua retomada, ele poderá permanecer em mãos do particular.

No caso da autorização, é necessário que fique claro aqui, para as nossas conclusões, que não existe exclusividade de uso, mas que pode ser concedida só pela União e também não se enquadraria nessa situação.

Para a análise que estamos fazendo, também é importante o estudo das servidões, das chamadas "servidões administrativas". As servidões administrativas decorrem de lei, de acordo precedido de ato declaratório de utilidade pública ou de sentença judicial, no caso do usucapião. Apesar de a servidão administrativa não ser uma forma de gestão dos bens públicos, ela se apresenta importante em algumas situações. Para que essa cobrança ocorra, então, em função disso, é necessário ficar claro que a servidão administrativa, apesar de não ser uma forma de gestão dos bens públicos, é uma forma, não de limitação, é uma forma de restrição à propriedade privada. E aqui é necessário ficar claro que alguns autores, como o Prof. Adilson Dallari e Ruy Cyrne Lima, dentre outros, entendem que a servidão também pode acontecer sobre propriedade pública, o que não é o meu entendimento. Acho que a servidão só pode ocorrer sobre propriedades privadas. Essa servidão poderá ou não ser indenizada. Apesar de saber que a doutrina quase maciça entende que a indenização é cabida no caso das servidões, parece-me que, se não houver gravame maior, ou se não houver extinção de direitos, não cabe indenização. Aqui temos uma distinção de cobrança: não caberia indenização por essas servidões. E por que estou falando em servidão, aqui? Porque algumas concessionárias de estradas, por exemplo, têm pretendido realizar uma cobrança pela utilização do subsolo, porque entendem que, como as estradas foram privatizadas, a utilização do subsolo lhes causa algum prejuízo ou algum gravame, razão pela qual elas poderiam, efetivamente, cobrar por isso, porque se trata de uma servidão administrativa e elas estariam cobrando uma indenização. Não acho, efetivamente, que esse seja o caso, porque o que foi privatizado foi o serviço e não a estrada, a rodovia, enfim, que continua sendo um patrimônio público no meu entendimento.

Diante desses elementos que nós sistematizamos, aqui, as empresas de telecomunicação, saneamento básico e energia elétrica, na minha opinião, possuem, então, para a execução das suas atividades, uma permissão de uso de bem comum. A forma de gestão é a de permissão de uso e a espécie do bem utilizado é um bem comum. Porque, como eu disse, não pode ser nem explorado e nem cedido.

Concluindo que se trata de uma permissão de uso de bem comum, vem a questão: há possibilidade de se cobrar algo por essa permissão ou não? Em caso positivo, trata-se de taxa ou de preço? Então, se houver a possibilidade, essas municipalidades estariam cobrando uma taxa ou um preço público?

No meu entendimento não há uma solução uniforme para essa questão, porque, analisando alguns decretos e leis municipais, aos quais tive acesso, vamos assim dizer, eu vi que a solução de fato não é uniforme. Por exemplo, os Municípios de Paranaguá, São Paulo, Curitiba, Rio de Janeiro e Anápolis, estabeleceram uma tarifa ou preço. Vou dar o exemplo de São Paulo, mas o fato gerador de todos é exatamente o mesmo, pela permissão de uso de espaço aéreo, subsolo e obra de área de domínio municipal, quer dizer, o que se está cobrando – todas essas cobranças nesses Municípios foram instituídas por decreto e são cobranças mensais –, então, o que se fez nesses Municípios, foi cobrar pela permissão de uso, esse é o fato gerador estabelecido nos decretos. Nessa hipótese nós só teríamos uma tarifa ou preço público porque nós sabemos que taxa só pode ser cobrada diante de uma prestação de serviço público ou do exercício do poder de polícia, o que não é o caso, porque o fato gerador estabelecido nestes decretos é a permissão de uso – não é nem o exercício do poder de polícia, nem a prestação de serviço público. Então isso geraria, naturalmente, uma inconstitucionalidade dessas cobranças.

Por outro lado, os Municípios de Niterói e de Nova Friburgo instituíram leis que criaram cobranças de taxas sobre a fiscalização da instalação da infra-estrutura necessária à prestação desses serviços. Ai há uma situação realmente distinta. É possível, dentro da autonomia dos Municípios e da Lei Orgânica dos Municípios, que estes fiscalizem a instalação dessa infra-estrutura e, com isso, estarão exercendo o chamado poder de polícia. Não só a instalação deve ser fiscalizada como, depois, a utilização deve ser permanentemente fiscalizada.

Agora, a cobrança não poderia ter sido feita dessa maneira como foi feita, ou seja, mensalmente, por que o poder de polícia se realiza e se esgota quando exercido. A cobrança, tanto nos Municípios de Niterói como de Nova Friburgo, que estou dando como exemplo, se dá mensalmente, ou seja, as empresas de telecomunicação, energia, saneamento, enfim, devem pagar mensalmente a esses Municípios uma taxa pela fiscalização. É ai que eu entendo que reside, também, a inconstitucionalidade, porque se é taxa de polícia, se esgota com a prestação do exercício do poder de polícia, podendo, eventualmente, ser renovada anualmente, quando houver uma nova fiscalização.

Vou começar a concluir aqui, porque o meu tempo está se esgotando –, as concessionárias de serviço público têm a prerrogativa de poder instalar a infra-estrutura necessária ao serviço público que elas devem prestar e, em função disso, entendo que, como é um dever a instalação de infraestrutura para viabilizar a prestação de serviço, essa instalação deveria ser isenta de qualquer pagamento, até porque a cobrança em relação à instalação da infra-estrutura onera mais a prestação do serviço, e isso reverte, naturalmente, para o bolso de todos nós, ou seja, o serviço vai se encarecer com essa cobrança, que, na verdade, por esses motivos que eu coloquei, é inconstitucional.

Então, o Município deve, sim, suportar, vamos assim dizer, a instalação dessa infra-estrutura, porque isso não interfere na disciplina do uso do solo e subsolo – inclusive, o Município deve estar permanentemente fiscalizando a idoneidade jurídica, técnica e financeira dessas empresas –, mas isso não causa prejuízo para o Município, porque não embaraça a utilização do bem público instalar o poste e as suas correspondentes vias aéreas, não embaraça a utilização do uso de bem comum a instalação de dutos, tubulação, por exemplo, no subsolo – lógico, isso tem que ser feito de uma maneira que não inviabilize o uso do bem, ou seja, por partes.

Então, efetivamente, concluindo, o Município tem, sim, autonomia para fiscalizar a instalação dessas infra-estruturas, pode cobrar taxa, desde que obedeça o respectivo regime tributário, através da legalidade, da anterioridade e da irretroatividade e de que não o faça mensalmente, como pretende fazer, ou seja: exercido o poder de polícia, desaparece o direito municipal de cobrar a respectiva taxa, que pode ser renovada se ele vier a fazer uma nova fiscalização.

Por outro lado, como eu dizia, as estradas que são concessões de serviço público: as concessionárias, também, não têm qualquer prejuízo, na minha opinião, com a instalação de tubulações, de dutos no seu subsolo, a não ser naqueles casos em que essas tubulações atinjam propriedades privadas que estão a beira dessas estradas e, aí sim, há servidão e haveria direito a indenização.

As leis especiais que as concessionárias invocam, para justificar a competência da União para cobrar esses tributos, foram revogadas pela Constituição Federal; elas não são fundamento a autorizar a União para exercer essa atividade, que hoje é dos Municípios. Hoje, em relação à União, só prevalecem aquelas leis que criaram as agências reguladoras, mas nossas leis especiais, Código de Águas, enfim, essas leis estão todas revogadas pela Constituição.

Finalmente, com relação ao artigo 153, § 3º, que as concessionárias utilizam para fundamentar a impossibilidade de cobrança de qualquer contribuição, vamos assim dizer, por parte do Município, também é descabida essa argumentação, porque o artigo 153, como já disse muitas vezes o Prof. Sacha Calmon, se refere à impossibilidade de cobrança de outros tributos que recaiam sobre energia elétrica enquanto mercadoria, que não é o caso; realmente, esse argumento das concessionárias é completamente fora de propósito, essa cobrança não se refere a energia elétrica enquanto mercadoria.

Para terminar, eu diria que é forçoso, nessa situação, reconhecer que o trabalho, apesar da intenção de integração sistemática, como nós mostramos, não faz senão propor direções, que é o que nós estamos fazendo aqui. Estas direções, merecendo, poderão ser desenvolvidas às últimas conseqüências – afinal, a melhor das interpretação parece ser sempre a próxima.

E com isso agradeço a atenção. Muito obrigada! (*Palmas*).

PRESIDENTE (PROF. ESTEVÃO HORVATH) – Muito obrigado à Profa. Betina, que bastante claramente expôs um dos problemas atuais a respeito do tema aqui tratado.

E, antes de passar a palavra ao próximo participante, eu preciso dar um aviso e fazer algumas observações e esclarecimentos. Hoje, a partir das 14 horas – pontualmente às 14 horas – começarão os trabalhos de exame das teses apresentadas ao Congresso. Então, vou dizer o nome dos trabalhos para quem se interessar e já quiser ir se preparando. Vamos ter cinco trabalhos concomitantemente, sendo expostos em diversas salas.

Um dos trabalhos, "Visão do princípio da progressividade na Constituição Federal", cujo autor é Gustavo Sampaio Valverde, será na Sala Amazonas. O segundo trabalho, "Constitucionalidade das novas contribuições – SEBRAE", autora Aurora Tomazini de Carvalho, na Sala Araguaia. O terceiro trabalho, "Relevância da quebra do sigilo bancária para comprovação de delitos contra ordem tributária e lavagem de dinheiro", autor José Antonio Farah Lopes de Lima, no plenário. O trabalho quatro, na Sala Solimões, "As doutrinas de prevalência da substituição sobre a forma diante do parágrafo único do art. 116 do Código Tributário Nacional", cuja autora é Laís Vieira Cardoso. Finalmente o trabalho número cinco, "A Guerra Fiscal e a concorrência – Análise dos incentivos financeiros", de autoria de Divani Loss, na Sala Tapajós.

Repito: pontualmente, começarão às 14 horas, independentemente da hora que termine esta Mesa de Debates.

Em segundo lugar, gostaria de fazer constar que a Profa. Lúcia Figueiredo (que seria uma das participantes da Mesa), por motivos de doença em família não pôde comparecer; então, será substituída *ad hoc* pelo Prof. Aires Barreto.

Passo agora a palavra à Profa. Anna Emília Cordelli Alves, que eu esqueci de mencionar, além de professora da PUC de São Paulo, é também, atualmente, Secretária dos Negócios Jurídicos do Município de São Paulo.

PROFA. ANNA EMÍLIA CORDELLI ALVES – Eu gostaria de cumprimentar os professores presentes nesta Mesa, cumprimentar também os professores que se encontram aqui neste plenário fazendo esse debate conosco, cumprimentar a todos os presentes e fazer algumas ponderações sobre esse tema que está na ordem do dia e portanto merece uma atenção maior.

Estamos falando da necessidade de autorização municipal para que as empresas concessionárias possam implantar, em bens de uso comum, a infra-estrutura para o suporte de serviços de telecomunicação, de gás, água. Como a Profa. Betina colocou, essa questão tomou relevo a partir da privatização desses serviços e da necessidade dessas empresas estarem alcançando determinadas metas de competição, o que fez com que, em 2001, elas investissem aproximadamente 15 bilhões de Reais no setor.

Essas empresas, na verdade, estão apostando naquilo que chamamos de "coopetição", ou seja, competir e cooperar, no sentido de otimizar esse investimento em infra-estrutura e tentar atingir as metas que lhes são exigidas pela Legislação Federal.

No modelo da chamada "coopetição", temos o compartilhamento de infra-estrutura como dutos, subdutos, fibras, postes, prédios etc. Essas empresas concorrentes, na verdade, para atingir as metas, têm se unido para fazer um único investimento e dividir custos, tendo a comunidade, como retorno, uma intervenção menor no espaço público, um impacto menor e um acesso mais rápido aos benefícios dessa tecnologia.

Nesse sentido, compete aos Municípios, buscar soluções de maneira que os serviços possam ser disponibilizados de forma segura e ordenada, permitindo que toda a população tenha acesso a essas diferentes modalidades de serviço, e com um custo acessível, também.

Quando se fala em competência do Município constata-se que, de fato, a competência constitucional do Município para dispor sobre ordenação do solo urbano, seja na sua superfície, parte aérea ou subterrânea, de acordo com o que está previsto no artigo 182 da Constituição Federal, diz respeito à execução da política de desenvolvimento urbano voltada para o atendimento das funções sociais da cidade e bem-estar dos cidadãos.

Portanto, essa disciplina legal, que deflui do artigo 182 da Constituição Federal, deve constar ou de lei específica ou do Plano Diretor de cada Município. A competência municipal, além de defluir do artigo 181, deflui também do artigo 30, inciso I, que diz que o Município é competente para dispor sobre a ordenação da cidade em razão do interesse local.

A atuação do Município, portanto, deve garantir o respeito à competência legislativa da União, a quem compete legislar sobre a regulação e outorga dos serviços de telecomunicações. Este é o limite da competência do Município. O Município só está autorizado constitucionalmente a exercer a sua competência no nível local, resguardando o interesse local, sem ingressar na esfera de competência legislativa da União.

Portanto, o Município tem que garantir a competência constitucional da União, a isonomia de tratamento das empresas, e atender a um interesse municipal da regulação do uso do solo, do subsolo e dos bens públicos de sua propriedade. São esses, na verdade, os limites a que está submetido o Município.

Entretanto a utilização desses bens de uso comum do povo, causa, e está causando, sim, transtorno aos Municípios. Assim, muito embora possa ser considerado, do ponto de vista jurídico, um uso compatível, ele está, como vem sendo conduzido, causando transtorno, devendo portanto ser compatibilizado.

Na verdade, o Município deve estimular empresas a buscar o compartilhamento como forma de resguardar o interesse público do Município. Portanto, uma forma de evitar esse "escavamento" consiste na adoção da solução da chamada rede pública subterrânea, que é uma idéia que foi adotada por alguns Municípios. De fato, alguns Municípios, dentre eles o de Porto Alegre, diante da falta de recursos públicos, levaram a efeito a construção da rede pública em parceria com as empresas – é uma hipótese muito boa.

Como é que Porto Alegre cuida desse assunto? O Município, ao invés de cobrar em pecúnia pela utilização do subsolo, pela utilização do próprio municipal, do bem de uso comum, utiliza a figura da dação em pagamento dos dutos, ou seja, a empresa constrói a infra-estrutura, coloca os dutos e o valor que ela investe na construção desses dutos são compensados mensalmente no valor do preço público devido pela utilização desses dutos; quer dizer, ao final dessa compensação o empreendedor se submete ao pagamento mensal pela concessão do uso, nas mesmas condições estabelecidas para os demais concessionários.

O que significa que esta rede pública passa a integrar o patrimônio do Município; e naqueles percursos onde já existirem dutos de propriedade do Município, passíveis de receber a fibra ótica, não será admitida nova escavação. Assim, vai-se reduzindo a agressão aos bens de uso comum.

Se estivéssemos falando de matéria tributária, o pagamento só seria admitido desde que estabelecida em lei. No entanto, como nós não estamos falando de tributo, mas, sim, de preço público, posto tratar-se de remuneração pelo uso de bem de uso comum, então, nós não estamos na esfera de direito tributário, o que significa que a exigência pode ser feita por decreto, porque é mero preço público, sem natureza tributária.

Quando falamos na utilização dos bens públicos, bem de uso comum – esse tipo de utilização de que nós estamos cuidando –, ela é considerada pelos administrativistas, e vou citar aqui a Dra Maria Silvia Zanella di Pietro, como um uso anormal do bem público. Por que? Porque o uso normal é o que se exerce em conformidade com a destinação principal do bem. O uso normal da via pública, consiste na utilização pelo sistema viário, pelos pedestres, e não para ser escavado e serem colocados dutos no subsolo. Na verdade esse uso não é uso normal, é um uso anormal, mas que, apesar de ser denominado anormal, é possível de ser exercido. Portanto, o uso anormal é aquele que atende a finalidades diversas ou acessórias, às vezes, mesmo, em contradição com a destinação primária. Porque nós, que andamos pelas ruas aqui em São Paulo, verificamos que essa destinação, esta necessidade de colocação de dutos, muitas vezes, entra em contradição, se choca, mesmo, com o uso normal da via pública.

Portanto, a remuneração pela utilização dos bens públicos por terceiro necessariamente origina uma receita não tributária. Na hipótese, essa remuneração corresponde, no direito público, àquilo que é o aluguel no direito privado. Na verdade, os bens de uso comum podem ser, sim, alugados, podem ser permitidos ao particular, mesmo dentro de um uso, ou só dentro de um uso anormal; porque o uso normal não autoriza a cobrança de um preço, como se faz com bancas de jornais, com bancas de flores, que ocupam praças e que pagam um preço público, e até hoje ninguém discutiu. E quando falamos em valores, como aqueles que mencionei no início, em bilhões, ai sim a questão jurídica começa a tomar relevo e os argumentos começam a aflorar.

O preço público, na verdade, tem que ser razoável e proporcional; ele não pode ser nem irrisório e nem abusivo, porque muitas vezes o Município tende a cobrar um preço abusivo no sentido de ver nisto uma fonte de receita que talvez ele não tenha tido no passado. Não pode, quer dizer, tem que ser razoável e proporcional.

Os bens públicos que se prestam à utilização remunerada são, em geral, avaliados, e o valor da remuneração corresponde a um percentual do bem, assim como nas regras do mercado imobiliário. Quando falo isso algumas pessoas poderiam dizer: "mas, espere um pouquinho, bem público é um bem fora do comércio, como é que nós estamos falando em avaliação?". Em verdade, quando falamos em bem "extracomércio", bem fora do comércio, esta afirmação, esta qualificação diz respeito à afetação do bem ao uso público, ao seu uso normal. Mas se nós estivermos falando de um uso anormal, efetivamente, de acordo com o próprio Código Civil, esta permissão poderá ser gratuita ou onerosa – e não faz sentido que uma utilização como essa seja gratuita.

No caso das redes subterrâneas, devem ser levados em conta, para a fixação do preço público, elementos básicos como: em que região que estão sendo colocados esses dutos? Qual é a extensão do duto, quer dizer, qual a dimensão do espaço que ele ocupa no subsolo? Na verdade, os Municípios tem que ter o controle do que está de baixo do solo, porque senão a utilização indiscriminada levará efetivamente a ferir o interesse público; não há como não ter o controle disso, e há que se cobrar mais, em razão da região da cidade, da extensão do duto, da dimensão que esse duto ocupa no subsolo.

As empresas têm resistido ao pagamento desse preço alegando a natureza inconstitucional de taxa – e, na verdade, nós estamos vendo que não há como se sustentar que isto seja taxa. As hipóteses constitucionais de taxa (prestação de serviço público e exercício de poder de polícia) não estão configuradas, salvo, vamos ver um pouquinho mais para frente, uma eventual cobrança de taxa de polícia; mas ser serviço público, com certeza, está afastado; então não tem natureza constitucional de taxa. Sustentam também as empresas que o Município não tem direito à cobrança, ou seja, eles têm que garantir às empresas o direito de passagem gratuito por determinação da legislação federal pertinente à energia elétrica e às telecomunicações. Esse argumento também não se sustenta. Pelo contrário, a legislação federal só reafirma a possibilidade de o Município cobrar por essa utilização – e mesmo que não o fizesse, o Município estaria autorizado constitucionalmente. Mas, ainda assim, a legislação federal o autoriza.

O direito de passagem gratuito tem sido sustentado com base no artigo 35 da Lei Geral de Telecomunicações, que garante às prestadoras de serviços de telecomunicações de interesse coletivo a utilização de postes, dutos, condutos e servidões pertencentes ou controlados por prestadora de serviços de telecomunicação. Mas, diz o artigo 73, de forma não discriminatória, e a preços e condições justos e razoáveis, quer dizer, a própria literalidade do dispositivo já autoriza o Município a cobrar preços desde que sejam justos e razoáveis.

Por outro lado, o artigo 74 da mesma lei ressalva a competência dos demais entes federativos quanto às regras edilícias e à ocupação dos logradouros públicos. Claro, a União, quando legisla sobre telecomunicações, não poderia deixar de reconhecer a autonomia do Município e de dizer que aquele que pretender passar seus dutos pelo solo do Município tem que obedecer a legislação especifica do Município. Isto também não precisaria estar dito no artigo 74, porque isso deflui do pacto federativo, da autonomia do Município; mas está lá, está no artigo 74.

Outra coisa que é muito importante é que hoje os Municípios estão vivendo em função das concessionárias, ao invés de ser o inverso, ao invés de as concessionárias se adaptarem aos Municípios. Os serviços públicos concedidos, têm que se integrar num processo de planejamento municipal e não o inverso – quer dizer, se determinadas áreas da cidade são de indução ao crescimento urbano, os serviços públicos concedidos têm que chegar até lá, porque o que acontece é que, muitas vezes, a empresa tem interesse na área central do Município e não na periferia, ninguém quer colocar duto lá na periferia, pessoas querem colocar na zona onde haja maior retorno financeiro. Mas se o planejamento municipal indica a necessidade de adensamento de uma determinada área, é para lá que esse serviço tem que ser concedido.

Ao contrário, se em algumas outras regiões existirem restrições urbanísticas, como, por exemplo, prédios tombados ou a inviabilidade de implantação de redes de infra-estrutura, esses serviços não poderão ser implantados nesse local, quer dizer, é o Município que no exercício de sua competência de planejamento deve dizer onde e como esses dutos, essa infra-estrutura será colocada.

Tem ainda uma outra questão interessante, a questão do licenciamento ambiental, que também é utilizado pelo Município de Porto Alegre. O licenciamento ambiental é considerado por Porto Alegre como um meio de ação municipal mais adequado para apontar as regras e condições de instalações no Município. O licenciamento ambiental deve ser entendido numa concepção moderna, não só com relação ao ambiente natural, mas também com relação ao ambiente construído e a avaliação dessa construção relativamente aos impactos no meio ambiente do Município. Portanto, o Município de Porto Alegre cobra, também, uma taxa de polícia referente ao licenciamento ambiental daquela atividade. Essa lei de Porto Alegre disciplina a implantação e execução de infra-estrutura como uma atividade sujeita ao licenciamento ambiental.

Portanto, aquele Município avalia por onde passam essas redes de infra-estrutura, define quais são os locais impróprios, quais são os locais próprios. Compatibiliza os serviços preexistentes que necessitam do mesmo espaço físico no subsolo. Insiste no compartilhamento para que haja menos escavações na cidade. Induz a expansão para a região onde esses serviços são necessários. Na verdade cobra uma taxa de licenciamento ambiental pelo exercício desse poder de polícia, consistente nesse tipo de atividade.

Claro está que naqueles Municípios onde não haja lei que outorgue ao Município a competência para esse licenciamento ambiental, nós cairíamos numa hipótese mais ampla que é a possibilidade constitucional, que todos os Municípios têm, de regular a matéria com base na sua política de polícia de edificações, quer dizer, todo Município desempenha a polícia de edificações na medida em que as escavações, mobiliários, postes, dizem respeito inequívoco a esse assunto.

É inequívoco, portanto, o poder-dever dos Municípios de estabelecer uma retribuição pela utilização dos bens pelas concessionárias de serviço público, tendo em vista o uso especial, para fins privados, da mesma forma que são remuneradas outras outorgas, como citei para vocês, de bancas de revistas, de quiosques de flores etc.

Então, apenas para concluir, podemos concluir que a utilização do bem público pode ser objeto de retribuição – o uso anormal, não aquele uso normal do bem público –, mas o uso anormal do bem de uso comum pode, sim, ser remunerado por preço, a critério do Município. Portanto, não se trata de competência tributária. E, mais, poderá ser exigida, também, uma taxa de licenciamento ambiental; temos uma outra atividade, que é a atividade de poder de polícia do Município, polícia de edificações, ou então, naqueles Municípios que estejam habilitados para exercer o licenciamento ambiental, como visto.

E apenas para fazer uma análise, finalmente, aquele argumento de que o artigo 155, § 3º, veda a cobrança de outro imposto sobre a energia elétrica, que não aquele ali previsto, nós já vimos que não se trata de imposto; na verdade, teremos, no máximo, uma taxa de poder de polícia. Portanto esse argumento não se sustenta.

Na verdade, esses serviços seriam privativos da União. Não vamos confundir: uma coisa é a competência privativa da União para regulamentar esses serviços, como serão prestados. Outra coisa é a competência do Município para fiscalizar a utilização do seu meio ambiente, para fiscalizar se o interesse público está ou não atendido. É evidente que o Município não poderá deixar de atender as concessionárias, mas esse atendimento deve-se fazer de acordo com as regras edilícias de cada Município.

E a cobrança, longe de afrontar a legislação federal, está mesmo autorizada pelos próprios artigos 73 e 74 da lei federal mencionada. Então, assim entendo, e me coloco aqui à disposição dos colegas – e gostaria que nos debates, se algumas questões não foram suficientemente esclarecidas, ficassem claras. Muito obrigada! (*Palmas*).

PRESIDENTE (PROF. ESTEVÃO HORVATH) – Muito agradecido Profa. Anna Emilia, e antes de passar a palavra ao Prof. Ricardo Lobo Torres lembro que vai haver debates depois. Os senhores já podem formular as suas perguntas, que serão colhidas pelas nossas recepcionistas, e na medida do possível será dedicado um tempo às suas respectivas respostas. Então, agora, com a palavra o Prof. Ricardo Lobo Torres.

PROF. RICARDO LOBO TORRES – Excelentíssimos senhores professores que compõem a Mesa. Excelentíssimos senhores professores que participam do Congresso. Senhoras e senhores.

Vou abordar uma questão genérica em torno das taxas. Há alguns assuntos no Direito Tributário que às vezes parecem pacificados. A taxa era um. Depois que o Supremo Tribunal Federal coibiu, nas décadas de 50 e de 60, o abuso de se dar às taxas o mesmo fato gerador de imposto, houve uma certa pacificação. Mas agora, nos últimos tempos, diante da mudança da configuração do Estado e das novas exigências sociais, estamos assistindo a uma imensa re-elaboração do conceito de taxa, inclusive no que concerne aos seus princípios constitucionais.

A taxa é um tributo vetusto, que se cobra desde o tempo do Estado Patrimonial, no qual não havia uma distinção muito grande entre os ingressos, pois eram todos ligados à Fazenda do Príncipe.

O imposto surge no início do Estado Liberal. Diz Ardant que o imposto é uma técnica liberal. Só existe imposto, a rigor, depois do Estado de Direito, após as grandes revoluções do Século XVIII.

Mas nesse Estado de Impostos, que surge com o liberalismo, a taxa vai mudando de configuração. Ela, que não tinha muita importância no Século XIX, assume grande relevância no Século XX, principalmente no período de intervencionismo estatal, em que se caracteriza o Estado de Bem-estar Social, ou Estado Providencial, ou Estado Intervencionista, que pretende fazer a intervenção na sociedade segundo critérios paternalistas. A entrega de prestações de direito público se fazia sob a forma de taxa porque a tendência era socializante.

Hoje, a meu ver, estamos vivendo a nova fase do Estado, de 89 para cá, após a queda do Muro de Berlim e a desestruturação do socialismo real no Leste Europeu. A partir daí cresce um novo tipo de Estado, que recebe várias denominações: o Estado Pós-Positivista, o Estado Pós-Liberal, o Estado Pós-Moderno, o Estado da Sociedade de Risco. Tal Estado apresenta uma característica muito especial, que é a diminuição do seu tamanho, com a onda de privatizações a que se assiste. A diminuição do tamanho do Estado leva à redefinição das categorias tributárias, principalmente a da taxa. Os alemães chegam a dizer que enquanto o Estado de Bem-estar Social era um Estado de Impostos (*Steuerstaat*), o Estado da Sociedade de Risco é um Estado de Taxas (*Gebührenstaat*). Estamos caminhando no Brasil para um Estado de Taxas e de Contribuições Especiais, isto é, para uma estrutura jurídica em que assumem especial relevância os tributos contraprestacionais. Então me parece que é hora de repensar a problemática das taxas, que apresenta pontos extremamente difíceis porque mexe com princípios básicos constitucionais que estavam tendo, ao meu ver, uma leitura inadequada ao novo momento político e econômico que estamos vivendo.

O primeiro desses princípios é o da legalidade. Nós, aqui no Brasil, criamos, principalmente nos últimos 40 ou 30 anos, a teoria de que há uma legalidade estrita no Direito Tributário, acompanhada de uma tipicidade cerrada. Não se compreende bem o que seja uma tipicidade cerrada e uma legalidade estrita que se estenda a todos os tributos, de modo que tantos os impostos quanto as taxas e contribuições, todos, estariam sujeitos a tal contorno.

Sucede que hoje, com a emergência do novo papel do Estado, a noção de taxa se modifica. Embora aqui no Brasil continue o Supremo Tribunal Federal muito aferrado à teoria da legalidade estrita, já se defende em outros países a possibilidade de flexibilização da legalidade no campo das taxas.

As taxas se sujeitam a uma reserva relativa de lei e assim estão decidindo os principais tribunais e a doutrina mais importante. Eu lembraria o Tribunal Constitucional Alemão e alguns autores alemães como, por exemplo, Schmidt Assman, que têm escrito sobre o assunto, bem como a Corte Constitucional da Espanha e alguns autores de grande prestígio na Espanha.

Há um jurista espanhol, muito conhecido no Brasil, que é o Prof. Falcón y Tella, que, num artigo recentemente publicado, chamado "Um Princípio Fundamental do Direito Tributário – A Reserva de Lei", diz: "Em matéria de taxas, por exemplo, raramente o legislador procede a uma minuciosa regulação dos elementos configuradores das mesmas, dada a necessidade de ter em conta as características, amiúde cambiantes, do serviço ou atividade administrativa que constitui em cada caso o fato gerador. E, se bem não cabe uma deslegalização absoluta, parece evidente que a reserva de lei há de ser mais flexível neste âmbito do que no dos impostos".

Outro professor espanhol, o Prof. Antonio Truyol, dá ao seu artigo o título "A Dupla Relatividade da Reserva da Lei em Matéria Tributária", insistindo em que essa relatividade se aplica sobretudo às taxas e às contribuições econômicas. O Tribunal Constitucional da Espanha também tem diversas decisões em que entende que as taxas têm uma caracterização jurídica diversa de outras figuras tributárias, principalmente dos impostos. Diz a Corte Espanhola que o limite máximo da prestação de caráter público e dos critérios para determiná-lo são absolutamente necessários para respeitar o princípio da reserva da lei; mas, garantido o limite máximo, há possibilidade de a Administração variar, porque o poder regulamentar do Estado está autorizado a cambiar este valor dentro de parâmetros fixados pela lei.

Quer dizer, parece-me que há uma tendência universal no sentido de se modificarem algumas idéias e alguns princípios, que cultivávamos no período do Estado de Bem-estar Social, e que já não se sustentam.

Aqui no Brasil estamos percorrendo um caminho inverso. O Supremo Tribunal Federal a cada dia se apega mais à idéia de uma legalidade estrita nas taxas, e com isso vai armando uma moldura jurídica na qual não encontramos saída para resolver os problemas do Estado da Sociedade de Risco, que enfrenta riscos como os da droga, destruição do meio ambiente, terrorismo e outras situações que geram a insegurança em sentido diferente daquele que prevalecia no Estado de Bem-estar Social.

Parece-me que, desde que a lei assegure as garantias do contribuinte, a taxa pode variar do ponto de vista do núcleo ou da hipótese material de incidência. O poder regulamentar deve completar aqueles vazios normativos, pois não é possível que a lei estabeleça todas as características do fato gerador da taxa na atualidade, no Século XXI. O legislador, como se sabe desde Aristóteles, não consegue prever todas as hipóteses às quais venha a se aplicar a norma geral.

Veja-se a discussão, por exemplo, que surge em torno da taxa de saúde, que contém definições abertas e que não remunera a entrega de serviços públicos. Sucede que o Estado já não intervém mais na vida social, e o seu papel é meramente o de regulador da concorrência e protetor do consumidor. A Taxa de Saúde Suplementar (Lei 9.961, de 28.1.2000) deixa campo para a regulamentação do Executivo, o que não lhe prejudica a legalidade, desde que o controle jurisdicional recaia sobre adequação das normas regulamentares.

O problema da taxa do IBAMA, por exemplo, julgado no ano passado pelo Supremo Tribunal Federal, que entendia necessária a plena definição do fato gerador do tributo criado para a proteção ao meio ambiente. O Supremo exigia que se definissem os poluidores com clareza, apegado que estava à legalidade restrita. Como é que vamos definir milhões de poluidores no Brasil? Ao revés de o Supremo Tribunal Federal controlar a Administração no exercício do poder regulamentar, prefere a solução mais cômoda de controlar o legislador na função legislativa. Quando o legislador não tem mais como preencher a função legislativa, então vem o Supremo Tribunal Federal invalidar a lei, e caímos no espaço jurídico. No meu estado, por exemplo, a Petrobrás, todo mundo sabe, está destruindo a Baía da Guanabara, mas não paga nada de taxa, nem se responsabiliza pelo controle do meio ambiente.

São certas situações que estão reclamando realmente, a meu ver, uma modificação ou uma redefinição, porque, a continuar o estilo de decisões do STF, veremos uma troca de sinais: num Estado de Risco, com problemas de dano ambiental, terrorismo, droga e crime organizado, estamos esperando ingenuamente leis sem lacunas. Como definir todos os poluidores? Através da linguagem discursiva? Estabelecer ali uma proposição, com a identificação de poluidor? Mas quem é poluidor? O que caracteriza o poluidor é que ele nunca se acha um predador da natureza, como acontece com a Petrobrás. A lei tentou aproveitar o cadastro, porque a inscrição nele era o momento de obrigar as empresas a que indicassem o tipo de atividade praticada e a eventual poluição que pudessem trazer para o meio ambiente; no entanto, o Supremo declarou que esse tipo de cobrança é inconstitucional, por ser uma atividade do contribuinte e não do Estado.

A mesma coisa acontece com o *quantum debeatur*. O Supremo Tribunal Federal insiste em que não é possível, em virtude da legalidade, que a lei formal deixe ao regulamento a complementação da base de cálculo. Mas como é que se pode alcançar a completude na lei, se é cada vez mais complexa a base de cálculo e o legislador não consegue prever todas as vicissitudes que cercam a fixação do valor a ser pago a título de taxa ou contribuições sociais e econômicas?

Veja-se o problema do SAT, que é uma contribuição destinada à segurança do trabalhador diante do risco de lesão à saúde. Ali, naquele caso, a lei deixou que o Poder Executivo, pelo regulamento, estabelecesse o que é lesão grave, leve ou média. O decreto veio e nós estamos assistindo aí, na Justiça Federal, a um desencontro de opiniões, com grande parte dos juízes concluindo pela inconstitucionalidade, porque a lei não trouxe a definição de todas as empresas que podem causar prejuízo à saúde dos trabalhadores.

Ainda no julgamento do caso do IBAMA, por exemplo, o Supremo rejeitou a lei dizendo que era inconstitucional estabelecer valores uniformes por classes de contribuintes. Mas como é que se vão estabelecer, na norma geral, os valores que possam variar, para atingir toda a realidade ambiental de um país com milhões de poluidores? Evidentemente chegamos a uma situação de impasse.

Mas, em contraste com a tese da legalidade estrita das taxas, o Supremo Tribunal Federal vem chegando à conclusão de que aqueles tributos contraprestacionais sujeitam-se ao princípio de capacidade contributiva, o que é uma novidade na teoria do direito tributário.

A taxa, do ponto de vista positivo, nada tem que ver com a capacidade econômica, pois só o princípio do custo/benefício informa os tributos contraprestacionais. Do ponto de vista negativo, para efeito de isenção para as populações carentes ainda se pode invocar a ausência de capacidade contributiva. No entanto, o Supremo Tribunal Federal, no julgamento do caso da taxa da CVM, disse que a taxa pode encontrar apoio na capacidade contributiva do cidadão, o que acaba por influir sobre a própria legalidade, tendo em vista que a capacidade econômica é princípio específico dos impostos, justamente porque, não havendo nessa hipótese contraprestação do Estado, é necessário revestir os direitos dos contribuintes de garantias mais efetivas. Sendo o imposto desvinculado de qualquer prestação específica em favor do contribuinte, segue-se que tem ele a aptidão de destruir a liberdade e por isso deve ser rigidamente limitado pelo órgão de representação. Extrapolar a capacidade contributiva para princípio informador das taxas abre o caminho para cobrar, pelo fornecimento de serviços públicos, quantias proporcionais à riqueza do sujeito passivo, o que enfraquece as liberdades democráticas e a própria legalidade.

Outro problema que se coloca na temática dos textos é o da destinação pública ou da essencialidade pública. Assistimos aqui à palestra da Profa. Betina e da Profa. Anna Emília, nas quais foram ressaltadas as dificuldades que estão se colocando para definir ou distinguir entre preço público e taxa, justamente em decorrência desse novo papel da Administração. O Estado regulador deixa de entregar prestações específicas e passa a regular a concorrência e o consumo; como diz Diogo de Figueiredo Moreira Neto, é um Estado que recupera as suas condições republicanas e republiciza a ordem administrativa e tributária; há uma republicização que substitui a privatização do Estado ou o seu uso para fins privados. Entretanto, o Supremo Tribunal Federal e outros tribunais continuam insistindo na tese de que as taxas protegem melhor os direitos fundamentais. Houve já um acórdão mais antigo, por exemplo, no Rio de Janeiro, que invalidou a cobrança do preço público para a retirada de lixo domiciliar. O Município criara uma empresa pública, a COMLURB, que cobrava aquela tarifa e organizava a coleta do lixo de modo a permitir que as indústrias que tivessem equipamentos suficientes para incinerar o lixo ficassem livres do pagamento. O Supremo declarou a inconstitucionalidade porque entendeu que era essencial a retirada do lixo e só poderia ser remunerada por taxa. O Ministro Cordeiro Guerra ainda perguntou porque a retirada do lixo era essencialmente pública e o fornecimento de água, não. O resultado foi que o Rio de Janeiro passou a cobrar uma taxa e não mais um preço público. E o que fez? Ele cobra a taxa, que não passa pelo Tesouro Municipal, mas entra no orçamento fiscal do Município e depois sai como subvenção para a COMLURB; quer dizer, o dinheiro nem transita pelos cofres municipais, pois o jogo é simplesmente contábil, o que demonstra que, quando se começam a adotar esses fingimentos. Não é a lei que está errada, mas a decisão judicial.

Hoje estamos discutindo essa questão dos equipamentos e da infra-estrutura, e me parece que esse é um ponto importante, por relativizar o princípio da legalidade estrita e por afastar o princípio da capacidade contributiva da temática das taxas.

Perguntarão os senhores: "mas a segurança jurídica desaparece? Não se respeita mais a segurança jurídica?". Sucede que a segurança jurídica não é garantida só pelo legislativo. Ela é garantida também pelo judiciário, que não pode continuar pensando só por normas e querendo controlar apenas o legislativo, abdicando do controle do regulamento e se negando a penetrar na valoração da administrativa. Parece-me que aí, nessa judicialização da política, nessa nova função do judiciário, que é muito mais difícil e polêmica do que controlar simplesmente o legislador, é que estaria a real garantia da segurança jurídica; que incumbe aos três poderes do Estado.

Bem, são essas, meu caro Estevão Horvarth, as idéias que trago para o debate com os congressistas, agradecendo a atenção de todos. Muito obrigado! (*Palmas*)

PRESIDENTE (PROF. ESTEVÃO HORVATH) – Obrigado, Prof. Ricardo Lobo Torres pela sua brilhante e provocante manifestação e passo, então, a palavra ao Prof. Aires Barreto, Presidente do Instituto Geraldo Ataliba-IDEPE para sua intervenção.

PROF. AIRES BARRETO – Obrigado. Bem, como já salientou o nosso Presidente desta Mesa, Prof. Estevão Horvath, eu aqui compareço na qualidade de "regra 3", de reserva, mas numa condição de reserva privilegiado, porque, primeiro, venho como reserva da Prof. Lúcia Figueiredo – estrela de primeira grandeza – e, segundo, eu sou aquele reserva que ingressa diferentemente do que acontece quando o tema é substituição tributária. Em substituição tributária, o reserva entra mesmo sem sair o titular, sem saber quem é o titular. (*Risos*)

O tema é o da competência ou não do Município para a instituição de taxa ou preço relativamente ao uso de solo, subsolo e espaço aéreo, públicos. Trata-se de tema extremamente controvertido. Ele é controvertido porque o tema das taxas não tem sido estudado entre nós de modo adequado, muito menos o tema não tributário dos preços públicos.

Quanto à matéria tributária a explicação é singela: o que motiva, o que impulsiona, o que movimenta os escritórios de advocacia, de onde saem os professores, de onde sai a doutrina, são os temas ligados a impostos; são esses que permitem que os advogados prosperem. Aquele advogado que pretender ganhar o seu sustento versando o tema taxas, seguramente está fadado a ser um excelente teórico, mas a ter um escritório na penúria. E por essa razão, como a doutrina não estudou as taxas adequadamente e muito menos os preços (que estão fora do campo tributário), a jurisprudência foi alimentada por esparsos trabalhos, sem meditações profundas em torno desse tema. E daí o que se teve foi uma série de descompassos nas mais variadas espécies; tem-se, no caso, prato para todos os gostos.

Não se tomou em conta, por exemplo, desde logo, uma preocupação inaugural. No campo das taxas a questão relativa à competência é diferente daquela que preside a instituição de impostos. No campo dos impostos, precisamos examinar a existência de previsão na Carta Magna, fazer a verificação de ter a Constituição descrito sinteticamente um fato lícito, não voluntário, que o Prof. Paulo de Barros Carvalho sintetiza num verbo e respectivo complemento: auferir renda, prestar serviço, promover operações mercantis, importar produto estrangeiro, exportar produto nacional e por aí afora. Em matéria de taxas é diferente. No campo das taxas, é preciso primeiro que aquele que pretende instituir taxa, tenha competência administrativa, disciplinada no texto constitucional. Mas isso só não é bastante; é preciso que, a despeito de ter competência administrativa, ele tenha regulado essa matéria por lei ordinária. E, depois disso, depois de ter recebido competência administrativa diretamente da Constituição, depois de ter editado lei administrativa disciplinando, circunscrevendo, o desfrute dos particulares, para usar uma expressão tão ao gosto do Prof. Celso Antonio Bandeira de Melo, é preciso, ainda, que ele crie uma lei tributária, agora, sim, uma lei instituindo a taxa.

E a doutrina, como disse, não se preocupou com isso; e por isso tantas foram as surpresas, notadamente no campo da jurisprudência, mais especialmente, quando se põe em confronto taxa e preço. Isso até me lembra – essa história de surpresa –, a saga de um carpinteiro que foi chamado para verificar porque uma porta de um certo armário, num apartamento, não se mantinha fechada. No local, a proprietária mostrou a ele a porta, tendo ele verificado que esta, realmente, de quando em vez, se abria. Ele disse: "Isso aqui é a dobradiça". Pegou a chave de fenda, apertou a dobradiça e disse: "pronto minha senhora, está resolvido", retirando-se; quando ele chega à porta do apartamento, a porta do armário abre-se novamente. A senhora o chama, ele volta, olha outra vez, examina uma dobradiça, a outra, ajusta, aperta, aqui e acolá, e vai embora. Desta vez, consegue tomar o elevador; quando ele está no térreo a senhora pede ao porteiro: "Olha, diga para ele voltar porque a porta abriu outra vez", e ele volta. E, lá pelas tantas, depois de olhar e ouvir muito atentamente, ele pergunta para a senhora: "por favor, por acaso por aqui passa Metrô?". Ela diz: "passa". Ele diz: "Olha, estou desconfiado de que a porta se abre em virtude da trepidação do Metrô. Vou fazer o seguinte, vou entrar no armário e, na hora que passar o Metrô, a senhora fica atenta para ver se é aí que se abre a porta". Assim foi feito, só que, nesse interregno, chega o marido (*risos da platéia*), abre a porta do armário e se depara com o carpinteiro, interpelando-o asperamente: "o que o senhor está fazendo aí?" O homem respondeu: "Olha, meu amigo, se eu disser que estou esperando o Metrô, o senhor não vai acreditar..." (*Risos da platéia*)

São essas surpresas que enfrentamos também no campo das taxas e do preço público. É preciso, portanto, lembrar algumas noções. É preciso lembrar a classificação exposta pelo Prof. Geraldo Ataliba no sentido de que os tributos são vinculados ou não-vinculados e que, não-vinculados, são os impostos, e, vinculados, são as taxas e as contribuições, o que se extrai do próprio direito positivo. Reafirmando o texto constitucional, o artigo 16 do Código Tributário Nacional diz que imposto é todo tributo cujo fato gerador independe de qualquer atividade estatal específica dirigida ao contribuinte, o que quer dizer, a contrário senso, que todos os demais dependem de uma atividade estatal dirigida ao contribuinte.

Então, vinculados são as taxas, porque dependem – na sua hipótese de incidência, haverá de estar sempre esse vínculo – dessa atividade estatal dirigida ao contribuinte, e pode manifestar-se de duas formas, de duas perspectivas: ou representando uma taxa de serviços ou uma taxa pelo exercício de poder de polícia. No caso da taxa de serviço, é preciso deixar presente que ela pode ser exigida genericamente pela efetiva prestação de serviços e, em alguns casos, pela mera potencialidade dessa prestação, quando esses serviços forem de utilização compulsória. É dizer: "basta que eu tenha defronte à minha casa a rede de água para que eu seja obrigado a pagar o tributo taxa, ainda que, por qualquer circunstância, eu tenha um poço artesiano; enfim, que teoricamente eu dispensasse essa rede de água". Por que? Porque se trata de serviço público de utilização compulsória, em face da preservação da saúde pública. Mas, no caso do poder de polícia, só a efetiva existência a justifica. Apesar disso, eu li, lastimavelmente, e não faz muito, um julgado de Tribunal de Justiça dizendo: "Não, mesmo que não haja fiscalização, pode ser exigida a taxa". Fiquei escandalizado com isso, tão ou mais surpreso quanto aquele marido que encontrou o carpinteiro no armário.

Mas eu não vejo, sinceramente, não vejo, dentro dessa dicotomia – taxa pela prestação de serviço público, específico e divisível, prestado ao contribuinte ou posto a sua disposição, e taxa pelo exercício do poder de polícia –, nenhuma autorização para que se possa criar uma taxa pelo uso de bem de uso comum do povo. Não me parece que possamos encaixar dentro do exercício de poder de polícia ou da prestação de serviço público específico e divisível essa modalidade, uma taxa de uso de bem público.

Primeiro, porque, vejam, as taxas implicam, tem sempre nelas embutidas, um *fazer*. O Prof. Celso Antonio Bandeira de Melo diz que: "Serviço público é prestação de utilidade material fruível individualmente pelo administrado sob regime de direito público", portanto, tem que haver um fazer, enquanto, no uso de bem público, nós temos é um *suportar*, é um *permitir*, nunca um fazer, o que afastaria, por si só, a exigência de taxa.

Como o que há é um suportar e não um fazer, não pode haver exigência de taxa. Mas penso que cabe preço, e não uso o vocábulo tarifa porque tarifa, rigorosamente, é tabela de preços; tecnicamente, tarifa é aquele rol, lista de preços. É verdade que o vocábulo acabou sendo incorporado pela Constituição, com a referência à política tarifária, etc., mas, rigorosamente, tecnicamente, tarifa é tabela de preços.

Muito bem, é preciso verificar, de outra parte, a natureza jurídica dos bens públicos. E os bens públicos, como já se disse, vou repetir aqui, eles são dominiais ou dominicais, que são os bens que pertencem ao patrimônio, que integram o patrimônio dos entes políticos e funcionais; os bens especiais, que são aqueles que, embora não sejam de propriedade do poder público, são afetados ao serviço público e, finalmente, os bens de uso comum do povo, como os rios, as praças, como aqui se mencionou, os logradouros públicos etc.

Se nós formos consultar Hely Lopes Meirelles, ele dirá que esses bens, no nosso caso, são bens do Município. Se nós formos às lições de Pontes Miranda, vamos verificar que ele entende que os bens de uso comum do povo são bens (os que estão na cidade, evidentemente) do Município. E vamos encontrar a voz discordante, de Buzaid, no sentido de que "esses bens não são do Município, esses bens são do povo mesmo, competindo ao Município apenas administrá-los, cuidar desses bens". Ora, de uma ou de outra forma, seja pelo ângulo de ser do Município ou seja por competir a ele a administração desses bens, o fato é que só o Município pode disciplinar a sua utilização. Nessa medida, o Município haverá de impedir a presença desses eminentes queijos suíços que andam aí pela cidade, por calçadas e ruas mutiladas; se houver chuva, transformam-se em mares encapelados.

E não podem, penso eu, a União ou o Estado-membro, esburacar e depois fazer favor com o chapéu alheio, dizendo: "Não, mas aqui, é por causa da concessão do serviço público". Tudo isso às custas do Município, da terra do Município, do solo do Município, do subsolo do Município, do espaço aéreo do Município. Estou convencido de que o Município pode cobrar preço, sim, por essa mutilação constante, larga, incessante. Está aí, para que se veja, de modo flagrante, a mutilação dessas áreas. E se tem que disciplinar esse uso, pode cobrar por esse uso, não apenas para obter receitas, não, mas para permitir que os bens de uso comum do povo possam continuar sendo utilizados como tais, adequadamente, sem que se esteja, a todo instante, a cair nos buracos, nas inúmeras fendas, tropeçando e até quebrando pernas. É preciso, portanto, que os Municípios cobrem preço. E eu estranho: essa questiúncula só surge em face do poderio de quem está do outro lado, por que, eu pergunto aos senhores, quando é que se discutiu aqui a impossibilidade de se cobrar preço público no caso da Zona Azul? Quando é que se discutiu aqui a impossibilidade de cobrar preço da banca de jornal que está nas calçadas desse Brasil afora e deste São Paulo a dentro?

É possível, portanto, cobrar preço público. Não consigo vislumbrar nenhum obstáculo para a cobrança de preço público. Argumentam, como obstáculo, com o artigo 153, § 3º, da Constituição; mas esse dispositivo está-se reportando a operações com energia elétrica, com combustível etc., e dessa matéria, uso e preço, aqui não se trata. O que é preciso, isso já dissera eu, num evento na cidade do Recife, é que os Municípios se cotizem no sentido de elaborar uma boa lei – digo lei não porque para instituição de preço seja necessário lei, mas é para impedir que, a pretexto de algum desses argumentos descabidos, mas ainda aceitos pelos nossos tribunais, se venha a derrubar um preço público. Faça-se por lei, embora não necessário; mas é preciso preparar o Poder Judiciário com pareceres, com um trabalho incessante, mostrando a constitucionalidade e o cabimento dessa exigência. O que me parece intolerável, mas intolerável mesmo, é que as empresas concessionárias ou permissionárias quebrem, destruam, acabem com as vias públicas ou logradouros de todas as cidades, e ainda tenham a empáfia, a desfaçatez de cobrar das suas congêneres um certo valor de aluguel pelo uso das linhas que passam em determinados postes. Isso é uma afronta ao Poder Público e uma afronta à nossa inteligência. Muito obrigado! (*Palmas*)

PRESIDENTE (PROF. ESTEVÃO HORVATH) – Muito obrigado, Prof. Aires, por sua brilhante intervenção – e como os senhores puderam perceber nós temos opinião para todos os gostos. Eu acho que na verdade isso, em vez de prejudicar, enriquece o debate e propicia uma reflexão mais substanciosa por parte de todos os congressistas.

Então, antes de finalizarmos, vamos passar a palavra à Profa. Anna Emília, para resposta das perguntas que lhe chegaram.

PROFA. ANNA EMÍLIA CORDELLI ALVES – Tem uma questão formulada pelo colega – uma não, várias –, pelo colega Antonio Sá, do Rio de Janeiro, que sempre prestigia esse Congresso, que são as seguintes.

Até o final do ano o Congresso Nacional deverá aprovar projeto de emenda constitucional que cria a contribuição para o custeio do serviço público de iluminação pública com o seguinte texto: *Os Municípios e o Distrito Federal poderão instituir contribuição na forma das respectivas leis para o custeio do serviço de iluminação pública, observado o disposto no artigo 150, inciso III, parágrafo único: É facultada, a cobrança da contribuição referida na fatura de consumo de energia elétrica.* O que a senhora acha da criação desse novo tributo? Não seria bom que os Municípios criassem um fundo específico para alocar a arrecadação desse tributo de forma a deixar claro para a sociedade que ela não irá para o caixa único?

(*Resposta*) – Bem, essa emenda, essa proposta de emenda constitucional é um pouco complicada, porque, na verdade, o serviço de iluminação pública é um serviço geral, não específico e não divisível; portanto ele não gera a possibilidade de cobrança de taxa.

Então o que se pretende aqui é possibilitar aos Municípios obter uma receita, o que hoje não é possível através de taxa, mediante a criação de uma nova contribuição.

Eu não ousaria discutir de pronto essa questão, mas resta saber se essa emenda constitucional poderia estar dispondo isso. Na verdade ela está criando um novo tributo sob a forma de contribuição, como uma forma de garantir ao Município uma receita que ele não consegue ter através da taxa. Quer dizer, se os Municípios devem criar um fundo específico para alocar a arrecadação desse tributo, a contribuição tem uma finalidade específica, e a não aplicação desse tributo àquela finalidade específica o torna inconstitucional, embora, evidentemente, na prática, muitas vezes a questão jurídica é essa, a exigência jurídica é essa; na prática, muitas vezes o Município corre o risco de utilizar para finalidades outras que não aquela; então, talvez, do ponto de vista de garantia isso seja interessante.

(*Pergunta*) – Tendo em vista que a contribuição é para o custeio de serviço público de iluminação pública, podemos entender que a arrecadação pode ser utilizada para o custeio de gás, energia elétrica, referente a iluminação pública e do gasto da manutenção desse serviço? E o gasto com investimentos, também podem ser custeados com a arrecadação?

(*Resposta*) – Eu acredito que sim, porque quando você fala em serviço público de iluminação, na verdade você pode interpretar mais que, exclusivamente, o serviço, ou então tudo aquilo, toda aquela infra-estrutura que é necessária para a prestação daquele serviço; não me parece que isso seja inconstitucional. Sem embargo de discutir mais detidamente a questão da possibilidade ou não dessa alteração que se pretende fazer na Constituição.

(*Pergunta*) – Uma outra questão do mesmo colega. O artigo 155, § 3º da Constituição Federal não se aplica a taxa ou preço público, porque aquele parágrafo fala em imposto (*interrupção na gravação*).

Na verdade, só para simplificar, é aquela questão do artigo 155, § 3º, que o colega disse que menciona que nenhum outro tributo poderá incidir sobre operação de energia elétrica, telecomunicações, derivados de petróleo e combustíveis minerais. Quer dizer, a questão é a seguinte: ele quer saber se é mais um argumento meu ou se eu não concordo com o entendimento da Prof. Betina, de que é uma mercadoria.

(*Resposta*) – Concordo sim. Acho que esse artigo não se aplica a essa discussão, como o Prof. Aires acabou de falar. Nós estamos falando em tributação de operações e na verdade, no caso da utilização de bens de uso comum, não estamos falando de tributação, estamos falando de figura não-tributária, cobrança de preço público pelo cuidado no exercício da competência do Município de zelar pelo uso dos seus bens públicos; portanto, nem se aplica essa questão. Na verdade é argumento utilizado pelos advogados que têm que defender suas clientes – mas é um argumento absolutamente fraco, como o Prof. Aires colocou, e a Prof. Betina também.

(*Pergunta*) – Finalmente, o substitutivo ao projeto de lei sobre saneamento básico, em votação no Congresso Nacional, determina no artigo 65 que é vedado aos Municípios a cobrança de tarifas pelo uso do solo e subsolo. Considerando que estamos diante de uma lei ordinária da União, esse dispositivo não é inconstitucional?

(*Resposta*) – É! É inconstitucional. Na verdade esse substitutivo só visa realmente tentar derrubar essa argumentação que colocamos aqui. O Município tem autonomia, e exerce sua autonomia com base na Constituição Federal, com base nas suas leis orgânicas e a mera tentativa de uma lei ordinária federal de cercear a autonomia não pode ser aceita. Então, é absolutamente inconstitucional.

Prof. Ricardo Lobo Torres – Tem uma pergunta aqui: "Sendo a taxa um tributo vinculado a uma atuação do Estado, ou seja, sua materialidade exige necessariamente uma contraprestação, não seria o princípio da legalidade estrita uma forma de se garantir efetivamente esta contraprestação? Relativizando o dito princípio, não estaríamos a permitir a cobrança de taxas sem que haja atuação estatal? Como o Judiciário controlaria o Executivo se não houvesse lei que obrigasse esse Poder a praticar determinada conduta ou prestar um serviço?"

(*Resposta*) – A legalidade relativa não renuncia à questão da definição do fato gerador e da base de cálculo. Mas se compadece com a fixação do limite máximo dos aspectos quantitativos e com o desenho do fato gerador por conceitos indeterminados. A legalidade, por conseguinte, será preservada com o preenchimento dos conceitos indeterminados pelas regras regulamentares e pela fixação dos aspectos quantitativos dentro dos parâmetros traçados pela lei formal. O Judiciário, por seu turno, exerce o controle da atividade regulamentar examinando a legalidade no preenchimento dos conceitos indeterminados – que não se confunde com a discricionariedade administrativa – e na fixação da alíquota e da base de cálculo dentro dos limites estabelecidos pela legislação. Não vejo um prejuízo à segurança jurídica, pois existe apenas uma outra composição da legitimidade democrática e da separação de poderes. Precisamos abandonar a ficção em que vivemos, de que o legislador tudo pode prever e determinar. Examine-se o impasse a que se chegou na contribuição de melhoria no Brasil. Em homenagem à legalidade estrita podamos a definição constitucional da contribuição de melhoria que aparecia no texto de 1967-1969. Não adiantou nada, porque não sobreveio a regulamentação, que teria que se ocupar dos critérios para a mensuração da base de cálculo e para o lançamento do tributo. Mas prevaleceu a ficção de que ao legislador de Brasília incumbia traçar todo o contorno jurídico da contribuição de melhoria, o que acabou por inviabilizar qualquer esforço de regulamentação pelo Executivo. Até hoje não se cobra contribuição de melhoria no País, não obstante as sucessivas modificações da escritura constitucional.

Outro caso lamentável é o da taxa de iluminação, que poderíamos ter resolvido flexibilizando a legalidade. Preferimos, todavia, insistir na legalidade estrita, para definir a indivisibilidade e identificar o contribuinte – o que, sendo logicamente impossível, inviabilizou a cobrança do tributo.

A realidade hoje é de tal forma complexa que, se não se relativizar a atividade do legislador, não atingiremos todos os fatos. Portanto, não me parece que haja o enfraquecimento da segurança. Na contraprestação tem que haver serviço público e serviço de polícia, regulamentados por ato administrativo. Os conceitos indeterminados aparecem até nos próprios impostos: o Imposto de Renda está aí com certas indefinições até hoje, como a que ronda o problema da dedutibilidade. O que é despesa dedutível? Ninguém sabe exatamente se é taxativa ou não a relação das despesas dedutíveis.

PROF. AIRES BARRETO – Eu tenho aqui quatro perguntas, mas como uma delas se desdobra em três, posso dizer que são sete questões para serem respondidas.

A primeira, de Helen Corvelini Gomes, diz: "Qual é o critério dimensionador do preço ou qual o critério de razoabilidade e proporcionalidade para se instituir o preço? Ainda que não seja espécie tributária, poderia adotar, como base de cálculo, a do IPTU, por exemplo?"

(*Resposta*) – Primeiro, eu entendo que não se deve utilizar como base de cálculo nenhuma base de cálculo tributária. Nem de IPTU, nem de ITR, se isso se desse na zona rural, nem de qualquer coisa envolvida com matéria tributária – até porque seria pretexto para virem decisões judiciais afirmando que a taxa não pode ter base de cálculo própria de impostos e, aí, dizer que isso não é preço, mas é taxa, enfim... – de sorte que eu não aconselho.

Eu me lembro, até, que nesse evento no Recife, uma das indagações que me fizeram foi: qual seria a base de cálculo adequada para cobrança de preço? Eu disse: Qual a base de cálculo, eu não sei, até porque extrapola o campo do estudioso do direito. Mas o que posso afirmar é aquilo que não deve ser feito, ou seja, utilizar qualquer elemento ligado a qualquer tributo; isso deve ser imediatamente descartado. De outra parte, deve ser feita em tal conformidade que não se pretenda obter uma remuneração acima do custo proporcionado por essas despesas adicionais do Poder Público. Não é fazer disso uma nova fonte de renda, uma motivação para incremento das receitas dos Municípios, não. Pura e simplesmente é para repor os estragos causados, é para cuidar do planejamento, da expansão, do compartilhamento, dos estudos necessários a futuras modificações, remoções etc., dentro dessa estrutura de que deverá estar composto o custo respectivo. Nenhuma base de cálculo tributária, pena de fornecer exatamente a arma que implicará o fulminar de qualquer preço, que tenha esse tipo de base.

A segunda questão: se a remuneração decorre do prejuízo com os buracos, não estaria mais próximo de indenização do que de um preço público? Nesse pensar, a servidão administrativa não caberia melhor que a permissão de uso de bem público?

(*Resposta*) – Eu diria o seguinte: às vezes, não se faz menção à questão do prejuízo, porque o tempo é curto – e todos nós estamos limitados pelo tempo –, mas, na verdade, não é em função do prejuízo causado; este é um dos componentes. Vejam o que é ideal. Em termos ideais, convém que o Município possa primeiro identificar em que lado da via pública ou se no leito carroçável é que deverão passar esses dutos. Depois, qual é o tamanho desses dutos? Como é que eles devem ser compartilhados? Que reserva se deve ter para uma eventual expansão futura? Que tipo de radiografias devem ser feitas para compatibilizar tudo isso com o já existente? Porque, por aí, há toda uma parafernália; de quando em vez se abrem trechos de rua, de fora a fora, transversalmente, porque não se sabe onde estão passando os respectivos tubos, os encanamentos etc., por falta de um planejamento. Aliás, eu diria o seguinte: que muitos prejuízos a serem recuperados decorrem precisamente porque não há nenhum planejamento, nenhum conhecimento, nenhum retrato daquilo que está no subsolo.

Eu vejo com muita tristeza – desculpe-me o Sr. Mellon com relação a isso –, mas eu vejo com muita tristeza. Nos idos de 1972, 1973, nós fomos com três colegas aos Estados Unidos para verificar o que se desenvolvia no Estado de Washington. Em Seattle havia o melhor estudo em termos de cadastro, não apenas para fins tributários, mas cadastro das cidades respectivas. Então, o primeiro passo, nos dizia o professor lá, é: "Olha, é preciso codificar, individualizar, classificar cada face de quadra de cada quarteirão da cidade". Na hora em que você identificar numericamente ou alfanumericamente cada face de cada quarteirão da cidade, você vai poder dizer, mais adiante, com os elementos que você inserir nesse cadastro, se essa é uma rua arborizada, se naquela calçada passa uma rede de iluminação pública, se passa uma rede telefônica, enfim, você terá sempre o retrato de tudo o que existe, a que distância, se é um metro do solo, se é um metro e meio, e com isso evitar todos esses desastres com os quais nós nos defrontamos freqüentemente. Por que? Por que há de repente uma inundação em um lugar? E não se sabe, porque estourou um cano da rede de água e de esgoto ou da empresa petrolífera, e não se sabe por onde passa a tubulação. Nesses termos, nós vamos falar na situação da Petrobrás, que tem ocasionado problemas até mais graves do que esses.

Então, vejam, há uma necessidade de um planejamento adequado do subsolo. A destruição é uma fatia, é uma parcela apenas de tudo isso, mas não um todo; daí porque eu reitero o meu ponto de vista, entendendo que não se trata de mera indenização.

Outra questão de Oscar Cordeiro Correia Neto. A exploração – e não apenas a regularização dos serviços de telecomunicações – é de competência exclusiva da União, que pode prestá-los diretamente ou por concessão, permissão ou autorização. A concessão, permissão e autorização constituem importantes alternativas para a prestação indireta daqueles serviços, que continuam sendo da União.

(*Resposta*) – Até aí estamos de acordo.

(*Continuação da pergunta*) – A permissão de uso de bem público, por outro lado, tem caráter precário, pode ser revogada a qualquer tempo pelo promitente.

(*Resposta*) – Enfim, eu não acho que seja tão amplo assim, mas nada impediria que se fizesse por concessão.

(*Continuação da pergunta*) – Nesse sentido a permissão de uso não seria inadequada para instalação de equipamento de telecomunicação, exatamente por ter caráter precário?

(*Resposta*) – Volto a dizer, poderia ser feito por concessão.

(*Continuação da pergunta*) – Em que medida houve privatização dos serviços públicos de telecomunicação, se a sua exploração continua sendo de competência exclusiva da União?

(*Resposta*) – O serviço prossegue sendo público, continua sendo da União; é apenas a execução do serviço que é cometida a um concessionário.

(*Continuação da pergunta*) – Porque não se cobra preço público pelo uso do bem público com a passagem, por exemplo, de onda de rádio? Seria porque tal uso, embora extraordinário, não impede ou atrapalha o uso comum? Essa não seria a mesma resposta da instalação de equipamentos no subsolo?

(*Resposta*) – Ora, no subsolo atrapalha muito, porque se não houver nenhuma disciplina o cabo elétrico vai imiscuir-se no cabo telefônico e junto com o duto de esgotos e já se vê que passa a cheirar mal, (*risos*) de sorte que há uma necessidade de pleno conhecimento do que se tem no subsolo, de pleno partilhamento disso, para que não se cometam sérios equívocos.

Se as ondas de rádio, não tenho como aferir isso, não sou especialista, mas se elas não causam nenhum mal, claro, não haveremos de chegar ao exagero de querer cobrar por elas, até porque se alvitrarmos essa possibilidade, deveríamos cuidar no sentido de cobrar o ar que estamos respirando.

PRESIDENTE (PROF. ESTEVÃO HORVATH) – Obrigado, Prof. Aires. Antes de encerrar gostaria de agradecer novamente a presença dos Professores Anna Emília Cordelli Alves, Ricardo Lobo Torres, Betina Grupenmacher, Aires Barreto, e a todos os senhores pela sua atenção, e convidá-los para estarem de volta às 14 horas, pontualmente, para os trabalhos de exame das teses. Muito obrigado! (*Palmas*)

MESA DE DEBATES "B"

PROGRESSIVIDADE NO IPTU E NO IMPOSTO SOBRE DOAÇÕES

PRESIDENTE DA MESA: PROF. JOSÉ ARTUR LIMA GONÇALVES
MEMBROS DA MESA: PROFS. ESTEVÃO HORVATH,
JOSÉ SOUTO MAIOR BORGES E YOSHIAKI ICHIHARA

PRESIDENTE (PROF. JOSÉ ARTUR LIMA GONÇALVES) – Nesta Mesa "B" vamos ter a oportunidade de abordar o assunto da Progressividade no IPTU e no Imposto sobre Doações. Para dar início a esse trabalho, eu tenho o prazer de convidar o Dr. Yoshiaki Ichihara que é Doutor pela Pontifícia Universidade Católica e é Desembargador do Tribunal de Justiça de São Paulo, a quem eu passo a palavra. Obrigado.

PROF. YOSHIAKI ICHIHARA – Boa tarde a todos. Primeiramente gostaria de agradecer o convite recebido do Presidente deste Congresso e Presidente desta Mesa, Dr. José Artur Lima Gonçalves e, também, do Presidente do Instituto Geraldo Ataliba, Dr. Aires Fernandino Barreto.

Vou discorrer nesse momento exatamente a respeito do princípio da progressividade do IPTU e do Imposto de Transmissão *Causa Mortis* e Doação de Bens e de Direitos.

É evidente que a minha posição, é um tanto incômoda, na medida em que na Mesa encontram-se monstros sagrados do Direito, como o Prof. Souto Maior Borges, que conheci pela obra *Isenções Tributárias*, desde a década de 70. Não um tributarista, mas um jurista. Do meu lado, o Prof. Estevão Horvath, que foi meu examinador na dissertação de Mestrado, com quem já passei apuros e, também, o Presidente, Dr. José Artur Lima Gonçalves, Doutor pela PUC/SP.

Nessa questão da progressividade, eu defendo a constitucionalidade tanto do IPTU como também do Imposto de Transmissão. Entendo que a questão fulcral está exatamente assentada no princípio da isonomia ou da igualdade. Aliás a nossa Constituição dirige todas as questões tratadas pela óptica da igualdade. Nós encontramos a justificação desde o preâmbulo – exatamente desde a promulgação, a aprovação, a discussão da Constituição –, do direito à igualdade como direito fundamental, no artigo 5º, I, e, ainda, a igualdade específica do direito tributário no artigo 150, II, da Constituição – e em outros títulos, capítulos ou artigos da Constituição. Até na parte pertinente a ordem econômica nós encontramos aquela igualdade – não a igualdade absoluta, mas a igualdade jurídica e segundo a lei.

A igualdade, segundo quase todos os doutrinadores são unânimes em dizer, é praticamente o alicerce de todo o sistema. Se houver uma agressão ao princípio da igualdade, todo o sistema irá desmoronar. Até uma pessoa que é tratada desigualmente, se for tratada até beneficamente com desigualdade, não merecendo o privilégio, tendo um bom-senso comum, ele se sentirá um tanto incomodada. Nem se diga do bom senso jurídico.

No que se refere ao IPTU é preciso assentar que o artigo 156, § 1º, teve a redação alterada pela Emenda Constitucional n. 29, de 2000, tendo sido acrescentados textos expressos. Já na época da redação anterior eu entendia ser constitucional a progressividade; então, muito mais agora, com essa nova redação mais específica, mais detalhada, a respeito da progressividade do IPTU.

Na realidade eu encontro seis tipos de progressividades, ou, pelo menos, seis critérios para se aplicar a progressividade no IPTU.

O primeiro, ser progressivo em razão da aplicação do princípio da isonomia, ou seja, para implementar o princípio da isonomia.

O segundo, seria pela graduação do ônus da tributação segundo a capacidade econômica, ou capacidade contributiva.

O primeiro, encontra fundamentos nos arts. 5º, I, e 150, II, da CF. O princípio da capacidade contributiva está no 145, § 1º, da CF.

O terceiro: a progressividade poderá ser aplicada em função do valor do imóvel, que, calcado no princípio da capacidade contributiva, implementa o princípio da isonomia.

O quarto: a progressividade é permitida tendo como referencial a localização do imóvel.

O quinto: em razão do uso do imóvel, ou seja, também com o mesmo fundamento (isonomia).

E em sexto lugar: para imóvel urbano não-edificado, progressividade no tempo para determinar o seu adequado aproveitamento (artigo 182, § 4º, II, da Constituição Federal).

Quanto ao perfil da Constituição Federal, entendo que, tanto nessa emenda, como da Constituição de 1967 para a de 1988, não houve substanciais alterações quanto à materialidade.

Todavia, quanto aos princípios vetores dirigidos inicialmente ao legislador competente, entendo que a Constituição inovou. Então eu faço duas colocações. Uma, relacionada com os precedentes do Supremo Tribunal Federal, que, na realidade, fechou questão a respeito daquela redação anterior, dizendo que não cabe progressividade do IPTU exatamente por ser um tributo real. Então, eu pergunto: eu aprendi nos bancos escolares, desde o Bacharelado, Mestrado, que a classificação de real ou pessoal não tem nada de científico.

Então, será que alguém que ostenta um imóvel de maior valor é igual a quem ostenta uma propriedade de pequeno valor? Parece-me que, pela óptica da igualdade, devem ser tratadas desigualmente. E quem tem um bem, um imóvel de valor maior, tem maior capacidade contributiva; quem tem imóvel de menor valor, terá, evidentemente, menor capacidade contributiva.

E, o que é mais estranho no meu modo de ver, é exatamente analisarem-se as obras escritas antes da Constituição de 1988 – eu citaria, no caso, a obra em co-autoria de Ives Gandra da Silva Martins e Aires Fernandino Barreto e também a obra de Misabel Machado Abreu Derzi e Sacha Calmon Navarro Coelho, a respeito dessa questão –, defendendo a progressividade como se fosse a solução do problema da justiça fiscal, da isonomia etc. quando estes mesmos autores, parece-me que hoje defendem, ou pelo menos na vigência da redação da Constituição original de 1988 defendiam, exatamente a tese contrária.

Então, quando se fala em isonomia, essa isonomia deve ser exatamente a de tratar desigualmente os seres desiguais na medida em que se desigualam. Quer dizer, isso é uma realidade, isso é um fato notório, um fato incontestável; tratar pessoas desigualmente em virtude de valor do imóvel, já que tratar igualmente os desiguais é agredir esse princípio.

Quanto à questão da capacidade contributiva. A capacidade contributiva não se confunde com a capacidade financeira. Trata-se de capacidade econômica. Quer dizer – buscando esses conceitos, financeiro e econômico, no direito privado –, nós sabemos que a alegação de que não tem condição de pagar, por exemplo, é falta de capacidade financeira. Então, o que representa na realidade a capacidade econômica é o potencial econômico que o bem representa. E ainda, o artigo 145, § 1º, que fala sobre a capacidade econômica, diz que sempre que possível deve-se fazer vivenciar essa capacidade contributiva podendo tomar como referencial o patrimônio; então o imóvel é um patrimônio.

Na transmissão também é um patrimônio que está em jogo, então porque imposto real? O real, também, não estaria ligado a uma pessoa? Se eu adotar como critério da diferenciação o valor do patrimônio, não há nenhuma inconstitucionalidade. Que texto constitucional diz que imposto real é algo relevante que eu poderia dizer como impeditivo de aplicação da progressividade? Parece-me que a Constituição não diz nada, mesmo interpretando literalmente um ou outro artigo, mas todo o sistema jurídico brasileiro instaurado pela Constituição de 88, parece não levar a tal conclusão.

E a progressividade em razão do valor? Acredito que isso nem seria necessário, mas nós vivenciamos hoje uma política ou um entendimento de que aquilo que não está na Constituição não é direito e acabaram por colocar na Constituição de 88. Todas as classes lutaram para colocar e agora também colocaram dizendo que a progressividade pode ser em razão do valor. Valor é exatamente critério para medir a capacidade contributiva, medindo a capacidade contributiva e utilizando a capacidade contributiva, nós vivenciamos, nós implementamos o princípio da isonomia. Está expresso: em razão do patrimônio, do rendimento e da atividade econômica do contribuinte.

Quanto à localização do imóvel. Também é um referencial. Quem é que desconhece que um imóvel localizado no Morumbi tem valor diferente de um localizado na Zona Leste, por exemplo, São Miguel Paulista? Então, também, é uma maneira de vivenciar, através da capacidade contributiva. Só mudou o nome, mas o princípio é o mesmo, por isso que eu diria, essas normas foram colocadas expressamente porque parece que tanto o Tribunal como os juristas não acreditam nos princípios constitucionais que são as diretrizes existentes na Constituição.

Quanto ao uso do imóvel. Nós estamos vivenciando em São Paulo quanto ao uso, três tipos de grupos: residencial, não residencial e terrenos no que se refere ao projeto de lei que altera o IPTU em São Paulo.

Será isso também inconstitucional? Parece que não! Será que o uso do imóvel, a destinação do imóvel, diferenciar um imóvel construído com imóvel não construído, agrediria o princípio da isonomia ou da capacidade contributiva? Ou seria necessário colocar expressamente, só então nós sabemos perfeitamente que o uso do imóvel, quer dizer, até vivenciando a questão da necessidade humana, alguém que mora num edifício ou numa casa e outro que trabalha numa casa ou escritório. Será que se houvesse, na realidade, mais diferenciações tais como não só de imóvel residencial e não residencial, mas também imóvel industrial, comercial, de prestação de serviço, será que isso também teria alguma relevância, então é evidente que se pode dizer que como regra geral é constitucional, é evidente que podemos questionar os critérios adotados, isso podemos, até em virtude, por exemplo, do valor. Existe uma Resolução do Senado dizendo que o máximo da alíquota é 8%. Por exemplo, será que alguém que pagar IPTU de 8% não estaria ferindo, não pela isonomia, mas por a tributação estar além da capacidade contributiva? Seria razoável que, talvez em 10 anos, o Poder Público tomasse todo o patrimônio, quando o Imposto de Renda fala em 1% de depreciação das construções? São coisas que se pode discutir.

E existe a progressividade no tempo, também relacionado com o cumprimento da função social da propriedade, este precisaria, evidentemente, como se trata de um critério que adota a progressividade, existem certos patamares, tais como: que precisa ser notificado o contribuinte; concessão de prazo etc. e chega até à desapropriação. Então, neste caso, teria que haver no Município onde for implantada essa tributação progressiva no tempo uma lei de diretrizes ou do plano diretor do Município. Então não vejo realmente nenhuma inconstitucionalidade nessas tributações progressivas do IPTU. Antes ou depois, quer dizer, muito mais agora, então eu pergunto: "qual é a norma constitucional, qual é o princípio constitucional que fere a progressividade do IPTU?".

Quanto a questão da progressividade também do imposto transmissão *Causa Mortis*, é evidente que alguém que recebe um patrimônio maior, ele tem potencialmente maior capacidade contributiva. Ele não é igual àquela pessoa que recebe um pequeno patrimônio. Evidente que essa progressividade, em razão da capacidade contributiva e isonomia, sem dúvida, é possível.

Uma questão também que andei levantando, mas não sei se está dentro do temário ou não, por exemplo, juros pela SELIC prevista no Estado de São Paulo. Aplicação, por exemplo, quando ocorre o fato gerador, pois existem decisões dos tribunais de justiça. Uma pequena minoria, mas existe. Inclusive, estão aplicando retroativamente a isenção da lei nova a falecimentos ocorridos anteriormente à lei nova. Isso estou trazendo só para conhecimento. Provavelmente, o Dr. Souto Maior Borges vai ficar um tanto espantado com essa colocação, mas no Tribunal de Justiça existem decisões nesse sentido.

Acho que já foi os 20 minutos. Agradeço a atenção, muito obrigado. (*Palmas*)

PRESIDENTE (PROF. JOSÉ ARTUR LIMA GONÇALVES) – Agradecendo as palavras do Prof. Ichihara, vou passar ao meu bom amigo, Prof. Estevão Horvath, que é Mestre pela PUC, Doutor pela Faculdade Autônoma de Madri, Professor da PUC de São Paulo e da Universidade de São Paulo, para discorrer sobre este tema.

PROF. ESTEVÃO HORVATH – Professor José Artur Lima Gonçalves, Presidente desse Congresso e desta Mesa de Trabalho, Professor Souto Maior Borges, Professor Yoshiaki Ichihara, colegas congressistas.

Vou falar um pouco sobre a progressividade do Imposto de Transmissão *Causa Mortis* e Doações. Sinto-me numa posição confortável, em primeiro lugar porque estou convencido do que eu vou falar, ou seja, não tenho dúvidas (não é que esteja necessariamente certo; simplesmente não me convenceram do contrário até o presente momento). E quero também ressaltar que não vou falar o que falarei só por ser Procurador de Estado, não estou defendendo a posição do Estado. Enquanto estudioso do Direito, estou convencido de que essa posição a que eu cheguei, até agora é a correta.

Como já devem ter percebido, vou dizer que, no meu modo de ver, é possível – e eu diria que é necessário – que também o Imposto de Transmissão *Causa Mortis* seja progressivo. O Prof. Yoshiaki Ichihara me poupou algum trabalho ao começar pelo mesmo motivo que eu iria começar, ou seja: o princípio da igualdade já implicaria isto, em última análise, como vou procurar demonstrar.

Então, a igualdade adquire, no terreno tributário, aquela dicção que está no artigo 150, inciso II, da Constituição, ou seja, que a tributação deve ser aplicada de forma igual aos que estão em situação igual e de forma diferente aos que estejam em situação também diferente. E a igualdade implica a capacidade contributiva em matéria tributária, ou, se quisermos, também o contrário, o princípio da capacidade contributiva, como disse o Prof. Roque Carraza, está contido nas dobras do princípio da igualdade. Tanto assim é que no interregno que tivemos a partir da Constituição de 67 até a Constituição de 88, este princípio não estava expressamente previsto (que, sim, estava na Constituição de 46), e nem por isso a doutrina e a jurisprudência deixaram de dizer que ele se encontrava implícito no nosso ordenamento jurídico, porque vigorava o princípio da igualdade. Em vigorando o princípio da igualdade, vigorava também, em matéria tributária, o princípio da capacidade contributiva.

Então, já fiz essa primeira implicação, que seria, em matéria tributária, o princípio da igualdade implicar a capacidade contributiva.

E, da mesma forma, parece-me implicação necessária, decorrente da capacidade contributiva, que os impostos, sempre que possível, também sejam progressivos. Ou seja, a aplicação da capacidade contributiva não se contenta somente com a aplicação da simples proporcionalidade, senão que requer a aplicação da chamada progressividade. (Só para efeitos didáticos, relembro que, na proporcionalidade, a matéria tributável aumenta e as alíquotas permanecem as mesmas: então, são 2% sobre 10; 2% sobre 1.000; 2% sobre 10.000; e, na progressividade, à medida que a matéria tributável aumenta, progressivamente também se aumentam as alíquotas).

E porque então não se contentaria a capacidade contributiva com a simples proporcionalidade? Numa reflexão prévia creio poder dizer, quanto aos princípios (eu acho que todos concordam de uma forma ou de outra), que uma das suas características possíveis é que a maior parte deles carrega uma carga muito grande de valores, tem um conteúdo axiológico bastante grande, em geral.

É assim no princípio da igualdade, no princípio da capacidade contributiva – que, no Direito Tributário reflete a preocupação com a chamada justiça tributária. Ele não é o único princípio que procura fazer justiça tributária, mas com certeza é o principal princípio que procura fazer a justiça tributária. Então, temos que procurar um pouco do que há de valor por trás da capacidade contributiva.

Por que se exige a progressividade? Porque se está inspirando na doutrina econômica, chamada de teoria do sacrifício, ou seja, pagar-se proporcionalmente um tributo: na medida em que sua base de cálculo aumente paga-se proporcionalmente, é uma coisa absolutamente natural: eu compro uma coisa de 10, pago 10%; compro uma coisa de 100, pago 10%; compro uma coisa de 1.000, pago 10%; agora, o sacrifício que isso representa não é o mesmo sacrifício que se for progressivo, ou seja, se a capacidade contributiva detectada for de 10 e eu pagar 2% é uma coisa; se eu pagar 2% só sobre uma capacidade contributiva que seja de 2 milhões, por maior que seja o valor nominal desses 2 milhões e aplicando-se proporcionalmente a alíquota, seja um valor maior do que os 2% aplicados sobre 10. Evidentemente, neste último caso, o sacrifício do contribuinte é menor do que aquela pessoa que às vezes pagou 2% sobre 10.

Traduzindo – pois nem eu mesmo entendi o que eu falei – quero dizer, por exemplo: se uma empregada doméstica tiver que pagar 10% sobre R$ 100,00, para ela vai ser muito mais gravoso do que se um milionário tiver que pagar 10% sobre um milhão de Reais. A quantia nominal vai ser, evidentemente, extremamente distanciada, mas o sacrifício vai ser diferente. Foi isso que eu quis dizer. E é isso que inspira a progressividade dos tributos como decorrência da capacidade contributiva.

Então, a simples proporcionalidade não basta para assegurar que quem pode mais pagará mais imposto, porque, no meu modo de ver, a primeira dedução que se tira do princípio da capacidade contributiva (acho que todos que já procuraram saber um pouco dele, devem ter percebido que ninguém sabe exatamente o que é, mas existem alguns caminhos para se dizer um pouco o que ele é) pode ser traduzida por aquela frase da qual ele foi inspirado nos ordenamentos modernos, que é talvez a constante da Constituição Italiana, que diz – a Constituição Espanhola repete também: "todos contribuirão para os gastos públicos na medida da sua capacidade contributiva". Isto quer dizer o seguinte: quem tem mais, *deve* pagar mais e quem tem menos *deve* pagar menos (o verbo grifado é proposital, ou seja, não é que "pode ser que" pague mais ou "pode ser que" pague menos). O princípio da capacidade contributiva, me parece, implica *necessariamente* que quem ganha mais *tem* que pagar mais, quem ganha menos *tem* que pagar menos. E isto não estaria satisfeito se simplesmente se pagasse a mais proporcionalmente, porque o sacrifício despendido não seria o mesmo.

Portanto, me parece que, como falei, a capacidade contributiva não se contenta com a simples proporcionalidade, e, sim, exige que se aplique a progressividade. E quando se vai aplicar isso? Eu diria, como a Constituição diz no artigo 145, § 1º, como bem lembrou o Dr. Yoshiaki, "sempre que possível, os impostos terão caráter pessoal e serão graduados de acordo com a capacidade econômica do contribuinte".

Este "sempre que possível" (eu sempre digo isso também), é criticado pelo Prof. Paulo de Barros Carvalho. Diz o Mestre: se o Direito só trabalha no campo do possível, então "sempre que possível" não tem sentido ser mencionado. Do ponto de vista lógico, a observação é inatacável. Entretanto, na minha opinião, para efeitos interpretativos, para efeito de dar ênfase ao que se quer dizer, esta frase assume grande relevância. No meu modo de ver expressa o seguinte pensamento: "sempre que a estrutura do imposto permitir, ele deve ser pessoal e deve ser graduado de acordo com a capacidade contributiva".

É claro que, por exemplo, é muito mais fácil graduar-se, segundo a capacidade contributiva, o imposto sobre a renda pessoa física, por exemplo, do que o IPI ou o ICMS. Aí existem mecanismos de via indireta, mecanismos indiretos, como por exemplo o princípio da seletividade de alíquotas, que é uma busca mínima de aplicação da capacidade contributiva. Então, se "sempre que possível" tem-se que aplicar capacidade contributiva, eu vejo a progressividade como uma implicação necessária da capacidade contributiva. Não sou só eu que acho; eu achei isso e continuo achando, com base nos ensinamentos do Prof. Geraldo Ataliba.

E se ele, "sempre que possível", deve ser graduado segundo a capacidade contributiva, ele, "sempre que possível", deve ser progressivo. Então onde está – eu sempre disse isso e *data venia* do que o Supremo Tribunal Federal diz – o impedimento a que o IPTU seja progressivo? O que tem no IPTU que impeça de ser progressivo? Parece que o Dr. Yoshiaki concorda exatamente com isso também. Agora, não há dúvidas, porque a Constituição foi emendada para se colocar que o IPTU é progressivo.

Mas o pior de tudo isso, qual foi o argumento básico para o Supremo Tribunal Federal dizer que o IPTU não podia ser progressivo? (e também isso ele foi dizer quando decidiu sobre o Imposto de Transmissão de Bens Intervivos). Que a progressividade, para poder ser aplicada ao imposto, precisava estar expressa no texto constitucional, e como ele só se referia ao Imposto sobre a Renda (se não me engano antes era só com relação ao Imposto sobre a Renda), só o Imposto sobre a Renda poderia ser progressivo. Na realidade, não sei de onde o Supremo tirou isso, porque ele não explica de onde veio, ele disse que é assim, não explica de onde veio.

E só para contrariar esse argumento eu tentaria contra-argumentar com o seguinte: a Constituição, também só com referência ao Imposto sobre a Renda, diz que tem que obedecer à generalidade e à universalidade. Eu pergunto: será que algum outro imposto pode não ser geral e universal? Isso decorre do princípio da igualdade. Então, isso, para mim, *data venia*, não seria argumento; prefiro me basear no texto constitucional quando este se refere à capacidade contributiva, para dizer que o imposto tem que obedecer à capacidade contributiva – e no caso do Imposto de Transmissão *Causa Mortis* também não vejo onde a sua estrutura intrínseca, vamos chamar assim, impeça de ser ele progressivo. Assim, como decorrência da aplicação do princípio da capacidade contributiva, ele já poderia ser progressivo.

E aqui eu me permito ler um trecho de um trabalho da Profa. Misabel Derzi, que está naquela magnífica revisão que ela fez do *Direito Tributário Brasileiro*, de Aliomar Baleeiro, e que está até citado num dos acórdão do Supremo que trata da progressividade:

"A progressividade nos tributos é a melhor técnica de personalização dos impostos, como determina o artigo 145, § 1º, da Constituição Federal. Tais renúncias seriam as isenções de receitas que são compensadas por meio da elevação das alíquotas incidentes sobre os bens de maior valor, progressividade, a fim de que o montante da arrecadação se mantenha no mesmo nível. É o aspecto pelo qual às vezes não se atenta, mas se se quer manter o mesmo valor da arrecadação ainda por cima e aplicar-se a Constituição, nada melhor do que se aplicar a progressividade, porque está se tirando de uns que podem mais em benefício de outros que podem menos, e o valor, até se formos pensar nesse objetivo de manter a arrecadação como está, já se resolveria também esta questão".

Essa discussão surge porque, pelo menos no Estado de São Paulo, com uma Lei do final do ano 2000, se previu a progressividade no Imposto sobre a Transmissão *Causa Mortis* e Doações. O artigo 16 da lei paulista diz: "o cálculo do imposto efetuado mediante aplicação dos percentuais a serem especificados sobre a correspondente parcela do valor da base de cálculo, esta convertida em UFESP (isto é, Unidade Fiscal do Estado de São Paulo, fator de correção), na seguinte progressão: até o montante de 12 mil UFESPs, 2,5%; acima desse limite, 4%". Então, isto é o que está sendo objeto de cogitação, de eventual contestação judicial, sob a alegação de que não poderia ser progressivo e que o Supremo Tribunal Federal talvez se inclinasse por este entendimento.

Eu tenho um exemplo aqui de um acórdão do Supremo Tribunal Federal que diz que (com relação ao ITBI, Imposto de Transmissão de Imóveis Intervivos) "a Constituição Federal não autoriza a progressividade das alíquotas, realizando-se o princípio da capacidade contributiva proporcionalmente ao preço da venda". E, na verdade, dá uma abertura num outro acórdão para dizer que, com relação ao Imposto de Transmissão, apesar de a nossa legislação não prever isso – porque a legislação foi anterior a Constituição de 1988 – com relação ao Imposto de Transmissão *Causa Mortisl,* este sim poderia ser progressivo. Não o ITBI, mas o Imposto *Causa Mortis*, sim. Não sei realmente qual é o critério de distinção entre as duas coisas.

Outro argumento que se traz à colação para justificar a possibilidade de progressividade – não é um argumento que eu estou utilizando, eu simplesmente estou mencionando – é a Resolução do Senado n. 9/92, que fixa aqueles 8%, a que o Prof. Yoshiaki mencionou, como limite máximo de alíquota do Imposto de Transmissão *Causa Mortis*; mas também diz no artigo 2º que as alíquotas dos impostos fixadas em Lei Estadual poderão ser progressivas em função do quinhão que cada herdeiro efetivamente receber nos termos da Constituição Federal.

Então, vejam os senhores: não sei se temo ou felicito, se o Judiciário decidir que o Imposto de Transmissão *Causa Mortis* pode ser progressivo, porque, muito provavelmente, será sobre argumento deste artigo da Resolução do Senado Federal, e não pelo princípio constitucional da capacidade contributiva que implicaria a progressividade. Agora, no meu modo de ver – e imagino que alguns me acompanharão nisso também – a Resolução do Senado seguramente extrapolou a sua competência, quer dizer, o que a Constituição determina no artigo 155, § 1º, inciso IV, é que o imposto terá as suas alíquotas máximas fixadas pelo Senado Federal, não diz em nenhum momento que ele vai dizer que essas alíquotas podem ou não podem ser progressivas. Segundo penso, ele (o Senado) claramente extrapolou o limite de sua competência. Em todo caso, imagino eu que isso possa ser um argumento que possa "pegar" no Judiciário mais facilmente do que aplicar simplesmente o que, no meu modo de ver, está dito na própria Constituição.

E, por fim, sobre a questão de o Imposto de Transmissão, quando se refere a bens imóveis, tratar-se de um imposto real, como o IPTU; seria aquele um imposto real também? Eu pergunto – como parece que o Prof. Yoshiaki também deixou implícito – será que realmente existe imposto real? Todos os impostos, em última análise não são pagos por alguém, não são pagos por uma pessoa? Será que essa distinção econômica, que poderia até ser importante se o texto constitucional lhe tivesse atribuído importância atualmente – e talvez até em algum ponto o tenha feito – é juridicamente relevante? Não seria também este um imposto pessoal?

Eu trouxe um trecho do Prof. Luciano Amaro que, baseado também em Hugo de Brito Machado, traz a seguinte frase: "Os impostos reais (que consideram objetivamente a situação material sem levar em conta as condições do indivíduo que se liga a essa situação), também devem ser informados pelo princípio da capacidade contributiva, que é postulado universal de justiça fiscal". Aí, complemento eu: "Ora, se eles também têm que ser informados pelo princípio da capacidade contributiva, então o Imposto sobre a Transmissão *Causa Mortis* me parece que pode – e eu diria mais, deve – ser progressivo. Muito obrigado pela atenção. (*Palmas*)

PRESIDENTE (PROF. JOSÉ ARTUR LIMA GONÇALVES) – Obrigado Prof. Estevão. Agora tenho a honra e o prazer de convidar os colegas a desfrutar da extraordinária oportunidade que é ouvir esta pessoa humana que esta aqui. A obra escrita do Prof. Souto Maior Borges, da Universidade Federal de Pernambuco, a maioria já conhece; agora, o prazer de estar aqui, no convívio com esta "figuraça" é único, então aproveitem! Professor, a palavra é sua.

PROF. JOSÉ SOUTO MAIOR BORGES – Excelentíssimo Senhor Doutor José Artur Lima Gonçalves, Digníssimo Presidente deste Congresso e da presente sessão, Excelentíssimo Senhores Professores Estevão Horvath e Yoshiaki Ichihara, minhas senhoras e meus senhores.

Diante da jurisprudência do Supremo Tribunal Federal, que não reconhece legitimidade constitucional para o IPTU assumir amplamente as características da progressividade, corro o risco de incorrer nesta exposição num "exercício de inutilidade", porque compete ao Supremo Tribunal Federal, nos termos do artigo 102, *caput*, da Constituição Federal, precipuamente a guarda da Constituição.

Esta cláusula não é uma cláusula qualquer. Ela é uma cláusula-síntese. Aglutinadora, enquanto tal, de todas as funções, especificamente designadas e nomeadas ao longo do texto constitucional, no concernente à competência da Corte Excelsa. Portanto, ouvida Roma, *tollitur quaestio*, nada há que se discutir em termos estritamente dogmáticos.

Não há como contrapor à decisão do Supremo, que põe normas no sistema, simples opiniões doutrinárias. Contudo, ainda assim é possível analisar criticamente o sistema.

A ciência jurídica se move em torno de um campo problemático que pode ser reservado excepcionalmente à crítica. Contanto que se identifique o resultado dessa posição jurisprudencial do Supremo como uma instituição de normas jurídicas, que não se confundem com a lei, mas, em todo caso, são normas, não são meras opiniões doutrinárias. Mas é legítimo que se exerça essa crítica num Congresso Científico como este, destinado fundamentalmente a uma avaliação crítica dos principais problemas que permeiam o campo material e procedimental do Direito Tributário. Nesse âmbito de reflexão, tem plena oportunidade uma retomada, sob uma perspectiva nova, de velhos temas, e nenhum desafio, meu caro Presidente, será mais instigador para nossa inteligência e nossa capacidade de reflexão do que a retomada de velhos temas, sob perspectiva nova. Temas sempre novos, "nada de novo, debaixo do sol", diz a sabedoria imemorial.

Começo num plano de risco ainda, que é o da generalidade, mas da generalidade necessária. Assim é que, da abstrateza aparentemente descomprometida com a solução do nosso problema, poder-se-á demonstrar que ela está plena de implicações. Ela, afinal das contas, condiciona todas as propostas de solução que, em desdobramento, venham a ser adotadas para explicar os fenômenos relacionados com a competência do Município para tributar a propriedade predial e territorial urbana, tal como instituída pelo art. 156, I, e § 1º da CF.

O que parecia estar longe, na realidade está perto e já vem ao nosso encontro e se mostra diante de nós, a iluminar o nosso raciocínio, e consiste numa distinção devida à Ciência Jurídica do século passado, sob a perspectiva da linguagem jurídica, uma entre outras perspectivas pelas quais poderá ser abordado o fenômeno jurídico. O desafio consiste em estabelecer a distinção entre o universo das proposições prescritivas de comportamento (normas), expresso naquilo que a doutrina moderna chama de "modais deônticos" e que se tripartem em (a) obrigatório, (b) autorizado e (c) proibido – formas pelas quais o Direito regula a conduta humana. A esse universo de proposições normativas, ou mais sinteticamente de normas jurídicas, não convêm valores de verdade ou falsidade de enunciados, mas sim valores de *existência* conforme Pontes de Miranda, ou de *validade*, como afirmava Kelsen (para quem a validade era a existência específica da norma), de vigência, de aplicabilidade, de eficácia; mas, em momento algum se cogitaria, nesse campo, dos valores de verdade e falsidade.

Essa é matéria explorada admiravelmente pelo Prof. Lourival Vilanova: em contraposição e esse campo, situam-se as proposições descritivas e explicativas do ordenamento jurídico positivo, o universo de eleição da doutrina jurídica, que formula meras opiniões; é o campo da *doxa*, desde os gregos, e não de normas, portanto, informado, esse campo opinativo, pelos valores de verdade e de falsidade.

Se nós estamos reunidos aqui é porque acreditamos que algo nos congrega na diversidade dos nossos pontos de vista. É a comunhão de entendimento sobre a cientificidade do Direito e, particularmente, porque somos todos dedicados, no plano profissional ou no plano docente (que é outra forma de profissionalização), ao estudo do Direito Tributário. Acreditamos, portanto, da cientificidade do Direito Tributário.

Toda ciência se move em torno de uma unidade de objeto, que lhe dá um campo próprio e transponível pelos demais setores de conhecimento. A Física tem o seu campo. A Química tem o seu campo. A Cosmologia, a Biologia e assim sucessivamente para as outras ciências. Se o Direito tem a pretensão de cientificidade, haverá de ter, também ele, um critério de demarcação científica que venha a controlar os resultados obtidos pela doutrina, e que permita a autonomia da Ciência do Direito diante de outros saberes, outros campos de investigação, decerto legítimos, mas que, simplesmente, em virtude desse critério de demarcação, não interessam, epistemológica e metodologicamente, ao tipo de investigação que se está empreendendo. A cada ciência, um só objeto de investigação (monismo do objeto).

Efetuando essa *découpage*, esse corte ou seccionamento metodológico, é de se esclarecer, no início da exposição, que nós estamos num campo de investigação dogmática, com algumas tintas de crítica, que o Prof. Tércio Sampaio Ferraz chamaria de *zetética jurídica*, mas a das normas jurídico-positivas é na realidade uma investigação basicamente *dogmática*. Trata-se de investigar qual o regime jurídico constitucional do Imposto sobre a Propriedade Predial e Territorial Urbana (IPTU), desconsiderando-se, portanto, quaisquer outras investigações, inclusive infra-constitucionais (a legalidade integrativa da CF).

Muito bem, a partir daí, no campo meramente doutrinário, sujeito aos riscos para mim muito bem-vindos de erro, ousaria invocar, mais uma vez aqui, a definição da competência, que é uma categoria de direito positivo. Portanto não é uma categoria doutrinária. Quando se questiona se o IPTU pode ser progressivo ou não, o que se está a tentar desvendar, desocultar, no ordenamento jurídico, é o que nele permanece oculto e só pela interpretação se abre como que uma "clareira iluminada": é exatamente a competência do Município para explorar os seus próprios tributos, particularmente essa categoria tributária específica. Não é outra coisa que se está a buscar. Então, como em rede conceitual nem sempre seguida de boa pescaria – correndo o risco também de armadilhas conceituais em torno da exposição de aspectos que não sejam abordados adequadamente – eu diria que, sob um ponto de vista unificador, não há norma de competência ali onde não se identifique uma dupla caracterização. A primeira é uma porção, ou seja, uma faceta, um ângulo, meramente *autorizativo*, pelo qual todas as funções compreendidas na outorga da competência podem ser exercidas pelo seu titular. Nenhuma dessas funções estará excetuada.

A segunda perspectiva é a porção negativa (*proibitiva*). Como a norma de competência nada mais é do que uma norma de direito positivo, ela implica também um critério de demarcação – inexiste competência ilimitada. Descobrir quais são os limites da competência constitucional tributária é a magna tarefa social do jurista que se dedica aos estudos especializados do Direito Tributário.

Em virtude dos limites da competência, nenhuma função não compreendida na outorga da competência pode ser exercida pelo seu titular, sob pena de extravasamento das próprias atribuições e, eventualmente, de incorrer-se numa usurpação de competência tributária alheia, característica que informa sobretudo um sistema de rígida segregação de competências, como ocorre no campo tributário e em outros campos do sistema federal de governo brasileiro.

Muito bem. Não é que a competência exista antes e sofra *a posteriori* uma limitação. Ela cogenitamente situa-se em zona limítrofe. Ela já nasce limitada, já se delineia com suas limitações, sejam elas constitucionais ou infraconstitucionais (basicamente constitucionais no Brasil). Tanto que a Constituição Federal, ela própria, menciona as conhecidas "limitações constitucionais do poder de tributar", objeto de uma obra clássica do Prof. Aliomar Baleeiro, assim intitulada.

Tanto quanto qualquer outra proposta doutrinária, a minha postula nesse campo uma confirmação por uma *base experimental*. Não existe ciência, sem testabilidade experimental, exceto as ciências meramente analíticas como a lógica e a matemática. Não existe ciência sintética como o Direito, vertida a ciência jurídica sobre a realidade normativa, que não postule uma base empírica qualquer, controladora dos enunciados formulados pela doutrina. Na hipótese, a base empírica, porque se trata de uma investigação dogmática e, mais, de dogmática constitucional, está alojada na própria Constituição Federal; é ela que irá confirmar ou infirmar tudo o que se venha a afirmar a respeito do IPTU no âmbito da competência municipal.

Aqui já caberia fazer-se uma invocação do texto constitucional. E caberia a ressalva de que, veja-se bem, a ciência jurídica, toda ela – não se pense que estou aqui num exercício de obviedades inúteis e absolutamente descomprometidas com aplicações práticas, porque, como diz o Prof. Gláucio Veiga, nada mais prático do que uma boa teoria – na verdade, a Ciência do Direito – é uma coisa dramática para o estudioso que tem a consciência disso –, toda ela, se move em torno de dualismos fundamentais. Norberto Bobbio denunciava esse fenômeno na Itália: as grandes dicotomias da Ciência do Direito, quais sejam, direito interno, direito externo; direito nacional, direito internacional; direito público, direito privado; direito objetivo, direito subjetivo; direito real, direito pessoal; matéria, forma; direito escrito, direito não-escrito. E, já aqui, penetramos no campo da distinção entre tributos reais e tributos pessoais, para não perder muito tempo, precioso nessa minha exposição. A distinção entre tributos reais e pessoais é uma classificação importada da ciência financeira. No campo da ciência financeira (economia pública), nada há que investigar o jurista porque não deve ele ser infiel ao seu objeto de investigação e, portanto, ao critério de demarcação de sua ciência. Uma investigação dogmático-jurídica.

Ora, essa classificação financeira, ingênua e acriticamente, é transportada para o campo de investigação do Direito, e com isso nós adotamos uma classificação, em metalinguagem doutrinária, não em linguagem-objeto, que é linguagem do sistema jurídico, entre tributos reais e tributos pessoais. Na linguagem constitucional e infraconstitucional essa distinção financeira não encontra guarida.

O Prof. Paulo de Barros Carvalho, com a sua característica acuidade, apartou várias acepções, a polissemia, a plurivalência significativa do termo tributo, identificou várias acepções nessa categoria; não cabe apreciá-las aqui, mas uma delas será que tributo é norma, se não fosse norma, ou melhor, subconjunto de normas, não poderia ser objeto sequer da nossa investigação, sem transposição, sem ultrapassagem do nosso campo de investigação científico-jurídica.

Se é norma, não há norma que não esteja no espaço e no tempo da conduta regulada. É uma realidade que, como dizia Pontes de Miranda, este grande esquecido, *existe no mundo dos pensamentos*, porém no mundo intersubjetivo, não no campo psíquico, porque descabe uma interpretação psicológica do fenômeno jurídico. Por isso as normas jurídicas incidem; porque elas foram feitas para o processo social de adaptação que é o Direito, instrumentando da sua incidência, sem o que as normas jurídicas não teriam efetividade.

A norma, sob perspectiva jurídica, qualquer norma – não estou falando só de norma tributária, estou falando *inclusive* de norma tributária – tem âmbito de validade limitado. O âmbito de *validade* material que responde à indagação: qual é a matéria, o que é regulado pela norma? O âmbito *pessoal*: quais são os destinatários da norma? – é a indagação que ele permite responder. O âmbito *temporal* de validade, o período de vigência da norma – por tempo indeterminado, por 5 anos, por 10 anos – é a norma quem o prescreve. E o âmbito de validade *espacial*, a porção do espaço no qual irá recair a autoridade da norma. Normas nacionais, no sistema federal brasileiro, como as constantes de lei complementar, vigoram em todo o território nacional, assim como as leis federais. A lei estadual só vigora no território do Estado-membro, lei municipal, no território do Município – portanto, são âmbitos espaciais de validade limitados.

Ora, essa classificação de tributos em pessoais e reais provoca problemas, como todos os dualismos na ciência do Direito. Porque ela mutila a realidade, em lugar de enriquecê-la. Mediante essa perspectiva dúplice, ela mutila a realidade na medida em que atua como se houvesse apenas uma composição ontológica estrutural do tributo, fosse ele sempre real ou pessoal, o que é um equívoco vitando. Tributo real, sob uma perspectiva estritamente jurídica, é aquele em que, pela sua definição constitucional, entram no campo de previsão da hipótese normativa os aspectos relacionados ao seu âmbito material de validade, do aspecto material, ficando indeterminados os âmbitos pessoais de validade desse tributo. Nesse sentido impróprio – e é muito difícil combater, muitas vezes, esse dualismo, porque se acaba por usá-lo e conseqüentemente corre-se o risco de recair na mesma impropriedade – o tributo pessoal seria aquele em que há uma definição legal prévia dos sujeitos passivos (âmbito pessoal de validade) e uma relativa indeterminação do campo material de tributação.

Nesse sentido, o ICMS seria um imposto real, porque a CF determina o seu âmbito material de validade: esse tributo incide sobre operações relativas à circulação de mercadorias e serviços (art. 155, I, "b"), restando indeterminados os seus sujeitos passivos: produtores, industriais e comerciantes. Mas juridicamente essa implicação da sujeição passiva já é de si vinculante. Portanto, o ICMS será juridicamente, a depender do ângulo de análise, tanto um imposto real quanto pessoal. A personalização do ICMS está também presente na regra da seletividade das suas alíquotas em função da essencialidade das mercadorias e serviços (CF, art. 156, § 2º, III).

Em todo imposto, o elemento real e o elemento pessoal estão presentes. Toda relação jurídica é *interpessoal*, e não vamos chegar, no Direito Tributário, à "enormidade" de negar uma coisa que a unanimidade comovedora dos autores, em qualquer outro campo de investigação do Direito, inclusive na Teoria Geral, afirma. É que a relação jurídica é uma relação interpessoal. Portanto, juridicamente está infirmada a classificação de tributos em reais/pessoais, que privilegia indevidamente um dos aspectos dessa relação: o âmbito material de validade ou, excludentemente, o pessoal do tributo. Todo tributo é, só por sê-lo, real e pessoal.

A relação tributária, ou bem ela é interpessoal entre Fisco e contribuinte, e nesse caso é uma relação jurídica, ou se ela não for interpessoal, se ela não tiver essa característica, dificilmente será possível continuar sustentando que ela seria uma relação jurídica no sentido mais estrito da palavra. Caracterizaria uma relação de poder de força ou qualquer outra coisa – menos relação jurídica.

Mas o jurista tributário, inadvertido, manipula as palavras desenvoltamente, e não está muito preocupado com isso. É a simples opinião reinando em tudo – eu jogo minha opinião contra a sua, eu quero é brilhar, estar no palco e foco da ciência e nada mais. A classificação financeira é operativa. O quanto basta para a sua utilização nos compêndios e manuais do Direito Tributário.

Pois bem. Uma observação metodológica fundamental é que não é possível examinar um texto, um dispositivo da Constituição, preceito algum, dissociado do seu contexto, a contextura onde ele está imerso. Evitar a abstração do contexto na análise do texto é condição *sine qua non* para que nós possamos chegar a obter uma interpretação adequada do preceito. Eu diria que é impossível, adequadamente, entender o imposto, o IPTU, sem que se compreenda com a clareza desejável o regime constitucional da propriedade, que se insere nos direitos e garantias fundamentais do artigo 5º do texto constitucional. Vejam bem, não são direitos e garantias individuais quaisquer, não são princípios em contraposição a normas, apenas isso; são princípios nomeados expressamente no texto constitucional como *fundamentais* e dada a sua fundamentalidade mesma é que eles estão ao abrigo das cláusulas ditas pétreas do artigo 60, § 4, IV; do texto constitucional, em cujos termos não serão admitidas emendas tendentes a abolir direitos e garantias individuais.

Vamos aqui escutar um sermão de humildade e invocar os nossos predecessores. Amílcar de Araújo Falcão é outro grande esquecido, que preconizava a distinção (e é preciso saber distinguir quando essa distinção é necessária) entre o (a) objeto do tributo e o (b) suporte fático da tributação.

O objeto do tributo é aquilo sobre o que recai o próprio tributo, a situação concreta subjacente à lei tributária. O suporte fático da tributação é o que a doutrina do Direito Tributário, nomeava como "fato gerador da obrigação tributária" que nada menos é se não um *fato jurídico tributário*, fato jurídico, categoria geral, inclusive de Direito Civil, particularizado, individualizado, pela circunstância de que está inferido ao campo tributário. Por isso não é qualquer fato jurídico *in genere*, mas especificamente o fato jurídico tributário.

O suporte fático, dizia Pontes de Miranda, é a porção da realidade que a norma contempla ao incidir sobre essa realidade. Não é a realidade toda. Dizia Pontes de Miranda, diz Lourival Vilanova, a norma incide sobre a realidade, não coincide com a realidade. Da realidade toda a norma apenas apreende certos aspectos, certas características, com desconsideração das demais. E Kelsen advertia: o que interessa juridicamente são as condutas humanas, são determinadas condutas e não a pessoa humana como um todo.

Para nós termos uma idéia do objeto do tributo e, portanto, para uma adequada tipificação do regime jurídico do IPTU, é preciso que se faça uma revisitação do artigo 5º do texto constitucional, quando ele trata do direito de propriedade. Basicamente três dispositivos, sem os quais nós não lograremos jamais um entendimento adequado dessa matéria.

É necessária uma clara percepção da distinção entre o direito e suas garantias. Quais são as garantias do direito? São, por assim dizer, os efeitos reflexos do próprio direito subjetivo. A pretensão, o legítimo interesse, o dever jurídico, a ação, tudo isso é explorado por Pontes de Miranda ao longo da sua obra, particularmente os seis primeiros volumes do monumental *Tratado Direito Privado*.

Então não há direito subjetivo que não esteja, no art. 5º da CF, provido de certas garantias. Mas a garantia de certos direitos, pela sua eminência, está sob reserva do texto constitucional. Por isso, ao longo do texto nós vamos encontrar uma distinção, que foi muito bem salientada, na sua época, por Rui Barbosa, entre os direitos propriamente ditos e suas garantias. Direito, por exemplo, no artigo 5º, é o direito subjetivo de propriedade. E quais são as garantias do direito de propriedade? Já aí ouso uma consideração heterodoxa: a função social da propriedade, longe de significar uma restrição ao direito de propriedade, ao contrário, é o critério de demarcação da legitimidade do próprio direito no texto constitucional. Portanto, é o requisito para efetividade desse direito. Enquanto efetivada a função social da propriedade, esse direito estará sendo legitimamente exercido nos termos da Constituição – será garantido pela própria Constituição.

Outra garantia, na qual vamos identificar os limites do poder de tributar nessa matéria, está contida no item XXIV do art. 5º. Vou lê-lo para uma melhor compreensão do plenário: "A lei estabelecerá o procedimento para a desapropriação por necessidade ou utilidade pública ou por interesse social, mediante justa e prévia indenização em dinheiro, ressalvados os casos previstos nesta Constituição". É proibição *implícita*, e nem por isso menos vinculante, do confisco tributário. Alíquotas do IPTU que amesquinham a substância econômica da propriedade individual são alíquotas inconstitucionais por ofensa à vedação constitucional do confisco tributário.

Ora, essa nossa Constituição, meu caro Presidente, é demasiado pormenorizada, analítica, em contraposição às constituições sintéticas com a norte-americana. Por isso ela repete no art. 150, item IV, que é vedado à União, Estados, Distrito Federal e Municípios, utilizar tributos com efeito de confisco. Repete por que? Porque no direito de propriedade e suas garantias constitucionais, implicitamente, já está a regra, com a mesma eficácia vinculante, da vedação do confisco por meio tributário. Se eu só posso perder a minha propriedade mediante o devido processo expropriatório, segue-se que não posso perdê-la via tributária.

O art. 5º, *caput*, primeiro fala na isonomia; o item II em legalidade, *legalidade isonômica*, portanto igualdade diante da lei como conteúdo da lei. Quando se debruça o intérprete sobre o art. 153, I e II, está aí, legalidade em matéria tributária. Está reiterada ali a isonomia, no princípio da capacidade contributiva. Então, veja-se bem que é uma repetição, mas o sistema é esse, superlativamente pormenorizado, e isso torna a Constituição extremamente vulnerável, e explica porque já estamos submetidos a 33 emendas ao texto constitucional, o que é realmente uma "proeza". Então, nós somos campeões de reforma constitucional. Qualquer dia nós vamos assistir o Brasil com o triste recorde de emendas constitucionais, porque não é possível consolidar as instituições constitucionais mexendo nelas o tempo todo. É a síndrome da reforma constitucional, promessa substitutiva e sempre reiterada da felicidade celeste na terra. Quanta ingenuidade cívica na aceitação generalizada desse estudo de reforma permanente!

O limite do Poder Tributário é o confisco, não há outro que se identifique no texto constitucional, na minha opinião. Vencido, não porém convencido...

O art. 145, § 1º, é outro dispositivo de importância capital para entendimento da matéria. Dizia Alfredo Becker, já no seu tempo (e sua lição não se incorpora à doutrina brasileira, não sei porque; é um fenômeno psicológico curioso, não compete a mim apreciar). Mas, dizia ele, não se deve cometer o erro de indistinguir num preceito várias normas distintas. Não saber extrair de uma só formulação literal várias normas é equívoco.

Por exemplo, esse artigo 145 está expresso do seguinte modo: "§ 1º. Sempre que possível os impostos terão caráter pessoal e serão graduados segundo a capacidade econômica do contribuinte". Vamos deixar de lado a parte final do dispositivo. Há duas cláusulas nitidamente distintas aí, que foram objeto de um notável voto vencido do Ministro Carlos Mário Velloso na ocasião de uma discussão em torno do IPTU no Supremo Tribunal Federal, em que ele mostra que essa cláusula "sempre que possível", se refere, especificamente, ao caráter da *personalização* do tributo. Então, nesse texto, eu posso extrair uma norma autônoma, embora norma-parte do dispositivo total, que poderia ser assim enunciada: "sempre que possível, deve ser a personalização do tributo". É a aplicação daquela velha fórmula da Teoria Geral do Direito, "dado A, deve ser B" (norma primária). A segunda norma: "os tributos serão graduados conforme a capacidade contributiva", essa não tem o mesmo sentido que tem a personalização. O tributo pode ser pessoal no sentido tradicional ou não. Agora, ele jamais poderá deixar de atender à capacidade contributiva individual, porque, aí, nós cairíamos na suprema subversão de atacar, agredir, desestruturar o protoprincípio, o mais originário, o mais importante dos princípios constitucionais – que é a *isonomia*.

O Brasil rege-se pela isonomia antes da estruturação constitucional, no preâmbulo da Constituição: rege-se pela isonomia nos direitos e garantias individuais, rege-se pela isonomia nas relações entre as pessoas constitucionais; rege-se pela isonomia nas relações empresariais, e poder-se-iam multiplicar esses exemplos ao infinito. Então, aí, não há lugar para exceção; é a expansão do princípio da isonomia. Há cinqüenta e tantos anos atrás, já dizia Francisco Campos: extirpada a isonomia do rol dos direitos individuais, esses direitos se esbarroariam como um castelo de cartas, eles perderiam toda a efetividade. É só fazer o exercício tópico de aplicabilidade dessa lição a qualquer dos itens do art. 5º da CF de 1988 para confirmar o acerto dessa posição doutrinária antecipatória.

Essa cláusula "sempre que possível" – eu concordo com a ressalva feita pelo Prof. Estevão Horvath – não visa absolutamente estremar o campo do direito do campo do extrajurídico, não é a função dessa cláusula. No Direito, não entram as condutas impossíveis – "ir a pé à Lua" –, nem a regulação das condutas necessárias – p. ex., "é obrigatório respirar". No direito só entram as condutas *contingentes*, aquelas que podem ser cumpridas ou descumpridas (praticar operações de circulação de mercadorias, pagar ICMS); e é nesse campo das condutas contingentes que se situa essa cláusula, com toda a sua força de expansão: "sempre que possível", não há como escapar à personalização do tributo quando ela puder ser tecnicamente adaptada à estrutura do imposto. Essa é a função dessa cláusula, não outra, que não constitui uma inutilidade por isso.

Além de ser um instrumental de isonomia, a graduação conforme a capacidade econômica do contribuinte – a Constituição menciona a "capacidade econômica", a doutrina fala em "capacidade contributiva"; são duas coisas iguais, mas revestidas de perspectivas semânticas diferentes. A função da doutrina é descrever a Constituição, a função da Constituição é normar condutas. Quem são os destinatários desta capacidade contributiva constitucional, ou capacidade econômica? Isso é uma metanorma, embora ela crie direitos e deveres para os particulares, porque não devem, de maneira nenhuma, ser desobedecidos os princípios constitucionais. A própria Constituição prescreve, no art. 5º, § 1º, que "as normas definidoras dos direitos e garantias fundamentais têm aplicação imediata".

Não é invenção doutrinária, ou então nós não vivemos num Estado constitucional, a não ser retoricamente, e aí é o pior dos destinos da Constituição, o mais frustrante. A graduação conforme a capacidade contributiva é metanorma, sobrenorma, como a doutrina alemã acentua (*Übernorm*), uma norma que se dirige a outras normas, função exercida no Brasil pelas normas gerais do Direito Tributário (CF, art. 146), que são editadas pela União, no exercício de uma competência que não é federal, mas nacional, porque vincula as outras pessoas constitucionais, os Estados, o DF e os Municípios.

Ora, esta é, tranqüilamente, uma ponderação aplicável ao art. 156 da Constituição, segundo o qual compete aos Municípios instituir o Imposto sobre a Propriedade Predial e Territorial Urbana; e acrescenta, no seu § 1º: "O imposto poderá ser progressivo de forma a assegurar o cumprimento da função social da propriedade". Ora, a função social da propriedade é emergente de uma regra autorizativa expressa. Será muito difícil extrair dela uma negação implícita de outras finalidades para o IPTU e outras proibições para a sua exploração. Nem sei se logicamente essa extensão é possível. Mas, foi exatamente o que se fez com o artigo 182 do texto constitucional, a estrada real pela qual se introduziu, na interpretação da Constituição, o preconceito antimunicipal. Porque, veja-se bem, a proporcionalidade pode, em princípio (eu não gosto de fazer argumento econômico, mas isso é o óbvio), pode ser mais onerosa do que a progressividade – depende dos níveis de progressividade e dos níveis da própria proporcionalidade. Sem proporcionalidade e sem progressividade alguma, pode-se estabelecer uma base de cálculo tão destemperada que o tributo perca qualquer critério de razoabilidade.

O que é que diz o artigo 182, § 4º? Basicamente, que é facultado ao poder público municipal, mediante lei específica incluída no plano diretor, exigir, nos termo da lei federal, do proprietário do solo urbano não edificado, subutilizado ou não utilizado, que promova o seu adequado aproveitamento, sob pena, sucessivamente, de Imposto sobre Propriedade Predial e Territorial Urbana progressivo no tempo.

Aqui o texto é muito importante. É por isso que a exposição é demasiado longa. Mas esse tópico é fundamental. No seu tempo, von Kirchman ensinava: "duas palavras do legislador e esborroa-se uma biblioteca inteira". Já li um texto de indignação doutrinária muito grande quanto a essa lição, mas ela é a pura verdade. O que acontece? A Constituição clausula assim: *sob pena de* IPTU progressivo no tempo – como um instrumental de repressão de uma situação ilícita, uma omissão ilícita; que um prédio urbano, o solo urbano, esteja edificado sem exercer função social, ou seja, sem o seu adequado aproveitamento. Se não houver utilização e não edificação, o imposto predial será utilizado como instrumento de repressão desse ilícito constitucional pela via da progressividade no tempo – e daí se deduziu a proibição de outras formas de progressividade. Mas o art. 182, § 2º, não objetiva limitar o artigo 156, § 1º, da Constituição (progressividade). Nesse caso, a função do imposto é pura e simplesmente de estabelecer um caráter repressivo-penal, que não tem nada a ver com o art. 156, §

1º, que não é norma de caráter sancionador. Indevida, portanto, essa vinculação de um ao outro. Sem embargo, o Supremo Tribunal Federal entendeu de limitar, contra a opinião do Ministro Carlos Mario Velloso, a progressividade do IPTU, admitindo-a apenas quanto à progressividade no tempo e nos termos de um plano diretor que nem todos os Municípios, inclusive, têm.

Nós conhecemos as medidas dos atos humanos pelos seus efeitos. É um caso típico em que eu já conhecia essa conseqüência (reforma constitucional) de opinião doutrinária; mas agora estou vendo que uma posição jurisprudencial provoca igualmente uma reforma constitucional, aliás recente. Essa perspectiva eu a coloco, com todo o respeito devido à jurisprudência do Supremo, com todo acatamento, inclusive admitindo claramente que é uma das alternativas possíveis de interpretação, e de que a Corte Excelsa ficou com ela. Eu só não admito que tenha sido a melhor interpretação. Alteram-se a CF para contornar a revisão da Corte Excelsa. Já havia, porém, no sistema constitucional autorização bastante para a progressividade do IPTU. De sorte que a reforma acaba .por repetir o preestabelecido na CF.

A Emenda Constitucional n. 29 – nós temos a experiência recomendável, de emendas constitucionais que, no mesmo dia, repetiram a mesma coisa, emendas sobre medidas provisórias. Curiosamente, duas sessões do Congresso Nacional votaram a mesma coisa, a mesmíssima coisa; e eu fico aqui lançando uma interrogação para os presentes: não se diz que "a lei não contém palavras inúteis"? Vão ter muito trabalho para demonstrar a necessidade dessa repetição. Para mim o que houve foi, realmente, descaso institucional, pouca preocupação e até carência de seriedade: os arts. 2º da EC n. 6, de 6.8.1995 e 2º da EC n. 7, de 15.8.95 repetem *ipsis litteris* o mesmo preceito. Sem embargo, insiste-se: "a lei não contém palavras inúteis". Ouve-se isso o tempo todo. Isso é um exemplo. Agora, a regra aplicável corretamente é a seguinte: "a lei não deve conter palavras inúteis", uma regra de ordem técnica, de metodologia de produção jurídica, jamais um critério universal de interpretação.

Nós estamos agora com o artigo 156 que, doravante, acredito, cortará a controvérsia sobre a progressividade do IPTU em função do valor venal do imóvel. Não sou profeta, porque quem pretende fazer ciência, não pretende fazer profecia, que a ciência não pode fazer profecia.

O § 1º do artigo 156 tem a seguinte redação: "sem prejuízo da progressividade no tempo a que se refere o artigo 182, § 4º, inciso II, o imposto previsto no inciso I poderá: I – ser progressivo em razão do valor do imóvel; e II – ter alíquotas diferentes de acordo com a localização e o uso do imóvel."

Para mim isso tudo já estava contido no texto constitucional – mas é uma mera opinião pessoal, cujo único critério de legitimação é o próprio convencimento, evidentemente sem ter sequer a pretensão de convencer ninguém, mas apenas de cumprir o dever de expor com coerência e com autenticidade, porque só a sinceridade pode conferir legitimidade a pontos de vista suscetíveis de uma meditação que venha a impedir que, no futuro, o sistema constitucional brasileiro seja objeto de interpretações tão aligeiradas e com conseqüências institucionais tão sérias, como a que ora presenciamos – é esse o melhor exercício da ciência da cidadania individual. Muito obrigado! (*Palmas*).

PRESIDENTE (PROF. JOSÉ ARTUR LIMA GONÇALVES) – Eu esqueci de relembrar que era conveniente usar o babador para ouvir o Prof. Souto. Peço desculpas...

Eu gostaria de convidar o Prof. Paulo de Barros Carvalho, para presidir a próxima Mesa que será composta também pelos Professores Eugênio Doin Vieira, Aires Barreto e Desembargador Andrade Martins, que é o nosso conferencista nesse próximo minuto. Em seguida, os colegas estão convidados, depois da conferência do Prof. Andrade Martins, para o coquetel de confraternização. Obrigado.

CONFERÊNCIA

PROBLEMÁTICA CONSTITUCIONAL DA CRIAÇÃO INDISCRIMINADA DE CONTRIBUIÇÕES PARAFISCAIS – SEBRAE, CIDE ETC.

DES. ANDRADE MARTINS

PRESIDENTE DA MESA (PROF. PAULO DE BARROS CARVALHO) – Passando à conferência do Des. Andrade Martins, convido o Prof. Eugênio Doin Vieira para fazer a apresentação inicial.

PROF. EUGÊNIO DOIN VIEIRA – Estava Diógenes tranqüilo, no conforto do seu tonel, quando veio ao seu encontro um homem que corria, perseguido por diversos outros, e esses outros gritavam: "Segurem-no, ele é um assassino!". Como Diógenes nenhuma providência tomou, os perseguidores interpelaram: "Por que você não o prendeu?". Ele perguntou: "O que ele fez?". "Ele é um assassino." "E o que é um assassino?". "É um homem que mata outro." "Ah! Então é um soldado?" "Não, um homem que mata outro em tempo de paz." "Então é um carrasco?" "Um homem que mata outro em tempo de paz sem que ele haja sido condenado". "Então ele é um médico!"

Para examinar as versões do conceito de tributo na Constituição Federal foi convocado o Prof. Paulo de Barros Carvalho, e ele encontrou "n" versões para o conceito – número, esse, que se aproxima do infinito. Para que nós possamos conhecer melhor as contribuições de intervenção no domínio econômico, o Presidente desse Congresso encontrou Diógenes na pessoa do Prof. José Antônio Andrade Martins, mais conhecido como Desembargador Andrade Martins.

Ele está aqui presente, vai usar da palavra. Desembargador Federal do TRF da 3ª Região, aposentado recentemente, porta uma série de títulos que são valorizados por sua competência pessoal. É Doutor em Direito Tributário pela USP, onde é Professor Doutor Assistente. Teve o privilégio de ser aluno de Aliomar Baleeiro, na Universidade de Brasília, nos idos de 71/72. É fundador do Instituto Brasileiro de Direito Tributário. E atualmente, tendo descido dos píncaros às planícies, é Advogado em São Paulo.

O Professor e Desembargador Andrade Martins reúne, assim, um acervo de experiências e de cultura que permite que ele nos dê todas as versões deste fenômeno tão instigante e tão intrigante que são as *contribuições sociais*, sobretudo as contribuições do domínio econômico.

É para ouvi-lo que o Congresso o trouxe até aqui; e é para ouvi-lo e aplaudi-lo que nós passamos a ele a palavra, neste momento. (*Palmas*)

DESEMBARGADOR ANDRADE MARTINS – Eminente Professor Paulo de Barros Carvalho, jurista que preside esta nossa reunião e mestre que titulariza a disciplina jurídica que a todos nos congrega, assim na Pontifícia Universidade Católica de São Paulo como na Universidade de São Paulo. Eminente Professor Aires Fernandino Barreto, presidente do Instituto Geraldo Ataliba – IDEPE e mestre que também integra os quadros da Pontifícia Universidade Católica de São Paulo. Eminente Professor Eugênio Doin Vieira, ilustre titular de direito tributário na Universidade Federal de Santa Catarina, hoje aposentado, a quem agradeço as generosas palavras que acabam de me ser endereçadas. Eminente Professora Mary Elbe de Queiroz, integrante do corpo docente da Universidade de Pernambuco e também da minha saudosa Escola Superior de Administração Fazendária, de Brasília, instituição graças à qual pude dar meus primeiros passos no estudo do direito tributário.

Meus senhores. Honra realmente inesperada foi, para mim, poder participar deste famoso Congresso Brasileiro de Direito Tributário. Quando recebi o convite, convém esclarecer, era eu ainda um magistrado. Mas foram-se passando os dias rapidamente e, agora, cá estou, numa nova condição existencial. Pude transmudar-me em advogado, de direito e de fato, se bem que na categoria de advogado militante encanecido. Espero não decepcionar os juristas que me ouvem.

Meus caros, o mais importante para mim, neste exato momento, é a possibilidade que tenho de homenagear a saudosa memória de uma figura de jurista, imponente figura das letras jurídicas e da doutrina do direito tributário. Mas, ao procurar pôr em foco e realçar o insuspeitado alcance e brilho de uma das jóias que tal figura nos legou, vejam os senhores, deverei contrapor didaticamente – mas apenas didaticamente – um como "combate resoluto" a certos posicionamentos doutrinários assumidos por uma outra figura de jurista não menos imponente, já da nova geração, autor igualmente de obras que vêm constituindo importante contribuição para a doutrina do direito tributário. O esquema é simples, e vou expô-lo rapidamente. De um lado, quero homenagear vivamente não só a memória de Geraldo Ataliba, mas também relembrar um dos pontos culminantes das idéias por ele professadas. Pelo outro lado, porém, pretendo lançar um repto a Marco Aurélio Greco, no sentido de que se apreste para dar o devido acabamento ao conhecido conjunto de idéias que vem semeando – algo no sentido de uma teoria da "validação meramente (ou preponderantemente) finalística das contribuições parafiscais". Para tal combate, rogarei a vênia deste brilhante tributarista para lançar mão, adredemente, da hipérbole e de outras figurações, aqui para enaltecer mais e mais o que merece ser enaltecido, ali para tentar falsear as premissas daquilo que, ao que suponho, deve ser combatido. Reconheço tratar-se de um corpo de idéias ainda em gestação, mas é exatamente por isso que não se há de ser complacente em relação a certas premissas que, assim as vejo, permanecem imersas nas brumas de um mero impulso inicial de criação.

Cabe, sim, avaliar um posicionamento que ainda não amadureceu mas que já deixa entrever sua *meta optata*. Por se tratar de obra ainda incompleta, inconclusa, é natural que vá plantando, aqui e ali, alguns pontos de sustentação capazes de vingar por si mesmos, se olhados de modo acrítico, e, o que seria pior, capazes também de contribuir para o agravamento de uma certa situação de risco, já visível no seio da comunidade jurídica tributária e constitucional brasileira, tal seja o risco de uma escalada do fiscalismo.

Noutros termos, a inconclusão desse conjunto de idéias professado por Marco Aurélio Greco – jurista, amigo e figura extremamente simpática a todos nós – é, em si e por si, um fato preocupante, até porque o peculiar brilhantismo do expositor dificilmente permite um pronto repúdio às premissas de que lança mão, muitas das quais, já de si atraentes mercê do interesse especulativo que desde logo despertam, estão a merecer imediata e acurada submissão ao crivo de todos nós. Ademais, se se considerar que será imprescindível uma exaustiva elaboração doutrinária, no caso, para demonstrar o acerto de um critério de validação finalística em matéria de tributos, e que isso naturalmente pode demandar ainda algum tempo, não há como espancar a preocupação. Estamos vivendo momento crucial no nosso Direito Tributário, restando evidente a necessidade de se testar esse critério, mediante um franco debate de idéias, em busca da segurança de que não esteja sendo posto em risco quer o nosso Direito Tributário, quer, principalmente, o nosso Direito Constitucional Tributário. Assim é que, para resumir todo esse estado de espírito que a apontada inconclusão vem gerando, nada melhor será que recorrer a uma alegoria, capaz de didatizar o inconformismo e a apreensão não apenas de quem agora lhes fala. Meus senhores, deixemos consignado, aqui e agora – e carinhosamente – o brado impaciente de muitos dos tributaristas brasileiros, que, em mote de catilinária, instam ao ilustre autor dessa doutrina que nos exponha, às completas, a sua tese: *Quousque tamdem Marcus Aurelius abutere patientia nostra*?!

Meus caros, o sentido da coisa é exatamente este: o professor Marco Aurélio Greco vem desenvolvendo um conjunto de idéias no sentido de que a interpretação finalística deverá ser aplicada às contribuições parafiscais, como esquema hermenêutico exclusivo ou ao menos predominante, porque, segundo ele afirma, de outra coisa agora se trata; cuida-se de um *quid novum*; não há mais espaço, nos domínios das contribuições, para aquele esquema conservador, causalista, tradicionalista, de um *fato gerador*, impregnado em seu núcleo por uma *base de cálculo*. Impor-se-ia a necessidade de uma radical mudança nos métodos de interpretação e aplicação sempre que se trate de tais exações. É que na estrutura destas o nosso autor vislumbra e muito valoriza um quê de novidade: na sua íntima estrutura elas conteriam, como elemento novo, uma explicitação finalística, um norte a ser atingido designadamente, em conformidade com expressa valoração feita pelo legislador. Daí a afirmação de que a dois distintos tipos de validação podem submeter-se as normas estatais instituidoras de exações pecuniárias compulsórias: de um lado a validação causalista, reservada à aplicação das tradicionais figuras da fiscalidade; de outro, a validação finalista, manejada em relação às figuras da parafiscalidade. Neste último hemisfério, então, por meio do atento exame das conexões que se estabeleçam entre a finalidade da norma tributária criada finalisticamente e os finalismos superiormente existentes, explícita ou implicitamente, na nossa Constituição, é que, segundo o nosso autor, deveria desenvolver-se todo e qualquer procedimento exegético aplicado às contribuições – tais sejam, ao que me parece, todas aquelas, mas somente aquelas contidas no elenco do art. 149 da Lei Maior.

Em suma: para ele, relevância maior (senão exclusividade), terá sempre, nestes casos, para fins exegéticos, a adequação que se desvele entre o finalismo da norma tributária criada e algum fim prestigiado na Constituição, relegada a segundo plano ou até mesmo desprezada a tradicional metodologia da subsunção de fatos em normas. Independentemente desta, poderá vir a ser validada a exação instituída e, portanto, legitimada a sua cobrança.

Para quem ainda não se deteve em verificar a periculosidade dessa postura é que, especialmente, endereço as minhas palavras. Embora, acima de tudo homenageando o cientista, o meu amigo Marco Aurélio Greco (*amicus certus in re incerta cernitur*), não posso deixar de dar pontual e decidido combate às premissas que dão sustentação à sua proposta, o que passarei a fazer da melhor forma possível e imaginável para, com brevidade, tentar transmitir aos senhores todo o espectro destas minhas inquietações. Peço-lhes compreensão, porque a exigüidade do tempo, de um lado, impede demonstrações exaustivas; de outro, até mesmo aconselha que o muito que se tem por dizer seja dito por meio de incitamentos à reflexão ou de figurações que ponham o problema desde logo às claras diante de todos, em carne e osso.

Meus caros, Geraldo Ataliba, na primeira edição de sua festejada monografia *Hipótese de Incidência Tributária* posterior à promulgação da Constituição de 1988 – se não me engano a quarta edição foi a que remodelou a obra já à luz da nova ordem constitucional – professava convictamente suas idéias positivistas como tantos outros nomes ilustres do Direito Tributário o faziam, fizeram e ainda fazem, sempre em estreita aliança com Hans Kelsen, o grande filósofo criador da teoria pura do direito. Mas ocorre que Ataliba, num determinado ponto do exauriente estudo ali levado a cabo, superou-se a si mesmo ao desvelar, com extrema acuidade, uma indestrutível dicotomia ontológica que se manifesta na fenomenologia das exações que o poder estatal, onde quer que como tal se manifeste, endereça aos cidadãos que à sua lei se encontrem submetidos. Supostamente, teria ele atingido essa visão bipartida da realidade tributária por meio de reflexões acerca do direito positivo pátrio, mas pode ser que a idéia tenha sido alcançada primordialmente por via intuitiva e tenha, ao depois, resistido ao teste constante das vivências de direito posto, quer do nosso, quer de outros que ele conhecia.

Mas vou esclarecer o porquê dessa aparência de que seria indiferente trilhar este ou aquele caminho. Ocorre o seguinte. Na atividade dos juristas, muito antes de surgir o positivismo como doutrina, desde priscas eras existiu um pensamento lógico que é muito afeiçoável a um método que viria chamar-se fenomenológico. Com grande voga a partir do princípio do século passado, foi a chamada fenomenologia professada por Edmund Husserl e por seus inúmeros seguidores. Em Husserl, que foi professor de Hans Kelsen, a preocupação com o rigor metodológico chegara ao extremo de postular como ciência rigorosa até mesmo a filosofia, e não é difícil estabelecer um cordão umbilical entre o rigor da fenomenologia e o que é a pureza para os kelsenianos. É relevante lembrar o que num dado momento disse Husserl, combatendo o positivismo da época. No ponto culminante de uma lição de classe e após demonstração concreta de uma aplicação dos procedimentos fenomenológicos às coisas do mundo, num arroubo de entusiasmo com a própria doutrina que criara, asseverou: "*positivistas de verdade somos nós, os fenomenólogos; nós é que somos os grandes positivistas porque conseguimos precisões maiores do que aquelas que os positivistas conseguem*". Essa remissão se faz para mostrar que o que vou dizer não é artificial, é exatamente o que penso e o que sinto. Se bem que propenda e adira a esse segundo método, reconheço que os dois caminhos têm um denominador comum, que é a fundamental preocupação com a precisão, não só dos conceitos como também das idéias dos objetos, sacadas das várias regiões da ontologia, e com tudo mais que deva caracterizar o trabalho efetivamente científico.

Ora, Ataliba estabeleceu essa dicotomia com aquilo que a fenomenologia chama, em inglês, de *insight*, tal seja a visão imediata de uma essência. Primeiro ele viu; só depois articulou a elaboração teorética que à idéia cabia dar, para conciliar a visão com os princípios de sua própria metodologia. Mas, vejam bem, Ataliba chegara à coisa mesma; tivera uma visão de essência. A dicotomia dos tributos vinculados e dos não-vinculados fôra uma visão de essência alcançada por Ataliba.

Pois bem. Os senhores devem ter suposto que se pretenda tratar da problemática da classificação dos tributos na nossa doutrina. Mas não há aqui o espaço adequado ao trato desse assunto com a profundidade que ele merece, mormente porque entre os senhores é provável que haja defensores de modos distintos de classificar os tributos, mediante classificação quer ternária, ou quaternária, ou, ainda, qüinqüipartida. Três, quatro ou cinco espécies, e assim por diante, embora haja quem diga, não sem boa dose de razão, que não se trata de verdadeiras classificações mas, sim, de meras tipologias, até porque a classificação propriamente dita, no sentido da filosofia clássica e da lógica tradicional, teria de ir progressivamente abrindo, uma após outra, novas dicotomias exaurientes da classe superior.

Pois bem. Podem os senhores imaginar um expressivo contexto em que essa vinculação se mostraria às completas, tudo a partir de uma precisa informação histórica. Vejam os senhores o que se pode imaginar na esteira do que nos conta Júlio César Melatti, eminente indigenista brasileiro, a respeito dos antigos hábitos da tribo cadivéu, lá dos cafundós do Amazonas. O cacique cadivéu estava sempre vigiando tudo pelas redondezas da sua taba. Por mais de uma vez notara e pusera-se a observar que, mais ao longe, mas dentro ainda dos limites do território pertencente à tribo, grupos nômades desconhecidos atravessavam a região, de modo aparentemente pacífico. Tranqüilos, os invasores sequer olhavam para o lado das ocas. O cacique, que se chamava Tuxaua, um dia criou um pouco mais de coragem, aproximou-se mais de um desses grupos e pôde perceber que os nômades carregavam cestas e mais cestas, cheias de víveres e objetos sobremodo interessantes, havendo mesmo fartura de tudo isso naquele comboio. Tuxaua olhou, refletiu, e acabou sendo assediado por uma idéia brilhante. Sua intenção, a partir daquele momento, embora constituída com mais toscos elementos vocabulares, não equivaleria a verbalização outra que não "*Eu vou criar o Direito Tributário no Brasil*". O cenário da Pindorama de então seria o dos tempos que precederam a chegada da frota de Cabral. Tuxaua queria instituir o direito tributário no Brasil e de fato o criou. Conversou com os índios mais velhos, e naturalmente com o pajé, e ficou decidido que a partir da próxima oportunidade passariam a exigir um pedágio dos grupos nômades que viessem atravessar por quaisquer pontos daquele território. A exigência do pedágio assim instituído foi assimilada sem grandes traumas pelos nômades, que viam alguma vantagem em ter a certeza de que, por ali, poderiam sempre transitar. Naquelas terras brasileiras, portanto, uma vez instituído o pedágio, instituídos estavam *ipso facto* o direito internacional público e, o que mais de perto nos interessa no caso, também o direito tributário, antes de Cabral e de qualquer influência imputável a europeus. Mas vejam bem. É claro que não estou defendendo a idéia de um Direito Natural Tributário, associada a alguma concepção jusnaturalista. Quero apenas mostrar que o direito tributário está assentado, primordialmente, num elemento de contraprestacionalidade, na idéia de um sinalagma ou de uma comutatividade. Traduz-se como dado imediato, apropriável por via intuitiva, esse de que o poder de tributar é suscetível de ser descoberto e assumido a qualquer momento entre os homens em sociedade. Tuxaua criou uma normatividade entre nações, não é verdade? Mas criou também uma norma tributária, que não foi rejeitada pelos nômades porque era dotada de razoabilidade e, antes de tudo, ostentava um elemento de legitimação que hoje leva o nome de referibilidade. Sem conflito, os nômades faziam uso do território pertencente aos cadivéus; sem conflito estes impuseram-lhes o pagamento de um pedágio. Solução normativa perfeita.

Mas, então, o dado ali jamais poderia ficar restrito ao fato de uma unilateral manifestação do poder pelo poder, pois, como Kelsen mostra numa conhecida passagem da *Teoria Pura do Direito*: existe uma diferença entre a exigência feita por um grupo de salteadores e uma exigência fiscal, ou qualquer exigência jurídica. É claro que a sanção há de ter, também ela, a natureza de um dever-ser, no caso a execução forçada de uma eventual dívida de pedágio.

Meus caros. O dado essencial é a vinculação. E agora abro um parêntese para fazer um oportuno paralelo. Os senhores hão de se recordar dos tempos em que estudávamos a disciplina do direito comercial, quando, no capítulo dos títulos de crédito, nos foi ensinado que, nos primórdios, o que havia eram os títulos causais, e que foi somente uma longa evolução histórica que permitiu o surgimento dos títulos abstratos. Então, vejam os senhores, o que é vinculado é sempre o elemento primitivo, o dado primeiro na intuição do direito, dado constitutivo da essência do tributo. Retributividade, contraprestacionalidade, comutatividade, isso é o natural do homem enquanto ser social; esse o dado imediato da razão: dou em contrapartida a algo e recebo porque dei. Pois vejam que a evolução não poderia ser ao contrário. Primeiro pensa-se na promissória, depois na letra de câmbio. Primeiro se pensa no tributo vinculado, depois no tributo abstrato, não-vinculado. No caso da cambial o que se irá abstrair, num segundo momento lógico, é a *causa material* do título, tal seja o negócio subjacente. Já no caso do tributo, quando se muda de causal para abstrato (*rectius*: de vinculado para não-vinculado), o dado cognitivo que se abstrai é aquilo que em linguagem técnica adequada se denomina *causa final*.

A finalidade precisa que norteia o tributo explicitamente, na hipótese de vinculação, revela-se num conjunto de razões que justificam a existência do gravame no interior do sistema legal. Coisas distintas se revelam no caso de não vinculação. Se eu afirmo que estou dando dinheiro ao Estado para que este faça isto ou aquilo, é uma coisa. Se, porém, afirmo que o dinheiro eu lhe dou porque ele mo exige, tem-se em presença situação totalmente diversa. O Estado precisa se manter, sim, mas ocorre que a quantificação do valor que ele irá retirar de meu patrimônio é fenômeno absolutamente insuscetível de controle seguro, mesmo num contexto de respeito ao princípio da reserva de lei estrita e escrita. Daí a necessidade política e jurídica de que se criem mecanismos fundados na idéia de causa material, já que a causa final se afigura impalpável. Não se trata de nenhuma injustificável propensão ao uso de conceitos estabilizados como fato gerador e base de cálculo, nem de aversão ao critério finalista: o finalismo da norma restou totalmente abstraído, por obra do próprio Estado-legislador. Mas vejam os senhores. É precisamente neste ponto que caberá examinar as premissas adotadas por Marco Aurélio Greco.

Sem medo de errar, pode-se afirmar que o contribuinte de tributos em geral é um hipossuficiente. Ou, noutros termos, o direito tributário desde João Sem Terra é concebido como direito protetivo, ancorado num conjunto de princípios fundamentais que recebe o nome de Estatuto do Contribuinte, no seio do constitucionalismo moderno. Vejam-se, as contribuições, quer as sociais, quer as interventivas, quer as demais. Atente-se para todas as espécies das contribuições. Tem razão Marco Aurélio quando se deixa empolgar pelas virtudes de uma visão finalista do direito. Também eu o faço, e acredito que muitos dos senhores igualmente se rendem a este modo de contemplar a juridicidade. Mas cabe desde logo afastar possíveis equívocos nessas afirmativas.

Se se admite que a experiência jurídica recebe sua substância da tríplice vertente que reúne o fato, a norma e o valor, não é difícil reconhecer a importância da teleologia no direito, uma vez que o finalismo nada mais representa senão um modo de se especificar o que vem pela vertente axiológica, ou seja, os fins traduzem valores. Como se poderia dizer num jargão de informática, os fins nada mais são que valores "digitalizados", retirados de sua inicial expressão meramente analógica.

Ocorre, porém que a proposta do nosso prezadíssimo autor deflui da afirmação de que o critério finalista seria suficiente para uma perfeita validação das contribuições parafiscais. Poder-se-ia, segundo preconiza, relegar a segundo plano o critério "causalista" estribado nos conceitos de fato gerador e base de cálculo. Para ele, as contribuições se justificam com extrema facilidade, bastando que os fins que norteiam sua instituição sejam compatíveis com os superiores fins expressos ou implícitos no texto constitucional. Entendo que não é bem assim. Nem era assim que pensava Ataliba. Todas as aspirações que as ciências sociais detectam no horizonte de uma nação civilizada consubstanciam metas que, em tese, devem ser alcançadas, constituindo-se como fins do Estado. Um verdadeiro cheque em branco!

Mas notem os senhores onde é que esse modelo proposto mostra maior risco ainda em relação à exclusão política de milhões de inermes contribuintes hipossuficientes. Nos dias de hoje, sabe-se que a iniciativa privada arca com o peso de uma carga tributária que costumava orçar pelos 24% e que em poucos anos ganhou mais dez pontos percentuais (34%). A maior parte desse bolo tributário é constituída de impostos, ou seja, é formada por tributação "causal". Atentemos, então, para o cenário a que o modelo proposto facilmente nos levará. Daríamos preferência imediata à criação de tributos finalísticos – as contribuições de todos os gêneros e espécies – e, a partir daí, desenvolveríamos técnicas de aferição de fins. Melhor dizendo, no lugar dos procedimentos de subsunção de fatos nas normas, hoje comuníssimos no nosso direito tributário, surgiriam os decantados procedimentos de subsunção dos fins normatizados *ici-bas* nos fins estabelecidos *là-haut*. Ou seja, os tão condenados procedimentos subsuntivos voltariam à baila, já agora para permitir o controle da adequação do finalismo das contribuições aos superiores finalismos expressos ou explícitos no texto constitucional. Pois é justamente aí que surge o aspecto trágico dessa "teleologização" do direito tributário. Do Estado, ninguém conseguirá afastar uma tradicional aura idealista, que em termos de fins e valores se poderá dizer uma aura totalitária, por isso que enfeixa *tutti i valori*. Olhamos para cima e vemos uma ilimitada constelação de valores que engloba todos os bens que se estimam – tal uma constituição casuísta, abrangente inclusive daqueles valores que não passam de hipostasias inventadas para alicerçar normas constitucionais ditas "programáticas" – e então saberemos que a esse universo da bondade estatal poderá ser subsumido todo e qualquer fim que o legislador tributário criativo adscrever às contribuições parafiscais que venha a engendrar.

Resultado dessa profusão de fins: o sistema tributário que já representa uma carga insuportável sobre os ombros da população, formado preponderantemente de tributos não-vinculados – os impostos – verá formar-se ao seu lado um outro sistema, de propensões insitamente expansionistas. De um lado, o fisco; do outro, o parafisco. E aí vem o lado trágico da coisa: tudo aquilo que estiver no fisco, no fiscal, acabará aparecendo também no parafisco, no parafiscal, porque não haverá um único fim normativo que não seja subsumível ao bem comum e ao Estado. O Estado é aquele ser onipotente que, no dizer dos idealistas de todos os matizes, quer o bem de todos, embora saibamos que não consegue propiciar o bem sequer a poucos. Aí está o risco que desde o começo vínhamos detectando no modelo proposto.

O nosso sistema constitucional tributário está prestes a enveredar pelo caminho abstruso de uma duplicação geral dos fatos geradores existentes. O estilo construtivista que impera nos nossos pretórios prefere alternativas irreais, como por exemplo, a da supostas técnicas limitativas da criação de contribuições de intervenção no domínio econômico capazes de discernir, nas dobras e entrelinhas do texto constitucional, onde é e onde não é permitida a intervenção. O jargão do direito econômico invadirá o direito tributário, e teremos dúzias e dúzias de CIDEs perfeitamente compatíveis com as regras do intervencionismo estatal (melhor seria falar de um expansionismo estatal). Na realidade, o que vem embutido na proposta que vem sendo formulada por Marco Aurélio Greco não é senão um cheque em branco ao legislador (e também ao intérprete e ao juiz) para que todos os fins do Estado sejam alcançados à custa de tributos. Pagaremos cada tributo fiscal uma outra vez, uma espécie de clone de cada imposto novamente, já agora a título de tributo parafiscal.

Meus senhores, a única providência cabível, nesse cenário, seria a de construir um dique normativo, certamente de estofo constitucional. O fisco cria e os parlamentares homologam uma norma antielisão para conter a fúria dos contribuintes que querem planejar, que querem elidir, que estão reclamando da carga tributária que passou em poucos anos de 24% para 34% do PIB, dez pontos percentuais que quase ninguém vinha percebendo mas com os quais agora poucos se conformam. Mas que dique será este? Eu lhes digo, não há caminho disponível *de lege lata*. Será preciso agir como cidadão, como eleitor, porquanto é já impossível agir confiando na casuística dos contenciosos. Por que é que não haveremos todos nós de pensar, juntos, em propor uma norma antiespoliação, como exata contrapartida à já existente norma antielisão? Se há exageros do lado de cá, já coibidos pela norma antielisão, e até admitamos que os há mesmo, em certos setores, cabe agora bloquear os exageros que se cometem do lado de lá. Feche-se agora esta grande porteira, que foi aberta por obra e graça da própria Corte Suprema, que por vezes se recusou a coibir a voracidade do governo em busca do imposto do cheque. Para a Corte a cumulatividade dos gravames residuais, bem como a sua superposição a outros já existentes no sistema, vinculam apenas o legislador ordinário, jamais o constituinte derivado.

A cumulatividade é vista singelamente como uma técnica de tributação que se desaconselha e não já como uma prática que se proíbe, no campo residual da União, pouco ou nada importando o ângulo que o art. 154 mostra de refrear o aumento indiscriminado da carga geral tributária. Por esse viés meramente topológico, este comando constitucional fica do lado de fora do Estatuto do Contribuinte, o qual parece, assim, quedar ferreamente circunscrito às Seções I e II do capítulo referente ao sistema tributário nacional, e incapaz, portanto, de aglutinar quaisquer outros comandos ou princípios constitucionais tributários senão os dos arts. 145 a 152, e os que entre eles se situam.

Então, vejam os senhores, o que está faltando é um nosso projeto comum de emenda constitucional, no sentido de se coser a norma antiespoliação, por meio da qual se afastaria o perigo – que os juízes não conseguem afastar – de que se venha impor um permanente confisco a todo o universo dos contribuintes. Confisco silencioso e difuso, instrumentalizado com a exacerbação descontrolada de uma carga total tributária, já de si insuportável, tudo graças ao expediente da descoberta de fins os mais sutis, sofisticados e cerebrinos que se possam subsumir nas teleologias de dirigismo econômico e social que, real ou supostamente, tenham sido enfeixadas na vigente Constituição.

Os fins, mais do que nunca, passariam a justificar os meios, independentemente de qualquer outra consideração. Se a norma surgir colorida com um finalismo socialmente justo, estará automaticamente validada uma contribuição parafiscal, nada importando averiguar se há riqueza que efetivamente a suporte.

Ora, como as normas antiespoliação que já existem no sistema acham-se totalmente esvaziadas de seu conteúdo ético, jurídico e político, caberá, de *lege ferenda*, construir outras. Se o art. 145, § 1º, não tem a força que nele todos vislumbraram; se o art. 146, III, "a", não é suficiente, como se supunha, para normalizar o uso defensivo do instituto da lei complementar; se o art. 154, I, teve atestada sua residência, como se viu, no quintal do Estatuto do Contribuinte; se, agora, *nec plus ultra*, vamos todos nos especializar numa contra-retórica das teleologias do Estado intervencionista – é hora de parar de contemplar a *lex lata*. É hora de se pensar mais seriamente no vetusto princípio *no taxation without representation*. Não me parece, de fato, haver qualquer outro caminho a não ser a criação de uma norma geral antiespoliação. E oxalá venha essa norma munida de comandos muito bem escandidos.

Vejam os senhores, o tributo começou com a comutatividade, começou com os vinculados e depois algum esperto, como o Tuxaua lá da tribo dos Cadivéu, inventou a figura do imposto, dispensando-se de ter de explicar, pontualmente, aos contribuintes, a precisa destinação do gravame e o nexo finalístico antes ostentado pela tributação fundada em gravames vinculados.

Como poderiam os cidadãos ter chegado ao ponto de se verem obrigados a pagar um imposto? Um gravame fiscal *não-vinculado* e, portanto, dotado de abstração da concreta destinação social dos recursos arrecadados, sob o rótulo impreciso de que irão fazer face aos gastos do Estado com a sua própria máquina administrativa. Ora, é possível sim, desde que haja inclusão desse rótulo no rol da discriminação constitucional de rendas, desde que se aquilate, previamente, a expressão econômica das riquezas que irão suportar a tributação, e desde que – mais importante que tudo mais – a instituição e a cobrança respectiva se assujeitem ao princípio da conceptualização cerrada (ou "tipicidade" fechada), corolário do princípio da reserva absoluta de lei estrita e escrita, pressupondo-se o mecanismo da subsunção, na lei, do fato-signo presuntivo de riqueza.

Mas mude-se agora a questão. Por que não se pagar uma contribuição parafiscal – gravame *vinculado* e, portanto, totalmente transparente no que diz respeito à indicação da destinação que se reserva ao produto a ser arrecadado? Ora, por certo será também natural que se pague uma contribuição parafiscal, desde, é claro, que se obedeçam aqueles mesmos requisitos apontados no caso dos tributos *não-vinculados*: 1) inclusão da finalidade num rol "jurídico-tributário" paralelo de discriminação de rendas, jamais num elenco ligado conceitualmente a princípios da ordem econômica ou da ordem social; 2) prévia averiguação da expressão econômica das riquezas que irão suportar a tributação; 3) sujeição da instituição e cobrança do gravame ao princípio da conceptualização cerrada (ou "tipicidade" fechada), corolário, como já se disse, do princípio da reserva absoluta de lei estrita e escrita, pressupondo-se, também aqui, o mecanismo da subsunção, na lei, do fato-signo presuntivo de riqueza. E cabe, ainda, uma observação: o critério estabelecido no primeiro item é subsidiário em relação ao esquema de validação causal pressuposto no último dos itens indicativos dos requisitos da tributação mediante gravames vinculados.

Como vimos na alegoria dos índios cadivéus, a tributação ser vinculada a um fim é um imperativo de razão, estabelecido a partir de procedimentos intuitivos dos sujeitos ativo e passivo envolvidos na relação jurídica. Eis por que é lícito afirmar que os impostos são um tipo de tributo que se desqualificou, que se abstratizou. Examine-se mais de perto este ponto: existe um modelo de especificação que se pode referir como o *modelo do pintor*, do pintor que tem várias telas e que, a seguir, pinta numa delas, especializando-a, especificando-a, especiando-a, como modernamente se vem preferindo dizer.

Mas, vejam os senhores que, para além desse modelo pictórico – o modelo do pintor – existe também um modelo escultórico, ou *modelo do escultor*. Que faz o escultor? Toma de um dentre vários blocos de pedra e, a seguir, vai retirando pedaços do bloco, indo, assim, aos poucos, especializando, especificando ou especiando o material, à medida que dele retira algo, à medida que dele separa ou subtrai alguma coisa. Ora, pois é exatamente esse o modelo que deve ser pensado para que se possa, coerentemente, intuir, primeiramente, aquilo que é causal (tributos vinculados), para, somente depois, intuir aquilo que é abstrato, ou seja, tal como no direito comercial (uma ontologia, e não apenas uma cronologia), primeiramente eram os títulos causais, depois vieram os títulos abstratos. O modelo escultórico não se explica por acréscimos (o acréscimo de pigmentos, por exemplo), mas sim por separação, subtração ou retirada de matéria.

Não parei ainda para refletir sobre outras possíveis conseqüências dessa relação entre os tributos vinculados e os tributos não-vinculados, mas pode-se até pensar numa possibilidade de que os não-vinculados constituíssem uma subespécie em relação aos vinculados! Todavia, o que se quer aqui é menos: é mostrar a inferioridade axiológica dos não-vinculados, pondo-se em evidência que a superioridade dos vinculados pressupõe que eles se ajustem ao princípio fundamental (axiológico/teleológico) de que o fim supremo do sistema é a proteção dos contribuintes, enquanto cidadãos hipossuficientes.

Muito bem, isto seria o melhor dos mundos, todo mundo pagando de acordo com regras explicitadas e finalidades explicitadas em cada norma tributária, mas o artigo 1º do nosso novo estatuto – se é que ele chegará a ser insculpido – há de prever que, cada vez que se instituir ou aumentar algo do lado da parafiscalidade, terá o Estado de ir cancelando ou reduzindo, em correspondência biunívoca e perfeita, algo do lado da fiscalidade. Para não pagarmos duas cargas, o conjunto que abrange o cesto do fisco e o outro cesto, que é o do parafisco, haverá de ser mantida a carga global preexistente, já que esta não é, ao que parece, "suscetível" de diminuir. Se se quer instituir mais e mais tributos finalísticos, então que, pelo menos, se proponha que cada tributo finalístico que for aceito pelo Congresso Nacional importe necessariamente numa redução do subtotal que representa a soma da carga da tributação abstrata, não vinculada, referente à fiscalidade.

Nós não podemos ser submetidos a duas cargas como se morássemos em dois países, um com tributos discriminados e outro com tributação livre e totalmente aleatória. Por isso, então, meus caros advogados e juristas presentes, é que proponho ao Professor Marco Aurélio Greco que repense a questão das classificações na "ciência" jurídica e que, voltando a refletir sobre a dicotomia intuída por Geraldo Ataliba, consiga em tempo breve dar o devido acabamento para sua teoria, porque, no meio-termo em que se encontra, ela só nos oferece risco, já que tudo é possível quando desce do Olimpo sobre as nossas cabeças, ao menos enquanto nós não criarmos a norma antiespoliação, como resposta para a norma antielisão. Essa normatividade é de urgência urgentíssima. Quem sabe o IGA-IDEPE possa promover um estudo, um concurso ou algo do gênero com vistas a que, *de lege ferenda*, os poderes constituídos saibam, de ciência sabida, o que, *de facto*, ocorre nas planícies desde país. Quem sabe, aí, então, os contribuintes poderão ter consciência segura de que, de fato, se encontram politicamente representados. Isto, sem nenhum sobressalto político e sem a sensação de que estejam sendo espoliados.

Meus senhores, foi uma honra imensa ter estado, aqui, com todos os afiliados do IGA-IDEPE e com esse expressivo número de cultores do direito constitucional tributário. Penitenciando-me por falhas que tenha cometido, agradeço muito a atenção de todos os senhores. Muito obrigado.

MESA DE DEBATES "C"

SIGILO BANCÁRIO E A LEI COMPLEMENTAR 105/2001

PRESIDENTE DA MESA: PROF. SIDNEY APOCALYPSE
MEMBROS DA MESA: PROFS. MARCELO FIGUEIREDO, MISABEL DERZI, PEDRO LUCIANO MARREY JÚNIOR E OSÍRIS DE AZEVEDO LOPES FILHO

PRESIDENTE (PROF. SIDNEY APOCALYPSE) – Esta é a Mesa de Debates que cuidará do "Sigilo Bancário e a Lei Complementar 105/2001". Seus componentes sequer precisam ser apresentados, o que facilita muito a tarefa da presidência. Prof. Marcelo Figueiredo, da PUC; Profa. Misabel Derzi, representante das Minas Gerais. Prof. Osíris Lopes Filho, ex-leão, agora muito mais manso, domesticado, do nosso lado esquerdo, mantendo como sempre as suas posições não centrais, progressista. Com a palavra, sem maiores delongas, o Prof. Marcelo Figueiredo.

PROF. MARCELO FIGUEIREDO – Bom dia a todos. Em primeiro lugar a minha saudação ao Prof. Sidney Apocalipse, meu prezado amigo, meus prezados companheiros de Mesa, Profa. Misabel Derzi e Prof. Osíris Lopes Filho. Quero também saudar a todos os congressistas e aproveitar a oportunidade para agradecer ao Presidente do Instituto Geraldo Ataliba, Prof. Aires Fernandino Barreto, e ao Prof. José Artur Lima Gonçalves pelo convite e pela oportunidade de aqui estar novamente convivendo com cientistas do Direito.

Eu também quero dizer que sou professor de Direito Constitucional, então vou puxar um pouco a brasa para minha sardinha, e sei que talvez os companheiros tenham posições um pouco diversas ou diferentes – e também o convite talvez tenha se dado por um trabalho que fiz publicar ou que fiz e não publicaram ainda, um parecer que dei na OAB, no Conselho Federal, analisando a constitucionalidade da Lei 10.174 e das Leis Complementares 104 e 105, que dizem respeito a esse tema, em face das ADIn 1.875, 1.868 e 1.579, que cuidam do tema, no STF. Esse talvez seja o motivo de eu estar aqui, hoje.

Muito bem. Neste parecer, na verdade, eu faço uma análise do tema do sigilo em face da Constituição Federal. O que me parece importante destacar nesse aspecto é o tema central do sigilo, que é um tema constitucional, o grande foco dessa questão, que me parece tem sido pouco trabalhado pela doutrina – não pelo STF, que vem, ao longo do tempo, refletindo, mal ou bem, sobre a teoria do sigilo ou a teoria da preservação das informações, e não se manifestou definitivamente sobre esse tema.

Mas, de qualquer maneira, creio que esse seja um tema constitucional, ou seja, o grande cenário, o grande pano de fundo do tema do sigilo, é o direito individual da pessoa humana. Eu sei que há autores e há posições em sentido contrário, que acabam entendendo que as garantias constitucionais dizem respeito à pessoa humana enquanto indivíduo ou considerado no cenário constitucional, e que essas garantias não se projetariam para o patrimônio da pessoa, então as garantias constitucionais, os direitos individuais constantes do art. 5º, e espraiados por toda a Constituição, seriam apenas garantias vinculadas à personalidade humana.

Eu entendo que não é possível ter uma visão tão estreita da Constituição ou dos seus valores, entendo que o sigilo bancário, o sigilo fiscal, o tema do sigilo propriamente dito, a essência do sigilo, tem que estar garantido na Constituição como está para o cidadão, para o contribuinte. Então, quando se fala em sigilo, o que se vê da principiologia constitucional é a garantia do indivíduo em face do Estado, não a garantia da impunidade, a garantia para a corrupção, a garantia para acobertar atos ilícitos, "lavagem" de dinheiro e coisas do gênero; mas a garantia de que o cidadão tenha presunção de inocência, o cidadão é cumpridor de suas obrigações, esta é a regra ou Norte constitucional no tema do sigilo. De modo que quero deixar desde logo clara esta posição de que vejo o sigilo, sim, como uma garantia, como um direito individual do cidadão, constante de toda a Constituição. E topograficamente, topicamente, no art. 5º, X, protetor dos dados, das informações, do patrimônio também, patrimônio não só da personalidade, que nada mais é o patrimônio que um reflexo da personalidade humana, aquilo que o homem amealhou, que a empresa amealhou, das atividades lícitas, que são desenvolvidas no regime da livre iniciativa e da atividade econômica liberal.

De modo que esse é o primeiro tema ou o primeiro cenário constitucional em que o tema do sigilo é posto, é colocado. Desse modo, todas as nossas conclusões só podem influir para a garantia do sigilo como regra constitucional, e não como exceção; quer dizer, o sigilo não é – nós temos o vezo no Brasil de ir repetindo conceitos sem muita reflexão, isso ocorreu com as medidas provisórias, que passaram a ser, na verdade, a regra e não a exceção –, mas continuamos a ver o sigilo como uma exceção, e sobremais agora, com todas essas leis complementares, as de ns. 104 e 105, onde a Receita Federal passa a ter poderes mais do que extraordinários sobre o cidadão. Esse é um segundo ponto que diz com o Direito Constitucional: a concentração excessiva de poderes, sem critérios claros, determinados, previsíveis, o que fere a segurança jurídica, o que fere a garantia ou o Estatuto do Contribuinte. Parece-me que no regime do Estado de Direito não é possível concentrar poderes em nenhum órgão, ou nenhum dos poderes do Estado tem a faculdade de concentrar competências ou poderes, sobretudo de uma forma acrítica, ou sem critérios. Foi o que fizeram as Leis Complementares 104 e 105 desde a instituição da CPMF, com alargamento progressivo dos poderes da Receita, a tal ponto que o fato de o contribuinte ser correntista bancário passou a ter um significado de ser considerado – invertendo-se o princípio da presunção de inocência – como um sonegador. Quer dizer, pelo fato da movimentação financeira, de a pessoa ter conta bancária, movimentar valores, a partir de determinados valores há como que uma presunção imediata de ato ilícito ou de lícito tributário ou administrativo etc., fazendo com que a autoridade administrativa – que é quem, no Estado de Direito, tem o dever de pesquisar e fiscalizar as atividades lícitas e ilícitas – passasse a receber, de uma forma absolutamente cômoda, uma inversão, até, dos deveres constitucionais, os deveres de fiscalização, todos os dados bancários de todo e qualquer brasileiro, sem que haja nesta operação maiores critérios de como e por quê as pessoas podem ser consideradas, *sic et simpliciter*, sonegadores. De modo que também sobre este aspecto me parece que não se nega que na sociedade informacional o mundo tenha mudado, que a tecnologia tenha dominado todos nós, e que o Estado tenha o dever de verificar as atividades lícitas e ilícitas, visando sobretudo ao regular funcionamento das instituições. Mas também não é possível inverter complementarmente as conquistas do Estado de Direito, de maneira tal que toda e qualquer pessoa, pelo simples fato de movimentar seu próprio patrimônio, sua conta bancária, seja considerada, em princípio, um sonegador, um corrupto fiscal. De modo que esta é a linha do parecer que desenvolvi; um parecer muito longo, não poderia entrar em detalhes aqui, mas trago um aspecto constitucional, para esquentar o debate, que sei que sairá certamente; eu quero dar esse cenário constitucional. Todos os autores da Teoria Geral do Direito e da Teoria da Constituição são unânimes nesse sentido de que o sigilo é garantia de uma projeção do direito individual e que pode ser considerado, sim, uma proteção à intimidade das pessoas; e que há espaço, sim, para o segredo na sociedade informacional. Na sociedade complexa do século XX para o século XXI novos conteúdos devem ser explorados a propósito do que seja a intimidade, do que seja a privacidade; esta tutela da intimidade assume relevadas e renovadas importância e dimensão nessa sociedade. Assim, é preciso encontrar o justo ponto de equilíbrio entre o poder do Estado e as garantias do cidadão. Nesse sentido é que caminho nestas minhas conclusões.

Esta é a tese dos tribunais, do STF, dos principais tribunais do país; e abusos passam a ser cometidos a partir deste princípio. Nós temos notícias todo dia de que medidas liminares impedem a quebra do sigilo bancário, de que a movimentação bancária não significa renda e que todos os advogados do país precisam, a todo momento, impetrar *habeas corpus* para trancar ações penais tendo em vista este princípio instaurado por essas novas leis, no sentido de que o simples fato de movimentar valores em contas bancárias significaria, em princípio, indício de cometimento de ilícito administrativo ou tributário. Este é um cenário muito rápido, muito abrangente, que eu coloco exatamente para iniciar o debate, agradecendo novamente a oportunidade do convite e renovando minha saudação a todos os presentes e aos meus ilustres Colegas da Mesa. Muito obrigado. (*Palmas*)

PRESIDENTE (PROF. SIDNEY APOCALYPSE) – Na seqüência, e seguindo a ordem da Mesa, a Profa. Misabel Derzi.

PROFA. MISABEL DERZI – É uma grande alegria estar aqui neste Congresso do Instituto Geraldo Ataliba – IDEPE. Quero saudar a todos os professores e advogados presentes, profissionais do Direito em geral, e aos ilustres palestrantes debatedores que compõem esta Mesa.

O tema é riquíssimo, sigilo bancário em face da Administração Tributária, e sobre ele se pode falar a partir de muitos ângulos, muitos aspectos. Trago-lhes considerações que podem parecer, à primeira vista, extrajurídicas, o que não seria correto, mesmo nas teorias modernas mais radicais. Aqueles que adotam a teoria dos sistemas abertos sabem que, por meio do sentido lingüístico, do sentido das palavras, há uma porosidade confessada entre o sistema jurídico e os outros sistemas circunstantes, político e econômico. Mas também aqueles que adotam uma teoria dos sistemas fechados e auto-referentes, na forma mais radical – como se vê em Luhmann, por exemplo – reconhecem igualmente que, embora de acordo com esta teoria, só exista conhecimento com total e absoluto fechamento de cada sistema, há uma interação confessada pelos teóricos entre os distintos sistemas, e essa interação se faz por acoplamento e desacoplamento estrutural, ou seja, qualquer estímulo ou irritação do ambiente só produz efeitos internos no Direito quando transformados em equivalentes funcionais e revestidos das formas jurídicas. Assim, na verdade, as considerações, que lhes vou trazer, funcionam, para nós, ou como convencimento do sentido da norma constitucional, na linha defendida pelo Prof. Marcelo Figueiredo, ou esses argumentos vão funcionar, evidentemente de forma velada, imperceptível, na concepção dos sistemas fechados, por meio de equivalências funcionais. De qualquer modo, impulsiona-me o desejo de falar-lhes da forma como lhes vou falar, seguindo o caminho, que nos indicou Michel Foucault, ou seja, "se alguém quiser saber o que é realmente o conhecimento, aproxime-se não dos cientistas e dos filósofos, mas dos políticos", pois as formas jurídicas, que são exatamente as fronteiras, os limites, de um sistema em relação com os outros (como considera Luhmann), são tramadas com o poder.

Muito bem, é neste marco teórico que eu lhes vou colocar as minhas considerações. Em primeiro lugar, entendo que a questão do sigilo bancário, sobre a qual já se pronunciou o Supremo Tribunal Federal, reconhecendo-o como um direito fundamental previsto na Constituição, deve ser examinada à luz da globalização e dos mercados que se pretendem integrar, ou da idéia de universalização dos mercados. É preciso realçar, nas circunstâncias atuais, que todos nós identificamos facilmente a luta ou a guerra num mercado absolutamente integrado, como é o caso do Brasil, a guerra pelo capital, a guerra pelos investimentos, a guerra pelo mercado consumidor. Entre os Estados da Federação, esse tipo de guerra é facilmente apontado por nós e está na mídia, todos os dias, não obstante uma guerra muito mais forte se trave no mercado externo e sobre ela se fale muito pouco. Atrás de todos os argumentos que nos chegam, e isso representa um equivalente funcional de aceitação geral – embora falsamente colocado – há um discurso de ética, de combate ao crime, de combate à corrupção. A realidade, por detrás desse discurso, esconde uma singela luta pelo capital. Luta pelo capital fortíssima, disputa pelo dinheiro, não importa a origem. O dinheiro, deve correr para que praça? É sobre essa briga, que se debruçam as nações.

Os relatórios da OCDE – Organização de Cooperação e Desenvolvimento Econômico – organização da qual não participa o Brasil, mas que está integrada pelos 29 países mais ricos do mundo, nunca negaram, pois todos os países chamados desenvolvidos, nesse ponto, estão de acordo, que o direito ao sigilo bancário é um direito subjetivo. Em muitos desses países é um direito fundamental, posto na Constituição; em outros não. Mas ninguém deixa de reconhecer que se trata de um direito. (Os Senhores podem se apropriar do relatório da OCDE 2000 que está disponível na *Internet*). A dúvida, a discussão que se trava, assenta-se exatamente no seguinte ponto: todos, clientes dos bancos e bancos, têm direito à proteção da sua intimidade, à proteção da sua vida privada, à preservação de seu segredo profissional; mas esse direito pode se opor à administração tributária? O ponto de discussão reside apenas nessa questão. Não se nega que estejamos falando de um direito, nem nos Estados Unidos, nem na Europa; alguns países elevam-no a um Direito fundamental. Acontece, no entanto, que em certas ordens jurídicas supõe-se que estamos diante de um direito perante terceiros, mas não perante a Fazenda Pública. Enfim, ninguém discorda de que se trata de um direito. É esse o primeiro ponto que gostaríamos de assentar.

Nesse contexto, segundo o mesmo citado relatório, podemos dividir os países em dois grandes grupos: aqueles que autorizam o acesso do Fisco às contas e aos depósitos bancários dos contribuintes, e aqueles que autorizam o acesso direto da administração tributária a tais contas. No primeiro grupo, o daqueles que autorizam o acesso apenas indireto, encontram-se os países que, de alguma forma, antes ou depois do desvelamento, do segredo, asseguram a possibilidade de uma intervenção judicial, quer por iniciativa do contribuinte quer por iniciativa dos bancos depositários. Esse acesso, portanto apenas indireto, está protegido ou garantido em países em que a autorização judicial deve ser prévia ao desvelamento. É o caso do Brasil, pensamos nós – veremos o que o Supremo dirá após o advento da Lei Complementar 105 –, mas também é o caso da Suíça, é o caso de Luxemburgo, é o caso de Portugal, segundo o relatório 2000. Diz-se que Portugal já modificou o seu entendimento, mas eu estou apenas reproduzindo o próprio relatório. Existem outros países que asseguram o acesso ao Poder Judiciário, mas num momento posterior, ou seja, o Fisco pode solicitar aos bancos diretamente as contas dos contribuintes, em determinadas hipóteses, mas é obrigatória a comunicação prévia desta pretensão aos contribuintes interessados que podem, em determinado prazo, tentar impedir judicialmente esse desvelamento; ou seja, há uma espécie de inversão de ônus, porque aí o contribuinte tem de demonstrar que a pretensão fazendária é abusiva. Na última hipótese é mais difícil para o contribuinte impedir, nesse segundo modelo, a quebra do sigilo. Estão entre eles o Canadá, a Alemanha, o México, os Países Baixos, a Áustria, a Dinamarca, a Finlândia, a Suécia, a Espanha e os Estados Unidos. Outros países não vêem no direito ao sigilo, perante a Fazenda Pública (e é só isso que estamos discutindo, é só disso que estamos falando), um direito constitucional fundamental, por isto garantem acesso direto do Fisco às contas e movimentações financeiras nas instituições bancárias. Estão no último grupo, por exemplo, a Itália e a França.

Entretanto, aqueles que lêem esses relatórios não podem se esquecer de lê-lo na íntegra, pois devem observar os respiradouros que muitos desses países abrem em favor do seu sistema bancário, da sua moeda e da proteção ao crédito interno. Por exemplo, na França, apesar da quebra total, é possível comprar anonimamente ouro e ser mantido o anonimato perante o Fisco. Também não são raros, entre esses países, aqueles que mantêm cidades-cassinos, com jogos abertos, como instrumento de canalização de capitais – não raramente de lavagem de dinheiro. Em outros, empresas transnacionais atuam concomitantemente em paraísos ou centros bancários, existentes no exterior, em que se preserva rigorosamente o sigilo bancário. Em conseqüência, mesmo se não há sigilo perante a Fazenda, nem sempre os Fiscos exigem que o contribuinte declare a existência de conta aberta no exterior, ou não exigem que, ano a ano, se declare a movimentação dessas mesmas contas – a saber, Austrália, Áustria, República Tcheca, Alemanha, Grécia, Hungria, Irlanda, Itália, Japão, Coréia, Holanda, Nova Zelândia, Polônia, Portugal e Reino Unido. Esses não são verdadeiros respiradouros?

Bom, nesse contexto, eu queria só lhes colocar que, a partir da Constituição de 1988, o Supremo Tribunal Federal, sem dúvida alguma, entendeu que o direito ao sigilo, em face da administração tributária, era também um direito fundamental, assegurado pela Constituição, embora relativo. E entendeu isso em face de circunstâncias mais graves, ou seja, em face da possibilidade da existência de crime de corrupção, porque os casos que lá chegaram não cuidavam apenas de sonegação fiscal. O Supremo Tribunal Federal, em suas decisões, ao locar o direito ao sigilo bancário na Constituição, centrou-o no art. 5º, inciso X. Parece-nos que a Lei Complementar 105 agride a interpretação que o Supremo tem do próprio direito ao sigilo. Além disso, o Supremo Tribunal Federal nunca enxergou o direito ao sigilo como um direito específico e restrito à proteção da intimidade ou ao desenvolvimento da personalidade humana, mas como um direito também de cunho patrimonial, de cunho comercial, que envolve os bancos e, mais, interesses públicos e coletivos, de proteção ao crédito e à moeda. Somente esses elementos, no seu conjunto, é que justificam a elevação de um princípio dessa natureza ao rol dos direitos e garantias fundamentais.

Em face disso, podemos concluir: em primeiro lugar, parece-nos que a Lei Complementar 105 ofende a jurisprudência do Supremo Tribunal Federal segundo a qual o sigilo bancário é um direito individual do contribuinte à privacidade e à intimidade constitucionalmente garantido, embora seja um direito individual, posto na Constituição, que jamais é absoluto, que pode ser quebrado desde que se mostrem presentes requisitos mínimos, como indícios de delito ou de sua materialidade e a imprescindibilidade da prova. Ausentes tais requisitos, o Supremo Tribunal Federal passou a entender que esse princípio, o direito ao sigilo, pode ser oposto não só perante a Fazenda Pública como o próprio Ministério Público. E, mais, a par de configurar um direito individual, corresponde ainda ele a uma importante garantia de interesse público, consagrado em favor do sistema bancário e financeiro, de segurança coletiva e de crédito. Entendeu finalmente o Supremo Tribunal Federal, em decisões mais recentes dos anos de 1999/2000, que lei complementar não pode abrir exceções a um direito modelado pela Constituição, mesmo em se tratando do Ministério Público. A Corte Suprema, ao examinar a Lei Orgânica do Ministério Público, de regência das funções e atribuições, decidiu que o direito ao sigilo é um direito posto na Constituição, que somente a Constituição poderia limitar. Por esse raciocínio, a Lei Complementar 105 ofende a Constituição da República (cf. 2ª T., RE 215.301-CE, rel. Min. Carlos Velloso, j. 13.4.1999, v.u., *DJU* 28.5.1999; p. 24).

Em segundo lugar se conclui que a Lei Complementar 105 é sem dúvida inócua para aquilo que aparentemente se propõe a combater, o crime, e, em especial, o crime organizado. Temos a convicção de que isto é verdadeiro, porque a Argentina e muitos outros países, que quebraram drasticamente o sigilo, propuseram-se ao desvelamento (sem serem dotados de forte moeda) mas só fizeram fragilizar o próprio sistema financeiro, a própria moeda, embora o crime tenha continuado com a mesma extensão e a mesma expressão que tinha antes. É claro que, quando não há sigilo, nós espantamos o dinheiro que eventualmente fosse fruto de qualquer crime, nós tornamos muito mais difícil a reapropriação desses valores, a recuperação desses valores. Quando se levanta o sigilo retroativamente, talvez se possa descobrir algum traço de ilicitude, embora sem os valores correspondentes. Para frente, para o futuro, nós só apagaremos os traços de um possível delito. Na verdade, vão-se os dólares, ficam-nos os bandidos e os crimes, que evidentemente procurarão outras formas alternativas, e elas existem aos borbotões. Trata-se de uma medida que não pode ser adotada pelos países que não têm uma economia estável e uma moeda forte. Na verdade, os senhores observaram que, agora, no momento de trocar a moeda nacional pelo Euro, os franceses, fato registrado em uma reportagem da *Folha de S. Paulo* há quinze dias atrás, os franceses tiraram dos seus cofres domésticos quase 40 bilhões de francos. Quem dera que nós brasileiros pudéssemos guardar dinheiro em casa, na moeda nacional. Assim também os alemães estão retirando dos refrigeradores, pois eles guardam marcos nos congeladores de suas geladeiras, não sei quantos bilhões de marcos. A reportagem não sabe dizer quanto têm esses europeus guardado em ouro (preferência francesa). Nós somos muito rápidos na imitação irresponsável de solução de outros países e demonstramos um desprezo surpreendente por nossa própria Constituição, que é sábia em muitos aspectos.

Eu gostaria de ponderar o seguinte: diz-se que a quebra do sigilo representa apenas a transferência de um segredo dos bancos para o Fisco, mas se o Fisco se divide em milhares de auditores fiscais federais, estaduais e municipais; então temos um segredo de polichinelo.

Em segundo lugar, o Ministério Público não recebeu o mesmo tratamento. Se eu fosse quebrar o sigilo bancário, quebraria em favor do Ministério Público, não em favor especificamente da arrecadação. Estamos vivendo uma inversão de valores. Hoje para nós, o fundamental é a arrecadação a qualquer custo, ainda que seja em detrimento da Constituição Federal. O Ministério Público tem de pedir autorização do Poder Judiciário para ter acesso às contas bancárias, mas um fiscal, que seja de qualquer município, não precisa fazer isso. E, mais, depois de arrecadarmos e arrecadarmos, desviamos os recursos angariados, por meio das contribuições sociais, de sua destinação constitucional, amparados por normas introduzidas pela Emenda Constitucional n. 27, de duvidosa constitucionalidade, além de fragilizarmos a moeda e o sistema financeiro nacional.

Repito-lhes mais uma vez, terminando a minha fala: Foucault está certíssimo. Se alguém quiser conhecer o conhecimento que se trava, não se aproxime do cientista, mas aproxime-se do político. Muito obrigada aos senhores. (*Palmas*)

PRESIDENTE (PROF. SIDNEY APOCALYPSE) – Com a palavra o Prof. Osíris Lopes Filho.

PROF. OSÍRIS DE AZEVEDO LOPES FILHO – Colegas da Mesa, eu fico vendo, ouvindo nas exposições, que nós vivemos num paraíso. Os cidadãos brasileiros são contribuintes responsáveis, ninguém se omite a pagar o tributo devido. Há justiça tributária plena neste país, não há um dispositivo na Constituição que possibilite ... (*interrupção na gravação*) ... eu não ouvi ninguém falar isso, que possibilite ao Fisco sair da atitude de inércia.

Eu fico olhando a Constituição, quais são os princípios realmente fundamentais sob o ponto de vista tributário? Primeiro, o princípio da capacidade contributiva. Segundo, a personalização do tributo, e lá no art. 145 diz: "para dar efetividade ao princípio da capacidade contributiva, a administração tributária pode identificar o patrimônio, os rendimentos, a atividade econômica do contribuinte", para dar conseqüência, realmente, no plano da realidade, não no plano abstrato, ao respeito à capacidade contributiva. Quer dizer, ter aptidão para pagar o tributo e pagar o tributo na medida da sua capacidade – está lá na Constituição, que diz mais: "respeitados os direitos individuais". Aí vamos lá para o art. 5º e lá se fala do "direito à intimidade". Mas eu pergunto: a conta corrente bancária que está lá nas Bahamas, por exemplo, tem alguma coisa a ver com a intimidade do contribuinte? O que é intimidade? Não é uma coisa interior? Você tem uma aplicação financeira lá nas Bahamas, ou do outro lado da rua, do outro lado da praça, num outro bairro, o que isso tem a ver com intimidade? Aí fala: "não, mas tem o sigilo de dados"; ora, quem tiver o mínimo de isenção e olhar aqueles dispositivos do sigilo de dados, vai ver que é com relação a informática, nada relacionado com ... (*interrupção na gravação*) ... ao respeito ao sigilo dos dados da pessoa.

Bem, e qual é a realidade do país? A Constituição está lá, dizendo "pode identificar os rendimentos, as atividades financeiras das pessoas" – e os contribuintes, principalmente no imposto de renda, já excedendo, o que é uma peculiaridade do nosso imposto de renda, declaram não apenas a renda, mas também outra coisa que não tem nada a ver diretamente com a renda, que é o patrimônio. Na maior parte dos países só se declara a renda, não é preciso declarar o patrimônio. Ora, se se declara o patrimônio, e o patrimônio, como definido na legislação, é a totalidade dos bens da pessoa, evidentemente os depósitos bancários, as aplicações financeiras, são parte desse patrimônio, e há obrigatoriedade de se declarar, em 31 de dezembro, como estão; e o Fisco não pode ter possibilidade de conferir se aquela informação é correta ou não? É claro que tem!

Quer dizer, está se criando a favor dos ricos desse país – e por que não da classe operária e da classe média, com poucas possibilidades de se evadir do tributo? – mais um sistema de proteção, um guarda-costas da impunidade do evasor. Porque, o que caracteriza, sob o ponto de vista das deficiências do nosso sistema tributário, essa ambiência tributária? Há uma evasão deslavada. Mesmo um Congresso reacionário, conservador como esse aí, se rendeu: tem que identificar o patrimônio das pessoas, agora não abusivamente, com respeito ao direito das pessoas de se sentirem vulneradas e coagidas e de o Judiciário protestar contra isso.

Eu estava vendo o art. 5º dessa Lei Complementar 105, que é o que possibilita que a Administração Tributária obtenha periodicamente informações a respeito do desempenho bancário do contribuinte. Está me lembrando a Itália: em qualquer operação bancária acima de 10 ou 12 mil dólares, não consigo mais precisar o valor – qualquer operação bancária, não é depósito não, pode ser empréstimo, aval, o que for –, o gerente é obrigado a comunicar à autoridade tributária e à autoridade fazendária, e além de comunicar ele tem que dar uma afirmação de idoneidade da operação, porque ele é obrigado a dizer: "Olha, não há 'lavagem' de dinheiro, não há qualquer atividade ilícita nisso". Agora, por que no nosso país, campeão da evasão, se vai defender a intangibilidade do sigilo bancário? O Ataliba cansava de dizer isso quando se discutia que a concepção do sigilo bancário, aqui no Brasil, não surgiu contra o Fisco, não; surgiu em relação aos próprios funcionários dos bancos, para que não saíssem alardeando pela rua e dando "informações de cocheira" sobre os bancos. Posteriormente, quando começou essa fantástica concentração de fortunas ilegais no país, é que se pegou o conceito de sigilo bancário para opô-lo ao Fisco e impedir que o Fisco cobre o tributo na medida da capacidade contributiva das pessoas.

Então, se vamos falar de Constituição, vamos pegar globalmente e não transformar a tarefa de advogado intérprete da lei na tarefa de guarda-costa; ou, como alguns tribunais estão tentando fazer, virar anjos-da-guarda de sonegador aqui neste país, criar um paraíso tributário para a sonegação.

O Brasil é um paraíso tributário para fundo de investimento estrangeiro: aqui, não se tributa a remessa de lucro nem de dividendo, até agosto do ano passado não se tributavam os ganhos obtidos aqui. Mas é um inferno tributário para o bom contribuinte, quem suporta efetivamente a carga tributária.

E quem é o bom contribuinte, neste país? Majoritariamente, é a classe trabalhadora que suporta o Estado; isso é um absurdo!

Vocês devem estar pensando: "Esse cara, além de louco, hoje está bêbado". Mas não, a classe trabalhadora, composta por um mínimo de 50 milhões de pessoas, é quem suporta finalmente o ônus tributário, se se considerar que 75% – é uma repetição histórica! – da arrecadação é de tributos indiretos, cuja carga tributária é transferida do contribuinte, eleito pela lei industrial ou prestador de serviço, produtor rural ou comerciante, para o consumidor. E quem são os grandes consumidores deste país? O consumo individual é muito baixo, mas o consumo agregado é elevadíssimo. O imposto de renda é imposto de renda da classe média, e agora, pela perversão da tabela estagnada, da classe trabalhadora mais afortunada salarialmente – quer dizer, é esse o pessoal que suporta. O rico, que aqui tem uma vida edênica, tem muitos advogados e professores tentando defendê-lo; que fique lá na imunidade, um novo tipo de imunidade.

Eu acho que a lei tem toda uma estrutura da norma, mas ela é referida à realidade e aos valores dominantes; um Congresso reacionário, conservador, incompetente, que faz tudo que o que o Executivo manda, conseguiu acossar os evasores desse país, possibilitando a quebra do sigilo bancário! Agora, não vejo por que o setor jurídico, contra a Constituição, especificamente contra o art. 145, § 1º, diz: "Olha, tem um direito à intangibilidade do sigilo bancário". É só ler essa Lei Complementar 105 para ver que o fundamento dela é a proteção do contribuinte, do depositante, do aplicador financeiro, contra a infidelidade da própria instituição; marginalmente é que surge o problema da quebra do sigilo bancário pela Administração Tributária.

E a tese, qual é a tese? Que é subvertida – não é? – pelo Executivo Federal nessa disciplinação, nesse Decreto 3.724. É o seguinte: sempre se falou e havia projetos de possibilitar à Administração Tributária da União quebrar o sigilo, e se discutia por que ele é importante só para União. "Não, mas a União merece confiança" – falei: "Olha, eu acho que a União não merece confiança, porque ela permanentemente dá demonstrações de infidelidade, a União é a menos confiável das entidades políticas deste país". Estava vendo, vocês estavam falando hoje de manhã em "guerra fiscal", a União pára a guerra fiscal, vai apaziguar. Vai de Caxias, aí, a "pacificadora". Que guerra fiscal existe neste país a não ser a guerra fiscal que a União promove contra os Estados e Municípios? Que cria o fundo social de emergência, fundo de estabilização fiscal, que subverte o conceito de contribuições, que retira recursos que deviam ir ao sistema de partilha constitucional e faz pior, invade o campo de incidência dos tributos estaduais, principalmente do ICMS?

Essa é a guerra verdadeira do país. A União não tem maior idoneidade do que têm os Estados, do que têm os Municípios – e ela tem uma voracidade, o símbolo dela parece com o leão, não é? Uma voracidade leonina, é só pegar...

Qual foi a arrecadação da COFINS o ano passado, 40 bilhões! E sobre o quê incide a COFINS? Faturamento e receitas da empresa. Qual foi a arrecadação do PIS? Dez bilhões! Sobre o quê incide? Faturamento. E a CPMF, que no ano passado foi cobrada parcialmente, deu só 14 bilhões e meio! Então, sobre o faturamento, sobre as vendas globais, do ciclo de negócios, a União arrecadou 65 bilhões e do ICMS global do ano passado a arrecadação foi de 82 bilhões. Como, com essa carga tributária indecente que tem o país o contribuinte não pode pagar toda a carga tributária, o que ocorre? A União invade a base de cálculo – concretamente, não só teoricamente – do ICMS, que é venda, e deprime a arrecadação do ICMS e depois, nos mecanismos de manobra, vai retirando da contribuição, que é um tributo com aplicação vinculada, vai subvertendo, porque você tira 20% da arrecadação da contribuição agora não mais para o fundo de estabilização fiscal, mas de desvinculação da receita da União – quer dizer, o sistema vai ficando um sistema "avacalhado".

Eu acho que nós não temos mais sistema tributário no país, nós temos uma anarquia tributária. O exemplo é uma votação que ocorreu a semana passada no Senado, os prefeitos vieram em manada a Brasília, dizendo: "Olha, agora não conseguimos mais espetar a conta de luz da taxa de iluminação pública, porque foram privatizadas as distribuidoras". E o Supremo diz que não pode cobrar a taxa de iluminação pública porque iluminação não é suscetível de divisibilidade; o conceito do Supremo é aritmético: dois e dois, quatro. A luz tinha que ser apropriada, botada dentro de uma caixa, dentro de uma mala (*risos na platéia*) – é verdade, porque tem hora que vejo ginásticas interpretativas, mas quando chega ao Município é uma rigidez interpretativa que inviabiliza o Município, a verdade é essa.

Então, um melhor exemplo é dar tempo para o Supremo, quer dizer o quanto isso é elogiado. Mas o Supremo diz o seguinte: "Olha, a progressividade do IPTU, do art. 155, não existe, não tem isso, porque ela só pode ser progressividade do tempo, que é uma progressividade penal" – quer dizer, um negócio fantástico. Aí vem a EC 29 e diz: "Não; pode fazer a progressividade, sim".

Em conclusão, tem que se dar, efetivamente, poderes à Administração, e a Administração tem que ser realmente competente e cumpridora das leis, não ser uma Administração prepotente, para que se abra a "caixa preta" da brutal sonegação neste país. Com essa ilegalidade que o fisco está praticando, aqui, de fazer a cobrança retroativa do imposto de renda com base nas fichas de pagamento da CPMF em 1998 – se vêem em quantidade, velhinhas, coitadas, algumas já meio inválidas, lá com 3, 5, 10 milhões de movimentação financeira –, está surgindo uma nova tese: exatamente por esse impedimento que se coloca a um combate eficaz da evasão, está surgindo uma nova tese, nos setores até progressistas, de se tributar o dinheiro, quer dizer, estão dizendo que patrimônio, renda, consumo, produção, não são mais as bases tributárias adequadas para o Terceiro Milênio. A base tributária é a movimentação financeira, porque um dos fundamentos por trás da globalização é que sempre houve uma interdependência do sistema produtivo mundial. O colonialismo não mostra isso, mas o que caracteriza, hoje, a globalização é que há menos mercadoria e muito mais meios de pagamento girando pelo mundo, que sempre houve um compasso entre a produção e os meios de pagamento correspondentes. Agora, os meios de pagamento são cinco vezes maiores do que as mercadorias e serviços disponíveis no mundo, e com uma velocidade fantástica de mobilidade de aplicações.

Então, está surgindo, já mesmo em setores progressistas, a tese da tributação do dinheiro, porque o dinheiro é tão volátil, tão difícil de ser apanhado, que tem pessoas que dizem: "Ah! Vamos tributar agora o dinheiro". Ora, é a coisa mais imbecil do mundo você tributar o dinheiro, porque o dinheiro é um instrumento, é um meio, não é um fim em si mesmo; ele não expressa qualquer capacidade contributiva, a aplicação que vai ser feita dele é que pode representar uma capacidade contributiva que tenha sido eleita pelo legislador para fazer incidência tributária.

Bem, eu quero terminar dizendo o seguinte: me recuso a, como advogado, como acadêmico de Direito, a assumir a função seja de guarda-costas, ou uma função mais celestial, de anjo-da-guarda, da sonegação. Eu acho que se tem que pagar o tributo, na forma da lei, e dar os instrumentos à Administração Tributária para que dê efetividade ao pagamento dos tributos. A Administração Tributária é condição de eficácia do sistema, e tem que ter os instrumentos adequados para cobrar o tributo e ser responsável e trabalhar dentro da lei. Muito obrigado. (*Palmas*)

PRESIDENTE (PROF. SIDNEY APOCALYPSE) – Com direito a debate, réplicas e tréplicas, abre-se esta segunda fase, ocasião em que os integrantes desta Mesa comentarão as questões encaminhadas pelos demais congressistas ... (*interrupção da gravação*) ...

PROFA. MISABEL DERZI – ... (*interrupção da gravação*)... ideológico. Porque, parece-me, é muito fácil de se explicar por que o Congresso Nacional aprovou a lei. Ele aprovou a lei porque o Poder Executivo assim o desejava, assim como o Poder Executivo desejava que se aprovasse a Lei de Responsabilidade Fiscal. Ambas, Lei Complementar 105 e Lei Complementar 101, nada têm a ver com corrupção – é isso é importante que se diga –, nada. Não se diz ao bandido, não se avisa a ele antes que a Polícia chegue naquele local, para que lá ele não esteja; isto não se faz tecnicamente, mas foi o que nós fizemos. Em relação à Lei de Responsabilidade, para que os deputados, até de Oposição, a aprovassem, criou-se a idéia equivocada de que se tratava de uma lei contra a improbidade administrativa. Ela não tem a ver com isso, ela pode até ter seu mérito do ponto de vista da transparência, mas se criou um equívoco nacional.

O mesmo se diz agora em relação ao sigilo bancário. Por quê? Porque evidentemente não se combate a sonegação espantando o dinheiro dos bancos. Como é que se faz isso? Para trás não vamos achar valor algum de grande sonegação ou desvio ou corrupção, para trás o valor não está mais no banco, retroativamente vamos encontrar pistas de quem praticou ilicitude; para frente não vamos encontrar nem os valores fruto do crime, nem tampouco sequer as pistas – então me parece ser esta uma estratégia falseada, que permite no futuro legitimar fortunas de origem absolutamente obscura. Porque no futuro nós vamos nos defrontar apenas com este fenômeno aqui: alguém não consegue mais esconder o patrimônio que tem, que é muito maior que o imposto de renda declarado; não há pista bancária, porque ele não é idiota – a não ser a própria classe média desinformada, o médico "com nota ou sem nota", ou então o cidadão que vende um imóvel e passa a escritura por um valor mais baixo, não cuida de fazer isso fora do banco, faz tudo no banco. Esses incautos, por algum tempo, ficarão no banco; mas os grandes criminosos não estão mais nos bancos, daí o problema do nosso câmbio.

E as pessoas não falam a verdade, então o que há de acontecer é que, para o futuro, nem isso, nós vamos estar diante do seguinte fenômeno: patrimônios mais elevados e meios de legitimá-los; como não temos pista ou prova evidente do crime, vamos tributar, quer dizer, o Estado, como sempre, se associa ao criminoso, pede-lhe 30% e legitima o patrimônio assim aumentado. Eu sou radicalmente contrária a isso, o que me interessa é manter o dinheiro aqui e manter o juiz com seu sentido de ética que de fato ele tem; nunca, em tempo algum, essa jurisprudência, os juízes, os tribunais, foram coniventes com o crime; o STF sempre viu nesse direito ao sigilo um direito absolutamente relativo, e hoje, com os instrumentos que tem a Receita, colocando a fiscalização da CPMF em face do imposto de renda a declarar, não há juiz que se recuse a desvelar o sigilo: "Ora, o senhor tem aqui um volume enorme de CPMF indicando movimento enorme dos seus ativos, como é que o senhor se declara isento, ou declara uma importância no imposto de renda que seria impossível?". Isto seria suficiente para nós, porque nós teríamos, aí, indícios seriíssimos, não precisaríamos avisar a todos e ao mundo inteiro: "Não passem no caminho dos bancos, o caminho está minado, a Polícia está te esperando". O que é isso?

Então nós espantamos o dinheiro e espantamos os bandidos para outras fontes alternativas, mas ficamos com o crime, este é o problema. Os partidos de esquerda, que sempre se insurgiram contra o sigilo bancário, no caso da Lei de Responsabilidade Fiscal somente acordaram porque assumiram suas Prefeituras e começaram a entender que a lei nada tem a ver com combate à corrupção. Esta lei de quebra de sigilo é um concerto nacional; enquanto houver paraísos fiscais no mundo e fontes alternativas, há outras formas; enquanto a nossa moeda for frágil as pessoas vão se evadir do sistema bancário e se fortalecer em outra moeda, vão para outras praças. Se o projeto é dolarizar rapidamente o Brasil, parabéns para quem fez o projeto! E aqueles que se insurgem contra isso, pedindo a proteção da moeda nacional, ainda são chamados de corruptos. Que plano espetacular, que engenhosidade maravilhosa! É aquilo que deve ficar claro na minha posição: por detrás de um direito, aparentemente singelo, de proteção à intimidade, à personalidade, existe na Constituição Federal um direito à proteção do sigilo financeiro nacional e da moeda brasileira. Muito obrigada aos Senhores. (*Palmas*)

PROF. MARCELO FIGUEIREDO – Eu tenho duas perguntas ou duas questões, mas quero, preliminarmente, dizer que também não tenho procuração de sonegador ou de corrupto e minha posição jamais foi ou é a de defender esses indivíduos. Quem conhece a minha biografia sabe disso. Nós nos insurgimos exatamente contra a agressão aos valores constitucionais; parece-me que nenhum Estado Democrático de Direito, nenhum Estado de Direito, pode concentrar poderes em um único órgão. Isso é radicalmente contra qualquer teoria, qualquer manual mais elementar de Direito Público, em qualquer sistema, seja da *common law*, seja da *civil law*. Quer dizer: a nenhum órgão podem ser atribuídas funções das quais resulte o esvaziamento das funções materiais especialmente atribuídas a outro órgão. Isso diz Canotilho, dizem os alemães, dizem os americanos etc. A questão é sutil.

Há uma pergunta de um Colega dizendo que não foi analisado com profundidade o Decreto 3.724. Não, não foi analisado o Decreto 3.724. Depois o Colega poderá me procurar que eu entrego pessoalmente o trabalho em que há essa análise. O problema não está no Decreto 3.724, que contempla, inclusive, um mandado de procedimento fiscal – um mandado, uma ordem, a questão é principiológica. Só quem pode expedir ordens com esta força, coercitiva, é o Poder Judiciário. Não há justificativa, *data venia*, para que qualquer quebra de sigilo ou qualquer procedimento que constranja o cidadão seja tomado por um único órgão da República, seja em matéria de sigilo bancário, de sigilo fiscal ou qualquer outra matéria. O Ministério Público – como a Profa. Misabel lembra ou me "assopra" – tem que pedir ao Poder Judiciário a autorização para quebra do sigilo. Então não me parece que haja, sob qualquer ponto de vista, justificativa para esses poderes extraordinários.

Também acredito que não se trata, aqui, de problema de corrupção propriamente, que não se queira combater a corrupção. Se se quisesse combater, em primeiro lugar, os próprios deputados, representantes legítimos do povo, teriam que dar o exemplo – e suas declarações de renda, como vimos, permanecem sob sigilo da Mesa. Os deputados resistiram bravamente à quebra do seu próprio sigilo. A corrupção está no sistema político brasileiro.

A primeira reforma que devemos fazer é a reforma política, reforma eleitoral. O fluxo de capitais ilegítimos está aí, no financiamento de campanhas políticas, no caixa-dois, situações ilegítimas etc.; não no comum dos mortais, do contribuinte médio brasileiro, como o próprio Professor reconhece. De modo que a questão é muito mais de princípio do que de procedimento. É o que tinha a dizer. (*Palmas*)

PRESIDENTE (PROF. SIDNEY APOCALYPSE) – Antes de encerrar eu queria dizer apenas uma coisinha, fazer apenas uma referência, em face de alguns comentários que aqui ouvi.

Eu defendi, defendo, defenderei, acusados de corrupção, sim. É a minha função como advogado. Os acusados nos tempos em que "comunista comia criancinha" foram muitas vezes defendidos por um advogado chamado Sobral Pinto. Outros tantos foram acusados por diversos libelos produzidos pela imprensa, produzidos no que se chama "mídia", e foram alguns condenados, outros tantos absolvidos. Não detenho o poder da verdade, defendo a verdade do meu cliente. E convoco todos os advogados a cumprir a função para a qual nós nos preparamos na Faculdade. Muito obrigado. (*Palmas*).

Convido a todos para o café e em seguida à Mesa de Debates que tratará de "Planejamento Tributário".

MESA DE DEBATES "D"

PLANEJAMENTO TRIBUTÁRIO E A NORMA ANTIELISIVA

PRESIDENTE DA MESA: PROF. PAULO AYRES
MEMBROS DA MESA: PROFS. JOSÉ ARTUR LIMA GONÇALVES,
MARY ELBE QUEIROZ E SACHA CALMON NAVARRO COÊLHO

PRESIDENTE (PROF. PAULO AYRES) – A Mesa está composta pelos Profs. Sacha Calmon Navarro Coêlho, Mary Elbe Queiroz e José Artur Lima Gonçalves.

Tenho a honra, o privilégio, de passar a palavra para a Profa. Mary Elbe Queiroz. Fez seu Mestrado na UFPE, é Doutoranda pela PUC/SP, Auditora Fiscal do Tesouro Nacional. Tem tido atuação destacadíssima no Conselho de Contribuintes em Brasília e apreciado constantemente questões que envolvem o tema desta Mesa de Debates. É professora nos Cursos de Especialização no IBETE, na Universidade Federal do Rio de Janeiro, do Rio Grande do Sul, na própria UFPE. Com essa rápida apresentação, passo a palavra à Profa. Mary Elbe Queiroz.

PROFA. MARY ELBE QUEIROZ – Após a edição da Lei Complementar 104/2001, que acrescentou o parágrafo único ao art. 116 do CTN, voltou a ser discutida uma questão polêmica, cujo entendimento aparentava já se encontrar assentado. Os questionamentos dizem respeito à possibilidade, ou não, de ser introduzida no ordenamento jurídico brasileiro a hipótese de as autoridades administrativo-tributárias poderem adotar a interpretação econômica para desconsiderar atos ou negócios jurídicos privados, a fim de combater planejamentos tributários praticados pelos sujeitos passivos das relações jurídico-tributárias.

No exame da questão, como premissa, importa considerar se tal dispositivo configura-se como uma verdadeira norma antielisiva e, por meio dela, estaria vedada, ou não, a faculdade de os contribuintes adotarem procedimentos lícitos na busca de economizar tributos e reduzir seus custos.

É inegável que no confronto entre os interesses antagônicos do Fisco e do contribuinte – este no intuito de procurar formas para sempre pagar menos ou não sofrer qualquer incidência tributária, e aquele com a pretensão de investir sobre o patrimônio dos particulares na busca de sempre arrecadar mais – surge o eterno conflito de interesses revelado pelo embate entre direitos inquestionáveis.

De um lado encontra-se a necessidade de o Estado arrecadar e o dever-poder do Fisco de buscar atingir e cumprir os fins a que se destina e, do outro lado, o direito à liberdade de autogestão, à livre iniciativa, o respeito ao patrimônio dos particulares e à economia de imposto, que se caracterizam como direitos sagrados do contribuinte.

Advém daí o confronto entre o desejo do Fisco em querer adotar a interpretação econômica e desconsiderar negócios dos particulares, para alcançar tipos tributários semelhantes com normas análogas, e o interesse dos contribuintes em criar novas formas de planejamento tributário, no intuito de reduzir ou excluir a carga tributária.

Para justificar seu interesse os contribuintes encontram os mais diversos argumentos, escudando-se sob razões externas como a falta de retorno em serviços prestados pelo Estado, um suposto desvio dos valores arrecadados, o excessivo ônus da carga tributária etc.

Desse modo, no campo tributário o antagonismo é uma constante, seja entre o desejo do Fisco de arrecadar e o do contribuinte de não pagar ou pagar menos, seja entre a decisão entre a forma e a realidade, seja entre a liberdade dos cidadãos e a responsabilidade destes na participação nos encargos públicos em atendimento à solidariedade.

Para que se conciliem os interesses, e tanto o Fisco como o contribuinte possam realizar suas pretensões, todavia, faz-se necessário que eles se utilizem de meios que não violem ou afrontem a legalidade, que sejam lícitos e estejam abrigados pela ordem jurídica. Tal exigência impõe-se para que do lado do Fisco não surjam arbitrariedades ou abusos, nem do lado do contribuinte sejam utilizados expedientes ou artifícios e manobras como tentativas de fugir ou burlar o cumprimento das suas obrigações tributárias.

Na busca do equilíbrio da relação jurídico-tributária, a elisão fiscal ou o planejamento tributário deve ser visualizado como um procedimento lícito por meio do qual os contribuintes buscam formas legais e legítimas de se planejarem e economizarem impostos, em decorrência da liberdade e direito à auto-organização preventiva dos negócios, como fixado nos arts. 1º e 170 da CF.

Essa economia lícita de impostos situa-se no campo do exercício regular dos direitos e da liberdade de praticar negócios jurídicos válidos e regulares, em que haja a adequada correspondência entre forma e conteúdo, prevalecendo a máxima de que ninguém é obrigado a pagar mais tributo se pode pagar menos.

Impende relevar, entretanto, que é tênue o limiar entre o verdadeiro planejamento tributário (elisão, procedimento legal ou elusão para Heleno Torres) e a evasão fiscal, essa adentrando o campo do procedimento ilegal, configurado por subterfúgio, manobra, artifício e fraude, carcaterizado como crime. Contudo, a consideração de um procedimento como lícito ou ilícito decorre da observância, ou não, das prescrições legais.

Não havendo na lei proibição, vedação ou obrigação de o negócio ser realizado de determinada forma, o modo como ele for concretizado encontra abrigo no campo dos comportamentos permitidos revestidos de licitude, não podendo ser desprezados ou desconsiderados pela autoridade administrativa.

Não se pode descurar que nesse contexto emergem conflitos que se encontram subjacentes, pois ao lado dos fundamentos que justificam o Estado Democrático de Direito (justiça, legalidade, igualdade e respeito aos direitos e garantias individuais) colocam-se aqueles que justificam o Estado Social (solidariedade), como consagrados pela própria Constituição Federal e revelados pela obrigatoriedade de que todos participem dos encargos públicos e contribuam para que o Estado realize os fins a que se destina.

Deve ser reconhecido, portanto, que é imposto ao Fisco o dever-poder de aferir e fixar a real capacidade contributiva dos cidadãos com vista a garantir a isonomia tributária e a justiça fiscal. Contudo, o exercício da atividade fiscal não é absoluto, seus limites encontram-se fixados na própria Magna Carta, no seu art. 146, § 1º, que impõe aos agentes da Administraçào Tributária o respeito aos direitos e garantias fundamentais dos cidadãos, bem assim à legalidade.

Em matéria tributária, como forma de proteger os contribuintes, é consagrado o princípio da legalidade ("ninguém será obrigado a fazer ou deixar de fazer alguma coisa senão em virtude de lei" e nenhum tributo será exigido ou aumentado "sem lei que o estabeleça" – arts. 5º e 150, I, da CF). O princípio encerra não uma simples legalidade, mas a tipicidade cerrada, como ensina Alberto Xavier; ou um *plus* a mais da estrita legalidade, como leciona Paulo de Barros Carvalho.

Ao lado da legalidade colocam-se, ainda, as exigências de que o tributo não tenha fins confiscatórios e sejam preservadas a liberdade individual, a livre iniciativa, a livre concorrência, a proteção ao patrimônio e à propriedade privada, a certeza e a segurança jurídica.

Exsurge, assim, o questionamento acerca da extensão dos poderes do Fisco e qual o limite da possibilidade de o Estado intervir, ou não, e ultrapassar o limiar das garantias individuais para adotar a desconsideração dos negócios jurídicos dos particulares, por meio de interpretações econômicas, como forma de atingir os seus objetivos.

Poderá o Fisco, de modo subjetivo e a seu critério, no caso concreto, afastar as formas jurídicas sob as quais os atos e negócios se apresentem e ir em busca da realidade econômica subjacente, para fazer incidir a imposição tributária sobre a capacidade contributiva evidenciada pelo fato real?

Existe a possibilidade de ser desprezado o direito do contribuinte de poder gerir livremente seus bens, negócios, patrimônio etc., e optar pela forma negocial que lhe for mais conveniente, no exercício da autonomia da sua vontade, como uma faculdade que lhe é garantida, de poder optar pelo planejamento tributário no intuito de auto-organizar-se, gerir melhor seus negócios, fazer uso da liberdade de iniciativa e preservar seu patrimônio?

A resposta mais correta e adequada, que prestigia a segurança jurídica, sem quaisquer dúvidas, aponta no sentido de que no ordenamento jurídico brasileiro os poderes do Fisco efetivamente encontram restrições e limites nos direitos e garantias dos cidadãos, especialmente no tocante à legalidade. A legalidade sob os aspectos material – em que somente poderá ser exigido tributo quando realizada no mundo real a hipótese de incidência expressamente prevista na lei – e formal – em que a exigência do tributo deverá nortear-se e obedecer ao modo e a todos os procedimentos, igualmente previstos em lei, inclusive com relação à observância do devido processo legal, do contraditório e da ampla defesa.

Importa perscrutar, também, se a ordem jurídica brasileira acolhe a possibilidade da interpretação econômica da norma tributária e sua aplicabilidade factual, ou não, aos casos concretos, especificamente no que se refere à atividade desenvolvida pela Administração Tributária. Tal atividade poderá assumir várias vertentes, quando o agente do Fisco detectar a economia ou o planejamento fiscal, no campo da elisão, ou o planejamento fiscal (procedimentos lícitos), ou quando constatado que o procedimento do contribuinte revela-se como evasão fiscal (procedimentos ilícitos).

Acerca da interpretação econômica, identifica-se na Alemanha a respectiva origem, defendida por Enno Becker e introduzida expressamente em lei através da *Ordenanza Tributaria Alemana*, Código Tributário Alemão datado de 1919 (*Reichsabgabenordnung* – RAO).[1] No ordenamento jurídico alemão tornou-se obrigatória, para intérpretes e juízes, a interpretação das normas tributárias com base em critérios que levassem em conta os efeitos econômicos dos fatos ocorridos em concreto na vida real, independentemente da forma jurídica sob as quais eles se manifestassem.

Como reflexo da interpretação econômica oriunda da Alemanha, Grizzioti, na Itália, desenvolveu a teoria da interpretação funcional, sustentando que as normas deveriam ser interpretadas de acordo com a finalidade e a função que desempenhassem no ramo de Direito em que estivessem sendo tratadas. Segundo ele, o Direito Tributário somente poderia ser conhecido por completo se examinado sob os aspectos políticos, econômicos, jurídicos e técnicos.

A teoria hermenêutica da consideração econômica de Enno Becker atingiu seu

1. Consoante a RAO de 1919: "Na interpretação das leis fiscais deve-se ter em conta a sua finalidade, o seu significado econômico e a evolução das circunstâncias"; e também: "A obrigação tributária não pode ser evitada ou diminuída mediante o abuso de formas e das possibilidades de adaptação no Direito Civil".

apogeu com o Governo Nazista da Alemanha, que a acolheu inteiramente na Lei de Adaptação Tributária Alemã de 1934. A partir daí, pelo período de mais ou menos 10 anos, essa doutrina passou a ser imposta a todos os tribunais, legisladores, estudiosos, em cátedras universitárias, em conjunto com os "métodos absolutos, totalitários e exclusivistas no Nazismo".[2]

A interpretação econômica pode assumir várias conceituações, na dependência da ótica sob a qual seja investigada, podendo significar tanto a busca da substância econômica, em detrimento da forma jurídica; como a adoção de conceitos próprios pelo Direito Tributário em conseqüência da sua respectiva autonomia; como a busca de identidade de efeitos econômicos; ainda, como forma de combate ao abuso de formas do Direito Privado ou a aplicação do abuso de direito; podendo ser considerada, também, como uma mera interpretação teleológica, ou uma valoração dos fatos, ou uma interpretação dos fatos em oposição à interpretação da norma.

Na verdade, a interpretação econômica deve ser visualizada como um método exegético a ser aplicado na hipótese em que, não existindo uma violação direta de uma norma específica, pode-se constatar a violação, na sua essência, de um conjunto dos dispositivos do ordenamento jurídico.

A consideração econômica ou a interpretação econômica da lei tributária caracteriza-se mais como uma teoria hermenêutica, segundo a qual o intérprete deverá examinar as leis tributárias de acordo com seu significado econômico, sob o fundamento de que nesse ramo do Direito o que importa é a realidade econômica, que há de prevalecer sobre a simples forma jurídica que aparentar.

Para essa teoria o intérprete das leis tributárias deverá adotar como regra geral – e não como exceção – o princípio de considerar o fato econômico subjacente ao fato jurídico ou seus efeitos econômicos, e não o fato jurídico em sua específica natureza. Com ela autoriza-se o intérprete a transcender a norma positiva aplicável ao caso concreto para buscar o tratamento igual a ser adotado em situações economicamente similares, na tentativa de atingir a verdadeira capacidade contributiva e dar tratamento igual e com o mesmo imposto aos economicamente iguais.[3]

Segundo Amílcar de Araújo Falcão, que foi um dos maiores defensores dessa teoria no Brasil, a interpretação econômica somente deverá ser admitida em relação a cada hipótese concreta e quando visar a corrigir situações anormais ou artificiosamente criadas pelo contribuinte. Para ele esse tipo de interpretação não permite que o intérprete ou aplicador possa adotar entendimentos no sentido de alterar ou modificar a generalidade dos casos por considerações meramente subjetivas no tocante à justiça fiscal.[4]

O substrato teórico que justificou essa doutrina tomou como base o princípio da igualdade, nos moldes defendidos por Montesquieu, propugnando a idéia de que as leis impositivas deveriam tratar de modo igual, com o mesmo imposto, os economicamente iguais. Tal fundamento é o corolário do princípio da uniformidade da tributação, onde os fatos iguais deveriam, em princípio, ser igualmente tributados, e do princípio da capacidade contributiva, em que aqueles que possuíssem igual capacidade deveriam contribuir de modo igual.

Inúmeras críticas são apresentadas acerca da possibilidade de que o Direito Tributário possa abrigar a interpretação

2. Alfredo Augusto Becker, *Carnaval Tributário*, p. 105. Consoante Alfredo Augusto Becker, que no Brasil foi um dos maiores críticos dessa doutrina, o mesmo fenômeno que ocorreu na Alemanha refletiu-se na Itália fascista, onde os juristas e financistas estavam "ansiosos de se especializarem rapidamente no Direito Tributário e atenderem melhor à voracidade dos orçamentos do Governo fascista".

3. Nesse mesmo sentido são as lições de: Juan José Ferreiro Lapatza, *Curso de Derecho Financiero Español*, p. 137; Alfredo Augusto Becker, *Carnaval Tributário*, p. 105.

4. Amílcar de Araújo Falcão, *Fato Gerador da Obrigação Tributária*, pp. 35-36.

econômica como forma isolada e especial de interpretação. No máximo, para alguns, aceita-se que o acolhimento de tal interpretação possa ser entendido como teleológico ou finalístico, ou como forma de aplicação da analogia ou interpretação extensiva, cuja utilização, entretanto, jamais poderá dar-se no que se referir à criação de obrigações ou exigências de tributos.

Nas lições de Alfredo Augusto Becker, quanto à aceitação da interpretação econômica, principalmente no Direito Tributário, em que o fato está em rebelião contra o jurídico, "a doutrina da interpretação do Direito Tributário, segundo a realidade econômica, é filha do maior equívoco, que tem impedido o Direito Tributário de evoluir como ciência jurídica". Segundo ele, "essa doutrina, inconscientemente, nega a utilidade do direito, porquanto destrói precisamente o que há de jurídico dentro do Direito Tributário".[5]

Releva observar, no tocante à interpretação econômica, apesar de não se deixar de reconhecer que a tributação incide sobre fatos econômicos e que ela se constitui em uma forma de interferência no equilíbrio de competição de mercado, que se a fixação da hipótese de incidência não está adequadamente regulada e formalizada não há como se considerar e admitir que o intérprete e aplicador está autorizado a procurar corrigir supostas distorções surgidas da falta de previsão expressa da lei.

Não há, portanto, como se admitir a faculdade de a autoridade fiscal, de acordo com seu entendimento pessoal e conveniência, poder criar novas hipóteses de incidência e proceder a lançamentos e imposições de penalidade sem expressa previsão legal.

Não se pode reconhecer que a autoridade administrativo-fiscal, o intérprete ou juiz possam usurpar o papel do legislador para estabelecer tipos legais sem qualquer competência, para aplicar a lei não de acordo com o fato imponível querido e efetivamente realizado pelo contribuinte, mas de acordo com o resultado econômico alcançado. Não se justifica como argumento que um determinado fato é igual ou equivalente, em termos econômicos, ao resultado que se poderia alcançar caso fosse realizado outro fato imponível, como supostamente querido pelo Fisco.

Sob a ótica da clareza e da segurança jurídica, na verdade, a interpretação econômica ou a simples desconsideração dos negócios privados pelas autoridades administrativas deverá ser repelida, tendo em vista que ela se encontra carregada da possibilidade de haver forte conotação subjetiva do aplicador da lei. Tal possibilidade poderá levar, inclusive, a arbitrariedades quando da interpretação das normas jurídicas, cuja solução poderia ser dada com base em influência de valores e aspectos políticos e econômicos, inteiramente estanhos aos desígnios da lei.

No entender de Lapatza, admitir-se a interpretação econômica seria permitir "al intérprete, lisa y illanamente, prescindir de la ley para establecer una igualdad de trato que sólo a la ley está permitido establecer" Segundo Lapatza, dar poder ao intérprete para transcender a norma positiva aplicável ao caso concreto, para buscar tratamento igual em situações economicamente similares, resultaria em uma dose de incerteza na aplicação dos tributos, com as negativas conseqüências econômicas que dela derivam e são incompatíveis com o princípio da segurança jurídica, que todo Estado de Direito deve reconhecer em suas normas e aplicar na realidade.[6]

Também José Souto Maior Borges – em duras críticas ao pensamento de que para o Direito Tributário somente importaria a substância econômica dos atos jurídicos, e não seu revestimento jurídico-formal

5. Alfredo Augusto Becker, *Teoria Geral do Direito Tributário*, p. 117; e também, do mesmo autor, *Carnaval Tributário*, p. 103.

6. Nesse sentido são as lições de Juan José Ferreiro Lapatza, *Curso de Derecho Financiero Español*, pp. 137-138.

– expõe que para o Direito a incidência da norma tributária é condicionante da produção de efeitos jurídicos próprios, ou seja, de eficácia jurídica. Nas lições do professor, tudo o que o Direito regula converte-se *ipso facto* em algo juridicamente relevante e, conseqüentemente, indiferente às categorias extrajurídicas, tais como as econômicas.[7]

Vale lembrar que a interpretação econômica, nas suas origens, encontrava-se ligada às idéias dos regimes totalitaristas, em que os abusos de poder não se configuravam em arbitraiedades, por se encontrarem abrigados pela própria legalidade. Esse entendimento, contudo, hoje é rechaçado pela ordem jurídica consagrada pelos Estados Democráticos de Direito e pelos Estados Socias, como no caso do Brasil.

Por conseguinte, na realidade jurídica brasileira atual é inadmissível querer permitir à Administração Tributária a faculdade, com base em simples considerações subjetivas, de utilizar ela procedimentos ou interpretações discricionários e desprezar as formas jurídicas lícitas que forem eleitas pelos contribuintes com vistas à economia de imposto, para ir em busca de uma pretensa realidade econômica. Supostos argumentos do Fisco de que o fato realizado por outro procedimento ensejaria uma tributação maior não podem prevalecer sobre o fundamento e os magnos princípios consagrados pela ordem jurídica.

Admitir-se tal possibilidade seria acolher a hipótese de que as autoridades fiscais pudessem fazer interpretações pessoais na apuração da ocorrência dos fatos geradores tributários, para exigir tributos com base em critérios distanciados da previsão normativa, para aferir a realidade econômica sob o ilusório argumento de realização da capacidade contributiva e busca da igualdade – o que resultaria em gerar inseguranças e incertezas, que devem ser afastadas pelo Direito.

7. José Souto Maior Borges, *Lançamento Tributário*, pp. 303-305.

A contrario sensu, quando for constatada pelo Fisco procedimento do contribuinte efetivado por meio de negócios ou atos realizados de forma atípica, utilizando artíficios, manipulando ou dissimulando operações ou registros contábeis, que revelem a intenção de reduzir ou subtrair valores ao crivo da tributação, não persistem dúvidas de que esse comportamento adentra o campo da ilicitude, infração ou fraude.

A partir desse limiar, a configuração do negócio ou operação demanda investigações por parte do Fisco, no sentido de demonstrar e provar a verdade da operação que se encontra disfarçada ou da prática de meios fraudulentos, com vistas a dissimular operação e fugir da incidência tributária.

Nesse caso, a Administração Tributária, ao constatar a existência de comportamentos dos contribuintes que revelem manipulação, artifícios ou subterfúgios que se caracterizem como práticas de evasão (fraude, simulação, procedimentos criminosos etc.), tem o dever de produzir provas para demonstrar o procedimento violador de norma tributária.

Exsurge, assim, a evasão fiscal, que abrange o gênero, do qual são espécies tanto a fraude como a simulação, o abuso de forma, o conluio etc., e implicam a obtenção de vantagem fiscal por meio da utilização de procedimentos ou caminhos diferentes daqueles abrigados ou determinados pela lei, que resultam em violação ou na prática de artíficios e manipulações, na busca de reduzir ou subtrair valores à tributação.

A constatação de procedimentos ilícitos autoriza, inteiramente, o lançamento do tributo sobre o fato real subjacente e a imposição de penalidades mais gravosas, com total desprezo e desconsideração do negócio ou ato aparentemente realizado.

É importante observar que para os comportamentos que se enquadrem como evasão, revelada por fraude, simulação, conluio, abuso de forma e abuso de direito, configurados como crime de sonegação, a própria lei já cria procedimentos específicos, bem assim dá poderes amplos de investigação ao Fisco, inclusive com a previsão de penalidades mais gravosas. Nesses casos existe disposição legal que obriga a representação fiscal para fins penais, da autoridade administrativa para o Ministério Público, com vistas à denúncia dos crimes fiscais que se encontram previstos nas leis penais.[8]

Resta, portanto, uma última indagação, acerca de qual seria, então, a aplicabilidade das disposições contidas no parágrafo único do art. 116 do CTN. De todo o exposto, pode-se concluir que a resposta somente pode ser encontrada na obediência à legalidade ou tipicidade cerrada, não podendo dela se afastar o intérprete para criar ou interpretar a norma no sentido de alcançar atos ou negócios que não se encontrem expressamente tipificados como hipóteses de incidência.

Não podem ser ultrapassados os limites impostos legalmente no sentido de que, por vias transversas, a Administração Tributária possa requalificar operações e tente adequar a incidência tributária de acordo com sua conveniência, para alcançar o planejamento fiscal, que é um direito do contribuinte, e exigir tributos sobre hipóteses não contidas na lei.

Não pode ser admitido que a fixação de critérios de exigências tributárias fique a cargo do subjetivismo pessoal das autoridades fiscais, em que pese a seu alto grau de especialização, ética e competência. Não se deve esquecer a condição humana dos intérpretes e aplicadores da lei, sujeitos a influências axiológicas (sociais, pessoais, econômicas, culturais, subordinação hierárquica etc.), que podem macular o grau de imparcialidade e isenção necessário à exação. Nesse caso, como garantia, somente a estrita legalidade pode dar nascimento à obrigação tributária, ao lançamento e à exigência de tributo ou à imposição de penalidade.

8. Entre outras: Leis 4.729/1965, 8.137/1990, 9.430/1996 etc.

A consagração do princípio da legalidade, traduzido por *nullum tributum sine lege*, por si só bastaria para repelir a aplicabilidade da interpretação econômica, se ao lado dela não se colocasse, igualmente, por decorrência dela mesma, a obrigatoriedade de o Fisco procurar a real capacidade contributiva para realizar a isonomia tributária.

Entretanto, o ilícito decorre do comportamento que contraria a lei. Sem lei prévia e anterior que torne possível subsumir a realidade fática à hipótese abstrata nela prevista não há como se poder exigir tributos, caracterizar práticas como ilícitas ou impor penalidades, sob pena de serem gerados arbítrios decorrentes de considerações subjetivas e, nesse caso, serem atacadas a igualdade e a capacidade contributiva, ao invés de serem elas garantidas.

A primeira sensação, portanto, foi a de que as disposições do parágrafo único do art. 116 consagrariam preceitos inócuos, pois o planejamento tributário encontra-se abrigado como um direito inatingível do contribuinte, que não pode ser violado pelo Fisco. Igualmente, já existem normas que estabelecem o dever-poder do Fisco de proceder a lançamentos nos casos de evasão ou procedimentos ilícitos do contribuinte.

Entretanto, as regras nelas consagradas revelam-se de extrema importância ao fixarem a previsão, ao contrário do aparentemente percebido, de que o Fisco somente possa desconsiderar atos ou negócios dos particulares quando efetivamente for constatado que o procedimento do contribuinte buscou *dissimular* outro ato ou operação, na tentativa de reduzir ou evitar o pagamento de tributo.

Impende esclarecer que, apesar de sinônimos, os vocábulos "simular" e "dissimular" podem ser visualizados como algo que se apresenta como a falsidade da realidade. A simulação indicando a aparência de algo que não existe, e a dissimulação com o significado de esconder algo. Desse modo, *dissimular* significa disfarçar ou esconder uma operação por meio de manipulação, artifício ou subterfúgio, em que o fato revelado não guarda correspondência com a efetiva realidade.

As novas disposições introduzidas, na verdade, vêm ao encontro dos interesses dos contribuintes, no sentido de lhes dar uma maior segurança no tocante aos procedimentos do Fisco. Com essa norma passou-se a exigir, por parte do Fisco, a prova da dissimulação e a existência de um procedimento específico para sua apuração. Assim, para que seja exigido tributo não basta a simples interpretação subjetiva da autoridade administrativa.

O preceito não se reveste de qualquer inconstitucionalidade se for visualizado sob a perspectiva de ser ele uma norma antievasão e antidissimulação (simulação), que vise a combater procedimentos do contribuinte que procuram disfarçar a efetiva operação realizada, por meio de montagem, artifício ou uso de meios atípicos. Nesse caso, procedimentos claramente configurados como crimes. Devendo ser ressaltado que, nessa hipótese, a busca da verdade material e o dever ou ônus da prova serão sempre do Fisco.

Somente haverá afronta à ordem jurídica e afronta à Constituição se tal disposição legal for considerada, simplesmente, como uma norma antielisão que (i) autorize o Fisco a alcançar atos ou negócios lícitos e legais; (ii) possa atingir suposto fato subjacente real em detrimento da forma externa legal, sem que haja indício de ilicitude; (iii) coloque limites às opções fiscais na busca de neutralizar os efeitos desejados pelo contribuinte que não contrariem disposição de lei; (iv) acolha o subjetivismo do Fisco (intenção fiscal) na imposição de tributos e penalidades; (v) admita a incidência de tributo sem prévia hipótese de incidência colocada em lei; (vi) tente impedir o contribuinte de fazer planejamentos tributários ou economizar imposto.

A importância dessa norma antidissimulação é revelada pela necessidade de que a lei expressamente reconheça quais os procedimentos que o Fisco poderá adotar na busca da identificação de práticas do contribuinte que dissimulem reais operações. Salientando-se, contudo, que a falta de disposição expressa de lei que regule tal procedimento não retira do Fisco o dever-poder que lhe é ínsito de investigar e provar a prática de ilícitos tributários. Vale ressaltar que essa competência do Fisco sempre existiu, antes mesmo de ser editada essa nova norma.

Na verdade, essa norma serviu também para tornar claro que o Fisco, nas hipóteses de dissimulação, poderá adotar procedimentos administrativos para identificar, constatar e qualificar casos de práticas evasivas do contribuinte que busquem subtrair valores ao crivo da tributação, independentemente de ter que ir previamente ao Poder Judiciário para que sejam desconsiderados negócios ilícitos, e somente *a posteriori* é que poderia fazer lançamento do tributo e a imposição da penalidade.

Com esse dispositivo foi autorizado que a simples constatação administrativa e a produção da prova da infração são suficientes para revestir a autoridade administrativa da competência para exercer seu dever-poder de cobrar tributos e impor penalidades.

No sentido de dar efetividade à previsão legal, entretanto, mister se faz que o Fisco prove a infração à lei que se encontra dissimulada por outra operação. Contudo, para que a autoridade fiscal possa desconsiderar atos ou negócios jurídicos praticados pelo contribuinte com o objetivo de dissimular fatos geradores de tributos é preciso que sejam adotados procedimentos com vista: (i) a demonstrar os indícios de que o ato jurídico praticado pelo contribuinte revela aparência fictícia ou tem como fim dissimular outra operação; (ii) a apresentar qual o dispositivo legal infringido pelo contribuinte e que embasa a ação fiscal; (iii) a provar que a operação ou negócio aparentemente realizado pelo contribuinte implicou prejuízo para o Fisco e ensejou a redução indevida do imposto que seria devido caso fosse adotada a operação real concretamente efetivada; (iv) a realizar o princípio da legalidade (arts. 5º, 37 e 150, I, da CF), bem assim agir com eficiência e moralidade, como previsto, igualmente, no citado art. 37; (v) a adotar a forma e os meios previstos para o procedimento fiscal e processo administrativo tributário, de acordo com o Decreto 70.235/1972, que tem força de lei, e, subsidiariamente, a Lei 9.784/1999, com respeito ao devido processo legal, ao contraditório e à ampla defesa, consoante o art. 5º, LIV e LV, da CF/1988; (vi) a apresentar provas, salvo nos casos das presunções expressamente previstas nos textos legais, que têm o condão de inverter o ônus da prova para o sujeito passivo da relação jurídico-tributária. Entretanto, mesmo nesse caso deverá ser demonstrado, claramente, o indício erigido pela lei que caracteriza a possibilita de o Fisco presumir a ocorrência da infração subjacente.

No tocante à suposta irretroatividade da norma, nada obsta à sua aplicação a fatos geradores passados, visto que se trata de simples disposição procedimental (art. 144 do CTN). Como se refere, apenas, à hipótese de procedimentos para constatação de dissimulação, colocada no campo da ilicitude, os poderes do Fisco para apurar e lançar já existiam anteriormente, pois são ínsitos à própria atividade fiscal.

Não se trata, portanto, de retroatividade do parágrafo único do art. 116 do CTN; tal norma configura-se, apenas, como mais um instrumento de garantia para o contribuinte. Impende observar que sempre existiram normas autorizativas de lançamentos, pelo Fisco, nas hipóteses de dolo, fraude e simulação, desde que provadas.

Somente se configuraria a hipótese de irretroatividade nesse campo se a norma tivesse sido editada com a finalidade de alcançar planejamentos tributários, para introduzir novas presunções legais no sentido de passar a caracterizar determinados indícios como presunções de infrações à lei tributária – o que não se configura no caso.

Conclusões: O ordenamento jurídico brasileiro não pode acolher que considerações de cunho subjetivo desprezem a realidade fática para exigir tributos, nem permitir que o Fisco possa buscar a pretensa intenção, o que seria a suposta vontade do contribuinte. Em contrapartida, igualmente, o ordenamento jurídico não pode admitir que o sujeito passivo adote procedimentos ilícitos ou dissimulados sob formas aparentemente lícitas, na busca de subtrair valores ao crivo da tributação.

Por conseguinte, quando o Fisco lograr comprovar à efetividade que o negócio ou a operação que aparece, na verdade, dissimula a verdadeira operação da realidade fática, aí, sim, será aplicável a norma antidissimulação. A partir desse ponto o procedimento do contribuinte adentra o campo da evasão.

A norma antidissimulação revela-se de extrema importância como forma de garantir ao Fisco os mecanismos necessários a fim de cumprir seu objetivo de fiscalizar e arrecadar tributos, em busca de aferir a real capacidade contributiva das pessoas e de realizar a isonomia na tributação, com vista a uma tributação mais justa.

Tais objetivos, entretanto, não podem sobrepor-se aos direitos e garantias fundamentais dos cidadãos, como forma de garantir a segurança jurídica. Essa norma, na verdade, teve por qualidade introduzir mecanismos para facilitar o cumprimento das funções institucionais da Administração Tributária.

Em que pese a reconhecer que o Fisco não pode contar com bases impositivas restritas apenas a critérios jurídicos, não se concebe, entretanto, que a ele sejam facultados procedimentos discricionários que possibilitem a utilização de considerações subjetivas no sentido de exigir tributos. Mister se faz que as considerações econômicas sejam especificamente introduzidas em regras jurídicas para que possam obrigar aos particulares.

Somente a lei pode criar e introduzir novas hipóteses de incidência, as quais, quando realizadas no mundo factual, têm o condão de fazer nascer a obrigação de pagar tributo ou, quando da respectiva inobservância, os procedimentos do contribuinte se configurarem como infração à lei e ensejem a aplicação de penalidade.

Não se deve esquecer, todavia, que nem todas as realidades econômicas podem ser alcançadas pela lei; cada tributo tem seu arquétipo específico fixado constitucionalmente, que exige respeito do legislador ordinário ao estabelecer novas hipóteses de tributação.

Não se pode exigir tributo sem expressa previsão de lei, como também não se pode sem lei apurar infração e impor penalidade, tendo em vista que a ordem jurídica consagra o *nullum crimen sine lege* e a *nulla poena sine lege*.

Deve-se observar, entretanto, que, no cumprimento dos objetivos do Estado, ele necessita de: obter recursos para realizar suas finalidades, efetivar uma melhor distribuição de renda, assegurar a uniformidade de tributação e a igualdade por meio da apreensão da real capacidade contributiva. Todavia, paralelamente, como fins do Estado colocam-se, também, a preservação da liberdade de iniciativa e auto-organização, a proteção da legalidade e da propriedade dos contribuintes, bem assim assegurar a certeza e a segurança jurídica.

Portanto, é inegável que o Fisco não pode ficar ao sabor da argúcia e dos desejos dos contribuintes. Não se pode permitir que os contribuintes, por meio da especialização e aprimoramento dos planejamentos tributários, possam criar condições artificiosas de mercado e de concorrência, com reflexos sobre a igualdade e com desprezo da solidariedade.

Porém, o instrumento adequado para se coibir tais procedimentos jamais poderá ser a interpretação econômica ou a desconsideração de atos ou negócios lícitos; sempre deverá existir lei prévia que estabeleça as hipóteses de incidência; bem assim, na corrida para alcançar os contribuintes e as novas formas de planejamentos tributários, mister se faz que o Fisco esteja bem aparelhado, dotado de maiores recursos, instrumentos e mecanismos.

Nesse sentido, urge que a Administração Tributária aperfeiçoe e melhore sua atuação, no sentido de não agir apenas com base em critérios subjetivos e apriorísticos, mas procure criar mecanismos legítimos a serem aplicados no exercício das suas atribuições, uma vez que lhe é vedada a utilização de métodos empíricos e subjetivos de interpretação econômica, ou simples desconsideração de negócios jurídicos lícitos.

Todavia, tal objetivo somente poderá ser alcançado por meio da via legal, que crie formas de coibir e combater a evasão e dê poder ao Fisco para ele se opor contra as fraudes e simulações fiscais, no intuito de serem evitadas arbitrariedades e abusos das autoridades administrativas. A imposição dos tributos, para ser eficaz, precisa estar de acordo com a forma e o conteúdo estabelecidos previamente em lei, devendo respeitar o planejamento tributário como direito fundamental dos contribuintes de se autogerir e organizar seus negócios e proteger seu patrimônio.

Nesse contexto, vale salientar que resta também ao Fisco, em cumprimento à legalidade, a possibilidade de – na busca da obediência a essa mesma legalidade e preservação da certeza e da segurança jurídica, sem se descurar do cumprimento dos objetivos colimados pelo Estado – adotar procedimentos investigatórios, utilizando-se da inquisitoriedade que é própria e ínsita ao exercício das suas atividades.

A inquisitoriedade tem por substrato o cumprimento do dever-poder do Fisco de apurar a ocorrência do fato gerador passível de tributação e buscar comprovar a prática de artifícios, manipulações, subterfúgios ou fraudes praticados pelo contribuinte no sentido de subtrair valores ao crivo da tributação.

A fraude e a dissimulação somente poderão ser declaradas pela Administração com base em provas irrefutáveis e suficientes a demonstrarem a ocorrência do comportamento do contribuinte contrário, violador ou praticado em desobediência à lei. Contudo, essa constatação deverá estar expressa em lançamento tributário e integrar processo administrativo-tributário em que sejan assegurados e respeitados o contraditório e a ampla defesa.

Também, a Fazenda Pública, na busca de maior presteza e agilidade no exercício das suas atividades, caso queira criar óbices às brechas da lei que possibilitem a criação de hipóteses de planejamento tributário, deverá, por meio de previsão legal expressa, antecipar-se aos comportamentos dos contribuintes no sentido de alcançar as oportunidades que dêem ensejo a desequilíbrios, a não-captação da real capacidade contributiva, e que gerem desigualdades.

No sentido de se evitar abusos ou arbitrariedades, porém, deverá o Fisco utilizar os instrumentos normais, garantidos pela ordem jurídica, traduzidos na edição de leis tributárias que possam alcançar tais formas de exclusão ou redução da carga tributária, desde que seja respeitada a regra-matriz de incidência fixada constitucionalmente para cada espécie tributária.

Atualmente é inadmissível querer permitir à Administração Tributária a faculdade, com base em simples considerações subjetivas, de se utilizar de procedimentos ou entendimentos discricionários para desprezar as formas jurídicas lícitas, eleitas pelos contribuintes com vistas à economia de imposto, para ir em busca de uma pretensa realidade econômica.

Acolher tal possibilidade implicaria consagrar verdadeiras arbitrariedades, o que geraria insegurança e incerteza, que devem ser afastadas pelo Direito, para permitir que o Fisco possa fazer exigências tributárias com base em critérios subjetivos utilizados para aferir a realidade econômica sob o ilusório argumento de realização da capacidade contributiva e busca da igualdade.

Não podem ser ultrapassados os limites impostos legalmente no sentido de que, por vias transversas, a Administração Tributária tente adequar e alcançar o planejamento fiscal, que é um direito do contribuinte, para exigir tributos sobre hipóteses não contidas na lei.

Todavia, entendimento em contrário deverá ser adotado quando a Administração Tributária, através dos seus agentes, constatar comportamentos dos contribuintes que revelem manipulação, artifícios ou subterfúgios que se caracterizem como práticas de evasão (fraude, simulação), e com base em provas irrefutáveis possa restar comprovado o procedimento violador de norma tributária ou do ordenamento jurídico.

Nesse caso é não só um poder, mas um dever-poder, que têm as autoridades fiscais de proceder ao lançamento não só da exigência do tributo, como também da imposição da penalidade cabível, e fazer a respectiva representação para fins penais, conforme exigido pela legislação.

Não se pode esquecer, contudo, que é legítimo o Estado querer procurar novas medidas para evitar os planejamentos tributários e que resultem em uma arrecadação mais eficiente; mas elas terão que se revelar por meio de uma carga tributária mais justa e melhor distribuída e pelo combate à sonegação, para não ferir a legalidade, a certeza e a segurança jurídica que deverão nortear a tributação.

Em conseqüência, somente através de mecanismos seguros colocados nas leis, que abriguem hipóteses no sentido de dotar a Administração Tributária de instrumentos eficazes, poderão ser coibidos tanto os planejamentos tributários/elisões como as diversas formas de abusos, fraudes e evasões, com vista a alcançar uma melhor distribuição de renda, atingir a real capacidade contributiva, promover a igualdade e a justiça fiscal-social, sem se deixar de assegurar, sempre, a liberdade, a certeza e a segurança jurídicas necessárias para que possam coexistir e se formar em equilíbrio as relações entre o Fisco e os contribuintes.

A máxima que deve nortear a incidência e a exigência tributária, por conseguinte, é a de que a ninguém é dado escusar-se de cumprir com suas obrigações tributárias; entretanto, ninguém poderá ser obrigado a fazê-lo de modo mais oneroso.

PRESIDENTE (PROF. PAULO AYRES) – Agradeço à Profa. Mary Elbe, que aliou seu conhecimento científico sobre a matéria com sua rica experiência no Conselho de Contribuintes. Passo a palavra ao Prof. Dr. José Artur Lima Gonçalves. Dr. José Artur é o Presidente deste XV Congresso Brasileiro de Direito Tributário, Doutor em Direito pela PUC, Advogado renomado em São Paulo, autor de vários livros, dentre eles *Imposto sobre a Renda, Pressupostos Constitucionais*. Com a palavra o Prof. José Artur Lima Gonçalves.

PROF. JOSÉ ARTUR LIMA GONÇALVES – Obrigado Prof. Paulo, creditem essas amabilidades ao caráter generoso do Paulo Ayres.

Esse tema é muito delicado, porque ele apresenta uma armadilha, ele nos induz a uma inexistente contradição. Aparentemente existe um problema, aqui, entre dois valores; mas na verdade, se formarmos um raciocínio sistemático, perceberemos que estes valores se conjugam, se conectam, para compor e conformar a coerência interna de sentido do sistema constitucional.

Se o Direito é norma, e a norma é objeto cultural, necessariamente o objeto das nossas considerações, aqui, é carregado de valor. O tema de elisão, de norma antielisiva etc., contrapõe dois valores que nós temos que tentar harmonizar para poder continuar fazendo um raciocínio adequado e técnico.

De um lado nós temos a necessidade – que a própria sistemática constitucional coloca e exige – de que a ação de tributar seja eficiente; a ação de tributar, como um instrumento que viabiliza o exercício das competências políticas e administrativas das pessoas políticas brasileiras, necessariamente tem que funcionar, sob pena de comprometer a própria autonomia política e administrativa destas mesmas pessoas. Portanto, a Constituição coloca a ação de tributar como um instrumental para viabilizar o exercício dessas competências políticas e administrativas.

Do outro lado, a Constituição, sistematicamente considerada, exige que não exista um desequilíbrio entre os valores principais que ela coloca; e um destes valores é a proteção, é a delimitação do direito de propriedade de cada um de nós, nos termos postos por ela própria, Constituição. Então, o que é que estamos confrontando, aqui? Estou confrontando a necessidade de dar eficácia à norma de tributação com uma exigência de respeito aos direitos e garantias individuais dos cidadãos, que o sistema exige para que se considere a Constituição como algo unitário.

Então, eu precisarei saber até que ponto eu incremento, eu posso incrementar validamente a eficácia de um instrumento da tributação, sem, no entanto, comprometer a estabilidade constitucional, porque, no instante em que eu comprometo a estabilidade constitucional, eu comprometo o funcionamento das instituições básicas que a Constituição coloca, e eu estarei transformando aquilo que é um instrumento, e não é um fim do Estado Brasileiro, em algo mais importante do que a própria instituição constitucional.

Por isso que esse tema envolve uma armadilha, porque se deixássemos a Profa. Misabel e o Prof. Osíris brigando, eles iam varar a noite, ia voar pena para todo lado, porque não iam chegar a conclusão alguma, porque a forma de abordagem por eles adotada envolve uma questão ideológica – e para questão ideológica nós não temos parâmetros de controle para circunscrever os objetos de que cada um está falando. Então, o que temos que colocar, aqui, validamente, para discussão em um fórum como este, de debate junto com os colegas, é saber até que ponto estes dois pesos podem ou não ser harmonizados. E na minha maneira de ver podem, perfeitamente.

Não se trata, aqui, de discutir se autoridade administrativa pode ou não buscar a verdade material, porque é óbvio que esse empresário, esse grupo sulista a que a Professora fez referência, foi mal-assessorado, porque alguém disse a ele que bastaria criar cascas de diversas empresas por lucro presumido, que ele teria resolvido o problema. Como ele é meio esquecido, ele não precisava mais lembrar que deveria pagar tributos todo ano. Mas, enfim, não se trata de sustentar a viabilidade do abuso de forma, pois de modo algum isso seria possível. E por que que não seria possível? Não é porque eu quero, é porque a Constituição quer que a ação de tributar seja eficiente para garantir, não ela própria, arrecadação, mas para garantir a autonomia e o desempenho das funções e das competências políticas e administrativas. A ação de tributar é instrumento para isso, não é fim em si mesma. Tenho que enfatizar isto, e tenho que entender que a ação administrativa em matéria tributária tem que ir buscar a verdade material. Toda vez que houver um descompasso entre o evento econômico e sua descrição por meio de linguagem apropriada, contábil (como, por exemplo, neste caso, houve um descompasso entre esse evento econômico e o fato jurídico que o descreve), neste descompasso a Administração obviamente pode atuar, e pode justamente para requalificar aquele fato, que deve ser a visão fotográfica, o veículo lingüístico que fotografa o evento econômico. No instante em que há esse descompasso a autoridade administrativa tem todo o direito, e não só o direito, tem o dever de recompor as coisas a seus devidos lugares.

Todavia, a Constituição Brasileira organiza o Estado Brasileiro a partir de certos pressupostos, e um destes pressupostos está alocado no postulado da legalidade. O postulado da legalidade *no Brasil* – e aqui vai uma referência necessária: não posso discutir conceito de legalidade a partir da doutrina espanhola ou da jurisprudência alemã, como vimos isto já acontecer aqui; na minha opinião eu só posso tratar de legalidade, que é uma categoria constitucional, que está no Direito Positivo, dentro da sistemática do Direito Positivo Brasileiro; então, tenho que entender o que é a legalidade aqui no Brasil, a partir da Constituição Brasileira, e não o que diz a doutrina espanhola ou a jurisprudência alemã.

A legalidade no Direito Brasileiro, do mesmo modo que protege e deve proteger e incrementar a eficácia da ação de tributar, exige que o particular só seja compelido a fazer ou deixar de fazer alguma coisa em virtude de lei. Portanto, tecnicamente, o que a Constituição está determinando? Que só se inaugura a ordem jurídica por meio de lei formal e material. Então, aqueles modais deônticos a que o Prof. Souto se referiu aqui ontem – o *proibido*, *permitido* e o *obrigatório* – têm que estar, já no plano da legalidade, resolvidos para que a função administrativa possa se desenvolver. Esta peculiaridade no Brasil, na Espanha, na Alemanha, na Itália e nos Estados Unidos é normativamente diferente. E é diferente por quê? Porque a Constituição de cada uma dessas Nações permite que a coisa seja diferente. Estes modais deônticos servem para veicular uma decisão política que o legislador no Brasil é o único habilitado a fazer. Então, se o cidadão está praticando um ato que pode ou não vir a ser causa para o nascimento de relação jurídica tributária, isto depende de lei, pois quem tem que fazer esta definição é o próprio legislador. E aí que é interessante e importante notar o processo de desconstitucionalização, de tentativa de desconstitucionalização da coisa tributária no Brasil – processo, esse, do qual esta norma da Lei Complementar 104 faz parte, juntamente com outras, como, por exemplo, aquela que modifica o artigo que trata de conceito de renda no Código Tributal Nacional (como se o Código Tributal Nacional fosse o veículo correto para identificar o que é conceito de renda). Todas estas manifestações compõem a tentativa de desconstitucionalizar esta matéria, que é matéria tributária.

O desejo fica escancarado quando percebemos que ela fala assim: "mas eu não tenho aplicabilidade imediata, eu dependo" – como bem disse a Profa. Mary Elbe – "da edição de outra lei que diga quais são os procedimentos para que a Administração possa aplicar esta norma". Muito bem, dizer qual é o procedimento para aplicação desta norma é diferente de qualificar as circunstâncias nas quais a Administração pode atuar. Procedimento nenhum pode comprometer o fato de que no Brasil, em matéria tributária de identificação do fato tributável e de quantificação da relação jurídica tributária, a opção tem que ser prévia, tem que ser legislativa, porque a Administração funciona debaixo da lei, a Administração não pode se sobrepor, se equiparar, à lei; portanto, procedimento nenhum, que é mera sucessão de atos administrativos, vai poder ter o condão de criar uma opção, de dizer se um ato ou fato jurídico é tributável ou não.

Por isto que a circunstância de esta norma dizer que está dependendo de uma regra que trata de procedimento não resolve o problema de consistência, de compatibilidade material desta norma com a nossa sistemática constitucional. Porque, na verdade, esta norma não está já tratando dos modais deônticos; ela não está dizendo qual é a circunstância, não está proibindo, permitindo, autorizando, *na verdade ela está permitindo obrigar*. Então, se a gente usa as categorias da Lógica, nós percebemos muito facilmente que a decisão será tomada, sim, no plano do ato administrativo. E aqui, para não deixarmos a conversa descambar para o plano ideológico, nós temos que definir *função administrativa*. Ou bem função administrativa é aquela que anda debaixo da lei, ou função administrativa é alguma outra coisa. Toda vez que, em matéria tributária, o permitir e o obrigar estiverem alocados na competência do agente administrativo eu entendo que nós estaremos diante de uma hipótese que compromete o contorno da ação de tributar tal como constitucionalmente delineada no Brasil. Então, não é, mais uma vez, uma questão de estar cerceando o Fisco ou servindo de anjo-da-guarda do sonegador, não se trata disto. O que temos que entender é o que é que é mais relevante: é mais relevante nós prestigiarmos a eficácia do instrumento de arrecadação tributária, que é um instrumento, não é o fim em si mesmo, debaixo da Constituição Brasileira, ou temos que prestigiar a própria necessidade de fazer com que a Constituição seja compreendida como um todo unitário. Só a partir dessa compreensão da Constituição como um todo unitário eu entendo que vamos estar construindo um Estado dentro do qual poderemos criar as nossas próximas gerações. Fora do respeito à instituição constitucional eu não vejo como isto seja possível, porque vamos transformar a Constituição em um instrumento de arbítrio; então, a discussão técnica ajuda a revelar até onde as cargas ideológicas podem ou não ser utilizadas, e essa era a colocação que eu gostaria de fazer, Prof. Paulo. Obrigado. (*Palmas*)

PRESIDENTE (PROF. PAULO AYRES) – Agradeço ao Prof. José Artur Lima Gonçalves pela brilhante exposição, e tenho a honra e o privilégio de passar a palavra ao Prof. Sacha Calmon Navarro Coêlho.

O Prof. Sacha já nos brindou no ano passado, por ocasião do *XIV Congresso Brasileiro de Direito Tributário*, com uma conferência magnífica, cuidando deste tema. O Prof. Sacha atuou como Juiz Federal, e nessa função proferiu decisões magistrais que hoje ainda servem de trilha segura nessa matéria. Professor Titular da UFMG, o Prof. Sacha Calmon é hoje advogado militante no tema. Com a palavra o Prof. Sacha Calmon Navarro Coêlho.

PROF. SACHA CALMON NAVARRO COÊLHO – Eu quero agradecer, em primeiro lugar, as gentis palavras do Dr. Paulo Ayres, e em seguida adentrar o tema. Parece-me que essa denominação "norma geral antielisiva" é uma invenção da mídia tributária, porque, na verdade, a Lei Complementar 104/2001 em nenhum momento se propõe a criar uma norma antielisiva. É possível que o nosso Secretário da Receita Federal, o Dr. geólogo

Everardo Maciel, tenha querido, talvez, embaralhar os negócios e atos dos contribuintes no campo do Direito Privado para qualificá-los ou requalificá-los. Mas, se essa foi a intenção, ela não se traduziu efetivamente na norma legal criada.

Então, a primeira observação que quero fazer é que legalmente nós não temos uma norma geral antielisiva. Esta seria uma permissão geral e generalizada para que todos os agentes fiscais, de moto próprio, sem lei, por um ato de vontade, qualificassem e desqualificassem os atos e negócios jurídicos privados praticados pelos contribuintes – o que, na verdade, é um absurdo, porque um agente fiscal teria um poder que antes da Revolução Francesa foi severamente combatido por todo o Ocidente. O por que se lutou foi contra o *jus puniendi* e o *jus tributandi*, sem peias e sem limites dos regimes absolutistas. Todas as revoluções burguesas, toda a civilização do Ocidente, se fizeram em torno disso. Seria aplicar a um negócio típico, ou, melhor, aplicar a tributação prevista para um negócio típico, tipificado, a um negócio extratípico, não-tipificado. Quer dizer, seria a utilização da analogia ao bel-prazer da Administração. Isso realmente é impensável. A norma geral antielisiva significaria isso, a utilização prepotente, sem reserva de jurisdição, da analogia para tributar atos e fatos não tipificados pelo legislador.

Feita essa introdução, eu devo dizer que foi-me passado pelo Prof. Heleno um trabalho magistral, do Prof. Novoa, da Espanha, em que ele, na oportunidade em que se está mudando a lei geral tributária espanhola, se manifesta a favor do sistema brasileiro para que haja na Espanha a entronização do princípio da tipicidade – coisa que temos há muito tempo – e pela eliminação do dispositivo que na Espanha tem causado alguns problemas, embora escassamente aplicado: a permissão para que a Administração, diante de simulações, possa descaracterizar os atos e negócios jurídicos. O mesmo testemunho nos dá Fantozzi na Itália. Isso estou dizendo porque tem sido usual alguns ideólogos da tirania, da opressão e do arbítrio andarem a espalhar pelo Brasil afora que temos um sistema jurídico avelhantado diante das modernas técnicas dos países europeus etc. Estou inclusive preparando um livro só com testemunhos dos autores europeus sobre esta falta de precisão que a nossa Constituição esbanja, a mais principiológica do mundo, de tal maneira que esse também é um equívoco no trato dessa matéria. Mas eu queria lembrar aos Senhores, certamente sem excesso da minha parte, que o Direito é uma técnica de programação de comportamentos, é uma técnica de planificação de comportamentos, é uma técnica normativa, ou, melhor, é um sistema normativo, ao lado da Moda, da Religião, da Ética. No estudo dos sistemas, o Direito é um sistema normativo que programa comportamentos, inibe outros, constrói instituições, com fitos determinados. É a mais alta técnica de organização social. E, portanto, é um sistema que trabalha com o *Sollen*, que é o dever-ser, é uma Ciência que trabalha com o dever-ser, porque é uma Ciência que descreve prescrições, não descreve situações. Não é uma Ciência descritiva, e por isso ela tem que trabalhar com os modais deônticos do *permitido*, do *obrigatório* e do *proibido*. O que é permitido não pode ser obrigatório, nem pode ser proibido, porque o proibido não é obrigatório nem é permitido – e assim por diante, pela lei da exclusão.

Nós no Ocidente cultivamos três tradições. Primeiro, a liberdade negocial. Segundo, a legalidade da tributação. Terceiro, o abuso das formas de Direito Privado. Isso é inescondível: o abuso das formas de Direito Privado. Estas três tradições se encontram no sistema jurídico e nele, no sistema, são equacionadas: a liberdade negocial, a legalidade da tributação e o abuso das formas de Direito Privado.

Já por volta de 1914 e 1917 discutia-se muito o abuso que os contribuintes faziam a partir da sua liberdade negocial, o abuso das formas de Direito Privado, para se evadirem da tributação. Todavia, não é possível, para combater um planejamento tributário, o uso da analogia, pelo menos entre nós. É permitido na Argentina, é permitido em certa medida na Espanha, é permitido na Alemanha, e não é no Brasil, porque a elisão ou é induzida ou é permitida pelo sistema, ou não é proibida expressamente. Quando ela é proibida expressamente nós temos uma cláusula específica proibitiva de um negócio – por exemplo, comodato no lugar de locação perante o Imposto de Renda. O Chagas Freitas, que foi governador do Rio, tinha 530 apartamentos na Zona Sul do Rio de Janeiro. Imaginem se ele, em vez de 530 contratos de locação, fizesse 530 contratos de comodato, recebendo por fora o dinheiro. A lei, então, diz assim: "quando o comodato não for razoável e nem obedecer ao princípio da proporcionalidade", eu considero, onde há comodato, há locação, e presumo um aluguel. Mas quem faz isso é o legislador. A técnica que nós adotamos foi a do art. 109 do CTN. Nós adotamos duas técnicas: primeiro, proibição de analogia. Interpretação econômica para lá, o administrador está proibido de atribuir a um negócio extratípico regime jurídico-tributário de um negócio típico. Em segundo lugar, o legislador pode dar efeitos fiscais a uma forma de Direito Privado que normalmente não os teria, porque o comodato é a locação gratuita. Há uma outra norma, desarrazoada, antievasiva, no nosso Direito, que é aquela que proíbe àquele que colou bens ao capital de sociedade sair dela com o dinheiro. É fácil entender a razão de ser da norma, o *telos*, a teleologia. Digamos que eu queira comprar do Ayres a fazenda que ele tem lá no Mato Grosso por milhões de Reais e vou pagar um ITBI bastante significativo. Fazemos um contrato de sociedade – a Constituição diz que nesses casos não incide o imposto – e desfazemos a sociedade 10 dias depois. Eu entrei com o dinheiro, ele integralizou seu capital com terras. Ele sai com o dinheiro e eu saio com as terras. Na verdade, houve, aí, realmente, uma simulação relativa, um negócio jurídico aparente ocultando um negócio jurídico real: compra e venda. A compra e venda estava escondida pelo contrato de sociedade. Quando se levantou o véu através do distrato tínhamos uma simulação. Pois bem, o Código diz: "só pode sair com um bem móvel quem entrou com ele". Agora, vamos dizer que ficássemos sócios durante 15 anos. Porque é que eu, com a minha liberdade de auto-organização econômica, hei de sair com o dinheiro e ele com a terra? A norma não seria razoável, por isso a Mary Elbe disse que o ônus da prova nos casos de simulação deve ser sempre um ônus do Fisco, e deve haver a reserva de jurisdição para se saber se o comportamento da Fazenda – que combate o abuso de formas através do uso da simulação pelos contribuintes – é razoável ou não. Mas o agir da Fazenda tem que estar sempre baseado numa norma jurídica específica antievasiva, e são várias no Direito Brasileiro, como é o caso do *arm's length*, para proibir os preços de transferência abusivos através de presunções *juris tantum* que admitem prova em contrário. Esse é o sistema que nós adotamos. Então eu digo: a elisão é sempre o comportamento permitido, a evasão é sempre o comportamento proibido, a simulação é proibida (a simulação, a fraude, o dolo, a mentira). O sistema jurídico não compactua com a mentira, com a simulação, com o dolo, mas o sistema jurídico não autoriza arbítrio e tirania por parte do Fisco para desqualificar os negócios praticados pelos contribuintes, sem mais nem menos. Se há simulação, há de ser cumpridamente provada. E o que é a elisão? Ela é induzida pela lei. Eu posso ir para o Nordeste e não pagar imposto de renda por 10 anos, e depois tenho mais 5 anos. Estabeleço meu negócio com redução de 50%. A lei está me induzindo a economizar impostos, ela cria uma legislação que me dá vantagens, ela me dá uma vantagem fiscal, ela me induz à elisão. Ela pode ser permitida, eu posso comprar para o meu ativo fixo fazendo um *leasing* ou uma compra e venda. O que não pode é o Fisco dizer: "não, esse *leasing* não é *leasing*, é compra e venda, porque foi pago em três prestações". E a lei proíbe? A lei não proíbe, a lei permite. Se a lei permite, o Fisco não tem que fazer nada, nem tugir nem mugir – e foi o que disse a Min. Eliana Calmon, reunificando a jurisprudência do Superior Tribunal de Justiça: "Enquanto a lei permitir a concentração dos pagamentos em três ou quatro prestações, enquanto a lei não proibir, é vedado ao Fisco autuar por presunção de que o *leasing* não é *leasing*, é compra e venda". Eu posso escolher: o sistema jurídico me dá a elisão por opção. Eu adquiro um bem para meu ativo fixo ou por compra e venda ou por *leasing*. Agora, eu não posso usar a teoria da fraude à lei, que é para circundar, ladear, uma proibição no Direito Privado e que leva à anulação do negócio jurídico no campo privado, porque o *leasing* continua *leasing* e, no entanto, há tributação sobre ele. Mas como aplicar o ICMS se não houve transferência de domínio, de titularidade? Como depreciar essa máquina se a propriedade é de outro, e não é minha? Como é que vou aplicar a teoria da fraude à lei? A fraude à lei se dá quando existe uma proibição na lei e eu utilizo uma forma para ladear aquela proibição. Vou dar um exemplo muito simples: eu sou um agiota, empresto ao Paulo e quero uma garantia real. O Paulo diz assim: "eu lhe dou minha fazenda lá em Presidente Prudente em hipoteca". Eu não quero isso. A Lei do Mercado de Capitais me proíbe de operar com dinheiro, com mútuo, e esse negócio vai ser julgado nulo, e você vai ficar com o meu dinheiro e eu sem nada. Vamos fazer o seguinte, Paulo: vamos fazer uma compra, um contrato de compra de venda com cláusula de retrovenda. Daqui a 24 meses eu me obrigo a recomprar, me obrigo a vender de volta a você a fazenda desde que você me pague "x". Esse "x" é o quê? É o principal mais os juros. Isso é fraude à lei, porque eu estou ladeando a proibição. Eu posso aplicar isso no Direito Privado, porque no Direito Privado o negócio é desfeito. No Direito Tributário ele permanece, só se aplica a tributação que era do negócio típico para o negócio extratípico.

A simulação tem que ser combatida, a elisão tem que ser compreendida. E nisso tudo há uma perversão dos princípios. O Prof. Marco Aurélio Greco, com muita coerência, diz assim: "olha, eu quero combater a elisão considerando-a um negócio lícito, tanto que eu não admito a aplicação de multa alguma, eu não quero que se aplique uma multa àquele que pratica elisão, porque ele não praticou ilícito algum". Quer dizer, ele vai com todas as virtudes às últimas conseqüências, ele diz claramente a que veio e o que quer, com o quê não posso, de forma alguma, concordar, porque ele está em descompasso com a doutrina brasileira e em descompasso, também, como hei de provar, com a doutrina estrangeira. Quando muito pode invocar o testemunho do segundo Tipke às vésperas de morrer, que numa conjuntura muito diversa da nossa fez a perversão dos princípios da legalidade e da capacidade contributiva na Alemanha.

O que se quer dizer é o seguinte: o princípio da capacidade contributiva e o da legalidade, que são princípios de contenção ao poder de tributar, são princípios voltados ao legislador, porque *lex legum*, princípio sobre como fazer leis. O que esses princípios querem? Que o legislador, ao fazer a lei, faça uma lei que seja igual para todos aqueles que estiverem na mesma situação de capacidade contributiva. O legislador é obrigado a respeitar a capacidade contributiva dos cidadãos, ele é obrigado a fazer lei igual, lei justa. Está se virando, este princípio, contra aquela primeira tradição que é da liberdade negocial, a da permissão para a auto-organização econômica, da liberdade de contratar. Está se dando a esses princípios um direcionamento que eles não têm, porque a capacidade contributiva, a legalidade, a proibição de arbítrio, a isonomia, são princípios voltados para conter o poder legislativo de tributar, porque o poder administrativo no Brasil é cativo da lei. O administrador no Brasil nada pode fazer, só aplicar a lei, mais nada ... (*interrupção da gravação*) ...

Os princípios da legalidade, capacidade contributiva, tipicidade, proibição de excesso, são voltados para o legislador.

Contudo, querem voltá-los contra o contribuinte. É como inverter o canhão – quer dizer, ninguém pode fazer nada, tem todo mundo que pagar direitinho a mesma quantia. Isso não é possível, essa é uma doutrina perversa, nós temos que refletir bem, porque a Administração já tem o poder, com base na lei, de combater o abuso das formas de Direito Privado pelos instrumentos que o sistema jurídico oferta. Portanto, não há necessidade de qualquer norma antielisiva. Esta norma do art. 106 "chove no molhado", reforça uma prerrogativa que já é dada implícita e explicitamente pelo sistema jurídico à Administração Fazendária.

Então, essa é uma discussão até certo ponto insólita. Uma discussão sobre o que quis o legislador, e não sobre o dever-ser da norma, à luz do sistema constitucional, como o Prof. José Artur acabou de nos expor. Eu não estou falando de norma antielisiva, estou dizendo que ela é impossível de existir no Direito Brasileiro.

Eu vou dar agora um exemplo, para a gente acabar com essa história. Seis cidadãos brasileiros têm uma sociedade anônima dedicada à construção civil pesada, e alugavam máquinas caríssimas de terceiros. Esses cidadãos descapitalizaram um pouco a empresa, na medida em que eles venderam algumas ações para fazer dinheiro, e montaram uma sociedade limitada dedicada exclusivamente ao aluguel de máquinas pesadas. A sociedade limitada passou a prestar serviços a terceiros, mais ou menos 25% das atividades, e a locar para eles mesmos. Quer dizer, antes eles pagavam a terceiros, agora eles pagam a si próprios. Era despesa operacional na S/A, era receita operacional na sociedade por quotas, já que tanto a S/A como a sociedade limitada são ficções jurídicas. Quem estava recebendo eram eles mesmos, estavam pagando a si próprios, mas a empresa que locava se submetia ao lucro presumido. A S/A não podia se submeter ao lucro presumido. Mas o lucro presumido favorece a pessoa física, porque entra na declaração da pessoa física como tributação já incidida, eu não preciso repetir; então, havia aí também uma segunda forma de economizar. Terceiro, os serviços prestados, de locação de máquinas, eram prestados a preços de mercado, comprovadamente preços de mercado, e foram pagos com cheque, e esse cheque não foi descontado, foi pago para a sociedade limitada, e esta o entregou aos sócios como distribuição de lucro, e os sócios pegaram esse cheque e também não o descontaram, e se apresentaram perante a S/A dizendo assim: "Estou com esse cheque e eu sei que, sem endosso e endossatário, a entrega do cheque ao emitente tem valor de quitação pelo Direito Cambiário. Tome esse cheque, mas eu quero ações. Em vez de você me pagar esse cheque, eu quero ações". "Quantas ações?" "Aquele tanto que o cheque compra" – e houve aumento de capital. O que está proibido, aí? Pode ou não pode? É elisão ou é simulação? Se fizer com dinheiro ou com crédito, dá na mesma. Leva lá na Receita, porque a Receita examina essa operação. O que não pode aqui? E a receita diz assim: "Olha, está tudo conforme à lei, não tem jeito". Agora, houve inventiva. Mas por que houve essa inventiva? Porque a tributação é pesada, porque o empresariado está obrigado, como um bom *pater familiae*, a diminuir o máximo que puder o custo fiscal. Como é da minha liberdade mandar 200 empregados para casa e desempregá-los e terceirizar meu serviço de controle por computadores. Eu não quero pagar contribuição sobre folha de salário, que é absurda, eu não quero pagar os encargos sociais e trabalhistas que oneram o salário no Brasil, portanto vou terceirizar. Os engenheiros que eu pago aqui a preço de ouro, meus consultores, vou mandá-los embora. Eles que constituam uma sociedade, quando eu precisar deles eu contrato. É proibido? É proibido mandar 1.000 operários para casa e substituí-los por máquinas? A Constituição não fala no valor da livre iniciativa e dos valores do trabalho e do pleno emprego? Da proteção ao hipossuficiente? Então, por que que a sociedade toda aceita o desemprego e a substituição pela automação com ganhos de produtividade, e não aceita a economia de impostos quando ela é feita segundo a lei, a partir dos desequilíbrios da própria lei? Se a tributação fosse neutra e pequena o planejamento quase não existiria, não é? É porque a tributação já chegou a um ponto, a uma enormidade, tal que o empresário tem todo o dever de minimizar seus custos para poder ter lucros, porque é a isso que a lei o obriga. Se não é ele um mau administrador, ele tem que dar contas aos acionistas. Essa tradição da liberdade negocial, da legalidade da tributação e do abuso de formas tem que ser resolvida no próprio programa da lei, e não através de atos arbitrários e opressores do Fisco, seja ele Federal, Estadual, Municipal. Tenho dito. (*Palmas*)

PRESIDENTE (PROF. PAULO AYRES) – Agradeço ao Prof. Sacha Calmon Navarro Coêlho. Fico imaginando o quão privilegiados são os alunos da UFMG, que têm a oportunidade de conviver semanalmente com tão ilustre Professor. De nossa parte, fica registrada a alegria de ao menos uma vez por ano contarmos com sua presença. Eu passo a palavra por dois minutos – porque o tempo urge, e nós vamos ouvir em seguida a conferência do Prof. Roque Carrazza – à Profa. Mary Elbe, para que responda a uma questão.

PROFA. MARY ELBE QUEIROZ – Eu tenho aqui uma pergunta do Dr. Paulo Ricardo, da Procuradoria da Fazenda, representando junto ao Conselho de Contribuintes, que, não satisfeito em criar polêmicas comigo lá no Conselho de Contribuintes, ainda veio me perguntar aqui também. Mas vou me prevalecer de estar com o microfone agora, e ele não, e posso dizer o que quiser e ele vai ter que só que ouvir, não é?

Pode o Fisco, a partir do art. 116 do CTN e mesmo anteriormente a esse artigo, desconsiderar negócio jurídico, *business publishing*, ou seja, negócio praticado exclusivamente para minorizar tributos, sem, portanto, um propósito mercantil como usualmente se contém, ou algo assim. Ou seja, se ele só teria o objetivo de economizar tributo. Entendo que, desde que o fato que se apresenta na realidade seja um fato lícito, não esteja dissimulando um fato por detrás, que seria o verdadeiro objetivo, o Fisco não pode desprezar esse fato. Planejamentos tributários são permitidos, sim; o ordenamento jurídico tem que aceitar. E caso se queira coibir determinados planejamentos tributários porque o Fisco não tem condição de construir provas para comprovar que é um procedimento ilícito, tem que haver, sim, como o Prof. Sacha acabou de falar, a inclusão numa hipótese de incidência – ou seja, tem que haver estrita obediência ao princípio da legalidade.

Entretanto, gostaria de ressaltar mais uma vez a importância dessa norma antisimulação, antievasiva, no sentido de que ela também dá garantia ao Fisco de que ele não vai precisar de prévia aprovação do Poder Judiciário para fazer o lançamento do crédito tributário e a exigência do tributo. Porque em vários momentos o Fisco se defrontou com casos de simulação, como aqueles de que falei anteriormente, em que para ser lavrado o auto de infração previamente era dada a medida judicial, o Fisco necessitava ir em busca do poder judiciário no sentido de primeiro descaracterizar a forma jurídica em que a operação se apresentava, mesmo quando estava demonstrada a simulação, para somente depois fazer a autuação. Eu gostaria de lembrar que o lançamento do crédito tributário – a constituição do crédito tributário, como diz Prof. Paulo de Barros Carvalho – é o relato em linguagem competente do fato que aconteceu na vida real; é uma forma de o contribuinte conhecer exatamente qual é a exação. E esse lançamento é submetido a todo um processo administrativo, ou seja, a um controle da legalidade pelos próprios órgãos administrativos, com obediência ao devido processo legal, ao contraditório e à ampla defesa. E a qualquer momento, pelo princípio da universalidade da jurisdição, o contribuinte poderá ir em busca do socorro do Judiciário. Esse lançamento do crédito tributário poderá ser feito, sim, quando comprovada a simulação. Creio que respondi. Era só isso. Obrigada. (*Palmas*)

PRESIDENTE (PROF. PAULO AYRES) – Agradecendo à Profa. Mary Elbe, passo a palavra ao Prof. Sacha para, em dois minutos, responder às questões formuladas.

PROF. SACHA CALMON NAVARRO COÊLHO – Dr. Paulo Ricardo, Procurador da Fazenda Nacional, vinca o seguinte: que o princípio da legalidade garante o contribuinte, segundo a Constituição de 1988, prevendo que a tributação, fato gerador, deve estar tipificada pelo legislador. E pergunta: a partir da Lei Complementar 104 o Fisco pode desconsiderar negócios jurídicos para evidenciar o fato gerador que o contribuinte estaria escondendo mediante simulação? No que uma norma genérica que permita ao Fisco apurar o que efetivamente ocorreu estaria preterindo o princípio da legalidade? A norma não permite ao Fisco tributar o fato gerador que não estiver configurado?

O artigo do Código que cuida de quando o lançamento deve ser efetivado ou revisto diz o seguinte: que um dos casos para efetivar o lançamento, ou mesmo para revê-lo, se dá quando o contribuinte ou terceiro em benefício deste agiu com dolo, fraude ou simulação. Não tem problema, porque são defeitos dos atos jurídicos. Quer dizer, quando o fato jurídico estiver montado sobre um negócio jurídico, um contrato, e houver simulação o Fisco tem toda liberdade para desconsiderar. Aliás, eu quero relembrá-los: a lei complementar – agora eu não sei se é 1985 ou se é 1995 –, aquela que alterou a Lei de Introdução ao Código Civil, criou duas normas interessantíssimas: primeiro, na revogação parcial de lei é obrigatório ao legislador que revoga indicar quais artigos está revogando. Está vedado, doravante, dizer: "revogadas as disposições em contrário". Isso não pode, isso não vale mais. Porque isso cria uma indefinição normativa. Segundo, lá se diz que, quando o legislador tomar de empréstimo termo ou expressão jurídica já consagrada no Direito Positivo, esse termo, esse instituto, essa forma, vem com a carga jurídica valorativa conhecida do sistema jurídico, para evitar a vaguidade, a polissemia, normas ocas, vazias, polissêmicas. Boas técnicas são técnicas legislativas, já que o Direito é naturalmente ambíguo. Pois bem, quando se fala em dissimulação, toda doutrina, francesa, italiana, portuguesa, espanhola, brasileira, entende que *dissimulação* significa simulação relativa em confronto com a simulação absoluta. Simulação absoluta é construir a mentira, é fazer crer aos outros que algo existe quando na verdade não existe. Eu simulo uma situação para induzir terceiros a acreditarem que a coisa existe, mas não existe, absolutamente. Na dissimulação a coisa existe, só que está envolta, encoberta, dissimulada por outra forma jurídica. Foi aquilo que fizemos eu e o Paulo, simulamos um contrato de sociedade para ocultar um contrato de compra e venda de bem imóvel. Isso é dissimulação, é a simulação relativa. Quando essas situações ocorrem, cabe ao Fisco combatê-las, não precisa de reserva de jurisdição. Mas cabe ao Fisco provar, porque, se o ato administrativo goza de presunção de legitimidade, é obrigado pela Constituição a ter motivação, e a motivação desse ato administrativo é a prova da simulação.

Mas estamos falando de simulação, e não de elisão. A Lei Complementar 104 nada criou, ela "choveu no molhado". Talvez possa até ter querido inverter o ônus da prova, dar ao Fisco a primeira palavra: "Opa! Esse negócio é simulação, você venha a provar que não é". Não, não é isso, não. Nem o ônus da prova foi invertido, porque o ato administrativo do lançamento é vinculado à lei. Eu tenho que provar que aquele ato foi simulado, ou que um contrato está sendo dissimulado. Eu não posso *sponte propria* atribuir a um negócio jurídico extratípico o regime jurídico de um negócio típico; isso seria a utilização da analogia.

Pois bem, de acordo com a Lei Complementar 95, a Lei Complementar 104 não revogou o artigo do Código que proíbe o uso da analogia. Então, continua proibido. O ato do lançamento não pode, *por analogia*, achar tributo onde não há. Eu me referi a essa lei complementar com esse intuito.

A outra pergunta, do Dr. Mauro Silva: a eventual aplicação da norma antielisiva, por parte dos agentes e do Fisco...

Não tem norma antielisiva, gente. A aplicação do parágrafo único do art. 116 do CTN nada tem de antielisiva, não.

A eventual aplicação da norma antielisiva – mas ele pôs entre parênteses, por parte dos agentes e do Fisco – estará sujeita ao controle judiciário? É lógico, lógico. Como falar, então, em arbítrio? Bom, o que vigora no Brasil é o monopólio da jurisdição. O Poder Judiciário pode declarar a lei inconstitucional, pode declarar nulo o ato administrativo, e nenhuma lesão ou ameaça de lesão pode ser subtraída ao Poder Judiciário. Logo, todo ato da Administração está sujeito ao controle do Poder Judiciário. No caso, se o Fisco utilizar o parágrafo único do art. 116 para autuar, por analogia, é evidente que esse ato desafia um mandado de segurança. Isso porque é um ato de manifesta ilegalidade por parte do Estado, da Administração. Agora, se utilizar esse artigo para provar que houve uma simulação, tudo bem. Tem um processo tributário administrativo, não precisa nem de procedimento especial, porque ele já existe, eu tenho o direito à reclamação e ao recurso e tenho direito ao Judiciário, mas o fato de poder ir ao Judiciário para combater um ato administrativo não elimina o arbítrio, muito pelo contrário. Para quê existe mandado de segurança? Inclusive preventivo contra a lei, não contra a lei em tese, mas para a ameaça de lesão que a lei contém? Quantos mandados de segurança nós aviamos sem que haja um ato administrativo sequer? Só pela ameaça potencial da lesão aos meus bens, porque a tributação está contra a Constituição, quantas vezes? Eu tenho mandado de segurança contra lei inconstitucional e contra ato administrativo ilegal, praticado com excesso, abuso de poder e etc. O que eu quis dizer é que o art. 116, parágrafo único, do CTN contém um dispositivo antievasivo. Reforça um poder que o Fisco já tinha. Não me interessa, não quero "psicanalisar" o legislador, como diria Geraldo Ataliba. À luz do que está na norma, eu a entendo assim, aliás, como a Profa. Mary Elbe, todo mundo está entendendo assim, menos uns dois ou três, mas o resto da doutrina entende dessa maneira: não há norma geral antielisiva no Brasil, nem pode haver; o que há é um mecanismo anti-simulatório.

PRESIDENTE (PROF. PAULO AYRES) – Eu agradeço aos Profs. Sacha Calmon Navarro Coêlho, José Artur Lima Gonçalves e Mary Elbe Queiroz e peço para que todos permaneçam exatamente onde estão, para que imediatamente o Prof. Roque Antônio Carrazza, o Prof. Souto Maior Borges e a Profa. Misabel Derzi venham compor a Mesa, na companhia do Prof. José Artur Lima Gonçalves, a quem eu passo a Presidência dos Trabalhos.

CONFERÊNCIA

RENÚNCIA À RECEITA TRIBUTÁRIA, EM FACE DA NOVA LEI DE RESPONSABILIDADE FISCAL

PROF. ROQUE ANTONIO CARRAZZA

PRESIDENTE DO CONGRESSO (PROF. JOSÉ ARTUR LIMA GONÇALVES) — Vamos dar prosseguimento aos trabalhos em função do adiantado da hora. Compõe também a Mesa, além do Professsor Souto, Professora Misabel e Professor José Eduardo Soares de Melo, que vai fazer a saudação ao nosso querido Prof. Roque Carrazza.

PROF. JOSÉ EDUARDO SOARES DE MELLO – O Prof. Roque Carrazza é conhecido de todos nós, e até dispensaria apresentação. Mas faço questão de relacionar, aqui, não todas as suas qualificações profissionais, seus atributos pessoais, porque iríamos tomar todo o tempo. Mas apenas dizer o seguinte: o Prof. Roque ainda tem uma fisionomia bem jovem, mas começou muito jovem os estudos de Direito Tributário. Ele é Mestre, Doutor, Livre-Docente e Titular da PUC aqui de São Paulo há muito tempo. Foi também Vice-Diretor da Faculdade de Direito e Coordenador do Programa de Pós-Graduação. Integrou o Ministério Público de São Paulo e encerrou sua carreira no Ministério Público como Procurador da Justiça e aos 36 anos é que passou a ser Procurador da Justiça. Tem participado de inúmeras bancas de Mestrado e Doutorado; leciona na PUC/SP nos Cursos de Graduação e Pós-Graduação. Ele me dizia, e a gente acompanhava, que ele lecionava no Brasil inteiro em vários Estados. Podemos fazer qualquer tipo de convite que o Prof. Roque lá estará para proferir palestras e ministrar os conhecimentos de Direito. Tem inúmeros pareceres e obras publicadas, e eu destaco, aqui, o livro mais conhecido do Professor, que é o *Curso do Direito Constitucional Tributário*, com inúmeras edições, o *ICMS*, e obras importantes, que infelizmente não foram reeditadas, como *O Regulamento, o Direito Tributário Brasileiro e Sujeição Ativa*.

A importância do Prof. Roque não se mede apenas por toda essa produção científica e também pelo seu aspecto didático. A importância da sua obra é refletida nas decisões judiciais: é muito raro um acórdão, do STJ, do STF, em que o fundamento, vamos dizer, o embasamento que o Ministro confere àquela decisão não tenha a lição do Professor.

A par de todos esses atributos, quero ressaltar aqui, no meu querido amigo Roque, sua amabilidade, sua fidalguia, sua gentileza. Nos Congressos são sempre formuladas 3 ou 4 questões, e eu participei com ele de alguns eventos, inclusive o último no Recife, em que foram formuladas 36 ou 38 questões. Isso é fruto da sua capacidade. Eu sei que muitas vezes, ele mesmo diz, não tem condição de responder, e fica também à disposição de todos.

Para não tomar mais o tempo, porque a palavra será dele, e não minha, eu poderia até dizer que o Prof. Roque é o grande sucessor do Prof. Geraldo Ataliba no Direito Constitucional Tributário, por todos os seus méritos, suas qualidades. Não há palestra, não há seminário, não há evento, em que ele não se apresente e para o qual não tenha preparado um tema. Quer dizer, sua experiência já poderia mostrá-lo como uma pessoa capacitada em todo o Direito Público para exprimir uma opinião, além da sua seriedade. Eu lembro muitas vezes uma frase do Prof. Geraldo Ataliba: "O Roque é muito bom porque ele tem disciplina e tem conteúdo".

Então, passo a vocês a palavra do nosso querido amigo Roque, que vai tratar de um tema sobremodo importante, que é aquele que diz respeito à *renúncia a receita tributária*. (*Palmas*)

PROF. ROQUE ANTONIO CARRAZZA — Bom dia a todos. Professor José Artur Lima Gonçalves, Presidente desta Mesa e deste Congresso de Direito Tributário, Professora Misabel Derzi, Professor José Souto Maior Borges, meu querido amigo Professor José Eduardo Soares de Melo, minhas senhoras, meus senhores, colegas congressistas.

Sinto-me imensamente honrado em estar aqui participando do XV Congresso Brasileiro de Direito Tributário, evento que, ano após ano, vem contribuindo decisivamente para identificar e resolver os grandes problemas jurídico-fiscais do País. Peço vênia para tributar uma justa homenagem ao Professor Aires Barreto, Presidente do Instituto Geraldo Ataliba–IDEPE, pelo dinamismo e competência com que vem conduzindo os rumos desta prestigiosa entidade. Saúdo também ao Professor José Artur Lima Gonçalves, Presidente do Congresso e sem favor algum, um dos mais completos tributaristas da atualidade. Também agradeço as palavras amáveis e altamente elogiosas com que o Professor José Eduardo Soares de Melo — este excepcional jurista e fraternal amigo — me apresentou.

Conforme anunciado fui incumbido de falar-lhes sobre a *Renúncia à Receita Tributária, em Face da Nova Lei de Responsabilidade Fiscal*. Não ignoro que a respeito deste assunto as opiniões já se encontram firmadas, seja por convicção doutrinária amadurecida, seja — digamos assim — pela *vis atrativa* da letra da lei (no caso, da Lei Complementar 101, de 4 de maio de 2000, mais especificamente de seus artigos 11 e 14).

Mas, mesmo correndo o risco de navegar contra a corrente do uso, não me furtarei de emitir minha opinião, levantando os pontos que me parecerem mais oportunos ou mais interessantes. Mas, sem aquela tola pretensão de monopolizar a verdade. Afinal, já se disse que "em Ciência só o provisório é definitivo". Deveras, em Ciência, tudo pode ser repensado e, eventualmente, revisto.

Só para introduzir o assunto, o tema *Renúncia à Receita Tributária* é, ao mesmo tempo, fácil e difícil de ser tratado. Como assim? Que paradoxo é esse? Como um tema pode ser fácil e difícil de ser tratado ao mesmo tempo? Se, como a Lógica nos ensina, *tertium non datur*, não é possível que algo seja e não seja ao mesmo tempo. Mas eu me explico melhor.

O tema é fácil, se nos ativermos às *palavras da lei*, pressupondo que tudo o que nela consta vale, como vale para um fundamentalista — se me permitem a comparação — exatamente o que está escrito em seus livros sagrados. Assim o tema é fácil.

Já, o tema é difícil, se partirmos da idéia, a meu ver inafastável, de que acima da Lei de Responsabilidade Fiscal, por mais conveniente, oportuna e meritória que seja, está a Constituição, com os grandes princípios que ela alberga, como o federativo, o da autonomia municipal e o da autonomia distrital.

Todavia, antes de optarmos por um destes dois caminhos (pelo caminho fácil ou pelo caminho difícil), eu gostaria de frisar que, por trás da Lei de Responsabilidade Fiscal, há algumas verdades cediças que não podem ser ignoradas.

Uma delas: o administrador público e, por extensão, o agente fiscal, não só deve parecer honesto, como, efetivamente, ser honesto. Nesse particular, ele se assemelha à mulher de César, que, como todos sabemos, devia ser honesta e parecer honesta.

Uma outra verdade cediça: o administrador público — aí compreendido, é claro, o agente fiscal — não é o dono da coisa pública, mas seu mero gestor. O dono da coisa pública é o povo. Só ele pode dispor da coisa pública, o que faz por intermédio de seus representantes imediatos, os legisladores.

E, uma terceira verdade cediça: o artigo 37, da Constituição Federal, juridicizou o dever à probidade e à moralidade da Administração Pública. Noutro giro verbal, o agir administrativo deve estar em perfeita sintonia com a probidade e a moralidade, evitando danos ao erário e preservando, assim, a *res publica*.

É ao lume destas idéias que deve ser desenvolvido o estudo da Lei Complementar 101, de 4 de maio de 2000, que veicula, ou pretende veicular, *normas de finanças públicas voltadas para a responsabilidade na gestão fiscal*.

Em princípio, essa lei é digna de elogios. Afinal, não se deseja que o patrimônio público seja dilapidado ou, mesmo, malversado. Muito menos que permaneçam impunes os responsáveis por atos detrimentosos ao erário. A perfeita higidez das finanças públicas é um objetivo lídimo, que há de ser diuturnamente perseguido. Acredito que, a esse respeito, não há controvérsias.

Só que, como há pouco afirmei, a Lei de Responsabilidade Fiscal tem, acima de si, a Constituição, com seus princípios capitulares. A Lei de Responsabilidade Fiscal não tem o condão de buscar, nela própria, *fundamento de validade*. Ela vale *se e enquanto* estiver dentro da *pirâmide jurídica*, em cuja cúspide, em cujo patamar mais elevado, como ninguém ignora, estão as normas constitucionais. A Constituição é a matriz de todas as manifestações normativas do Estado. As leis, os decretos, os atos administrativos, as próprias sentenças, em última análise, desdobram comandos constitucionais.

O que estou tentando significar é que, o que nenhuma emenda constitucional poderia fazer, ou seja, amesquinhar a federação, o princípio da autonomia municipal, o princípio da autonomia distrital, positivamente não poderia ter sido feito por uma lei complementar. No caso, pela Lei Complementar 101, de 2000. E isto, por maiores e mais louváveis que tenham sido os objetivos que nortearam sua edição.

Tenho lido muitos livros, alguns de autores de boa nota, que passam ao largo desta questão transcendental. Tanto que vão logo esmiuçando as *palavras da lei*, como se os problemas da dogmática jurídica pudessem ser revolvidos pela taxinomia. Fazem, *data venia*, como certos tributaristas, que a pretexto de estudar o *ISS* (o imposto sobre serviços de qualquer natureza), vão logo à *lista de serviços tributáveis* e começam a explicar o que é uma manicura, o que faz um barbeiro, em que consiste o serviço de funilaria. Perdem-se nestas questões de nonada, ao invés de perquirirem se, em face de nosso sistema constitucional, é dado ao Congresso Nacional, por meio de lei complementar, apontar os serviços que os Municípios podem e, por oposição, os que não podem tributar por meio de *ISS*. Na verdade, não são os serviços que vêm tributados, mas as pessoas que os prestam. Mas, enfim, este é um outro tema, que, diga-se de passagem, foi magnificamente bem tratado, em livros e artigos, pelos ilustres Professores, aqui presentes, José Souto Maior Borges e José Eduardo Soares de Melo.

Retomando o fio do raciocínio, devemos ter presente que nossa busca pela verdade científica não pode terminar na simples leitura de um texto legislativo. Fosse assim, e bastaria que nos socorrêssemos da gramática e de um bom dicionário, para que todos os nossos problemas jurídicos estivessem resolvidos.

Sabemos, no entanto, que a simples leitura de um texto legislativo não basta. Ainda mais quando esse texto legislativo, como estou intimamente convencido, entra em testilhas com o diploma superior, ou seja, com a Constituição Federal. Nós devemos haurir, por meio desse labor, as normas jurídicas em vigor. Ora, as normas jurídicas em vigor devem ser buscadas no sistema jurídico como um todo considerado, olhos fitos, no caso tributário, especialmente no Texto Constitucional. Rudolf Stammler dizia: "quem aplica um artigo do Código, aplica todo o Código"; creio que podemos ir além do grande jusfilósofo germânico. Com efeito, podemos dizer: "quem aplica um artigo do Código aplica todo o Direito". Realmente, é todo o Direito que incide sobre um dado fato, juridicizando-o.

Feito este intróito, podemos retomar a idéia inicial, para que ela não se perca.

Pode-se renunciar à receita tributária de duas maneiras: ou por meio do não-exercício puro e simples da competência tributária, ou por meio da concessão de benefícios fiscais, isenções, remissões, anistias, créditos presumidos, reduções de bases de cálculo, reduções de alíquotas, aumento de prazo para o recolhimento de tributos e assim por diante.

Com o não-exercício da competência tributária, o tributo, não sendo criado em abstrato, evidentemente não poderá nascer em concreto. Logo, não haverá lançamento, não haverá arrecadação tributária.

Já, com a concessão do benefício fiscal, a pessoa política deixará de arrecadar o tributo que estava ao alcance de sua mão.

Muito bem, podemos pura e simplesmente ler os artigos 11 e 14 da Lei de Responsabilidade Fiscal — o que, decerto, os "juristas de plantão" do Palácio do Planalto já fizeram — e comodamente concluir que as pessoas políticas devem exercitar, *in totum*, suas competências tributárias e só podem conceder benefícios fiscais se encontrarem caminhos arrecadatórios alternativos.

Com efeito, dispõe o artigo 11, da Lei Complementar 101, de 2000: "constituem requisitos essenciais da responsabilidade na gestão fiscal a instituição, previsão e efetiva arrecadação de todos os tributos da competência constitucional do ente da Federação". De seu turno, o artigo 14, deste mesmo ato normativo, prescreve: "a concessão ou ampliação de incentivo ou benefício de natureza tributária, da qual decorra renúncia de receita, deverá estar acompanhada de estimativa do impacto orçamentário-financeiro no exercício em que deve iniciar sua vigência e nos dois seguintes, atender o disposto na lei de diretrizes orçamentárias e a pelo menos uma das seguintes condições: ...". Segue-se uma série de condições, que seria tedioso e desnecessário ler agora para os colegas.

De qualquer maneira, o descumprimento desses dois artigos levaria, nos termos do artigo 73, da mesma Lei de Responsabilidade Fiscal, à aplicação, dentre outras, das penalidades previstas no Código Penal, na Lei 1.079, de 10 de abril de 1950 (é a lei que define os crimes de responsabilidade), no Decreto-lei 201, de 27 de fevereiro de 1967 (é a lei que trata da Responsabilidade dos Prefeitos e Vereadores) e na Lei 8.429, de 2 de junho de 1992 (é a lei que dispõe sobre sanções aplicáveis aos agentes públicos, nos casos de enriquecimento lícito, no exercício de mandato, cargo, emprego ou função, na Administração Pública direta, indireta ou fundacional).

Enfim, a "lei é clara": sob pena de sanção, as competências tributárias devem ser totalmente exercitadas e os benefícios fiscais somente podem ser concedidos se forem encontrados caminhos arrecadatórios alternativos. Portanto, se quisermos ficar no cômodo patamar da *legis habemus*, podemos dar por encerrada esta sessão científica e aproveitar o tempo economizado para almoçar ou para dar uma volta pelos arredores. Também não seria difícil invocar o vetusto e superadíssimo brocardo *in claris interpretatio cessat*, para justificar nosso conformismo.

Mas, como de algum modo já acenei, há um outro caminho mais difícil, que gostaria de percorrer ao lado dos colegas congressistas. É o caminho da Constituição e de seus grandes princípios. Mãos à obra, pois.

Sabemos - e eu serei neste assunto breve, porque não quero maçá-los com obviedades — que as normas jurídicas de mais alto grau encontram-se na Constituição. A

Constituição não só cria o Estado, seus poderes, o modo de adquiri-los e exercitá-los, como elenca e garante os direitos fundamentais das pessoas, quer das pessoas físicas, quer das pessoas jurídicas. Até aí nenhuma novidade.

O que nem sempre é lembrado é que as normas constitucionais não têm todas a mesma importância, já que, algumas, veiculam simples regras, ao passo que, outras, verdadeiros princípios. Os princípios são as vigas mestras do edifício jurídico.

O Professor Eduardo Bottallo, que ontem nos brindou com uma magnífica palestra, costuma sempre comparar o Direito a um vasto edifício, onde nele tudo está disposto em sábia arquitetura. O jurista — continua o Mestre — contemplando este vasto edifício, nele imediatamente percebe não só a ordem na aparente complicação, como os seus alicerces e as suas vigas mestras. Ora bem, com as cautelas que as comparações impõem, esses alicerces, essas vigas mestras do edifício jurídico são os princípios jurídicos. A analogia é boa, a analogia é oportuna, porque num edifício tudo tem sua importância: as portas, as janelas, as luminárias, os alicerces. Só que não é preciso termos conhecimentos mais aprofundados de Engenharia para sabermos que muito mais importante do que uma porta é o alicerce. Tanto que, se de um edifício retirarmos uma porta, ele sofrerá um abalo estético (reparável, diga-se de passagem); se, porém, dele subtrairmos os alicerces, ele fatalmente ruirá.

Mas, em termos mais técnicos, o que vem a ser um princípio?

Tenho para mim, que princípio é uma regra básica, implícita ou explícita, que, por sua grande generalidade, ocupa posição de preeminência no mundo do Direito e, bem por isso, vincula o entendimento e a boa aplicação, quer dos simples atos normativos, quer dos próprios mandamentos constitucionais.

Aí está: até os mandamentos constitucionais devem ser interpretados e aplicados em sintonia com os princípios constitucionais. Quando uma norma constitucional tiver pluralidade de sentidos, ela precisa ajustar-se aos ditames dos princípios constitucionais. Os princípios são vetores para soluções interpretativas. Não é à toa que, na análise de qualquer problema jurídico, por mais trivial que seja ou pareça ser, deve o jurista alçar-se ao plano dos princípios, a fim de verificar em que sentido, em que direção eles apontam. Nenhuma interpretação será havida por jurídica e, portanto, por boa, se fizer tábua rasa de um princípio constitucional.

Aqui chegados, algum dos colegas poderia observar-me, com toda razão, que um princípio não passa de uma regra. Concordo: um princípio é uma regra. É uma regra básica, como há pouco eu dizia. Mas é uma regra que, por ter um *âmbito de validade maior*, orienta a interpretação de outras regras, inclusive das regras constitucionais.

O princípio, como ensina o Professor José Souto Maior Borges, exerce, no mundo do Direito, uma função axiologicamente mais importante do que a regra, mesmo a regra constitucional. Axiologia — sabemos todos — é a *ciência dos valores*. Portanto, para o eminente Mestre, o princípio tem um valor maior do que a regra, mesmo a regra constitucional.

Muito bem, dentre os princípios que terão projeção e pertinência nessa minha palestra, merecem especial destaque o princípio federativo, o princípio da autonomia municipal e o princípio da autonomia distrital.

O princípio federativo encontra-se veiculado já no artigo 1º da Constituição, que estabelece ser o Brasil uma República Federativa formada pela União indissolúvel dos Estados, dos Municípios e do Distrito Federal. Não vamos aqui entrar na polêmica se os Municípios ou Distrito Federal integram a Federação (a meu ver não integram, mas isso não vai prejudicar as conclusões a que pretendo chegar).

O fato é que o princípio federativo é tão marcante que lei alguma, nenhum poder, nenhuma autoridade, poderá, direta ou indiretamente, às claras ou de modo sub-reptício, derrogá-lo ou, de algum modo, amesquinhá-lo. Este princípio vem reforçado no artigo 25 da Constituição, que estabelece que os Estados organizam-se e regem-se pelas Constituições e Leis que adotarem.

Acrescento que estes artigos, o 1º e o 25, na medida em que possuem um conteúdo mínimo, que lhes permite atuar, assim que postos no sistema, encerram normas constitucionais de eficácia plena e aplicabilidade imediata, como nos ensina o festejado jurista José Afonso da Silva.

Aliás, peço vênia para observar que o princípio federativo é de antiga e irresistível tradição em nosso Direito. De fato, ele existe desde a Proclamação da República (desde 15 de novembro de 1889) e encerra uma garantia de ordem formal de que, pelo menos enquanto estiver em vigor o atual Texto Supremo, os Estados terão garantida sua ampla autonomia. E, autonomia, ensinava-nos o saudoso e pranteado Mestre Geraldo Ataliba, é a possibilidade de governar-se, mediante leis e autoridades próprias. Ora, essa possibilidade, sem dúvida, os Estados-membros têm.

Registro, por oportuno, que o princípio federativo é dos mais relevantes de quantos nossa Constituição agasalha. Hans Kelsen, o grande Mestre de Viena, ensinava que a importância de uma norma jurídica pode ser aferida pela intensidade de sanção que acarreta, acaso descumprida. Muito bem, nos termos do artigo 60, § 4º, I, da Constituição "não será sequer objeto de deliberação a proposta de emenda constitucional tendente a abolir a forma federativa de Estado".

Ai está: a forma federativa de Estado é *cláusula pétrea*, imodificável por meio de emenda constitucional. Lembro que o Congresso Nacional não está investido do *poder constituinte originário*, que lhe permitiria, este sim, alterar a Constituição, de fio a pavio, sem nenhuma peia, sem nenhum empeço. Não. O Congresso Nacional está investido do impropriamente chamado *poder constituinte derivado*, que, como bem observa Jorge Miranda, é, na realidade, *poder constituído*. Ele pode emendar a Constituição, desde que observe o *quorum* de reforma constitucional (três quintos), o sistema de votação bicameral e em dois turnos e, especialmente, as *cláusulas pétreas*.

Teorizando um pouco, existem limitações materiais e formais, implícitas ou explícitas, ao poder de reforma da Constituição. Estas limitações atendem pelo nome técnico de *cláusulas pétreas*, de pedra, irremovíveis por meio de emenda constitucional.

Pois bem, o princípio federativo é uma destas *cláusulas pétreas*. Logo, não pode ser alterado nem mesmo por meio de emenda constitucional. Ora, se nem uma emenda constitucional pode bulir no princípio federativo, por muito maior razão (argumento *a fortiori*) não podem fazê-lo a lei complementar, a lei ordinária, o decreto, a portaria e assim por diante.

Mutatis mutandis, esta linha de raciocínio vale também para o princípio da autonomia municipal, veiculado nos artigos 29 e 30 da Constituição e para o princípio da autonomia distrital, consagrado no artigo 32, do mesmo Diploma Magno. Deveras, a autonomia que os Municípios e o Distrito Federal receberam da Constituição para propor seus governos, para estruturar suas administrações, para prestar seus serviços públicos e, especialmente, para instituir e arrecadar os tributos de suas competências, encerra um direito público subjetivo, oponível à União e aos Estados, sendo inconstitucionais as leis e atos infralegais que a vulnerarem em sua essência.

Enfim, os Estados, os Municípios e o Distrito Federal são pessoas políticas que legislam para si, de acordo com as competências que receberam da Constituição. Nenhuma lei, que não a emanada de suas respectivas casas legislativas, pode ocupar-se com assuntos de seus peculiares interesses, ainda mais em se tratando de instituição e arrecadação dos tributos de suas competências.

Em face do exposto, temos por incontroverso que a União não pode estipular, nem mesmo por meio de lei complementar, como os Estados, os Municípios e o Distrito Federal exercitarão suas competências tributárias, que estes são assuntos acerca dos quais essas pessoas políticas, com a autonomia que a Constituição lhes deu, devem livremente deliberar.

É dentro desse quadro que precisam ser entendidos os já citados artigos 11 e 14, da Lei de Responsabilidade Fiscal.

Sem embargo da oportunidade destas disposições, que visam coibir a multiplicação, sem critério nem método, de benefícios fiscais, tenho para mim que só alcançam a União; não, os Estados; não, os Municípios; não, o Distrito Federal.

Vejam os colegas: fosse o Brasil um Estado Unitário e, realmente, caberia à União ditar todas as regras sobre estes assuntos. Ocorre — como ninguém ignora — que o Brasil não é um Estado Unitário, mas um Estado Federal. Nele, a União e os Estados-membros são reciprocamente autônomos e legislam, inclusive em matéria tributária. Os Municípios e o Distrito Federal, de seu turno, conquanto, repito, não façam parte da Federação, também são pessoas políticas. E pessoas políticas dotadas de ampla autonomia. Também legislam, inclusive em matéria tributária.

Temos, portanto, no Brasil, leis tributárias federais, leis tributárias estaduais, leis tributárias municipais e leis tributárias distritais, todas convivendo em harmonia, todas buscando *fundamento de validade* diretamente no Texto Constitucional. É por isso que cada pessoa política pode dispor livremente sobre os seus tributos.

E, nem se diga, que a Lei de Responsabilidade Fiscal foi encontrar *fundamento de validade* no artigo 163 da Constituição, mais especificamente em seu inciso I. Só para registro, estabelece o artigo 163, I, da Constituição: "Lei complementar disporá sobre finanças públicas".

Ocorre que tal lei complementar, como reza o próprio capítulo em que o dispositivo está inserido, deve cuidar de "normas gerais". Então, onde o leigo lê "lei complementar disporá sobre finanças públicas", nós, cientistas do Direito, devemos interpretar: "Lei Complementar veiculará normas gerais sobre finanças públicas". Ora, veicular normas gerais é estabelecer as diretrizes, os nortes, os lineamentos básicos; não é descer a assuntos da economia interna de cada pessoa política.

Esta idéia, diga-se de passagem, vem reforçada no artigo 24, I, sempre da Constituição Federal: "Compete à União, aos Estados e ao Distrito Federal legislar concorrentemente sobre direito tributário e financeiro". E a idéia mais se robustece com o § 1º, do mesmo artigo 24, da Constituição: "no âmbito da legislação concorrente, a competência da União limitar-se-á a estabelecer normas gerais".

Logo, para bem entendermos este artigo 163, I, da Constituição, devemos partir da premissa de que o Brasil é uma Federação e que os Estados, os Municípios e o Distrito Federal gozam de ampla autonomia, inclusive tributária e financeira. Mais: que os Estados e o Distrito Federal legislam concorrentemente com a União sobre direito financeiro e tributário e que, quando a União legisla sobre direito financeiro e tributário, para as demais pessoas políticas, deve limitar-se a estabelecer normas gerais.

Em suma, em questões de caráter prevalentemente local, cabe aos próprios Estados, aos Municípios e ao Distrito Federal decidir, por meio de seus poderes constituídos, se exercitarão suas competências tributárias e se concederão incentivos, benefícios ou isenções tributárias. Nesse particular, penso eu, a Lei de Responsabilidade Fiscal a eles não se aplica. É simples lei federal, que vale para a União, sendo, de resto, revogável, por meio de lei federal, que disponha em sentido contrário.

Assim, as pessoas políticas são livres para exercitar ou não suas competências tributárias. A competência tributária — e é isto que estou querendo significar — é de exercício facultativo; a pessoa política pode exercitar totalmente sua competência tributária, pode exercitá-la apenas em parte, ou pode deixar de exercitá-la. Tudo vai depender de uma decisão política, a ser tomada pelos Poderes Executivo e Legislativo locais. E, como a competência para tributar e a competência para isentar são como o verso e o anverso de uma mesma moeda (outra vez invoco as lições do Professor José Souto Maior Borges), se as pessoas políticas têm liberdade para criar, ou não, seus tributos, para exercitar, ou não, suas competências tributárias, segue-se logicamente que têm liberdade para conceder, ou não, isenções tributárias.

Esta é a regra geral. Mas há uma exceção.

Alguém já disse que o Direito é difícil, não tanto pelas regras gerais, mas pelas exceções. Existe uma competência tributária que é de exercício obrigatório. É a competência para criar o ICMS. Friso, no entanto, que tal competência tributária é de exercício obrigatório, não porque o artigo 11 da Lei de Responsabilidade Fiscal assim o estabeleceu, mas por força do que consta de nosso Diploma Magno.

O ICMS — sabemos nós — é um imposto de vocação nacional. Inspira-se no IVA (imposto sobre o valor agregado), que, na Europa, é mais que um imposto nacional; é um imposto internacional, um imposto cobrado em toda a Comunidade Européia. Quando os tributaristas europeus nos visitam e são informados que o IVA brasileiro (assim chamam o nosso ICMS) é um tributo regional, um tributo cobrado, dizem eles, pelas províncias (na verdade, pelos Estados-membros), ficam perplexos e logo indagam: "como vocês evitam a guerra fiscal?".

A resposta é fácil: a Constituição criou mecanismos para evitar a guerra fiscal, em matéria de ICMS. Um deles é esse: "qualquer isenção de ICMS não pode brotar da decisão unilateral da pessoa política interessada". Não! As isenções de ICMS devem ser conveniadas, ou seja, acordadas entre todos os Estados-membros e o Distrito Federal. Assim, pelo menos, deveria ser (na prática, infelizmente, nem sempre é). Mas esta é uma outra história.

Muito bem, se para conceder uma simples isenção, uma redução de meio por cento numa alíquota de ICMS, é preciso que haja consenso entre todos os Estados e o Distrito Federal, segue-se que nenhum Estado, tampouco o Distrito Federal, pode deixar de exercitar, neste campo, sua competência tributária. Afinal, não-exercitar a competência tributária, em última análise, é conceder isenção em grau máximo. Ora, se as pessoas políticas interessadas — no caso, os Estados-membros e o Distrito Federal — não podem conceder nem a isenção em grau mínimo (reduzir em meio por cento, que seja, a alíquota do ICMS) logicamente não podem conceder isenção tributária em grau máximo, deixando de exercitar sua competência tributária.

Estou recebendo aqui uma notícia, vamos ver. Sim! Uma pergunta, que procurarei responder, depois. Achei que já era Cronos, o implacável Deus do Tempo, avisando-me que estava na hora de caçar as velas do discurso. Por favor, tenham mais um pouquinho de paciência, que já estou chegando ao fim. (*Risos*)

Eu dizia: a competência para criar o ICMS é de exercício obrigatório. E para provar isto, aludi às isenções de ICMS, que só podem ser concedidas com autorização de convênios interestaduais. Absolutamente não podem brotar de uma decisão da própria entidade tributante. Não! As isenções de ICMS devem nascer de convênios celebrados e ratificados por todos os Estados e pelo Distrito Federal.

Permitam-me, colegas, desenvolver, um pouco, a idéia. Tais convênios são celebrados no Conselho Nacional de Política Fazendária, o CONFAZ, onde têm assento e deliberam os Secretários das Fazendas dos Estados e do Distrito Federal. E tais convênios deveriam ser ratificados pelos Estados e pelo Distrito Federal, por meio de decreto legislativo (lei em sentido material).

Digo "deveriam", porque, na prática, acabam sendo ratificados por meio de decreto do governador (do Estado ou do Distrito Federal), em razão do que estipula o inconstitucional art. 4º, da Lei Complementar 24/75. Com isto, resta atropelado o princípio da legalidade, que também se aplica às isenções tributárias.

Mas não é isto que, agora, nos importa considerar.

O que eu quero deixar em destaque é que, ainda que aceitemos, só por amor à controvérsia dialética (ou seja, contrariando tudo o que até aqui sustentamos), que o art. 14 da Lei de Responsabilidade Fiscal vale para os Estados e para o Distrito Federal, ele positivamente não incide sobre as normas que concedem isenções de ICMS.

É que tais benefícios fiscais, como vimos, só pode surgir a partir de convênios celebrados pelos Estados e, depois, por eles ratificados. Isto é feito justamente para evitar a *guerra fiscal*, com todos os seus efeitos deletérios.

Muito bem, as isenções de ICMS têm por mola propulsora as vontades de todas as pessoas políticas interessadas. É, pois, o interesse nacional e, não, simplesmente, o interesse local, que norteia a concessão de isenções de ICMS.

É a própria vontade da Federação, que determina a concessão de isenções de ICMS. Ou, se preferirmos, é a *ordem jurídica global* que as faz nascer. Se me permitem, Kelsen dizia que, numa Federação (e assim é na Federação brasileira), convivem harmonicamente a ordem jurídica global e ordens jurídicas parciais. A ordem jurídica global é a Nação, é o Estado como um todo considerado. Já, as ordens jurídicas parciais subdividem-se em ordem jurídica parcial central (a União) e ordem jurídicas parciais periféricas (os Estados e, no caso brasileiro, também os Municípios e o Distrito Federal).

Pois muito bem: a ordem jurídica global, que se consubstancia na Nação Brasileira, não pode estar submetida a restrições que visam proteger interesses financeiros das pessoas políticas individualmente consideradas. Logo, se as isenções de ICMS são concedidas pela ordem jurídica global, portanto, pela Nação, segue-se que a elas não se aplicam restrições endereçadas às ordens jurídicas parciais, como as contidas no artigo 14, da Lei de Responsabilidade Fiscal.

Acima da Lei de Responsabilidade Fiscal está o art. 155, § 2º, XII, *g*, da Carta Magna, que, no escopo de evitar atritos entre as unidades federativas (com sérios prejuízos para a Nação Brasileira), estabelece que os Estados e o Distrito Federal deliberarão entre si pra conceder "isenções, incentivos e benefícios fiscais", em matéria de ICMS.

Vai daí que os eventuais impactos orçamentário-financeiros destas medidas, nas unidades federativas individualmente consideradas, não têm o condão de sobrepairar o interesse nacional, que leva à celebração dos *convênios-ICMS*.

E aqui começa a terminar nossa viagem. Como vêem os colegas, não tentei cercar minhas opiniões com paliçadas de argumentos, sempre discutíveis. Também não respondi a todas as questões que levantei. E não respondi, seja porque estava angustiado pelo fator tempo, seja porque estou sempre mais convencido de que, em Ciência, as perguntas são mais importantes do que as respostas. Ou, se preferirmos, as respostas são importantes, sim, mas só na medida em que abrem espaço a novas perguntas.

Se eu consegui convencer a algum dos colegas presentes, dou-me por plenamente gratificado. Se não, pelo menos abri espaço à reflexão. Ainda que tenha errado.

Não quero fazer aqui a apologia do erro, à moda de Heidegger, mas penso que para o progresso da ciência, um erro ousado é mais importante do que uma verdade elementar, do tipo dois mais dois são quatro. Depois, convenhamos, o erro é inevitável para quem se decida à maior das aventuras humanas: a aventura de pensar. E, ainda, o erro, muitas vezes, não passa de uma maneira de pensar diferente. Criativamente diferente.

São estas as reflexões que submeto à douta apreciação deste egrégio plenário. Muito obrigado. (*Palmas prolongadas*)

PRESIDENTE DO CONGRESSO (PROF. JOSÉ ARTUR LIMA GONÇALVES) — Antes de retornar a palavra para o Professor Roque para responder a alguma indagação, eu comunico aos colegas os locais onde terão lugar as Mesas de Trabalho, logo em seguida ao almoço. Trabalho 6, "Emenda 29, A Progressividade do IPTU", na Sala Amazonas, de Carlos Del Papa Rossi. O 7, "Conceito de Tributação de Serviços e Provimento de Acesso", Sala São Paulo, autor Roberto Cerqueira. Trabalho 8, "Contribuições de Intervenção no Domínio Econômico", será aqui no Plenário, autor Daniel Bellan. Trabalho 9, "Elisão Fiscal e Planejamento Tributário em Face de Norma Geral Anti-Elisiva", autor Bernardo Guimarães, Sala Solimões. E finalmente "Guerra Fiscal, os Limites ao Princípio da Não-Cumulatividade", Sala Tapajós, de Gilberto Moreira. E imediatamente retorno a palavra ao Prof. Roque.

PROF. ROQUE ANTONIO CARRAZZA — Há uma pergunta só e, em rigor, ela foi respondida (ou penso que foi respondida) durante minha exposição:

"A Lei Complementar 101 não poderia ser considerada como uma lei de caráter nacional e não federal e, portanto, aplicável a todas as pessoas jurídicas de direito público?".

Eu procurei demonstrar que não, que é uma simples lei federal, pelo menos nos artigos 11 e 14, que foquei. É claro que, em seu todo, ela veicula normas gerais em matéria de finanças públicas. Só que ela não pode ser obedecida cegamente, mesmo nos pontos em que, como nestes, entra em testilhas com os princípios federativo, da autonomia municipal e da autonomia do Distrito Federal. Isto para que não aconteça o que está acontecendo, por exemplo, aqui no Estado de São Paulo, onde, a pretexto de cumprir-se a Lei de Responsabilidade Fiscal, não se chega a um acordo, a respeito da greve que está paralisando o Poder Judiciário. As autoridades judiciárias dizem que não podem conceder um centavo de aumento aos serventuários da Justiça, para não descumprirem a Lei de Responsabilidade Fiscal. *Data maxima venia*, penso que poderiam, sim, dar o aumento pretendido, bastando, para isto, que cumprissem a Constituição do Estado de São Paulo e a Constituição da República. (*Palmas prolongadas*) Enfim, o assunto é muito rico e polêmico, abrindo espaço a várias considerações. Vamos, porém, em virtude do adiantado da hora, deixá-las para um momento mais oportuno.

PRESIDENTE DA MESA (PROF. JOSÉ ARTUR LIMA GONÇALVES) – O Professor Roque permanece à disposição dos colegas para outros debates. Peço que se dirijam individualmente a ele, lá fora, para que possamos fazer o intervalo de almoço. Muito obrigado e até já.

MESA DE DEBATES "E"

EFICÁCIA DAS NOVAS ALTERAÇÕES DO CÓDIGO TRIBUTÁRIO NACIONAL

PRESIDENTE DA MESA: DR. EURICO MARCOS DINIZ DE SANTI
MEMBROS DA MESA: PROFS. REGINA HELENA COSTA, JAMES MARINS E VALDIR DE OLIVEIRA ROCHA

PRESIDENTE (DR. EURICO MARCOS DINIZ DE SANTI) – Profa. Regina Helena Costa, Mestre e Doutora pela PUC/SP, além de Professora na Graduação da PUC/SP, também. Fez Doutorado recentemente, Doutora Nota 10 pela PUC/SP, com um livro publicado recentemente pela Malheiros Editores. É também uma das principais Juízas da 3ª Região, aqui, da Justiça Federal. Exemplo de seriedade e dedicação, não só na carreira acadêmica como também no Magistério, e quem sabe brevemente, quando chegar a hora – é o desejo de todos nós –, seja a nossa representante nacional, uma "Lúcia Vale Figueiredo", do TRF da 3ª Região. Com a palavra a Profa. Regina Helena Costa.

PROFA. REGINA HELENA COSTA – Muito boa tarde a todos. Inicialmente gostaria de agradecer ao convite para participar, uma vez mais, do *Congresso Brasileiro de Direito Tributário* na sua 15ª edição. Eu quero dizer, Dr. Eurico, que esses elogios só contribuem para eu ficar ainda mais envaidecida por estar aqui; mas, evidentemente, existe nisso muito de amizade e de bondade do Dr. Eurico, que é uma pessoa que todos conhecem e admiram.

Coube a mim dar início a esta Mesa de Debates acerca da eficácia das alterações promovidas no Código Tributário Nacional por meio da Lei Complementar 104/2001. O que farei serão breves considerações, muito singelas. Devo dizer que, dada a recente edição desta lei, que é de janeiro deste ano, estamos ainda refletindo a respeito das modificações que ela introduziu. O que me parece, à primeira vista, é que essas alterações ora visam à adequação do texto do Código Tributário Nacional ao texto constitucional – uma vez que todos sabem que o Código data de 1966 e, portanto, em boa parte já não é compatível com o texto constitucional –, ora visam à sua adequação com a legislação processual vigente ou, ainda, dizem com entendimentos jurisprudenciais, para com eles se afinar ou para afastá-los.

Vou principiar pelo art. 1º, que altera alguns dispositivos do Código Tributário Nacional. A primeira alteração aparece, justamente, no art. 9º, IV, "c", do CTN, na reprodução da exoneração tributária contemplada na Constituição, no que diz respeito ao patrimônio, à renda e aos serviços dos partidos políticos, inclusive suas fundações, das entidades sindicais dos trabalhadores e das instituições de educação e de assistência social, sem fins lucrativos. Agora, na nova redação, "observados os requisitos fixados na Seção II desse Capítulo".

Essa é a primeira mudança, meramente de adequação, como já assinalei, porque o texto do Código, evidentemente, não se referia à exoneração constitucional atinente às fundações dos partidos políticos, nem às entidades sindicais de trabalhadores, uma vez que ambas as hipóteses constituem imunidades introduzidas pela Constituição de 1988. Mas, agora, há uma remissão aos "requisitos fixados na Seção II desse Capítulo". E é justamente no art. 14, I, do CTN que encontraremos uma modificação que merece comentário maior.

Todos sabem que na alínea "c" do inciso VI do art. 150 da CF estão consignadas as imunidades subjetivas, que se reportam justamente aos partidos políticos, suas fundações, às entidades sindicais de trabalhadores e – no que especialmente nos interessa aqui – às instituições de educação e de assistência social sem fins lucrativos. Essas duas últimas hipóteses versam sobre imunidades condicionadas, dentro daquela classificação já bem conhecida de todos. Ou seja, aqui nós temos imunidades que são passíveis de condicionamento posto pelo legislador infraconstitucional, mediante autorização da própria Constituição. Isso não acontece, por exemplo, com outras espécies de imunidades, como a imunidade recíproca, que não comporta qualquer tipo de condicionamento, porque está contemplada numa norma constitucional de eficácia plena. No caso, nós sabemos que a Constituição, quando trata dessas imunidades subjetivas, consigna essas hipóteses exonerativas em normas de eficácia contida. Não gosto muito dessa nomenclatura; prefiro falar em norma *contível* ou *restringível*, quer dizer, passível de condicionamento, passível de restrição. E a doutrina, uniformemente, diz que os requisitos de lei a que se reporta a Constituição no art. 150, VI, "c", são aqueles do art. 14 do CTN.

Pois bem, o que estamos tendo, exatamente, por força da Lei Complementar 104, é a alteração num dos requisitos de lei, que é aquele colocado no inciso I do art. 14 do CTN. Então, vou ler, apenas para ficar mais claro, qual era a redação original do inciso I art. 14, e como ficou agora, por força da Lei Complementar 104. Além dos requisitos de aplicação integral, no país, dos recursos na manutenção de seus objetivos institucionais e de manutenção da escrituração de suas receitas e despesas em livros revestidos de formalidades capazes de assegurar sua exatidão, impunha o Código a exigência da não-distribuição de qualquer parcela de seu patrimônio ou de suas rendas, a título de lucro ou participação no seu resultado. A Lei Complementar 104 substituiu a cláusula final, "a título de lucro ou participação no seu resultado", pela vedação de distribuição de qualquer parcela de seu patrimônio e de suas rendas "a qualquer título". Ou seja, examinando o dispositivo legal na redação atual, o que se extrai é que não se admite qualquer tipo de distribuição de parcela de patrimônio ou de rendas dessas instituições, a nenhum título.

Então, o que mudou? Repito que tudo que direi são primeiras reflexões; mas, num primeiro momento, o que parece é que se tornou mais restritiva a lei – e, portanto, o condicionamento, aqui, está mais rigoroso. A cláusula é mais restritiva a meu ver, sim. Não admite qualquer tipo de distribuição de parcela de patrimônio ou renda, a nenhum título. A questão é: isso se afina com a Constituição? Numa primeira visão eu penso que sim, que a resposta é, igualmente, afirmativa. Todos sabem que quando se trata de uma imunidade condicionada, como são aquelas contempladas na alínea "c" do inciso VI do art. 150 da CF, o que ocorre é que os condicionamentos que o legislador constituinte autoriza o legislador infraconstitucional a realizar não são condicionamentos da própria situação imune. A situação imune já está posta no próprio Texto Fundamental, e o requisito principal é aquele consistente em que essas instituições de educação e de assistência social não possuam fins lucrativos. Agora, a que se prestam esses requisitos? Esses requisitos, no meu entender, se prestam a garantir, a assegurar que a norma exonerativa não tenha seu emprego, sua utilização, desvirtuado em casos concretos.

Portanto, não está o art. 14 a moldar a imunidade em si mesma. A situação imune está contemplada no Texto Fundamental, e o requisito que a Constituição deseja ver efetivamente observado é a comprovação de que essas instituições não detenham finalidade lucrativa.

A meu ver, essa alteração, que sem dúvida traz um rigor maior na verificação de quais instituições de educação e de assistência social podem ser beneficiadas pela imunidade constitucional, se afina com a Constituição. Não há uma restrição indevida, na medida em que está muito mais garantido que a aplicação da norma exonerativa seja feita de maneira adequada se essas instituições não puderem distribuir quaisquer parcelas de seu patrimônio e de suas rendas a nenhum título. Todos sabem porque isso está aqui. Todos sabem porque a lei trouxe essa novidade, porque existe muito desvio de conduta por parte dessas instituições, no intuito de burlar a regra constitucional. Há muitas instituições que, até o momento, se beneficiaram dessa regra, distribuindo parcelas de seu patrimônio e de suas rendas. Não atendendo ao inciso I, na redação anterior como na redação atual. A nova redação do dispositivo veio fechar a porta para qualquer tipo de distribuição de renda ou de patrimônio, no sentido de ver coibir essas práticas tão abusivas a que temos assistido por parte dessas instituições, autodenominadas de instituições de assistência social ou de educação, sem fins lucrativos. Essa é uma primeira observação que faço e deixo à meditação de todos.

O segundo ponto que gostaria de abordar, também para trazer outra questão a ser debatida, diz com aquelas alterações promovidas no art. 151 do CTN. Todos sabem que esse dispositivo traz o elenco de hipóteses de suspensão da exigibilidade da obrigação tributária, e o que a Lei Complementar 104 fez foi acrescer dois novos incisos a esse artigo. Sabemos que o art. 151 já previa, para esse fim, a moratória, o depósito do montante integral, as reclamações e os recursos administrativos, bem como a concessão de liminar em mandado de segurança. No entanto, é claro que a legislação processual evoluiu muito desde 1966, quando foi editado o Código Tributário Nacional, e, assim, já se fazia há muito necessário adequar a dicção do Código à vigente legislação processual. Os acréscimos que temos ao art. 151 são os incisos V e VI – "a concessão de medida liminar ou de tutela antecipada em outras espécies de ação judicial" e o "parcelamento", respectivamente. Gostaria de fazer comentários sucintos sobre as duas situações.

Primeiramente, vejamos a questão da concessão da medida liminar ou de tutela antecipada em outras espécies de ação judicial. Todos sabem que sempre se admitiu a possibilidade de concessão liminar de medidas em outras ações, ainda que o Código Tributário Nacional apenas se referisse à sua concessão no mandado de segurança. Todos sabem também que, como o Código Tributário Nacional é anterior ao Código de Processo Civil que estamos usando, que é de 1973, não teve como prever a concessão de medida liminar em cautelar, e muito menos o instituto da tutela antecipada, que é recente no Brasil. A jurisprudência sempre entendeu possível, mesmo antes da alteração legislativa, a concessão de medidas liminares em cautelares, em ações declaratórias, como hipóteses de suspensão da exigibilidade da obrigação tributária. O que agora se fez foi apenas compatibilizar o Código Tributário Nacional com o que já dizia o Código de Processo Civil e com o que a jurisprudência já consignava com a maior tranqüilidade, mesmo porque sabemos que a tutela antecipada tem a mesma natureza da medida liminar no mandado de segurança – pelo quê não poderia, desse modo, ser outra a prescrição legal.

Apenas gostaria de lembrar que a leitura desse dispositivo – "medida liminar ou tutela antecipada em outras espécies de ação judicial" – dá um certo entusiasmo, pois fica parecendo que o legislador está querendo mesmo que isso seja amplo e que seja possível, então, ao juiz deferir medidas liminares em várias ações tributárias. Só que, se pensarmos um pouco, vamos ver que não é bem assim.

Nos últimos tempos diversos atos normativos vieram trazer restrições ao cabimento da edição de medidas liminares. Pusme a pensar sobre a expressão "outras espécies de ação judicial que comportem liminar e tutela antecipada". Quais outras? Apenas lembro a vocês a MP 2.180-35, datada de 24.8.2001, uma daquelas medidas provisórias que foram colhidas pelo dispositivo contido no art. 2º da EC 32, de 11 de setembro deste ano. Vocês sabem que o dia 11.9.2001 foi um dia fatídico para o mundo, por conta do ataque terrorista aos Estados Unidos da América; mas para o Brasil também, pois foi o dia da EC 32. Essa medida provisória – até se pode dizer – tem aspectos positivos, mas seu art. 2º, realmente, é lamentável. Trata-se do preceito que afirma que as medidas provisórias editadas antes da EC 32 só poderão ser revogadas mediante medida provisória ulterior, que o faca explicitamente, ou até deliberação definitiva do Congresso Nacional. As medidas provisórias editadas até 11.9.2001, desse modo, tiveram sua eficácia eternizada, como se leis fossem. É o que acontece, pelo menos na minha interpretação. De todo modo, volto, aqui, para a questão de que essa medida provisória, que agora está tornada definitiva, nos termos da EC 32, alterou o art. 1º da Lei da Ação Civil Pública, e incluiu nesse art. 1º um parágrafo único, assim expresso: "Não será cabível ação civil pública para veicular pretensões que envolvam tributos, contribuições previdenciárias, o Fundo de Garantia do Tempo de Serviço ou outros fundos de natureza institucional, cujos beneficiários possam ser individualmente determinados".

Então, comecei a pensar em que outras espécies de ação judicial poderá haver a concessão de medida liminar ou de tutela antecipada, como afirma o Código Tributário Nacional, porque a expressão é ampla. Na cautelar já era admitida, na declaratória também; etc. Mas aí me lembrei da ação civil pública, uma ação que comporta a concessão de tutela antecipada. Quando não havia tutela antecipada as entidades legitimadas a propor ação civil pública ajuizavam a cautelar preparatória e requeriam a concessão de medidas eliminares. Estou falando, evidentemente, de um tema maldito, que é o do cabimento de ação civil pública em matéria tributária. Porque esse é um tema maldito? Quase ninguém defende essa possibilidade, e a jurisprudência dos tribunais superiores firmou-se nesse sentido, entendendo não ser possível discutir-se a inconstitucionalidade de tributo em ação civil pública. Eu, veementemente, defendo o contrário; já me pronunciei várias vezes nesse sentido, e estou absolutamente convencida de que a relação tributária, em virtude do princípio da generalidade da tributação, pode colocar uma porção de pessoas, todas, na mesma situação – como, por exemplo, os contribuintes do IPTU no Município de São Paulo. A questão envolve direitos individuais de origem homogênea, que estão expressamente autorizados a serem tutelados por meio de ação civil pública. Porém, essa medida provisória, que agora se tornou lei, vamos dizer assim, diz que não cabe ação civil pública – portanto, não vai caber liminar, nem tutela antecipada, neste caso – quando a discussão versar sobre tributos, contribuições previdenciárias, FGTS etc. A meu ver, esse dispositivo é de uma inconstitucionalidade atroz, porque fere frontalmente o direito de ação, assegurado constitucionalmente no art. 5º, XXXV. Não é possível uma medida provisória, mesmo com efeitos permanentes, dizer que não cabe uma modalidade de ação para defender alguns tipos de pretensão, sem qualquer fundamento jurídico. Daí por que, num segundo momento, eu percebi que essa cláusula – "outras espécies de ação judicial que comportem liminar ou tutela antecipada" – não é para provocar tanto entusiasmo assim quanto à possibilidade de suspensão da exigibilidade da obrigação tributária.

Depois, temos o inciso VI do art. 151, que trata do parcelamento. Aqui, o que aconteceu foi um esclarecimento feito pela lei. Foi salutar, penso, porque, como sabem, há controvérsia antiga na doutrina e na jurisprudência sobre se o parcelamento realmente poderia ser considerado moratória ou não; se são institutos diferentes ou se, em verdade, o parcelamento é uma espécie de moratória individual. No entanto, isto fica superado, porque o art. 151, na redação atual, contempla expressamente o parcelamento como causa de suspensão da exigibilidade da obrigação tributária, e o art. 155 vai disciplinar especificamente o parcelamento. O art. 155-A é um novo artigo incluído no texto. Ele diz: "O parcelamento será concedido na forma e condições estabelecidas em lei específica"; depois, no § 1º, "salvo disposição de lei em contrário, o parcelamento do crédito tributário não exclui a incidência de juros e multas". O § 2º, por sua vez, preceitua: "Aplicam-se, subsidiariamente, ao parcelamento as disposições desta Lei, relativas à moratória". A lei acabou aproximando os dois institutos, mas trouxe uma importante inovação nesse § 1º, ao afirmar que, "salvo disposição de lei em contrário, o parcelamento do crédito tributário não exclui a incidência de juros e multas". Todos que militam na área tributária sabem como essa tese há tempo vem sendo discutida, à vista do instituto da denúncia espontânea, prevista no art. 138 do CTN. O que se discute, em suma, é se o parcelamento obtido pelo contribuinte pode caracterizar denúncia espontânea, nos termos desse art. 138, e, assim sendo, se o contribuinte pode ser exonerado de pagar multa e multa moratória. Essa discussão, de muitos anos, num levantamento rápido que fiz em termos de jurisprudência nacional, está resolvida no âmbito do STJ, que firmou a posição segundo a qual o parcelamento configura denúncia espontânea e afasta a possibilidade de se exigir tais parcelas.

No entanto, veio a lei dispor no sentido diametralmente oposto, afastando, assim, o entendimento jurisprudencial consolidado pelo STJ. Portanto, a única hipótese de exceção é se a lei vier a dispor em contrário. Eu, com relação a esse aspecto, me sinto à vontade, porque nunca entendi, na generalidade dos casos, que o parcelamento configurasse denúncia espontânea.

Na minha opinião, o instituto da denúncia espontânea, que por conta dessa tese ficou ligado ao parcelamento, passou a ser banalizado nos últimos anos. As hipóteses que examinei em sua maior parte se referiam a situações em que o contribuinte de tributo sujeito a lançamento por homologação não pagou o débito, não discutiu, fez absolutamente nada. Depois de muitos anos ele obtém o parcelamento e vem dizer que é denúncia espontânea. Quer dizer, sustentar que isso seja denúncia espontânea, que o contribuinte está exonerado de pagar juros de mora, multa e multa moratória, não me convence. São pouquíssimos os casos, na minha leitura, em que realmente a denúncia espontânea vai se caracterizar. Um erro, provavelmente de cálculo, de apuração do tributo, que é detectado pelo contribuinte antes de iniciado qualquer tipo de procedimento fiscal: isso é denúncia espontânea. Agora, não pagar o tributo, sujeito a autolançamento, durante anos, nunca tê-lo discutido, nem administrativamente, nem judicialmente, e obter um parcelamento, 5, 6, 10 anos depois, não pode configurar denúncia espontânea.

Mas o contribuinte vai dizer: "Não houve procedimento fiscal". Eu concordo. Concordo que há omissão do Fisco, concordo que há incompetência, concordo que há mil problemas estruturais – só que isto não pode acarretar a aplicação de um instituto que é de cabimento restrito por definição. Daí por que não critico este § 2º, apesar de que, agora, praticamente se inviabilizou a aplicação do instituto. Quer dizer, se antes houve uma banalização do instituto da denúncia espontânea, por conta da obtenção de parcelamento, agora o parcelamento não vai provocar esse efeito, em caso algum, salvo se a lei dispuser em contrário. Levou-se a questão para o outro extremo. Até mesmo porque, como os Senhores sabem, multa moratória não tem caráter punitivo, tem caráter indenizatório, e os juros de mora visam a compensar o Fisco pelo fato de estar recebendo seu crédito a destempo. Não me parece que isso possa vir a ser afastado se o tributo não foi pago deliberadamente.

O terceiro e último aspecto de que vou tratar aqui diz respeito à compensação tributária, que é um tema do dia-a-dia de muitos – ou pelo menos era, até esta lei complementar. Há muitos anos a compensação tributária vem sendo exercida pelos contribuintes, no mais das vezes mediante autorização judicial, porque em 1991 adveio a Lei 8.383, que viabilizou a utilização da compensação em matéria tributária. Até então todos sabem que o Código Tributário Nacional contemplava a compensação, no seu art. 170, mas pouca utilidade havia sido dada a esse dispositivo. A lei federal, então, veio a disciplinar essa compensação, e quem milita na área tributária, no contencioso, sabe como os contribuintes tiveram dificuldades para fazer valer seus direitos, na medida em que nessa década, justamente de 1991 a 2001, as discussões foram imensas em torno da possibilidade do exercício desse direito, com o Fisco impondo-lhe restrições por medidas provisórias e outros atos normativos – por portarias, resoluções, ordens de serviço.

Agora, a Lei Complementar 104 vem acrescer um artigo, que é o art. 170-A, assim expresso : "É vedada a compensação mediante o aproveitamento de tributo, objeto de contestação judicial pelo sujeito passivo, antes do trânsito em julgado da respectiva decisão judicial". Bom, numa primeira análise, estamos diante de uma verdadeira regra processual – quer dizer, se está vedando a compensação tributária antes da coisa julgada; então, estamos falando de processo. A meu ver essa regra é chocante. Imaginem, por exemplo, contribuinte que vai pleitear a realização da compensação de um tributo cuja inconstitucionalidade já foi declarada pelo STF. Claro, não foi declarada em ação direta de inconstitucionalidade, mas foi declarada em recurso extraordinário. Digamos que existam vários casos, vários recursos extraordinários já julgados pelo STF, nos quais a Corte, enfim, concluiu pela inconstitucionalidade do tributo. Vai querer o contribuinte compensar, desse modo, aquele tributo que o Supremo já disse ser inconstitucional. O Fisco não vai concordar. O contribuinte ajuíza ação. Quando ele poderá efetuar a compensação, consoante esse dispositivo? Depois do trânsito julgado. Aqui está dito, exatamente, "objeto de contestação judicial pelo sujeito passivo"; quer dizer, se ele não for beneficiado por uma decisão com efeitos *erga omnes* ele vai ter que percorrer todas as esferas, todas as instâncias, esperar a coisa julgada, podendo levar uns 10 ou 15 anos para poder exercer o direito de compensação de crédito tributário que o STF já disse que ele tem. Vejam que é uma coisa inacreditável.

Há muito tempo tenho me manifestado em relação àquilo que hoje se chama, por obra do Prof. Carlos Ari Sundfeld, de "Direito Processual Público", a significar a disciplina normativa das relações processuais em que o Estado figura como parte. Esse contexto envolve o exame de todas as prerrogativas que o Estado tem no processo, como prazos especiais, duplo grau de jurisdição, execução por precatório – prerrogativas, essas, que, diga-se de passagem, vêm sendo ampliadas nos últimos anos. Cada vez maior o número de prerrogativas em favor do Estado, estabelecendo um desequilíbrio imenso na relação processual. Está ficando cada vez mais difícil litigar contra o Estado. Vem essa regra, justamente, para agravar a diferença de tratamento processual entre as partes e dizer que a compensação tributária só pode ser efetuada depois do trânsito em julgado. Pensando alto, se a lei dissesse "a compensação tributária pode ser efetuada após o duplo grau de jurisdição obrigatório", vejam que seria complicado, mas a lei estaria determinando que esse provimento judicial somente pudesse ser executado depois de confirmado em segundo grau, o que seria até aceitável. Já a exigência do aguardo do trânsito em julgado para o exercício do direito à compensação afasta a possibilidade de execução provisória do julgado.

Ora, precisamos começar a questionar, cada vez mais, até que ponto as prerrogativas processuais concedidas à Fazenda Pública realmente reafirmam o princípio da isonomia. Nós sabemos que o Estado não é igual aos cidadãos, que o Estado não é igual ao contribuinte, e que merece uma disciplina específica e diferenciada. Mas até que ponto, até que grau, se pode admitir que a diferenciação seja legítima? Confesso aos Senhores que tenho cada vez mais dúvidas. A execução por precatório é uma saga, uma provação. Não termina nunca, e agora se acrescentou uma hipótese em que, em razão do objeto da ação, há que se aguardar a execução definitiva, não cabendo execução provisória quando se tratar de compensação tributária. Isso é o que me parece esteja o Código Tributário dizendo. Realmente, é algo chocante. Mas, de toda maneira, penso que já excedi, e muito, o meu tempo, e agradeço a todos a gentileza de terem me ouvido. (*Palmas*)

PRESIDENTE (DR. EURICO MARCOS DINIZ DE SANTI) – Na seqüência, tenho a honra de passar a palavra para o Prof. James Marins. Mestre, Doutor pela PUC, Professor do Mestrado da PUC/PR. O Prof. James é um dos principais juristas dessa chamada "nova geração" e tem um trabalho muito interessante, especialmente no que diz respeito a esse desequilíbrio na relação processual, no tocante às prerrogativas do Fisco. O que o James analisa é que no próprio processo de positivação do direito material tributário há toda uma preocupação do próprio Código Tributário Nacional no que diz respeito ao procedimento administrativo, regulando o balanceamento positivamente, ou seja, como funciona o direito tributário material e sua dependência do formal e do processual. Existe, digamos, falha da legislação quando o direito surge em face do particular, existe uma omissão, ou seja, não existem só prerrogativas no que diz respeito ao direito processual do Fisco, aos direitos do Fisco no que diz respeito ao direito formal. Mas também existe uma omissão no que diz respeito ao processo de formalização do direito material do contribuinte. Um trabalho inovador do James, que permite esse enfrentamento tratado na sua formação, não só no Direito Tributário como no Direito Processual, e que vem sendo apresentado nessa sua última obra, que foi publicada pela Dialética, em que enfrenta não só o aspecto tributário, como o aspecto de procedimento e processo administrativo e processo judicial. Com vocês, com a palavra o Prof. James Marins.

PROF. JAMES MARINS – Obrigado, meu caro Prof. Eurico, Presidente desta Mesa, mas suas palavras deixam muito claro que, nesse caso, a tradução é muito melhor do que a obra original. É um prazer muito grande participar desse módulo, ao lado do Prof. Eurico Marcos Diniz de Santi, sem dúvida alguma, dentre os juristas da nova geração é estrela de brilho invulgar, estrela de primeira grandeza. E também pela grande honra, pelo privilégio, de compor mesa de debate junto ao Prof. Valdir de Oliveira Rocha, um dos principais cultores do processo tributário, administrativo e judicial, e talvez a figura do nosso universo jurídico que mais esteja contribuindo para nosso crescimento intelectual, no sentido do prestigiamento que seu trabalho científico e editorial empresta à necessidade de estudos no campo processual tributário. É, ainda, uma satisfação bastante elevada poder estar ao lado da Dra. Regina Helena Costa, professora, jurista e, seguramente, uma das magistradas do nosso país que mais faz honrar a sua toga.

A matéria tributária, sem dúvida alguma, suscita variada série de atritos entre Estado e contribuinte e expõe, do ponto de vista do Direito Público, a delicadeza inerente às relações entre Poder Público e cidadãos. Vislumbro o Direito Tributário como um campo de grande fertilidade no exame desta relação, muitas vezes conflituosa, entre Estado e cidadão. É a disciplina fiscal no seio do Estado fenômeno profundamente humano, que não pode ser reduzido a um "direito de calculadora", como pensam muitos. O Direito Tributário limita não apenas a fruição, o gozo, da propriedade pelo contribuinte, mas, principalmente, a fruição da sua própria liberdade – e aí encontra-se um elemento marcadamente antropológico, que merece ser investigado sob ângulo a partir do Direito.

É bem verdade que temos assistido, sempre e a todo instante, a motivações da mais diversa ordem no exame do Direito Tributário. Motivações de caráter econômico, sociológico, e motivações de caráter político, que sempre estão ligadas à tributação. Aliás, Carnelutti já advertia para isso no início da década de 30. Dizia, com todo o brilho de um dos maiores juristas que o século XX produziu, que o fenômeno tributário, como todo fenômeno jurídico, pode ser visualizado como um poliedro. Enquanto um poliedro, poderá ser observado pelo foco de diversas facetas desta figura geométrica. Uma faceta será sociológica, outra faceta será econômica, outra faceta será, ainda, a faceta política. Mas ao jurista, na verdade, interessa a faceta jurídica, aquela que diz respeito às relações jurídicas tributárias.

A influência da tributação nas relações econômicas, políticas ou sociais é exponencial. Alguns fatos históricos podem demonstrar a importância do fenômeno tributário na história da Humanidade, algumas vezes muito mais importante do que nós costumamos perceber. Um singular fato histórico, que narraremos, demonstra sua importância. Durante muito tempo, vigente no largo período de invasão muçulmana ao Sul da Península Ibérica, houve uma característica que foi notada por todos os historiadores. Os povos muçulmanos, ao contrário do que muitos podem pensar, não procuravam submeter os povos dominados à sua religião. Ao contrário, eles deixavam que os dominados adotassem a religião que melhor lhes conviesse. Apenas criavam uma classificação diferenciada para esses cidadãos: os muçulmanos eram considerados "cidadãos de primeira categoria", enquanto os não-muçulmanos eram tidos como "cidadãos de segunda categoria". A única diferença dessa estratificação religiosa era a seguinte: apenas os "cidadãos de segunda categoria" é que pagavam tributos. Hoje, já são mais de 1 bilhão e 200 milhões de muçulmanos: foi o maior fator de conversão religiosa na História...

O breve relato histórico, acima, demonstra que a questão tributária invade profundamente a vida do particulares, não apenas economicamente, mas até muitas vezes – nos casos extremos – gerando "motivações" religiosas das mais insuspeitáveis.

Por essa invasiva e "multifacetada influência" – econômica, política, sociológica etc. –, exatamente por isso, essa relação recebe, hodiernamente, o que costumamos chamar de um *regime de especial segurança constitucional em matéria tributária.* Essa especial segurança constitucional é uma conquista de muitas décadas, e que pode ter seu marco histórico na *Reichsabgabenordenung*, de 1919, que é a Ordenação Tributária Alemã. Esta ordenação despertou nos juristas da época (isto foi no início da década de 20) a necessidade de examinar a relação tributária não mais como uma relação de poder, mas como uma relação jurídica de crédito entre um sujeito ativo (Estado) e o sujeito passivo (cidadão). Ernst Blumenstein apontou para a Ciência Jurídica o instante do trânsito de uma relação de poder eminentemente fática para uma relação jurídica regida pelas normas de Direito. Depois disso, estudos também muito importantes, de Hans Naviasky e de Albert Hensel (conscientemente ou não), detectaram as diferenças desta relação jurídica tributária com relação às obrigações em geral e do Direito Civil, especialmente (não podemos nos esquecer que vivemos praticamente as primeiras cinco décadas do século XX sob a ótica de um Direito eminentemente privatístico, e a própria concepção do Direito Público sofreu e vem sofrendo aprimoramentos para chegar ao ponto em que atualmente nos encontramos).

Com efeito, estes juristas da chamada "Escola Fundacional do Direito Tributário" já identificavam a existência de um Direito Tributário material e de um Direito Tributário formal. Não identificavam ainda – o que entendemos ter causado conseqüências sérias sob a ótica do Direito Processual atual – um terceiro momento, uma terceira dimensão desta relação jurídica obrigacional, da relação jurídica tributária, que é o momento crítico, o momento da lide. Não se dimensionou adequadamente naquela doutrina fundacional a necessidade da tutela administrativa e judicial com a extensão que encontramos em nossos ordenamentos contemporâneos. O elevado grau de litigiosidade, que na verdade tem como grande eixo a necessidade de que a relação jurídica tributária se desfaça dos grilhões do poder, exige que a relação jurídica tributária seja depurada à luz do Direito.

Aliás, ainda de acordo com os fundamentos de Carnelutti, o processo tributário "põe à prova o próprio Direito Público", porque a lide tributária é uma lide diferenciada com conteúdo e sujeitos com características próprias. Enquanto lide diferenciada, deve merecer ser tratada através de procedimento e processo igualmente diferenciados, pois destoa, do ponto de vista de sua formalização, das relações obrigacionais que conhecemos na concepção clássica do Direito Civil e do Direito Comercial (muito embora, corretamente, o Prof. Paulo de Barros Carvalho ensine que do ponto de vista da Lógica ela seja exatamente igual à relação civil e à relação comercial).

A grande diferença está, com efeito, no seu modo de formalização, isto é, na "linguagem juridicamente competente" para a formalização das obrigações tributárias em contraste com aquelas civis e comerciais, por exemplo.

Parecemos estar a advogar a tese de Gian Antonio Micheli (que prismava a relação tributária sob o ângulo processual, "procedimentalizando" a relação tributária), mas não se trata disso. O importante é que percebamos a importância desta diferença da relação jurídica tributária com relação às obrigações civis e às obrigações comerciais. No lançamento encontramos elemento diferencial do modo de realização desta obrigação. Isto decorre em grande parte daquilo que Valdés Costa chama de "tríplice função do Estado". No campo fiscal o Estado exerce em sua plenitude a função de criar as normas, de executar as normas tributárias e de julgar a lide decorrente da aplicação dessas normas. E muitos dos Senhores podem pensar: "Mas esse é um fenômeno que ocorre em qualquer campo normativo, pois em todos o Estado goza dos Poderes Legislativo, Executivo e Judiciário". Entretanto, assim não é, porque na obrigação tributária o Estado cria a norma que vai gerar uma relação jurídica na qual ele será o titular do direito de crédito (o sujeito ativo), diferente do que ocorre em outros ramos do Direito. Além disso, é o próprio Estado que vai executar, aplicando a norma, através da atividade de lançamento – isto é, utiliza-se da prerrogativa da "autotutela" para formalizar em seu próprio favor a obrigação de um determinado contribuinte. E, como ponto culminante de tudo isso, sempre que houver uma lide, uma disputa de interesses em torno desta obrigação, é o próprio Estado quem irá julgá-la, administrativa ou judicialmente. Estas condições geram a necessidade de uma segurança especial, porque, como todos nós sabemos, existem dois valores em risco nesta relação tributária, que não podem ser olvidados e que fazem parte daquele núcleo, daquele cerne, em torno do qual giram todos os outros valores constitucionais nos Estados Constitucionais e Democráticos de Direito como os nossos: a propriedade e a liberdade dos cidadãos.

Logo, tudo que diz respeito à tributação toca nos valores da propriedade e da liberdade. E tudo que diz respeito à tributação diz respeito a esta necessidade do cidadão de receber com absoluta clareza do Estado as condições em que foram geradas aquelas funções do Estado que permitem que ele lhe retire coercitivamente uma parcela do seu patrimônio, independentemente da sua adesão voluntária, espontânea – ou, em outras palavras, da sua manifestação de vontade, do seu consentimento em se obrigar perante o Estado. Assim é porque o consentimento na relação tributária, se existe, é meramente indireto, efetivando-se através do Parlamento. Então, neste ambiente, acha-se uma lide que acaba sendo gerada de forma diferenciada, merecendo, logicamente, uma tutela diferenciada.

O festejado cientista do Direito Valdés Costa, jurista sul-americano muito apreciado pelo eminente Prof. Geraldo Ataliba, muitas vezes homenageado na Europa, escreveu, como ele mesmo dizia, ao fim de 40 anos de cátedra em Direito Tributário, uma obra de plenitude intelectual denominada *Instituiciones de Derecho Tributario*. Estribava Valdés Costa toda sua estrutura de raciocínio em três princípios fundamentais da tributação, e dizia que através destes três princípios poderíamos resolver todas as questões de Direito Tributário, das mais prosaicas, das mais comezinhas, das mais corriqueiras, àquelas questões que se afigurem de alta complexidade. Os três princípios são: legalidade, isonomia e "garantia jurisdicional". Foi o primeiro tributarista a inserir o "princípio da garantia jurisdicional" entre os postulados fundamentais estruturantes da própria disciplina do Direito Tributário.

De nossa parte, estamos sustentando, atualmente, a necessidade de avanço nos estudos do Direito Tributário no sentido de que não se examinem apenas, como se fez durante praticamente todo o século passado, as duas dimensões: estática e dinâmica (a primeira correspondendo às normas de Direito Tributário material, e a segunda às normas de Direito Tributário administrativo ou de Direito Tributário formal, como é mais conhecido este plano normativo). Devemos analisar também um momento crítico, que é onde se encontra o problema da litigiosidade, do conflito de interesses entre o Estado e o cidadão nos seus mecanismos próprios para o tratamento desta lide no âmbito administrativo e no âmbito judicial.

Quando examinamos o princípio da garantia jurisdicional, que para Valdés Costa assumia uma extensão extraordinária, vamos imediatamente nos transportar para a necessidade de uma especificação deste princípio, que é o que nós chamamos de "princípio da tutela jurisdicional efetiva em matéria tributária". Trata-se de um avanço em nosso Estado de Direito. Não podemos deixar de reconhecer o princípio da tutela jurisdicional efetiva em matéria tributária, sob pena de estarmos nos afastando dos próprios desígnios constitucionais e do regime de especial segurança constitucional que cerca a matéria tributária. E é no campo do princípio da tutela jurisdicional efetiva em matéria tributária que se dá a "batalha pelas medidas cautelares", consoante realça García de Enterría na Espanha.

Cuida-se de realidade contemporânea, muito própria da época em que nos localizamos, porque vivemos na época da velocidade, e os fenômenos econômicos, sociológicos e jurídicos também se transformam em velocidades nunca dantes vistas. O processo a partir do princípio da instrumentalidade, magnificamente elaborado no Brasil por Cândido Rangel Dinamarco, mostra-nos que as necessidades das medidas cautelares e das medidas antecipatórias decorrem da própria realidade da vida e da própria realidade de o processo servir à sua finalidade enquanto instrumento, e não enquanto fim em si mesmo. No campo da "batalha pelas medidas cautelares" (medidas cautelares propriamente ditas ou tutelas antecipatórias), em nosso país, temos percebido avanços e retrocessos na compreensão desse sistema.

Temos acompanhado atentamente a jurisprudência. Assistimos à evolução da utilização do mandado de segurança em matéria tributária, assistimos ao quase-desaparecimento da famosa ação cautelar e sua substituição pela antecipação de tutela, e estamos hoje enfrentando ainda algumas dificuldades decorrentes das novidades que aparecem no sistema tributário brasileiro.

O tema central dessa exposição é a eficácia das alterações no Código Tributário Nacional, examinando mais especificamente a eficácia dessas alterações que dizem respeito às concessões de medidas liminares (principalmente com o art. 151, em seu antigo inciso IV, e seu novo inciso V).

Dois novos incisos foram acrescentados (pela Lei Complementar 104, de 10.1.2001) ao art. 151 do CTN: inciso V (que prevê a suspensão da exigibilidade do crédito tributário quando ocorrer concessão de medida liminar ou de tutela antecipada em outras espécies de ação judicial, como já ocorria quando em mandado de segurança) e inciso VI (que prevê a suspensão da exigibilidade do crédito tributário no caso de parcelamento).

Se nós, para homenagear o Prof. Geraldo Ataliba, fôssemos examinar esses incisos do Código Tributário Nacional, poderíamos dizer, com todas as palavras, que se trata meramente de novos "preceitos didáticos" inseridos no Código Tributário Nacional. Assim – estamos certos – diria Geraldo Ataliba, se estivermos falando de uma interpretação sistemática não apenas de Direito Tributário, mas também de Direito Processual Tributário. Já desde há muito se discutia – a Profa. Regina Helena bem pôs essa questão ao auditório – a extensão que deveria ser dada na hermenêutica do inciso IV do art. 151. E todos nós sabemos, como sempre soubemos, que era evidente que o inciso IV do art. 151 não poderia contemplar expressamente a medida cautelar ou antecipação de tutela, porque nosso Código Tributário Nacional é de 1966, e estava tratando da questão à luz do Código de Processo Civil de 1939 e à luz da Lei 1.533/1951, que era a Lei do Mandado de Segurança. No Código de 1939 não existia um regime claro de medidas cautelares, o que só veio a existir a partir do Código de 1973.

Nem mesmo Rubens Gomes de Sousa, dotado de invulgar capacidade intelectual, estava aparelhado de "bola de cristal" que pudesse antever novos instrumentos processuais que viriam a ser criados. Não podia Rubens Gomes de Sousa antever a Reforma de 1994, que modificou a redação do art. 273 do CPC, inserindo genericamente no sistema processual brasileiro o regime da antecipação de tutela, de larga aplicação entre todos nós.

Então, ao bom intérprete bastava inserir esse dispositivo do inciso IV no contexto do nosso sistema positivado para dele extrair seu sentido com muita clareza, extraindo do sistema que, obviamente, onde estava escrito "liminar em mandado de segurança" deveríamos ler "liminares ou medidas urgentes concedidas pelo Poder Judiciário", em homenagem à própria Constituição e a todas essas outras circunstâncias interpretativas a que nos referimos. Mas houve uma injustificável "vacilação" muito grande, não tanto na doutrina, que em sua grande maioria reconhecia a necessidade dessa interpretação sistemática, mas sim nos tribunais. Então, apenas em razão dessa incerteza presente na jurisprudência é que este novo inciso do Código Tributário Nacional assume valor inquestionável.

Em primeiro lugar, ensejará uma necessária revisão de toda a jurisprudência pátria no que diz respeito à concessão de liminares em matéria tributária, porque a partir da colmatação, digamos assim, dessa suposta lacuna no art. 151 do CTN o regime jurídico das liminares em matéria tributária não comporta mais dúvidas. A possibilidade de suspensão da exigibilidade através de cautelar ou de antecipação de tutela agora é lei, e é lei complementar.

Isto, obviamente, vai gerar um prestigiamento ao próprio Poder Judiciário, porque a questão da não-concessão de liminares em matéria tributária gerava um problema cíclico e vicioso. Um círculo vicioso e não um círculo virtuoso, como deveria ser. À medida que magistrados se entendiam obstados, por falta de previsão legal, de conceder medidas liminares em matéria tributária, foi-se criando um incentivo negativo. Restava o Governo incitado a promover maior inserção de normas de constitucionalidade duvidosa em nosso sistema, pois, considerando o "óbice psicológico da Magistratura", sabia-se de antemão que muito provavelmente aquelas normas encontrariam a eficácia econômica desejada independentemente da adequação ou não ao sistema jurídico brasileiro. Haveria a arrecadação tributária, e muitos dos contribuintes que fossem aos tribunais não encontrariam a imediata guarida, estabelecendo-se obliquamente uma ordem de *solve et repete*.

Esse dado de prestigiamento do Poder Judiciário é uma necessidade não apenas jurídica, mas também econômica, porque a economia depende da segurança jurídica. O próprio Min. José Delgado, em sua conferência proferida no magnífico Congresso promovido recentemente pelo IDEP na cidade de Recife/PE, alertou que a partir desse dispositivo haverão o STJ e os tribunais do país de rever suas posições com relação às liminares em matéria tributária, revendo inclusive as tão polêmicas Súmulas 212 e 213 do STJ.

Uma segunda conseqüência pode ser observada deste novo dispositivo, e que é a *possibilidade de renovação dos pedidos antecipatórios ou cautelares que foram rejeitados por falta de previsão legal*. A partir da nova norma do art. 151 do CTN, aqueles processos que estão em curso em que as liminares foram inicialmente indeferidas ou, então, foram deferidas e cassadas pelo tribunal com base na inexistência da previsão no art. 151 já podem ser objeto de revisão ou mesmo de novo pedido, com base neste novo dispositivo. Assim, aquelas liminares que foram denegadas exclusivamente por razões processuais poderão ou, melhor, *deverão* ser agora concedidas. Notem a possibilidade de abertura que este dispositivo gera, até porque, necessariamente, nesse caso de matéria tributária, se o dano já não se operou, o risco permanece.

Terceiro efeito que me parece importante é o *revigoramento do sistema de contracautelas no âmbito das medidas cautelares em matéria tributária*. O sistema de contracautelas é típico das cautelares, mas porque em geral não se aceitava na jurisprudência a eficácia suspensiva da exigibilidade dos tributos pela via cautelar também não se admitia sequer a contracautela, como, por exemplo, a fiança bancária, o seguro-garantia, ou oferecimento de imóvel num pedido liminar em matéria tributária.

Então, o que servia de motivação antes da alteração do Código Tributário Nacional (isto é: se a própria liminar em ação cautelar não suspendia a exigibilidade do crédito tributário, muito menos a fiança bancária, o seguro-garantia, ou a caução, caução real ou fidejussória) não se presta mais para obstar à prestação de contracautela no novo regime.

Com efeito, como agora é a própria liminar na medida cautelar que suspende a exigibilidade do crédito, quando em sede de cautelar o magistrado tiver dúvida, ou achar necessária a constituição de contracautela, ele pode determinar que seja prestada. Ainda, é permitido à parte oferecer a fiança bancária ou a caução real, ou outro tipo de caução pertinente. O que estará suspendendo a exigibilidade nesses casos não será o oferecimento da garantia, mas a medida liminar cautelar concedida pelo magistrado mediante a proteção extra da contracautela do art. 804 do CPC. É um regime diferente o da cautelar em relação à própria antecipação de tutela e ao mandado de segurança. Neste último citado (o mandado de segurança), por exemplo, a prestação de garantia é absolutamente contrária ao seu próprio regime jurídico.

A Profa. Lúcia Valle Figueiredo esteve entre as pioneiras na Magistratura a dizer que suspendem a exigibilidade do crédito tributário a medida liminar ou o depósito, naquela época em que estava em voga, por assim dizer, conceder a liminar mediante depósito. Então, ela, Américo Lacombe, Omar Khais e outros grandes magistrados do TRF da 3ª Região que infelizmente não estão mais compondo aquele egrégio Tribunal, diziam que a liminar e o mandado de segurança não poderiam ser condicionados ao depósito, pois ou estavam presentes os requisitos para a concessão do *writ*, ou não estavam. Mas já na cautelar e em alguns casos na antecipação de tutela assim não ocorre. É seguramente típico da cautelar a chamada contracautela. Então, abre-se esta possibilidade a partir desse inciso V do art. 151 do CTN.

Outro dispositivo que está co-relacionado com este novo inciso do art. 151, que merece nossas considerações, é o próprio art. 170-A, que já foi também mencionado aqui, e que diz o seguinte: "É vedada a compensação mediante o aproveitamento de tributo, objeto de contestação judicial pelo sujeito passivo, antes do trânsito em julgado da respectiva decisão judicial". Também co-relacionado a esse dispositivo está o art. 1º, § 5º, da Lei 8.437/1992, com a redação que lhe foi atribuída pela tão conhecida MP 1.984, que diz o seguinte: "Não será cabível medida liminar que defira compensação de créditos tributários" (no mesmo diploma se encontra o conjunto de normas que veda ou diminui a extensão constitucional da ação civil pública – regras que foram classificadas por Cássio Scarpinella Bueno como réquiem, morte, da ação civil pública. Foram criadas novas regras processuais não apenas para matéria tributária, mas também nas questões das privatizações, medidas muitas vezes pontuais, casuísticas, que, em verdade, de gerais e abstratas nada tinham, sendo de fato normas individuais e concretas, que foram cunhadas para resolver este ou aquele problema do Governo, em inadmissível falta de compromisso com a Constituição).

Além disso, este art. 170-A parece estar relacionado com a também muito discutida Súmula 212 do STJ, a qual diz o seguinte: "A compensação de créditos tributários não pode ser deferida por medida liminar".

Pois bem, diz esta norma que "é vedada a compensação mediante o aproveitamento do tributo, objeto de contestação judicial pelo sujeito passivo, antes do trânsito em julgado da respectiva decisão judicial". Quais são os aspectos, rapidamente, para a consideração deste seleto auditório? (Antes de mais nada, convém advertir que no art. 170-A encontramos indevidamente a expressão "contestação judicial", que é termo técnico do Direito Processual Civil, positivado nos arts. 300 e 313, e que diz respeito à contestação do réu, que não é o significado perseguido pelo dispositivo. A própria redação do dispositivo não é das melhores, é sofrível e gera confusões.)

Em primeiro lugar, devemos indagar se o dispositivo trata realmente de "regra de processo". Devemos nos questionar: será que é regra de processo, ou será que é regra de Direito Tributário material? Ou será que é regra do Direito Tributário formal dirigida ao agente administrativo quando deve decidir se deve autorizar ou não para o contribuinte se lançar ou se autocompensar na escrita contábil seus créditos tributários? Neste dispositivo do 170-A existe proibição de concessão de liminar? Entendemos que neste dispositivo do art. 170-A existe a proibição ao agente administrativo de autorizar e ao contribuinte de realizar a autocompensação antes do trânsito em julgado. Agora, se o juiz concede a liminar, o faz sem prejuízo algum deste artigo, porque se afigura evidente que, estando *sub judice* o crédito compensável do contribuinte, somente o magistrado pode autorizar provisoriamente, por via de liminar, qualquer providência contábil ou administrativa relativa àquela matéria.

De fato, a norma do art. 170-A não é norma de processo, não está destinada ao juiz, mas norma de Direito Tributário material, quando dirigida exclusivamente ao contribuinte (ao limitar materialmente sua conduta na autocompensação), e norma de Direito Tributário formal, quando dirigida ao agente administrativo (ao proibir a autorização administrativa de compensação tratando-se de matéria *sub judice*). Remanesce, portanto, ao magistrado, como não poderia ser diferente, a possibilidade de conceder medida liminar que cuide de matéria *sub judice*. Esta é a única interpretação possível, pois é a única que permite a conciliação da norma com o Código Tributário Nacional e a Constituição.

Em segundo lugar, é evidente que este artigo não vai se aplicar àqueles casos de controle concentrado de constitucionalidade, como também não vai se aplicar àquelas hipóteses de suspensão senatorial. No entanto, o problema reside justamente naquelas questões em que o STF, por exemplo, já tenha decidido, em pronunciamento de caráter difuso, pela inconstitucionalidade de uma determinada cobrança tributária. Será, então, que é mais conveniente o contribuinte desistir, por exemplo, do mandado de segurança, para que ele possa se autocompensar com base na decisão de controle difuso do STF? Porque o art. 170-A também não diz que o trânsito em julgado tem que ser de matéria de mérito favorável ao contribuinte. O contribuinte pode usar da sua prerrogativa de desistir do mandato de segurança e autopromover sua compensação, sem ferir o art. 170-A, mas então estaremos indo para um campo que seria melhor explicado por Franz Kafka do que por qualquer um de nós.

Em terceiro lugar, caso se queira – equivocadamente – entender que o texto contém uma proibição de concessão de liminares, esse dispositivo deve ser submetido necessariamente ao teste de constitucionalidade, porque a regra em tela evidentemente empece o acesso à Justiça, penalizando o contribuinte que vem buscar a tutela jurisdicional do Estado. E, além disso, quando ele penaliza este contribuinte, está criando um discrímen com relação ao contribuinte que não foi buscar a tutela jurisdicional do Estado. Será que isto não fere o princípio da isonomia, o princípio da igualdade? Será que estar com ação ajuizada é um *discrímen juridicamente válido*? Estamos seguros de que não, porque, se permitirmos esta interpretação, estaremos conspirando contra o próprio texto e também contra o espírito da Constituição Federal de 1988, especialmente em seu art. 5º, XXXV.

Com relação à Súmula 212 do STJ faremos breves comentários, pois já estamos em tempo de concluir essa breve exposição. Não esqueçamos que a suposta proibição jurisprudencial da "compensação" pela via da liminar refere-se exclusivamente à compensação com escopo de extinção. Com efeito, embora a compensação seja modo extintivo da obrigação tributária, a extinção do crédito tributário não pode decorrer da liminar de compensação. Ao contrário, o que se dá na verdade *é um típico caso de suspensão da exigibilidade do tributo*. Peço vênia para ler pequeno trecho de um julgado que me pareceu muitíssimo interessante – e corretíssimo –, que diz o seguinte: "A decisão liminar que autoriza a compensação do tributo na verdade não extingue o crédito tributário, porque pelo CTN, art. 156, II e X, apenas a decisão transitada em julgado tem esse efeito".

De fato, pela via da antecipação de tutela (seja em ação ordinária ou em mandado de segurança) não se pode antecipar "efeitos jurídicos", mas apenas "efeitos práticos" da sentença, e "trânsito em julgado" é – tipicamente – efeito jurídico insuscetível de antecipação. Logo, o lançamento de créditos na escrita contábil é efeito prático, não se podendo confundir tecnicamente efeito jurídico com efeito prático decorrente de uma possível e futura decisão posterior. O que a decisão liminar produz é a suspensão da exigibilidade do tributo devido até o montante do crédito de que é titular o contribuinte e que será futuramente quitado por compensação. Então, eis aqui a chave de abóbada para essa questão: deve-se simplesmente pedir suspensão da exigibilidade do crédito tributário para que não se incida no suposto óbice da Súmula 212 e nem naquela medida provisória que foi eternizada por força do art. 2º da EC 32, de 11 de setembro (primeiro dia da primeira guerra do século XXI).

Mas, para finalmente concluirmos, Sr. Presidente, queremos registrar o seguinte: o que nós precisamos aprender da insistente beligerância entre o econômico e o jurídico é que deve ser respeitada sua interdependência, que é inexorável. Um dos relatórios mais recentes do Banco Mundial identifica para a América Latina como um dos fatores que afastam os investimentos externos no nosso país a *falta de credibilidade, de se-*

gurança, do sistema jurídico, em especial do Poder Judiciário. Então, observem como o movimento é perniciosamente cíclico: em favor de razões econômicas despreza-se o Direito; ao desprezar-se o Direito torna-se instável o sistema jurídico que galvaniza o econômico; injunções políticas tornam instável o Poder Judiciário; ao tornar-se instável o Poder Judiciário, abalada resta a credibilidade econômica do país no "mercado" internacional. Os índices de rejeição ao país crescem, todos perdemos.

Então, nós, juristas, podemos recomendar, em homenagem ao pai da economia Adam Smidt, que o Governo deveria se preocupar com a estabilidade jurídica verdadeira como fator de segurança econômica, isto é, devemos lembrar aos Governos que não fortalecerão a economia enfraquecendo o Direito. Era o que tinha para dizer, Sr. Presidente. Muito obrigado. (*Palmas*)

PRESIDENTE (DR. EURICO MARCOS DINIZ DE SANTI) – Tenho a honra de passar a palavra para o Prof. Valdir de Oliveira Rocha, Doutor e Livre-Docente pela USP, Diretor-Presidente da Dialética, um dos principais leitos de informação jurídicos e tributários de hoje em dia. E, agora, uma verificação interessante: se de certa forma podemos dizer que o Direito se manifesta predominantemente em linguagem, entendidos a linguagem nessa forma comunicacional e o Direito não só no aspecto de Direito Positivo proferido pelo legislador, mas para a Ciência do Direito também, podemos considerar que o Prof. Valdir de Oliveira Rocha converge em si mesmo uma das maiores fontes de produção normativa, fontes de produção do Direito, que existem hoje em dia no Brasil. Com a palavra, então, o Prof. Valdir de Oliveira Rocha.

PROF. VALDIR DE OLIVEIRA ROCHA – Eu quero dizer a todos da minha satisfação, da minha alegria, de estar mais uma vez participando deste *Congresso Brasileiro de Direito Tributário*. Saúdo meus prezados Colegas de Mesa.

Este painel cuida da "Eficácia das Alterações do Código Tributário Nacional". E, para cuidar de eficácia, devo verificar que tipos de normas estão, devem ou podem estar encartadas no Código Tributário Nacional. Seria um erro grosseiro entendermos que o Código Tributário Nacional está composto de uma única espécie de normas. Basta lembrarmos que o Código Tributário Nacional, numa direção, vai cuidar de limitações constitucionais ao poder de tributar, quando cuida, por exemplo, das imunidades; de outro lado, vai cuidar de dirimir conflitos de competência, quando o faz em relação ao imposto territorial rural e também em relação ao imposto predial e territorial urbano; há ainda tantas outras normas que vão em direção totalmente diversa, e eu gostaria de fazer, em torno delas, algumas considerações, porque me parece que são o campo próprio das normas gerais em matéria de legislação tributária. Essas normas gerais em matéria de legislação tributária, que de certo modo já estavam previstas na Constituição anterior, que falava em normas gerais de Direito Tributário, despertaram sempre muita celeuma e muitas discussões, na doutrina especialmente. Do meu ponto de vista, era certa aquela posição que era adotada por uma corrente que via nas normas gerais em matéria de Direito Tributário três funções, a corrente tricotômica. De outro lado, havia corrente que apontava apenas duas funções para as normas gerais de Direito Tributário: dirimir conflitos de competência e dispor sobre limitações constitucionais ao poder de tributar. O fato é que, hoje, o art. 146 da CF torna esse espectro muito mais claro, na minha opinião, no sentido de que há três funções para essas normas, quais sejam: normas gerais em matéria de legislação tributária, normas dirimidoras de conflitos de competência e normas disciplinadoras das limitações constitucionais do poder tributário.

Eu quero cuidar apenas de um aspecto destas normas gerais em matéria de legislação tributária, justamente aquele que é atinente a um parcelamento de débitos de denúncia espontânea e multas, tomando, até mesmo, alguma coisa que foi posta aqui pela Profa. Regina Helena Costa. Tenho uma posição um pouco diferente daquela que ela expôs, e eu acho que isso é até bom; e, com todo respeito, quero colocá-la, até para incentivar um debate e, quem sabe, fazer com que alguma coisa possa frutificar. Enquanto normas gerais em matéria de legislação tributária, eu ouvi há pouco, com muita satisfação, o Prof. James Marins, lembrando inclusive do Prof. Geraldo Ataliba, dizer dos preceitos didáticos que estão encartados no Código Tributário Nacional; e, para mim, justamente as normas gerais em matéria de legislação tributária são preceitos meramente didáticos, desenvolvedores do sistema constitucional e que no máximo funcionam supletivamente. Então, estou falando apenas de normas gerais em matéria de legislação tributária, e não daquelas outras espécies de normas que acaso estejam presentes no Código Tributário Nacional.

Parece-me que, nesse sentido de normas reveladoras daquilo que está implícito no texto constitucional, faz muito bem o Código Tributário Nacional em dispor sobre denúncia espontânea. Qual o fim inspirador da denúncia espontânea, afinal de contas? Parece que o fim inspirador da denúncia espontânea é alguma coisa que vai no sentido de valorizar o ato espontâneo do contribuinte que se deu conta de uma infração ou que vinha de algum modo escondendo, sim, uma infração e que, de repente, se arrepende ou, então, nota o erro e quer regularizar sua situação. Observem que há uma colocação que foi posta que é muito interessante. O contribuinte, às vezes, depois de muito tempo, resolve fazer uma denúncia espontânea e afastar a multa. Mas nós devemos pensar que as pessoas que estão à frente de uma empresa não são sempre, necessariamente, as mesmas. Ao longo do tempo, os controladores, os sócios, os acionistas, enfim, os participantes, se alternam, mas a pessoa jurídica pode continuar a consistir na mesmíssima. Desse modo, então, um novo administrador, um novo controlador, que se dá conta de equívoco, de erro ou, até mesmo, de uma infração deliberada cometida pode, sim, querer regularizar essa situação. Se colocarmos como parece, a uma primeira vista apenas, um afastamento de uma multa em situações de parcelamento, não tenho dúvida alguma de que nós vamos trabalhar muito mais com a Religião do que com Direito. Já que falamos em Religião há pouco, não é, Dr. James? Por quê? Porque o indivíduo não pensará muito no direito que ele teria, em tese, à denúncia espontânea, mas vai ficar rezando para que o Fisco nunca se dê conta de uma infração cometida. Aí é que se faz a coisa diferente. A denúncia espontânea vai na direção de promover a segurança e a justiça – valores, esses, que estão postos claramente no texto constitucional, ainda que não digam com a denúncia espontânea, e nem pretendemos que a Constituição o faça assim, tão detalhada que ela já é.

O fato é que, a partir da Lei Complementar 104, temos, agora, um novo sistema. A par do art. 138, que já previa a denúncia espontânea, temos que levar em conta alguns outros dispositivos.

Tomemos, inicialmente, o inciso V do art. 151, que vem colocar o parcelamento como um daqueles motivos suspensivos da exigibilidade do crédito tributário, e o faz ao lado da moratória, que continua lá no inciso I. O que tínhamos anteriormente? Um entendimento, ou, melhor, dois entendimentos. Um no sentido de que o parcelamento se constituía em modalidade de moratória, e outro para o qual não, a moratória não abrangeria o parcelamento. O fato é que da jurisprudência, que vimos tranqüilizada no âmbito do STJ, ao menos implicitamente, tínhamos que o parcelamento se constituía, sim, em modalidade de moratória. Agora, então, nós temos uma nova situação colocada ali. Como é que nós deveremos entender isto? Especialmente quando levamos em conta também que com o novo art. 155-A do CTN temos que, salvo disposição de lei em contrário, o parcelamento do crédito tributário não exclui a incidência de juros e multas. Temos, inicialmente, "salvo disposição de lei em contrário". Entendo que esta lei, o legislador deve sempre promovê-la, e vou tentar mostrar por que razão.

O fato é que temos o seguinte quadro: será o que o Código Tributário Nacional realmente inovou, ou será que o Código Tributário Nacional, trazendo esse inciso V ao art. 151, simplesmente veio a explicitar alguma coisa? Se nós entendermos que há uma explicitação, nós vamos dizer que, praticamente, nada teria, então, mudado. Na verdade, se constatarmos que a jurisprudência ia no sentido contrário e, afinal de contas, quem deveria dizer alguma coisa de uma forma uniformizadora sobre a legislação infraconstitucional seria o STJ, então poderemos dizer que o Código Tributário Nacional teria inovado. Vamos ficar, ainda provisoriamente, com este "teria".

O passo seguinte é verificar se a lei complementar poderia inovar para prescrever que a moratória e o parcelamento são coisas distintas e, nesse sentido então, dispor que o parcelamento não exclui a incidência de multa. Eu diria que *sim* e que *não*. Depende. E o "depende" é o interessante. Depende do momento em que este parcelamento vem a ser solicitado. Se esse parcelamento é solicitado antes de qualquer procedimento da autoridade administrativa parece-me que a multa há que ser afastada, continuar a ser afastada. De outro lado, se este parcelamento é sucessivo, vem depois do procedimento da autoridade administrativa, que já promoveu o lançamento ou está na iminência de o fazer, o quadro será outro. E esta interpretação não é uma interpretação que possa ser entendida – espero que não seja entendida assim – como uma coisa fantasiosa. Na realidade, é algo que compatibiliza aquilo que veio a dizer o Código Tributário Nacional, a partir da Lei Complementar 104, com aqueles motivos inspiradores da denúncia espontânea pela qual a temos no Código Tributário Nacional a partir da Lei Complementar 104.

Há uma decisão recentemente publicada e que eu gostaria até de mencionar, porque me parece que é de muita felicidade. No *DJU* do último dia 15 há um acórdão, publicado por sua ementa, em recurso especial, naturalmente de uma situação anterior à Lei Complementar 104, mas que me parece poderia ser tomada como válida mesmo para casos posteriores. E nesse acórdão o relator, Min. Mílton Luiz, diz uma coisa que me parece muito interessante. Sem antecedente procedimento administrativo descabe a imposição de multa; exigi-la seria desconsiderar o voluntário saneamento da falta, malferido o fim inspirador da denúncia espontânea, reanimando o contribuinte a permanecer na indesejada via da impontualidade, comportamento prejudicial à arrecadação da receita tributária, principal objetivo da atividade fiscal. E, mais do que a impontualidade, para permanecer naquela situação de reza a que realmente muitas vezes ele seria obrigado, não fosse de outro modo, porque se ele não puder pagar prontamente o débito sem parcelá-lo, e com isto então, e aqui não se abre discussão alguma, afastar a multa, ele vai estar numa situação de cometer um "suicídio" empresarial, porque de algum modo vamos verificar que ele vai não só enfrentar a multa, mas também, como pretendem alguns outros, eventualmente ser enquadrado na lei penal.

Desse modo, então, para alcançar uma interpretação validadora dessa norma inscrita no art. 155-A do CTN na redação dada pela Lei Complementar 104, acho que há de se entender que o parcelamento não exclui a incidência de multas quando obtido posteriormente a qualquer procedimento administrativo ou medida de exigência do tributo promovida pela Administração Tributária. Essa interpretação eu a faço porque me parece que é fundamental preservarmos o instituto da denúncia espontânea e torná-lo também acessível àqueles contribuintes que não têm como liquidar prontamente com obrigação que estaria lá esquecida, escondida, com pagamento total, mas sim com o pagamento que eu considero, aqui, pagamento parcelado. Penso que isso vai também numa direção que diz hoje com a chamada moralidade administrativa, prevista no *caput* do art. 37 da CF, porque se o administrador público vai na linha de anunciar que está aberta a possibilidade de um parcelamento e, ao mesmo tempo, vem a exigir esta multa daquele que ainda não foi objeto de qualquer procedimento administrativo, seria realmente alguma coisa que diria com uma "moralidade" qualquer, outra, da qual não consigo adivinhar todo seu contorno. Devemos prestigiar o instituto da denúncia espontânea, e me parece que essa construção interpretativa que aqui faço, do parcelamento de débitos como algo que ainda afasta a multa não em todas as hipóteses, mas nessa hipótese do indivíduo que realmente está agindo com espontaneidade, há que ser preservada.

Não quero, aqui, continuar a insistir em torno desses pontos, e quero ficar, então, dentro do meu tempo, de tal modo que também não precise ser aqui colocado sob cartão amarelo provocado pelo Prof. Eurico. Muito obrigado pela atenção.

PRESIDENTE (DR. EURICO MARCOS DINIZ DE SANTI) – Digamos que a Presidência optou por dar um pouco mais de tempo aos painelistas para que completassem suas exposições, sem prejuízo das questões que serão respondidas posteriormente, diretamente aos congressistas. E assim encerra-se a sessão, convidando-os para daqui a 10 minutos começar a sessão sobre "ICMS – Caráter Nacional – Guerra Fiscal". Muito obrigado a todos.

MESA DE DEBATES "F"

ICMS – CARÁTER NACIONAL – GUERRA FISCAL

PRESIDENTE DA MESA: PROFA MARIA LEONOR LEITE VIEIRA
MEMBROS DA MESA: PROFS. ALCIDES JORGE COSTA, EDUARDO D. BOTTALLO, ELIANA MARIA B. BARTACHINI E HERON ARZUA

PRESIDENTE (PROFA. MARIA LEONOR LEITE VIEIRA) – Vamos dar início à discussão dos temas desta Mesa, "ICMS e Alguns Mecanismos Relativos à Guerra Fiscal".

Compõem a Mesa, à minha esquerda, o Prof. Eduardo Bottallo. Todos aqui tiveram o prazer de ouvir a palestra dele, ontem. O Dr. Eduardo Bottallo é Doutor em Direito Tributário pela PUC, Professor do Departamento de Filosofia e Teoria Geral do Direito da USP, Advogado e Juiz do TRF; o Prof. Alcides Jorge Costa, Professor Titular da USP, escreveu já inúmeras obras sobre ICMS, participa sempre do nosso Congresso, e dispensa apresentações.

Do outro lado da Mesa, a Dra. Eliana Bertachini, Procuradora Fiscal-Chefe do Estado, Juíza do TIT, com quem tenho a honra de sempre estar participando, julgando e discutindo a matéria do ICMS no Tribunal; o Dr. Heron Arzua, Advogado em Curitiba, ex-Procurador-Geral do Município, ex-Procurador-Chefe da Fazenda Nacional e também ex-Secretário da Fazenda do Estado do Paraná; e também a Profa. Betina Grupenmacher, que é Doutora em Direito Tributário pela UFPR e Professora naquela Universidade.

Os temas foram subdivididos; cada professor com esse tema maior fez uma subdivisão, um subitem. E eu, então, passo a palavra, de início, ao Prof. Heron Arzua para, rapidamente, no seu tempo, combinado previamente, falar sobre o assunto que escolheu.

PROF. HERON ARZUA – Egrégios professores da Mesa, meus companheiros de Plenário. É com muita honra que volto a este *Congresso Nacional de Direito Tributário* na sua 15ª versão. Eu participei, pelo menos, de 14 desses 15 eventos; então, sinto-me à vontade e com enorme satisfação de me encontrar aqui mais uma vez. O tema é, por óbvio, maior que o sigilo tributário, objeto de discussão nas Mesas anteriores. A denominada "guerra fiscal", em especial a que se refere ao imposto estadual de circulação de mercadorias e serviços (ICMS), envolve um atrito entre as federadas, entre a União e os Estados e Municípios, afetando diretamente os contribuintes que usufruíram desses incentivos e aqueles que tiveram algum tipo de relacionamento comercial com eles. É que, na maioria das vezes, os estímulos foram outorgados sem aprovação do Conselho de Política Fazendária (CONFAZ) e, portanto, sem amparo constitucional, pois concessões unilaterais explicitamente vedadas pelo Estatuto Básico. Nessa linha, aliás, os inúmeros e sucessivos julgados do STF; todavia, tais decisões afligem diretamente as empresas, com repercussão mais intensa naquelas que vieram do Exterior atraídas pelos estímulos fiscais e hoje, com a declaração da não-validade dos mesmos, estão a se perguntar se o nosso país é sério. Daí a surpresa do presidente de uma fábrica, de uma montadora que veio da Europa e se estabeleceu no Estado do Paraná, quando a nossa Corte Suprema, em liminar unânime, numa ação promovida pelo Estado de São Paulo, suspendeu a eficácia de toda a legislação que concedia aqueles incentivos fiscais. Então, as conseqüências do assunto "guerra fiscal" extrapolam o campo propriamente jurídico, invadindo o campo econômico e maculando o próprio conceito do país no contexto das Nações.

Inobstante a largueza do tema, vou procurar restringir esta apresentação a um brevíssimo exame de aspectos da Lei Complementar 24/1975, que, embora já de certa idade, somente agora, com a atuação do Poder Judiciário na sua correta observância, é que ganhou alguma projeção. Eu destaco, para aqueles que têm interesse no assunto, que existe um trabalho nas Comissões, que deve ter sido discutido hoje, denominado "Guerra fiscal e os limites ao princípio da não-cumulatividade", do Dr. Gilberto Aires Moreira. Eu recomendo a sua leitura, porquanto pareceu-me um estudo muito apropriado, muito bem realizado, e que cogita da situação jurídica dos créditos do ICMS nessa matéria.

A Lei Complementar 24/1975 foi editada com fundamento numa norma do art. 23 da Constituição de 1969, a qual dava à lei nacional poderes para que as isenções no sistema do ICMS fossem concedidas e revogadas por intermédio de convênios interfederados, realizados e firmados em reuniões do CONFAZ. Todavia, desde que ela veio a lume a doutrina já apontou vários vícios de constitucionalidade. O primeiro deles diz de perto com a circunstância de que o convênio era elaborado pelo Secretário da Fazenda e ratificado pelo governador, sem o respaldo da Assembléia Legislativa. Esse foi um dado que a doutrina brasileira sempre apontou, anotando enfaticamente a violência ao princípio da legalidade. Qualquer um de nós, que estudamos na Faculdade de Direito, já percebia, até por intuição, que esse sistema concebido pela Lei Complementar 24 já apresentava esse grave defeito de ordem constitucional.

Outro equívoco apontado quando do surgimento da lei foi o de que, se a Constituição se referia à isenção, como pode a Lei Complementar 24 estender esse conceito para os benefícios fiscais em geral? O texto da lei complementar abarcou figuras como a redução de base de cálculo, crédito presumido, incentivos fiscais, financeiro-fiscais etc. Esses quesitos, entretanto, não tiveram repercussão alguma no mundo fenomênico. A prática, com exceção do Estado do Rio Grande do Sul, única Federada que submetia seus convênios ao decreto legislativo da Assembléia, mostrou que os demais Estados passaram a proceder exatamente nos termos da lei complementar. Durante muito tempo nem os Estados nem os contribuintes se interessaram por essas notas da doutrina. Hoje, no entanto, essa matéria está começando a ser levantada em juízo. Cito um exemplo, ocorrido no Estado de Santa Catarina. Quando crise na indústria automobilística, nos idos de 1999, se bem me recordo, fez com que São Paulo abaixasse as alíquotas do imposto estadual a 9,5%, o Estado barriga-verde também tomou algumas medidas de defesa de sua produção; daí ter editado decreto sem respaldo em lei, sem apoio em convênio, expressando isso até nas considerações do referido ato administrativo, concedendo o incentivo e declarando que não conseguiu aprová-lo no CONFAZ. Fundou-se o indigitado decreto numa lei de delegação ampla, que autorizou o Governador do Estado a tirar normas de proteção da economia local, o que se concretizou com a redução da base de cálculo das operações com veículos no território catarinense, mas com projeção para outros Estados que abrigavam montadoras e tinham a responsabilidade de adiantar o ICMS no regime da substituição tributária. Essa atitude unilateral afetou tais montadoras, as quais não obedeceram a esse decreto, e no presente estão argüindo sua inconstitucionalidade por não-obediência à regra da Constituição e da Lei Complementar 24/1975. Lembro que depois da Constituição de 1988 ainda houve uma Emenda Constitucional, a de n. 3 – aquela que cogitou da substituição tributária para a frente –, que acrescentou um parágrafo ao art. 150, o § 6º, dizendo que qualquer isenção, redução de base de cálculo, anistia etc. dependeria de lei específica, federal, estadual ou municipal, e no caso do ICMS, ainda, dos acordos interestaduais. Nem isso adiantou. No jornal *O Estado de S. Paulo* de hoje vocês vêem uma notícia em que o Governo do Estado de São Paulo está ratificando, está incorporando à sua legislação, convênios aprovados na última reunião do CONFAZ. Não adiantou a doutrina, não adiantou a Constituição e igualmente a reiteração da norma no Estatuto Maior por via de emenda constitucional. É verdade que existem aqueles que sustentam que a lei complementar, como referida no "Ato das Disposições Transitórias" da Constituição de 1988, teria legalizado esse esquema de aprovação das deliberações do CONFAZ por decreto do governador. Mas, depois desse ato transitório, como se notou, vieram novas regras incorporadas à Constituição.

A questão da amplitude que a lei complementar deu às isenções foi também pouco questionada na época. Alguns estudiosos disseram que não era possível estender a noção desse instituto a outras modalidades de exoneração fiscal; que isenção era uma figura jurídica conhecida, uma expressão técnica, que não poderia abranger remissão, incentivos financeiros relacionados com o ICMS, crédito presumido, redução e outras figuras existentes no corpo da Lei Complementar 24. Contudo, esse ponto não chegou a ser seriamente questionado, e houve uma aceitação pacífica dessa interpretação, que dava à isenção uma dimensão maior do que seu significado jurídico-tributário.

Queria agora me ater ao art. 8º da Lei Complememntar 24, que trata dos cortes do crédito do ICMS, e como é que isso vem sendo tratado pelos Estados Brasileiros e pelos contribuintes, porque na guerra interfederada o prejuízo final vem ficando para os contribuintes. O mencionado art. 8º é aquele que determinou a vedação do crédito fiscal do comprador da mercadoria se houvera inobservância dos dispositivos da aludida Lei Complementar 24/1975, dando como nulo o ato que concedera o estímulo fiscal. Num item seguinte a norma reitera a exigência do imposto não-pago ou devolvido e a ineficácia da lei ou ato que concedera remissão do débito tributário correspondente.

A primeira indagação que surge nesse tópico é: superada a inconstitucionalidade da restrição ao direito ao crédito, quem pode declarar a nulidade do ato? O fiscal de plantão? A autoridade administrativa? O Poder Judiciário? Quando fui Secretário da Fazenda do Paraná eu baixei um ato cortando o crédito de empresa goiana porque ela estava levando à falência uma empresa paranaense do mesmo ramo. Eu fiz isso com muitas reservas, porque, sendo da área, eu estava consciente de estar praticando um ato, no mínimo, de duvidosa legalidade. Por isso ele foi logo em seguida revogado. Mas fica a indagação sobre se o dispositivo tem aplicação automática ou depende de atos de autoridade para que a negativa de créditos de ICMS tenha validade. A meu ver, quem está agindo corretamente é o Estado de São Paulo, que investe contra a constitucionalidade das leis estaduais que estipularam exonerações do ICMS fora do regime da Lei Complementar 24/1975. E note-se que, nessa matéria, o STF tem uma posição coerente e firme; desde a primeira vez que examinou o assunto as decisões são iguais, pela nulidade absoluta dos estímulos assim outorgados. Nessa área eu fiz pesquisa de jurisprudência e cheguei a conclusões até certo ponto surpreendentes e curiosas. A primeira delas é que o STF sempre deu a liminar ao pedido de suspensão imediata do dispositivo de lei ou decreto concessivo de estímulos sem guarida na Lei Complementar 24; a segunda delas é que a Corte Suprema nunca chegou a declarar a inconstitucionalidade dos atos estaduais, não por sua própria culpa, mas em virtude de os Estados, ao ser dada a liminar, baixarem medidas – por regra decretos – revogando as normas postas ao exame da Corte. É que esses incentivos sempre foram deferidos por decretos com acento em leis de constitucionalidade questionável, pois envolvem ampla delegação legislativa. Com isso, a infringência dos princípios da legalidade e da separação de Poderes fica evidente, e o Tribunal os censura de logo, com a suspensão liminar dos dispositivos inquinados. Daí as Federadas responsáveis correrem ao STF e dizerem ao Ministro Relator: "Olha, esses incentivos questionados nós já os revogamos, está aqui o nosso decreto publicado no *Diário Oficial*; portanto, V. Exa. não precisa mais julgar a ação". Então, o STF nunca chega a exarar qualquer decisão no mérito. Em rigor, os Estados, inteligentemente, cortam os atos concessivos das benesses fiscais e a declaração de inconstitucionalidade não é mais necessária, com o quê se salvam todos os incentivos já concedidos. Se fora declarada sua inconstitucionalidade, então os efeitos seriam *ex tunc*, anulando todos desde sua origem, com efeitos retroativos. Todavia, reitero que, nessa matéria, a coerência do STF tem sido admirável; ele pode demorar um pouco para dar a liminar, mas não há qualquer acórdão divergente na inteligência dos estímulos oferecidos unilateralmente pelos Estados. E a exegese da Alta Corte no concernente ao que se entende por incentivos fiscais no ICMS é a mais ampla possível, abrangendo até a dilação do prazo de pagamento do imposto; passou de 30 dias, a Corte Suprema já considera ser incentivo financeiro-fiscal. Existe, destarte, um problema de relativa magnitude, especificamente quanto à posição do Brasil com referência a essas empresas que vieram para o país, instalaram-se aqui, fizeram os investimentos sob promessa de isenções fiscais, e, de inopino, o Poder Judiciário proclama serem inválidos. Como meu tempo está esgotado, esse capítulo, que enlaça temas interessantes, fica à reflexão do Plenário. Obrigado.

PRESIDENTE (PROFA. MARIA LEONOR LEITE VIEIRA) – Muito obrigada, Dr. Heron. Antes de passar a palavra ao Dr. Eduardo Bottallo, gostaria só de registrar que hoje, embora todos tenham recebido este comunicado nas pastas, logo após a Mesa de Debates, o Dr. Aires e Dr. Paulo Ayres estarão autografando o livro lançado pela Dialética, *Imunidades Tributárias – Limitações Constitucionais ao Poder de Tributar*, no estande da Dialética, no Terraço.

Eu passo, então, a palavra ao Prof. Eduardo Bottallo.

PROF. EDUARDO DOMINGOS BOTTALLO – Saúdo os componentes da Mesa e os Colegas que me honram com sua presença.

O Prof. Heron Arzua fez menção a um trabalho submetido a exame do Congresso a respeito do tema agora em debate. Na verdade, foram duas as teses apresentadas, e ambas são muito bem-elaboradas, razão pela qual merecem a consideração de todos, já que abordam os pontos mais importantes para a boa compreensão da matéria.

Em sua conferência, pronunciada na parte da manhã, o Prof. Roque Carrazza ministrou lições, como sempre, interessantíssimas a respeito do processo de concessão de incentivos fiscais, tendo em vista seu enquadramento constitucional e as implicações trazidas pela Lei de Responsabilidade Fiscal.

Ao meu lado está o Prof. Alcides Jorge Costa, querido Mestre de todos nós e reconhecido autor da "parte boa" da Lei Complementar 24/1975.

Ademais, o Prof. Heron Arzua, afora a brilhante explanação com que acabou de nos brindar, escreveu artigo específico que enriquece o v. 81 da *RDTributário*, distribuída aos participantes do Congresso.

Faço estas referências para justificar a pouca contribuição que, pessoalmente, eu poderia trazer com respeito ao enfoque dos aspectos jurídicos da denominada "guerra fiscal" entre Estados, que tem no ICMS sua mais contundente arma.

Na verdade, o que parece ser necessário, sob o ponto de vista do Direito Positivo, para que a referida "guerra" não ocorra já se encontra, a meu ver, providenciado: a) a Constituição Federal assegura, em seu art. 5º, XV, a livre circulação de pessoas e bens; b) o mesmo diploma proíbe, no art. 150, V, o estabelecimento de limitações ao tráfego de pessoas ou bens por meio de tributos; c) ainda, o art. 151, I, da Lei Maior reconhece ser a concessão de incentivos fiscais instrumento adequado para promover o equilíbrio do desenvolvimento sócio-econômico entre as diferentes regiões do país, fixando, neste contexto, uma diretriz que pode perfeitamente ser adotada, por simetria, pelos Estados; d) os incisos IV a VIII do art. 155, § 2º, da Carta contemplam regras visando a harmonizar nacionalmente o sistema de instituição de alíquotas do ICMS; e) finalmente, a Lei Complementar 24/1975 trata de celebração dos convênios entre Estados para concessão de isenções do ICMS.

Ora, bastaria a observância, harmoniosa e conjugada, de tais normas para que a "guerra fiscal" e os danosos efeitos dela emergentes não se fizessem presentes.

Todavia, não é o que ocorre, e isto leva a considerar a necessidade de mudar de enfoque, já que, como tudo indica, o problema se assenta em outras áreas que não a do Direito.

Com efeito, o antagonismo entre Estados – e que se reflete nesta "guerra" – encontra, sob a perspectiva de cada um de seus protagonistas, justificativas cujos méritos não podem ser ignorados. Os Estados mais desenvolvidos acusam os outros de lançarem mão de mecanismos fiscais contrários à ordem jurídica para atrair a seus territórios empresas teoricamente capazes de alavancar o desenvolvimento que perseguem. Já os menos desenvolvidos contra-acatam com o argumento de que têm direito de buscar a concretização de suas metas econômicas e sociais pelos meios de que dispõem, considerando as deficiências e as distorções que o sistema tributário, inegavelmente, ostenta.

Com isso, sofrem os contribuintes, inseguros quanto à validade das concessões que lhe são acenadas; e, em um plano mais amplo, sofre a própria imagem do país, pelo quadro de precariedade, indefinição e confusão que transmite aos investidores estrangeiros. Não, como é evidente, os especuladores, e sim aqueles que efetivamente poderiam cogitar de aqui desenvolver atividades produtivas e úteis sob o ponto de vista social.

Na verdade, o quadro não é muito diferente daquele projetado no plano internacional, onde países desenvolvidos e em desenvolvimento se digladiam por razões muito parecidas com aquelas que internamente ocorrem. Basta lembrar, neste sentido, o episódio, de grande repercussão, envolvendo as indústrias aeronáuticas do Brasil e do Canadá e, mais recentemente, as disputas comerciais entre nosso país e os Estados Unidos nos mercados de aço e de calçados.

Diante de tudo isso, atrevo-me a imaginar que a verdadeira raiz do problema, envolvendo a "guerra fiscal" entre Estados, repousa naquilo que poderia ser denominado de "disfuncionalidade" das nossas bases federativas.

No fim do século XIX, com a proclamação da República, o Brasil adotou o modelo federativo norte-americano, instaurando-se, a partir de então, constante alternância de fases "centrípetas" e "centrífugas", que geraram crise de identidade até hoje não solucionada.

A nossa Federação por mais de um século vem vagueando entre extremos que vão desde períodos de grande euforia autonomista até outros de virtual sucumbência do modelo.

Dentro deste quadro, a solução para o problema da "guerra fiscal" dificilmente resultará apenas de novos preceitos jurídicos que possam vir a ser cogitados, ou de decisões judiciais, sempre contornáveis, por mais fundamentadas que sejam.

Ouso afirmar que o problema somente começará a ser efetivamente resolvido a partir do momento em que nos capacitarmos de que no interior de nossa Federação existem grandes disparidades econômicas, sociais e políticas, o que leva à necessidade de ocorrer um amplo entendimento nestes planos – ou seja, nos planos econômico, social e político – para que a tal "guerra" se resolva. O CONFAZ é um órgão que merece todo respeito, mas já demonstrou não ter força suficiente para impor aos protagonistas destes conflitos soluções definitivas.

O Brasil abriga em seu território regiões sócio-econômicas bastante distintas, e a identificação e aglutinação dos interesses dessas regiões dentro de um novo modelo mostram-se condição fundamental para apontar os futuros caminhos da nossa Federação. O modelo federativo que hoje existe ainda se encontra muito preso a reminiscências históricas que pouco ou nada contribuem para determinar rumos corretos e harmônicos para a busca do desenvolvimento, da segurança jurídica e da melhoria da qualidade vida da população.

A idéia da regionalização institucionalizada, como base de uma nova Federação, não é nova. Organismos como a SUDAM e a SUDENE foram frutos desta concepção e, ao menos conceitualmente, apontaram direções extremamente válidas em termos de superação das causas que determinam a instauração da "guerra fiscal".

É lamentável que estes órgãos, fruto de generosa e sensata compreensão de nossa realidade, tenham desmoronado, desaparecendo sob o insuportável peso da enorme corrupção que se instalou em seu interior.

Mas, como se dizia antigamente, "esta é uma outra história, que fica para outra vez".

Para concluir, permito-me lembrar que, em contexto de "guerra fiscal", o instrumento tributário (o ICMS), embora seja o mais importante, está longe de ser única arma de que os – digamos – "combatentes" lançam mão.

Na minha experiência profissional tenho me defrontado com situações das mais insólitas, como, por exemplo, a exigência de que empresas mantenham estabelecimentos – quando não, suas sedes – em determinados Estados como condição para participarem de concorrências públicas visando ao fornecimento a órgãos oficiais de bens ou serviços.

Mas isso não é o pior. Houve o caso de determinado Estado ter "delegado" ao sindicato local que congrega empresas gráficas o poder de autorizar a confecção dos impressos fiscais de que os contribuintes necessitam para desempenhar suas atividades. Como se vê, uma verdadeira "privatização" de função pública. Não é necessário muita imaginação para concluir que o tal sindicato passou a conceder as demandadas autorizações apenas ao pequeno grupo de empresas suas filiadas, todas necessariamente estabelecidas dentro de sua base territorial, e que ali se organizaram em confortável cartel, induzido e estimulado pelo Poder Público.

Estes exemplos, que revelam escandaloso desprezo pelas normas constitucionais e legais que anteriormente lembrei, servem também para acentuar a insuficiência de mecanismos jurídico-formais, em si mesmos considerados, para coibir a predatória disputa entre Estados por agentes econômicos supostamente capazes de promover seu desenvolvimento.

São estas as observações que me permito trazer a debate, pedindo escusas por estarem, em certa medida, fora do plano estritamente jurídico, que, como não ignoro, deve predominar em um Congresso como este. Muito obrigado.

PRESIDENTE (DRA. MARIA LEONOR LEITE VIEIRA) – A Dra. Eliana foi convidada para fazer o contraponto nessa Mesa propositadamente, mas só que não sabia que ela seria tão provocada. Dra. Eliana, a palavra é sua.

PROFA. ELIANA MARIA B. BARTACHINI – Dra. Maria Leonor Leite Vieira, na pessoa de quem eu cumprimento a todos os demais, autoridades que estão nesta Mesa e em nome de quem eu agradeço ao IDEPE o convite de participar de uma palestra, de conversar com os Senhores numa Mesa em um Congresso em que realmente o Dr. Heron diz que parece que é o 14º que ele participa – eu posso afirmar que o meu é o

15º, vim a todos eles como congressista e tive a honra de ser, então, convidada agora para conversar com os Senhores aqui, da Mesa. Por certo, conversar e provocada, como disse a minha amiga. É uma honra muito grande, é uma responsabilidade muito grande. Primeiro em debater com aqueles que são os meus mestres, os meus professores. Segundo porque me vejo aqui, na Mesa, como defensora de uma posição do Estado; como ela disse, eu sou procuradora do Estado, e hoje atuando na Chefia da Procuradoria Fiscal da Procuradoria-Geral do Estado.

Os Senhores não ouviram, porque fui discreta, mas disse ao Prof. Heron que eu agradecia, que ele tinha falado tanto de São Paulo, mas ele realmente não pegou muito pesado; muito pelo contrário, ele até que elogiou a posição do Estado de São Paulo e a atitude, a medida, que o Estado de São Paulo toma para se defender, no caso, daquilo que tem por certo como prejudicial ao desenvolvimento do seu parque industrial e, por conseqüência, a todo o desenvolvimento social do Estado.

Então, vamos ver se consigo colocar, aqui, alguma coisa para os Senhores. Vou me reservar a falar exatamente aquilo que tinha me proposto a comentar sobre "guerra fiscal", até porque é um assunto de que estou diariamente cuidando pessoalmente, porque na Procuradoria Fiscal é onde se preparam as ações diretas de inconstitucionalidade ou as respostas àquelas ações diretas de inconstitucionalidade com que os demais Estados entram no STF contra um outro regime que o Estado de São Paulo tem adotado e que seja julgado pelos outros como também contrário àquelas pretensões dos demais Estados de desenvolvimento, de parque de desenvolvimento.

Não vou, por isso, responder a tantas coisas que gostaria de colocar e de debater com os que me precederam, porque, como os Senhores devem ter percebido, a cada fala estou fazendo anotações. Muitas coisas teríamos a colocar, mas, realmente, a hora reservada para o Congresso e o local não vão me permitir isso, se bem que seria uma coisa muito boa e muito produtiva para todos nós. Então, eu me reservo realmente ao que ia dizer ... (*interrupção da gravação*) ... quem foi que realmente deu o nome de "guerra fiscal". Eu acho isso muito sério. Numa Federação, e onde os Estados e os Municípios têm absoluta consciência, os três Poderes Executivos de todos os Estados, o Legislativo e o Judicial, de que só a União pode nos fortalecer como Nação, eu acho que ninguém aqui está muito preocupado em estabelecer uma guerra, ninguém quer prejudicar ninguém, cada um desses procedimentos que são adotados pelos Estados ou pelos Municípios, tentando trazer ao seu território um melhor desenvolvimento, maiores condições, melhores condições de atingir seus propósitos sociais, educacionais, de saúde, não pode ser tido como "guerra fiscal"; eu prefiro a denominação "concorrência tributária". Uma ou outra, por certo, denotam que aí há realmente um procedimento de combate, de *lide*, mas não guerra; o intento de cada um desses procedimentos não me parece ser prejudicar o vizinho, senão melhorar sua própria condição. Por isso eu acho muito mais elegante, muito mais próprio, "concorrência tributária".

Não ameniza isso a contrariedade ao termo constitucional, até porque, se estou dizendo "concorrência", ela só pode estar em absoluto contraponto à ordem constitucional, que faz discriminadamente uma divisão de competência; então, se ela não estabelece a concorrência, se ela divide a competência, ela não pode admitir como procedente, como legítimo, um regime de concorrência entre Estados e Municípios, enfim, entre os entes compostos ou componentes desta Federação, como um regime lícito dentro do modelo adotado pela nossa Constituição para formação da nossa unidade federativa.

A nossa Carta Política no seu art. 1º já diz que somos uma Federação composta por várias entes, Estados, Distrito Federal e Municípios, 26 Estados, 1 Distrito, 5.540 e poucos Municípios. E a cada um deles ela reserva, no capítulo próprio do "Sistema Tributário Nacional", a competência para aquela que, no meu entender e no meu estágio de estudo de tributação, acho que é a ação de maior força impositiva do Estado perante o contribuinte. Ninguém pergunta se eu quero praticar um ato para pagar o tributo, ninguém quer pagar tributo, nós praticamos o ato porque temos a vontade de praticá-lo, e vem o Estado e fala: "Muito bem, praticado, este é meu" – isto é assim há muito tempo. E este é o sistema que a nossa Carta Política reservou para que fosse mantido o Estado.

Eu realmente sempre digo que fui alfabetizada em Direito Tributário faz muito tempo, pelas lições do saudoso e famoso Prof. Fábio Fanuchi, e não consigo, não consigo de maneira alguma, examinar qualquer questão relativa a tributo dissociada da questão financeira. Eu ainda sou daquela posição, daquela escola, que admite o tributo só na medida em que aquela cobrança seja necessária à manutenção do Estado. Portanto, eu só posso tributar desde que tenha uma previsão orçamentária de que aquilo me é necessário, de que aquilo faz parte da composição dos meus recursos para manter o Estado e, assim, preservar esta sociedade. E este é o modelo que vejo, é a Carta Política, depois de dizer que somos formados pelos Estados, Municípios e uma União indissolúvel, e uma União indissociável, mas em que se reserva a cada uma das figuras sua autonomia e independência administrativa; diferente não podia ser a discriminação do "Sistema Tributário", que dá a cada uma a competência de buscar os recursos próprios para sua própria manutenção.

Não vou discutir se o modelo que estamos hoje aplicando e vivendo, e vivenciando, de centralização ou descentralização desta arrecadação, de absoluta adequação ou imprecisa distribuição entre a arrecadação e a reserva dos serviços determinados e atribuídos a cada ente, está correto ou não está correto. A minha preocupação, e aquilo que mais me chama a atenção quando examino determinados e vários regimes que se me apresentam para análise, é uma só: se a Constituição diz que a nossa Federação é formada por vários Estados, Municípios, se cada uma dessas unidades, União, Estados, Distrito Federal, Municípios, tem sua competência tributária, nós só podemos conviver com isto desde que tenhamos um tratamento absolutamente igual para todos em todas as situações – e isto eu já disse aos Srs. Ministros do STF com os quais e por vezes eu contacto na distribuição das nossas ações ou na oportunidade de sustentações orais.

Eu não digo que esteja errada a concorrência tributária, para mim a concorrência tributária não cabe hoje naquele regime constitucional montado. E é por isso, como bem disse o Prof. Arzua, que nunca houve, não há um caso – tenho relatório de todas as ações diretas de inconstitucionalidade contra regimes excepcionais de benefícios, quaisquer que sejam, tributários –, nunca o Supremo se negou a conceder uma liminar para suspender imediatamente. Por certo também é verdadeira a observação que ele fez – não poderia ser de forma diferente, um professor que é tão cuidadoso nos seus estudos – de que não temos também qualquer decisão de mérito, o Supremo ainda não se posicionou, no mais das vezes sim, e quase todas as vezes, porque, como bem disse o Prof. Arzua, politicamente os Estados se acertam e aqueles procedimentos contestados são desfeitos, são revogados de alguma forma antes da decisão de mérito, então todos eles que tenham um julgamento final é sempre pela prejudicialidade, os que estão ainda latentes temos concedido as liminares, mas não decidido pelo mérito.

Parece-me que, mais do que tudo, não por se furtar o nosso STF a decidir questões, que não é nem seu objetivo e nem do seu feitio, mas simplesmente porque realmente esta questão é uma questão política, os Estados têm que se acertar no que querem; isto é mais político do que jurídico, juridicamente pode? Efetivamente não, efetivamente não, porque a Constituição Federal, sobretudo para o ICMS, dá e reza e prescreve uma forma típica por lei complementar, e isto hoje existe, existe desde 1975 na forma de autorização a todos os Estados para concessão de benefícios ao menos no que se refere ao ICMS. Mas só ICMS fica submetido a esta regra de pacto entre todos os entes tributantes, e aqui se atribui a mesma competência para o mesmo tributo, isso deve alcançar e alcança também todos os demais impostos, e alcança também todos os demais entes, os Municípios, pelo princípio da igualdade. É sobre o que eu me bato perante o Supremo. Eu não digo que não pode; mas, se eu posso conceder sem a autorização do convênio, que todos os Estados possam conceder. O que não pode é ficar uma determinação constitucional, sua devida regulamentação por lei complementar, a dizer que os incentivos, principalmente o ICMS, só podem ser concedidos mediante autorização do CONFAZ, com anuência de todos os Estados; o que não pode é a Constituição ter por expresso o princípio da igualdade da tributação, a isonomia entre os contribuintes e o tratamento absolutamente igual a todos os bens, a todos os atos alcançados pela tributação, e de repente se permitir sob qualquer fundamento e todo fundamento, que, sempre li, até hoje é recheada, é carregada, da melhor boa intenção. O fundamento da concessão de um benefício sempre vem fundamentado por uma ânsia de desenvolvimento sócio-econômico, e isto ninguém pode criticar; se pode um, podem todos.

Por que um Estado se diz desprivilegiado? Por que o Estado que se considera menos desenvolvido pode praticar um procedimento de isenção ou, o que está se tornando muito comum, aquele que chamo de "benefício indireto", criado através dos fundos de desenvolvimento, que são instituídos legitimamente por lei, mas que trazem nos meandros da sua regulamentação o financiamento através da arrecadação do imposto, seja do ICMS, seja de outros impostos, e que se quando se detalha esse procedimento se chega à conclusão de que aquilo que está aparentando ser um financiamento se torna, na realidade, uma liberalidade total, uma isenção total dos impostos, através de mecanismos de protelação no tempo de recolhimento, de 20, 40 – eu cheguei a ver parcelamentos de 60 anos – anos, sem incidência de correção monetária, sem incidência de juros, o que por si só, e numa conta aritmética, é suficiente para ver que isso é desoneração tributária? Se um pode, em nome do desenvolvimento sócio-econômico, todos podem. E o Estado de São Paulo é o mais criticado, porque diz que tem um grande parque industrial, e tem, que temos uma grande área de comércio, e temos; só que, quando se computa o que o Estado de São Paulo tem, nunca se computa o que o Estado de São Paulo gasta para manter o desenvolvimento sócio-econômico desta gente que aqui trabalha, e nunca se computa o que o Estado de São Paulo arrecada e passa para a União, para os demais Estados e Municípios, através das regras de distribuição de receitas.

Eu não estou defendendo o Estado de São Paulo, aqui; minha função de defender o Estado de São Paulo é profissional. Eu estou defendendo que tenhamos na Federação exatamente um regime de igualdade e isonomia, ou fazermos cumprir a Constituição Federal e a Lei Complementar 24/1975 e reconhecermos que realmente somos uma Federação formada por Estados, Distrito Federal e Municípios, e que cada um tenha sua atribuição discriminada em matéria tributária. E só podemos aquilo, e só podemos da maneira em que a lei determina, porque assim já dizia o meu mestre Hely Meirelles, que só pode a Administração fazer o que a lei manda, não o que a lei permite; a lei nada permite à Administração, ela manda, você vai cobrar, e você vai cobrar sim, porque a Constituição diz que você tem que cobrar. E isso, hoje, está absolutamente claro através da Lei de Responsabilidade Fiscal, onde o administrador não pode mais simplesmente falar: "Eu concedo a isenção"; ele está submetido a regras civis, administrativas e penais de responsabilidade, ele tem que explicar e justificar por quê. E isso eu digo sempre, isso já estava na Constituição a partir da minha concepção de que o tributo só é permitido desde que financeiramente ou no orçamento financeiro seja exatamente esclarecido por que está sendo cobrado; não teria cabimento você instituir um tributo que você não precisa cobrar, e você só pode isentar se você não precisar, porque, se você precisar, você precisa do dinheiro para se manter. E aí está a Lei de Responsabilidade para dizer isso. Então, efetivamente, nós temos que cumprir a Constituição. A nossa Federação está hoje assim montada, ela está certa ou ela está errada, eu não sei; se ela estiver errada politicamente, é o momento de procurarmos sua correção. Mas, enquanto ela estiver vigente, um Estado só pode se dizer Estado de Direito se tiver uma lei a cumprir. Os fundamentos dos procedimentos de benefícios ou de isenções fiscais, sejam eles de que forma for, diretos ou indiretos, como eu disse, são legítimos, todos querem o desenvolvimento. São Paulo ou qualquer Estado quer o desenvolvimento de todos. Parque industrial nós já deveríamos ter através de uma política correta da Federação, através de uma política correta nacional, dividido o nosso imenso território – como bem disse o Prof. Bottallo, é o mundo – em parques industriais diversos em todas as regiões, sabendo captar em cada uma delas o que melhor se ajusta àquele tipo. Mas, enquanto isso não for feito, não é assim que está na Constituição; ou esta Constituição vale para todos nós, ou não pode valer só para aqueles que dizem que estão querendo um desenvolvimento e não valer para o outro, também. E sinceramente, Senhores, quando eu paro e penso nisso, eu paro e penso naqueles Estados que hoje têm um parque industrial, como o de São Paulo, enorme, como o do Paraná, como o da Bahia, que está procurando seu desenvolvimento, como o de Minas Gerais, Rio de Janeiro e Rio Grande do Sul.

Se nós pudermos também fazer isto, o que será daqueles Estados que precisam realmente de incentivos para desenvolvimento? Se eu já tenho toda condição para chamar uma multinacional para aqui se instalar, e tenho a possibilidade, então, num processo de isonomia e de igualdade, de também conceder a ele um incentivo fiscal – que o Paraná concedeu para ter sua montadora, que a Bahia concedeu para levar a montadora, que o Rio Grande do Sul concedeu para levar as suas empresas, que Santa Catarina procura para levar mais empresas, Goiás levou o setor de alimentos –, por que estas empresas não se sediariam no próprio Estado de São Paulo, que já lhes dá condição de um parque montado? Nós temos que pensar nisso, isso não será bom para ninguém; e aí é que eu agradeço ao Prof. Heron de ver a realidade; aqui eu saio em defesa não do Estado de São Paulo, do Estado do Paraná, do Estado de Santa Catarina, do Estado do Rio de Janeiro, quando estes Estados, em vez de contrariar estes procedimentos, por meio de outros procedimentos, tão errados quanto estes, simplesmente batem às portas do nosso Tribunal Supremo e fazem valer a Constituição; isto, hoje, do jeito que estamos, não pode ser feito.

Eu vou terminar, até porque eu já recebi meu bilhetinho, e surpreendentemente pedindo aos Senhores duas coisas, por isso "surpreendentemente": primeiro o que vou ler – e não gosto quando se lê numa palestra, mas eu não tive habilidade para guardar tudo o que eu quis; e segundo, eu vou ler como recomendação o que tive para mim mesma, uma manifestação tirada de um artigo escrito por um advogado, não é procurador, é advogado do setor privado, que foi publicado no *Consultor Jurídico* de 7.4.2000, Dr. Roberto Pasqualin, a quem peço – imagino que ele não esteja presente – a possibilidade de ler o que ele escreveu, para deixar como minha mensagem final. É um artigo que ele escreve sobre a "Guerra Fiscal", e assim termina. "Bastaria ainda fazer cumprir leis muito boas que já temos, infraconstitucionais, como a que disciplina os incentivos do ICMS e afasta a guerra fiscal estadual, ou como a que fixa claramente as regras geográficas de cobrança do ISS. Bastaria finalmente que os governos das três esferas atendessem ao princípio constitucional do respeito à capacidade contributiva do cidadão, reduzindo a carga tributária geral para diminuir assim a sonegação e aumentar o universo de contribuintes, de cidadãos contribuintes, elevando, sem esforço e sem guerra, a própria arrecadação tributária geral. Por paradoxal que pareça, está provado que a redução de impostos acaba resultando magicamente em aumento de arrecadação. A paz fiscal, e não a guerra, é que fará aumentar a atividade econômica e a geração de empregos no país. O cidadão brasileiro de todos os rincões terá mais trabalho, terá mais comida na mesa, e os políticos brasileiros poderão falar mais de amor do que de guerra e ainda arrecadarão mais". Muito obrigada. (*Palmas*)

PRESIDENTE (DRA. MARIA LEONOR LEITE VIEIRA) – Eu conversava, aqui, com a Dra. Betina, porque a Dra. Eliana foi convidada propositadamente mesmo para fazer o contraponto, e também porque tinha certeza de que ela faria o contraponto científico para provocar um pouco mais, que pudéssemos analisar tudo isso, e não uma defesa do Estado. E realmente ela demonstrou a que veio. Eu passo a palavra ao Prof. Alcides Jorge Costa.

PROF. ALCIDES JORGE COSTA – Cumprimento os membros da Mesa, cumprimento todos os presentes, e vou direto ao assunto.

O Brasil é um mercado comum bastante grande, ou deveria ser. Nós não podemos transformar este mercado comum, enquanto outras regiões do mundo lutam bravamente para ter o seu; não podemos estilhaçá-lo em 27 mercados diferentes; seria uma loucura rematada, em primeiro lugar.

Segundo: num país onde este imposto é estadual, se não houver regras comuns – e o ideal seria mesmo lei federal (ou lei nacional, se se preferir) para regê-lo –, se não houver regras comuns, repito, corre-se um risco deste estilhaçamento, cada um cuidando da sua vida. Por exemplo, se cada Estado pudesse fazer o que quisesse, adotaria o princípio da origem para o que sai do Estado, e o do destino para o que vem para o Estado, e com isso cada um se constituiria num mercado à parte. Agora, é claro que o sistema pode trazer – e traz – conflitos, o que foi uma preocupação desde o início, desde a implantação do ICM. Logo de início houve um ato complementar, não me lembro se n. 34 ou n. 36, que mandava que as isenções fossem concedidas em conjunto por Estados da mesma região geo-econômica, embora não dissesse exatamente quais eram as regiões geo-econômicas. Depois o problema foi constitucionalizado, e já na Constituição, na sua Emenda 1/1969, foi estatuído que os incentivos seriam concedidos pelos Estados conforme disposto em lei complementar – veio a ser a Lei Complementar 24, que já foi dissecada aqui.

Naquele tempo a Constituição dizia que os Estados podiam conceder isenções. Esta lei complementar, obviamente prevendo o que poderia acontecer, equiparou às isenções uma série de figuras; considerando que, naquela altura, a alíquota era uniforme para todas as mercadorias, reduções de alíquota representavam verdadeiras isenções parciais. Cabe acrescentar que "reduzir base de cálculo" e "reduzir alíquota" é a mesma coisa, como aprendemos no 2º ano primário. No entanto, veio outra Constituição, permitiu alíquotas variadas, e até quase as impôs, cuidando da essencialidade das mercadorias; e os Estados, muito malandramente, continuaram a se reunir e a fazer convênios para reduzir a base de cálculo – ou seja: em última análise, para fixar alíquotas passando por cima das Assembléias Legislativas. Tanto foi o descaramento que no começo se reduzia a base de cálculo, hoje o convênio diz: "Fica reduzida a base de cálculo de modo que resulte numa alíquota de tanto" – ponto final. Isso é inacreditável, mas é assim que funciona este país.

Muito bem. Isto já era previsto desde o começo, e esses episódios de guerra fiscal não são novos. Na verdade, quais são os problemas que esta guerra fiscal envolve? Vários já foram abordados, mas quero mostrar mais um. Os incentivos são concedidos de modo que o vendedor formalmente pague o imposto e o mencione na nota fiscal, permitindo, assim, que o comprador dele se credite . Mas, como o imposto não é efetivamente pago, o vendedor pode reduzir o preço, o que lhe dá enorme vantagem competitiva Ou seja, o incentivo representa um subsídio direto no preço, um *dumping*, que é coisa condenada no mundo inteiro. Na verdade, isto ofende o princípio da livre concorrência, porque uma indústria gozando deste incentivo, deste subsídio direto no preço, pode simplesmente matar os concorrentes – e aí vem um outro aspecto. Quando um Estado cria um incentivo desta natureza os concorrentes atingidos em outro Estado pressionam fortemente as autoridades para dar um jeito naquilo, com a instituição de incentivos. Isto tudo a nada leva, porque o incentivo, sozinho, não vai promover desenvolvimento, porque desenvolvimento depende de "n" outros fatores; mas vai impedir que outro Estado, até com economia mais fraca, instale o mesmo tipo de indústria ou, para têla, tenha que dar incentivos ainda maiores, provocando, então, uma situação de desigualdade com aquele que tem incentivos menores. Isto, reproduzido num tempo, num prazo médio, acaba se revelando razoavelmente inócuo para todos. Acontece uma coisa muito simples: este imposto é inteiramente inadequado para a concessão desse tipo de incentivo. A respeito disto, dou um exemplo. Quando Portugal e Grécia, se não me engano – mas Portugal com certeza, e lidei com isso pessoalmente –, aderiram ao Mercado Comum Europeu foram criados pelo Mercado Comum diversos incentivos para quem se estabelecesse em Portugal. Esses incentivos iam até 60, 70% do investimento; era incentivo de todo jeito, isenção de imposto de renda por 10 anos, treinamento de mão-de-obra, financiamento do equipamento, financiamento do terreno, tudo a juros muito baixos, e assim por diante. Não havia, porém, uma só palavra sobre o IVA, não havia resquício de incentivo baseado no IVA, porque se trata efetivamente de um imposto muito inadequado para incentivar o que quer que seja. E, na minha opinião, além de constituir uma ofensa à livre concorrência, não só potencialmente, mas efetivamente, este instrumento revela-se inadequado. Vou explicar: foi dito aqui que empresas estrangeiras vêm atraídas por esses incentivos, mas na minha opinião elas não vêm atraídas por incentivos, vêm atraídas por outras razões, e depois procuram qual Estado dá mais. Houve, por exemplo, uma descentralização da indústria automobilística européia. Uma parte dos produtores de peças deslocou-se para a Hungria, Tcheco-Eslováquia e Polônia, onde a mão-de-obra de primeiríssima qualidade era muito mais barata. Uma parte veio para cá, em busca de novas bases de fornecimento. Os Estados brigam por elas como se tudo dependesse exclusivamente dos incentivos. Estes têm que ser de outra natureza, e o desenvolvimento vai depender de educação, vai depender de meios de comunicação e de transporte, vai depender de fonte de energia constante e barata, e assim por diante – mesmo porque pode-se criar com incentivos meramente fiscais um quisto industrial no Estado, indo esta indústria buscar mão-de-obra fora. Mais incentivo do que a Zona Franca de Manaus é impossível; no entanto, Manaus inchou, Manaus cresceu, a minha impressão – não só minha – é que no dia em que esses incentivos acabarem esvazia, e vai ser um problema gravíssimo. Por outro lado, os índices sociais do Estado do Amazonas continuam exatamente onde estavam, não houve uma redução considerável do número de analfabetos, da mortalidade infantil, do índice daquelas doenças endêmicas etc. – então, tudo isto é extremamente falacioso. Mas há incentivos que devem e podem ser dados, são de outra natureza, não via ICMS, que é inteiramente inadequado, repito, para este fim. Dou um exemplo de incentivo muito bem sucedido: a EMBRAER, que acabou sendo uma empresa muitíssimo bem-sucedida, desenvolveu-se à base de incentivo. Podia-se descontar 1% do imposto de renda a pagar para empregar em ações preferenciais da EMBRAER. Desta maneira, a empresa foi capitalizada e nunca lhe faltaram recursos para se implantar solidamente sem subsídios diretos no preço. Acrescento que a criação do ITA, anterior à da EMBRAER, foi fundamental para o êxito desta, porque lhe supriu as necessidades de mão-de-obra altamente qualificada.

Outros fatores, como o transporte e meios de comunicação eficientes, são indispensáveis, sem mencionar o nível educacional da mão-de-obra. Lembro apenas os exemplos não bem-sucedidos de incentivos à SUDAM e à SUDENE, que acabam de ser extintas, com resultados absolutamente desproporcionais às quantias que receberam. Eram estas as considerações que queria fazer. Muito obrigado.

MESA DE DEBATES "G"

SERVIÇOS DE COMUNICAÇÃO – INTERNET – TRIBUTAÇÃO

PRESIDENTE DA MESA: PROF. PAULO DE BARROS CARVALHO
MEMBROS DA MESA: PROFS. SUSY GOMES HOFFMANN, RAQUEL NOVAIS E AIRES FERNANDINO BARRETO

PRESIDENTE (PROF. PAULO DE BARROS CARVALHO) – Passo a palavra à Profa. Susy Gomes Hoffmann, Doutora em Direito pela PUC/SP, Professora da PUC/Campinas.

PROFA. SUSY GOMES HOFFMANN – Primeiramente cumprimento o Presidente dessa Mesa, Prof. Paulo de Barros Carvalho, os demais professores aqui presentes, Prof. Aires Barreto, Dra. Raquel Novais, registrando a minha alegria em estar aqui, compartilhando com os maiores juristas do país vários questionamentos, e de forma muito modesta, podendo trazer as minhas reflexões sobre um assunto de tamanha importância que é, hoje, a tributação dos serviços de comunicação – e aqui, mais propriamente, a questão da prestação de serviços de acesso à *Internet.*

O tema, como costumam ser os temas relativos ao Direito Tributário, enseja vários questionamentos. E, dentre as várias vertentes que o tema pode seguir, talvez a mais difícil, e a que se tenha que tomar por primeira, está na elucidação da expressão "prestação de serviços de comunicação", para compreender o seu significado. Daí, cabe verificar se os serviços prestados pelo provedor de *Internet* se enquadram nesse tipo legal, ou não. E vale lembrar que estabelecer o significado da expressão "prestação de serviços de comunicação" passa necessariamente pela questão da competência tributária, porque a decorrência lógica de se especificar o conteúdo da expressão "prestação de serviços de comunicação" vai nos dar, pela competência tributária, o campo da incidência tributária do ICMS e, por exclusão, o do ISS. Deve-se lembrar que o ICMS também incide sobre a prestação de serviços de comunicação e prestação de serviços de transporte interestadual e intermunicipal, e lembrando que no art. 156, III, da CF está previsto que compete aos Municípios instituir o ISS sobre serviços de qualquer natureza, desde que não estejam compreendidos no art. 155, II – ou seja, no campo de incidência do ICMS.

Por essa leitura simples da Constituição já vai ficar claro que aquilo que for efetivo da prestação de serviços de comunicação está na incidência do ICMS, e o que não for prestação de serviços de comunicação ou de transporte interestadual ou intermunicipal vai ficar na competência dos Municípios. Por isso que coloquei que, nesse tema de que estamos tratando neste momento, é muito importante definir o sentido da expressão "prestação de serviços de comunicação".

É importante fazer uma observação no sentido de que a doutrina vem trazendo divergências sobre o assunto. Parte da doutrina vem entendendo que na hipótese específica de serviços de acesso à *Internet* seria o caso de serviços de comunicação, e daí a incidência do ICMS; e parte da doutrina entendendo que esse tipo de serviço não seria serviço de comunicação, e por isso não estaria no campo da incidência do ICMS, talvez na do ISS.

A questão ganhou cores novas quando, em junho deste ano, o STJ analisou recurso especial, proveniente do Paraná, em que uma empresa provedora de *Internet* propôs mandado de segurança com o objetivo de afastar a cobrança do ICMS sobre essa prestação de serviços, entendendo que tal prestação de serviços não se enquadra na hipótese de prestação de serviços de comunicação. A empresa obteve ganho de causa em primeira e segunda instâncias, tendo sido reformada essa decisão no STJ. O acórdão do STJ, publicado agora em setembro, que teve por relator o eminente Min. José Delgado, foi decidido de forma unânime no sentido de que a prestação de serviços de acesso à *Internet* é, sim, serviço de comunicação, e, por isso, estaria dentro do campo da incidência do ICMS.

Aqui eu abro um parênteses para afirmar que minha exposição será para me colocar ao lado daqueles que entendem que a prestação dos serviços de provedor de *Internet* não se enquadra na tipificação da prestação de serviços de comunicação; mas isso não impede de reconhecer que a decisão do STJ baseou-se em trabalhos sérios sobre o tema, mas que, ao meu ver, não respondem à questão de forma satisfatória, e que cabe à doutrina e aos interessados demonstrar aos Julgadores os eventuais equívocos desse posicionamento adotado, buscando modificá-lo. Além do mais, tal julgado é passível ainda de mudanças, porque foi uma das turmas do STJ que assim decidiu, e – como eu vou colocar aqui – acho que é um tema que, por envolver competência tributária, vai acabar sendo decidido pelo STF.

Mas meu objetivo é fazer a análise desse tema à luz do julgado, o que foi que constou do julgado, para, a partir daí, extrairmos algumas conclusões. Então, resumidamente, no julgado do STJ aquilo que está na ementa realmente constou de todo o julgado, e diz o seguinte: "3. O provedor vinculado à *Internet* tem por finalidade essencial efetuar um serviço que envolve processo de comunicação exigido pelo cliente, por deter meios e técnicas que permitem o alcance dessa situação fática. 4. O serviço prestado pelos provedores está enquadrado como sendo de comunicação, espécie dos serviços de telecomunicações. 5. A Lei Complementar n. 87, de 13.9.1966, estabelece em seu art. 2º que incide o ICMS sobre 'prestação onerosas de serviços de comunicação, por qualquer meio, inclusive a geração, a emissão, a recepção, a transmissão, a retransmissão, a repetição, a ampliação de comunicação de qualquer natureza' – círculo que abrange os serviços prestados pro provedores ligados à *Internet*, quando os comercializam. 6. Qualquer serviço oneroso de comunicação está sujeito ao pagamento do ICMS. 7. A relação entre o prestador de serviço (provedor) e o usuário é de natureza negocial, visando a possibilitar a comunicação desejada. É suficiente para constituir fato gerador de ICMS. 8. O serviço prestado pelo provedor pela via da *Internet* não é serviço de valor adicionado, conforme o define o art. 61 da Lei n. 9.472, de 16.7.1997."

Há um ponto crucial no julgado, que é o entendimento de que a Lei Complementar 87/1996 teria estabelecido, a partir do pressuposto indicado em seu art. 2º, que o ICMS incide sobre prestação onerosa de serviços de comunicação por qualquer meio, inclusive a geração, emissão, recepção, transmissão, a retransmissão, a repetição, a ampliação de comunicação de qualquer natureza, entendendo que nesse círculo estaria abrangida a prestação de serviços por provedores ligados à *Internet* quando comercializam esses serviços – e aí, necessariamente, ele afasta em seu julgado o art. 61 da Lei das Telecomunicações, que determina que nesse caso se trataria de um serviço que seria de valor adicionado, e que serviço de valor adicionado não estaria na incidência do ICMS. Então, minha pretensão nesta exposição é mostrar o eventual conflito entre a Lei Complementar 87/1996 e a Lei 9.472/1997.

É claro que estamos tratando de questão de competência tributária, o que é algo extremamente importante em nosso sistema jurídico, pois, por estarmos numa forma de Estado federativa, sendo a Federação um princípio balizador de todo o sistema jurídico, consistindo em uma das cláusulas pétreas de nossa Constituição Federal, vale lembrar que um dos requisitos que a doutrina aponta para que se reconheça a Federação está no fato de existir uma rígida divisão de competências entre os entes da Federação, que esta divisão está na Carta Constitucional, não cabendo ao legislador infraconstitucional modificar essa divisão, e eventuais discussões acerca dessa repartição de competências, por certo, terão de ser resolvidas pelo órgão que se encarrega de ser o guardião da CF, que é o STF.

Pois bem, dentro desse raciocínio – e lembrando que a nossa Carta Constitucional traz uma rígida repartição de competências, tanto as materiais como as legislativas –, estando a competência tributária incluída nessa última, ou seja, na competência legislativa, é certo que o intérprete terá de encontrar no texto constitucional os limites, os delineamentos, dessa competência.

Quando se interpretam os arts. 155, II, e 156, III, da CF, em que vou delimitar, nas competências tributárias, qual é o campo da prestação de serviços que estaria na competência dos Estados e qual é que está na competência dos Municípios, eu tenho que me valer, do meu ponto de vista, somente do texto constitucional, o fundamento de validade é o texto constitucional; o critério de materialidade vai ter que ser sacado do texto constitucional. Então, partindo dessa premissa, já vou tentar começar a elaborar o que seria essa prestação de serviço de comunicação, mas vou fazer de uma forma abreviada, porque tenho certeza de que o Prof. Paulo de Barros Carvalho vai fazer isso de uma maneira muito mais contundente e eficaz do que eu.

Mas só tomando como premissa, aqui, para a minha explanação, a definição do Prof. Aires Barreto de que *prestação de serviço é o esforço de pessoas desenvolvido em favor de outrem, com conteúdo econômico, sob regime de Direito Privado, em caráter negocial, tendente a produzir uma utilidade material ou imaterial*, de tal forma que para que exista a prestação de serviços é preciso que encontremos três elementos: o prestador, o tomador e o preço.

Então, sem entrar em grandes polêmicas, aqui, sobre o tema, se a incidência do ISS ocorrerá, sobre qualquer tipo de serviço, só naqueles previstos em lei complementar, eu já posso falar que a prestação de serviços de uma maneira geral incorreria sobre qualquer prestação de serviços desde que tenha prestador, tomador e preço.

Quando o legislador constituinte se referiu ao ICMS, prestação de serviços de comunicação ou de transporte interestadual, o raciocínio continua o mesmo: a prestação de serviço que tenha um prestador, um tomador e um preço, pelo menos. A partir, ainda, da interpretação do texto constitucional, tentando sacar, aqui, essa incidência tributária, somente a parte do texto constitucional, eu vou buscar analisar o conteúdo semântico da expressão "prestação de serviços de comunicação", o que grande parte da doutrina já fez, de uma maneira muito eficaz: o Prof. Paulo de Barros Carvalho, o Prof. Júlio Maria de Oliveira, num trabalho também referente a ele, já fizeram essa análise do serviço de *Internet* e de acesso à *Internet*, se estaria encaixado nesse serviço de comunicação – o que vou passar rapidamente, aqui.

Mas o Prof. Paulo de Barros Carvalho com certeza vai falar sobre isso, mas ele, fazendo essa análise do conteúdo semântico, apresenta os elementos necessários para se estabelecer a comunicação: remetente, mensagem, destinatário, contexto, código e contacto. Vertendo o seguinte: o remetente envia uma mensagem ao destinatário; para ser eficaz, a mensagem requer um contexto a que se refere, apreensível pelo destinatário, um código comum e, finalmente, um canal físico – fazendo a distinção no sentido que a comunicação pode ocorrer de dois modos: 1) de forma pessoal, havendo a transmissão da mensagem própria; e 2) com a intermediação, em que há transmissão da mensagem de terceiros, e só nesse caso há a incidência do ICMS. Assim, no processo comunicativo, quem efetua a transmissão da mensagem é o próprio emissor, e na prestação de serviços de comunicação o emissor contrata alguém, que é o prestador de serviços, para que este transmita sua mensagem. Para daí concluir que a comunicação pode ocorrer de dois modos: de forma pessoal, havendo a transmissão da mensagem própria, ou com a intermediação, em que há transmissão da mensagem de terceiros – e só nesse caso se poderia falar da incidência do ICMS, porque só aí haveria uma prestação de serviços onerosa, porque teria a intermediação de um terceiro. Portanto, o Prof. Paulo de Barros Carvalho conclui que a materialidade do ICMS para tais serviços estaria no ato de intermediar a emissão e recepção de mensagens entre duas ou mais pessoas – ou seja, tudo isso é possível ser feito analisando apenas o texto constitucional.

É certo que para o exercício da competência tributária a pessoa jurídica de direito público interno que for instituir o tributo deverá fazê-lo indicando todos os critérios caracterizadores da hipótese e da conseqüência tributárias, no esquema, para nós tão familiar, da regra-matriz de incidência tributária.

Assim, se por um lado é certo que, ao apontar o critério material da hipótese de incidência tributária, o legislador precisará descrever a hipótese com o verbo e seu complemento – no caso, realizar (ou prestar serviços) operações de prestação de serviços de comunicação, podendo, eventualmente, descrever com mais detalhes a hipótese, tal como "entende-se por serviços de comunicação ..." –, eu não vejo problema nessa especificação, desde que essa especificação respeite os limites da competência tributária.

Daí, já vem o questionamento que me proponho a responder: a lei complementar de que trata o inciso XII do § 2º do art. 155 deveria ter tratado de tal assunto consoante o previsto pelo legislador constituinte? Pelo que consta desse inciso, não.

Há problemas em tê-lo feito? Depende. Se tivesse apenas trazido uma definição – ainda que não seja objeto das leis trazer definições, mas ainda que o tivesse feito, fazendo uma definição razoável, apesar de não estar em seu âmbito da outorga constitucional –, o fato de trazer a definição não teria maiores prejuízos.

Mas, quando a Lei Complementar 87 diz que incide o ICMS sobre "prestação onerosa de serviços de comunicação, por qualquer meio, inclusive a geração, a emissão, a recepção, a transmissão, a retransmissão, a repetição, a ampliação de comunicação de qualquer natureza", a meu ver, ela não faz essa definição, no mesmo sentido do que já apontou o Prof. José Eduardo Soares de Melo; traz algumas impropriedades, ao colocar como serviços de comunicação o que não poderia se enquadrar como tal, como seria o caso da geração.

E, a meu ver, a LC 87/1996 não resolve a questão que estou me propondo a resolver, com base na lei, sobre a prestação de serviço de acesso à *Internet* – não estando incluídos, aqui, os serviços de informação, porque indiscutivelmente fora do âmbito dos serviços de comunicação.

Acho que não o fiz até aqui, mas é importante definir o que é *Internet*; e tem que ser feito nos termos da Portaria 148/1995 do Ministério das Comunicações, que aprovou a Norma 004/1995, nos seguintes termos: "*Internet* é o nome genérico que designa o conjunto de redes, os meios de transmissão e comutação, roteadores, equipamentos e protocolos necessários à comunicação entre computadores, bem como o *software* e os dados contidos nesses computadores".

Por outro lado, há a Lei 9.472/1997, que é a Lei Geral das Telecomunicações, lembrando que o art. 22 da CF dispõe que é de competência privativa da União legislar sobre (inciso IV) telecomunicação. A União efetivamente legislou sobre o tema, e trata e resolve a questão quando, em seus artigos, define o que é o serviço de telecomunicações e o que é o serviço de valor adicionado. Assim, eu me debruço sobre o Direito Positivo e vejo que existe uma competência tributária definida para os Estados, para o ICMS incidir sobre a prestação de serviços de comunicação; eu verifico, dentro do sistema positivo, que existe uma legislação que trata do serviço de telecomunicação, eu verifico que, dentro dos conceitos do Direito Positivo, a *Internet* ou o serviço de acesso à *Internet* estaria encaixado como serviço de telecomunicação. Então, eu não vejo qualquer problema em que eu utilize essa Lei das Telecomunicações para me auxiliar a verificar o campo de incidência do tributo (ICMS).

Olhando a Lei das Telecomunicações vou verificar, lá, que há a conceituação do que seria o serviço de telecomunicações, no art. 60, para no art. 61 criar a figura do *serviço de valor adicionado*, entendendo que esse serviço englobaria a atividade que acrescenta a um serviço de telecomunicações novas utilidades relacionadas a esse serviço de telecomunicações, não se confundindo com isso, e essa lei diz que esse serviço de valor adicionado não constitui serviço de telecomunicações. Então, eu vou para a portaria que vai definir a *Internet* e verifico que dentro desses dispositivos legais a *Internet* se enquadraria nesse tipo de serviço de valor adicionado. A conclusão óbvia a que vou chegar é de que, analisando a Constituição Federal e analisando a Lei das Telecomunicações, eu não poderia chegar a outra conclusão que não fosse a de que a prestação de serviços de acesso à *Internet* não estaria no campo da incidência do ICMS, e não se teria como buscar essa incidência do ICMS dentro da Lei Complementar 87/1996. Primeiro porque, ao tratar desse tema, a lei complementar extrapolou os limites da competência tributária, não encontrando seu fundamento de validade na Constituição. E segundo por entender que a partir do texto constitucional, por si só, é possível verificar o conteúdo semântico da expressão "prestação de serviços de comunicação"; e, verificando esse conteúdo semântico bem como os dispositivos normativos relativos ao serviço telecomunicações, eu posso, com base no Direito Positivo, afirmar tranqüilamente que esses serviços não estão abrangidos no campo da incidência do ICMS.

Enfim, o que eu quis demonstrar, que parece até o óbvio, é que a resposta da incidência ou, mais especificamente, da não-incidência do ICMS sobre a prestação de serviços de provimento de acesso à *Internet* está no próprio sistema; lembrando, para finalizar, que o sistema de Direito Positivo se organiza pelos critérios da fundamentação e da coordenação, e que mediante esses critérios o intérprete deve buscar harmonizar o sistema, seja buscando o fundamento de validade das leis, seja buscando as formas em que essas leis se integram. Daí, entendo que não se poderia, com base no critério de fundamentação, entender, no caso, pela prevalência da Lei Complementar 87/1996 ao dispor, como demonstramos, sobre os serviços de comunicação, afastando o delineamento proposto pelo legislador constituinte – o que, inclusive, faz lembrar a regra do art. 110 do CTN, regra que, como muito bem nos ensina o Prof. Paulo de Barros Carvalho é uma imposição lógica da hierarquia do nosso sistema jurídico, de modo que o empenho do constituinte cairia em solo infértil se a lei infraconstitucional pudesse, de algum modo, modificar os conceitos utilizados pelo legislador constituinte para definir as faixas de competência.

Utilizando analogamente tal argumento, é certo que, se fosse possível alterar o conteúdo semântico dos conceitos utilizados pelo legislador constituinte – mesmo que, quando os utilizasse, tais conceitos ainda não estivessem disciplinados pelo Direito, como é o caso de prestação de serviços de comunicação –, se isso fosse permitido, estar-se-ia possibilitando o ferimento das regras constitucionais de competência, dentre elas a competência tributária, até porque, como concluo que por esses motivos não há incidência do ICMS na prestação de serviços de provimento de acesso à *Internet*, tenho que concluir que, em tese, tais serviços estariam inseridos na competência tributária dos Municípios. Admitindo, entretanto, e sem entrar no mérito da questão de a lista de serviços formar um rol taxativo, já que tal decisão é pacífica do STJ, que, a meu ver, não é passível de cobrança do ISS, por falta de previsão de tal serviço na referida lista.

Enfim, acho que a minha contribuição aqui é muito modesta, chegar a uma conclusão que muitos outros já chegaram – de uma maneira muito mais eficaz e melhor do que a minha –, de que realmente esse tipo de serviço não estaria no campo de incidência tributária do ICMS. E registrando mais uma vez a minha alegria e a minha honra em poder estar aqui, dando minha contribuição, esperando que a tecnologia venha, realmente, trazendo realidades novas, para que o Direito possa se debruçar sobre essas novas realidades, para estudá-las, porque isso realmente suscita questionamentos, e é muito bom poder estudar, e estudar questões novas. Agradeço a atenção de todos os Senhores. Muito obrigada. (*Palmas*)

Presidente (Prof. Paulo de Barros Carvalho) – Eu agradeço a participação da Profa. Susy Gomes Hoffmann, e passo a palavra à Profa. Raquel Novaes, Mestra em Direito pela PUC/SP – Direito Tributário.

Profa. Raquel Novaes – Sr. Presidente, caros companheiros de Mesa, Srs. Congressistas, bom dia a todos. Eu também gostaria de manifestar a minha alegria de estar aqui, compartilhando com os Senhores o fruto das minhas meditações e preocupações sobre um assunto correlato. Vou, aqui, tratar da análise de tributação de serviço de telecomunicações, mas sob uma outra perspectiva. Vou fugir um pouco ao tema da tributação desse serviço pelo ICMS e ISS, e vou focar a tributação dessa atividade pelas chamadas *contribuições sobre a intervenção no domínio econômico*, pelas contribuições que foram editadas em 2000, pelas Leis 9.998 (contribuições ao Fundo de Universalização dos Serviços de Telecomunicações – FUST) e 10.052 (contribuições ao Fundo para o Desenvolvimento Tecnológico das Telecomunicações – FUNTTEL).

O assunto é bastante atual, porque, como os Senhores sabem, essas contribuições vêm se transformando em grande instrumento de arrecadação, e a tendência é que se transformem cada vez mais; elas vêm sendo instituídas sobre várias atividades, e a tendência é que assim o seja – existem pelo menos 30 projetos ... (*interrupção da transcrição*) ... sob pretexto de estarem fundamentados no art. 149 da CF, que prevê competência da União Federal para instituir, entre outras, as chamadas *contribuições de intervenção do domínio econômico*.

Procurando identificar sua natureza jurídica como contribuições, a partir da classificação dos tributos, vamos lembrar que os tributos se dividem em vinculados e não-vinculados, conforme a classificação sempre adotada e propalada pelo Prof. Geraldo Ataliba. Entre os tributos não-vinculados, onde não há uma ação estatal referida ao sujeito passivo, estariam os impostos; e entre os tributos vinculados a uma ação estatal referida ao sujeito passivo estariam as taxas e as contribuições – distinguindo-se as taxas e as contribuições pela circunstância de as taxas serem os tributos nos quais a atividade estatal estaria diretamente, imediatamente, referida ao sujeito passivo, e nas contribuições esta vinculação se daria de modo indireto, mediato.

Portanto, para que haja uma contribuição deve haver no cerne, na materialidade da hipótese de incidência, como núcleo do seu critério material, uma ação estatal referida a um determinado sujeito, de forma indireta e mediata.

Busquemos extrair o conteúdo semântico do que seja essa "intervenção no domínio econômico" que dá causa à instituição, à criação, das chamadas *contribuições para intervenção do domínio econômico*. Temos na expressão "intervenção no domínio econômico" uma ação, que é a própria intervenção dirigida a um âmbito, um objeto, que é o domínio econômico. Façamos uma tentativa de extrair o conteúdo, o alcance, o conteúdo semântico da expressão, buscando saber o que é essa intervenção possível e o que seria esse domínio econômico passivo antes de sofrer a ação interventiva, para vermos qual é núcleo da hipótese de incidência dessa contribuição.

Para que consigamos entender como a intervenção estatal, que é dirigida ao domínio econômico, pode se dar, parece importante nos valermos dos conceitos que estão contidos no Título VII da Constituição, "Da Ordem Econômica e Financeira", e ali verificamos que a atividade econômica é exercida livremente no Estado Brasileiro, segundo o que dispõe o art. 170, parágrafo único, sendo certo que ela se deve pautar pelos princípios que estão dispostos nos incisos do mesmo art. 170. E ali estão os princípios da soberania nacional, da propriedade privada, da função social da propriedade, e aí se seguem nove incisos, que contemplam princípios que se transformam em diretrizes ao mesmo tempo em que se constituem limites para a atuação dos agentes e dos sujeitos dentro da ordem econômica. Portanto, ela é livre por princípio, mas deve se pautar e se limitar pelos princípios que estão aqui contemplados. Então, quer me parecer que qualquer ação de intervenção do Estado deve se dar nos estritos limites em que ela é prevista também na ordem econômica, e no que diz respeito à atividade do particular ela é cabível sempre que a atividade econômica do particular ou dos agentes privados esteja se desviando desses princípios ou não esteja fazendo com que esses valores constitucionais estejam sendo observados na prática e no desenvolvimento dessa atividade econômica.

Verifica-se que a intervenção do Estado pode se dar de forma direta e de forma indireta. O Estado intervindo diretamente na ordem econômica ele o faz como agente econômico, e nessas circunstâncias ele é financiado, vamos assim considerar, seja por taxa, quando ele presta um serviço público diretamente ao sujeito, seja por tarifa, quando ele o faz diretamente através de agentes constituídos para o desempenho de atividades econômicas afetas ao Poder Publico. Então, dessa forma, ele atua diretamente na ordem econômica, intervém diretamente e é remunerado seja por taxa, seja por tarifa. Ele o faz indiretamente nas suas funções de coordenador e fiscalizador e regulador da atividade econômica, e desta forma tende a exercer as funções de fiscalização, de incentivo e planejamento – é o que diz o art. 174 –, mas sempre quer me parecer que, em face do princípio da liberdade, contemplado pela própria Constituição como regra para a atividade econômica, sua intervenção só é cabível quando esta liberdade se contrapõe aos próprios princípios diretivos da atividade econômica. Gostaria de concluir, aqui, que qualquer ação de intervenção do Estado na ordem econômica eu só a vejo como possível quando esta ação tiver conexão direta, relação direta, com os princípios que se constituem em diretrizes, seja para fazer com que eles se realizem na prática – o princípio da busca do pleno emprego, o princípio da busca da livre concorrência, portanto, fomentando a livre concorrência, estimulando a busca do pleno emprego –, seja reprimindo certas ações que também se oponham à verificação na prática da realização desses princípios.

Portanto, qualquer intervenção do Estado seria limitada – a meu ver, não pode se dar livremente, e sim voltada e, desta forma, limitada por esses comandos. Esta ação de intervenção deve estar dirigida a um certo domínio econômico, que me parece ser um grupo determinado de atividades, que possa ser determinado segundo um critério econômico ao qual esteja afeto, e com o qual se possa relacionar a ação de intervenção. Então, quer me parecer também que esta intervenção não pode estar dirigida a um sem-número ou indetermináveis grupos de sujeitos, porque a expressão "domínio econômico" quer me parecer que obriga o intérprete a exercer um esforço de busca de um critério que permita conotar, identificar, determinados sujeitos como pertencentes a este grupo.

Assim feito, poderíamos imaginar que sempre que tivermos uma ação de intervenção do Estado dirigida a um determinado domínio econômico, assim compreendido, poderíamos estar diante de uma possível exação que se caracterizasse como uma contribuição para a intervenção no domínio econômico. Mas isso não basta; é preciso que na análise do tributo para verificar se ele é realmente uma contribuição, nos utilizemos de critérios que permitirão saber se, na realidade, é esta efetivamente a hipótese de incidência que, contendo uma descrição do fato, dará causa ao nascimento daquela obrigação tributária, e se tal obrigação tributária decorre mesmo de uma contribuição de intervenção. E isso nos obriga a examinar a base de cálculo dessa exação prevista em lei, confrontá-la com o que o legislador aponta como sendo a hipótese de incidência, e verificar se efetivamente esta base de cálculo indica a existência de uma contribuição.

A base de cálculo nas contribuições, tributos vinculados, deve ser a medida exata da ação estatal dirigida ao sujeito passivo. Nas hipóteses das contribuições, como essa atuação do Estado é dirigida indiretamente ao sujeito passivo, a base de cálculo tem-se constituído em uma medida direta ou indireta da repercussão da ação estatal sobre o sujeito ou do benefício ou do prejuízo que este sujeito esteja sofrendo ou recebendo em razão da ação estatal. E com isto, se pudermos identificar que na base de cálculo da contribuição estamos vendo uma medida que leva em conta a ação estatal ou seus efeitos, poderemos estar tranqüilos em afirmar, então, que estamos diante de contribuição, e, no caso, contribuição de intervenção no domínio econômico.

No caso das contribuições ao FUST e ao FUNTTEL, foram contribuições criadas no ano de 2000 pelas leis aqui já referidas; a contribuição ao FUST foi criada como uma fonte de financiamento ao Fundo, que se encarregará da universalização dos serviços de telecomunicações. A obrigação da universalização do serviço de telecomunicações está prevista na Lei Geral de Telecomunicações – os agentes devem promover o acesso de todos, indistintamente, ao serviço de telecomunicações – e esta contribuição estaria sendo dirigida a um Fundo que promoveria ações não contempladas como obrigações dos próprios agentes prestadores de serviços de telecomunicações, destinadas a promover essa universalização.

Parece-me que, aqui, a ação estatal de intervenção estaria justificada na tentativa de diminuição das disparidades regionais, na promoção do acesso ao serviço de telecomunicações a todos indistintamente, aos que têm menos condições econômicas de ter acesso a esse serviço – e isto me parece estar teoricamente abrangido por um dos princípios que estão contemplados nos incisos do art. 170 da CF. No entanto, quando eu vou observar a base de cálculo que foi eleita para esta contribuição, eu observo que o legislador se valeu da receita bruta dos prestadores de serviço de telecomunicações, permitidas algumas deduções, que são ICMS, as contribuições ao PIS e COFINS – enfim, as contribuições sociais e o ICMS. Portanto, quando vamos confrontar a base de cálculo eleita, para verificar se ela efetivamente mensura, leva em consideração, uma atividade estatal de intervenção, observamos que ela não se preocupa com esse critério, e está mensurando o próprio produto da atividade do prestador de serviço de telecomunicações. Na verdade, a receita bruta, com as deduções permitidas em lei, nada mais é do que o reflexo e a medida da própria atividade de prestar serviço de telecomunicações. Então, quer-me parecer que a base de cálculo, aqui, está infirmando – usando a expressão dos Profs. Prof. Paulo e Aires, que também se valem desse critério – a hipótese de uma incidência tributária, apontando para nós que o que se mensura é a própria atividade de prestar serviço de telecomunicações. Portanto, o que está por trás do que se chama de contribuição de intervenção do domínio econômico é verdadeiro imposto, que não foi criado por lei complementar, que está dirigido a um Fundo, o que é vedado expressamente pela Constituição – a destinação do produto da arrecadação de impostos para fundos –, e, portanto, estamos diante de um tributo que, a meu ver, não se conforma com os ditames constitucionais.

O FUST tem ainda uma característica muito peculiar: o produto da sua arrecadação deve ser destinado à educação em geral; portanto, aqui, há ações do Estado com destinação –, que precisamente não acho relevante para análise da natureza jurídica da exação. Mas recomendo aos Senhores que façam uma análise acurada dessa lei e de sua regulamentação, para observar outras características muito interessantes.

No que diz respeito ao FUNTTEL, ele foi criado com o objetivo de estimular o processo de inovação tecnológica, incentivar a capacitação de recursos humanos, fomentar a geração de empregos, promover o acesso de pequenas e médias empresas a recursos de capital, de modo a ampliar a competitividade da indústria brasileira de telecomunicações. Portanto, se propõe uma ação de intervenção dirigida a um domínio econômico, que seria a atividade de prestação de serviços de telecomunicações, com vistas a colocar em prática, preservar, alguns dos princípios também contemplados na ordem econômica, como a competitividade das pequenas empresas ou da indústria nacional, o fomento, o incentivo, o pleno emprego e o acesso a recursos de capital – e aí já carrego as minhas dúvidas... Mas, enfim, ocorre com o FUNTTEL o mesmo que acontece com a contribuição ao FUST, ou seja, a base de cálculo eleita para a cobrança desta contribuição mensura a receita bruta das prestadoras de serviços de telecomunicações nos regimes públicos, excluindo, além dos tributos aqui já referidos, as vendas canceladas; ou seja, na verdade, é a própria receita líquida considerada para o imposto de renda. De forma que, da mesma maneira, vejo aqui mensurada a própria atividade, e o resultado desta atividade do sujeito passivo, em nenhum momento considera como medida a própria atividade estatal, ou seja, os efeitos dessa atividade de intervenção do Estado.

Portanto, estamos diante de dois impostos, a meu ver. Com destinação específica, não criados por lei complementar, com hipóteses de incidência coincidentes com outros tributos, com o próprio ICMS – e, portanto, a meu ver, não conformes aos ditames constitucionais para a criação destas contribuições. Com isso, agradeço. (*Palmas*)

Presidente (Prof. Paulo de Barros Carvalho) – Agradecemos à Profa. Raquel Novaes. Passo a palavra ao ilustre Prof. Aires Barreto, Presidente do IDEPE.

Prof. Aires Barreto – Prof. Paulo de Barros Carvalho, que preside esta Mesa, Profa. Susy Hoffmann, Profa. Raquel Novaes, colegas Congressistas, vamos falar sobre serviços de comunicação e provedores de acesso. Para isso é preciso que tenhamos em conta que a competência em matéria de serviços foi bipartida pelo texto constitucional, sendo atribuída pela Constituição aos Estados competência para instituir imposto sobre serviços de transporte intermunicipal e interestadual e serviços de comunicação; aos Municípios foi facultada a competência para criar impostos sobre serviços de qualquer natureza, não compreendidos no art. 155, II, que são esses a que me referi há pouco, definidos em lei complementar; os Estados, assim, em matéria de serviços, só têm a possibilidade de instituir duas modalidades, o imposto sobre serviços de comunicação e o imposto sobre serviços de transporte interestadual e intermunicipal.

Há quem defenda – eu não compartilho dessa idéia – que o serviço de comunicação estritamente municipal poderia ser tributado pelo Município, em homenagem ao princípio da autonomia municipal. *Data venia* dos que assim pensam, não entendo nessa conformidade. Não me parece que o principio da autonomia municipal confira a possibilidade aos Municípios de criarem imposto sobre comunicações, porque não houve qualquer adjetivação, não houve qualquer determinação, como no caso do serviço de transporte, em que se conferiu aos Estados competência para instituir serviço de transporte interestadual e intermunicipal, colocando, portanto, ao largo da incidência o transporte estritamente municipal; e, de outra parte, me atrevo a dizer, sem tecer maiores considerações a respeito disso nesse momento, excluindo também a possibilidade de tributação do chamado transporte internacional. O fato de a Constituição dizer "ainda que as prestações se iniciem no Exterior" não permite que o Estado tribute o transporte internacional, porque eu não vejo como cogitar que um transporte interestadual, intermunicipal, tenha início no Exterior. Se tiver início no Exterior é transporte internacional – e, portanto, não conferido à competência dos Estados.

De outra parte, os Estados só receberam competência para criar imposto sobre comunicações, não para serviços auxiliares de comunicação, não para serviços complementares à comunicação, não para serviços acessórios da comunicação, não para serviços adicionais ou de aperfeiçoamento da comunicação. Assim, também em matéria de transportes não estão contidos os serviços de carregação, arrumação, de carga e descarga. E também não têm os Estados, como pensam muitos, uma competência adicional em matéria de serviços, em decorrência daquilo que está preceituado no art. 153, § 2º, IX, "b", da CF, que diz que os Estados podem, que o ICMS incide também sobre o valor total da operação quando mercadorias forem fornecidas com prestação de serviços. Nós devemos interpretar esse dispositivo como uma explicitação da única competência dos Estados, que é para dois únicos serviços de comunicação e transporte interestadual e intermunicipal. O que a Constituição está a dizer nesse preceito não é atribuir uma nova competência aos Estados para que tributem outros serviços envolvendo mercadorias, até porque isso seria uma contradição nos termos; o que aí está dito é que quando houver fornecimento de mercadorias, concomitantemente com o serviço de transporte interestadual e intermunicipal, por exemplo, o valor, a base de cálculo a ser utilizada envolverá o valor total da operação, até porque é comum que os Estados adotem alíquotas diferentes para as operações mercantis e para os serviços de transporte interestadual e intermunicipal.

Para que se cogite da prestação de serviço de comunicação é preciso primeiro verificar o que é comunicação, o que nós devemos entender por comunicação. Para haver comunicação são necessários os seguintes requisitos: que haja um transmissor, que haja um receptor, uma mensagem a ser transmitida do transmissor para o receptor, mediante um código comum e um meio. O código tem que ser comum, é preciso que transmissor e receptor entendam o código que está sendo utilizado, e para isso eu me valho do seguinte exemplo, exemplo concreto. Contava-nos o Prof. James Marins, grande expositor, que ouvimos ontem aqui – ele, que é dedicado aos esportes náuticos –, que com seu veleiro, desfrutando um final de semana, de repente viu à sua frente um imenso navio, e sentiu-se tal qual uma formiga diante do elefante, e que do navio veio um único apito; ele não entendeu absolutamente nada, e foi para o bombordo, quando deveria ir para estibordo, segundo a história que ele mesmo conta. Foi quando ouviu cinco apitos; perplexo, fez uma manobra qualquer (felizmente nada aconteceu), e o navio conseguiu prosseguir. Mas quando ele me contava a história eu dizia: "Olha, na verdade, se ele tivesse dado seis apitos equivaleria a dizer 'aprenda a linguagem dos apitos, *cara*'"; e se fossem sete apitos, "não tem mais jeito, vou passar por cima". Tudo isso por quê? Depois, ele foi rememorar a linguagem dos apitos. Realmente, cinco apitos de um navio significam: "Ora, não estou entendendo seu procedimento". Um apito significa: "Eu estou indo para bombordo, portanto, vá para estibordo". Enfim, é preciso que o código da mensagem seja comum. Conta-se que em certa praça havia um jardim muito bonito, um dos cartões postais da cidade, e que nessa praça havia uma placa com os seguintes dizeres: "Não pise na grama; se não souber ler, pergunte ao guarda". Obviamente, aí não há falar-se em mensagem, porque o código não é acessível a transmissor e receptor.

Não comungo do entendimento dos que propugnam por uma participação ativa do receptor. A mim me parece que para haver comunicação – ainda não estamos falando de serviço de comunicação – não há necessidade de que o receptor responda, participe ativamente. Exemplo: o comandante do navio, vendo a luz do farol acesa, sabe que ali existem obstáculos nas proximidades; isto basta para que ele receba aquela comunicação, sem que tenha que responder com qualquer sinal. Se houver resposta, tanto melhor; mas não é necessário. Aliás, é até muito comum. Não me parece que se possa falar na ausência de comunicação quando alguém recebe na sua empresa, principalmente nos dias atuais, tão difíceis, o chamado *bilhete azul*; não há necessidade de resposta, todo mundo sabe o que é. Tendo vista o que é comunicação, vejamos o que é necessário para termos serviço de comunicação; para tanto é preciso que, além de transmissor, receptor, mensagem, codificação comum, o meio seja fornecido por terceiro e que esse meio seja oneroso. Isso nos leva, portanto, ao conceito que temos utilizado para serviço, no sentido de que serviço é esforço humano prestado a terceiros com conteúdo econômico, em caráter negocial, oneroso, regulado pelo Direito Privado, tendente a produzir uma utilidade, material ou imaterial. Se não houver esse meio oneroso fornecido por terceiros haverá comunicação, mas não serviços de comunicação. É preciso que haja um terceiro que viabilize a comunicação, e que o faça de modo oneroso.

Recentemente vi um trabalho que dizia que os serviços de telecomunicação não são espécie do serviço de comunicação e que quando há, por exemplo, um serviço de provedor não há serviço de telecomunicação, mas serviço de valor adicionado. Enfim, uma confusão, decorrente da seguinte circunstância: na verdade, comunicação é gênero, telecomunicação é espécie desse gênero, mas é óbvio que, por exemplo, se existir um serviço de despertador, isso não é serviço de telecomunicação, mas – esse, sim – é um serviço de valor adicionado, porque ele apenas acrescenta, adiciona alguma coisa ao serviço de telecomunicação existente. Ouvi a Profa. Susy Hoffmann e ouvi o Prof. Paulo de Barros Carvalho, porque já li o trabalho que ele publicou na *Revista Dialética de Direito Tributário* 73, que esses serviços de provedores não são sujeitos ao ICMS. E eu ouso, aqui, dizer que, enquanto a Profa. Susy Hoffmann e o Prof. Paulo de Barros Carvalho apresentam uma visão segundo a qual as pessoas que olham para o céu dizem que o céu é azul, a minha visão vai ser de Yuri Gagarin, que, lá do céu, olhando a Terra, disse: "A Terra é azul". Para mim os serviços de provedor de acesso são serviços de comunicação, de competência dos Estados, pelas circunstâncias de que não são serviços de valor adicionado. Na verdade, o que existe, nesse caso, são *dois* meios de comunicação. De um lado, há as empresas de telefonia, fornecendo um meio de comunicação, um canal físico. Mas este canal físico não é suficiente; ele não permite, ele não admite que eu possa entrar na *Internet*. Para entrar na *Internet* eu preciso de um outro meio, tão importante quanto o primeiro, que me possibilite essa comunicação via *Internet*. Só com esse segundo meio fornecido por terceiros, de modo oneroso, há esse serviço de comunicação. O serviço de telefonia me leva a um endereço físico, é o telefone número tal, conversando com o telefone número tal, por força do serviço oferecido pela EMBRATEL, pela Telefônica, seja lá o que for. Mas isso não me permite, não me possibilita, entrar na *Internet*. Para que eu ingresse na *Internet* eu preciso ter um outro endereço, um endereço lógico, um outro meio, independente do primeiro. Dizem muitos que sem o serviço telefônico não há comunicação; mas digo-lhes: sem um meio lógico também não há serviço de comunicação por via da *Internet*.

É preciso que eu tenha a conjugação de um endereço físico e de um endereço lógico, porque só posso acessar a *Internet* se eu tiver aquele endereço lógico chamado *Internet Protocol*, por força do qual me é atribuído um endereço que permite que eu me conecte com outras pessoas. Não basta o telefone (meio físico): é preciso esse meio lógico. São como "corda e caçamba", são como se estivéssemos a falar, aqui, como ensina o Prof. Paulo de Barros Carvalho, de base de cálculo e alíquota; onde houver uma, tem que haver a outra: onde houver base tem que haver alíquota, onde houver alíquota tem que haver base. E também aqui, para que nós possamos nos comunicar via *Internet*, não há como fazê-lo sem a conjugação de um meio "A", fornecido pelas empresas de telefonia, mas acoplado a um meio "B", fornecido pelos provedores de acesso. É serviço, portanto, penso eu, de comunicação, e não serviço de valor adicionado.

Deixando essa questão de lado, cuido de outro aspecto. É muito comum que as pessoas digam: é serviço de valor adicionado, e por isso não é tributável, nem por via de ICMS, nem por via de ISS, porque não há serviços de provedor de acesso na lista da Lei Complementar 56. Embora eu não defenda que caiba o ISS (pelo contrário, para mim os provedores de acesso realizam serviço de comunicação, e, portanto, sujeitos ao ICMS), é preciso lembrar, para aqueles que defendem a incidência do ISS, o fato de que não se pode pretender chegar ao extremo de supor que a lista houvesse de dizer "serviços de *Internet*"; isso seria demasia. É preciso ter presente que, mesmo para aqueles que defendem a taxatividade da lista (não é o nosso caso), mesmo para aqueles que entendem que só são tributáveis pelo ISS aqueles serviços que lá estão arrolados, é preciso tomar em conta que lá estão descritos serviços-gênero, e não as suas minudências, porque se amanhã a *Internet* passasse a se chamar *Internetex* não deixaria de ser tributada porque à lista faltou uma atualização e a introdução do termo *Internetex*. Isso seria um extremo, seria desrespeitar a Constituição, que atribuiu aos Municípios competência para instituir serviços de qualquer natureza, não de determinada natureza, não de certa natureza, ainda que definidos em lei complementar. Mas *definidos em lei complementar* – penso como Souto Borges – são apenas aqueles que disserem respeito às chamadas áreas nebulosas, áreas passíveis de conflito e competência; não a lei complementar definindo uma listagem, circunscrevendo o campo de incidência dos Municípios. Aliás, fora assim, como ensinava o nosso grande mestre Geraldo Ataliba, bastaria que a lista, que hoje arrola 100 serviços, fosse substituída por uma outra amanhã, enunciando 50 serviços, e por uma terceira, listando 20, e depois 10, 5, 2, 1 e nenhum – e teríamos a competência do Município exaurida, eliminada por força de lei complementar. Isso é desprezar a Constituição, que reparte competências de forma rígida e exclusiva.

Portanto – já que aprendi que o expositor, a não ser que seja um grande orador, a não ser que diga exatamente aquilo que o auditório quer ouvir, deve ser breve, e como tenho consciência de que não reúno nenhuma dessas duas condições –, eu vou concluir dizendo: serviços de provimento de acesso estão sujeitos ao ICMS. E ao fim e ao cabo informo o meu endereço telefônico, meu meio físico é 3284-9677, mas, como apenas isso não permitirá que os Senhores conversem comigo via *Internet*, eu lhes informo, também, o meu endereço lógico, que é 3212.5.1/2, e o meu *e-mail* é *advabarreto@uol.com.br*. Muito obrigado. *(Palmas)*

PRESIDENTE (PROF. PAULO DE BARROS CARVALHO) – Agradeço a participação do Prof. Aires, e vou também dizer algumas palavras, pretendendo ser breve.

Inicio por salientar esse aspecto do Direito que é muito presente em cada instante: a possibilidade de nós, sobre o mesmo texto objetivo, sobre o mesmo suporte físico, construirmos interpretações diferentes. Daí por que a interpretação, em termos atuais, não é mais aquele extrair o conteúdo, sentido e alcance do produto legislado; interpretar, hoje, se tem como um esforço de construção, a construção do sentido que é trabalhado pela Ciência da Linguagem naquilo que se chama *percurso gerador de sentido*. A partir do mesmo texto, que tem o mesmo número de letras, de palavras, de frases, de orações, as pessoas constroem, nesse percurso gerador de sentido, interpretações diferentes – e é o que nós vemos aqui. O Direito vive e se alimenta dessa possibilidade, que não é só do Direito, e sim todos os objetos culturais. Mas o tema da comunicação ganha uma dimensão muito grande na medida em que o próprio fenômeno jurídico é um fenômeno comunicacional. Só existe Direito onde houver comunicação, já que Direito é autoridade, Direito é relação interpessoal, intersubjetiva – e, portanto, onde não houver essa relação entre pessoas não há o fenômeno jurídico. Diz-se que o jurídico, o fato jurídico, antes de ser jurídico, é um fato social; e o fato social pressupõe duas ou mais pessoas. Onde houver fato social haverá comunicação. Agora, a comunicação jurídica se pretende com uma linguagem específica, que é a linguagem do Direito, a linguagem própria do Direito. De modo que a comunicação ganha uma dimensão muito importante para todos nós. Quanto ao imposto, que nós discutimos, o imposto sobre serviços de comunicação; imagine como essa palavra "comunicação" vai ter sua substância semântica discutida, especulada, mas com uma facilidade, com uma vantagem. *Comunicação* no sentido vulgar pressupõe espectro semântico muito amplo. São "comunicação" as mensagens que recebo, por exemplo, de nuvens carregadas, onde eu percebo que aquilo é sinal de chuva, e tomo isso como uma comunicação da natureza; fala-se da comunicação entre os animais, comunicação entre plantas, seres vivos. No Direito isso não é possível, o Direito já corta essas especulações semânticas, e corta de uma forma que reduz, e o faz vantajosamente para todos nós que pretendemos trabalhar com casos de comunicação. Na hipótese presente, um imposto que eventualmente incida sobre serviços de comunicação.

A comunicação se dá entre pessoas. Pessoas manipulando máquinas ou pessoas sem manipularem essas máquinas – a verdade é que essa dualidade, no mínimo de sujeitos, tem que estar presente para que haja comunicação. E já foi falado – não seria o caso de repetir, tanto pela Profa. Susy Hoffmann como pelo Prof. Aires – dos requisitos que uma situação tem que ter para revestir o caráter comunicacional. Tem que haver um emissor da mensagem, um receptor, um canal físico, um código comum ou parcialmente comum, suficientemente comum para que ambos participem da comunicação, e um contexto, tudo isso dentro de um contexto. Tem que haver uma conexão, que é física e psicológica também. Ficou bem salientado: para que se instale a comunicação não será preciso uma mensagem conscientemente ou intencionalmente produzida. A comunicação contenta-se com mensagens intuitivas ou mensagens que a pessoa faça inconscientemente, desde que transmitidas mediante os sinais que vão compor um código comum – isto dará ensejo a uma comunicação. Pois bem, mas o que se discute, aqui, não é propriamente a comunicação em si, porque é tão vasta, mesmo para o Direito, que nem seria o caso; nós estamos nos comunicando em praticamente todos os momentos, na vida social em todos os momentos, não há vida social sem comunicação. Tanto assim que, quando uma pessoa deixa de ter consciência, nós, a sabedoria popular, dizemos logo: "A pessoa não tem mais vida social, tem vida só vegetativa, porque ela não responde aos estímulos sociais".

No caso do Direito isso fica enormemente simplificado, mas este dado da comunicação tem que ser perquirido. Becker lembrava sempre, insistia nesse ponto, que o jurista nada mais é do que o semântico da linguagem do Direito. Então, vejam como nós estamos tratando da matéria, aqui. Todos falaram sobre o que é comunicação, que é um dado semântico, o que é serviço, quando se fala em prestação de serviço, quando estaremos autorizados a falar em prestação de serviço. É um problema semântico; e Becker ensina, dizendo isso há 30 anos, que o jurista é o semântico da linguagem do Direito. É claro que Becker não desconhecia que toda linguagem pode oferecer, segundo o projeto semiótico, as três instâncias: sintaxe, semântica e pragmática. Ele não queria, com isso, dizer que só com a semântica resolveria, mas queria salientar que grande parte dos problemas jurídicos – para não dizer uma porção esmagadora – está fundada em questões semânticas, como essa, por exemplo, que é a comunicação, nós já podemos separar. Comunicação – abrindo mão dessa amplitude da comunicação em geral, da comunicação vulgar, para ficar na comunicação jurídica – que se dá em função de dois sujeitos de direitos.

Pois bem, é outro aspecto semântico da prestação de serviços de comunicação. Quando o legislador constituinte outorgou competência para os Estados tributarem pela via do ICMS os serviços de comunicação, é claro que não pensou na comunicação em si, senão toda a vida social estaria tributada, o que seria um absurdo. Mas na prestação de serviços de comunicação – é por isso que todos os investigadores, todos os estudiosos dessa matéria, vão buscar na lição do Prof. Aires Fernandino Barreto o conceito de *prestação de serviço*, que a Profa. Susy citou, o próprio Prof. Aires mencionou, e que apenas para chamar a nossa atenção vou repetir: prestação de serviço é o esforço de pessoas desenvolvido em favor de outrem com conteúdo econômico sob o regime de Direito Privado em caráter negocial tendente a produzir uma utilidade material ou imaterial. Tem que haver um cruzamento entre comunicação e prestação de serviços para que estejamos diante de um caso de tributação pelo ICMS – e, portanto, tributação de serviço de comunicação.

Agora, o grande problema, e que é um problema semântico também, é saber se é prestação de serviço de comunicação aquilo que os provedores praticam. Se com aquilo eles estão não digo favorecendo a comunicação, mas eles estão prestando serviço de comunicação. A Profa. Susy entende que não. O Prof. Aires entende que sim. Houve uma decisão recente que foi mencionada, do STJ, em que o Min. Delgado, citando, aliás, um texto da Profa. Luciana Angeiras, que está aqui presente, defendeu a tributação pelo ICMS dessas atividades. Vejam como as construções de sentido vão se operando e vão superando certos problemas, certas dúvidas de ordem semântica.

Gostaria de salientar que, se nós isolarmos o serviço dos provedores da *Internet*, vamos verificar que eles têm uma organização muito rica, muito complexa, de dados e elementos que possibilitam a economia da comunicação, favorecendo de várias maneiras a comunicação. Mas ele, em si, não seria um serviço de comunicação, assim penso eu. Há um exemplo que é dado pela Profa. Fabiana Tomé, que eu cito num trabalho sobre esse tema e que me parece muito interessante, quem sabe o exemplo que mais me sensibilizou quanto a isso. Imaginem uma operação de mudança, uma pessoa que vai se mudar para outra cidade, outro Município. Contrata duas empresas. É bem verdade que, nós sabemos, as empresas de mudança fazem duas atividades, mas o que acontece é que inicialmente tem que haver uma organização de dados e objetos. Digamos que uma empresa cuide dessa organização e a outra cuide do transporte desses objetos. O esquema, a proposta dos provedores, está exatamente nessa organização dos objetos. Com grande racionalidade, tudo é feito para facilitar, para favorecer o serviço de comunicação. No caso da mudança, as pessoas, os funcionários dessa empresa, vão acomodar bem os cristais, os objetos de arte, vão colocar numa determinada ordem, vão estipular uma certa seqüência para o transporte desses objetos. Aí vem a empresa de transporte e efetua o transporte. Ora, seria o caso de dizer, trata-se de um serviço, no primeiro e no segundo; agora, será que o primeiro serviço de organização daqueles objetos, dos móveis, dos vidros, dos cristais, dos objetos de arte, será que esse é um trabalho de transporte, ou é um serviço de transporte, ou o serviço de transporte é apenas o segundo, em que, uma vez organizados esses objetos, eles serão postos num caminhão da transportadora e levados para outro Município? Eu prefiro entender – e assim vai a minha construção nesse sentido – que serviço de transporte é apenas da segunda empresa. A primeira, não. Essa organização, que é indispensável também. Eu concordo que os provedores prestam um serviço muito importante, que agilizam, que facilitam enormemente o serviço de comunicação. Mas podem ver que quando cai a linha telefônica, por qualquer razão que seja, quando se dá, quando se suspende a ligação, imediatamente fica tudo paralisado. A comunicação telefônica deixando de funcionar, ninguém navega, ninguém percorre aquele quadro imenso da rede das redes – e, portanto, vejam como a comunicação telefônica é fundamental. Telefônica ou por outros meios que façam as vezes da telefonia.

De modo que eu entendo assim, e aqui, nessa manifestação breve, o que eu gostaria de dizer é apenas isso. Essa é uma condição de sentido que está ao lado de todas as outras, cada uma busca sua justificativa, busca seu suporte, coloca suas premissas, articula os argumentos para chegar a uma determinada conclusão. Qual é a conclusão verdadeira? Não existe isso em Direito. Qual é a válida? Em termos jurídicos nós vimos uma manifestação, mas ficou bem patente, aqui, que não é uma manifestação definitiva. Esse assunto deverá chegar ao conhecimento do Supremo. Envolve problema de competências tributárias – e, portanto, certamente chegará ao Supremo. Uma não exclui a outra, evidentemente; a pessoa pode adotar uma hoje, outra amanhã, de acordo com suas conveniências ou com suas convicções. A minha convicção é nesse sentido. Eu quero fazer menção a dois trabalhos que me parecem da melhor categoria, um deles do Prof. Clélio Chiesa e outro do Prof. Júlio Maria de Oliveira. São trabalhos de excelente categoria e que favoreceram muito a minha interpretação, isto é, meu percurso para chegar a uma determinada interpretação.

De que é um serviço, não tenho dúvida. Agora, esse serviço, por sua vez, seria tributado pelo ISS? Eu acredito que poderia até ser. Não encontrei na lista ainda, não consegui enquadrar esse serviço na lista. Acontece que não tenho a lista como taxativa, também. Vem aqui um outro problema. Já houve decisão nesse sentido, agora é muito difícil raciocinar com dados em que a pessoa não acredita, em dados que a pessoa não aceita por uma série de razões. Seguindo a orientação dada pelas manifestações jurisprudenciais, eu concordaria que a lista deve ser taxativa. Todavia, raciocinando em termos de sistema, continua persistindo a idéia de que a lista não pode ser taxativa, em homenagem à autonomia dos Municípios, em homenagem à própria Federação e à paridade que há de existir entre as pessoas políticas de Direito Constitucional Interno, União, Estados, Distrito Federal e Municípios. Sendo assim, poderíamos seguir por dois caminhos: um que imagina a lista não-taxativa – e, portanto, os Municípios exercitando ou podendo exercitar sua competência; outro tomando a lista como taxativa e procurando encontrar num de seus itens a brecha para introduzirmos este serviço. O que me parece claro, agora, é exatamente que não é um serviço de comunicação a ser tributado pelo ICMS. Eu disse que seria breve, e fui mesmo. Agradeço imensamente a atenção de todos e aproveito para dar por encerrada também esta Mesa de Debates, convocando a todos para o café, após o quê haverá outra Mesa. (*Palmas*)

MESA DE DEBATES "H"

CONTRIBUIÇÕES - CONSTITUCIONALIDADE

PRESIDENTE DA MESA: PROF. JOSÉ EDUARDO SOARES DE MELO
MEMBROS DA MESA: PROFS. HELENO TORRES,
JOSÉ EDUARDO SOARES DE MELO E WAGNER BALERA

PRESIDENTE (PROF. JOSÉ EDUARDO SOARES DE MELO) – ... (*interrupção da gravação*) ... do novo escritório do Prof. Osíris de Azevedo Lopes Filho, e nesta oportunidade fui surpreendido com o convite dele para, diante da presença de cerca de 300 pessoas, que ali estavam, descerrar a placa com a identificação da majestosa biblioteca do seu escritório, e essa biblioteca recebeu o nome de *Biblioteca Geraldo Ataliba*. Queria consignar que é extremamente fácil a prestação de homenagens em relação a pessoas que, de uma ou de outra forma, podem nos ser úteis, podem nos prestar favores; mas esse foi um gesto de manifestação efetivamente de grande amizade, de grande apreço, de grande respeito, que o Prof. Osíris devota ao Prof. Geraldo Ataliba, razão pela qual eu peço ao auditório que aplauda esse gesto do Prof. Osiris. (*Palmas*). Com isso, sem mais delongas, passo a palavra ao primeiro expositor, Dr. Heleno Torres, Professor Doutor pela PUC/SP.

PROF. HELENO TORRES – Minhas Senhoras, meus Senhores, bom dia a todos. Que minhas primeiras palavras sejam de agradecimento ao Exmo. Sr. Presidente do Instituto Geraldo Ataliba – IDEPE, Prof. Aires Barreto, bem como ao Presidente deste Congresso, Prof. Dr. José Artur Lima Gonçalves, pelo honroso convite a mim dirigido para que aqui viesse a proferir algumas palavras sobre as novas contribuições, tema sobre o qual tecerei considerações quantos aos pressupostos formais e materiais para a instituição e arrecadação de suas modalidades.

Para conduzir toda essa tratativa temos que ponderar a aplicabilidade do art. 149 da CF. Esse artigo dispõe o seguinte: "Compete exclusivamente à União instituir contribuições sociais, de intervenção no domínio econômico e de interesse das categorias profissionais ou econômicas, como instrumento de sua atuação nas respectivas áreas, observado o disposto nos arts. 146, III, e 150, I e III, e sem prejuízo do previsto no art. 195, § 6º, relativamente às contribuições a que alude o dispositivo". Para sabermos quais são os limites formais e materiais que a Constituição reserva à instituição das chamadas *contribuições de intervenção no domínio econômico* temos que recorrer a uma interpretação muito precisa desse dispositivo, para em seguida acudirmos aos demais preceitos que a Constituição reserva para a demarcação material do seu conteúdo.

Ao falarmos de uma das espécies de tributos, de imediato, salta-nos a questão da respectiva classificação de suas espécies. O Prof. Paulo de Barros Carvalho insiste sempre numa necessária precisão metodológica para enfrentar estes temas de natureza dogmática, mormente ao que se passa com relação aos objetos classificáveis. Se classificar é separar por classes, essa separação há de ser feita seguindo um critério específico, e não se pode misturar critérios. Aliás, diria ser erro preliminar misturar ou acomodar critérios classificatórios distintos para explicar uma mesma categoria. O Prof. Geraldo Ataliba – saudosa memória – insistiu veementemente na distinção classificatória dos tributos entre vinculados ou não-vinculados, a partir da materialidade da hipótese de incidência dos tributos. Esta foi uma proposta metodológica que estabelecia um critério de diferenciação específico – qual seja, a materialidade da hipótese de incidência –, de tal sorte que haveria tributos cuja materialidade estaria vinculada a uma atuação estatal e outros cuja materialidade não estaria vinculada a uma atuação estatal. Na primeira classe, as taxas e a contribuição de melhoria; e na segunda, dos não-vinculados, os impostos. As contribuições, por carência de indicação constitucional prévia, segundo a eleição do legislador, poderiam ser alocadas numa ou noutra classe, a depender do critério eleito. Esta foi uma classificação que seguia os ditames da Constituição de 1967.

Com a edição da Constituição de 1988 a "finalidade" do tributo, dantes rejeitada pela orientação de Geraldo Ataliba, segundo alguns autores, teria sido erigida como elemento relevante para a instituição de alguns tributos e, assim, cabendo ser reclamada como critério adicional de uma classificação dos tributos no Direito Brasileiro.

Ora, essa proposta é, no mínimo, estarrecedora, pelo equívoco metodológico que alberga. Seria possível agregarmos àquela classificação do Prof. Geraldo Ataliba – de tributos vinculados ou não-vinculados –, construída tomando como critério a materialidade dos tributos, novo critério: o da finalidade? A resposta é plenamente negativa. Nenhuma classificação pode aceitar dois critérios classificatórios, a não ser que se eleja novo modelo classificatório.

Classificar é separar por classes, segundo a homogeneidade das qualidades (caracteres) dos objetos, para, em seguida, se efetuar a comparação dos conceitos resultantes, cuja variação dependerá diretamente do critério eleito. Destarte, o máximo que se poderia fazer seria criar classificações de tributos baseadas na finalidade dos tributos. Mais não seria possível.

Admitir aquela confusão de critérios, de classificar pela materialidade da hipótese de incidência e pela finalidade, seria admitir que a classificação poderia admitir mais de um critério nela mesma – o que não ocorre. Ou o tributo está classificado pela materialidade, ou está classificado pela finalidade. Os impostos têm sua finalidade específica; as taxas também têm suas finalidades; e assim a contribuição de melhoria, a contribuição social etc. Infelizmente, o tempo é muito exíguo para que nós possamos exaurir todos os pressupostos que poderíamos discutir a respeito desse tema.

A finalidade das *contribuições de intervenção no domínio econômico*, por exemplo, é sobremodo importante como motivo para a respectiva instituição – o que nenhum dos autores que já discorreram sobre essa temática de classificação dos tributos nega. Vale salientar, todavia, que isso não importa em qualquer espécie de classificação segundo o destino da receita do produto arrecadado, o que é muito comum nos textos que tratam a respeito dessa matéria. Erro elementar. O Prof. Geraldo Ataliba, sempre, em todas as suas lições, fez questão de deixar muito claro que o destino do produto arrecadado não poderia servir como critério para diferenciação das espécies tributárias, pois seriam legítimos requisitos que servissem ao controle da instituição do referido tributo. Tinha razão o Mestre da Escola Paulista de Direito Tributário. Não se pode admitir que uma teoria finalística, baseada na "causa" do tributo, sirva como critério para demarcar as espécies tributárias.

Efetivamente, o destino da receita poderá servir como instrumento de classificação das receitas, mas não como forma de classificar tributos para dizer da tipologia e dos seus efeitos e legitimidade. Não se pode misturar critérios distintos: endógenos, pertinentes à norma; e exógenos, típicos para qualificar a *destinação* ou *devolução* do tributo.

Tributo, enquanto objeto de conduta, vincula, numa dada relação jurídica, Estado e contribuinte. O destino da receita envolve aplicações orçamentárias e, quando muito, relações entre pessoas políticas ou órgãos e pessoas de direito inerentes à Administração. Enquanto isso, a devolução não é algo que se possa definir como relação tributária *stricto sensu*, mas somente de forma *lato sensu*. Como pode ser possível usar critérios tão destoantes para descrever as espécies de tributos? Quem assim opera erra duplamente. Dentro e fora da própria classificação que pretende impor.

A "destinação" é elemento de *afetação constitucional da receita* obtida a partir do tributo já instituído, o que é feito para *impostos* (arts. 157-159 e 167, IV, da CF) e *contribuições*, em vista dos orçamentos das diversas pessoas políticas ou autarquias e órgãos próprios, como forma de alimentação dos respectivos créditos orçamentários. Com isso, *o constituinte retirou do legislador orçamentário a disponibilidade sobre tais receitas*, de modo que não poderá haver desvios. E assim também a receita de *contribuições de melhoria* e de *taxas*, bem assim dos impostos excluídos pelo art. 167, IV, da CF, posto serem receitas previamente afetadas à respectiva despesa. Resumindo, todo tributo é finalístico.

Serve, todavia, o motivo constitucional como critério de classificação, e será exatamente sobre esse aspecto que pretenderemos discorrer.

Tratando-se de matéria tributária, pelo princípio da estrita legalidade, inerente a este subsistema, a correlação lógica entre o fundamento constitucionalmente demarcado e o exercício da atividade legiferante é *conditio sine qua non* para a validade do ato normativo de criação de tributos ou modificação do regime impositivo de tributo já instituído.

Classificações podem ser vistas tanto no Direito Positivo quanto na Ciência do Direito. No *Direito Positivo*, em particular, na própria Constituição, poderemos observar distintas classificações dos tributos. Assim, as espécies de tributos que a Constituição identifica: impostos, taxas, contribuição de melhoria, contribuições e empréstimo compulsório. E, dentre estes, distintas classificações, a saber: i) *impostos*: a) quanto à *competência*: federais (art. 153), distritais (art. 147), estaduais (art. 155) e municipais (art. 156); b) quanto ao *exercício da competência*: ordinários (art. 153, 147, 155 e 156) e extraordinários (art. 154, II); c) quanto à *afetação da receita*: sem destino previamente indicado (art. 167, IV) e com destinação própria (arts. 167, IV, 157-159 e 154, II); ii) *taxas*: serviços em geral, exercício de poder de polícia (atos de fiscalização) e serviços de conservação de vias públicas com utilização (pedágio); iii) *contribuições*: interventivas, de categorias profissionais ou econômicas, sociais, previdenciárias e afetadas a órgãos, previamente criados, como o salário-educação e de servidores públicos; iv) *empréstimos compulsórios*: ordinários e extraordinários, segundo a modalidade do motivo.

Para a *Ciência do Direito*, ao descrever esse sistema constitucional, não lhe resta outra alternativa senão identificar um critério comum às espécies de tributos. Contudo, como a Constituição não cria tributos, mas apenas dispõe competências, o máximo que a doutrina poderá fazer será classificar tais competências. E aqui se apresenta o que chamamos de *motivo constitucional para a ação do legislador* na criação das leis tributárias, segundo o elemento erigido pela Constituição como fundamentação do agir legislativo: i) *empréstimo compulsório*; ii) *contribuições*: para atender finalidades preestabelecidas, como criação de previdências, investimentos relevantes, intervenção no domínio econômico etc.; iii) *taxas*: para financiamento dos serviços públicos prestados de modo efetivo ou postos à disposição do interessado; iv) *contribuição de melhoria*: a partir de prévia construção de obras públicas (com valorização), para recuperação (total ou parcial) do seu custo; e v) *impostos*: quanto ao exercício de competências, visando à formação do orçamento geral.

Mas não basta o motivo constitucional. Faz-se mister que se verifique a presença dos elementos típicos da regra-matriz de incidência que lhe ofertam identidade. Assim, sendo o tributo espécie de obrigação, construída como norma de conduta, então a qualificação jurídica de suas espécies deve vir a partir de uma análise da regra-matriz de incidência possível, pertinente aos elementos de composição desta (hipótese de incidência e base de cálculo).

Vamos pensar nas possibilidades do fato jurídico. Este pode ser lícito ou ilícito. Sendo ilícito, o correspectivo será de multa ou indenização. Caso lícito, teremos prestações contratuais ou prestações compulsórias. Estas, por sua vez, podem decorrer de alguma forma de agir estatal específica, prestação de serviço público, exercício de poder de polícia ou construção de obra pública; ou podem decorrer de qualquer ato eleito por lei, desvinculado de qualquer agir estatal, revelador de capacidade contributiva. E foi assim que a Constituição repartiu-as pela tomada de tais pressupostos, agregando a alguns traços bem característicos. Passemos às contribuições.

É comum dizer-se que *contribuições são tributos sem hipótese de incidência previamente definida* (Roque Carrazza e Hugo Machado). Não se pode reconhecer tal generalização como proposição plenamente válida, porque o art. 195 traz hipóteses de incidência previamente definidas para as contribuições previdenciárias. Quanto às demais contribuições, a hipótese de incidência já se encontra pressuposta constitucionalmente, na medida em que o art. 149 exige a atuação da União nas respectivas áreas; logo, a materialidade da hipótese normativa deverá estar vinculada não bem ao destino da receita, diretamente, porque isso não interfere na constituição da obrigação tributária, mas a uma situação que reflita tal *atuação nas respectivas áreas*. Isso é o que impede que a União possa criar, por exemplo, uma espécie de imposto sobre a renda com finalidade específica, justificando-se pelo art. 149, como admite Roque Carrazza.

Tampouco aceitamos que contribuição possa ser "imposto" ou "taxa", como entende Sacha Calmon, na medida em que o regime jurídico geral dos impostos ou das taxas não se aplique *in totum* às espécies de contribuições.

Também são discutíveis as classificações feitas das contribuições. Para alguns as contribuições distribuem-se da seguinte forma: i) sociais (previdenciárias), de interesse de categorias profissionais ou econômicas, como instrumento de atuação da União nas respectivas áreas; e ii) as de intervenção no domínio econômico. Preferimos, outrossim, classificar as contribuições do seguinte modo: i) contribuições devidas em razão da atuação da União na área social (art. 149 da CF); ii) contribuições devidas em razão da atuação da União na área econômica (art. 149 da CF); iii) contribuições devidas em razão da atuação da União nas áreas de interesse de categorias profissionais ou econômicas (art. 149 da CF); e iv) contribuições previdenciárias, sob o regime do art. 195.

Sobre a instituição, cabe separar os pressupostos formais e materiais. Quanto aos pressupostos formais, temos que caberá lei complementar para todos os casos em que não se tenha a definição da materialidade do tributo previamente determinada, como no caso do art. 148 – empréstimo compulsório; ou do art. 154 – no exercício da competência residual para impostos ou contribuições (art. 195, § 4º). Como reconhecemos que o art. 149 faz referência à materialidade pressuposta, não nos parece que seja exigível o procedimento de lei complementar para a respectiva instituição dessas contribuições.

Ademais, a previsão do art. 146 – segundo o qual "cabe à lei complementar: (...) III – estabelecer normas gerais em matéria de legislação tributária, especialmente sobre: a) definição de tributos e de suas espécies, bem como, em relação aos impostos discriminados nesta Constituição, a dos respectivos fatos geradores, bases de cálculo e contribuintes" – presta-se apenas como meio de eliminar conflitos de competência (art. 146, I, da CF), isto é, quanto aos impostos discriminados na Constituição. E por isso descabe falar em uma pretensa "norma geral" necessária e imprescindível à instituição daquelas contribuições.

Sobre os pressupostos materiais, temos que as contribuições do art. 149 exigem a atuação da União nas respectivas áreas (social, econômica ou profissional); logo, a materialidade da hipótese normativa deverá estar vinculada não bem ao destino da receita, diretamente, porque isso não interfere na constituição da obrigação tributária, mas a uma situação que reflita tal atuação em tais áreas.

As exceções que o art. 149 alega aos princípios fundamentais precisam ser temperadas, pois nenhum tributo poderá ser instituído contra a liberdade de circulação (art. 150, V) ou contra a propriedade (art. 150, IV), haja vista ser garantia de proteção a direitos fundamentais (art. 5º da CF). Tampouco poderia a União instituir contribuição que não seja uniforme em todo o território nacional ou que implique distinção ou preferência em relação a Estado, ao Distrito Federal ou a Município, em detrimento de outro (art. 151, I, da CF).

Quanto à *contribuição de intervenção no domínio econômico*, o motivo constitucional – isto é, o fundamento material –, ao exigir uma atuação da União na respectiva área, deveras, não se baseia numa presença do patrimônio público, por substituição dos particulares numa dada área, tampouco numa espécie de regulação de setores econômicos, cabendo apenas quanto à direção da economia, para fins de correção ou estímulo. Os limites e a legitimidade da intervenção estatal na economia não dependem da vontade patrocinada pelo Estado ou da vontade ideológica dos governantes que o conduzem num dado episódio da sua evolução histórica; dependem – isso, sim – da Constituição vigente e dos valores que esta alberga. Daí não ser possível ao Estado criar limites estranhos ao quanto lhe compete na regulação da economia, os quais somente podem ser praticados sobre aqueles interesses que afetem aspectos coletivos e com a finalidade de garantir os princípios constitucionais maiores, como os dos arts. 1º, 5º e 170 da CF.

Em um sistema constitucionalmente analítico como o brasileiro, quanto à matéria tributária, não há, para o legislador, ampla discricionariedade na formulação de leis instituidoras de tributos ou pertinentes aos procedimentos de arrecadação e fiscalização. Daí os pressupostos do art. 170, *a União poderá intervir visando a assegurar:* livre concorrência, defesa do consumidor, defesa do meio ambiente, redução das desigualdades regionais e sociais, busca do pleno emprego, tratamento favorecido para as empresas de pequeno porte. Mas não só. Poderá vir como forma de atuação nas atividades de transportes, desenvolvimento urbano, produção agrícola, atuação do Sistema Financeiro Nacional, participação do capital estrangeiro, dentre outros. Eis a União intervindo na respectiva área econômica, no espaço autorizado pela Constituição.

Estes são os elementos que poderão servir como critérios de controle sobre o ato legislativo quando da eventual instituição de contribuições interventivas, que, firmes nos ideários republicanos e democráticos, esperamos que sejam sempre atendidos.

Infelizmente, o tempo impede-nos de outras considerações além destas. Muito obrigado a todos pela atenção. (*Palmas*)

VOZ MASCULINA (não identificada) – Após a excelente exposição do Prof. Dr. Heleno Torres – sei que ele quis circunscrever a sua fala, dada a premência do tempo, ele tinha muito mais para nos contar, para nos dizer –, tenho a satisfação de passar a palavra ao Prof. Doutor pela Pontifícia Universidade Católica de São Paulo, Prof. José Eduardo Soares de Melo.

PRESIDENTE (PROF. JOSÉ EDUARDO SOARES DE MELO) – Em primeiro lugar quero dizer que para mim é sempre um motivo de muito orgulho, honra e satisfação estar aqui no ... (*interrupção da gravação*) ... analisados pelo Heleno com grande embasamento constitucional, aos quais eu me filio integralmente, não fazendo propriamente uma ressalva, mas apenas uma observação. Independentemente da classificação que se faça dos tributos, as contribuições sociais – que observam uma diretriz tributária vinculada ou não-vinculada – apresentam, como já apontaram há cinco ou seis anos atrás a Profa. Misabel e o Prof. Luciano Amaro, um *plus* constitucional, sendo evidente que não é apenas a finalidade que vai nortear a instituição de uma contribuição social. As contribuições também conter todos os aspectos da hipótese de incidência.

A finalidade direciona-se no sentido de que a própria Constituição Federal, mormente no caso da seguridade social, tem orçamento próprio. Então, esse *plus* constitucional, essa afetação a um órgão, a um fundo, constitui diretriz importante, mas evidentemente não é a única diretriz. Não vou repetir aqui as questões relativas à intervenção no domínio econômico, porque o Heleno já esgotou o assunto. Vou apenas tecer algumas considerações.

O Prof. Geraldo Ataliba, na sua clássica obra *Hipótese de Incidência Tributária*, no que tange ao capítulo das contribuições sociais, usou uma expressão inteiramente feliz e que devemos lembrar sempre, ou seja, "as contribuições seriam como que um *abre-te Sésamo*" – isto é, quando o Estado, o Poder Público, precisa de dinheiro, necessita arrecadar, serve-se da figura das contribuições, porque nem sempre é fácil apreender sua real natureza.

Relativamente às contribuições da seguridade social (art. 195 da CF) o texto constitucional já contém sua materialidade e base de cálculo quando trata das específicas contribuições dos empregadores e dos demais agentes operadores, que incidem sobre a receita, faturamento, folha de salário. Trata-se de um verdadeiro modelo constitucional. Então, como bem apontou o Heleno, não seria necessária a edição de uma nova lei complementar. Penso que o art. 146 da CF deve ser aplicado de uma forma coerente, sistemática e fundamentada.

Não é necessário que todas as atividades e figuras tributárias impliquem a necessidade da previsão de uma lei complementar. No caso do ICMS, quando a Constituição refere-se a operações mercantis, serviços de transporte interestadual e intermunicipal e de comunicação, já está dizendo qual é o fato gerador, quem é o contribuinte, o responsável, e até se infere qual seja a base de cálculo. Evidentemente, quando se cogita de outros impostos, ou mesmo o art. 195 da CF, não é indispensável que se edite uma lei complementar para se reproduzir todos os elementos da obrigação tributária. Evidentemente, isso não ocorre com o art. 149 da CF, em razão do quê vou apontar aqui alguns casos, principalmente a análise dessa nova lei complementar, que tratou da malsinada contribuição adicional ao FGTS. Vejam o seguinte:

O art. 149, aparentemente, apenas aponta essa finalidade. Não indica qual é a materialidade, não estabelece base de cálculo; enfim, é impossível inferir qual o procedimento que o legislador tenha que adotar para criar essa nova figura jurídica. Essa a razão pela qual deve ocorrer a edição de uma lei complementar para que os contribuintes e os demais destinatários das normas jurídicas, os operadores do Direito (magistrados, agentes da Fazenda, membros do Ministério Público etc.), possam ter segurança e certeza na aplicação da norma. Esse entendimento aplica-se a todas as contribuições do art. 149, sejam as sociais genéricas, as interventivas no domínio econômico ou do interesse das categorias profissionais. Não pode ficar ao bel-talante do legislador infraconstitucional estatuir a figura tributária apenas com propósito arrecadatório.

Por outro lado, embora doutrina importante tenha tratado da validação finalística dessas contribuições, não deve ser o único Norte, porque é indispensável a existência de uma causa. Se nos impostos existe a obrigação de se recolher o dinheiro aos cofres públicos em razão de um negócio jurídico, como importação, exportação, operações financeiras, e na taxa é imprescindível a realização de um serviço público específico e divisível, isso não significa que na contribuição basta apenas suprir uma necessidade do Tesouro do Estado, como agora se está fazendo com o FGTS. Para se criar uma contribuição nos moldes do art.149 da CF seria mais pertinente e coerente com o sistema jurídico que se servisse de modelo dos impostos, ou seja, dos negócios jurídicos.

E, para não ficar no campo meramente acadêmico, passo a um exemplo concernente ao discutido Adicional ao Frete para Renovação da Marinha Mercante, criado nos idos de 1968 sob o rótulo de "Taxa de Marinha Mercante", substituído para "Taxa de Renovação da Marinha Mercante" e, finalmente, AFRMM. A respectiva legislação, até as últimas medidas provisórias, dispunha que, em decorrência de um negócio jurídico afeto à importação, ou, mais especificamente, de uma prestação de serviço de transporte, alguém deveria recolher para a antiga SUNAMAM um determinado valor para reaparelhar a Marinha Mercante.

Não vou questionar, neste momento, se haveria fundamento jurídico para se tratar de intervenção no domínio econômico relativamente às atividades dos portos, porquanto os brilhantes pareceres do saudoso Prof. Gilberto de Ulhôa Canto e do mestre Sacha Calmon Navarro Coêlho, que já nos abrilhantou, entenderam que haveria bitributação com o ICMS (prestação de serviços de transporte) O STF decidiu (1995) que, embora a materialidade (o fato gerador do Adicional ao Frete) seja idêntica ao ICMS, houve uma recepção pela Constituição de 1988. Tratando-se de diretriz jurisprudencial, parece-me que o STF estenderá essa orientação a outras contribuições que venham a ser criadas nos moldes das materialidades tributárias.

Não posso entender que o empresário (ou qualquer particular) deva recolher uma contribuição simplesmente porque haja uma necessidade de caixa. Isso não é um discurso político – porque nem sei fazer política –, mas um questionamento estritamente jurídico. Há mais de 30 anos Cléber Giardino já ensinava que a Constituição é o ponto de partida e de chegada para a intelecção de quaisquer normas jurídicas. É óbvio que nem sempre a Constituição, isolada, pode solucionar questões jurídicas, sendo também necessária a utilização de critérios, princípios e mandamentos para que possam ser editadas as normas.

Então, nesta primeira parte, sou de sentir que realmente é necessária a edição da lei complementar, porque apenas proceder à leitura do art. 149 nada resolve. Sei que a União pode arrecadar em razão de uma intervenção seja na economia, seja nos interesses das categorias profissionais. Entretanto, no caso em exame a lei complementar é fundamental.

Evidente que quando o STF apreciou uma outra contribuição, pertinente à Tarifa Portuária, os votos proferidos pelos Ministros não foram muito sistemáticos e não chegaram a uma conclusão perfeita. Embora se entendesse tratar-se de uma contribuição social, seria questionável a necessidade de previsão em lei complementar. O Des. Andrade Martins (TRF da 3ª Região) usou uma figura que nunca ouvira, mas que se revela atual, que é a *clonagem do imposto*. Realmente, no âmbito do art. 149 da CF, há que se seguir a materialidade dos impostos, mesmo porque decorrem dos elementos do consumo, da produção e da renda, que são os aspectos econômicos que fundamentam as normas tributárias.

Passando à análise de algumas contribuições de modo específico, não se pode ignorar a problemática pertinente ao FGTS. Embora já se te tenha conhecimento de algumas liminares que tenham sido concedidas, e várias considerações doutrinárias, ainda não tenho uma posição definitiva, sendo objetivo deste Congresso amadurecer estas questões jurídicas. A Lei Complementar 110 e um Decreto de setembro/

2001 regraram essa figura, denominada de Adicional ao FGTS, obrigando os empregadores a realizar dois tipos de contribuição; na primeira, ao invés de recolher os 40% por ocasião da despedida indireta, adicionar mais 10%; e, na segunda, a remuneração mensal devida aos seus empregados passaria de 8% para 8,5%.

Na medida em que essa lei complementar estabelece que a obrigação de cada empregador começa a ocorrer dentro de 90 dias de sua publicação, segue-se o princípio nonagesimal aplicado às contribuições da seguridade social. Entretanto, não se trata de uma efetiva contribuição à seguridade social, porque nem se destina à saúde, nem à previdência e nem à assistência social. Quando o art. 149 trata das contribuições sociais, sabemos que concerne a contribuições de distinta natureza, que muitas vezes não se amoldam ao art. 195 da CF (capítulo da Seguridade). Quando se examina a contribuição do salário-educação, parte da doutrina entende que aquela contribuição do art. 215, § 5º, da CF se enquadra na moldura do art. 149 da CF.

Por conseguinte, não se enquadrando como contribuição à seguridade social, a essa nova contribuição não seria aplicável o princípio da anterioridade nonagesimal, devendo a eficácia ocorrer a partir do primeiro dia do exercício seguinte ao de sua publicação. Ademais, a novel contribuição não integra o orçamento da seguridade social – ou seja, não há afetação constitucional, por inexistir vinculação a um dos orçamentos específicos previstos no 165 da CF. Basta uma simples leitura da lei complementar para constatar que esse numerário não se direciona diretamente para a Caixa Econômica Federal.

Outro ponto que também afastaria o encarte no art. 149 da CF é o fato de não privilegiar determinada categoria profissional, nem específica categoria econômica, e muito menos intervém no domínio econômico. Se olharmos a pauta de programas e de princípios esparramados nos arts. 170, 172 e 173 da CF – seja quando a iniciativa privada é o Norte, seja quando há o monopólio do Governo à intervenção –, não consigo tipificar ou amoldar a contribuição do FGTS a esses preceitos.

É lógico que se trata de um fundo indenizatório, uma despesa não prevista pela CF, para propiciar os recursos à Caixa Econômica, em face das condenações judiciais. Basta ler um dos preceitos da Lei Complementar 110 para se verificar que o dinheiro recolhido vai diretamente para a Caixa Federal para fazer face à recomposição das perdas em razão de decisão do STF. O objetivo é restaurar o patrimônio dos trabalhadores, mas – é importante ressaltar – em razão de uma condenação judicial da União. Isso não tem qualquer característica de intervenção no domínio econômico, interesse de categoria profissional ou categoria econômica. Não há qualquer correlação lógica entre os beneficiários dos recursos (pessoas vinculadas ao diferencial da correção monetária) e os contribuintes.

O nosso festejado Geraldo Ataliba, inovador do pensamento jurídico-tributário, dizia (em tópico específico do livro *Hipótese de Incidência Tributária*) o seguinte: "A contribuição social é um tributo em que ocorre um benefício indireto para aquele que recolhe". Então, quando o contribuinte (no caso, o empregador) recolhe uma contribuição previdenciária não tem uma vantagem direta. Essa contribuição será destinada, ao menos juridicamente, ao empregado, que indiretamente é o beneficiário. A característica básica de toda e qualquer contribuição social é um benefício indireto e a afetação a um determinado fundo. No caso em tela não se sabe o benefício indireto que vai ocorrer para o empregador, ainda mais que ele estará recolhendo indistintos valores, que nem vão se destinar aos seus empregados. Na realidade, serão depositados em determinada conta para atender à diferença de correção monetária de outros empregados. A pertinência e a correlação lógica, elementos determinantes para as contribuições sociais, não se vislumbram de forma alguma.

Poder-se-ia pensar que o FGTS existe desde 1964, em razão do quê esta nova exigência nada mais constitui do que um adicional ao Fundo, o que já fora examinado pelo STF. Todavia, estamos diante de um novo modelo constitucional, sendo certo que a contribuição originária ao Fundo tinha destinação diversa (programa habitacional). No que tange à elevação da contribuição (de 40% para 50%), trata-se de uma indenização em razão de despedida, com todas as implicações e conotações tributárias. A contribuição sobre uma multa é uma estranha situação a ser meditada.

Outrossim, revela-se importante examinar o texto das diversas medidas provisórias que regram as contribuições ao PIS e COFINS, uma vez que relativamente a determinadas categorias econômicas é permitido o abatimento ou redução da base de cálculo nas suas operações, na apuração da sua receita ou de seu faturamento. É o caso das entidades financeiras, das entidades de previdência privada, seguros, empresa de capitalização. Para a apuração do *quantum debeatur* da base de cálculo certos valores ficam excluídos do conceito de receita. Entretanto, existem outros segmentos econômicos que não foram alcançados por essa benesse da redução da base de cálculo, como é o caso das cooperativas de serviços médicos, e até as distribuidoras de petróleo e de combustível. Então se poderia cogitar que a EC 20/1998 introduziu o § 9º ao art. 195, estabelecendo que podem ter alíquotas ou base de cálculo diferenciadas, em razão da atividade econômica ou da utilização intensiva da mão-de-obra, em razão do quê esse novo preceito justificaria essa diferenciação e seria uma exceção ao princípio da igualdade e da isonomia. Todavia, o art. 246 da CF é categórico ao dispor que para regular preceito constitucional editado após 1995 não é possível a edição de medida provisória. Em decorrência, a avalanche de medidas provisórias que eram reeditadas já encontrava um freio constitucional (art. 246), o que me parece não ser examinado pela jurisprudência.

A questão da diferenciação das alíquotas previstas para as contribuições também deve ser objeto de acurado exame, tendo em vista que determinados segmentos econômicos (entidades financeiras) consideram uma alíquota para a apuração da contribuição sobre o lucro líquido diferente das outras empresas. Nesse sentido aponto várias decisões de TRFs impondo a aplicação do princípio da igualdade.

A questão da substituição tributária em determinadas operações (importação de veículos e atividades com petróleo) também merece um exame mais detido. O STF, há dois anos atrás, quando legitimou a substituição tributária inserida pela EC 3/1993 (introdução do § 7º ao art. 150 da CF), que tratou do fato gerador presumido, examinou questão pertinente ao ICMS. Assim, entendendo haver juridicidade nesse preceito, poderia também aplicar a mesma diretriz para as contribuições sociais, mesmo porque o referido preceito refere-se a impostos e contribuições. O Prof. Marco Aurélio Greco é um grande defensor da substituição tributária nas situações em que o modelo constitucional, como é o caso do ICMS e até em certas situações do IPI, prevê diversas fases de um determinado negócio jurídico, ocorrendo um ciclo operacional, havendo uma mera antecipação de imposto. Entretanto, o ilustrado Professor não aceita a aplicação da substituição tributária relativamente às contribuições sociais (notadamente COFINS e PIS), porque no seu entender não se pode cogitar de antecipação de faturamento de receitas, distintas para os entes participantes do ciclo, não se podendo cogitar de várias etapas de receitas.

Para encerrar a minha exposição, quero refletir sobre a menção da Profa. Raquel sobre a existência de inúmeros projetos de lei, e lei complementar no Congresso, versando sobre contribuições (criação de fundo para financiamento de ações para tratamento dos doentes do alcoolismo, tratamento de vítimas, de doentes do fumo, de cigarro e tabaco, para o desenvolvimento tecnológico e rural). Esta situação me faz lembrar um livro do Prof. Bernardo Ribeiro de Moraes sobre as taxas em que arrola, entre outras, taxa de extinção de formigueiro, taxa de fomento, taxa de produção, quando nós sabemos que os problemas da Dogmática não se resolvem com a taxinomia.

Encontra-se em pauta no Congresso, em vias de ser aprovada, uma nova contribuição destinada a operações com petróleo e combustíveis (PEC 277), que certamente deverá ser aprovada, objetivando modificações no art. 149, estabelecendo que poderão ser criadas contribuição de intervenção do poder econômico e sobre a importação de petróleo e seus derivados, dispondo sobre alíquotas diferenciadas. Além disso, estabelece que a pessoa natural destinatária das operações de importação poderá ser equiparada à pessoa jurídica, na forma da lei. Também cogita de alteração do art. 177, preceito destinado ao monopólio do petróleo, tratando de alíquota de contribuição diferenciada por produto e uso, o que nos leva a pensar em sua legitimidade, questionando até onde haveria intervenção, porque sem o monopólio não podemos cogitar de intervenção.

Agradeço muita a atenção de vocês. (*Palmas*)

PRESIDENTE (PROF. JOSÉ EDUARDO SOARES DE MELO) – Com a palavra o Dr. Wagner Balera, Professor Doutor pela PUC/SP.

PROF. WAGNER BALERA – Inicialmente, quero cumprimentar o Presidente do Instituto Geraldo Ataliba, profissionais de Barreto, por mais este exitoso *Congresso de Direito Tributário*; cumprimentar também os demais integrantes da Mesa, os Profs. Heleno Torres e José Eduardo Soares de Melo, e a todos os Senhores.

Eu vinha pensando aqui, enquanto os outros estavam falando, que há vantagens de falar por último, e também desvantagens. A primeira vantagem é que você deixa de falar algumas coisas que os outros já falaram com melhor propriedade. A primeira desvantagem é que o auditório já está com fome a essa altura; então, nós temos que tomar cuidado para que não agucemos o apetite do auditório.

Eu quero colocar uma questão genérica que o Prof. José Eduardo colocou muito apropriadamente, e vou desenvolver um pouco mais. A EC 20, de 15.12.1998, essa Emenda teve por escopo tratar da chamada Reforma Previdenciária, introduziu um § 9º no art. 195 da CF. Na verdade, isto que está escrito no § 9º já estava dito por outras palavras no texto primitivo da Constituição, art. 239, § 4º. Houve, portanto, aqui, um reforço, porque o constituinte às vezes parece querer dizer: "Olha, eu quero que seja assim. É para ser assim". E, quando não fazem o que ele quer, ele faz com que as pessoas entendam que deve ser assim. De fato, o § 4º do art. 239, um preceito que até hoje não foi regulamentado, fica afetando a contribuição da conhecidíssima contribuição para o PIS/PASEP. E ele diz assim: "O financiamento do seguro-desemprego receberá uma contribuição adicional da empresa cujo índice de rotatividade da força de trabalho superar o índice médio da rotatividade do setor, na forma estabelecida por lei"; e essa lei jamais foi editada, embora haja vários projetos de lei no Congresso – um deles, por coincidência, deu entrada no dia 6.10.1988. Primeiro projeto de lei regulamentando esse § 4º. E posteriormente houve inúmeros outros projetos de lei. Então, o § 9º do art. 195 ... (*interrupção da gravação*) ... elas têm uma peculiaridade que as distingue de todas as demais espécies de tributos, elas são algo *sui generes*, diferente das outras contribuições sociais. É que elas têm um elemento que Geraldo Ataliba, naquela sua armação da classificação dos tributos, definia como um elemento intermediário, algo distinto da própria estrutura seca, material, da hipótese de incidência; esse elemento intermediário, esse traço diferencial da contribuição social de seguridade social relativamente às demais, o elemento intermediário, é o risco. A seguridade social gira em torno do conceito de risco, e isto é claramente explicitado nesse § 4º do art. 239, que permite uma contribuição adicional da empresa "cujo índice de rotatividade da força de trabalho superar o índice médio de rotatividade do setor", isto é, aquelas empresas que geram mais desemprego; e a contribuição para o PIS/PASEP é a cobertura para o Fundo de Amparo ao Trabalhador; existe esta contribuição para que haja dinheiro para pagar o seguro-desemprego. Então, aquelas empresas cuja atividade gera maior desemprego – esse é o risco, o risco é o desemprego –, essas empresas devem pagar uma contribuição maior. O § 9º do art. 195 vai reforçar essa idéia de que as contribuições devem ter alíquota e base de cálculos diferenciadas em função do risco. Quanto maior o risco da atividade, do ponto de vista da seguridade social – isto é, saúde, previdência social e assistência social –, maior deve ser a contribuição. É um pouco diferente do princípio da capacidade contributiva isso que os dois expositores que me antecederam referiram. É que esse princípio recebe um matiz constitucional diferenciado, e é por isso que ele tem o *nomen juris* distinto, porque o conteúdo é distinto, e o constituinte foi bem claro, aí. O princípio da capacidade contributiva a Constituição disse que se aplica aos impostos; portanto, a Constituição não está dizendo implicitamente que se aplica às contribuições sociais. E tanto não está dito implicitamente, que a Constituição diz expressamente que para as contribuições sociais vale o princípio da eqüidade no custeio. "Eqüidade na forma de participação no custeio" – é o que está lá no art. 194, V. Então, trata-se efetivamente de algo distinto da mera capacidade contributiva; quanto maior a receita, maior o tributo, como o imposto de renda por exemplo, baseado na progressividade e na capacidade contributiva. Aqui estamos dentro de uma situação distinta, porque o elemento diferencial, o traço distintivo dessa espécie tributária, é o risco: quanto maior o risco, maior a contribuição.

Mas o § 9º me fez lembrar uma reflexão que logo após a promulgação da Constituição de 1988 foi feita também pelos Profs. Geraldo Ataliba e Aires Barreto. Foram eles, talvez, os primeiros a cogitar disso, pioneiramente, até profeticamente, em relação a esse § 9º. É que o Aires e o Geraldo imaginaram o seguinte: as três contribuições sociais que estão no art. 195 são, na verdade, uma só contribuição, e essas contribuições deverão ser diferentes de acordo justamente com a atividade econômica ou a utilização intensiva de mão-de-obra. De certo modo eles anteciparam aquilo que hoje foi escrito na Constituição, que é necessário haver uma conjuminação entre as várias modalidades de contribuição, elas não são compartimentos estanques dentro do Sistema Tributário Nacional, onde elas ocupam um papel diferente, elas ocupam um papel diferente porque elas são tributos, como lembrava José Eduardo Soares de Melo na lição de Inês Isabel; elas são tributos que têm uma vocação constitucional distinta dos demais.

É muito difícil a gente ficar pensando na natureza jurídica, porque quanto à natureza jurídica os maiores estudiosos não responderam a essa questão. O Rubens Gomes de Sousa, quando fez o projeto do Código Tributário Nacional, definiu imposto, definiu taxa, mas não ousou definir contribuição. Ele diz assim: *contribuição é o tributo que não é nem imposto nem taxa.* Ele não sabia o que era, teve coragem de dizer *eu não sei; é algo distinto de imposto e de taxa, mas não sei bem o que é.* A natureza jurídica vai se conformando pelo regime jurídico do instituto; então, estas contribuições estão sendo elaboradas na sua natureza jurídica específica, pelo respectivo regime jurídico, que ora se aproxima do imposto, ora se aproxima da taxa – também afirmação de Geraldo Ataliba. É por isso que às vezes ficamos perplexos quando uma contribuição incide sobre a mesma base do imposto, ou quando duas contribuições incidem sobre a mesma base – é o caso dessa do art. 239, cujo § 4º é um programa constitucional, portanto o § 4º exige que as alíquotas sejam diferenciadas. Se a alíquota for única está sendo violada a eqüidade no custeio. Assim também o é a outra contribuição sobre o faturamento, a COFINS, que tem alíquota única. É inconstitucional por omissão. A Lei Complementar 70 fixou alíquota única para a COFINS.

De certo modo está sendo atenuada essa inconstitucionalidade por essas questões que o José Eduardo colocou, que as medidas provisórias vão trazendo – medida provisória tratando de matéria tributária é inconstitucional, nós já falávamos disso desde o começo, mas a jurisprudência tolerou que as medidas provisórias fossem invadindo a prerrogativa de legalidade estrita prevista na Constituição.

Eu queria colocar mais uma questão, que me parece relevante: é que às vezes a Constituição chama contribuição de "imposto" e ela também às vezes chama imposto de "contribuição" – uma coisa estranha, isso. Por que o constituinte – se o Rubens Gomes não sabia qual era a natureza jurídica –, como é que o constituinte, que é um leigo, vai saber? Não tem obrigação alguma de saber. Então, ele vai fazendo as coisas no *abre-te Sésamo* – o que lembrava o José Eduardo. Eu não vou falar da CPMF. Sobre a CPMF está escrito o que eu penso nesse trabalho que os senhores receberam na *Revista de Direito Tributário* que acompanha o material do Congresso.

Mas eu vou falar, sim, dessa nova contribuição social que é chamada de imposto pela Constituição e a EC 31 transformou em contribuição social. O imposto, que até é interessante, esse imposto, a vida dele, vida breve, porque não foi instituído ainda. O produto de arrecadação do imposto de que trata o art. 153, VII. A EC 31 diz assim. Aliás, é uma coisa interessante o que estas emendas estão fazendo. Elas estão pendurando artigos no "Ato das Disposições Transitórias". Também é uma coisa que não passaria pela cabeça de ninguém. O "Ato das Disposições Transitórias" é transitório, muito dos artigos já não existem mais, cumpriram seu papel transitório, só que as emendas constitucionais vêm e acrescentam artigos ao "Ato das Disposições Transitórias"; foi assim com a CPMF, e agora assim com essa EC 31, que acrescenta os arts. 79, 80, 81, 82 e 83 ao "Ato das Disposições Transitórias", embora não seja transitória a matéria. É o Fundo de Erradicação e Combate à Pobreza que foi criado por essa EC 31, 14.12.2000. E lá está dito que o produto da arrecadação do imposto sobre grandes fortunas vai ser destinado integralmente ao Fundo de Erradicação e Combate à Pobreza. Portanto, esse imposto, se um dia for criado, será uma contribuição social de seguridade social, porque erradicação e combate à pobreza no sistema jurídico brasileiro é assistência social, diferentemente de educação, que não é seguridade social, assistência social é justamente programa de erradicação da pobreza, da marginalidade e da inclusão social. Então esse imposto foi transformado em contribuição social pela Emenda Constitucional. O constituinte pode tudo. Ele pode mudar a natureza das coisas; isso é um poder que só compete ao constituinte. É muito pouco provável que essa Emenda Constitucional seja considerada inconstitucional, muito pouco provável que isso aconteça. Há aqueles que sustentam que as emendas constitucionais podem ser inconstitucionais, naquela antiga tese do Bachoff.

Agora, como a Mesa é de debates, eu quero fazer um pequeno debate com relação a uma posição que foi sustentada aqui pelo Prof. José Eduardo e também pelo Prof. Heleno. É a questão da prescrição. O Rubens Gomes Sousa estudou o FGTS; aliás, vale a pena, para quem quiser conhecer um pouco do assunto "contribuição", ler o trabalho precioso do Rubens Gomes de Sousa que está na *RDP*, "A natureza tributária da contribuição para o FGTS". Um trabalho primoroso – como, aliás, tudo que o Rubens escrevia. E lá o Rubens Gomes diz que a prescrição nesse caso é diferente. Por que é diferente? Pela finalidade do FGTS. Isso de certo modo foi confirmado pela jurisprudência. A jurisprudência diz que a prescrição da contribuição para o FGTS é de 30 anos. O Código Tributário diz que sim, mas o Rubens Gomes diz que não é a mesma coisa. Por quê? Porque o art. 217 do CTN expressamente ressalvou certos tributos, esse Código não exclui a incidência e a exigibilidade; ora, falar em *exigibilidade* é falar em *prescrição*. Não exclui a incidência e a exigibilidade daquele rol de tributos que estão elencados no art. 217, e Gomes de Sousa diz que aqui também está o FGTS. Então, o FGTS tem o regime jurídico diferente, não é o mesmo esquema da prescrição ou da decadência.

Uma outra coisa interessante que aprendi outro dia: eu assisti a uma palestra do Prof. Miguel Reale, com seus 90 anos, falando sobre o projeto – aliás, não é mais projeto –, sobre o novo Código Civil, que ele defende o Código Civil com o ardor de um jovem. E uma coisa que o Prof. Miguel Reale colocou foi o seguinte: eu nunca entendi bem a diferença entre decadência e prescrição. É a mesma história do Gomes de Sousa, não sabe bem o que é contribuição. Se o Miguel Reale não sabe bem a diferença entre decadência e prescrição, quem somos nós para ficar discorrendo sobre decadência e prescrição? É uma arrogância nossa, é um monopólio de saber que não temos. Mas Gomes de Sousa deixou sublinhado que a exigibilidade diz respeito à prescrição; em matéria de prescrição o regime jurídico pode ser diferente conforme a natureza jurídica específica do tributo. É o que acontece com as contribuições de seguridade. Até pouco tempo atrás era ilícito que o contribuinte chegasse para o INSS e dissesse "eu quero pagar contribuições de 20 anos atrás para contar o meu tempo de contribuição". Era ilícito isso. Era vedado pela ordem jurídica, porque já era uma dívida incobrável. Hoje é permitido pelo ordenamento jurídico. O contribuinte, provando que trabalhou há 40 anos atrás, pode pagar as contribuições hoje e produzirem efeitos como se tivessem sido vertidas há 40 anos atrás para efeito de comprovação de tempo de contribuição. A lei, o ordenamento jurídico, transformou essa figura em algo diferente, que não sabemos ainda compreender muito bem. (*Palmas*)

(Voz masculina não identificada) – Agradeço ao Prof. Wagner Balera. Ele falou sobre a EC 31. Foram votadas 32 emendas constitucionais, numa Constituição que foi promulgada em outubro de 1988. Isso me faz lembrar quando um Colega nosso foi fazer exame de Direito Constitucional, aqui no Largo de S. Francisco, e ia entrando na sala sem a Constituição, o professor disse: "Não senhor, sem Constituição não vai fazer o exame. Vá comprar a Constituição, atravesse a rua, vá na Forense e vá comprar a Constituição". Ele atravessa a rua, entra na Farense e diz que queria comprar a Constituição. E o vendedor responde: "Infelizmente, aqui não trabalhamos com periódicos". O Prof. José Eduardo vai responder a uma pergunta.

Presidente (Prof. José Eduardo Soares de Mello) – O colega Antônio Sá, do Rio de Janeiro, fez uma pergunta longa, e vou tentar sintetizar. Diz o seguinte: Há uma proposta de emenda que deve ser aprovada, é a que trata de uma contribuição para o custeio de serviço de iluminação pública. Vai implicar na redação do art. 149-A da CF, e cogita o seguinte: os Municípios e o Distrito Federal poderão instituir contribuição na forma da respectiva lei para o custeio de serviço de iluminação pública, observado o art. 153. Parágrafo único: "É facultada a cobrança da contribuição referida no *caput*, na fatura de consumo de energia elétrica". Assim pergunta: o que acha dessa contribuição com base no texto, qual a base de cálculo, contribuintes possíveis, são livres para determiná-los, e se também a arrecadação pode ser para investimento e manutenção.

Tenho um minuto, e parafraseio o Botallo, ao dizer que se trata do "samba do crioulo doido jurídico". Por quê? Porque o STF, há pouco tempo, decidiu que a taxa de iluminação pública não era taxa, era imposto. Por quê? Porque muitos transitavam pela rua, se servindo da iluminação pública, e não contribuíam, então era específico e divisível. Para fazer face a quem permitia as arrecadações, se cria. Se for editada uma emenda dessa natureza, verificamos o seguinte: a materialidade apontada, custeio do serviço de iluminação pública. *Custeio de serviço* não é imposto, porque o imposto não teria essa afetação, iria para um orçamento genérico. Se é custeio, talvez fosse mais aqui – até quero ouvir a opinião do Aires, que é o nosso guru de tributos municipais –, e seria custeio dos serviços, tratando-se de uma remuneração. Curiosamente se fala até na fatura de consumo. Quer dizer, a Constituição está ficando rica em deveres instrumentais. Daqui a pouco vai falar no regime de apuração, no livro de ocorrências, e vamos ter uma grande Constituição documental.

Embora esteja rotulada de contribuição e se encontre no capítulo da contribuição, sabemos que o elemento topográfico é de todo irrelevante. Parece-me, à primeira vista, que seria uma remuneração para fazer face a um custo, tendo a Constituição criado, na realidade, um imposto. Se formos caminhar pela taxa, deveria observar todos os pressupostos da taxa, inclusive a base de cálculo para fazer face a esse custo, esse custeio, e não para se aplicar em investimento e manutenção.

E devolvo a pergunta agora ao Wagner, o que ele acha dessa taxa?.

Prof. Wagner Balera – Eu acho que é imposto com nome de taxa.

Prof. Heleno Torres – De fato, dois aspectos precisam ficar bem esclarecidos.

O primeiro sobre a questão da prescrição e decadência. Os tributos vinculados são definidos a partir da materialidade. Ora, será que a materialidade das contribuições de intervenção do domínio econômico já não se encontra, em certo modo, previamente definida? Sim, porque a forma de intervenção no domínio econômico há de justificar a contribuição. E, dessa forma, não me parece que seja acertada, infelizmente, certa doutrina segundo a qual as contribuições poderiam ser taxas ou impostos. Essas contribuições nunca poderão ser taxas, na medida em que a intervenção no domínio econômico não será feita mediante prestação de serviços públicos específicos e divisíveis. Seria redundante, ademais, dizer que as contribuições pudessem ser impostos, haja vista o caráter vinculado do elemento intermediário, como definia Ataliba. Com relação à prescrição e decadência, a Lei 8.212/1991, quando menciona prazo distinto de prescrição e decadência, agrega um aspecto importante, que merece meditação. Primeiro, para que se introduza algum prazo de decadência ou prescrição no Direito Tributário Nacional, após a Constituição de 1988, isto somente poderá ocorrer mediante lei complementar, para que possa dispor a respeito. É preciso que ela venha na função de norma geral, e mais: que ela seja dirigida exatamente para alterar o Código Tributário naquilo que menciona. Não me consta que os dispositivos daquela lei tenham, efetivamente, uma tal função. Como o Prof. Souto sempre menciona, o tema da prescrição e decadência em matéria jurídica é um tema de importância relativamente reduzida. Porque quando se discute prescrição e decadência, no fundo, o que se está a discutir são os procedimentos de exigibilidade dos tributos: no lançamento por homologação, no lançamento de ofício. Na realidade, os prazos, de decadência ou de prescrição, dependem de uma contagem, para se ver o momento em que se iniciam e o momento no qual terminam; e, além disso, qual é o mecanismo legal que insere essa regra no sistema, para sabermos qual função a norma desempenhará. Por isso, essa Lei 8.212/1991, ao prescrever um prazo de 10 anos, é totalmente inconstitucional, como já declarou o TRF do Rio Grande do Sul. E não tenho a menor dúvida de que esse seja seu destino definitivo. Imaginem, se um Tribunal conservador como aquele assim já se pronunciou, como os demais o farão? Só lei complementar, na função de norma geral em matéria de legislação tributária, pode dispor em contrário, com prazo distinto. Basicamente, essa seria minha opinião a respeito. Muito obrigado. (*Palmas*)

MESA DE DEBATES "I"

IMPOSTO SOBRE A RENDA – CONCEITO – ALTERAÇÕES DO ART. 43 DO CTN

PRESIDENTE DA MESA: PROF. JOSÉ ARTUR LIMA GONÇALVES
MEMBROS DA MESA: PROFS. PAULO AYRES BARRETO, NATHANAEL MARTINS E SIDNEY APOCALYPSE

PRESIDENTE DA MESA (PROF. JOSÉ ARTUR LIMA GONÇALVES) – Com a abertura de mais uma mesa, cujo tema será "O Imposto sobre a Renda", temos aqui o raro privilégio de contar com a participação de três profissionais militantes nesta área específica, na qual todos eles têm vasta experiência, enxergando esse tema a partir de todos os seus ângulos. Em primeiro lugar, convidarei o Prof. Paulo Ayres Barreto, para fazer as suas observações a respeito do tema. O Prof. Paulo é conhecido de todos vocês, mestre em Direito pela PUC, autor de várias obras, advogado militante em São Paulo, especialmente nessa matéria de Imposto sobre a Renda. Com a palavra o Prof. Paulo Ayres.

PROF. PAULO AYRES BARRETO – Boa tarde. É sempre uma honra participar dos congressos promovidos pelo Instituto Geraldo Ataliba – IDEPE, na companhia de ilustres professores que conhecem sobejamente a matéria, e que, nos meus estudos em relação ao Imposto sobre a Renda, sempre foram referência necessária.

Devo falar sobre o Imposto sobre a Renda e a Lei Complementar 104 de 2001, que promoveu alterações no artigo 43 do Código Tributário Nacional. E quero registrar, de início, que toda interpretação de matéria tributária tem, necessariamente, de partir de uma análise do nosso Texto Constitucional. É fundamental, no Direito Tributário brasileiro, que essa premissa fique sempre fincada de modo muito claro, de forma incisiva.

Examinando, ainda recentemente, a obra cada vez mais atual do Prof. Geraldo Ataliba, *Sistema Constitucional Tributário Brasileiro*, pude sorver lições que devem ser sempre lembradas. O Prof. Geraldo Ataliba coloca, com extrema propriedade, que o nosso subsistema constitucional tributário é excelente. Se problemas existem, decorrem eles da sua aplicação e não de suas características intrínsecas (corroborando esse entendimento, ontem ouvíamos o Prof. Sacha Calmon Navarro Coelho afirmar que o Prof. Novoa, na Espanha, e o Prof. Frantozzi, na Itália, têm desenvolvido estudos sustentando a necessidade de exame atento do nosso subsistema constitucional tributário, em face de sua excelência).

Em matéria de imposto sobre a renda, na qual pouco tempo se dedica ao exame dos pressupostos constitucionais que norteiam a instituição deste tributo, é fundamental que se esgote a possibilidade de interpretação da Carta Magna para, só então, passar-se ao exame do Código Tributário Nacional ou da legalização federal ordinária que cuida da matéria.

Feita essa breve introdução, vamos ingressar no tema propriamente dito. Cuidemos das alterações veiculadas pela Lei Complementar 104/2001. Referido diploma normativo introduz dois parágrafos no artigo 43, parágrafos que têm o seguinte conteúdo: o primeiro parágrafo estabelece que a incidência do imposto independe da denominação da receita do rendimento, da localização, condição jurídica ou nacionalidade da fonte da origem e da forma de percepção. O segundo parágrafo estabelece que, na hipótese de receita ou rendimento oriundo do exterior, a lei estabelecerá as condições do momento em que se dará a sua disponibilidade, para fins de incidência do imposto referido nesse artigo.

Antes de examinar propriamente o disposto nesses dois parágrafos, lembrei-me das lições do Prof. Paulo de Barros Carvalho, e fui examinar a fonte material deste veículo introdutor de normas em nosso ordenamento jurídico. E na pesquisa da fonte material da Lei Complementar 104, deparei-me com a origem de nossos problemas. No projeto de lei original – que por sorte, vergonha, ou qualquer outra coisa dessa natureza não passou – não havia só a inserção desses dois parágrafos, mas havia uma alteração efetiva no *caput* do artigo 43 do CTN. Referido artigo estabeleceria – se o projeto tivesse sido aprovado – que o imposto sobre a renda teria como fato gerador a disponibilidade econômica ou jurídica de *receita ou de rendimento* proveniente a qualquer título de capital, do trabalho ou combinação de ambos. Alterava-se também o artigo 44, para dizer que a base de cálculo do imposto é o montante da *receita ou rendimento*. Em síntese, o que o Executivo desejava, usando a sua atual *longa manus*, que é o Legislativo, era mudar o artigo 43 do CTN para, como lembrava o Prof. Osíris, aqui também, ontem, agregar à arrecadação do COFINS, do PIS e da CPMF – incidências claras sobre faturamento, que hoje já monta 65 bilhões de Reais – para algo, acima disso, usando também o imposto sobre a renda. De que forma? Tributando receita como se renda fosse.

Aliás, esse projeto é importante para que tenhamos presente o seguinte: aquela parte da doutrina, que propugna no sentido de que o Código Tributário Nacional pode tudo no que se refere à definição do fato gerador, teria que – se aprovada Lei Complementar com esse teor – reconhecer então ser o conceito de renda igual ao de receita e que receita poderia ser tributada como se renda fosse, o que me parece um descalabro, um verdadeiro absurdo. Não é como pensamos.

Esses dois parágrafos poderiam alterar três critérios da regra matriz de incidência tributária de imposto sobre a renda.

O Prof. Paulo de Barros Carvalho sempre procura estruturar a regra matriz de incidência dos tributos, o que facilita sobremodo a compreensão da própria exação. Além disso, permite a clara identificação de sua base de cálculo e, com isso, verificar se ela confirma, infirma ou afirma a materialidade da incidência. É o que procuraremos fazer com os dois dispositivos que foram inseridos pela Lei Complementar 104/2001.

Começando pelo § 1º, a primeira expressão que chama a atenção é: a incidência do imposto independe da denominação da receita ou do rendimento. Há duas interpretações para a primeira parte deste § 1º.

A primeira interpretação é a seguinte: o legislador não é técnico e, por essa razão, teria dito: não me levem a sério, eu sou quase um leigo em matéria tributária e, portanto, cometo desatinos. Prova disso é que eu acabo de chamar renda de receita ou rendimento, acabo de equiparar renda à receita, que são duas realidades absolutamente incomparáveis. Logo, quando disse receita, pretendi, na verdade, referir-me ao conceito de renda. A segunda possibilidade, sempre tendo em consideração de que há um conceito constitucionalmente pressuposto de renda, é que o próprio *caput* do artigo 43 continua a dizer que o fato gerador do imposto sobre a renda, é a aquisição e disponibilidade econômica ou jurídica do produto de capital, do trabalho, da combinação de ambos ou provento de qualquer natureza. Vale dizer, a incidência do imposto independe da denominação de renda que venha a conformar a base de cálculo desse imposto, em cotejo com as despesas e custos necessários para a aferição dessa renda (pessoa jurídica) ou em cotejo com os abatimentos e deduções necessários na apuração da renda líquida tributária na pessoa física. Em outras palavras, fez-se referência à denominação da receita, mas nós não podemos perder de vista que, na conformação da base de cálculo do imposto sobre a renda, tenhamos necessariamente o cotejo: receitas de um lado e custos e despesas de outro, na pessoa jurídica, e renda líquida tributável e deduções e abatimentos na pessoa física. Em síntese, de forma alguma esse § 1º estaria a autorizar uma alteração no critério material da regra matriz do imposto sobre a renda, permitindo que alguém venha a defender que o critério material agora passou a ser *auferir receita.* Jamais. O critério material do imposto, por expressa exigência constitucional, não admite outra materialidade que não *auferir renda.* E *renda* é o resultado positivo deste confronto entre certas entradas e determinadas saídas, observado um certo lapso temporal, para usar a definição do Prof. José Artur de Lima Gonçalves.

Então, a primeira conclusão a que eu chego é: não houve qualquer alteração no critério material da regra matriz de incidência do imposto sobre a renda. A segunda possibilidade de alteração na regra matriz desse imposto seria no seu critério espacial. Explico. Esse mesmo § 1º segue dizendo que a localização, condição jurídica, nacionalidade da fonte ou sua origem são também irrelevantes. E aqui me parece que também nenhuma alteração de relevo houve. Na verdade, a legislação ordinária já havia consagrado, em relação à pessoa jurídica, o princípio da universalidade, desde 1995. No que for pertinente à pessoa física, esse princípio já vigorava desde 1943.

Aqui a lei complementar cuidou de uma matéria pacificada na legislação ordinária. Em síntese, no que se refere ao critério espacial de imposto sobre a renda, a lei brasileira não podia, e continuará a não poder tributar, por hipótese, um argentino residente na Argentina que preste serviço a uma empresa Argentina e receba lá o seu rendimento. Não poderá ser tributada essa pessoa pelo fisco brasileiro, por que neste caso não existe nenhum elemento de conexão que permita a exigência desse imposto pelo Fisco brasileiro. Se, nesse mesmo exemplo, eu alterar o domicílio desse argentino para o Brasil, a tributação se torna possível pela existência de um necessário elemento de conexão. Em síntese, no que se refere ao critério espacial, nenhuma alteração de relevo trouxe o § 1º do artigo 43 da Lei Complementar 104.

Examinemos agora o critério temporal deste imposto, em face do que dispõe o § 2º, introduzido pela LC 104/2001, que cuida das hipóteses de receita ou rendimentos oriundos do exterior. A lei estabelecerá as condições e momento em que se dará a sua disponibilidade. Registro, inicialmente, que na hipótese de receita ou rendimento oriundo do exterior, receita ou rendimento, aqui, só podem ser entendidos na acepção de receita e rendimentos que se contrapõem a despesas e custos, ou seja, o próprio lucro da atividade.

Em relação à possibilidade de estabelecer o momento em que se dará a sua disponibilidade, considerações adicionais são necessárias. O critério temporal desse imposto tem sido maltratado pelos nossos tribunais. O Prof. Luciano da Silva Amaro fez um trabalho brilhante em relação a este assunto. Mostrou, com bastante clareza, que aquele entendimento no sentido de que a legislação que alterasse matéria de imposto sobre a renda no final de um determinado exercício poderia ser aplicada para aquele mesmo ano-base, era uma interpretação que afrontava não só o princípio da anterioridade, como também o da irretroatividade. O Supremo mudou sua orientação. Em 1998, tivemos conhecimento de um acórdão, relatado pelo Ministro Sydney Sanches que, de certa forma, terá perdido de vista essa mudança de orientação.

Gostaria de registrar a minha posição em relação a essa questão do critério temporal do imposto sobre a renda. Acolhemos a precisa crítica, formulada pelo Prof. Paulo de Barros Carvalho, em relação à classificação dos fatos geradores em instantâneos, continuados e complexivos. Seja em relação do IPTU, tido como fato gerador continuado, seja em relação ao imposto sobre a renda, me parece claro que a legislação identifica um preciso instante em que o fato jurídico tributário efetivamente ocorre. A própria doutrina, quando discutia se o fato gerador do imposto sobre a renda ocorria no último átimo de segundo do dia 31 de Dezembro de cada ano, ou no primeiro átimo de segundo do dia 1º de janeiro de cada ano, buscava, claramente, a identificação deste preciso instante. Já houve quem dissesse: pouco importa, acontece no Reveillon. Como bem lembra o Prof. Paulo de Barros Carvalho: se o fato gerador fosse complexivo, por que essa briga toda para definirem em que exato momento ele ocorre?

Então, quero registrar minha posição no sentido de que o fato gerador do imposto sobre a renda é instantâneo. Faço uso da proposta de classificação dos fatos jurídicos do Prof. Paulo de Barros Carvalho, em simples e complexos, a partir de sua estrutura lingüística. Podemos identificar uma complexidade do fato gerador do imposto sobre a renda olhando para a sua base de cálculo. A base de cálculo, sim, seria conformada por uma série de fatos jurídicos, daqueles que conformaram as N receitas tidas e havidas num determinado ano, as despesas e custos tidos nesse mesmo exercício, e elas, sim, seriam um fato jurídico complexo; mas o critério temporal seria de natureza instantânea. Vale dizer, naquele momento, no dia 31 de Dezembro, ocorre o fato jurídico tributário. Se olharmos para a base de cálculo desse fato, que ocorre em 31 de Dezembro, veremos uma série de enunciados lingüísticos que vão se referir a todas as receitas e despesas e conformar esse fato jurídico complexo. A base de cálculo, fato relacional é também um fato jurídico; portanto, a classificação proposta pelo Professor Paulo para a hipótese de incidência é aplicável também ao conseqüente da regra matriz de incidência tributária. Voltando agora ao § 2º, quero deixar claro que não me parece possível que a legislação ordinária possa, de forma alguma, antecipar esse momento da disponibilidade do rendimento. A disponibilidade ocorre ou não ocorre, existe ou não existe. Se a lei disser que o lucro auferido por uma controlada, uma coligada, foi disponibilizado antes que o efetivo ato jurídico, de competência da própria subsidiária ou coligada, assim disponha, não posso falar em disponibilidade nenhuma. Não há se cogitar da percepção de uma renda que ainda não é minha. Tem-se uma mera expectativa. Como diria Pondes de Miranda, um direito expectativo. Se um dia o controlador vier a determinar a efetiva disponibilidade desse recurso, aí, sim, a incidência será possível. Se isso jamais ocorrer, eu entendo que o legislador complementar não pode, de forma alguma, autorizar o legislador ordinário a criar, por ficção, a disponibilização do lucro contabilizado no final de um determinado exercício pela pessoa jurídica controlada ou coligada, para pessoa jurídica domiciliada aqui no Brasil.

Nessa conformidade, o artigo 74 da Medida Provisória 2.158, que já está na sua versão de número 34, me parece desbordar o conceito constitucional de renda.

Quero lembrar que o Supremo Tribunal Federal, cuidando dessa questão da disponibilidade de recurso, da chamada disponibilidade econômica ou jurídica, por ocasião do exame do imposto sobre o lucro líquido, aquele imposto que incidia à razão de 8% sobre o lucro líquido apurado pelas pessoas jurídicas ao final de cada ano, independentemente da sua distribuição ou não, entendeu que não era possível a incidência. O imposto sobre o lucro líquido só incidiria nas hipóteses em que o lucro houvera sido efetivamente distribuído, disponibilizado. Se guardar coerência com esse entendimento anterior, o Supremo deve analisar essa questão na mesma conformidade. (*interrupção da gravação*)

Presidente da Mesa (Prof. José Artur Lima Gonçalves) – (*interrupção da grava-*

ção) passo em seguida a palavra ao meu amigo, Prof. Sidney Apocalypse, que é advogado militante nesta área, e que vai abordar alguns aspectos sobre esse tema.

PROF. SIDNEY APOCALYPSE – Boa tarde a todos. Eu reparei que esta mesa é extremamente escura, todos de terno azul-marinho, uma mesa sóbria e, como não vou conseguir ficar ao lado de mais três aqui, se não vamos segurar alguma alça, pretendo falar lá de cima, para me assegurar de que não vai sobrar para minha mão a alça esquerda.

Acho que este é um tema que provavelmente pode ser abordado com muito mais brilhantismo, ou pelo menos com alguma dose de interesse, se voltado diretamente às nossas preocupações do dia-a-dia. Mas também entendo que é um tema que não pode dispensar, de maneira alguma, os conceitos que dominam o sistema tributário nacional, até porque o imposto de renda ainda é tributo. Eu tenho dúvidas se ainda é sobre a renda.

Se pararmos um pouco e formos ao nosso dia-a-dia e voltarmos à nossa lista de clientes, que esperamos crescente a cada dia, e indagarmos de cada um sobre que lucro paga o imposto (e eu estou falando apenas das pessoas jurídicas, ou daquelas que seriam tributadas sobre o lucro, porque nem só pessoa jurídica é tributada sobre o lucro...) se, pois, perguntássemos a estas empresas, para ficar apenas no lugar comum, quantas pagam imposto calculado sobre o lucro, e quanto, a resposta certamente comportaria dizer que o imposto seria calculado sobre o tal do lucro presumido.

Diante disso convido todos a examinar como é que se compõe o tal lucro presumido, que de lucro não tem nada e de presumido tem muito. Calcula-se um percentual sobre a receita, retira-se de lá certa parcela e sobre esse montante aplica-se a alíquota e recolhe-se o imposto. Não há que se preocupar em apurar lucro e verificar o encontro de contas entre receitas e despesas e custos, a que o Prof. Paulo Aires se referiu. Não há que se preocupar em amortizar o capital aplicado nas aquisições ao longo da atividade empresarial, nas imobilizações que tenham sido feitas; não há que se preocupar sequer em levantar balanço. E lá vai a advertência, cuidado com a escrita comercial, por que sem ela um simples pedido de concordata não pode ser formulado em Juízo. Mas em prol de uma simplicidade que tem por finalidade única e exclusiva a arrecadação, induzem-se contribuintes a entender que a tributação no Brasil se ajusta cada vez mais. Por falar em ajuste, voltemos às pessoas físicas. Afinal de contas, por trás de uma pessoa jurídica, sempre há pelo menos duas físicas.

Pessoa jurídica – vamos parar com certa hipocrisia – tem que dar lucro; mas não porque seja feio, não porque sejam deletérias à sociedade, mas, sim, porque capitais ali foram investidos para aplicar na produção, na mão-de-obra. Por detrás de cada qual há pessoas físicas, algumas capitalistas outras trabalhadoras.

Voltando ao ajuste, olhemos para as nossas declarações de imposto de renda do ano-base de 1999, exercício 2000; ano-base 2000, exercício 2001, e voltemos assim no tempo para verificar quantas vezes vocês foram ao seu Banco buscar a sua restituição do Imposto de Renda. Pois é... e ainda se diz que pessoa física neste país paga imposto sobre a renda. Eu sou do tempo em que carteiro tinha medo era de mordida de cachorro e não de envelope com pozinho branco. O que pozinho branco dava era cadeia; hoje em dia, dependendo do pozinho, dá alívio: "não é antraz. Ufa! ainda bem".

Mas, pessoa física hoje empresta ao Estado, à União, no caso, para receber de volta aquilo que pagou a título de imposto de renda, e com isso nós convivemos há anos. E ainda dizemos que por aqui se paga imposto sobre a renda.

Nesta mesa nos referimos a um parágrafo introduzido no Código Tributário Nacional, em péssimo momento, para dar lá, talvez, um conceito adicional do que seja renda. Eu nem quero entrar muito nisso, mas estávamos eu, o Prof. José Artur que é do mesmo tempo e que havia duas cervejas nesse país, a Brahma e a Antártica, e não uma, a AmBev, examinando esse parágrafo, e nos lembramos da Lei 7.450, artigo 51. Convido todos a olhar, ler esse preceptivo que salvo engano, dizia exatamente aquilo que hoje se encontra no CTN. Artigo esse, que alguns dizem ter sido o fundamento de validade – se é que poderia haver algum – para o famoso Parecer Normativo 46, que foi invocado tantas e tantas vezes, para inquinar de simulação, negócios jurídicos indiretos. Mas isso foi matéria de outra mesa de debates.

Vejam os senhores que o imposto sobre a renda deixa cada vez mais de ser sobre a renda, e que, até num Congresso como este, é tema da última mesa de debates.

Nós nos preocupamos ao longo deste Congresso, e com toda a razão, com as contribuições, fossem as de intervenção de domínio econômico, fossem com outras finalidades. Houve até trabalho que previu a incidência da contribuição independentemente da finalidade a que viesse contemplar. O trabalho científico se apropriando de uma realidade dos nossos dias, apresentado por um dos nossos congressistas com muita coragem e desassombro. Mas esta é a nossa realidade.

Nós vivemos no PIS, no COFINS, no Imposto de Renda sobre lucro presumido, no empréstimo compulsório da pessoa física e cuidamos, ainda, de fazer Congressos para discutir o conceito constitucional do imposto sobre a renda. Qual? Aquele que ficou em discussão numa mesa de debates, em 1974, no terceiro, se eu não estiver errado, Curso de Especialização de Direito Tributário da PUC? E eu estava lá, sentado, olhando para aquela mesa composta pelos Profs. Geraldo Ataliba, Antonio Roberto Sampaio Dória, Fábio Fanucchi, Gilberto de Ulhôa Canto... O Dória, advogado que era, se batia com relação ao conceito constitucional de renda e pressionava o Prof. Geraldo e tantos outros a demonstrar na Constituição onde estava o tal conceito constitucional de renda. Anos se passaram, ainda na PUC, em outro evento, e estavam lá de novo os mestres a discutir o instante do fato gerador do imposto de renda.

E nós estamos aqui, no século XXI, ano 2001 da Era Cristã, a discutir as mesmas coisas – só que desta vez, por causa, unicamente, de um movimento do Poder Executivo aceito pelo Poder Legislativo, ao fazer uma alteração tópica do Código Tributário Nacional que, queiramos, ou não, é lei.

Discutamos ou não a sua natureza de legislação complementar em demais dispositivos, está lá a indicar certamente que o Poder Executivo pretende lançar mão desses conceitos, ao menos para se defender numa ação civil pública ou numa ação popular movida contra o nosso Secretário da Receita Federal atual. Alguém em Santos moveu uma ação popular ou ação civil pública para responsabilizar o Senhor Secretário por não ter cobrado o imposto sobre a renda sobre os lucros obtidos em controladas ou coligadas no exterior, ao tempo de emissão daquela instrução normativa – cujo número acho que é 38 ou coisa que o valha –, porque naquele momento, quando a lei saiu, ficou aquela discussão, e até verbo novo se criou: "disponibilizar". Disponibilização? Quando é que se disponibiliza, quando é que não se disponibiliza, e lá vem uma instrução normativa com o seguinte: disponibiliza-se nessas ou tais situações; fora disso não tem problema. Não é aquilo que está escrito na lei, mas nós interpretamos assim. E dá-lhe instrução normativa.

Portanto, ele renunciou a uma receita fiscal, abriu mão, sem ato legislativo que o autorizasse a não cobrar o que a lei determinara; daí o fundamento dessa ação que eu não sei se seria pública ou popular. Dizem-me aqui que é ação popular. Pois é, e este popular, que propôs essa ação, agora se vê na contingência de se deparar com a defesa do Secretário. Óbvia. Naquele momento, diria Sua Excelência, eu baixei a instrução normativa porque o sistema não me autorizava a cobrar o imposto antes da disponibilização efetiva da renda, segundo o artigo 43 do CTN. Tanto é verdade, que agora se modificou o CTN para permitir que esta tributação se exerça como se pretendera exercer ao tempo da emissão daquela lei. Antes que os professores tenham uma síncope cardíaca, claro que não é esta modificação do CTN que está a autorizar a incidência do imposto de renda sobre essa tal disponibilização. O Prof. José Artur, que me fez a cabeça na sala dos professores, ensina que a realidade que deve ser gravada por tal tributo, deve ser a realidade que signifique auferir renda, nada mais.

Renda, enquanto algo jogado no espaço, ao ar, pode ser tudo, menos a renda a que a Constituição aludiu. Parece-me, até porque não quero me comprometer além das minhas sandálias ou falar além do meu quintal, que renda deva ser entendido como algo que se aufira, e para auferir, tem que se auferir com efetividade. Nenhuma empresa aufere lucros virtuais.

E por falar em empresa e em lucros e virtuais, voltemos às sociedades localizadas no exterior. Ao contrário do que parece, até porque também me pareceu, o dispositivo da medida provisória que institui a tributação não se refere apenas aos investimentos relevantes em sociedades controladas ou coligadas no exterior. Sequer se refere a investimentos relevantes. Refere-se a lucros obtidos no exterior, diretamente ou também por intermédio de coligadas, controladas, sucursais, filiais etc., localizadas no exterior. Portanto, não são somente aqueles lucros que pudessem ser colhidos pela sociedade investidora no Brasil mediante avaliação, segundo o método de equivalência patrimonial. Não. Os investimentos não submetidos a este método de avaliação em sociedades localizadas no exterior, também estão sujeitos a este mesmo regime jurídico que padece de alguns vícios certamente, mas que, não podemos nos esquecer, está ali submetido ao mesmo sistema. O que não está submetido ao mesmo sistema é o investimento em sociedade localizada no exterior que não seja coligada – conceito legal – ou controlada da empresa brasileira. A estes investimentos, este regime jurídico casuístico não se aplica. O casuísmo do legislador é um problema sério para nós, mas é um problema sério para ele, a ponto de permitir que uma interpretação como esta, que conduz a algum efeito não imaginado pela lei, possa ser alcançado sem os defeitos causados pela mesma lei.

Não queria apenas fazer uma referência. Queria lembrar o seguinte: num Congresso de Direito – e isto é uma coisa com a qual me debato sempre – num Congresso de Direito é importantíssimo, muito mais do que a aferição das verdades científicas que possam se manifestar, a apresentação de alguma questão que incomode e que devolva aos senhores a tarefa de perscrutar o sistema, de entender como funcionamos em nossos escritórios, em nossas faculdades, nas escolas, com o enfrentamento de uma questão que incomodou alguém. Aos senhores foi dada a oportunidade de formular questões aos mestres; e eu me valho deste direito, para devolver uma questão. Dias atrás, saiu uma medida provisória, que agora é eterna, porquanto editada antes do dia 5 de Outubro; medida provisória 2.221 do dia 4, foi publicado naquele *Diário Oficial* que precisou até de edição extra, tal o volume das medidas provisórias. Essa medida provisória altera uma lei, a Lei 4.591, de 1964, que é a lei das incorporações imobiliárias. Fosse eu apenas um leitor da lei não preocupado com o Direito, por ela passaria porque de incorporação imobiliária não quero ver nada, até por que sou um ex-cliente da ENCOL.

Mas, lá estava na lei uma questão tributária. Pois é. E nós temos uma lei, que não lembro mais qual seja – é uma daquelas que eu digo que realmente não pegou; é a lei sobre como fazer leis, é uma Lei Complementar, que determinou que modificada uma lei, deve-se fazer esta ou aquela referência, etc. Pois bem, nessa medida provisória que altera a lei das incorporações imobiliárias se introduzem conceitos de Direito Tributário, senhores! Cria-se nela um instituto já conhecido, mas pouco estudado por ora, para o qual eu chamaria a atenção, é o que a doutrina denomina de "patrimônio de afetação". Que bicho é esse?

Como vocês sabem no problema de certa imobiliária, desta construtora, todos foram de roldão, por que a empresa foi de roldão. Para solucionar tal estado de coisas criou o legislador o seguinte: vamos destacar cada empreendimento imobiliário como se fosse um patrimônio autônomo – a colocar em crise aquela velha lição de que a cada patrimônio corresponde uma pessoa, e que a cada pessoa corresponde um patrimônio; não há patrimônio sem pessoa, ainda que personificado na fundação e assim a lição se confirma.

Pois esse patrimônio de afetação, que não é nenhuma novidade – nós temos isso na relação matrimonial, no regime dotal; no regime do matrimônio, há patrimônios que não se confundem com aquela unidade chamada, por exemplo, casal.

Pois então, senhores, foi numa lei a respeito de incorporações imobiliárias, para fins de eliminar a comunicação de vícios ou obrigações de um empreendimento com outro da mesma empresa, que se introduziu, com o instituto do patrimônio de afetação, regra tributária para afirmar que as obrigações assumidas em um empreendimento não afetam o patrimônio de outro, ainda que integrante da mesma empresa.

Como disse, essa história de patrimônio de afetação já se encontrava no mundo do Direito. Não é novidade em termos jurídicos, a figura existe, o fundo imobiliário a que se referiu, bem de passagem, o Prof. Osíris configura esta situação. Como sabem os senhores, o imóvel que constitui o acervo do fundo imobiliário, que, como também sabem os senhores, é mero condomínio, não pertence aos condôminos cotistas do fundo imobiliário, porquanto é registrado como propriedade, assim diz a lei – mas na verdade deveria dizer apenas como titularidade fiduciária do agente que administra o fundo imobiliário.

O que isto tem a ver com o imposto de renda? Muito. Por que se esse patrimônio de afetação é distinto do patrimônio – vamos chamá-lo assim – geral da empresa. E se as obrigações tributárias devem ser localizadas em relação àquela instituição – estou falando instituição como um rótulo –, temos que começar a pensar na responsabilidade, na sucessão etc. E como é que esse imposto é pago. Vejam, senhores, isso não é uma cisão. O patrimônio continua uno, indivisível, incindível na mesma sociedade, na mesma Encol para usar o exemplo que sustentou, digamos, de justificativa da medida provisória proposta como tal para sair rapidamente, ainda no regime do antigo artigo 62 da Constituição Federal. Isso é uma proposta, desse setor, cuja atividade, sabem os senhores, apura os resultados e lucros de uma forma um pouco distinta, senão muito distinta daquela usual das demais empresas.

Muito bem, não é também uma sociedade em conta de participação, que como sabem os senhores é tributada separadamente dos resultados da sociedade ostensiva que a abriga. Este patrimônio de afetação, criado por essa medida provisória, tem por condão – e convido a todos para examinar os artigos 30 e seguintes da tal medida provisória – de alterar a forma de cumprimento de obrigações relativas ao imposto de renda, diferentemente daquelas que a sociedade, no qual ele está encravado, deva cumprir.

Talvez no próximo Congresso, certamente, no XVI Congresso Brasileiro de Direito Tributário alguns dos senhores trarão alguma luz a este debate, em relação a este assunto. Tal como há anos falamos de Internet, *business to business*, *e-commerce*, no último Congresso sobre atividades monopolizadas ou das entidades privatizadas, como "bichos do desconhecido", passamos já neste, e aparentemente do nada, a tratar desses temas em mais de uma mesa de debates. Muito obrigado. (*Palmas*).

Presidente da Mesa (Prof. José Artur Lima Gonçalves) – Antes de passar a palavra para o Dr. Nathanael, eu vou dizer que da próxima vez que apresentar o Sidney, eu vou chamar de Tio Sidney, por que no tempo em que ele estava vendo o Geraldo discutir com o Dória este assunto, eu estava no pré-primário...

O Dr. Nathanael Martins, advogado em São Paulo, membro do Conselho de Contribuintes, grande especialista na matéria, fará agora suas observações.

Dr. Natanael Martins – Boa tarde senhores. Eu agradeço mais uma vez o convite que me foi feito pelo IDEPE. Inicialmente registro que, evidentemente, não tenho experiência e talvez o tempo de trato da matéria como o Sidney, e muito menos o estudo do Paulo, e devo lhes dizer que pretendia falar sobre os §§ 1º e 2º do artigo 43 do Código Tributário Nacional. Mas, após as apresentações já feitas, pouco ou nada tenho a acrescentar ao que foi dito, por que comungo perfeitamente com o que o Sidney e o Paulo colocaram.

Realmente, a ficção jurídica em matéria de imposto de renda é, de fato, cabível, desde que no contexto que o tributo se insere, jamais para criar uma ficção de renda. Aliás, o Sidney mesmo comentou, a sociedade em conta de participação, sabem vocês, não tem personalidade jurídica, tem, porém, existência jurídica. Não obstante, para efeito de imposto de renda ela é equiparada à pessoa jurídica, e pela mão do seu sócio ostensivo é tributada pelo imposto de renda. Aliás, recentemente às sociedades em conta de participação até se estendeu a possibilidade de opção pelo regime de lucro presumido.

E lhes diria, também, que sei que muitos estão no lucro presumido e que não é só o problema da eventualidade de um processo de concordata ou de falência que levam tais sociedades a terem contabilidade, dada a necessidade do apontamento do que seria o efetivo lucro ou dividendo.

Isso porque, na inexistência da contabilidade, diz o Fisco que lucro ou dividendo é o que sobra da base presumida do lucro estimado após o pagamento dos tributos devidos pela sociedade, ao passo que se se tem contabilidade, lucro é aquilo que a contabilidade aponta. E, portanto, se a opção pelo regime de lucro presumido foi boa, por que caso contrário não se deveria ter feito a opção, certamente que o lucro ou dividendo, passível de distribuição isento de imposto de renda é muito superior à presunção que a lei estabeleceu.

Aliás, Sidney, ainda sobre o lucro presumido, penso que há um grande equívoco na lei. Lucro presumido é uma técnica de tributação, técnica de arrecadação com a qual eu concordo. Agora, como técnica ela só pode ser dada sob forma optativa, por isso me parece que a lei condicionar, antes mesmo do início do exercício financeiro, a opção pelo lucro presumido, é um desvio. O contribuinte teria que ter o direito, encerrado o ano calendário, querendo, poder, então, optar – e não obrigá-lo a, desde logo, optar, impossibilitando, no curso do ano calendário, alterar a sua opção. Mas esta é a técnica da lei.

Mas, como já de início lhes disse, abandonei a idéia de tratar do imposto de renda, pelo quê vou comentar um pouco, ainda que bem rapidamente, sobre a problemática das multas em matéria de tributos federais, embora esteja falando da Lei 9.430, de 1996.

É que hoje, em função de inúmeras autuações, a matéria está sob intenso debate. Isso porque, em primeiro lugar, a Lei 9.430 criou a figura da multa isolada e, em segundo lugar, criou o que denominei de instituto da graça.

O Código Tributário Nacional, como todos sabem, tem o instituto da denúncia espontânea, que evidentemente nada tem a ver com o denominado instituto da graça. Pois bem, no artigo 44 da lei, o legislador previu várias hipóteses de aplicação de multa isolada, uma delas aquela em que o contribuinte tenha recolhido o tributo sem a multa de mora. Por outro lado, há uma outra hipótese na Lei 9.430: aquela em que se aplica a tal multa isolada ao contribuinte que, sob o regime de estimativa (alternativa do legislador em matéria de recolhimento de imposto de renda), não tenha feito o recolhimento do tributo devido, aplicável ainda que no encerramento do período base este tenha apurado prejuízo.

Vamos por partes: aquele contribuinte que efetuou o recolhimento de um tributo sem a multa de mora, na literal dicção da lei, fica sujeito à multa isolada de 75%, como vários lançamentos de ofício assim o fizeram. Todavia, aquele contribuinte que nenhum recolhimento fez do tributo, também ficaria sujeito à mesma multa de 75%. Aquele que porventura tenha recolhido tributo espontaneamente, porém com a multa de mora de no máximo 20%, ficaria salvaguardado de qualquer penalidade e teria, até, sendo esperto, o direito de pleitear a restituição da multa, ao argumento de que o pagamento havia sido feito espontaneamente. Então, está se travando um intenso debate nas várias Câmaras do Conselho de Contribuintes, sendo certo que, recentemente, a 1ª Turma da Câmara Superior julgou a matéria tentando compatibilizar a multa isolada de 75% e o artigo 138 do CTN, e o que, eu diria, o denominado instituto da graça. E penso que o fez muito bem, dizendo que se o contribuinte fez o seu recolhimento ao abrigo do instituto da denúncia espontânea, dele não se poderia exigir nenhuma penalidade.

Dir-se-ia, então, como se disse: então estamos negando a aplicação da Lei 9.430. Ousei dizer que não. Tentei compatibilizar a multa isolada de 75% com o art. 138 do CTN e o denominado instituto da graça. Penso eu que essa multa isolada de 75%, disse no julgado de que fui relator, seria cabível naquele interregno em que o contribuinte é convidado, em face do instituto da graça, a recolher o tributo, por que ele não mais será espontâneo. São aqueles 20 dias de que trata o artigo 47 da Lei 9.430.

Na verdade, é mais um dispositivo que o Poder Executivo inseriu para, digamos, convidar o contribuinte a recolher o tributo antes da abertura do auto de infração. Então, o que o Conselho de Contribuintes – mais propriamente a 7ª Câmara – decidiu foi que, ao abrigo do 138 de CTN, nenhuma penalidade pode ser aplicável. Em contrapartida, penso eu, se ele está efetuando recolhimento após o início do termo de fiscalização, portanto não mais espontaneamente, na dicção do art. 138 do CTN, se não o fizer com a multa de mora, aí, sim, no meu entender, prevaleceria a multa isolada de 75%.

Como é que fica então a multa isolada àquele que descumpriu o regime a que ele se obrigou no início do período base de um determinado ano calendário de tributação? Penso eu, neste caso, sem discutir aqui se a multa é pesada ou não, por que ela também é de 75%, que esta deve prevalecer, por que o que está se autuando é a conduta a que o contribuinte se obrigou, descumprindo-a, porém. E não, propriamente, se o tributo seria ou não devido. Aquele que descumpriu o regime a que se obrigou, deve-se dele exigir a multa, como assim vem sendo julgado em algumas Câmaras do Conselho de Contribuintes.

Ainda falando de multa, agora porem a do artigo 63 da Lei 9.430. Lá está dito que aos débitos com exigibilidade suspensa, em face de liminar concedida em qualquer tipo de ação judicial ou em cautelar, não caberá lançamento de multa de-ofício na constituição do crédito tributário destinado a prevenir decadência; ou seja, é dever da Fazenda Pública lançar ou notificar o contribuinte para a constituição do crédito tributário, ainda que este esteja com a sua exigibilidade suspensa. (*interrupção da gravação*)

Diante disso, então, se indaga: obtida a medida liminar, e agindo o contribuinte em face dela, fica afastada, em qualquer hipótese, a aplicação da multa de lançamento de-ofício, ou dependeria esta da situação do processo no momento em que a fiscalização estivesse em ação? A 8ª Câmara do Conselho de Contribuintes disse que depende, aceitando o cabimento da multa de lançamento de ofício na situação em que o contribuinte tivera o azar de ser fiscalizado após a cassação da medida liminar que amparou o seu procedimento. Nesse contexto, o contribuinte que conseguiu uma proteção judicial, deve rezar para que a Fazenda Pública venha logo, notifique, e constitua o crédito, por que, aí, a fiscalização não lavrará nenhuma espécie de multa – por que se multa houvesse seria, quando muito, a de mora, que, inclusive, estaria interrompida pela liminar conseguida pelo contribuinte.

Penso que o enfoque da matéria não deva ser dessa forma, por que, então, nós teríamos a aplicação de multa conforme a sorte ou o azar do contribuinte. Penso eu, na dicção do artigo 63, que se o que se interrompe é a multa de mora, o que se reinicia, após a cassação de liminar, também é a multa de mora. Parece-me que o bem que o legislador quis prestigiar foi o princípio da boa-fé. Se o contribuinte foi ao Poder Judiciário e este entendeu que o caso posto tinha a fumaça do bom direito, não escondendo o contribuinte, da Fazenda Pública, que uma relação conflituosa emmatéria tributária entre eles estava se travando, não pode ser tratado como aquele que se esconde da obrigação tributária.

Por isso, então, o ônus que ele vai sofrer, será sempre o ônus da mora, já que nenhum ofício estaria tendo a Fazenda Pública na busca do crédito tributário, senão da necessidade de sua constituição. Então, penso que a multa de lançamento de-ofício é aquela que deve ser dada quando derivada do ofício do auditor fiscal do Tesouro Nacional e nos casos em que contribuinte foi ao judiciário, obteve a prestação provisória. É assim que, talvez pelos argumentos que estou lhes dizendo, a 7ª Câmara, por unanimidade de votos, vem decidindo. Com certeza esse assunto vai desaguar na Câmara Superior, que vai decidir qual seria, afinal, a multa aplicável se e quando o contribuinte se visse desabrigado da medida judicial que lhe dava cobertura. ... *(interrupção da gravação)* ...

PROF. SIDNEY APOCALYPSE – Foi tudo declarado assim que disponibilizado.

DR. NATHANAEL MARTINS – É verdade, é um assunto popular, sim, mas me parece que o que a instrução normativa naquela oportunidade fez, foi, digamos, compatibilizar a cobrança do tributo ou normatizar a cobrança do tributo aos ditames que serão utilizados pelo Supremo Tribunal Federal naquele julgamento do ILL, mas não é isso não. Eu sei do adiantado da hora, então eu paro por aqui. Muito obrigado, senhores. *(Palmas)*

PRESIDENTE DA MESA (PROF. JOSÉ ARTUR LIMA GONÇALVES) – Sem maiores delongas, pediria aos colegas que observassem o rapidíssimo intervalo de café, por que o Ministro Franciulli já chegou, e está com a agenda muito apertada; precisará sair em seguida. Por favor, 5 ou 6 minutos e voltamos. Obrigado.

CONFERÊNCIA

INCONSTITUCIONALIDADE E ILEGALIDADE DA TAXA SELIC PARA FINS TRIBUTÁRIOS

MIN. DOMINGOS FRANCIULLI NETO

PRESIDENTE DO CONGRESSO (PROF. JOSÉ ARTUR LIMA GONÇALVES) – Vamos dar início a esta Sessão de Encerramento do XV Congresso Brasileiro de Direito Tributário.

Compõe a Mesa, à minha direita o Excelentíssimo Senhor Ministro Domingos Franciulli Neto do Superior Tribunal de Justiça. Compõe também a Mesa à minha direita o Excelentíssimo Senhor Juiz Ciro Antonio Ribeiro de Souza, representando o 1º Tribunal de Alçada Civil do Estado de São Paulo. À minha esquerda, o Prof. Aires Barreto, Presidente do IDEPE. O Prof., conhecido de todos nós, Roque Antonio Carrazza, Titular de Direito Tributário da PUC. O Prof. Eugenio Doin Vieira, que é o nosso "encerrador" oficial.

Sem mais perda de tempo, passo a palavra ao Prof. Aires Barreto, que fará a saudação ao Conferencista.

PROF. AIRES BARRETO – Vamos ter agora o prazer, a oportunidade que há poucos é dada, de ouvir o Ministro Domingos Franciulli Neto, ilustre componente do Superior Tribunal de Justiça.

Coube-me o privilégio de saudá-lo e, para fazê-lo, quero destacar as duas faces do eminente Ministro Franciulli Neto. A primeira vou designá-la de profissional, formal. Desse prisma, Franciulli Neto é Bacharel em Direito pela Faculdade de Direito da Pontifícia Universidade Católica de São Paulo-PUC, turma de 1964, e iniciou sua brilhante carreira na Magistratura como Juiz Substituto da 20ª Circunscrição Judiciária, em Marília, em 1967.

Mais adiante, foi Juiz na cidade de Campinas, onde o conheci, em um curso de Direito Administrativo, em que o Ministro, embora pudesse ser um mestre de todos que ali se achavam, pois já era Professor de Direito Civil da Faculdade de Direito da Pontifícia Universidade Católica de Campinas, lá compareceu como simples participante. Desde então, ascendeu ao cargo de Juiz do 2º Tribunal de Alçada Civil do Estado de São Paulo, em 1979. Foi Desembargador do Egrégio Tribunal de Justiça do Estado de São Paulo, membro do Órgão Especial desse mesmo Tribunal de Justiça e, ali, poderia concluir sua atuação. Mas, desprendido como sempre foi, e marcado por espírito público marcante, incontestável, não se furtou, abnegadamente, a dedicar-se à Escola Paulista de Advocacia, nela criando, com os seus dois colegas, Jorge Celidônio e Hermes Pinotti, um curso, que coordenou por largo tempo, no Instituto dos Advogados, cujo objetivo era o de preparar jovens bacharéis para o ingresso na carreira da magistratura paulista.

Convocado a contribuir com o seu notório saber no Superior Tribunal de Justiça, não declinou da sua nobre missão de julgador, embora com um manifesto prejuízo para a sua vida pessoal, privando-o do convívio diuturno com os seus familiares, radicado que sempre foi nesta cidade de São Paulo. No novo sodalício, vem dando notável contribuição para o aperfeiçoamento e consolidação do nosso Direito Positivo.

Professor de Direito Processual da Faculdade de Direito de Pinhal, de 1973 a 1975. Professor de Direito Civil das Faculdades Metropolitanas Unidas até 1985. Conselheiro do Instituto dos Advogados de São Paulo. Coordenador do Curso Desembargador João Batista Roosevelt Sampaio, a que me referi há pouco. Acadêmico Titular da Academia Paulista de Magistrados. Escreveu inúmeros trabalhos, dos quais destaco, "Da inconstitucionalidade da Taxa SELIC para fins tributários" (e que será objeto de sua conferência de hoje), "Quebra do sigilo bancário pelo Ministério Público", "Direitos fundamentais do contribuinte". Entre outras condecorações, o Ministro possui o Colar do Mérito Judiciário instituído e conferido pelo Poder Judiciário do Estado de São Paulo e a Medalha do Mérito Cultural da Magistratura, outorgada pelo Instituto dos Magistrados do Brasil.

Eis um pouco da brilhante carreira do Ministro Franciulli Neto.

Mas disse-lhes que falaria sobre duas faces do Ministro; sintetizada a primeira, falo agora um pouco da segunda.

É preciso que se o veja ainda como homem e como julgador. Desses prismas, Franciulli Neto é homem limpo de mãos e cheio de respeito. É exemplo de dedicação e de saber e, sobretudo, de retidão. E, isso, senhores e senhoras, em ofício em que as palavras e o correr da pena são decisivos.

O Padre Vieira, num dos seus notáveis sermões, fala-nos da importância do ofício da pena e começa destacando a seguinte frase bíblica: "Ressuscitou, não está aqui", e com estas palavras, diz o evangelista que Cristo ressuscitou; mas, com as mesmas palavras, um herege pode dizer que Cristo não ressuscitou. Ressuscitou? Não. Está aqui! De modo que, só com um trocar de pontuação, com as mesmas palavras se diz que Cristo ressuscitou e é fé, e com as mesmas se diz que Cristo não ressuscitou e é heresia.

Vejam quão relevante, quão difícil é o ofício de uma pena. Ofício que com um mudar de um ponto, uma vírgula, um ponto e vírgula, da heresia pode fazer fé e da fé pode fazer heresia. Se da mudança de um ponto e uma vírgula pode resultar radical mudança em sentido tão diverso, que seria, se mudassem as palavras, se subtraíssemos algumas, se acrescentássemos outras, e que dizer então de frases, de orações de um discurso, que seria do maior emprego de parágrafos, de incisos, artigos, de capítulos de uma lei. Que seria, se sopesadas não fossem as peças, exames, perícia de relevo e argumentos decisivos? Vejam quanto pode o ofício da pena. Nisso, também, Franciulli Neto é exemplo. Sempre fez o mais adequado uso da pena. Se lhe imputarmos imperfeição, é porque é humano; mas é incontestável que é perfeito no seu propósito, perfeito em seus julgados, perfeito nas fundamentações, perfeito nas decisões equilibradas, por exaradas todas com os olhos na lei e o coração na justiça.

Franciulli Neto é daqueles julgadores que têm por disciplina a excelência, por cuidado, o zelo; por preocupação, o ser justo; por diretriz, a Constituição, por pautar-se às leis.

Eis um pálido perfil do nosso conferencista desta tarde. Vamos ouvi-lo. *(Palmas)*

MINISTRO DOMINGOS FRANCIULLI NETO – Excelentíssimo Senhor, Prof. José Artur Lima Gonçalves, Digníssimo Presidente deste Congresso e Presidente desta Mesa, Excelentíssimo Senhor Juiz Ribeiro de Souza, Juiz do 1º Tribunal de Alçada Civil do Estado de São Paulo, Professor Aires Fernandino Barreto, cujas palavras me calaram fundo, embora imerecidas. Professor Roque Carrazza, Professor Doutor Eugênio Doin Vieira, minhas senhoras e meus senhores, ilustres advogados, promotores, enfim profissionais do Direito.

O tema que me cabe aqui dissertar está vazado num trabalho de 57 laudas, de sorte que, se eu fosse ler esse trabalho, segui-lo *ipsis verbis*, levaria cerca de duas horas e quarenta minutos. Eu então iria, provavelmente, incorrer naquela pecha de um orador que começava os seus discursos dizendo *Deo gracias*, e Agripino Griecco, irreverente crítico da literatura brasileira, disse que melhor seria que essas palavras fossem usadas no final da peroração – mas não por ele, orador, mas pela platéia... Serei breve.Quero de antemão dizer qual a razão porque eu, de um modesto voto, fiz um artigo e uma pregação, que é esse caso da ilegalidade e, no meu entender, da inconstitucionalidade da taxa SELIC. E porque, como cidadão brasileiro, sinto que se nós não tomarmos pulso firme, provavelmente iremos caminhar, senão para o regime ditatorial, pelo menos para uma anomia, para um enfraquecimento de normas, porque já não é mais possível suportar a carga tributária que pesa sobre o cidadão brasileiro. Eu então me sirvo aqui de palavras de Victor Uckmar quando disse que as liberdades, a história nos ensina, são geralmente violadas por disposições fiscais. Numa das primeiras decisões de Direito Constitucional Tributário, uma decisão da Suprema Corte Americana, proferida em 1819, foi lançada a advertência de que o poder de taxar também envolve o poder de destruir. Tal advertência, até hoje bastante válida, é, muitas vezes, infelizmente, esquecida por aqueles que elaboram as leis tributárias. Esse é um ensinamento que se encontra inserto em *Princípios Comuns de Direito Constitucional Tributário*, traduzido e com notas do excelente tributarista pátrio Marco Aurélio Greco.

Pois bem senhores, o que eu quero lembrar aos senhores hoje, ainda que, em rápidas pinceladas, é o caso particular da SELIC. Poderia até discorrer sobre outras, não é apenas na SELIC que ocorre um verdadeiro descalabro fiscal. Nós estamos aí sentindo, por exemplo, o que ocorre com os pedágios. Não me conformo: quando a pessoa adquire um automóvel, pressupõe-se que a pessoa adquire o automóvel para rodar, para andar, ninguém adquire um automóvel para deixá-lo na garagem parado. Quando se adquire um automóvel paga-se IPI, paga-se ICMS, depois a taxa de licenciamento (e hoje, por sinal, um pouco antes de vir para cá, as autoridades anunciavam a nova tabela do IPVA – como se fosse uma grande vitória uma diminuição que eles dizem, que depois vamos conferir se é real de 20%), e todos nós sabemos que o IPVA é realmente brutal. E, não obstante, se nós tivermos que ir, por exemplo, de São Paulo a Campinas, iremos pagar dois pedágios de cerca de R$ 6,10, o que dá R$ 12,20. Ora, um carro econômico provavelmente não gastará isso de combustível, porque de São Paulo a Campinas são 90km, mais ou menos por aí. E o pior é que depois eles alegam, com a maior desfaçatez, que se trata de um preço público, então poderíamos responder: que raio de preço público é esse que o contribuinte não tem outra alternativa, a não ser que dê voltas e mais voltas em estradas de terra, secundárias e esburacadas? Então, evidentemente que isso é uma taxa e, quando vinha para cá em companhia do Professor Aires Barreto, ele me dizia que até tem um trabalho em co-autoria com o saudoso Geraldo Ataliba, sustentando que realmente é uma taxa, e, aliás, agora, ainda recentemente, o Supremo Tribunal Federal reafirmou essa tese. É uma taxa. Pois bem, sendo taxa deveria se submeter aos princípios básicos do Direito Tributário, anterioridade, legalidade. Os pedágios sofrem constantes aumentos sem a menor satisfação para o público. Eu então me lembro que, um dia, uma senhora estava parada num pedágio, justamente de São Paulo para Campinas, porque o pedágio havia sido alterado, o preço elevado e ela tinha levado o dinheiro contado do pedágio, sei lá porque, e estava lá encostada no acostamento porque não recebem cheque (porque cheque não é dinheiro; cheque é, nos livros, uma ordem de pagamento à vista, mas o cheque não é todo o mundo que aceita; imagina se essas empresas concessionárias iriam receber cheque!) Resultado: precisei, precisei não, ela me pediu e eu paguei o pedágio a ela, e ela me deu um chequezinho, naquele tempo era a diferença do que ela tinha em dinheiro de dois Reais e pouco, eu não queria aceitar de jeito nenhum, mas ela fez questão e eu acabei pondo o cheque no bolso e depois acabou a minha calça sendo lavada com o cheque. O pior seria se ainda a calça fosse ficar desbotada com aquele cheque...

Pois bem. Mas então os senhores irão ver que não estou com implicância com a SELIC. Estou muito à vontade, porque entre outros, aqui na mesa, temos o tributarista Prof. Roque Carrazza, e quem leu os livros do Prof. Roque Carrazza, fala: "pelo amor de Deus, esse autor vê inconstitucionalidade em tudo" (*risos na platéia*). Mas não é que ele vê inconstitucionalidade em tudo; é que os nossos economistas são uns exímios inventores. Só para citar um, porque ele está aqui na minha presença e provavelmente verá que não é exagero nenhum.

Em matéria, por exemplo, de ICMS, eles só não fazem, só não deixam chover, porque criam o ICMS para frente, o ICMS para trás, o ICMS de um bem que não foi ainda vendido, como acontece, por exemplo, com os automóveis. Há uma substituição tributária para frente; então, o que se faz no ato de a fábrica passar o automóvel para a concessionária? Estima-se o valor que terá esse automóvel vendido para o consumidor final. Ora, se por qualquer razão a venda não se efetuar ou se, num momento como o presente, dada a competitividade, dada a crise de mercado, a venda for efetuada a menor, evidentemente que aí surgem outros problemas, porque já se recolheu o ICMS. Então há o problema da diferença e de quem pode pedir a restituição do indevido: é o substituído, é o substituto? Enfim, essas e outras coisas, que eu levaria, aqui, a palestra propriamente toda para dizer.

Mas com a taxa SELIC o que acontece? A taxa SELIC, eu aqui vou precisar ler para ser fiel, mesmo porque de economias não entendo muitíssimo, quer dizer, não entendo nada de nada, mas de economia muito menos: "Com o grande crescimento do volume de negócios com letras do Tesouro Nacional, que eram efetuados sobre a forma física e na modalidade ao portador, fez-se necessária a criação de instrumento capaz de substituir os papéis. Criou-se destarte uma central de custódia para as LTNs substituindo o peso físico dos papéis por dados digitais. Aprimoraram-se os sistemas com o decorrer do tempo até chegar aos atuais, conhecidos pelas siglas SELIC e SETIP. Criada em 1986, a Central de Custódia de Liquidação Financeira de Títulos-SETIP, destina-se exclusivamente ao registro e custódia dos créditos securitizados da União, da dívida agrícola, dos Títulos de Dívida Agrária-TDA e dos Certificados Financeiros do Tesouro-CFT".

Vou abrir aqui um parênteses para dizer aos senhores como a coisa anda em nosso país, que nem a Fazenda – mas nem a Fazenda! – aceita penhora de títulos da dívida agrária, que é um título do Governo, presumivelmente um título bom, não se pode falar que é um título podre. Pode? Não, não é? Pois bem, se um devedor for apresentar os títulos da dívida agrária como garantia de seu crédito, a própria Fazenda diz: "não, não aceito, porque esses títulos não têm valor em Bolsa e não são comercializáveis". Daí os senhores vêem como é que as coisas estão sendo tratadas em nosso país. E hoje, eu que já passei dos 65 anos de idade, então entendo, já no crepúsculo da minha carreira, que não podemos mais ficar quietos. Eu aceito estas oportunidades, como a de hoje, para pelo menos dizer aos jovens que não é mais possível essa complacência de nossa sociedade para esses descalabros. Não é mais possível assistirmos o Estado de São Paulo, com 50 a 60 homicídios por semana, e assistirmos isso de braços cruzados, achando que não há solução para nada – agora, parafraseando Roberto Campos, que está muito na moda, que faleceu há pouco tempo – , chegou-se ao ponto de privatizar a pena de morte. Por que? Porque se combate a pena de morte estatal, quer dizer, aquela pena de morte que é aplicada depois de um devido processo legal. Quero abrir um parênteses: não sou favorável à pena de morte porque acho que com a minha experiência de juiz entendo que não resolve o problema criminal. Não é isso. Mas o que quero dizer é o paralelo. A nossa sociedade, por exemplo, combate a pena de morte legalizada, mas, no entanto, está assistindo à pena de morte praticada por quadrilheiros, por traficantes que se não receberen o produto do tóxico, matam; e nós estamos de braços cruzados, achando que isso é a coisa mais natural do mundo.

O que acontece nesse campo, acontece também na matéria de tributos.

O sistema especial de liquidação e de custódia – então, vejam bem, a SELIC antes de ser uma taxa, é um sistema, um mecanismo eletrônico centralizado de controle diário da custódia, liquidação e operação de títulos públicos através de computadores –, de títulos públicos. Foi criado em 14 de novembro de 1979. Basicamente o SELIC foi criado para dar mais segurança, agilidade e transparência aos negócios efetuados com títulos. No objetivo da taxa SELIC, já em seus primórdios, havia cálculos sobre os rendimentos do sistema especial de liquidação de custódia SELIC. Sua formalização, contudo, apenas se deu, pela primeira vez, por meio da Resolução 1.124, de 15 de junho de 1986, com a instituição da taxa SELIC como rendimento definido pela taxa média ajustada dos financiamentos apurados nesse sistema, com o objetivo de remunerar as letras do Banco Central, cujos cálculos eram feitos sobre o valor nominal e pago somente na data de seu resgate. Isso aqui até parece coisa de louco, não é? ... (*interrupção da transmissão*) ... altamente, depois até quem quiser é só me pedir por *e-mail* qualquer coisa, eu passo, porque é uma coisa do outro mundo. Olha a taxa, o cálculo aqui: EL1XV – o E, elevado à enésima potência, divido por JN que, por sua vez, é dividido por E elevado a enésima potência e multiplicado por V1. Mas isso é dentro de um pequeno parênteses, que depois faz parte de um colchete maior que tem -1, esse é bonito... (*risos e palmas*). Aí, fecha-se o colchete, multiplica-se por 100% ao ano. O L e J é o fator diário correspondente à taxa da J ésima operação, o VJ, é o valor financeiro correspondente à taxa da J ésima operação. N é o número de operações que compõem a amostra.

Pois bem. É uma coisa para não funcionar... Os mais antigos devem estar lembrados que houve, logo nos primeiros tempos da Revolução, uma simples lei de locação – talvez agora esteja falando só para jovens, e os jovens não estão sabendo disso –, mas podem pegar a Lei do Inquilinato do ano de 1964, que tinha uma fórmula para calcular o valor do aluguel (*risos*), mas era uma fórmula justamente para o locador não entender, para o locatário, muito menos, e para deixar o juiz de cabelo em pé, porque o juiz, como geralmente quem vai para o Direito, para a Magistratura, é pessoa não afeitas às contas, porque não gosta de Matemática... Agora vêm me colocar uma fórmula dessas para calcular a taxa SELIC? É coisa de ficar louco... Mas nós estamos num país de loucos...

Vocês querem um exemplo? Com os diversos planos econômicos, tivemos pelo menos umas três eliminações de três zeros, umas três vezes, não é? Tivemos cruzeiro velho, cruzeiro novo, cruzado velho, cruzado novo, e índices de correção monetária dos mais variados possíveis, IPC, INPC, TR, o diabo a quatro. Pois bem, se havia uma coisa que era necessária para o bom andamento da Justiça, era um cartório de contador para fazer cálculos, porque não é fácil. Se eu perguntar para os senhores, agora, o equivalente a 10 mil reais, o equivalente desse valor há 20 anos, eu duvido que alguém de pronto diga qual é o valor. Pois bem. O que os nossos processualistas fizeram? Pura e simplesmente resolveram eliminar a conta judicial para ressuscitar (ressuscitar mesmo, o termo está correto) uma tal de "memória de cálculo", que já vinha das Ordenações Filipinas, quando as coisas eram facílimas, quando a coisa era mil réis, pataca não sei do que, tostão, que aí as contas eram fáceis. Hoje, o que está acontecendo? Está acontecendo que foram eliminadas as contas do contador e o que está havendo? Os escritórios maiores, os que podem contar com uma boa assessoria, até que apresentam esses cálculos à Fazenda do Estado, como sói acontecer, ou então fazem impugnação genérica – ou asnática, às vezes –, e vai para o juiz; e o juiz o que faz? Homologa a conta, porque também não entende, e também não dá para entender. E acabaram depois descobrindo que isso levou, até aqui, no Estado de São Paulo, a absurdos, a indenizações milionárias, que hoje nós, lá, no STJ, temos tentado consertar isso. Está difícil, porque a matéria do STJ é só matéria de direito, não é matéria de fato, e tem que se examinar essas coisas todas.

Mas vou agora dar qual é a definição atual da taxa SELIC, correndo um pouco, senão vamos não ouvir nada de taxa SELIC, e vocês vieram aqui para isso. A taxa SELIC é calculada sobre os juros cobrados nas operações de venda de título negociáveis e operações financeiras com cláusula de compromisso de recompra e não sobre a diferença entre o valor de compra e de resgate dos títulos. A taxa SELIC reflete a remuneração dos investidores para a compra e venda dos títulos públicos e não os rendimentos do Governo com a negociação e renegociação da Dívida Pública Mobiliária Federal Interna-DPMFI.

Então, que essa taxa exista para o mercado de ações, para o mercado financeiro, vá lá. O que não é possível é que se pegue essa taxa SELIC, que hoje está em 19% – mas se os senhores fizerem um exame, um retrospecto ou puxarem pela memória, vão ver que em passado não muito remoto ela já chegou ao absurdo de 44 ou 48% ao ano, o que não tem justificativa nenhuma numa economia de moeda que se diz estável. Nos países de moeda estável, juros acima de 7% ao ano, já são juros escandalosos; agora, o que dirá juros que chegaram a 44%, 48% ao ano. Pois bem. Pegaram essa taxa SELIC para ela funcionar como se juros fossem em matéria de Direito Tributário; e não é só aí que está o problema, não só como juros moratórios. Pois bem, temos um Código Tributário Nacional, que eu acredito ser um diploma que veio à lume para valer, não está lá apenas para enfeitar. Esse Código Tributário Nacional foi guindado à categoria de lei complementar, por não haver uma lei complementar; então é pacífico que o Código Tributário Nacional deve ser entendido como lei complementar, tem a mesma categoria de lei complementar, que diz que os juros não podem ser superiores a 12% ao ano. Então, aplicando-se a taxa SELIC, hoje de 19%, também é um absurdo, mas quando estava a 44 a 48%, vai ver a diferença que isso vai dar no resultado final a ser pago pelo contribuinte!

O Dr. Roque Carrazza tem se cansado de dizer o que vou dizer agora, o Prof. Geraldo Ataliba, também, até para usar as palavras dele mesmo, eu vou reproduzi-las. Como observam o Geraldo Ataliba e José Artur Lima Gonçalves, na verdade, o *quantum* a ser desembolsado é o que afinal vai interessar, sendo tudo mais instrumental do implemento das garantias que a Constituição dá; daí a razão pela qual a fixação do *quantum* direta ou indiretamente está subordinada à legalidade. Então, em matéria tributária o que precisaria haver para legitimar a cobrança da SELIC? Uma lei, uma lei dizendo como é calculada a SELIC, porque o que a Fazenda tem ... *(interrupção da gravação)* ... porque para a Fazenda é interessante. A Fazenda, quando é matéria de restituição de tributo, vem e fala: "olha, a taxa SELIC é ilegal, é inconstitucional", mas quando é para cobrar o tributo, fala: "não, a taxa SELIC pode e deve ser cobrada". Então, durma-se com um barulho desses!

Pois bem, mas não são só juros moratórios. Se os senhores forem parcelar o pagamento do Imposto de Renda, essas parcelas estarão sujeitas à taxa SELIC, então o que é, são juros moratórios? Não são, são juros remuneratórios. Pois bem, nesse trabalho, eu, achando que nessa coisa "havia coisa", acabei várias vezes pedindo informações ao Banco Central – e, interessante, há verdades que precisam ser ditas, o Banco Central não sonegou –, nesse meu trabalho, eu apresento as respostas que obtive, ora por telefone, ora através de *e-mails*, *fax* etc.; o Banco Central não sonegou e o próprio Banco Central acabou – não vou ler aqui para não tornar a palestra mais maçante do que é – admitindo que ela ao mesmo tempo funciona como sucedâneo dos juros compensatórios, dos juros moratórios e também – não poderiam falar que era correção monetária, porque não faria sentido uma correção monetária aplicada antes de ocorrer o fenômeno inflacionário – , falam, então, que é uma expectativa para amenizar a possível flutuação da moeda. O que é isso? Isso é correção monetária. É o que se pretendeu fazer com a taxa referencial, a TR; quis se fazer a mesma coisa, quis se aplicar à TR como coeficiente de correção monetária, até que a matéria chegou ao Supremo Tribunal Federal que falou: "Não! Vamos parar". A TR mede a avaliação da remuneração de títulos, mas não é coeficiente de correção monetária, porque correção monetária se afere analisando o aumento de preços da cesta básica, de inúmeros produtos, mais de 300 a 400 itens.

Então, no meu entender, e aqui existem exímios tributaristas que poderão dizer com muito mais propriedade do que eu – porque eu não sou, como já disse, não sou especialista em nada; lecionei Direito Civil, mas isso já faz muito tempo, até 1985 – eles poderão dizer com mais propriedade do que eu. No meu entender, é necessário para se aplicar a taxa SELIC, para fins tributários, primeiro uma lei anterior e, em segundo lugar, dizer quais os critérios para apuração dessa taxa SELIC para que o contribuinte tenha condições de, mais ou menos, saber quanto ele vai pagar. Vamos supor que a obrigação é assumida hoje. Se, de repente, a situação da Argentina piorar, se essa situação internacional piorar, então a taxa do SELIC de 19% irá pular para 30 ou 40%; o contribuinte vai ser obrigado a pagar isso? Não. Então, não criada a taxa SELIC para fins tributários, são inconstitucionais as leis que determinam a sua cobrança em impostos e contribuições previdenciários. Em matéria de tributação, nesta incluída as contribuições previdenciárias, os critérios para aferição da correção monetária e dos juros devem ser definidos com clareza pela lei. A taxa SELIC vem sendo indevidamente aplicada, ora como sucedâneo dos juros moratórios, ora dos juros remuneratórios, sem prejuízo de sua conotação de correção monetária. A taxa SELIC é de natureza remuneratória de títulos. Títulos e tributos, porém, são conceitos que não podem ser embaralhados, por que? Porque quem negocia com títulos, pratica um ato voluntário; agora, quem paga imposto é obrigado a praticar um ato coativo, um ato de império. E até onde eu sei, com 65 anos de idade, até hoje eu nunca vi ninguém pagar imposto rindo, "vou pagar porque é bom...", mormente num país que a destinação fica... (*interrupção da gravação*) O que não entendo é isso: pagam-se os impostos, os impostos são para as necessidades gerais da Administração, e o que vem acontecendo? Para qualquer coisa cria-se uma taxa, cria-se alguma coisa. Pretendeu-se, a guisa de se resolver o problema da segurança pública de São Paulo, cobrar uma taxa por ligação telefônica, se não me engano, 1% das contas telefônicas. Então, pergunto, para onde é carreado o volume arrecadado com impostos? Se pelo menos o Estado cumprisse bem as suas atividades primordiais, muito bem, que é em matéria de segurança, de Justiça, de infra-estrutura, de educação e de saúde. Em nenhuma esfera a coisa está funcionando bem. A educação está esse descalabro que existe aí. A Justiça, mormente aqui em São Paulo, vocês estão vendo a greve que assola o Judiciário hoje em dia. Saúde, também não. Então, para onde vai? E quantos tributos temos hoje? Nem sei, para dizer a verdade. Havia contado entre tributos e contribuições 62, têm mais? Eu não sei, porque perdi a conta, eu já sou meio ruim de conta – 62 tributos, não é?

A taxa SELIC cria a anômala figura do tributo rentável. Os títulos podem gerar rendas, os tributos *per se* não. É como eu disse, no parcelamento do Imposto de Renda o que se está fazendo, está se tornando a contribuição coativa rentável. O emprego da taxa SELIC provoca enorme discrepância com que se obteria se, ao invés dessa taxa, fossem aplicados os índices oficiais de correção monetária, além dos juros legais de 12% ao ano – e nesse meu trabalho eu faço uma comparação entre a taxa SELIC e todos os principais índices medidores da inflação. Com tudo isso – se é que essa inflação está sendo refletida por índices fidedignos –, com tudo isso, a taxa SELIC ganha, mesmo com 19% ao mês, disparadamente, do que qualquer aplicação do índice oficial com mais os juros legais de 1% ao mês. Aplicada a taxa SELIC, o aumento de tributos seria inespecífico a respeito, o que vulnera o art. 150, I, da CF, a par de ofender também o princípio da anterioridade, porque todos mês a taxa SELIC é fixada; então não se respeita a anterioridade. Mas não só se fixa a taxa SELIC, cria-se uma válvula de escape. Isso se chama "viés". Esse viés o que é? Esse viés é um poder que o Banco Central tem de, eventualmente, no decorrer do mês, corrigir a taxa, porque se não tiver bom 19%, vou passar para 19,5, para 18,5 e tal. O que, aliás, torna mais claramente demonstrado que não pode ser aplicado para tributos, ofende os princípios da anterioridade, da indelegabilidade de competência tributária e da segurança jurídica. Por que? Porque a taxa, para ser aplicada no Direito Tributário, deve ser definida por lei, que é uma atribuição do Poder Legislativo e, no entanto, quem fixa a taxa SELIC é o tal do Comitê do Banco Central, que se reúne mensalmente para fixá-lo. Então, é o Executivo – estou dizendo algo que não vou insistir muito nisso porque agora que a coisa está começando a ser discutida –, a Fazenda alega até argumentos *ad terrorem* tal que seria um descalabro se cancelar, agora, a taxa SELIC, etc. e tal; absolutamente não estou dizendo que a taxa SELIC é ilegal para correção de orçamento, nada disso. Se bem que outro dia uma entidade assistencial jurídica dos municípios me mostrou, mas ainda não tive tempo de estudar, dizendo quanto os municípios perdem com essa chamada aplicação – chamada não, com a taxa SELIC – nessa questão de redistribuição de verbas. Mas isso ainda não vou me aprofundar, porque recebi esse material há pouco tempo, ainda não tive tempo de estudar melhor.

Pois bem. Alguns tributaristas estão com receio de abraçar essa causa, mormente alguns grandes escritórios, que têm muitos clientes com restituição de pagamento de tributos indevidos – porque o que há de tributos que foram pagos, tributos e contribuições que depois foram declarados inconstitucionais pelo STF é uma coisa de louco, porque chegou-se a pagar uma contribuição na aquisição de veículos, chegou-se a pagar uma contribuição para combustível. Cada vez que se enchia o tanque, qualquer importância de combustível no tanque do automóvel estava se contribuindo coativamente para o Governo. Essas e outras taxas e contribuições previdenciárias foram depois tidas como inconstitucionais. Então, é evidente que o contribuinte tem o direito à devolução, à repetição do indébito. Então esses grandes escritórios alegam o seguinte: isso é uma via de mão dupla. Se dissermos que a taxa SELIC é inconstitucional e ilegal, como é que vamos poder reclamá-la na restituição de impostos indevidamente pagos. Mas aí reside um equívoco, data vênia dos que pensam em sentido contrário, um equívoco basilar, porque, evidentemente que amanhã, declarado inconstitucional um tributo ou uma contribuição, é evidente que a restituição tem que se fazer, independentemente de ter havido ou não cobrança, com a inclusão da malfadada SELIC. Tem que se fazer pelo total que o contribuinte desembolsou em nome de princípios elementares de direito, princípio de se restituir na íntegra, ou o princípio do *status quo ante*, de se devolver o patrimônio do lesado ao estado anterior; então, não vejo porque há uma resistência nesse sentido.

Eu já falei para os senhores da violação do CTN. Aí, o argumento que a Fazenda apresenta é que os juros podem ser fixados por lei ordinária. O que acontece é uma leitura razoavelmente imparcial do CTN. O CTN diz mais ou menos o seguinte – não estou com o texto aqui, não me lembro bem: os juros são fixados em 12% ao ano, a menos que lei ordinária disponha em sentido contrário. Qual é a conclusão que se tira de uma boa interpretação desse dispositivo? Que a lei ordinária poderá estabelecer um percentual menor do que 12% ao ano, mas nunca um percentual maior. É o que eu também penso e deixo aqui para os ilustres tributaristas pensarem e evocar esse pensamento. Porque também tem uma coisa: nem sei se isso vai vingar, porque num incidente de inconstitucionalidade que eu argüi, a matéria não passou de um exame preliminar, porque é o tipo da coisa que – eu me lembro aqui, vou abrir um parênteses – , é muito árida e a gente precisa brincar um pouco para suavizar a mente.

Eu me lembro de um juiz do Estado de São Paulo, Dr. Antônio Camargo Madureira, ele era famoso pelas tiradas que tinha – entre outras coisas ele colocou no sítio dele o nome de "Santo Antônio dos Embargos de Terceiro"... E o interessante que ele dava aos bois nomes de Desembargadores. E, segundo ele – eu tive a oportunidade de conhecê-lo em Campinas, porque ele, já aposentado, ia, às vezes, trocar idéias (trocar não, eu que só ganhava idéias dele porque ele era muito espirituoso) – , só colocava o nome nos bois segundo o temperamento de cada Desembargador. O boi bravo era o Corregedor tal, que naquela ocasião era bravo; o boi mais quietinho era outro... Bom, então, o Dr. Antônio Camargo Madureira, um dia, pega um processo em Monte Aprazível, em que 12 ou 13 juízes haviam se dado por impedidos. Por uma dessas coincidências do destino, eu lá fui parar – aliás, quando eu comecei a carreira, minha santa mãe, saudosa mãe, disse: "você vai longe!" e eu acabei mesmo indo; fui parar lá em Auriflama, e fui acumular General Salgado, são seiscentos e tantos quilômetros da Capital, e eu que era um paulista do asfalto, seiscentos quilômetros de estrada de terra... No dia que entrei na sala e vi a mesa, eu estava certo que era todo o movimento da comarca, e era um processo só; e um dos advogados era um dos mais famosos civilistas daquele tempo em matéria de possessória – muita gente aqui talvez o conheceu, Dr. Líbero Luchesi, na Alta Araraquarense e o Dr. Benedito Macaro de Matos, Dr. Carina Mogiana, eram os grandes entendedores de possessória. Monte Aprazível naquele tempo era uma comarca que ia até as barrancas do Rio Paraná, era comarca maior, por exemplo, do que a Suíça, pegava todos aqueles municípios circunvizinhos – e lá veio o juiz, sentiu-se por suspeito porque havia aconselhado as partes. Outro, porque era primo não sei de quem das partes, outro porque não sei o que lá. Aí o Dr. Madureira (ele era o décimo primeiro ou décimo segundo juiz) deu um despacho: "Neste pau que tem cumbuca eu não boto a mão".

E parece que ninguém está querendo botar a mão no mérito da taxa SELIC também; então, estou achando que deve ter alguma coisa...

Agora vejam bem, às vezes a lei manda aplicar a taxa SELIC e, não satisfeita com isso, mais a correção monetária. Se não me engano, aqui, o Estado de São Paulo, o senhor precisa até conferir, corrigiu isso; a lei estadual paulista parece que diz que quando se aplica a taxa SELIC não se aplica a correção monetária. Mas em contribuições previdenciárias e outros tributos, têm-se aplicado as duas. Então aí também há um evidente *bis in idem*, duas vezes uma mesma entidade sob o mesmo título. Já falei do princípio da indelegabilidade de poderes. Mas outra coisa, é que a taxa SELIC também é fixada depois do fato gerador e do ato unilateral do Executivo em matéria de atribuição –já tenho dito, mas é bom insistir –, exclusiva do Legislativo. Sem fixar os nortes, as balizas e os critérios para a sua mensuração, o que fere além do princípio da indelegabilidade e da anterioridade.

Aqui tenho outras considerações que o tempo não me permite fazer. Apenas dizendo isso, eu sairei daqui sumamente grato e satisfeito. Eu considero isso, a essa altura da minha vida, uma honra muito grande, mas eu encaro isso como trabalho. Eu sei que trabalho no Brasil é uma coisa muito séria, tão séria que quando meia dúzia de operários estão trabalhando, coloca-se até uma placa, "Homens trabalhando". (*risos na platéia*) E se isso for numa estrada, coloca-se a 100 metros antes, "Homens trabalhando", a 200 metros "Homens trabalhando". Isso deu ensejo a um colega meu para um dia ele querer dar uma de gaiato; aí ele parou, porque ele já estava cheio de tantas placas e precisava desviar, parou e disse para os operários: "Olha, parabéns, os senhores estão trabalhando". Aí um dos operários o mandou para aquele lugar... (*interrupção da gravação*)

SESSÃO DE ENCERRAMENTO

PRESIDENTE DO CONGRESSO (PROF. JOSÉ ARTUR LIMA GONÇALVES) – Eu aproveitaria para avisar aos colegas que estará sendo elaborado documento sintetizando as conclusões do Congresso, que será oportunamente disponibilizado. Antes de passar a palavra ao Prof. Eugênio Doin Vieira, gostaria de agradecer à Comissão que se encarregou deste trabalho difícil de elaboração das conclusões, formada pela Margarida Moura, Fabiana Atalla, Décio Porchá, Flavia Carrazuni, João Rojas e Moacir Derré.

Agradeço também, na pessoa do Prof. Roque Carrazza, todos os professores que disponibilizaram o seu tempo para virem aqui ter conosco.

Agradeço ao Prof. Eurico De Santi pelo seu empenho na Comissão de Trabalhos, a Prof. Maria Leonor na Coordenação Geral e ao Sidney Apocalypse, meu ancião amigo, na Comissão Organizadora.

Esses agradecimentos, obviamente, são feitos pessoalmente, a pedido do Presidente do Instituto Geraldo Ataliba, Prof. Ayres Barreto e em meu nome próprio.

Agradeço, finalmente, a todos vocês congressistas, que, junto aqui conosco, propiciaram estes momentos tão agradáveis, e passo a palavra ao Prof. Eugênio Doin Vieira para o encerramento. Muito obrigado!

PROF. EUGÊNIO DOIN VIEIRA – A manhã de outono surgiu radiosa e bela. Em poucos minutos, roncavam os motores do pássaro de aço e a bordo dele, num episódio inusitado, uma centena de almas prenunciava o seu destino próximo. Mais alguns instantes e o gigantesco artefato, num episódio digno da descrição de Dante, explodiu de encontro à arquitetura esbelta do gigantesco edifico. Decorreram, alguns poucos minutos e agora, já diante da expectativa, surpresa e incrédula de cerca de 1 bilhão de pessoas, graças aos recursos modernos da comunicação televisiva, novo pássaro, nas mesmas condições arremeteu contra o edifício vizinho. As chamas alcançaram altura inusitada e, dentro em pouco, ruíram aquelas duas obras primas do engenho humano. Com uma delas veio por terra o sentimento da estabilidade da segurança, com a outra, ruíram as esperanças da vida em paz entre os homens.

11 de Setembro, marcou um minuto psicológico na história da humanidade. A partir de então, dos países tanto mais civilizados a histeria e o pânico começaram a se espalhar. E o pássaro de aço, que até bem pouco era um instrumento da comunicação, do transporte, do lazer, transformou-se num fantasma da destruição temida por todos. E até mesmo o velho e tradicional carteiro, recebido sempre com júbilo, por que trazia notícias afetuosas dos queridos distantes, passou a ser temido como emissário do pó branco, que destrói e mata inapelavelmente.

Enquanto isso, Senhor Presidente, neste clima, na mui leal e valorosa cidade de São Paulo, cerca de meio milhar de pessoas se reúne para discutir temas, como se diz hoje, pontuais, questões de Direito Tributário. E falo então sobre o IPTU e sua progressividade, esquecido de que não é só uma norma legal que suprima a incidência do IPTU, também um artefato humano, bem direcionado, coloca por terra toda uma construção, fazendo desaparecer o fato gerador.

Discutiu-se o uso do subsolo e a tributação deste uso e do espaço aéreo, sim, do espaço aéreo. As contribuições sociais novas e sua eventual inconstitucionalidade, as alterações recentes no Código Tributário Nacional. O exame das não existentes, mas estudadas, normas elisivas. E hoje, e agora, esse bem humorado discretear sobre a taxa SELIC, um tema árido, árduo, posto de forma tão grata e tão agradável.

Estaremos, Senhor Presidente, fora deste mundo contemporâneo? Viveremos nós ausentes e abstraídos do que se passa no resto do Universo? Parece-nos que há ensejo, neste encerramento, quando as teorias aprofundadas e a melhor técnica de estudos judiciais aplicados ao tributo dão lugar à emoção e ao calor das despedidas, parece-nos um momento para meditação. É mister saibamos colocar na dimensão universal da vida humana este episódio que nos agride e nos violenta. Somos, senhores Congressistas, centelhas da divindade, somos criaturas predestinadas à evolução e ao progresso. Temos um compromisso, sobretudo, nós, os eleitos nessa sociedade do terceiro mundo, temos um compromisso com a vida. Na sua infinita bondade o Criador de todas as coisas, não nos fez Osama Bin Laden; também bondoso não nos fez George W. Busch. Fez-nos como somos nós, nas nossas limitações e nas nossas potencialidades. Fez-nos cultores do Direito, para manifestarmos as nossas preferências legais, as nossas conotações valorativas, as nossas opções axiológicas – e estas opções, estas conotações e essas preferências, não são fluídos, não são humores, não são secreções de uma soma de um corpo físico, são resultados de uma elaboração de algo maior, mais profundo e mais eterno, que vive em nós.

Senhores Congressistas, nós não somos perfeitos. Kelsen diria que a pessoa jurídica é um plexo de direitos e obrigações. O ser humano é um plexo de qualidades e de defeitos. Não sejamos rigorosamente exigentes conosco mesmos. Não somos perfeitos. Mas temos um dom magnífico que é o da perfectibilidade. Fomos criados para traçar esta jornada da lama para as estrelas, buscando, a cada dia e a cada passo, nos tornarmos melhores. É a obrigação que temos perante nós mesmos – não me importa se nesta eventualidade de vida física a natureza nos doou com portentos de inteligência e de inspiração ou com a modéstia do trabalho laborioso.

Cada um fará a sua tarefa de acordo com as suas dimensões, mas é responsável por ela. Esse nosso encontro não é apenas um encontro de estudiosos do Direito Tributário; é um encontro de criaturas humanas, que precisam valorizar-se perante si mesmas e cumprir o seu dever na comunidade. Realizar os efeitos do sal da terra, do fermento dos homens, de que nos fala a lição bíblica.

Estamos reunidos no XV Congresso, estamos reunidos fraternalmente, estudando o Direito, mas buscando também vibrar na consciência os nossos compromissos diante da vida. Queremos – por força da própria mensagem que nos é atribuída, já que ao veterano professor da província, atraído pelas luzes da cidade grande, se atribui a tarefa maior de falar pelo plenário, de falar pela Mesa – queremos registrar os nossos agradecimentos pessoais a todos aqueles que deram competência, valor e brilho a esse Congresso; à direção do IDEPE; à direção do Congresso; às Comissões de Trabalho, de Organização e Científica; às Mesas de Debates; àqueles professores que vieram às Mesas de Debates e, muitas vezes premidos pela limitação do tempo, apresentaram suas idéias e seus contributos. Aos autores, aos jovens autores dos trabalhos, alguns deles ou quase todos excelentes, que foram apresentados – os autores e aquelas comissões que os julgaram.

A todos eles os nossos agradecimentos. Em especial, por certo, aos ilustres conferencistas, aos professores que do alto da sua sabedoria, nos brindaram com lições magistrais. Menciono Domingos Bottallo, o saber da experiência feito. Refiro Roque Antonio Carrazza, a didática perfeita, num dizer impregnado no suave perfume de classicismo literário. Refiro Andrade Martins, que desceu das alturas da experiência judiciária para enriquecer a planície dos trabalhadores do Direito. E, hoje, falo de Domingos Franciulli Neto, esse Ministro, cuja figura humana ultrapassa a habitual estreita de um titular do STJ, cuja ficha cadastral a que nós chamamos pomposamente de *curriculum vitae*, vai desde os arroubos de quase menino nos cursos de oratória do Colégio Arquidiocesano e da nossa PUC até as cumeadas do STJ, onde brilha hoje depois de 33 anos de carreira judiciária. Mas os seus títulos não impressionam tanto! O que impressiona é esse calor humano, essa qualidade de comunicador com que ele nos apresentou as suas lições e a sua mensagem. Demonstrando uma juventude de espírito que chama ao combate, à luta, à resistência nestes campos, muitas vezes, tão acomodado do Direito diante da pressão da força.

E esses mestres enriqueceram o nosso Congresso, estes mestres tornaram o XV Congresso algo de nível muito alto, que merece a nossa comemoração, que merece o nosso respeito.

Temos nesse instante, Senhor Presidente, que fazer um momento de homenagem e de saudade. Já são numerosos aqueles bons e queridos tributaristas que na barca de Caronte atravessaram o Lete, e hoje compõe a grei tributária nas planícies eternas da vida. Ao mencioná-los, fazemos em torno do nome de cada um deles, uma vibração, que é como uma prece de reconhecimento e de gratidão; de presença física não os temos mais, mas estão conosco nas lições de cada dia, nos escritos, nos livros, nos trabalhos que nos deixaram. Eu me refiro a Aliomar Baleeiro, Rubens Gomes de Souza, Amílcar Falcão, Fabio Fanucchi, Antonio Sampaio Doria, Cleber Giardino, Pérsio de Oliveira Lima, Gilberto de Ulhôa Canto.

Senhor Presidente, observo aqui um nome que me causa estranheza: Célio de Freitas Batalha, 51 anos, nosso companheiro de banco de estudos na PUC, jovem, de uma personalidade humana cativante, estudioso profundo do Direito, que de repente arremessou-se à atividade da indústria automobilística, onde fez uma trajetória rápida e brilhante. Na sua sabedoria infinita, o Criador de todas as coisas, privou-nos de sua presença e o levou para enriquecer a grei dos tributaristas eternos.

Geraldo Ataliba: abro aspas, "cai uma gota de pranto, faz seis anos, bem me lembro, pois a 15 de Novembro, data em que se comemora a República de agora, se foi Geraldo Ataliba, levado em clarões de aurora". Ficou um vazio profundo no mundo universitário, ficou mais pobre este mundo jurídico tributário, ficou mais desprotegida nossa Carta Maior, depois que seu paladino nos deixou e foi embora. Receba, pois, o Mestre Pioneiro, a renovada e cálida homenagem do mundo tributário brasileiro.

Referimos à Mesa que, no nosso entender, a parte mais importante deste Congresso é a planície. São estes dedicados Congressistas, que a cada ano retornam, alguns de lugares próximos, outros de muito longe, e que trazem na vibração, que se lê nos seus olhos, que se vê no seu gesto de assentimento e de aprovação esse clima quente que dá ao nosso Congresso a vibração intensa que ele tem. São, Dr. Aires Barreto, os pregoeiros. Vêm hoje, de quase todos os Estados do Brasil! Cerca de 40 Municípios estão aqui representados, alguns deles, surpreendentemente distantes, como Esteio, no Rio Grande do Sul, Chapecó, em Santa Catarina, Caruaru, em Pernambuco, Camaçari, na Bahia, Varginha, em Minas Gerais. Mas temos aqui, companheiros nossos de Pirapora do Bom Jesus e, mais ainda, de Nossa Senhora do Socorro. Nossa Senhora do Socorro era um lugar perdido no mapa, hoje é um ponto permanente no nosso coração, ela está presente conosco.

Nas representações institucionais este Congresso está muito rico. As Procuradorias da Fazenda Nacional, Procuradorias dos Estados, Secretaria da Receita Federal, as Delegacias da Receita Federal, o INSS, a Secretaria da Fazenda Estadual, o Poder Judiciário, o Tribunal Regional Federal da 3ª Região, as Associações de Classe, as empresas e, sobretudo, os advogados. Foi um encantamento ver este plenário repleto. Foi uma alegria para o nosso coração sentir a vibração participante dos que aqui vieram. Dos que escreveram trabalhos, dos que não escreveram trabalhos, dos que apoiaram e aplaudiram, dos que divergiram e contestaram, dos que fizeram a riqueza deste encontro.

Estamos no momento da despedida. Eu peço aos meus companheiros, tenhamos grandeza no nosso viver, não usemos a pequena mentira para transferir para a nossa borra a pecúnia que valoriza os patrimônios, mas que empobrece os patrimônios espirituais. Sigamos o conselho de Umberto Eco, "se tivermos que mentir, mintamos grande, nas ilusões, nos sonhos, nos desejos que fazem o roteiro de vida e que agiganta os poetas".

Vamos partir e repito, somos centelhas da Divindade. Luzes acesas que devem acesas permanecer dentro de nós. Ao dizermos adeus, eu lhes peço para seguirmos o exemplo magnífico que nos dá esse Rio Tietê, que nasce aqui perto de nós, nos banhados e nas reservas que cercam o aeroporto internacional. O destino de todas as águas, o destino de todos os rios é um mar infinito – e o Oceano Atlântico está aqui próximo, a poucos quilômetros; é uma descida rápida, suave e simples, que levaria muito pouco tempo e que significaria muito pouco. Mas ele nos exemplifica, vira às costas para o fácil, ruma para o oeste, adentro penetra centenas de quilômetros e irriga e fertiliza altiplanos, gera cidades, movimenta turbinas, propicia usinas, traz riqueza, traz sangue, traz valor para esse Estado que ele atravessa, e só depois de cumprir esta missão, a que ele se propôs, por que queria ser grande na sua realização e na sua vida, só então, ele se dá ao direito de repousar em suas águas numa bacia de Prata.

Façamos assim! Não busquemos o simples, o covarde, o medíocre!

Sejamos grandes dentro da grandeza que a vida nos proporciona e possibilita a cada um. Ao partir, levemos a certeza de que estamos nos separando apenas fisicamente. O mundo que nos espera é o mundo estranho de incertezas, por que a segurança coletiva, a confiança no próximo, estão profundamente abaladas. Vamos ajudar o nosso mundo a restabelecer esses valores, indispensáveis para a grandeza da humanidade. E cada um de nós, quando retornar a seus lares, às suas bancas, às suas cátedras, às suas oficinas de trabalhos, lembre-se, continuamos juntos. Se não mais em corpo físico, mas na vibração mental que nos anima – e se fossemos para-normais e pudéssemos à noite, na quietude, observar este país, veríamos as luzes acessas em milhares de lugares, onde estão aqueles que daqui partiram, levando no coração uma chama de esperança e de convicção no futuro. Não sejamos pequenos, façamos dentro de nós a grandeza da vida.

Esta mensagem necessária para os que se encontram aqui e que se põe a serviço do Direito. Estamos todos, desde já, desafiados e convidados para outubro de 2002 nos reencontrarmos nesse recinto. Teremos então o XVI Congresso Brasileiro de Direito Tributário.

Neste instante, cumprimentando a todos com muito calor e com muita efusão, e utilizando a prerrogativa que nos deu a Mesa, nós declaramos encerrado o XV Congresso Brasileiro de Direito Tributário. Tenho dito! *(Palmas)*

RELEVÂNCIA DA QUEBRA DE SIGILO BANCÁRIO PARA COMPROVAÇÃO DE DELITOS CONTRA A ORDEM TRIBUTÁRIA E "LAVAGEM" DE DINHEIRO

José Antônio Farah Lopes de Lima

Agente Fiscal de Rendas – Especialista em Direito Penal
e Econômico pela Universidade de Coimbra – Especialista em Direito Tributário
pela Escola Fazendária de São Paulo em parceria com o IBET

1. Introdução. 2. Conceitos de "sociedade" e "Estado" e sua evolução histórica. 3. Crime de lavagem de dinheiro – Conceito e aspectos principais. 4. Crime organizado – Conceito e aspectos principais. 5. Relação entre crime contra a ordem tributária, crime organizado e lavagem de dinheiro. 6. Construção das normas primária e secundária relativas ao crime de lavagem de dinheiro com o antecedente crime contra a ordem tributária. 7. Quebra de sigilo bancário para investigações fisco-criminais e efetivação de justiça tributária. 8. Conclusões. 9. Referências bibliográficas.

1. Introdução

Inicialmente, externamos nossa satisfação em abordar tema tão interessante, amplo e controvertido, qual seja, *quebra de sigilo bancário pelo Fisco com base na Lei Complementar 105/2001.*

Esta monografia tem dois objetivos: a) estabelecer um nexo jurídico entre o delito contra a ordem tributária e o delito de lavagem de dinheiro; e b) demonstrar a legitimidade e relevância da quebra de sigilo bancário para comprovação daqueles delitos, tendo como fundamento normativo essencialmente a Constituição Federal e a Lei Complementar 105/2001.

Entendemos que os principais valores relativos ao ser humano são a vida e a liberdade, e sabemos que o ordenamento jurídico – nas esferas tributária e penal – limita, com maior ou menor amplitude, tais valores supremos, principalmente através das sanções.

Se os tributos existem como essenciais à manutenção e sobrevivência do Estado, especialmente para minorar o desequilíbrio social, fundamentais para que se invista em serviços essenciais à sociedade, tais como saúde, educação, segurança e moradia, torna-se necessário ao Poder Público zelar para que não haja inadimplência e sonegação fiscal. E uma das formas mais relevantes para se evitar estes fenômenos danosos à própria sociedade é a criação e aplicação de sanções como consequência à prática de determinada conduta tipificada como ilícita, em seus diversos níveis de gravidade e de dano social.

Para se comprovar condutas consideradas ilícitas, com as conseqüentes sanções, é necessário prover o Estado de mecanismos eficazes a atingir este fim. E no mundo contemporâneo, onde a moeda é cada vez mais volátil, devido ao avanço tecnológico das instituições financeiras, um dos principais mecanismos de detecção de infrações e fraudes é a análise das movimentações bancárias das pessoas físicas e jurídicas. E sem a possibilidade desta análise muitas vezes torna-se impossível ao Fisco a verificação da ocorrência de fatos geradores de obrigações tributárias, bem como seu devido adimplemento.

Deste modo, após estabelecer uma relação lógica e jurídica entre os delitos fiscais e lavagem de dinheiro, devido à complexidade da criminalidade econômica moderna, argumentaremos a favor da legitimidade e da juridicidade da norma que estabelece a análise de dados financeiros pelo Fisco sem necessidade de prévia autorização judicial – Lei Complementar 105/2001 –, destacando sua relevância para a comprovação daqueles delitos, bem como para uma maior justiça fiscal, pelo inexorável incremento da arrecadação tributária.

Como ponto de partida, consideramos fundamental uma breve análise dos conceitos de "sociedade" e "Estado" e da evolução histórica destes entes, para melhor entendermos os fenômenos atuais que nos cercam.

2. *Conceitos de "sociedade" e "Estado" e sua evolução histórica*[1]

A vida em sociedade traz benefícios e limitações ao ser humano, que se, por um lado trazem maior segurança e bem-estar, por outro, afetam seriamente sua liberdade. Porém, parece que existem mais vantagens do que desvantagens em se conviver grupalmente, pois o homem continua em sociedade. Como explicar este fenômeno?

Alguns consideram a sociedade como um ente natural, fruto da própria natureza humana. Outros defendem que a sociedade é simplesmente um ato de escolha.

Na primeira tese a sociedade é um fato natural, determinado pela necessidade de cooperação para atingimento de determinados objetivos, garantindo, assim, a existência humana. Esta necessidade seria não só material, mas também afetiva. Consciente de que necessita da vida social, o homem a deseja e procura favorecê-la, diferentemente dos animais irracionais, que se agrupam por mero instinto de sobrevivência. Assim, a sociedade é o produto da conjugação de um simples impulso natural associativo com a cooperação da vontade humana.

Já outros teóricos sustentam que a sociedade nada mais é do que o produto de um acordo de vontades, a partir de um hipotético contrato celebrado entre todos os homens. É a chamada *tese contratualista*. Aqui, somente a vontade justifica a existência da sociedade, negando-se a tese do impulso associativo natural. Tal entendimento fará toda diferença quanto aos modelos de organização social adotados, bem como ao próprio relacionamento dos indivíduos em sociedade.

O Contratualismo aparece sistematizado como doutrina em 1651, com a publicação do *Leviatã*, de Thomas Hobbes. Para ele o homem vive inicialmente em estado de natureza, de modo primitivo e desordenado. Nesta sociedade o estado de natureza é sempre uma ameaça, pois a emoção/paixão supera a razão, e não há ações repressoras eficazes, provocando o caos social. Neste contexto o homem seria egoísta e viveria em permanente estado de guerra de todos contra todos.

Para se impedir este caos é que a razão humana leva à celebração do contrato social. Prevalece o estado social sobre o estado de natureza. Como regras fundamentais, todos devem se esforçar pela paz e cada um deve consentir em renunciar ao seu direito a todas as coisas, para sua própria segurança. Com a celebração do contrato, caracterizando-se pela mútua transferência de direitos, estabelece-se a vida em sociedade. Para que esta seja preservada deve haver um poder que mantenha os homens dentro de certos limites, punindo aqueles que não observem as regras anteriormente citadas. Nasce a sanção. E este poder seria

1. Este tópico está baseado em apontamentos das aulas de Teoria Geral do Direito, ministradas pelo professor Enrique Lewandowski, e Sociologia Jurídica, ministradas pelo professor José Eduardo Campos de Oliveira Faria, na Faculdade de Direito do Largo de S. Francisco – USP.

o *Estado*, ente criado pelo próprio homem para sua proteção e defesa.

Hobbes afirma que é melhor um mau governo do que o estado de natureza. Para cumprir seus objetivos, o poder governamental deve ser ilimitado, pois, havendo restrições, aquele que as impõe é que se configura como real governante.

Verifica-se que a tese de Hobbes afirma a base contratual da sociedade e do Estado, bem como um reforço à ideologia absolutista, tendo grande relevância no século XVII.

Em 1762, Rousseau, com *O Contrato Social*, defende uma tese contratualista sob perspectiva distinta da de Hobbes. Acreditando que o homem é bom em sua origem, e que se preocupa com a própria conservação, assumindo o limite de sua força individual, deseja encontrar uma forma de associação que defenda e proteja a pessoa e seus bens de qualquer força externa. E que cada um, unindo-se aos demais, não obedeça senão a si, permanecendo, portanto, tão livre como antes da associação. Tal ato associativo produz um corpo coletivo, que é o Estado, como executor de decisões, sendo soberano quando exercita o poder de decisão.

Esta associação de indivíduos atua soberanamente no interesse do todo e possui uma vontade geral, que engloba o interesse de todos os componentes, diferenciando-se da vontade própria de cada integrante.

Dentro desta visão contratualista, Rousseau afirma como valores essenciais ao homem a liberdade e a igualdade. A liberdade seria algo natural, que a sociedade visaria a proteger. Quanto à igualdade, mesmo que os homens fossem desiguais em termos de forças, seriam iguais em direitos e deveres, de acordo com a convenção e as normas estabelecidas.

O Contratualismo de Rousseau exerceu grande influência sobre o Iluminismo e sobre a Revolução Francesa, bem como sobre os demais movimentos de fortalecimento da defesa dos direitos naturais da pessoa humana. Verificam-se até hoje as concepções rousseaunianas de soberania popular, no reconhecimento da igualdade como um dos principais objetivos da sociedade, bem como na consciência de que existem interesses coletivos distintos dos interesses de cada membro da coletividade.

Após esta breve análise das principais teses que procuram explicar o fenômeno do surgimento da sociedade, entendemos que esta resulta de uma necessidade natural conjugada com a participação da razão e da vontade humanas. Esta afirmação influenciará apreciações sobre a vida em sociedade, sua organização e, fundamentalmente, nas considerações do comportamento do ente individual dentro da sociedade, não se concebendo o homem como um ser isolado, mas como um *ente social*.

E quais são os elementos necessários para que um agrupamento humano se caracterize como uma sociedade?

Em primeiro lugar, que as pessoas tenham procurado se agrupar em vista de uma finalidade, que é o bem de todos, o bem comum. Em segundo lugar, para assegurar que este objetivo – bem comum – seja alcançado, é fundamental que os componentes da sociedade se manifestem em conjunto, visando sempre àquele fim. Porém, estas manifestações devem ser ordenadas, para preservar a harmonia entre os membros da sociedade, bem como a liberdade de todos. Tendo um fim comum e manifestando-se ordenadamente em conjunto, este agrupamento humano deve se submeter a um poder, que deverá organizar a sociedade para que esta alcance seus fins. Tal poder deve ser legitimado pelos governados – ou seja, um poder consentido a partir da convergência das aspirações do grupo – e deve ser impessoal – ou seja, deve atender à vontade objetiva dos governados a partir da lei, feita por seus representantes.

Deste modo, temos, a partir destes três elementos – fim comum, manifestação ordenada em conjunto e poder –, uma sociedade política que, com autoridade superior, fixa regras de convivência entre seus membros. Temos, portanto, o *Estado*.

Pode-se conceituar o Estado como a ordem jurídica soberana que tem por fim o bem comum de um povo situado em determinado território. Neste sintético conceito se encontram todos os elementos que o compõem. A noção de poder está implícita na noção de soberania, característica da própria ordem jurídica. A politicidade do Estado está relacionada ao conceito de bem comum, com a vinculação deste com um certo povo, e a territorialidade, que limita a ação político-jurídica estatal, encontra-se na menção a certo (determinado) território.

Façamos um apanhado histórico sobre a evolução do Estado, a partir da transição entre a Idade Média e a Idade Moderna, para que possamos entender melhor que Estado vivemos no atual estádio da civilização.

A partir do século XIV iniciou-se um processo de desagregação do mundo medieval. O modo de produção feudal desestruturou-se com as revoltas camponesas e as epidemias, escasseou-se a mão-de-obra, e os camponeses começaram a arrendar terras, pagando por estas com uma parte da renda ou sob remuneração. Formou-se um excedente econômico que foi canalizado para as cidades, desenvolvendo-se o comércio urbano. No âmbito político verificou-se um enfraquecimento dos senhores feudais, que passaram a depender mais dos arrendatários e dos camponeses assalariados, bem como dos bens produzidos e comercializados nos burgos. A ordem política feudal era o maior obstáculo à emancipação da classe burguesa. Havia vários poderes simultâneos, com competências normativas superpostas e conflitantes. Esta poliarquia dificultava a livre expansão dos negócios da burguesia. A insegurança era generalizada na Europa, com guerras e assaltos constantes. A tributação e os pedágios oneravam o custo das mercadorias. A profusão de moedas impedia a fixação de um padrão monetário único, complicando o câmbio comercial. E a multiplicidade das normas constituía fonte permanente de conflitos e confusões, dificultando a elaboração de contratos e transações comerciais em geral.

A burguesia, interessada numa ordem jurídica uniforme e na paz interna, começa a apoiar política e financeiramente os reis, com o objetivo de promover a unificação do poder. Uma das formas para se atingir esta superioridade política foi a aquisição do monopólio da força militar. No plano intelectual surgem obras defendendo a unificação e a consolidação do poder central, sendo a mais famosa *O Príncipe*, de Nicolau Maquiavel, publicada em 1513. De acordo com sua tese, o governante deveria adotar uma postura amoral na condução dos negócios públicos em benefício da sobrevivência do Estado, considerado para ele o bem supremo.

Elaborou-se o conceito de *soberania*, caracterizado como o poder absoluto e perpétuo, tendo os direitos de: dar leis a todos em geral e a cada um em particular; declarar guerra e negociar a paz; nomear magistrados e funcionários; decidir em última instância e conceder graças aos condenados; cunhar moedas e estabelecer pesos e medidas; e gravar os súditos com impostos e contribuições.

Estes conceitos e fatos deram origem ao Estado Moderno, uma nova entidade política, a partir do início da Renascença, inicialmente nas Cidades-Repúblicas do Norte da Itália, devido ao desenvolvimento econômico da região, e mais tarde por toda a Europa. Esta nova entidade política apresentou-se como uma unidade de poder contínua e fortemente organizada, com limites geográficos bem demarcados, apoiada num Exército permanente, com um corpo de funcionários profissionais e uma ordem jurídica uniforme, impondo a seus súditos o dever de obediência em caráter geral.

Esta poderosa máquina política levou seus condutores ao exercício do poder absoluto, surgindo as Monarquias absolutistas. Sua justificativa ideológica era o direito divino dos reis, que sustentava a origem sagrada do poder real, a não-submissão dos reis às leis de qualquer espécie e o dever de obediência irrestrita por parte dos súditos. Assim, todo poder real vinha de Deus, e o rei encontrava-se acima da lei.

Criaram os burgueses esse grande *Leviatã* chamado *Estado*. Esta criatura exigia que os súditos cuidassem de sua manutenção à custa de pesados tributos, bem como abdicassem de sua própria existência, em troca da segurança por ela proporcionada.

A partir de um certo momento, passou a burguesia a combater o Absolutismo, tentando buscar o controle da máquina estatal. Esta tarefa foi facilitada por contestações em quase toda a Europa empreendidas por grupos protestantes em luta pela liberdade religiosa, bem como pela insatisfação geral com a exagerada carga tributária aplicada pelos governantes absolutistas. Um dos exemplos fáticos deste contexto foi a decapitação de Carlos I da Inglaterra, resultado da Revolução Puritana iniciada em 1642, que representou um marco do início da derrocada do Absolutismo na Inglaterra e no restante da Europa.

Com a Revolução Puritana e a Revolução Gloriosa, a burguesia inglesa desenvolveu as condições político-econômicas necessárias à expansão das forças produtivas, culminando na Revolução Industrial, desencadeada a partir do século XVIII. No plano político, a burguesia assenhoreou-se do Estado, através do controle do Parlamento. Esta expansão comercial e política repercutiu nas colônias americanas, desembocando mais tarde na Guerra de Independência, entre 1775 e 1781. No ano de 1776 os revoltosos publicaram a *Declaração de Independência* dos Estados Unidos, onde se afirmava solenemente a igualdade entre os homens e a existência de direitos inalienáveis, como a vida e a liberdade. Além disso, consignava-se que os governos são estabelecidos para assegurar tais valores, cabendo ao povo o direito de destituí-los ou alterá-los caso não cumprissem essa missão.

Quanto à França, no século XVIII sua sociedade continuava a ser estamental, integrada por três Estados. O Primeiro, composto pelo clero, e o Segundo, pela nobreza, oprimiam e exploravam o Terceiro, formado pelos burgueses, camponeses e pelos *sans-culottes*, grupo de artesãos e trabalhadores urbanos. O Terceiro Estado arcava com toda a carga tributária, destinada aos cofres do rei e também da nobreza e do clero. Mas a economia francesa não suportava esta sobrecarga fiscal. A produção industrial e a atividade comercial estavam tolhidas pelas corporações de ofícios, e na zona rural a propriedade estava pulverizada entre pequenos camponeses, reduzidos à miséria devido aos impostos, com a prática de uma agricultura primária e ineficiente, sem perspectiva de modernização.

Esta situação foi denunciada pelos iluministas franceses, como Diderot, D'Alambert, Voltaire, Rousseau e Montesquieu. Estes se preocupavam com a democratização da estrutura estatal e com a retirada do monopólio do poder das mãos de uma só pessoa ou de uma pequena minoria de privilegiados.

A situação agravou-se em 1776, com o declínio industrial francês devido à livre entrada dos produtos manufaturados ingleses na França em troca da reciprocidade dos produtos agrícolas franceses. Em 1788 uma grande seca causa a diminuição da produção de alimentos e a brusca elevação dos preços. Em 1789, diante desta drástica situação, o Rei é convencido a convocar os Estados Gerais para uma Assembléia que reuniria representantes de todos os estamentos, com o objetivo de obrigar o Terceiro Estado a aumentar sua contribuição para suprir o déficit do Tesouro.

Reunida em 1789 no Palácio de Versalhes, a Assembléia foi completamente dominada pelo Terceiro Estado, que a transformou numa Assembléia Nacional Constituinte. Esta modificação no caráter da reunião representou uma grande mudança nos destinos da França. A burguesia empunhou as rédeas do Terceiro Estado, com a finalidade de destruir os privilégios aristocráticos, desejosa de estabelecer uma sociedade civil igualitária sem estamentos, apesar de pretender conservar um certo legalismo. Foram aprovadas a abolição dos privilégios e a célebre *Declaração dos Direitos do Homem e do Cidadão*, na qual se proclamava que "todos os homens nascem livres e iguais em direitos" e que "o fim de toda associação política é a conservação dos direitos naturais e imprescritíveis do homem", identificados como a liberdade, a propriedade, a segurança e a resistência à opressão.

A Revolução Francesa de 1789 foi responsável pela disseminação dos ideais libertários da burguesia em ascensão, ao mesmo tempo em que consolidou o modo capitalista de produção nos demais países europeus.

A partir deste momento histórico analisaremos como se dá a evolução da defesa dos direitos fundamentais, sob uma ótica estritamente individual, para a luta pelos direitos sociais fundamentais.

Desde a Revolução de 1789 o regime constitucional é associado à garantia dos direitos fundamentais. Não é ocioso recordar que a *Declaração dos Direitos do Homem e do Cidadão* condicionou à proteção dos direitos individuais a própria existência da Constituição.

Tal exagero tinha uma significação profunda. Indicava o objetivo do Governo Revolucionário em prol de uma Constituição escrita, qual seja, o estabelecimento em favor do indivíduo de uma esfera autônoma de ação, delimitando, assim, o campo de interferência legítima do Estado sobre qualquer um dos componentes da sociedade.

O caráter individualista é o traço fundamental das Declarações dos séculos XVIII e XIX e das editadas até a I Guerra Mundial. Marca-as a preocupação de defender o indivíduo contra o Estado, este considerado um mal, embora necessário.

Esse aspecto individualista, essa preocupação com os direitos do indivíduo contra o Estado, perdura na maioria das Constituições do século XX. Nestas, porém, reponta outra inspiração, que é a de assegurar aos indivíduos certos direitos por meio do Estado, direitos, em geral, de alcance econômico-social.

O aparecimento dos direitos econômicos e sociais ao lado das liberdades individuais nas Declarações é o fruto de uma evolução cujo ponto de partida se encontra bem cedo no século XIX.

Direitos sociais, como dimensão dos direitos fundamentais do homem, são prestações positivas proporcionadas pelo Estado direta ou indiretamente, enunciadas em normas constitucionais, que possibilitam melhores condições de vida aos mais fracos, direitos que tendem a realizar a igualização de situações sociais desiguais. São, portanto, direitos que se ligam ao direito de igualdade. Valem como pressupostos do gozo dos direitos individuais, na medida em que criam condições materiais mais propícias ao auferimento da igualdade real, o que, por sua vez, proporciona condição mais compatível com o exercício efetivo da liberdade.

Essa evolução dos direitos fundamentais se inicia com a crítica logo feita pelos socializantes ou socialistas ao caráter formal das liberdades consagradas nos documentos individualistas. Essas liberdades seriam iguais para todos, é certo; para a maioria, porém, seriam sem-sentido, porque a ela faltariam os meios de exercê-las. De que adianta a liberdade de imprensa para todos aqueles que não têm os meios para fundar, imprimir e distribuir um jornal? – perguntavam os críticos. Assim, esses direitos seriam negados pela organização social ao mesmo tempo que, *pro forma*, seriam consagrados nas Declarações.

Destarte, a atribuição em realidade – para todos – do direito de exercer esses direitos fundamentais implicaria uma reforma econômico-social, ou, ao menos, uma intervenção do Estado para que o mínimo fosse assegurado à maioria.

A crítica ao liberalismo econômico e social repercutiu intensamente em vista das conseqüências trágicas do desenvolvimento capitalista, apoiado na igualdade formal de todos perante a lei e na liberdade de contratar.

Ao mesmo tempo em que a produção crescia velozmente, beneficiando os capitalistas, a miséria e a exploração colhiam os que, juridicamente livres e iguais em direitos aos donos das máquinas, deviam alugar-se aos mesmos para poder adquirir um pedaço de pão e ter como sobreviver. As máquinas, por fazerem o serviço anterior de muitas pessoas, aumentavam os braços disponíveis para um mercado de trabalho que crescia menos rapidamente que o das disponibilidades. Assim, o enriquecimento global redundava na prosperidade de alguns e na miséria da grande maioria.

A necessidade de proteção ao economicamente fraco, por intermédio do Estado, foi ganhando cada vez mais força. Ainda na primeira metade do século XIX, a Revolução Francesa de 1848 e sua Constituição reconheceram efetivamente o primeiro dos "direitos econômicos e sociais": o direito ao trabalho – impondo ao Estado a obrigação de dar meios ao desempregado de ganhar o seu pão. A afirmação *in abstracto* desse direito, porém, já se encontrava na Declaração jacobina de 1793.

Por outro lado, a própria dinâmica do movimento liberal europeu impunha a extensão do sufrágio, cuja universalidade foi alcançada na França já em 1848. Ora, o sufrágio universal forçou os políticos e estadistas a sopesar a influência das massas e a dar atenção aos seus reclamos.

Esses reclamos eram bem diversos daqueles que se manifestavam nos meios burgueses. Nestes o que se pedia era liberdade de ação contra o Estado, ou apesar do Estado; nos meios proletários o que se almejava era proteção e amparo por parte do Estado. Enquanto que para a mentalidade predominante nas classes ricas o Estado era um inimigo, embora um inimigo às vezes útil, para o proletariado era ele talvez a última esperança.

Esse fator propriamente político muito influenciou a transformação do Estado-*gendarme* em Estado-providência, como, de outro lado, impôs o reconhecimento pelo Constituinte dos vários direitos econômicos e sociais.

A evolução caracterizou-se, em suma, pela consagração, ao lado dos direitos-resistência (direitos que impunham limitações ao Estado), de direitos econômicos e sociais promovidos pelo Estado.

Essa nova concepção dos direitos fundamentais encontrou expressão solene principalmente nas primeiras Constituições Republicanas Alemã e Espanhola – a de Weimar de 1919 e a Espanhola de 1931. Com menor repercussão que elas, e caracterizada por um nacionalismo exacerbado, está a Constituição Mexicana de 1917, talvez a primeira a incorporar essas novas concepções sociais e econômicas.

No Brasil a primeira Constituição a adotar em seu texto a nova inspiração sócio-econômica foi a de 1934, no que foi seguida pelas posteriores. As anteriores – 1824 e 1891 –, como era de se esperar, manifestavam em seu texto o apego à concepção individualista dos direitos fundamentais. De 1934 a 1988, em nosso Direito Constitucional, o reconhecimento dos direitos econômicos e sociais vinha sendo feito sob a forma de princípios, catalogados em capítulo sobre a "Ordem Econômica e Social". A atual Constituição inseriu no Capítulo II do Título II – "Dos Direitos e Garantias Fundamentais" – o capítulo sobre os direitos sociais.

Hoje se fala numa terceira geração dos direitos do homem. Seriam direitos de solidariedade: direito à paz, ao desenvolvimento, ao respeito ao patrimônio comum da Humanidade, ao meio ambiente. A nova Constituição Brasileira deu guarida a essa tendência, dispondo, por exemplo, sobre o direito ao meio ambiente.

Entendemos como fundamental esta breve análise da evolução do conceito de Estado, que passou de uma concepção liberal-individualista para outra de caráter social, bem como o fortalecimento no século XX dos direitos econômico-sociais de segunda geração em relação aos direitos individuais de primeira geração, *tendo em vista que o núcleo da discussão sobre sigilo bancário se situa entre dois interesses contrapostos, quais sejam, o direito individual do cidadão de não querer que terceiros (no caso, o Fisco) tenham acesso a seus dados pessoais e o poder-dever do Estado de cobrar e fiscalizar o pagamento dos tributos devidos, bem como o poder-dever de combater a prática de delitos de todo o gênero – no caso em questão, precipuamente, delitos contra a ordem tributária.* Pela própria evolução do conceito de Estado, entendemos que o interesse coletivo – representado pelo Estado Social – deve prevalecer frente ao interesse individual, respeitando sempre os limites impostos ao Estado previstos na Constituição e nas normas infraconstitucionais.

3. Crime de lavagem de dinheiro – Conceito e aspectos principais

Ciente de que esta monografia trata precipuamente do fenômeno da quebra do sigilo bancário pelo Fisco, alargaremos seu espectro para abordarmos a questão dos crimes contra a ordem tributária no contexto da criminalidade econômica organizada, relacionando o crime de sonegação fiscal ao crime de lavagem de dinheiro e ao crime organizado, respectivamente tipificados nas Leis 9.613, de 3.3.1998, e 9.034, de 3.5.1995 (atualizada pela recente Lei 10.217, de 11.4.2001).

Hoje, devido ao enorme avanço da tecnologia e ao fenômeno da globalização, os denominados "crimes do colarinho branco" tornaram-se complexos e de difícil detecção e comprovação pelos Estados, até mesmo por aqueles mais desenvolvidos. Deste modo, é pacífico que a nova criminalidade econômica requer tanto procedimentos investigativos como *sanções* mais eficazes (não necessariamente mais rigorosas), daí sendo também de interesse da Administração Tributária se enquadrar a esta nova situação, assumindo um novo papel no que diz respeito à manutenção da ordem tributária. Para este novo papel, um dos principais instrumentos de eficácia quanto à verificação do cumprimento das obrigações tributárias pelos sujeitos passivos é o acesso e análise pelo Fisco dos dados financeiros destas pessoas, disponibilizados pelas instituições financeiras.

Além de a quebra do sigilo bancário melhor instrumentalizar o Estado em seu dever de promover a justiça fiscal, torna mais eficaz a repressão ao delito de lavagem de dinheiro, que nada mais é do que um *plus* à repressão aos delitos antecedentes à lavagem de capitais – entre os quais a sonegação fiscal –, representando, assim, um reforço punitivo ao delito fiscal.

Começaremos pela análise do crime de lavagem de dinheiro.

A preocupação com a proeminência alcançada por atividades ilegais nos mais diversos países tornou-se tema central de inúmeras discussões realizadas mundialmente. Alguns crimes, antes restritos a determinadas regiões, ganharam características transnacionais, causando prejuízos que ultrapassam as fronteiras nacionais. Deste modo, os Estados passaram a dispensar especial atenção ao tema, principalmente a partir dos anos 80.

O crime de lavagem de dinheiro – bem como os demais crimes relacionados a ele: narcotráfico, terrorismo, corrupção, sonegação fiscal – inclui-se nesta categoria. É um delito de caráter mundial cuja repressão depende de, entre outros fatores, um esforço conjunto por parte dos países na implementação de novas modalidades penais e na coordenação de políticas nacionais voltadas para seu combate.

Nesse sentido, inúmeros organismos internacionais têm buscado incentivar a adoção de medidas mais efetivas no trato da questão, cujos objetivos são: evitar que setores da economia sejam utilizados nos processos de lavagem de dinheiro e sensibilizar a sociedade para o fato de que não se pode atribuir o controle das operações ilegais somente aos órgãos repressores do Estado. Assim, as leis já promulgadas por vários países têm procurado conferir maior responsabilidade a intermediários – *como bancos e instituições financeiras* –, por terem como atividade principal ou acessória a movimentação de médias e grandes quantidades de dinheiro e, desta forma, poderem ser utilizados como canais para a lavagem de dinheiro.

No Brasil, a aprovação da Lei 9.613, de 3.3.1998, representa um avanço nesse sentido, pois institui medidas que facilitam os procedimentos investigatórios, define obrigações e sujeitos a elas vinculados, sanções e atribuições dos órgãos governamentais fiscalizadores, além de criar, no âmbito do Ministério da Fazenda, o Conselho de Controle de Atividades Financeiras (COAF) – órgão especializado no combate à lavagem de dinheiro em âmbito nacional e internacional.

Conceitualmente, a lavagem de dinheiro constitui um conjunto de operações comerciais ou financeiras que buscam a incorporação na economia de cada país dos recursos, bens e serviços que se originam ou estão ligados a atos ilícitos.

A lavagem de dinheiro – *money laundering* para os ingleses; *geldwashe* para os alemães; *riciclagio* para os italianos; *blanchiment d'argent* para os franceses e belgas; *blanqueo de capitales* para os espanhóis; e *branqueamento de capitais* para os portugueses –, também conceituada como ocultação de bens, direitos e valores provenientes de crimes, constitui hoje um complexo processo sócio-econômico, ocorrente em quase todas as nações do mundo, cuja valoração normativa é recente.[2]

Relaciona-se profundamente ao delito de lavagem de dinheiro a criminalidade organizada praticada por *colarinhos brancos*, como também o tráfico de drogas e armas, os paraísos fiscais, além da ampla utilização da Informática e das Telecomunicações.

2. A primeira legislação incriminando especificamente este delito data de 1986, nos EUA.

O crime organizado, que será analisado com maior profundidade posteriormente, está relacionado com o conceito de organizações criminosas, que são grupos que buscam o poder político ou econômico através da corrupção, da violência, da fraude e do abuso do poder econômico, para assegurar o controle do mercado de bens e serviços ilícitos ou para dominar a aquisição de bens lícitos através de meios ilícitos. Já *colarinho branco* se refere aos profissionais liberais e técnicos que atuam no mundo empresarial, com algum vínculo àquelas organizações, que possuem o *know-how* necessário à legitimação da origem ilícita dos ativos *sujos*, através do uso de tecnologia de ponta e artimanhas jurídicas.

A reciclagem de dinheiro está se tornando um segmento autônomo da criminalidade, uma especialidade criminosa, passando a ser cada vez mais um segmento terceirizado do mercado de serviços ilegais, proporcionado por especialistas, hábeis em elaborar complexas técnicas de escamoteação da origem ilícita de ativos, bem como analisar e gerenciar os riscos e estabelecer uma retaguarda jurídica para estas "delicadas operações". São, portanto, especialistas das áreas financeira, jurídica e econômica.

Entre outras formas, grandes quantias de dinheiro de origem ilegal penetram nas estruturas político-estatais – através de suborno e da corrupção de funcionários públicos e financiamento de campanhas de políticos desonestos –, nos sistemas financeiros nacionais – mediante investimentos no mercado de capitais ou por intermédio da evasão de divisas para paraísos fiscais no Exterior – e no processo econômico – por via da aquisição do controle e/ou da criação de empresas com fins lícitos.

Como conseqüência, produz-se um elevadíssimo ônus para toda a sociedade, como: a) deslegitimidade e descrédito da representação democrática tradicional; b) desmoralização da Administração Pública, com a corrupção de seus servidores, reforçando a tese negativa de que o aparelho estatal só serve para os poderosos e para fins pessoais ou políticos; c) impunidade dos criminosos poderosos, desagregadora de valores e geradora de descrença no sistema judicial, particularmente no sistema penal; d) *sonegação fiscal, retirando grandes receitas tributárias necessárias à implementação de políticas públicas e, desta maneira, indiretamente, contribuindo para o incremento das desigualdades sociais*;[3] e) crises no sistema financeiro, quando, por sua volatilidade, esses ativos ilícitos abandonam inopinadamente o país, na busca de maiores lucros ou por receio de medidas repressivas, desestabilizando o sistema e provocando quebras e desemprego.

Cabe ao Estado combater a lavagem de dinheiro, sem, contudo, abdicar das garantias constitucionais que norteiam um Estado Democrático de Direito. A norma jurídica adotada pelo Estado Brasileiro para enfrentar esta grave questão é a Lei 9.613/1998. Mesmo sendo menos abrangente do que deveria, como será visto *a posteriori*, consubstancia significativo avanço por parte do nosso Parlamento. Com a recente aprovação da Lei Complementar 105/2001,[4] que possibilita ao COAF o acesso a informações financeiras quanto às pessoas e operações sujeitas à Lei 9.613/1998, acreditamos que este órgão de inteligência financeira terá melhores condições de trabalho para examinar e identificar as atividades ilícitas previstas na Lei de Lavagem de Capitais.

Quanto ao delito da lavagem de capitais, resumidamente podemos dizer que, superada a primeira etapa, qual seja, praticado o crime antecedente (ou crime-base) e assegurada a aquisição do lucro sujo, a meta passa a ser a de como usufruir com segurança e tranqüilidade dos ganhos ilegais, legitimando-os e tornando-os de difícil rastreamento e recuperação por parte dos órgãos estatais investigativos e persecutórios que têm como missão atuar preventiva e repressivamente nestes ilícitos econômico-financeiros.

Acreditamos que a flexibilização do sigilo bancário instrumentalizará o Estado quanto à prevenção e repressão ao delito de lavagem de dinheiro, que – repetimos – nada mais é do que um *plus* à repressão aos delitos antecedentes à lavagem de capitais – entre os quais a sonegação fiscal –, representando, assim, um reforço punitivo ao delito contra a ordem tributária.

Após esta abordagem estritamente sumária sobre o delito de lavagem de dinheiro, relacionaremos – no item 5 – este crime ao delito de sonegação fiscal, com todas as suas conseqüências à ordem econômica, particularmente às esferas tributária e financeira.

4. Crime organizado – Conceito e aspectos principais

Abordamos neste item a questão do crime organizado e da organização criminosa, porque estes conceitos serão fundamentais para a vinculação jurídica entre os delitos contra a ordem tributária e de lavagem de dinheiro, sendo este um dos objetivos desta monografia que procuraremos atingir.

Antes de analisarmos o conceito de *crime organizado*, interessante notar brevemente sua evolução histórica. Hoje a questão da criminalidade organizada assumiu um tal grau de complexidade que tornou obsoletos e acanhados os procedimentos protetivos e repressivos de outrora. Defrontamo-nos atualmente com uma alteração substancial na qualidade dos crimes praticados por organizações criminosas e na quantidade dos ganhos ilícitos deles de-

3. Rodolfo Tigre Maia, *Lavagem de Dinheiro (Lavagem de Ativos Provenientes de Crime)*, p. XX.

4. Lei Complementar 105/2001, art. 2º, § 6º: "O Banco Central do Brasil, a Comissão de Valores Mobiliários e os demais órgãos de fiscalização, nas áreas de suas atribuições, fornecerão ao Conselho de Controle de Atividades Financeiras – COAF, de que trata o art. 14 da Lei n. 9.613, de 3 de março de 1998, as informações cadastrais e de movimento de valores relativos às operações previstas no inciso I do art. 11 da referida Lei".

correntes. Esta transformação ocasionou uma profunda mudança nos esquemas de aproveitamento dos produtos do crime.

As *empresas criminosas* evoluíram na busca dos ilícitos mais rentáveis economicamente. No início atuavam prioritariamente nas atividades de extorsão e nos crimes *sem vítimas*, como o fornecimento de bebidas ilegais, a prostituição e os jogos de azar. Com o passar do tempo optaram preferencialmente pelos lucrativos tráficos de armas e de entorpecentes. E modernamente destacam-se pela administração e aquisição de negócios lícitos como forma de investir os ganhos ilícitos, otimizando-os e, sobretudo, tornando-os *limpos*, inclusive como estratégia para prática de ilícitos mais sofisticados, tais como os crimes contra a economia popular, o sistema financeiro e a *ordem tributária*, tradicionalmente cometidos por criminosos de *colarinhos brancos* – ou seja, criminosos poderosos econômica e politicamente.

Existe uma grande dificuldade por parte da doutrina – nacional e internacional – em conceituar o que seja *crime organizado*, ou o que seja *organização criminosa*. Há uma grande quantidade de propostas de conceituação, doutrinárias e jurisprudenciais, que ressaltam a dificuldade da empreitada. Nos Estados Unidos, que possuem um conceito expresso em lei, o próprio Governo reconhece ser a definição usada pelo Departamento de Justiça um dos motivos da ineficácia dos programas destinados a combater o crime organizado.

De qualquer modo, é importante conhecer as principais características deste tipo de criminalidade contemporânea, com o objetivo de procurar um conceito com o qual se possa trabalhar, pois esta dificuldade conceitual, muito mais do que um problema teórico-científico, é uma questão prática que envolve, em última instância, a sobrevivência do próprio Estado[5] e – porque não? – da própria sociedade.

5. Se pensarmos em como a criminalidade organizada fere a soberania de um país como a Colômbia, por exemplo, verificaremos que esta observação é pertinente, e de modo algum exagerada.

Indispensável à caracterização de crime organizado a presença de uma organização estável operando racionalmente para obter lucros através de atividades ilícitas, possuindo uma estrutura organizacional similar à das modernas corporações, com disponibilidade de toda gama de tecnologia utilizada por estas. Além destas características, são indicativos da existência do crime organizado a prática permanente de crimes visando à obtenção de dinheiro e/ou de poder – econômico e/ou político –, tanto clandestina como ostensivamente, através de negócios lícitos ou ilícitos; prioridade para os delitos mais rentáveis economicamente, passando de crimes de extorsão e vendas de proteção para o tráfico de armas e entorpecentes, alcançando, com a sofisticação, a criminalidade econômica, interferindo no sistema financeiro, na ordem econômica e na ordem tributária.[6]

O estudo a respeito das organizações criminosas por parte da Criminologia é de fundamental relevância para a compreensão e delimitação do que seja *crime organizado*, bem como sua atuação na sociedade moderna, para que se possa determinar com certa precisão uma política criminal para seu urgente enfrentamento. Assim, o aparelho estatal repressor deve redefinir suas prioridades institucionais quanto ao combate à criminalidade, redirecionando seus maiores recursos materiais/pessoais para o enfrentamento da realidade do crime organizado, priorizando-se o trabalho de inteligência nas investigações das organizações criminosas, bem como a organização de forças-tarefa institucionais, com integrantes do Ministério Público, Polícia, Fisco, COAF, Banco Central, entre outras instituições, para que se enfrente profissional, coordenada e *organizadamente* a criminalidade organizada.

6. Especialmente nos casos das organizações criminosas mafiosas apresenta-se uma estrutura celular compartimentada, com cadeias hierárquicas de comando e clara definição de divisão de trabalho, *respeitando-se* rigidamente os valores de disciplina e hierarquia entre seus componentes, como se fossem verdadeiros exércitos da criminalidade.

Passemos à tentativa de se conceituar *crime organizado*. Raúl Zaffaroni afirma que "os Estados, como sabemos, são as principais fontes do crime organizado; usam também os crimes organizados como pretexto para a reflexibilização da totalidade do sistema penal. Ou seja, criam o fenômeno e imediatamente declaram guerra ao fenômeno por eles criado (...). A demolição do Direito Penal liberal, através da necessidade da guerra, é um fenômeno por eles criado. É um novo discurso de Direito Penal pragmático, discurso que tem grande sucesso nos Estados Unidos. (...). Segundo o Direito Penal pragmático, qualquer consideração de tipo ético, moral, para limitar o pólo repressivo do Estado é uma consideração teórica (...)".[7]

Pelo que podemos observar, o que Jesus-María Silva Sanchez[8] denomina de *Derecho Penal de dos velocidades* Zaffaroni considera como a dicotomia Direito Penal pragmático em contraposição ao Direito Penal liberal. Este, para tutelar bens jurídicos em relação à criminalidade clássica (mais garantista); aquele, para combater a nova criminalidade organizada (menos garantista).

Devemos fazer o seguinte questionamento: será que podemos aceitar a complexidade da criminalidade organizada como situação impediente de se conceituar um tipo penal a esta nova situação criminal vivida pela sociedade? Sem uma tipificação penal, mesmo que imperfeita, será possível investigar, processar e condenar as organizações criminosas que praticam delitos ainda não tipificados, como os delitos informáticos, ou de difícil comprovação, como o delito de lavagem de dinheiro praticado por uma organização criminosa transnacional? Entendemos que não devemos nos acomodar diante da complexidade do fenômeno da criminalidade organizada, e sim nos esforçar por construir um conceito que, mesmo imperfeito, tipifique especificamente esta organização criminosa, impondo a esta reprimendas de maior rigor.

Em um primeiro momento, o art. 1º da Lei 9.034/1995 serviu de base para esta tentativa de conceituação (que, veremos, restou infrutífera). Esta lei dispõe sobre a utilização de meios operacionais para a prevenção e repressão de ações praticadas por organizações criminosas.[9]

Diz o art. 1º: "Esta Lei define e regula meios de prova e procedimentos investigatórios que versarem sobre crime *resultante de ações de quadrilha ou bando*".

Este artigo, mesmo que implicitamente, considera crime oriundo de organização criminosa como aquele praticado por quadrilha ou bando – ou seja, organização criminosa seria a quadrilha ou bando que pratica um ou mais crimes. O legislador não estabeleceu qualquer requisito adicional para se determinar a existência de uma organização criminosa: bastaria a presença dos requisitos exigíveis para o crime de quadrilha, descrito no art. 288 do CP, desde que associados à efetiva prática de ao menos um delito. Se ocorresse apenas a tentativa de prática de determinado crime por alguma quadrilha o tipo aplicável a este caso permaneceria sendo o previsto no art. 288 do CP, não se aplicando, aqui, a Lei 9.034/1995.

Entre a escolha de uma fórmula genérica e uma definição mais precisa, optou o legislador pela primeira opção, recebendo inúmeras críticas da doutrina, que preferia uma conceituação específica, que trouxesse menos insegurança nas relações sociais, e redutora do arbítrio judicial na aplicação da lei ao caso concreto.

De qualquer modo, já teríamos, inegavelmente, a partir de 1995 um ponto de

7. *XV Congresso Internacional de Direito Penal*, "Mesa Redonda sobre Crime Organizado", *Revista Brasileira de Ciências Criminais* 8/149, São Paulo, Ed. RT, outubro-dezembro/1994.

8. "El Derecho Penal ante la globalización y la integración supranacional", *Revista Brasileira de Ciências Criminais* 24/65.

9. Esta tese de conceituação inicial do que seja *organização criminosa* pela Lei 9.034/1995 é defendida por Rodolfo Tigre Maia, *O Estado Desorganizado Contra O Crime Organizado*, 1997.

partida para o sistema jurídico reprimir penalmente a organização criminosa. Observemos os elementos do tipo de crime de quadrilha, base para a tipificação do crime organizado.

O Min. Celso de Mello do STF sintetiza inúmeros aspectos deste delito:

"(...) *Crime de quadrilha – Elementos de sua configuração típica*

"O crime de quadrilha constitui modalidade delituosa que ofende a paz pública. A configuração típica do delito de quadrilha ou bando deriva da conjugação dos seguintes elementos caracterizadores: a) concurso necessário de pelo menos quatro pessoas; b) finalidade específica dos agentes voltada ao cometimento de delitos; e c) exigência de estabilidade e de permanência da associação criminosa.

"A existência de motivação política subjacente ao comportamento delituoso dos agentes não descaracteriza o elemento subjetivo do tipo consubstanciado no art. 288 do CP, eis que, para a configuração do delito de quadrilha, basta a vontade de associação criminosa – manifestada por mais de três pessoas –, dirigida à prática de delitos indeterminados, sejam estes, ou não, da mesma espécie.

"O crime de quadrilha é juridicamente independente daqueles que venham a ser praticados pelos agentes reunidos na *societas delinquentium*. O delito de quadrilha subsiste autonomamente ainda que os crimes para os quais foi organizado o bando sequer venham a ser cometidos.

"Os membros da quadrilha que praticarem a infração penal para cuja execução foi o bando constituído expõem-se, nos termos do art. 69 do CP, em virtude do cometimento desse outro ilícito criminal, à regra do cúmulo material pelo concurso de crimes."[10]

Mesmo ciente de que esta conceituação inicial de *organização criminosa* como sendo a quadrilha que efetiva a prática de pelo menos um delito é pobre e muito aquém da complexidade do fenômeno da criminalidade organizada, principalmente quanto aos delitos econômicos, consideramos ser indispensável partir de alguma conceituação de tipo penal para adoção de política criminal de enfrentamento a esta criminalidade, devendo ocorrer um aperfeiçoamento do conceito de crime organizado por parte da doutrina criminalística e uma evolução legislativa quanto ao tipo penal do delito praticado por organização criminosa.

Muitos doutrinadores discordam desta conceituação de *organização criminosa* ligada à prática efetiva de um delito por uma quadrilha. Raul Zaffaroni, durante o último *Congresso Internacional de Direito Penal* (organizado pelo IBCCRIM em outubro/2000), afirmou "não haver possibilidade de tipificar penalmente organização criminosa, devido à complexidade do fenômeno, nada tendo a ver este ente com os grupos de quadrilha ou bando".

Dadas a gravidade deste fenômeno criminal no Brasil e a ineficácia da Lei 9.034/1995, justamente pela falta de um conceito mais bem-elaborado e preciso sobre o que seja *organização criminosa*, o Poder Executivo propôs, a partir desta constatação, um projeto de lei para se incluir no Código Penal Brasileiro o seguinte artigo:

"**Organização criminosa**. Art. 288-A. Associarem-se 3 (três) ou mais pessoas em grupo organizado, por meio de entidade ou não, de forma estruturada e com divisão de tarefas, valendo-se de violência, intimidação, corrupção, fraude ou de outros meios assemelhados, para o fim de cometer crime:

"Pena – reclusão, de 5 (cinco) a 10 (dez) anos, e multa.

"Parágrafo único. Aumenta-se a pena de um terço à metade se o agente promover, instituir, financiar ou chefiar a organização criminosa."

"**Justificativa do Projeto de Lei**. Forma grave de insegurança para a sociedade

10. 1ª T., HC 72.992, rel. Min. Celso de Mello. v.u.

tem decorrido da reunião de três ou mais pessoas em grupo organizado, que, de forma estruturada e com divisão de tarefas, tem por fim a prática de crime, sendo necessário que se distinga esta modalidade de realização de delitos da figura tradicional da quadrilha ou bando.

"Recentes fatos indicam a necessidade de se acrescentar ao Código Penal figura típica específica relativa à organização criminosa, impondo reprimendas com maior rigor.

"No tipo penal proposto, além da forma estruturada e da divisão de tarefas faz-se referência a outro dado do *modus operandi* do grupo organizado, qual seja, atuar por meio de violência, intimidação, corrupção ou fraude, tendo por meio entidade jurídica ou não.

"Assim sendo, segundo a orientação de congressos patrocinados pela ONU, busca-se definir os dados elementares invariáveis, sem estender demais sua caracterização, para compreender, por seus dados mínimos, grupos organizados, que colocam em risco a segurança social."

Com a assunção (*de lege ferenda*) deste conceito preciso e elaborado de *organização criminosa* ao nosso ordenamento jurídico-penal visualiza-se não somente um enfrentamento mais eficaz à criminalidade clássica, mas principalmente junto à criminalidade econômica organizada – entre estes, grupos financeiros que fraudam o Sistema Financeiro Nacional, e grupos de sonegadores que fraudam o Sistema Tributário Nacional.

Não deixaremos de observar que perdeu o legislador pátrio excelente oportunidade de tornar eficaz a lei que regula os meios de prevenção e repressão a ações praticadas por organizações criminosas – Lei 9.034/1995 –, pois, ao alterá-la, através da Lei 10.217, de 11.4.2001, ou seja, após seis anos de vigência e não-aplicabilidade pelos órgãos jurisdicionais daquele dispositivo legal, com todas as críticas que recebera, persistiu no erro e manteve o tipo penal aberto, prescrevendo em seu art. 1º o seguinte: "Art. 1º. Esta Lei define e regula meios de prova e procedimentos investigatórios que versem sobre ilícitos decorrentes de ações praticadas por quadrilhas ou bando *ou organizações ou associações criminosas de qualquer tipo*".

Deste modo, permanecendo inalterada a intenção do legislador de manter um tipo penal sobre organização criminosa extremamente aberto, continua tal instituto de pouca aplicação, devido à insegurança jurídica e à possibilidade da ocorrência de decisões arbitrárias pelos órgãos jurisdicionais quando da aplicação desta lei ao caso concreto.

De qualquer modo, baseando-nos na visão de um "Direito Penal de duas velocidades", elaborada por Silva Sanchez, entendemos que, inevitavelmente, um Direito Penal a enfrentar este tipo de criminalidade organizada deverá ser menos garantista e, com certeza, *a flexibilização dos dados bancários de pessoas suspeitas aos órgãos de investigação – entre eles o Fisco e o Ministério Público – é uma das ferramentas essenciais – se não for a principal – a prevenir e reprimir este tipo de criminalidade econômica dos atuais tempos de globalização.*

Finalmente, após esta breve análise crítica da conceituação de *crime organizado*, tem-se a oportunidade de vincular – com maior segurança e precisão – os delitos fiscais ao crime de lavagem de dinheiro, conforme exposto a seguir.

5. *Relação entre crime contra a ordem tributária, crime organizado e lavagem de dinheiro*

Após uma breve visão dos fenômenos delituosos da lavagem de dinheiro e criminalidade organizada, é chegado o momento de inserir de forma sistematizada o delito contra a ordem tributária neste novo contexto de criminalidade econômica.

A sociedade brasileira já possui, desde 3.3.1998, uma tutela penal quanto aos delitos de ocultação e lavagem de bens, direitos e valores. É a Lei 9.613, que cuida da prevenção à utilização do Sistema Financeiro para os ilícitos previstos nessa lei, bem como cria o COAF – Conselho de Controle de Atividades Financeiras, dando outras providências.

Sem tirar o mérito desta lei – sendo, indubitavelmente, um avanço em termos de ordenamento penal no Brasil –, devemos fazer algumas críticas à mesma, particularmente no que diz respeito à sua omissão quanto ao delito de sonegação fiscal.

De acordo com a Criminologia, as condutas típicas de ocultação e lavagem de dinheiro constituem uma evolução substancial do crime de receptação. Neste delito o enquadramento da conduta típica reflete a necessidade de se perseguir a ilicitude do crime antecedente, mesmo que distante e livre deste. Assim, o bem jurídico tutelado na receptação equivale ao bem jurídico do crime antecedente, ou seja, a objetividade jurídica da receptação equivale à do crime de que é parasitário.

Porém, com a real constatação de que as condutas de receptação desprendiam-se de tal modo de seus crimes antecedentes a ponto de ofenderem outros bens jurídicos tuteláveis, necessitou-se do enquadramento de forma especial de determinadas condutas que, em tese, já se subsumiriam ao tipo de receptação. Deste modo, a tipificação da conduta de ocultação ou lavagem deriva de uma sofisticação e evolução da receptação. Este "novo" delito ofende precipuamente a ordem financeira e a ordem econômica, não deixando de ferir também a ordem tributária.

Com as normas penais incriminadoras desta nova lei (n. 9.613/1998), o objetivo do legislador foi manter a segurança, a boa-fé e o equilíbrio das relações econômico-financeiras, nacional e internacionalmente, ameaçados seriamente com estas práticas.

Mas o Parlamento Nacional não considerou que este ilícito fosse conseqüência de qualquer antecedente, como ocorre em países como EUA, Bélgica, França, Itália e Suíça, que vinculam a lavagem de capitais a qualquer ilícito antecedente – chamadas *legislações de terceira geração*.

Deste modo, o legislador delimitou o campo de ilicitude da nova regra legal. Mesmo que o delito de lavagem seja considerado autônomo, guarda íntima relação com o crime antecedente, já que a adequação típica das novas condutas somente se estabelece diante da prova da origem ilícita dos recursos lavados, e desde que tal ilicitude decorra dos tipos prescritos nos incisos do art. 1º da nova lei.

Ao eleger os delitos que comporiam o universo dos crimes antecedentes, base da configuração do delito de lavagem de dinheiro, levou-se em consideração quais os delitos que geravam uma grande movimentação de riquezas, ameaçadores das ordens financeira e econômica nacional e transnacional.

A lei de lavagem de ativos provenientes de crimes – lavagem de dinheiro – tipifica penalmente as condutas de "ocultar ou dissimular a natureza, origem, localização, disposição, movimentação ou propriedade de bens, direitos ou valores provenientes, direta ou indiretamente, de crime: I – de tráfico ilícito de substâncias entorpecentes; II – de terrorismo; III – de contrabando ou tráfico de armas, munições ou material destinado à sua produção; IV – de extorsão mediante seqüestro; V – contra a Administração Pública; VI – contra o Sistema Financeiro Nacional; VII – praticado por organização criminosa". Assim, esta lei consubstancia um *plus* na repressão aos crimes que produziram os ativos ilícitos cuja reciclagem se pretende coibir.

Pelo legislador, este universo abrange toda a criminalidade geradora de recursos de grande monta, cuja movimentação ilícita lesiona os interesses públicos, particularmente as ordens financeira e econômica.

E quanto à sonegação fiscal, prática danosa que retira vultosos recursos tributários necessários à implementação de políticas públicas, contribuindo, desta maneira, de forma indireta, para o incremento das desigualdades sociais? De acordo com os autores do projeto dessa lei, "(...) o projeto não inclui, nos crimes antecedentes, aqueles delitos que não representam agregação, ao patrimônio do agente, de novos bens, direitos ou valores, como é o caso da sonegação fiscal".

Assim, o legislador que criou a lei ordinária referente à lavagem de dinheiro não considerou o crime contra a ordem tributária como crime-base para aquele ilícito. Forçoso, aqui, é lamentar tal exclusão.

Pela "Exposição de Motivos" justificadora de tal omissão considera-se que a lavagem de dinheiro tem como característica a introdução, nos meios econômicos, de valores oriundos de atividade ilícita que representam, no momento de seu resultado, um aumento patrimonial do agente, e que, por isso, o projeto não inclui entre os crimes antecedentes os delitos que não apresentam agregação ao patrimônio do agente, como seria o caso da sonegação fiscal. Não haveria, pela prática sonegatória, aumento, e sim manutenção do patrimônio em decorrência do não-pagamento (de forma fraudulenta) da obrigação fiscal.

Para inferirmos se o delito contra a ordem tributária deve ou não ser crime-base do delito de lavagem de dinheiro devemos responder a duas questões: Os crimes fiscais geram produtos criminosos, adequando-se às elementares do novo tipo penal? E, em caso positivo, é expressivo o montante de valores ou bens ilegais gerados por esses crimes, a ponto de, quando do processo de reinserção destes valores nos sistemas financeiro e/ou econômico formais, ocorrer uma efetiva lesão ao aparelho econômico-financeiro?

Ao analisarmos a situação real dos crimes fiscais veremos que tanto as duas questões anteriores são positivas como a premissa adotada para a exclusão do delito fiscal, justificada na "Exposição de Motivos", é equivocada.

Assumiu-se que se lava ou oculta apenas a parcela lucrativa, o *plus* da atividade criminosa, adicional ao patrimônio do infrator. O objeto material do crime seriam somente os valores tidos como produtos do delito, de um ponto de vista externo e de adição patrimonial.

Sabemos que esta premissa não corresponde à realidade.

Vimos que *lavagem de dinheiro* é o processo por meio do qual se ocultam a origem ilícita, a existência, a propriedade ou a aplicação dos produtos que se originam da atividade delituosa. De outra forma, todo o dinheiro gerado de forma criminosa precisa ser "lavado" para se dar uma aparência regular a um patrimônio de origem ilegal. A lavagem de dinheiro é a forma pela qual o dinheiro ilícito é reinserido formalmente no sistema, dissimulando-se sua origem criminosa.

Quanto aos crimes fiscais não se discute o grande interesse que tem o sonegador de fazer inserir em suas relações ostensivas legais a parcela que suprimiu ou reduziu fraudulentamente do tributo devido à Fazenda. Qual seria a utilidade de se organizar uma contabilidade paralela ("caixa-dois") se os recursos ali contabilizados não puderem, num certo momento, ser utilizados legitimamente? Mais do que isto, como se agregam formalmente os recursos do *caixa-dois* senão por meio de processos que legitimem aparentemente a origem ilícita de tais recursos?

A ilicitude da conduta não decorre da existência ou inexistência de acréscimo patrimonial obtido com o crime-base ao delito de lavagem de dinheiro. O ponto fundamental, aqui, é saber se o delito anterior produziu, ou não, uma massa de valores ilícitos que precisam passar pelo processo de "lavagem". O contribuinte sonegador, ao deixar de cumprir com a obrigação tributária devida, através de uma conduta fraudulenta, não altera, em princípio, sua situação patrimonial; mas, a partir do momento em que possui ilicitamente em seu patrimônio algo que pertence a outro sujeito de direito – no caso, o Estado –, macula a parcela tributária sonegada, que permanece virtualmente em seu patrimônio.

A premissa da exclusão do delito fiscal como antecedente à lavagem equivoca-se quando estabelece a sonegação fiscal como sendo uma conduta puramente omissiva – deixar de pagar, mediante fraude, tributo devido –, pois, na verdade, a maioria dos tipos elencados na Lei 8.137/1990 prevê condutas comissivas, com a utilização de técnicas contábeis e fiscais cada vez mais sofisticadas, que têm como objetivo a supressão ou redução de tributo devido. *A reinserção dos valores sonegados na empresa ou no patrimônio particular do contribuinte constitui, substancialmente, típica operação de lavagem de dinheiro.*

Como exemplo podemos descrever a seguinte situação: valores obtidos a partir da contabilidade paralela da empresa são remetidos para certo paraíso fiscal, através de uma conta CC5. Opera-se a primeira etapa da lavagem de dinheiro, ou seja, a *conversão*: tendo como momentos anteriores a captação de ativos oriundos da prática de crime de sonegação fiscal, busca-se, nesta fase, a ocultação inicial da origem ilícita, com a separação física entre os criminosos fiscais e os produtos de seus crimes. Esta é obtida através da imediata aplicação destes ativos ilícitos no sistema financeiro – no caso, um paraíso fiscal –, para lograr sua conversão em ativos lícitos. Observe-se que a conversão não envolve necessariamente o sistema financeiro, e pode ocorrer através da pura e simples aquisição de mercadorias ou negócios.

O segundo momento do processo é a *dissimulação*: os grandes volumes de dinheiro sonegados, inseridos no paraíso fiscal na etapa anterior, para disfarçar sua origem ilícita e para dificultar seu rastreamento pelas agências estatais de repressão, tais como o COAF, que atua como inteligência financeira brasileira, devem ser diluídos em incontáveis estratos, disseminados através de operações e transações financeiras variadas e sucessivas, no país e no Exterior, envolvendo multiplicidade de contas bancárias de diversas empresas nacionais e internacionais, com estruturas societárias diferenciadas e sujeitas a regimes jurídicos os mais variados. Por outro lado, pretende-se com a dissimulação estruturar uma nova origem do dinheiro sujo, aparentemente legítima. Aqui consubstancia-se a lavagem de dinheiro propriamente dita, qual seja, tem por meta dotar ativos etiologicamente ilícitos de um disfarce de legitimidade.

Esta etapa tornou-se extremamente complexa e dinâmica diante da crescente sofisticação dos meios de telecomunicações, que possibilitam a célere movimentação de ativos financeiros em escala mundial.[11]

A etapa final é a *integração*. Esta se caracteriza pelo emprego dos ativos criminosos no sistema produtivo, por intermédio da criação, aquisição e/ou investimento em negócios lícitos ou pela simples compra de bens. Não se trata esta etapa, propriamente, de lavagem de dinheiro, que a esta altura já está *limpo*, mas de uma fase subseqüente, melhor designada sob o nome de *reciclagem*.

A premissa de que se valeu o legislador para excluir a sonegação fiscal dos crimes antecedentes à lavagem de dinheiro é falsa, já que, conforme verificamos, a sonegação é delito material que gera, em última análise, um enriquecimento ilícito, mesmo que este não se configure por agregação patrimonial, mas por atividade fraudulenta que criminaliza parcela do patrimônio do agente.

A própria conduta descrita no *caput* do art. 1º da Lei 9.613/1998 já tornaria possível a subsunção do delito contra a ordem tributária entre os crimes antecedentes à lavagem de capitais, se se considerar que os valores fraudulentamente ocultados da Fazenda são considerados como provenientes de atividade criminosa.

Para inferirmos se o delito contra a ordem tributária deveria ou não ser crime-

11. Para maiores detalhes deste tipo de operação envolvendo paraísos fiscais, v. matéria do jornal *O Estado de S. Paulo* de 24.7.2000, "Paraísos fiscais atraem correntistas brasileiros".

base do delito de lavagem de dinheiro precisaríamos responder a duas questões: se os crimes fiscais gerariam produtos criminosos e se seriam expressivos os montantes de valores ou bens ilegais gerados por esses crimes fiscais, a ponto de provocar lesões ao aparelho econômico-financeiro quando de sua reinserção no sistema formal. A primeira questão já foi respondida. Resta saber se tais recursos ilícitos, em seu processo de branqueamento, geram ao sistema econômico e financeiro os riscos expressivos que demanda a natureza dos novos crimes.

A resposta também é afirmativa. Segundo estimativas oficiais, levando-se em consideração que pelo menos 3% do PIB mundial tem origem criminosa, a média anual de dinheiro sujo no Brasil é estimada em R$ 30,7 bilhões.[12] Além deste número, nos primeiros cinco meses deste ano as autuações da Fiscalização Federal por sonegação fiscal somaram a quantia de R$ 11,3 bilhões.[13] Ligando estes dois números, investigações realizadas nas contas CC5 demonstram que boa parte dos recursos que por ali transitam é proveniente da contabilidade paralela das empresas ("caixa-dois"), bem como de outras manobras de sonegação fiscal.

Com esta constatação, verifica-se que *lavagem de dinheiro* é uma técnica delitiva especializada, colocada à disposição tanto do crime organizado convencional quanto da sociedade não-marginal, como é o caso dos *colarinhos brancos*. De qualquer modo, o crime de lavagem permanece o mesmo seja reintroduzindo no mercado formal valores provenientes do tráfico de armas e entorpecentes, seja legitimando o patrimônio sonegado à Fazenda, ameaçando o sistema econômico-financeiro dos países atingidos.

Deve-se destacar que o mesmo raciocínio utilizado para o crime fiscal é válido para o crime previdenciário, já que neste delito o empregador, ao sonegar a contribuição social devida ao INSS, macula igualmente parte de seu patrimônio.[14]

Por todos os argumentos apresentados, concluímos ter havido omissão grave do legislador, havendo a necessidade de o Parlamento rever sua decisão de não incluir expressamente o delito contra a ordem tributária no rol dos crimes antecedentes ao de ocultação de bens e lavagem de dinheiro, uma vez que os crimes fiscais demandam também processos de lavagem nocivos ao sistema econômico e financeiro, justificando, destarte, a intervenção dos mecanismos investigativos criados pela nova lei, com a atuação organizada e coordenada das agências de inteligência financeira – COAF – e fiscal dos entes federativos na prevenção e repressão a estes delitos.

De qualquer modo, enquanto a omissão legislativa não for sanada, existe uma única possibilidade de se considerar o crime fiscal como antecedente do delito de lavagem de dinheiro: se praticado por organização criminosa, de acordo com o inciso VII do art. 1º da Lei 9.613/1998.

A inclusão deste inciso amplia o leque dos crimes antecedentes ao delito de lavagem de dinheiro, na medida em que o conceito de *organização criminosa* adotado por nossa legislação – Leis 9.034/1995 e 10.217/2001 – exige como substrato mínimo tão-somente a existência de "quadrilha ou bando ou organizações ou associações criminosas de qualquer tipo".

Deste modo, extrapolando a vontade do legislador, o fato é que se os delitos contra a ordem tributária (arts. 1º-3º da Lei 8.137/1990) forem cometidos por organização criminosa poderá estar caracterizada a lavagem de dinheiro quando da ocultação ou dissimulação dos valores sonegados.

12. Dado extraído da matéria "Brasil na rota da lavagem de dinheiro", de 3.4.2000, da *Revista Eletrônica do STJ*.

13. Dado extraído da matéria "Turma do calote", publicada na revista *Veja* de 5.7.2000, p. 127.

14. Através da Lei 9.983/2000 introduziu-se no Código Penal o art. 337-A, que trata da sonegação de contribuição previdenciária, dentro do Título XI – "Dos Crimes Contra a Administração Pública". Deste modo, este tipo penal enquadra-se indubitavelmente no art. 1º, V, da Lei 9.613/1998, tornando-se tipo antecedente à lavagem de capitais.

Assim, delitos fiscais de supressão ou redução de tributos a partir de condutas ilícitas previstas no art. 1º da Lei 8.137/1990, praticados de forma estruturada e contínua, executados por dois empresários, em co-autoria com um "consultor tributário" e um contador, responsáveis pelo "planejamento da evasão fiscal", podem configurar pressupostos à lavagem de dinheiro praticada por organização criminosa.

Com a defesa desta tese, vincula-se de forma lógico-jurídica o delito fiscal com o crime de lavagem de dinheiro, dentro do contexto da criminalidade econômica organizada.

Deve-se destacar que esta matéria é muito recente, tanto em termos mundiais como em termos nacionais, não existindo até este momento qualquer jurisprudência brasileira que endosse esta tese.

6. *Construção das normas primária e secundária relativas ao crime de "lavagem" de dinheiro com o antecedente crime contra a ordem tributária*[15]

Construiremos neste item a norma jurídica – do ponto de vista lógico – que configura o delito de lavagem de dinheiro decorrente do crime conta a ordem tributária.

As normas jurídicas são construções de significados a partir de textos positivados e estruturadas conforme a lógica dos juízos condicionais, compostas por proposições prescritivas.

Para que uma mensagem deôntica tenha sentido completo é mister que tenha uma proposição-antecedente, que descreve a possibilidade de um evento do mundo, implicando uma proposição-tese, no conseqüente. Toda norma jurídica assim diz: "Dado o antecedente, então *deve-ser* o conseqüente". Este dever-ser expressa um ato de vontade do legislador, que implica uma conseqüência a um determinado antecedente hipotético que se concretiza no mundo fático.

A proposição-antecedente descreverá um evento de possível concretização, pertencendo, portanto, ao campo do possível, da realidade tangível, pois do contrário a relação jurídica entre dois ou mais sujeitos prescrita no conseqüente da norma nunca acontecerá, sendo esta regra totalmente ineficaz, ou seja, sem produção de efeitos jurídicos.

O operador deôntico "dever-ser", que liga o antecedente ao conseqüente da norma jurídica, é um operador neutro, não-modalizado. Porém, dentro do conseqüente da norma encontraremos um outro dever-ser modalizado nas formas *proibido*, *permitido* e *obrigatório*. Este último dever-ser tem caráter intraproposicional e aproxima dois ou mais sujeitos em torno de uma conduta que deve ser cumprida por um e exigida por outro. O dever-ser simplificadamente pode ser entendido como uma estrutura sintática que articula internamente enunciados deônticos: antecedente e conseqüente. Por outro lado, também atua intraproposicionalmente no conseqüente da norma jurídica.

Detalhando-se o conseqüente, tem-se que a proposição-tese funciona como prescritora de condutas entre sujeitos. Assim, o prescritor da norma é uma proposição relacional, entre dois sujeitos de direito, em torno de uma conduta regrada como proibida, permitida ou obrigatória. Destaca-se que esta conduta deve ser possível, pois não faz sentido prescrever comportamento obrigatório, permitido ou proibido se o destinatário da norma estiver impedido de realizar tais condutas.

Segundo Lourival Vilanova,[16] *o Direito-norma, em sua integridade constitutiva,*

15. Este item tem como fundamento conceitual aulas de Lógica Jurídica ministradas pelos professores Paulo de Barros Carvalho e Eurico Marcos Diniz de Santi no *I Curso de Especialização em Direito Tributário* da Escola Fazendária do Estado de São Paulo, março-junho/2000.

16. Lourival Vilanova, *As estruturas lógicas e o sistema do direito positivo*, Ed. Max Limonad, 1997, p. 111.

compõe-se de duas partes. A norma primária é aquela que prescreve um dever, a partir da concretude do fato previsto no antecedente da norma. A norma secundária prescreve uma sanção, aplicada pelo ente estatal, caso ocorra o descumprimento da conduta estatuída na norma primária. Observamos que dentro desta concepção não existirão normas jurídicas sem as correspondentes sanções que lhes dêem força, que as reafirmem. Verifica-se que a norma secundária é um conseqüente lógico da norma primária, pois descaberá sanção quando do adimplemento do dever prescrito na norma primária.

A organização lógico-interna das normas primária e secundária será a mesma. Em ambas teremos um antecedente implicando deonticamente um conseqüente. A diferença será semântica, pois o antecedente da norma secundária apontará sempre para uma conduta violadora do dever previsto no conseqüente da norma primária. Pode-se também dizer que a norma primária é de índole material, enquanto a norma secundária, sancionatória, seria de caráter formal-processual.

Nosso objetivo, aqui, é construir, a partir da estrutura lógico-formal da norma jurídica, a norma primária que dá origem à obrigação tributária, a norma secundária que estabelece a sanção penal pela configuração do delito contra a ordem tributária e uma outra norma, também secundária, reforçadora da norma anterior, que estabelece a sanção penal pelo delito de lavagem de dinheiro proveniente do delito fiscal.

Adota-se como norma jurídica uma mensagem deôntica de sentido completo, a partir de uma estrutura hipotética condicional. Assim, dado um fato *F* qualquer, deve-ser uma conduta comissiva ou omissiva de um sujeito *S* ante outro sujeito *S'*.

Reduzindo o campo de atuação das normas jurídicas gerais ao da incidência tributária, verifica-se que estas normas definem a incidência do tributo, descrevendo fatos e estipulando sujeitos da relação jurídica, bem como bases de determinação do *quantum debeatur*. Nesta norma de incidência a hipótese trará a previsão de um fato, enquanto a conseqüência prescreverá a relação jurídica fruto da subsunção do acontecimento à hipótese de incidência. Deste modo, a incidência caracteriza-se pela ocorrência do fato jurídico tributário, fato de a situação abstratamente descrita na hipótese de incidência se concretizar, dando nascimento à obrigação tributária, que simplesmente é o efeito jurídico prescrito como conseqüência da subsunção do fato jurídico à hipótese descrita na norma jurídica.

Obrigação tributária, portanto, é o vínculo abstrato que surge pela imputação normativa, segundo o qual uma pessoa, credor ou sujeito ativo, tem o direito subjetivo de exigir de outra, denominada sujeito passivo ou devedor, o cumprimento de prestação de índole pecuniária. É a própria relação jurídica tributária de natureza patrimonial inerente à regra-matriz de incidência tributária.

Concretizando-se o fato previsto no descritor da regra-matriz de incidência, instala-se uma relação jurídica de conteúdo patrimonial – a obrigação tributária. Compõe-se esta de três elementos: sujeitos ativo, passivo e objeto.

Graficamente:

Sa ⟶ $$$ ⟵ Sp

Crédito — Débito

Direito Subjetivo — Dever Jurídico

Temos com este gráfico a total caracterização da obrigação tributária. O sujeito ativo tem o direito subjetivo de exigir a prestação pecuniária; e, em contrapartida, o sujeito passivo tem o dever jurídico de cumpri-la. Ao direito subjetivo de que está investido o sujeito ativo de exigir o objeto denomina-se *crédito*. E ao dever jurídico que a ele se contrapõe, de prestar o objeto, designa-se *débito*. Deste modo, a toda obrigação corresponde um crédito.

A norma primária é aquela que prescreve um dever, a partir da concretude do fato previsto no antecedente na norma. A norma secundária prescreve uma sanção, aplicada pelo ente estatal, caso ocorra o descumprimento da conduta estatuída na norma primária.

• Construção da norma primária

Dado um fato *F* qualquer, deve-ser uma conduta comissiva ou omissiva de um sujeito *S* ante outro sujeito *S'*. Por exemplo, dada a saída de mercadoria de um estabelecimento, deve-ser o pagamento do ICMS.

• Construção da norma secundária sancionatória relativa à sonegação fiscal[17]

Dada a supressão ou redução fraudulenta do tributo devido, deve-ser o *ius puniendi* do Estado em relação ao sonegador fiscal, pela prática do delito contra a ordem tributária.

• Construção da norma secundária sancionatória relativa à lavagem de dinheiro proveniente de sonegação fiscal

Dada a ocultação ou dissimulação de bens provenientes de sonegação fiscal, praticada por organização criminosa, deve-ser o *ius puniendi* do Estado em relação ao "lavador" de capitais, pela prática do delito de lavagem de dinheiro, tendo como crime antecedente a sonegação fiscal, praticada por organização criminosa.

Nota-se que esta última norma serve como um reforço do *ius puniendi* em relação ao sonegador fiscal que também lava dinheiro, pois este infrator será duplamente punido, ou seja, será sancionado tanto pelo crime principal – contra a ordem tributária – como pelo crime acessório – lavagem de dinheiro.

Com a pretensão punitiva o Estado procura tornar efetivo o *ius puniendi*, exigindo do autor do delito sujeição à sanção penal, materializada através da sentença condenatória.

7. *Quebra de sigilo bancário para investigações fisco-criminais e efetivação de justiça tributária*

Neste item temos como objetivo expressar nossa posição sobre a legitimidade, juridicidade e relevância da norma que permite ao Fisco o acesso aos dados bancários de contribuintes investigados por eventuais práticas de sonegação fiscal – sem a necessidade de prévia autorização judicial – para investigações de delitos penais tributários, bem como para o incremento da arrecadação tributária através da efetivação de uma justiça fiscal.

Para atingirmos este objetivo nos basearemos em argumentos normativos – precipuamente com a análise da Lei Complementar 105/2001 à luz da Constituição Federal –, bem como em argumentos jurisprudenciais, doutrinários e fáticos.

Inicialmente, devemos destacar que desde a edição da Lei 4.595/1964 (sob a égide da Constituição de 1946), que instituiu o Sistema Financeiro Nacional, eram legalmente permitidos ao Fisco o acesso direto e a análise dos dados bancários de contribuintes.

Com a atual Constituição de 1988, seu art. 192 estabelece que o Sistema Financeiro Nacional será regulado em lei complementar segundo alguns preceitos deste artigo. Devido à falta desta lei complementar reguladora, a Lei 4.595/1964 foi recepcionada pela Constituição vigente, passando a vigorar com força de lei complementar, somente podendo ser alterada por regra de, no mínimo, igual natureza. De acordo com o art. 38 da Lei 4.595/1964, §§ 5º e 6º, permitia-se a quebra do sigilo bancário por autoridade fazendária.

Desta forma, era expressamente permitida a quebra de sigilo bancário pelo Fisco com base no art. 38 da Lei 4.595/1964, sem a necessidade de autorização judicial, *in verbis*:

17. Tomando como referência o art. 1º da Lei 8.137/1990.

"Art. 38. As instituições financeiras conservarão sigilo em suas operações ativas e passivas e serviços prestados.

"§ 1º. As informações e esclarecimentos ordenados pelo Poder Judiciário, prestados pelo Banco Central do Brasil ou pelas instituições financeiras, e a exibição de livros e documentos em juízo se revestirão sempre do mesmo caráter sigiloso, só podendo a eles ter acesso as partes legítimas na causa, que deles não poderão servir-se para fins estranhos à mesma.

"§ 2º. O Banco Central do Brasil e as instituições financeiras públicas prestarão informações ao Poder Legislativo, podendo, havendo motivos, solicitar sejam mantidas em reserva ou sigilo.

"§ 3º. As Comissões Parlamentares de Inquérito, no exercício da competência constitucional e legal de ampla investigação, obterão as informações que necessitarem das instituições financeiras, inclusive através do Banco Central do Brasil.

"§ 4º. Os pedidos de informação a que se referem os §§ 2º e 3º deste artigo deverão ser aprovados pelo Plenário da Câmara dos Deputados ou do Senado Federal e, quando se tratar de CPI, pela maioria absoluta de seus membros.

"§ 5º. *Os agentes fiscais tributários do Ministério da Fazenda e dos Estados somente poderão proceder a exames de documentos, livros e registros de contas de depósitos quando houver processo instaurado e os mesmos forem considerados indispensáveis pela autoridade competente.*

"§ 6º. *O disposto no parágrafo anterior se aplica igualmente à prestação de esclarecimentos e informes pelas instituições financeiras às autoridades fiscais, devendo sempre estas e os exames serem conservados em sigilo, não podendo ser utilizados senão reservadamente.*

"§ 7º. A quebra de sigilo de que trata este artigo constitui crime e sujeita os responsáveis à pena de reclusão, de 1 (um) a 4 (quatro) anos, aplicando-se, no que couber, o Código Penal e o Código de Processo Penal, sem prejuízo de outras sanções cabíveis."

Assim, até 1994 a Receita Federal requisitava e recebia diretamente das instituições financeiras os dados bancários de supostos sonegadores, sem a necessidade de prévia autorização judicial. A necessidade desta autorização surgiu quando o STJ[18] passou a ignorar o art. 38 da Lei do Sistema Financeiro, interpretando que o sigilo bancário, protegido pelo art. 5º, XII, da CF, só poderia ser quebrado com ordem judicial.

Da mesma maneira, o STF considerou o sigilo bancário um direito individual constitucional, só excepcionado por outra norma constitucional de idêntico *status* (CF, art. 58, § 3º), concluindo pela não-recepção do referido art. 38 da Lei 4.595/1964 no tocante à possibilidade de quebra de sigilo bancário por parte do Parlamento, salvo quando se tratar de CPI, bem como por agentes fiscais tributários, a não ser que tal quebra fosse amparada por autorização judicial.[19] Portanto, haveria impossibilidade de quebra de sigilo bancário por requisição fiscal de informações bancárias sem a devida intervenção judicial.

Em 1995 o Poder Executivo remeteu ao Congresso Nacional dois projetos de lei, um referente à instituição da CPMF e outro referente à quebra de sigilo bancário sem necessidade de autorização judicial. O primeiro tornou-se lei em 1996 – lei que insti-

18. O STJ decidiu favoravelmente a um contribuinte do Rio Grande do Sul que recorrera contra um pedido de acesso de dados da sua conta corrente feito pela fiscalização da Secretaria da Fazenda Estadual, que investigava sonegação de ICMS. Esta decisão estendeu-se para todos os casos, inclusive as investigações da Receita Federal.

19. Conforme decidiu o STJ, "o sigilo bancário do contribuinte não pode ser quebrado com base em procedimento administrativo-fiscal, por implicar indevida intromissão na privacidade do cidadão, garantia, esta, expressamente amparada pela Constituição Federal – art. 5º, X" (1ª T., REsp 121.642-DF, rel. Min. Demócrito Reinaldo, *DJU*, Seção I, 22.9.1997, p. 46.337). No mesmo sentido: TJSP, 15ª C., Ap. cível 263.121-2, São José do Rio Preto, rel. Des. Maurício Vidigal, j. 3.10.1995, v.u.

tuiu a CPMF, n. 9.311 –, e o segundo projeto não recebeu parecer favorável na Comissão de Constituição e Justiça.

Finalmente, em janeiro/2001, utilizando o argumento da necessidade de criação de receita para assegurar o aumento do valor do salário mínimo para R$ 180,00, o Poder Executivo conseguiu que o Parlamento aprovasse três normas para um combate mais eficaz à sonegação fiscal, com a ampliação dos poderes da fiscalização e conseqüente incremento da arrecadação.

A primeira autoriza o Fisco a lançar mão de informações bancárias dos contribuintes sem necessidade de autorização judicial. A segunda norma permite ao Fisco utilizar-se de informações sobre movimentação bancária, oriundas do banco de dados da CPMF, para investigação do pagamento de outros tributos, entre eles o imposto de renda. Por último, a denominada *norma antielisão*, cujo objetivo é evitar o uso de brechas da legislação tributária, por parte do contribuinte, para pagar menos impostos.

Logo em seguida à promulgação e publicação da Lei Complementar 105/2001, que permite ao Fisco o acesso aos dados bancários do contribuinte investigado sem necessidade de prévia autorização judicial, foram ajuizadas no STF quatro ações diretas de inconstitucionalidade[20] sobre essa lei, sendo que até o momento não houve manifestação judicial daquela Corte sobre a (in)constitucionalidade da mesma.

Analisando o tema *sigilo bancário* com profundidade, defendemos a legitimidade, a juridicidade e a relevância da norma que possibilita ao Fisco o acesso aos dados bancários de contribuintes investigados, sem necessidade de prévia autorização judicial, e procuraremos demonstrar que:

1. Direito ao sigilo bancário não se relaciona ao direito constitucional à intimidade (art. 5º, X, da CF).

2. O acesso pelo Fisco às informações bancárias dos contribuintes não atinge o direito de privacidade do cidadão, pela mera conversão do sigilo bancário em sigilo fiscal, e, mesmo que seja considerado afetado pela simples transferência dos dados às autoridades fazendárias, deve haver um sopesamento deste direito fundamental (à privacidade) com outros valores e princípios constitucionais, para se avaliar qual deverá prevalecer.

3. O que se protege com o art. 5º, XII, da CF não é o sigilo de dados bancários, mas o sigilo da comunicação destes dados, sendo que este de forma alguma é violado pelo Fisco, devido à mera transferência do dever de sigilo.

4. A reserva de jurisdição prevista no art. 5º, XII, não se aplica ao sigilo da comunicação de dados, mas somente à interceptação telefônica, devido à impossibilidade de registro de seu conteúdo.

5. O princípio da reserva de jurisdição só se aplica a casos específicos e expressos na Constituição Federal, não se aplicando ao sigilo bancário.

6. Exigir autorização judicial prévia para o acesso do Fisco aos dados bancários fere os princípios da auto-executoriedade dos atos administrativos e de presunção de legitimidade da atuação da Administração Pública.

7. Deve ser aplicado pelo STF quando de sua decisão sobre a constitucionalidade da Lei Complementar 105/2001 o mesmo raciocínio da legitimidade da existência de bancos de dados de controle de risco de crédito, onde se considerou que as relações massificadas de crédito impedem a alegação de invasão ao direito de privacidade para se vedar acesso a estes dados.

8. A Lei Complementar 105/2001 regulamenta a previsão constitucional de a

20. ADIn 2.386, ajuizada pela Confederação Nacional do Comércio, tendo como relator o Min. Ilmar Galvão; ADIn 2.389, ajuizada pelo Partido Social Liberal, tendo como relator o Min. Maurício Corrêa; ADIn 2.390, ajuizada pelo Partido Social Liberal, tendo como relator o Min. Sepúlveda Pertence; ADIn 2.387, ajuizada pela Confederação Nacional da Indústria, tendo como relator o Min. Moreira Alves.

Administração Tributária acessar dados referentes ao patrimônio, rendimentos e atividades econômicas do contribuinte (art. 145 da CF, § 1º), realizando-se concretamente os princípios da eqüidade tributária, da capacidade contributiva e do caráter pessoal dos tributos.

9. A Lei Complementar 105/2001 introduz normas de organização e procedimento que protege os direitos individuais assegurados pela Constituição Federal, pois: a) limita a informação obtida a dados de relevância tributária, que não dizem respeito à vida privada ou íntima da pessoa; b) estabelece limite temporal de intervenção da autoridade tributária no acesso a tais dados; c) exige formalização, motivação, vinculação à finalidade, guarda e sigilo no acesso a tais informações; d) impõe um dever de demonstração da indispensabilidade do acesso a tais informações; e) destina o acesso a tais informações a fins estritamente tributários e, especialmente, ao teste de veracidade das informações já prestadas pelo próprio sujeito passivo da obrigação tributária; f) converte em sigilo fiscal as informações afetadas pelo sigilo bancário, vedando sua circulação e consubstanciando mera transferência de sigilo; g) institui regime de rigoroso controle e responsabilização (inclusive penal) por eventual uso indevido ou negligência no trato das informações sob custódia da autoridade tributária.

10. A Lei Comlementar 105/2001 atende ao princípio da proporcionalidade, ou seja, esta norma é adequada (apta a produzir o resultado desejado), necessária (insubstituível por outro meio menos gravoso e igualmente eficaz) e proporcional em sentido estrito (estabelece uma relação ponderada entre o grau de restrição de um princípio constitucional e o grau de realização do princípio contraposto).

11. A utilização das informações bancárias dos contribuintes investigados pelo Fisco servirá não somente ao incremento da arrecadação tributária, pelo fato de o Fisco poder detectar os fatos geradores que dão origem à obrigação tributária, com a pertinente constituição do crédito tributário, como também será instrumento fundamental para se verificar os delitos de lavagem de dinheiro – através de instituições financeiras – provenientes de sonegação fiscal.

Inicialmente devemos distinguir direito *à intimidade* e direito *à privacidade*. Imaginando dois círculos concêntricos, no círculo menor estaria a intimidade; no maior, a privacidade. Assim, o privado é o mais abrangente; e o íntimo, o mais reservado.

O segredo bancário não é um prolongamento do direito à intimidade da esfera pessoal e familiar das pessoas, pois o acesso a esta esfera está vedado à própria instituição financeira, pois esta não pode exigir de seus clientes informações estritamente pessoais, que venham a afetar direta ou indiretamente sua honra ou dignidade.

A informação que o banco legitimamente tem de seus clientes restringe-se a uma esfera patrimonial, que indubitavelmente não está contida na esfera íntima da personalidade humana.

Deste modo, o sigilo bancário não é espécie do gênero *direito à intimidade*, previsto na Constituição Federal, e sua flexibilização não fere o princípio constitucional do direito à intimidade.

Em diversos países mais desenvolvidos que o Brasil já está pacífico que o direito à intimidade nada tem a ver com sigilo bancário. Pelo contrário, a existência de um Estado Fiscal implica a necessidade de se atribuir à Administração Tributária tal poder de acesso, no sentido de se efetivar a justiça fiscal, tão necessária ao equilíbrio social.

Como exemplo podemos citar o entendimento da matéria pelo Tribunal Constitucional Espanhol: "El Tribunal Constitucional Español se ha pronunciado por la negativa de que el conocimiento de las cuentas bancarias por la Administración pueda invadir el ámbito constitucionalmente garantizado de la intimidad de los individuos, porque tales extractos no constituyen per se una biografía personal en némeros y en sí no tienen relevancia para la intimidad personal y familiar del contribuyente, ya que se trata de datos no secretos y confiados a una entidad".[21]

Deste modo, incorreto se falar que exista qualquer violação do direito à intimidade no caso de quebra de sigilo bancário por parte da Administração Tributária.

Passemos ao direito à privacidade. No caso da Itália, que se aproxima em muito da maioria dos Estados Europeus, não se pode opor o direito à privacidade às atividades da Administração Tributária no que se refere ao tema *sigilo bancário*. Assim diz a doutrina italiana:

"La preocupación por garantizar con una eficaz actividad investigadora los mejores resultados par la recaudación de los tributos no encuentra obstáculos ni siquiera en la esfera de la privacidad o en alguno de sus aspectos. Frente al interés por la recaudación, de hecho, no se reconocen posiciones subjetivas del contribuyente constitucionalmente protegidas que no correspondan a aquellas relativas a la esfera de la personalidad.

"Resisten, por tanto, la inviolabilidad del domicilio y de la correspondencia, mientras el secreto bancario, que es considerado extraño a esta esfera, ha sido considerado por el legislador como derogable a favor de la Administración Financiera, inicialmente sólo en presencia de específicos y definitivos elementos de hecho considerados normativamente de manera taxativa indicios fundados de evasión, posteriormente, en cualquier otro caso."[22]

O próprio STF já considerou a não-possibilidade de a quebra de sigilo bancário vir a ferir a intimidade ou privacidade do cidadão.

Vejamos o teor do RMS 15.925-GB, onde o Min. Gonçalves de Oliveira transcreve em seu relatório ementa de acórdão recorrido do TFR: "Sigilo bancário – Informações destinadas à Divisão do Imposto de Renda. O sigilo bancário só tem sentido enquanto protege o contribuinte contra o perigo da divulgação ao público, nunca quando a divulgação é para o fiscal do Imposto de Renda que, sob pena de responsabilidade, jamais poderá transmitir o que lhe foi dado conhecer".

Com seu voto, deixou claro que: "Nego provimento ao recurso. Não há perigo de devassa ou quebra de sigilo bancário, porquanto os agentes fiscais do Imposto de Renda são obrigados ao sigilo, sob pena de responsabilidade".

Deste modo, a obtenção de dados por parte da Administração Tributária não viola o direito à intimidade ou à privacidade, pois na verdade somente ocorre uma transferência do dever de sigilo bancário (ao qual se vincula o funcionário do banco) ao funcionário da Administração Tributária. Desta maneira, da mesma forma que os funcionários do banco têm acesso às informações cedidas livremente pelos clientes, submetidas ao sigilo profissional (bancário), a autoridade tributária terá também este acesso, com a manutenção do dever de sigilo, não havendo comunicação dos dados bancários analisados a terceiros, preservando-se, assim, o direito à privacidade do cliente/contribuinte.

Agora, mesmo que o direito à privacidade seja considerado afetado pela simples transferência dos dados bancários ao Fisco – do que discordamos –, deve haver um sopesamento deste direito fundamental (à privacidade) com outros valores e princípios igualmente constitucionais (como os princípios da isonomia tributária, da capacidade contributiva e do caráter pessoal dos tributos), para se avaliar qual dos interesses, o individual ou o coletivo, deverá prevalecer.

21. Laura Rodríguez Campos, *Derechos del Contribuyente en la República Argentina, al Amparo de la Convención Interamericana de Derechos Humanos*.

22. Adriano Di Pietro, "Tutela del contribuyente y constitución material en la aplicación de la norma tributaria", in P. Kirchhof e outros, *Garantías Constitucionales del Contribuyente*, Valência, Tirant lo Blanch, 1999, pp. 87-88.s

Analisando-se, agora, o sentido e alcance do inciso XII do art. 5º da CF, depreende-se que esta proteção constitucional se refere à incolumidade da comunicação de dados, e não aos dados em si.

Assim diz o inciso XII: "É inviolável o sigilo da correspondência, das comunicações telegráficas, de dados e das comunicações telefônicas, salvo, no último caso, por ordem judicial, nas hipóteses e na forma que a lei estabelecer, para fins de investigação criminal ou instrução processual penal".

Além de a doutrina fazer esta fundamental distinção – como Celso Bastos, Ives Gandra e Tércio Sampaio Ferraz Jr. –, o próprio STF já assim se manifestou, conforme voto proferido pelo Min. Nélson Jobim no julgamento do RE 219.780-PE: "Passa-se, aqui, que o inciso XII não está tornando inviolável o dado da correspondência, da comunicação, do telegrama. Ele está proibindo a interceptação da comunicação dos dados, não dos resultados. Essa é a razão pela qual a única interceptação que se permite é a telefônica, pois é a única a não deixar vestígios, ao passo que nas comunicações por correspondência telegráfica e de dados é proibida a interceptação porque os dados remanescem; eles não são rigorosamente sigilosos, dependem da interpretação infraconstitucional para poderem ser abertos. O que é vedado de forma absoluta é a interceptação da comunicação da correspondência, do telegrama. Por que a Constituição permitiu a interceptação da comunicação telefônica? Para manter os dados, já que é a única em que, esgotando-se a comunicação, desaparecem os dados. Nas demais não se permite, porque os dados remanescem, ficam no computador, nas correspondências etc.".

Deste modo, o que é inviolável é a comunicação dos dados, e não os dados em si. E quanto a estes dados o STF reconheceu a legitimidade da existência de registro em banco de dados e de seu ilimitado acesso, "devido a uma economia fundada nas relações massificadas de crédito". Segundo o Min. Sepúlveda Pertence: "A convivência entre a proteção da privacidade e os chamados arquivos de consumo, mantidos pelo próprio fornecedor de crédito ou integrados em banco de dados, tornou-se um imperativo da economia da sociedade de massas. *É o bastante a tornar duvidosa a densidade jurídica do apelo da argüição à garantia da privacidade, que há de harmonizar-se à existência de banco de dados pessoais*, cuja realidade a própria Constituição reconhece (art. 5º, inciso LXXII, alínea 'a', *in fine*), e entre os quais os arquivos de consumo são um dado inextirpável da economia fundada nas relações massificadas de crédito".[23]

Pois bem, se as entidades capitalistas privadas estão autorizadas a fazer circular, de modo ilimitado, informações financeiras sobre transações as mais variadas realizadas pelas pessoas, devido ao imperativo de eficiência econômica na sociedade de massas, absurdo seria não reconhecer a mesma legitimidade à Administração Tributária quanto ao acesso (vedada a comunicação) aos dados financeiros dos contribuintes, não só pelo dever de sigilo em relação às informações analisadas, como pela expressa autorização constitucional ao Fisco (art. 145, § 1º) de acessar tais informações para dar efetividade ao pagamento de impostos e promover os princípios constitucionais da isonomia tributária, do caráter pessoal e da capacidade contributiva.

Passando a outro tópico, relativo ao postulado constitucional da reserva de jurisdição, tem-se que este importa submeter à esfera única de decisão dos magistrados a prática de determinados atos cuja realização, *por efeito de explícita determinação constante do próprio texto da Constituição Federal*, somente pode emanar do juiz, e não de terceiros, inclusive daqueles a quem se haja eventualmente atribuído o exercício de poderes de investigação próprios das autoridades judiciais.

23. ADIn 1.790, rel. Min. Sepúlveda Pertence, *DJU* 8.9.2000.

A cláusula constitucional da reserva de jurisdição – que incide sobre determinadas matérias, como a busca domiciliar, a interceptação telefônica e a decretação da prisão de qualquer pessoa, ressalvada a hipótese de flagrância – traduz a noção de que nesses temas específicos assiste ao Poder Judiciário não apenas o direito de proferir a última palavra, mas sobretudo a prerrogativa de dizer, desde logo, a primeira palavra, excluindo-se, desse modo, por força e autoridade do que dispõe a própria Constituição, a possibilidade do exercício de iguais atribuições por parte de quaisquer outros órgãos ou autoridades do Estado.

Esta cláusula constitucional da reserva de jurisdição não engloba o sigilo bancário, conforme o seguinte posicionamento do STF: "Quebra ou transferência de sigilos bancário, fiscal e de registros telefônicos que, ainda quando se admita, em tese, susceptível de ser objeto de decreto de CPI – *porque não coberta pela reserva absoluta de jurisdição que resguarda outras garantias constitucionais* –, há de ser adequadamente fundamentada: aplicação no exercício pela CPI dos poderes instrutórios das autoridades judiciárias da exigência de motivação do art. 93, IX, da Constituição da República".[24]

O STF já flexibilizou o acesso a informações bancárias quando deferiu ao Ministério Público o acesso direto aos dados financeiros junto ao Banco do Brasil tendo em vista a origem pública do dinheiro envolvido nas operações financeiras. Neste julgamento,[25] muito interessante o voto do Min. Ilmar Galvão, que assim consignou: "Na verdade, se exceção houvesse à regra *[do sigilo bancário]*, revestir-se-ia ela, inegavelmente, de muito mais plausibilidade, *v.g.*, relativamente à fiscalização do Imposto de Renda, que há de estar em permanente vigilância, na busca de sinais de riqueza dos contribuintes, do que em relação ao Ministério Público, cuja iniciativa tem em mira casos específicos, em face dos quais o requerimento ao juiz não acarreta maiores transtornos".

Em outro julgamento assim se posicionou o Min. Carlos Velloso: "A questão, portanto, da quebra de sigilo resolve-se com a observância de normas infraconstitucionais, com respeito ao princípio da razoabilidade, e que estabeleceriam o procedimento ou o devido processo legal para a quebra do sigilo bancário. A questão, portanto, não seria puramente constitucional. A quebra do sigilo bancário faz-se com observância, repito, de normas infraconstitucionais, que subordinam-se ao preceito constitucional".[26]

Conclui-se que para o STF o sigilo bancário pode ser flexibilizado por norma infraconstitucional, sendo relevante de que forma isso se dará (ou seja, é necessário um devido procedimento de acesso aos dados bancários, fixado em norma infraconstitucional) e para qual finalidade (atendimento ao interesse coletivo ou outro princípio constitucional).

Em total conformidade com esta orientação da mais alta Corte do país a Lei Complementar 105/2001, que estabelece normas de procedimento para o acesso do Fisco aos dados financeiros dos contribuintes, garantidoras dos direitos individuais dos contribuintes, bem como o atendimento da finalidade de tal instrumento, qual seja, o bem comum, através da efetivação de uma maior justiça fiscal, pela possibilidade de o Estado, através do incremento de arrecadação de tributos, devido à redução da sonegação fiscal, diminuir a desigualdade econômica tão gritante em nossa Nação.

Mesmo que se entenda que o sigilo bancário seja uma prerrogativa constitucional, em contrapartida há expressa autorização constitucional para a Administração Tributária acessar os dados financeiros dos contribuintes. Assim dispõe o art. 145, §

24. MS 23.480, rel. Min. Sepúlveda Pertence, *DJU* 15.9.2000, p. 119.

25. MS 21.729, rel. Min. Francisco Rezek, j. 10.5.1995, acórdão ainda não publicado, noticiado no *Informativo* 8.

26. RE 219.780, rel. Min. Carlos Velloso, *DJU* 10.9.1999, p. 23.

1º, da CF: "§ 1º. Sempre que possível, os impostos terão caráter pessoal e serão graduados segundo a capacidade econômica do contribuinte, facultado à Administração Tributária, especialmente para conferir efetividade a esses objetivos, identificar, respeitados os direitos individuais e nos termos da lei, o patrimônio, os rendimentos e as atividades econômicas do contribuinte".

Deste modo, a ordem constitucional conferiu à Administração Tributária o poder de identificar o patrimônio, os rendimentos e as atividades econômicas do contribuinte, respeitando os direitos individuais e nos termos da lei. Mas como o Fisco pode identificar este patrimônio e rendimentos, se não possui meios de confirmar os valores declarados pelos contribuintes? Como fazer com que cada um pague o devido e proporcional à sua capacidade contributiva, se não se pode aferir as informações declaradas ou verificar eventuais demonstrações exteriores de riqueza?

A expressão "respeitados os direitos individuais e nos termos da lei" não deve, como querem muitos, imobilizar este dispositivo constitucional, pois este permite ao Fisco identificar patrimônio e rendimentos que deveriam estar sendo tributados, gerando receita que permitiria a efetivação de direitos individuais de boa parte da população – como o direito à saúde e ao trabalho, que muitos não têm. Deste modo, esta expressão não pode servir de "escudo jurídico" para sonegadores e maus cidadãos que não contribuem com o devido, colaborando com o agravamento sócio-econômico brasileiro.

De qualquer modo, cessa-se neste momento a discussão sobre o verdadeiro sentido e alcance daquela expressão, pois agora temos no ordenamento jurídico brasileiro norma que disciplina o acesso do Fisco aos dados bancários do contribuinte, com o devido procedimento administrativo, em total harmonia com os direitos fundamentais individuais do cidadão. Temos a Lei Complementar 105/2001.

Analisemos de forma ponderada os seguintes dados fornecidos pela Secretaria da Receita Federal:

• R$ 340 bilhões foram movimentados nos bancos sem que a Receita Federal conhecesse a origem das operações.

• 139 pessoas omissas movimentaram quantias superiores a R$ 10 milhões em suas contas, e juntas movimentaram R$ 29 bilhões.

• 62 isentos (com renda anual inferior a R$ 10,8 mil) movimentaram mais de R$ 10 milhões, e juntos movimentaram R$ 11 bilhões.

• 45 microempresas, juntas, movimentaram R$ 53 bilhões.

• 24 empresas inativas movimentaram juntas R$ 21,5 bilhões.

A partir destes números, ou concluímos que os desfavorecidos movimentam mais seu dinheiro que os ricos, ou que não são tão pequenos como se presume, subdeclarando rendimentos, ou são usados como "laranjas"pelos verdadeiros proprietários de diversas empresas.

Seria admissível que poucos privilegiados continuassem a agir, sob o manto protetor do sigilo bancário, com o fim de fugir às obrigações de pagar os tributos devidos (obrigação, esta, devida por todos os cidadãos)? Seria razoável aceitar que um assalariado de classe média, que é descontado na fonte, pague mais tributos do que aqueles que auferem renda de R$ 1 milhão em igual período? Mais ainda: seria justo que a alíquota imposta ao assalariado não pudesse ser reduzida devido à incapacidade do Fisco de identificar a ocorrência de fato gerador de tributos que deveriam ser pagos por grandes pessoas jurídicas e por inúmeros profissionais liberais que habilmente se furtam ao pagamento de suas obrigações tributárias? Seria também correto permitir que empresas sonegadoras protegidas pelo sigilo bancário consigam reduzir seus preços, prejudicando e eliminando a concorrência?

Quais são os valores constitucionais que devem prevalecer? O interesse individual à privacidade, ou o interesse coletivo de uma efetiva justiça fiscal? Com a palavra o STF.

Finalmente, devemos argumentar que a Lei Complementar 105/2001 respeita o princípio da proporcionalidade em suas três máximas: adequação, necessidade e proporcionalidade em sentido estrito.

É adequada, pois apta a produzir o resultado desejado. O acesso do Fisco a informações financeiras representa a efetivação de valores constitucionais fundamentais, como o respeito ao princípio da eqüidade ou justiça tributária, da capacidade contributiva do contribuinte e do caráter pessoal dos tributos. O complexo normativo que vigorava anteriormente não se demonstrou idôneo ao atingimento de tais princípios constitucionais; muito pelo contrário, parcela significativa da propriedade privada tinha à sua disposição um sistema jurídico que a protegia do poder-dever do Estado de tributar. Simplesmente se declarava ao Fisco um determinado *quantum debeatur*, e a Fazenda não tinha meios eficazes para conferir a veracidade ou não de tal declaração.

A adequação corresponde à eficácia, entendida no sentido de produzir os resultados desejados, ou seja, os valores constitucionais vinculados à tributação. E esta eficácia será atingida pela possibilidade de comparação dos valores declarados ao Fisco com aqueles efetivamente movimentados em instituições financeiras.

Visto o requisito da adequação, devemos analisar, agora, o requisito da necessidade, ou seja: o meio empregado para atingimento dos resultados constitucionais vinculados à tributação poderia ser substituído por outro igualmente eficaz, com menor gravame aos afetados?

Consideramos que não, pois se concordarmos com a necessidade da prévia autorização judicial para o acesso do Fisco às informações financeiras estaremos desrespeitando os princípios basilares do Direito Administrativo de auto-executoriedade dos atos administrativos, bem como da presunção da legitimidade desses atos.

A presunção de legitimidade dispensa o recurso prévio a uma convalidação judicial dos atos administrativos presumivelmente legítimos, transferindo ao particular insatisfeito o ônus de impugná-los em juízo. E a auto-executoriedade consiste na possibilidade que certos atos administrativos ensejam de imediata e direta execução pela própria Administração, independentemente de ordem judicial, principalmente os decorrentes da utilização do poder de polícia.

A circunstância de a lei complementar dispensar prévia autorização judicial não significa violação a qualquer direito ou garantia individual. Primeiro porque o sigilo das informações transferidas ao Fisco é integralmente preservado, sob pena de responsabilização penal e administrativa. Segundo porque qualquer violação aos limites legalmente impostos ao Fisco poderá e deverá ser controlada pelo Poder Judiciário, mediante provocação do interessado, respeitando-se, assim, o previsto no art. 5º, XXXV, da CF.

Assim, a necessidade do acesso do Fisco às informações financeiras decorre do imperativo normativo de se preservar a presunção de legitimidade e a auto-executoriedade dos atos administrativos.

Finalmente, consideraremos a proporcionalidade da Lei Complementar 105/2001 em sentido estrito. Para isso basta cotejar os gravames para os atingidos pela norma com os benefícios para a realização dos valores constitucionais contrapostos. Por todo o exposto anteriormente, verificou-se que a informação financeira a ser acessada pelo Fisco não terá qualquer relação com a intimidade da pessoa, e se em grau mínimo fere sua privacidade existem cautelas organizacionais e procedimentais para que estes dados permaneçam sigilosos e que só sejam usados sob certas condições, atendendo à necessária motivação e sob determinada finalidade. Por outro lado, tal norma que prevê este acesso contribuirá para a eficiência da fiscalização tributária, o combate a delitos penais tributários bem como à lavagem de dinheiro e demais ilícitos; propiciará uma maior arrecadação tributária, com maior justiça fiscal, pois aqueles que não estavam pagando impostos passarão a fazê-lo; ajudará também na efetivação dos imperativos constitucionais da capacidade contributiva do contribuinte e do caráter pessoal dos tributos. Neste sentido, consideramos incontestável a proporcionalidade em sentido estrito da medida legal, pois em um Estado Social (e não em um Estado Liberal) não se pode admitir que o interesse individual prepondere sobre o interesse da coletividade.

Apresentamos de forma breve todos os argumentos pela legitimidade, juridicidade e relevância da Lei Complementar 105/2001, bem como a importância da utilização dos dados bancários pelo Fisco para comprovação de delitos fiscais e de lavagem de dinheiro. Passemos às conclusões.

8. *Conclusões*

8.1 O direito ao sigilo bancário não se relaciona ao direito constitucional à intimidade (art. 5º, X, da CF).

8.2 O acesso pelo Fisco às informações bancárias dos contribuintes não atinge o direito de privacidade do cidadão, pela mera conversão do sigilo bancário em sigilo fiscal; e mesmo que seja considerado afetado pela simples transferência dos dados às autoridades fazendárias, deve haver um sopesamento deste direito fundamental (à privacidade) com outros valores e princípios constitucionais, devendo prevalecer o interesse coletivo sobre o interesse individual.

8.3 O que se protege com o art. 5º, XII, da CF não é o sigilo de dados bancários, mas o sigilo da comunicação destes dados, sendo que este de forma alguma é violado pelo Fisco, devido à mera transferência do dever de sigilo.

8.4 A reserva de jurisdição prevista no art. 5º, XII, não se aplica ao sigilo da comunicação de dados, mas somente à interceptação telefônica, devido à impossibilidade de registro de seu conteúdo.

8.5 O princípio da reserva de jurisdição só se aplica a casos específicos e expressos na Constituição Federal, não se aplicando ao sigilo bancário.

8.6 Exigir autorização judicial prévia para o acesso do Fisco aos dados bancários fere os princípios da auto-executoriedade dos atos administrativos e de presunção de legitimidade da atuação da Administração Pública.

8.7 Deve ser aplicado pelo STF, quando de sua decisão sobre a constitucionalidade da Lei Complementar 105/2001, o mesmo raciocínio da legitimidade da existência de bancos de dados de controle de risco de crédito, onde se considerou que as relações massificadas de crédito impedem a alegação de invasão ao direito de privacidade para se vedar acesso a estes dados.

8.8 A Lei Complementar 105/2001 regulamenta a previsão constitucional de a Administração Tributária acessar dados referentes ao patrimônio, rendimentos e atividades econômicas do contribuinte (art. 145 da CF, § 1º), realizando-se concretamente os princípios da eqüidade tributária, da capacidade contributiva e do caráter pessoal dos tributos.

8.9 A Lei Complementar 105/2001 introduz norma de organização e procedimento que protege os direitos individuais assegurados pela Constituição Federal, pois: a) limita a informação obtida a dados de relevância tributária, que não dizem respeito à vida privada ou íntima da pessoa; b) estabelece limite temporal de intervenção da autoridade tributária no acesso a tais dados; c) exige formalização, motivação, vinculação à finalidade, guarda e o sigilo no acesso a tais informações; d) impõe um dever de demonstração da indispensabilidade do acesso a tais informações; e) destina o acesso a tais informações a fins estritamente tributários, e especialmente ao teste de veracidade das informações já prestadas pelo próprio sujeito passivo da obrigação tributária; f) converte em sigilo fiscal as informações afetadas pelo sigilo bancário, vedando sua circulação e consubstanciando mera transferência de sigilo; g) institui regime de rigoroso controle e responsabilização (inclusive penal) por eventual uso indevido ou negligência no trato das informações sob custódia da autoridade tributária.

8.10 A Lei Complementar 105/2001 atende ao princípio da proporcionalidade, ou seja, esta norma é adequada (apta a produzir o resultado desejado), necessária (insubstituível por outro meio menos gravoso e igualmente eficaz) e proporcional em sentido estrito (estabelece uma relação ponderada entre o grau de restrição de um princípio constitucional e o grau de realização do princípio contraposto).

8.11 A norma que prevê a utilização dos dados financeiros da CPMF para investigação de outros tributos não deve retroagir, pois até o dia 13.12.2001 estava em vigor o § 3º do art. 11 da Lei 9311, que previa expressamente o completo sigilo sobre essas informações das movimentações financeiras. Mesmo que não exista o "direito adquirido" de sonegar tributos, muito pelo contrário, existia até 13.12.2000 o direito ao sigilo dos dados de movimentação financeira. Tal retroatividade feriria a Constituição Federal, a qual determina que "ninguém será obrigado a fazer ou deixar de fazer alguma coisa senão em virtude de lei" e "a lei não prejudicará o direito adquirido, o ato jurídico perfeito e a coisa julgada".

8.12 A utilização das informações bancárias pelo Fisco servirá não somente ao incremento da arrecadação tributária, pelo fato de se poder detectar os fatos geradores que dão origem à obrigação tributária, como também será instrumento fundamental para se verificar os delitos de lavagem de dinheiro – através de instituições financeiras – provenientes de sonegação fiscal.

8.13 Mesmo que a Lei Complementar 105/2001 tenha sido regulamentada somente pela União, através do Decreto 3.724/2001, todos os demais entes da Federação – Estados, Municípios e Distrito Federal – não só podem como devem estabelecer seus decretos regulamentares para poderem utilizar esta ferramenta legal atribuída pelo legislador ao Fisco, visando ao incremento da arrecadação tributária, bem como à investigação de delitos penais tributários.

9. Referências bibliográficas

BANDEIRA DE MELLO, Celso Antônio. *Curso de Direito Administrativo*. São Paulo, Malheiros, 1999.

CARVALHO, Paulo de Barros. *Curso de Direito Tributário*. 11ª ed. São Paulo, Saraiva, 1999.

CASTRO, Lola Aniyar de. *Criminologia da Reação Social*. Trad. de Ester Kosovski. Rio de Janeiro, Forense, 1983.

CONSELHO DE CONTROLE DE ATIVIDADES FINANCEIRAS. *Cartilha sobre Lavagem de Dinheiro*. 1998.

COPI, Irwing. *Introdução à Lógica*. Trad. de Álvaro Cabral. São Paulo, Mestre Jou, 1981.

CORREA, Antônio. *Dos Crimes Contra a Ordem Tributária*. São Paulo, Saraiva, 1996.

COSTA JR., Paulo José da, e DENARI, Zelmo. *Infrações Tributárias e Delitos Fiscais*. São Paulo, Saraiva, 1998.

DENARI, Zelmo, e COSTA JR., Paulo José da. *Infrações Tributárias e Delitos Fiscais*. São Paulo, Saraiva, 1998.

FARIA JR., César. "Crimes contra a ordem tributária". *Revista Brasileira de Ciências Criminais* 5/70. janeiro-março/1994.

FERRAZ JR., Tércio Sampaio. *Introdução ao Estudo do Direito*. São Paulo, Atlas, 1988.

GOMES, Luiz Flávio, e MOLINA, Antonio García-Pablos de. *Criminologia*. 3ª ed. São Paulo, Ed. RT, 2000.

LOVATTO, Alécio Adão. *Crimes Tributários: Aspectos Criminais e Processuais*. Porto Alegre, Livraria do Advogado, 2000.

MAIA, Rodolfo Tigre. *O Estado Desorganizado Contra o Crime Organizado*. Rio de Janeiro, Lumen Juris, 1997.

__________. *Lavagem de Dinheiro (Lavagem de Ativos Provenientes de Crime)*. São Paulo, Malheiros Editores, 1999.

MIRABETE, Júlio Fabbrini. *Manual de Direito Penal – Parte Geral*. São Paulo, Atlas, 1999.

MOLINA, Antonio García-Pablos de, e GOMES, Luiz Flávio. *Criminologia*. 3ª ed. São Paulo, Ed. RT, 2000.

MORAES, Alexandre de. *Curso de Direito Constitucional*. São Paulo, Atlas, 1998.

PIMENTEL, Manoel Pedro. *Direito Penal Econômico*. São Paulo, Ed. RT, 1973.

RIOS, Rodrigo Sanches. *O Crime Fiscal*. Porto Alegre, Sérgio Antônio Fabris Editor.

SANTI, Eurico Marcos Diniz de. *Lançamento Tributário*. São Paulo, Max Limonad, 1999.

SILVA, José Afonso da. *Curso de Direito Constitucional Positivo*. São Paulo, Malheiros Editores, 1998.

TENÓRIO, Ígor. *Direito Penal Tributário*. São Paulo, José Bushatsky Editor, 1973.

TUCCI, Rogério Lauria. *Breve Estudo sobre a Ação Penal Relativa a Crimes Contra a Ordem Tributária*.

VILANOVA, Lourival. *Estruturas Lógicas e o Sistema do Direito Positivo*. São Paulo, Max Limonad, 1997.

ALTERAÇÃO DO ART. 43 DO CTN E A DISPONIBILIZAÇÃO DOS LUCROS DE COLIGADAS E CONTROLADAS ESTABELECIDAS NO EXTERIOR

NEREIDA DE MIRANDA FINAMORE HORTA

1. Introdução. 2. Do art. 43 do CTN e alterações introduzidas pela Lei Complementar 104, de 10.1.2001: 2.1 Da validade da norma jurídica – 2.2 Do conceito de renda e proventos de qualquer natureza – 2.3 Da disponibilidade jurídica ou econômica – 2.4 Alterações introduzidas pela Lei Complementar 104/2001 – 2.5 Dos princípios constitucionais aplicáveis. 3. Do art. 74 da MP 2.158-34, de 27.7.2001. 4. Conclusões. 5. Bibliografia.

1. Introdução

No presente trabalho abordaremos a alteração do art. 43 do CTN e suas conseqüências sobre a disponibilização dos lucros auferidos por coligadas ou controladas estabelecidas no Exterior.

Para tanto, iniciaremos tecendo algumas considerações acerca do tão debatido conceito de "renda" e sua disponibilidade econômica ou jurídica, segundo o art. 43 do CTN, com as alterações introduzidas pela Lei Complementar 104, de 10.1.2001.

Por fim, adentraremos a discussão sobre a constitucionalidade ou legalidade do normativo que propôs a alteração promovida pela MP 2.158-34/2001, a qual afeta as pessoas jurídicas que possuem investimentos no Exterior em coligadas ou controladas.

Na conclusão apresentamos digressão acerca da regra-matriz de incidência do imposto de renda.

2. Do art. 43 do CTN e alterações introduzidas pela Lei Complementar 104, de 10.1.2001

2.1 Da validade da norma jurídica

De início, dada a recente alteração introduzida por lei complementar, mister confirmar a validade desta norma, como nos ensina o Mestre, professor Paulo de Barros Carvalho: "(...) será considerada norma válida aquela produzida por órgão credenciado pelo sistema e na conformidade com o procedimento também previsto pela ordenação total".[1]

Para nosso estudo, verificaremos a compatibilidade do conteúdo da norma com a Lei Maior, não adentraremos a análise da constitucionalidade do seu procedimento.

Dispõe o art. 43 do CTN, ao definir o fato gerador do imposto sobre a renda e proventos, que:

"Art. 43. O imposto, de competência da União, sobre a renda e proventos de qualquer natureza tem como fato gerador a aquisição da disponibilidade econômica ou jurídica:

"I – de renda, assim entendido o produto do capital, do trabalho ou da combinação de ambos;

"II – de proventos de qualquer natureza, assim entendidos os acréscimos patrimoniais não compreendidos no inciso anterior.

"§ 1º. A incidência do imposto independe da denominação da receita ou do rendimento, da localização, condição jurídica ou nacionalidade da fonte, da origem e da forma de recepção.

"§ 2º. Na hipótese de receita ou de rendimento oriundos do Exterior, a lei estabelecerá as condições e o momento em que se dará sua disponibilidade, para fins de incidência do imposto referido neste artigo."

Preconizou o art. 43 do CTN que o imposto deve incidir sobre a renda e proventos de qualquer natureza quando adquirida disponibilidade jurídica ou econômica. As alterações inseridas direcionam para a mesma conclusão que discutiremos no trabalho.

"A relação de pertinencialidade será aferida, para efeito de controle, mediante confronto com a norma superior, (...)."[2] A norma superior que suporta esse normativo – ou seja, o fundamento constitucional de tal normativo – são os arts. 146 e 153, III, da CF, a saber:

"Art. 146. Cabe à lei complementar: (...) III – estabelecer normas gerais em matéria de legislação tributária, especialmente sobre: a) definição de tributos e de suas espécies, bem como, em relação aos impostos discriminados nesta Constituição, a dos respectivos fatos geradores, bases de cálculos e contribuintes; b) obrigação, lançamento, crédito, prescrição e decadência tributários; c) adequado tratamento tributário ao ato cooperativo praticado pelas sociedades cooperativas";

"Art. 153. Compete à União instituir impostos sobre: (...) III – renda e proventos de qualquer natureza; (...)".

O referido artigo da Constituição Federal – fundamento constitucional – prevê que a União tem a competência para instituir o imposto sobre renda e proventos de qualquer natureza, e o legislador complementar e ordinário que o faça incidir somente sobre renda e proventos de qualquer natureza.

Nas palavras do ilustre Ricardo Mariz de Oliveira: "Ao mesmo tempo em que reserva a exclusividade da renda ou provento de qualquer natureza para a União fazer sobre eles incidir sua exigência tributária, afastando de plano qualquer pretensão dos demais poderes – Estados e Municípios –, a Constituição está subordinando o legislador ordinário federal a só instituir esse imposto sobre o que se caracterize como renda ou provento de qualquer natureza".[3]

O art. 43 CTN, com as alterações introduzidas pela Lei Complementar 104/2001:

– destina à União competência para legislar sobre o tributo;

– definiu renda e proventos de qualquer natureza;

– fez incidir o imposto sobre a renda e proventos de qualquer natureza no momen-

1. Cf. *Direito Tributário: Fundamentos Jurídicos da Incidência*, p. 50.

2. Paulo de Barros Carvalho, *Direito Tributário: ...*, p. 50.

3. *Fundamentos do Imposto de Renda*, p. 11.

to em que estes se tornem disponíveis jurídica ou economicamente;

– não exclui da tributação quaisquer acréscimos patrimoniais, independentemente da denominação, localização, condução jurídica ou nacionalidade da fonte, da origem e da forma de recepção.

Podemos inferir, assim, que o art. 43 do CTN, acima transcrito, atende ao disposto na Lei Maior, ou seja, pertence ao sistema, é norma válida, que deve ter sua aplicação fulcrada na ordem do sistema.

A seguir discutiremos os conceitos contidos nas expressões da lei que se reportam ao critério material da hipótese de incidência do imposto de renda.

2.2 Do conceito de renda e proventos de qualquer natureza

Como definido na Constituição Federal, o imposto deve incidir sobre a renda e proventos de qualquer natureza.

O legislador complementar,[4] com base na delimitação concedida pela Constituição Federal, definiu o que devemos entender por *renda*: o produto do capital ou do trabalho, ou de ambos.

Como nos ensina Bulhões Pedreira: "A definição de renda como produto do capital, do trabalho ou da combinação de ambos é clássica, e já constava da legislação do imposto (...). Produto é aquilo que resulta para a pessoa, respectivamente, do fornecimento de serviços produtivos de capital de sua propriedade, da prestação do seu trabalho ou da organização – no próprio nome – de atividade produtiva (que combina serviços do trabalho e do capital). Esse resultado é dinheiro ou valor em dinheiro de outros direitos patrimoniais adquiridos no processo de repartição da renda. E capital significa – nessa definição – qualquer fonte de renda".[5]

Consoante palavras de Aliomar Baleeiro, "o debate sobre esse assunto tem empolgado vários espíritos e pode ser resumido em duas teorias, que ambas têm sido invocadas pelas legislações fiscais dos vários países: a) renda é atributo quase sempre periódico da fonte permanente da qual promana, como elemento novo criado e que com ela não se confunde (Strutz, Fuisting, Cohn); b) a renda é o acréscimo de valor pecuniário do patrimônio entre dois momentos (Schanz, Haig, Fisher)".[6-7]

Podemos entender, assim, que *renda* é o que deriva da fonte sem diminuí-la, o que acresceu-se dela, o que dela pode ser tirado sem subtrair dela num determinado período.

Proventos de qualquer natureza são os "acréscimos patrimoniais não compreendidos no inciso anterior".

Por *proventos*, consoante ensinamento de Bulhões Pedreira, definiu o Código Tributário Nacional "acréscimos patrimoniais que não resultam de pagamentos de renda. Na verdade, acréscimo patrimonial é efeito de qualquer modalidade de renda financeira, que é repartida mediante dinheiro e outros direitos patrimoniais que fluem para o patrimônio da pessoa, aumentando o valor de patrimônio líquido".[8]

Assim, todo acréscimo patrimonial está sujeito a tributação. Para tanto se utilizou da linguagem expressa na Constituição, dividindo em dois e conceituando *renda* e *proventos de qualquer natureza*. Estes últimos abrangeram todo e qualquer acréscimo que não está incluído no conceito de renda. Notório que pretendeu o legislador abranger quaisquer transferências de capital que podem resultar em adicional, acréscimo, para determinado contribuinte. Não

4. O Código Tributário Nacional foi recepcionado pela Constituição Federal como lei complementar.

5. *Imposto sobre a Renda: Pessoas Jurídicas*, v. I, p. 175.

6. *Direito Tributário Brasileiro*, 10ª ed., p. 183.

7. Nesse sentido, explica o mesmo autor que "o conceito de renda, como acréscimo de valor, na enunciação teórica dos economistas que o sustentam, envolve heranças, doações e os 'rendimentos psíquicos' ou 'imateriais'".

8. Esclarece o mesmo autor que *patrimônio* é o conjunto de direitos e obrigações passíveis de apreciação econômica.

só obedeceu às palavras postas na Constituição, mas entendemos que foi além ao conceituar proventos de qualquer natureza, incluindo nesse conjunto todo e qualquer acréscimo patrimonial.

Rubens Gomes de Sousa, citado por Aliomar Baleeiro,[9] preleciona que "o conceito de renda pode ser fixado livremente pelo legislador segundo considerações pragmáticas, em função da capacidade contributiva e da comodidade técnica de arrecadação. Serve-se ora de um, ora de outro dos dois conceitos teóricos para fixar o fato gerador".

Como previsto, o conceito é bastante amplo, abrangente. Todavia, não concordamos com essa afirmação, de vez que ao contribuinte foi colocado que o imposto deveria incidir sobre renda e proventos de qualquer natureza. Não podemos aceitar que a lei complementar seja produzida com tamanha imprecisão e largueza nos conceitos; deveria propor, sim, um conceito preciso ou esclarecedor, que garantisse o entendimento com segurança – a precisão do conceito traduz segurança.

Para expressar tal abrangência não há melhores palavras que as colocadas pelo professor Paulo Ayres Barreto, a saber: "O conteúdo do enunciado prescritivo veiculado pelo Código Tributário Nacional, em seu art. 43, não desborda o conceito constitucional de renda. Deveras, a referência a proventos de qualquer natureza, como acréscimos patrimoniais não compreendidos no inciso anterior, impõe a seguinte conclusão: nos termos do Código Tributário Nacional, os acréscimos patrimoniais sujeitos à incidência do imposto sobre a renda são os enunciados no inciso I do art. 43 ou quaisquer outros. Vale dizer, por analogia, as cores escolhidas para colorir esta superfície são preto, branco, cinza ou qualquer outra".[10]

Concordamos que o Código Tributário Nacional foi além ao dispor sobre renda e proventos de qualquer natureza, sendo pouco esclarecedor. Donde *renda* pode estar caracterizada como qualquer adicional ou resultado positivo decorrente do capital, trabalho ou combinação de ambos ou demais fontes que houver no patrimônio do contribuinte. Há que se prescrever sobre a hipótese que consagra o auferimento de renda, o que não é tudo. Mesmo sendo ampla, não é compatível, de vez que cada situação individual deve ser comprovada como não-acréscimo patrimonial pelo Constituinte, caso contrário seria incompatível com a ordem, segurança jurídica.

Não é conclusiva a discussão sem apresentarmos considerações sobre a disponibilidade jurídica e econômica que compõe o critério material da hipótese de incidência.

2.3 Da disponibilidade jurídica ou econômica

Como vimos, o fato gerador do imposto se inicia num fato econômico – renda ou provento de qualquer natureza –, possui um dado econômico que é transformado em fato juridicamente relevante, momento em que produz efeitos legais de natureza tributária, é o que a lei atribui ao fato toda vez que ocorre no mundo jurídico.

O Min. Marco Aurélio (Relator), em seu voto no RE 172.058-1-SC, diz que:

"(...) na predominância da ordem constitucional, evitando, assim, verdadeira babel, em nenhuma hipótese justificável, nem mesmo em face de deficiências de caixa deste ou daquele órgão (...).

"(...) há que se perquirir o alcance da expressão 'aquisição da disponibilidade econômica ou jurídica de renda'. Sob o ângulo vernacular, disponibilidade é a qualidade do que é disponível (Caldas Aulette). No *Novo Dicionário Aurélio*, diz-se da faculdade de dispor dos bens, aludindo-se ao fato de estes encontrarem-se desimpedidos, desembaraçados, passíveis até mesmo de serem transferidos para o patrimônio de terceiro (...). Já De Plácido e Silva assevera

9. *Direito Tributário Brasileiro*, 10ª ed., pp. 184-185.

10. *Imposto sobre a Renda e Preços de Transferência*, p. 73.

que, sob a vertente do Direito Civil, o vocábulo 'disponibilidade' indica a qualidade daquilo de que se pode dispor, em virtude do quê se diz que é alienável. Sob o aspecto econômico e financeiro, ressalta que 'exprime o vocábulo a soma de bens de que se pode dispor, sem qualquer ofensa à normalidade dos negócios de uma pessoa'".

O Min. Carlos Velloso, em seu voto no mesmo recurso extraordinário, cita Henry Tilbery, *Direito Tributário*, 3ª ed., 1975, p. 87, concluindo que: "A disponibilidade jurídica de acordo com o dispositivo citado ocorre desde o momento em que o beneficiário, pessoa física, estiver em condições de exigir o pagamento, por exemplo, quando for-lhe creditado por pessoa jurídica. Entendemos, porém, que deve haver um crédito identificado a favor do beneficiário: a inclusão da despesa aproximada ou estimada dentro de uma 'provisão', coletivamente com outros itens, ainda não coloca a receita à disposição do eventual beneficiário".

Brandão Machado ensina: "Para Henry Tilbery, disponibilidade econômica é o dinheiro recebido ou os valores suscetíveis de avaliação em dinheiro recebidos pelo contribuinte. Assim também conceituam essa disponibilidade Gilberto de Ulhôa Canto, Antônio Carlos Garcia de Souza e Ian de Porto Alegre Muniz, Antônio Manoel Gonzalez, Hugo de Brito Machado. (...). Para José Eduardo Soares de Mello a aquisição da disponibilidade econômica da renda concerne a renda ou proventos obtidos não-juridicamente (dívida de jogo, contrabando etc.), ao passo que a aquisição da disponibilidade jurídica é a que resulta de negócios jurídicos do contribuinte".[11]

O mestre Rubens Gomes de Sousa acresce-nos que:

"O elemento essencial do fato gerador é a aquisição da disponibilidade de riqueza nova, definida em termos de acréscimo patrimonial.

"(...).

"(...) a disponibilidade adquirida pode, nos termos da definição, ser 'econômica' ou 'jurídica' (CTN, art. 43, *caput*). A aquisição de 'disponibilidade econômica' corresponde ao que os economistas chamam 'separação' de renda: é a sua efetiva percepção em dinheiro ou outros valores (RIR, art. 498).

"A aquisição de 'disponibilidade jurídica' corresponde ao que os economistas chamam de 'realização' da renda: é o caso em que, embora o rendimento ainda não esteja 'economicamente disponível' (isto é, efetivamente percebida), entretanto o beneficiário já tenha título hábil para percebê-la (RIR, art. 95, § 1º)."[12]

Como vimos, o contribuinte deve poder dispor, usar a renda ou proventos de qualquer natureza, ou jurídica ou economicamente, para que se tornem fato relevante para o mundo jurídico e, assim, sujeitos a tributação.

2.4 Alterações introduzidas pela Lei Complementar 104/2001

Foi acrescentado ao art. 43 do CTN o § 1º, dispondo que a incidência do imposto independe da denominação da receita ou do rendimento, da localização, condição jurídica ou nacionalidade da fonte, da origem e da forma de recepção.

Perguntamos: para que se utilizar de lei complementar para adicionar esse enunciado prescritivo? Como vimos, o conceito de renda e proventos de qualquer natureza já traz consigo a noção de acréscimo patrimonial, não havendo necessidade de acrescer quaisquer outros signos que denotam a mesma idéia.

Aliás, o famigerado art. 51 da Lei 7.450/1985 já traduziu o colocado acima, a saber: "Ficam compreendidos na incidência do imposto de renda todos os ganhos e rendimentos de capital, qualquer que seja a denominação que lhes seja dada, indepen-

11. In *Estudos sobre o Imposto de Renda (em Memória de Henry Tilbery)*, coord. de Ives Gandra da Silva Martins, p. 121.

12. *Pareceres 3 – Imposto de Renda*, p. 277.

dentemente da natureza, da espécie ou da existência de título ou contrato escrito, bastando que decorram de ato ou negócio que, pela sua finalidade, tenha os mesmos efeitos do previsto na norma específica de incidência do imposto de renda".

Ou mesmo o art. 3º, §4º, da Lei 7.713/1988: "A tributação independe da denominação dos rendimentos, títulos ou direitos, da localização, condição jurídica ou nacionalidade da fonte, da origem dos bens produtores da renda, e da forma de percepção das rendas ou proventos, bastando, para a incidência do imposto, o benefício do contribuinte por qualquer forma e a qualquer título".

Ainda, o art. 1º da Lei 9.532/1997: "Os lucros auferidos no Exterior, por intermédio de filiais, sucursais, controladas ou coligadas, serão adicionados ao lucro líquido, para determinação do lucro real correspondente ao balanço levantado em 31 de dezembro do ano-calendário em que tiverem sido disponibilizados para a pessoa jurídica domiciliada na Brasil".

Como não bastasse, não só para a legislação do imposto de renda, mas também para as contribuições ao PIS e COFINS, a Lei 9.718/1998 dispõe, em seu art. 3º, § 1º: "Entende-se por receita bruta a totalidade das receitas auferidas pela pessoa jurídica, sendo irrelevantes o tipo de atividade por ela exercida e a classificação contábil adotada para as receitas".

Como nos ensina Carlos Maximiliano, "a Hermenêutica Jurídica tem por objeto o estudo e a sistematização dos processos aplicáveis para determinar o sentido e o alcance das expressões do Direito".[13] Na interpretação temos que buscar o sentido e o alcance das normas jurídicas.

Não fosse tal exigência colocada ao jurista, poderíamos inferir que a prescrição posta pelo legislador é de que não nos importemos com as regras de interpretação, ou tudo o que resultar em positivo (*plus*) para o patrimônio do contribuinte representa renda ou proventos de qualquer natureza sujeito ao imposto. Demonstramos que o legislador complementar havia incluído no campo de incidência quaisquer adicionais (no sentido de acréscimo) de que puder dispor o contribuinte, o que não faz o normativo não pertencer ao sistema, mas o torna incompatível com a ordem, se não estiver bem entendido.

Normativos que não observam o dispositivo constitucional, não delimitam precisamente o que se propõe, dificultam o entendimento do contribuinte sobre sua incidência, em nada auxiliando o jurista; mas coadunam para o entendimento de que não se atêm à eficácia pretendida pela Administração Pública, por mera imprecisão e insegurança. O contribuinte já enxergou o que o legislador complementar trouxe, isso ocorreu desde 1985, como já citamos, e nenhuma alteração trouxe ao seu comportamento (do contribuinte). Não houve alteração, pois há uma ordem a seguir; a largueza e a imprecisão das disposições legais não estão conformes à Constituição, pois afrontam os princípios da estrita legalidade e da tipologia tributária; e à interpretação da lei complementar, pois não se trata de renda disponível.

A expressão "a incidência do imposto independe da denominação da receita ou dos rendimentos". Ora, idéia de tributação de todo e qualquer acréscimo patrimonial já temos na definição de renda e proventos de qualquer natureza. A expressão "proventos de qualquer natureza" tem um alcance tão amplo que abarca em seu conceito todas as espécies de acréscimo patrimonial, incluindo as não-compreendidas no conceito de renda.

Para melhor esclarecer, buscamos na linguagem da Contabilidade o entendimento de *receita*. Consoante Pronunciamento VIII do IBRACON (Instituto Brasileiro de Contadores), § 2: "Receita corresponde a acréscimos nos ativos ou decréscimos nos passivos, reconhecidos e medidos em conformidade com princípios de Contabilida-

13. *Hermenêutica e Aplicação do Direito*, p. 1.

de geralmente aceitos, resultantes dos diversos tipos de atividades e que possam alterar o patrimônio líquido". Ou seja, são fatos patrimoniais que geram créditos em contas de resultado para as sociedades e entradas de recursos para os indivíduos – o que não significa, necessariamente, acréscimos patrimoniais. O acréscimo patrimonial advém do montante equivalente à diferença decorrente das variações de direitos e obrigações do contribuinte.

Receita, na linguagem contábil, quer dizer acréscimos, sem considerar os custos, encargos ou despesas incorridos na sua obtenção.

Nesse mesmo Pronunciamento este órgão conceituou outros termos que podem ser utilizados como receita: receita operacional; receita não-operacional; ganho; receitas (ou lucros) extraordinárias.

Eduardo Domingos Bottallo, citando Geraldo Ataliba,[14] na questão da distinção entre preço e reembolso de despesas, analisa a questão e diz que:

"O conceito de receita refere-se a uma espécie de entrada.

"Entrada é todo o dinheiro que ingressa nos cofres de determinada entidade. Nem toda entrada é receita. Receita é a entrada que passa a pertencer à entidade. Assim, só se considera receita o ingresso de dinheiro que venha a integrar o patrimônio da entidade que recebe."

Receita é, sim, acréscimo, adicional que integra o patrimônio do contribuinte em definitivo, não sujeito a condições ou eventos futuros. Neste sentido temos os Pareceres Normativos CST-121/1973 e CST-35/1974, bem como o Acórdão 101-90830, de 19.3.1997, da 1ª Câmara do 1º Conselho de Contribuintes, e o Acórdão CSRF/01-02353, de 16.3.1998, da Câmara Superior de Recursos Fiscais, assim como, a título de exemplo, a jurisprudência administrativa sobre a atualização monetária de depósitos em processos, entendidos como sujeitos a tributação quando terminado o processo ou quando lhes é dado o destino final, que não está mais sujeito a evento futuro e incerto.

O termo "rendimento" não é encontrado na Contabilidade propriamente dita. Numa rápida verificação, encontramos a palavra "rendimento" na legislação ordinária referindo-se ao resultado positivo decorrente de operações financeiras de renda fixa, o que já está contido na idéia de acréscimo patrimonial.

Receita e *rendimento* são dois termos que não têm outra função que não se referir a renda e proventos de qualquer natureza. Não se pode falar em receita ou rendimento sem levar em conta a noção de acréscimo patrimonial.

Nesse sentido, o conceito de renda ou proventos de qualquer natureza já contempla os quesitos dispostos neste § 1º. O legislador elevou a lei complementar prescrições já contempladas na legislação ordinária, em nada mudando a vida do contribuinte, a nosso ver. Afinal, renda e proventos de qualquer natureza já traduzem a noção de acréscimo patrimonial; se outra denominação foi dada pelo contador ou pelo contribuinte que não renda ou proventos, e, portanto, não sofreu tributação, ocorreu fraude ou simulação (sobre estes temas o Código Civil já tratou no seu art. 102). Não se admite denominação errônea para o fato que traduz renda ou provento de qualquer natureza, deve ser tributado. A Contabilidade nada cria, apenas registra, fundamentada em seus princípios e métodos, os fatos tais como se encontram na realidade fenomênica, a qual é composta de fatos e atos jurídicos – e o registro contábil não pode ser efetuado em contradição às disposições jurídicas que colorem os fatos patrimoniais.[15] Não há como pressupor que mesmo não sendo renda ou proventos de qualquer natureza, devemos tributar – o sis-

14. *Repertório IOB de Jurisprudência* 23667, 1999.

15. *Repertório IOB de Jurisprudência* 24/704, 199.

tema não conjuga para a interpretação. Se não houve fraude ou simulação, não há que se falar em incidência desse tributo.

Quanto a independer da localização, ora, com a introdução do princípio da universalidade, desde 1996, não mais importa onde está localizada a fonte de renda. Se há o acréscimo patrimonial, incide o tributo.

Condição jurídica ou nacionalidade da fonte, da origem ou da forma de percepção? Sim, desde que não contrarie os dispositivos constitucionais e a própria lei complementar.

No § 2º se insere que para a tributação universal da renda a lei estabelecerá quando se dará a disponibilidade para fins de incidência do imposto. Ora, a disponibilidade jurídica ou econômica já foi tratada pelo *caput* do mesmo artigo; portanto, leia-se: "A lei disporá sobre quando ocorre a disponibilidade jurídica ou econômica". Ora, o entendimento, interpretação, não pode se discrepar, distanciar. Como "disponível" entendemos aquilo que o contribuinte pode usar, dispor livremente.

Como vimos, segundo o art. 146, III, da CF, somente à lei complementar cabe dispor sobre a definição de tributos e de suas espécies, bem como, em relação aos impostos discriminados na mesma (Constituição), dos respectivos fatos geradores, bases de cálculo e contribuintes.

O comando diz que cabe à lei complementar; se cabe a essa (lei complementar), não poderia repassar à lei ordinária questões de sua competência, deve ser obedecida a ordem.

Ainda, para o entendimento da enunciado prescrito, o § 2º deve fazer valer o disposto no *caput*. Portanto, a lei ordinária elencará ou prescreverá as regras de disponibilidades jurídicas ou econômicas abarcando os conceitos que já expusemos. A receita ou rendimento, auferida ou não no Exterior, deve estar realizada no patrimônio do contribuinte.

Deve seguir o legislador os ditames decorrentes dos princípios da estrita legalidade e da tipologia tributária, bem como o dispositivo do art. 146, III, da CF.

2.5 Dos princípios constitucionais aplicáveis

Para melhores esclarecimentos de nossa análise, a seguir disporemos sobre os princípios constitucionais que entendemos serem aplicáveis.

Propositadamente citamos o início do voto do Min. Marco Aurélio no RE 172.058-1-SC, citando que deve prevalecer a ordem constitucional, para que seja evitada uma babel. Todo sistema implica ordem; para tanto não nos absteremos de relembrar que a incidência do imposto de renda e proventos de qualquer natureza deve estar norteada pelo:

– *princípio da estrita legalidade*, expresso no art. 150, I, da CF, vedando às pessoas políticas de direito constitucional instituir imposto sem que esteja estabelecido em lei. Além disso, como nos ensina o mestre Paulo de Barros Carvalho: "(...) porém o princípio da estrita legalidade diz mais do que isso, estabelecendo a necessidade de que a lei adventícia traga no seu bojo os elementos descritores do fato jurídico e os dados prescritores da relação obrigacional. Esse *plus* caracteriza a tipicidade tributária, (...)";[16]

– *princípio da anterioridade*, expresso no art. 150, III, "b", da CF, dispondo que a lei deve entrar em vigor no tempo que antecede o início do exercício financeiro em que se pretenda efetuar a cobrança do tributo alterado ou aumentado;

– *princípio da irretroatividade da lei tributária*, art. 150, III, "a", da CF, vetando aos entes tributantes legislar sobre fatos passados, já consumados no tempo;

– *princípio da tipologia tributária*, art. 154, I, da CF. Nas palavras do mestre Paulo de Barros Carvalho, *é definido pela integração lógico-semântica de dois fatores: hipótese de incidência e base de cálculo*;[17]

16. *Curso de Direito Tributário*, 12ª ed., p. 155.
17. *Curso ...*, 12ª ed., p. 157.

– *princípio da indelegabilidade da competência tributária*, como nos ensina Paulo de Barros Carvalho: "A faculdade legislativa de instituir tributos e sobre eles dispor, inaugurando a ordem jurídica, não pode ser delegada, devendo permanecer no corpo das prerrogativas constitucionais da pessoa que a recolher do Texto Superior. (...). Não é possível transferir a competência recebida pelo Constituinte, seja a que título for, e a essa realidade jurídica se mostrou sensível o legislador do Código Tributário Nacional, gravando no art. 7º: 'A competência tributária é indelegável, salvo atribuição das funções de arrecadar ou fiscalizar tributos, ou de executar leis, serviços, atos ou decisões administrativas em matéria tributária conferida por uma pessoa jurídica a outra'".

3. *Do art. 74 da MP 2.158-34, de 27.7.2001*

Com a alteração introduzida pela 34ª edição da MP 2.158, temos que:

"Art. 74. Para fim de determinação da base de cálculo do imposto de renda e da CSLL, nos termos do art. 25 da Lei n. 9.249, de 26.12.1995, e art. 21 desta Medida Provisória, os lucros auferidos por controlada ou coligada no Exterior serão considerados disponibilizados para a controladora ou coligada no Brasil na data do balanço no qual tiverem sido apurados, na forma do regulamento.

"Parágrafo único. Os lucros apurados por controlada ou coligada no Exterior até 31 de dezembro de 2001 serão considerados disponibilizados em 31 de dezembro de 2002, salvo se ocorrida, antes desta data, qualquer das hipóteses de disponibilização previstas na legislação em vigor."

Consoante o art. 243 da Lei das Sociedades por Ações (Lei 6.404/1976):

– são *coligadas* as sociedades quando uma participa, com 10% ou mais, do capital da outra sem controlá-la;

– são *controladas* as sociedades na qual a controladora, diretamente ou através de outras controladas, é titular de direitos de sócio que lhe assegurem, de modo permanente, preponderância nas deliberações sociais e o poder de eleger a maioria dos administradores.

Podemos verificar que são entidades legais diferentes, e a determinação de coligada ou controlada está relacionada principalmente com a influência que possui na administração e a relevância de sua participação no capital. Mesmo tendo participação influente e relevante, não se confundem as sociedades.

A Lei 9.532, de 10.12.1997, em seu artigo 1º, dispôs que os lucros auferidos no Exterior por coligadas ou controladas seriam considerados disponíveis quando do efetivo pagamento ou crédito em conta representativa de obrigação da empresa no Exterior.

A referida Lei 9.532/1997 veio dar validade a norma inserida na Lei 9.249/1995 que inobservou a definição expressa no art. 43 do CTN do que vem a ser a hipótese de incidência do imposto sobre renda e proventos de qualquer natureza. Dado que esta última lei estabeleceu regras sem contornos precisos, a Secretaria da Receita Federal, enquanto autoridade fiscal, e vinculada à lei publicada, veio orientar o contribuinte, através da Instrução Normativa SRF-38/1996, no sentido de que o acréscimo patrimonial auferido no Exterior somente poderia ser tributado quando disponível, e prescreveu os momentos em que isso ocorreria. Não iremos, aqui, discutir esse elenco de situações apresentadas na referida instrução normativa e conceitualmente incorporadas na Lei 9.532/1997, posto que a discussão se atém ao art. 74 da medida provisória e seu fundamento de validade.

A alteração pretende estar suportada no disposto no § 2º do art. 43 do CTN. Ora, o *caput* do art. 43, que continua em vigor, faz referência à disponibilidade jurídica ou econômica; não pode o parágrafo se distanciar daquilo a que se reporta o *caput*. Além do quê, entendemos que à lei complementar cabe instituir impostos, não direcionar qual o outro instrumento que irá instituir impostos. Se delegasse a lei complementar indiscriminadamente a lei menor que trate de matéria de seu escalão, teríamos inevitável esvaziamento do dispositivo constitucional do art. 146, III.

Concordamos que o acréscimo patrimonial disponível para o contribuinte pode se sujeitar à tributação, o que não ocorre com o lucro auferido pelas empresas coligadas ou controladas.

Como disse o Min. Marco Aurélio (Relator) em voto no RE 172.058-1-SC:

"Descabe, na hipótese, partir para o campo da presunção, equiparando a apuração do lucro líquido à distribuição deste, ou mesmo à aquisição da disponibilidade pelos sócios. É que o recurso a tal método normativo – da presunção legal – pressupõe harmonia com os princípios norteadores do Direito, especialmente do Direito Constitucional, e, mais do que isso, também com os princípios lógicos da identidade, não-contradição e do terceiro excluído. Os lucros apurados em balanço de pessoa jurídica *integram o patrimônio deste e não dos sócios*, já que estes, considerados isoladamente, deles não dispõem, quer sob o ângulo econômico, quer, até mesmo, sob o jurídico.

"Outro não é o entendimento da melhor doutrina. Antônio Carlos Garcia de Souza, Gilberto de Ulhôa Canto e Hian de Porto Alegre Muniz, aludindo à natureza das coisas, informam que *não se pode cogitar do fato gerador do imposto sobre a renda com base no lucro líquido das pessoas jurídicas se os sócios destas não têm poder de dispor*, ou seja, não contam ainda com os atributos necessários para acionar a faculdade de dar ao bem a utilidade que desejem. E arrematam: 'Não há aquisição de disponibilidade de bem ou direito de que alguém não tenha a faculdade de usar, ou em relação ao qual não se esteja em condições de exercer os demais atributos do domínio'. Elucidando a ambigüidade dos conceitos de disponibilidade econômica e jurídica, definem a primeira como a revelar que 'alguém pode, efetivamente, tomar, usar e alienar bem ou direito'. A segunda configura-se quando o 'titular pode, embora não haja recebido fisicamente a coisa ou o direito, dele fazer uso ou tirar os proveitos resultantes do domínio, porque a lei ou o contrato lhe o permitem, mesmo sem que seja preciso ter a sua detenção material'.

"Nesse sentido ensina-nos Alberto Xavier, ao tratar da Lei 9.249/1995: '(...) este sistema de tributação vai mais longe que o princípio da universalidade, na pureza dos seus contornos, pois manda adicionar ao lucro da sociedade domiciliada no Brasil a totalidade do lucro obtido pelas controladas ou coligadas no Exterior, na proporção da participação no capital social destas, ainda que tais lucros tenham sido integralmente retidos e não distribuídos. Assim sendo, o imposto brasileiro atingiria renda que não é própria da sociedade brasileira, mas renda de titularidade jurídica de sociedades estrangeiras independentes'.

"Continuando, o mesmo autor explica que esse fenômeno tem sido verificado pela doutrina como (i) presunção legal de distribuição da totalidade do lucro auferido pelas controladas ou coligadas estrangeiras; (ii) desconsideração da personalidade jurídica destas sociedades, que permite ao Fisco Nacional 'levantar o véu' da personalidade jurídica das controladas ou coligadas para atingir diretamente os seus lucros; (iii) desconsideração do seu próprio domicílio estrangeiro, presumindo-as domiciliadas no país da sociedade controlada ou coligada; (iv) idéia de 'transparência fiscal internacional' das sociedades controladas e coligadas estrangeiras, segundo a qual o lucro destas não lhes é imputado para efeitos fiscais, devendo apenas tributar-se os sócios na proporção em que estes participam naquele lucro."

Verificamos que o enunciado prescritivo da hipótese de incidência do imposto de renda está embasado no conceito de renda como acréscimo patrimonial e a disponibilidade jurídica ou econômica desta (renda); portanto, incompatível com o art. 74 da medida provisória retro-referida.

4. Conclusões

Diante das considerações anteriormente expostas, podemos concluir que:

4.1 O art. 43 do CTN traz no seu conceito de renda e proventos de qualquer natureza a noção de acréscimo patrimonial. Como *acréscimo patrimonial* entendem-se as variações dos direitos e obrigações constantes do patrimônio do contribuinte. Se for positiva a variação, considere-se renda; deve ser verificado se tem o conteúdo de disponibilidade.

4.2 As alterações introduzidas pela Lei Complementar 104/2001 vêm esclarecer a noção de *acréscimo patrimonial* já existente, confirmando o cunho jurídico das palavras "receita" e "rendimento". Ou seja, não há renda se considerarmos a receita, ganho ou rendimento sem seus respectivos custos, encargos e despesas incorridos.

4.3 Para estar sujeita à tributação do imposto de renda, a renda (aí incluídos receita e rendimento) deve estar disponível. O entendimento do § 2º do art. 43 do CTN deve ser feito levando-se em conta o *caput* do mesmo artigo – isto é, a lei ordinária disporá sobre a disponibilização jurídica ou econômica dos rendimentos ou receitas (acréscimos patrimoniais) auferidos no Exterior.

4.4 As alterações introduzidas pela Lei Complementar 104/2001 em nada mudaram o entendimento dos critérios da regra-matriz de incidência do imposto de renda e proventos de qualquer natureza.

4.4.1 O critério material da hipótese da regra-matriz de incidência do imposto de renda e proventos de qualquer natureza deve ser entendido como "auferir renda e proventos de qualquer natureza", como determina norma geral e abstrata de cunho infraconstitucional; tendo em mente a noção de incremento, acréscimo patrimonial. Ou seja, implica que só está obrigada a pagar esse tributo a pessoa que concretamente realizou o fato significado com a expressão "auferir renda disponível" de fonte brasileira ou estrangeira.

4.4.2 Para o critério temporal, a apuração do acréscimo patrimonial está relacionada com o período em que este é montado, sendo anual para o imposto de renda e proventos de qualquer natureza.

4.4.3 Para o critério espacial, os contribuintes, estabelecidos no território nacional, que auferirem renda ou proventos de qualquer natureza, no país ou fora dele; e os estabelecidos fora do território nacional quando perceberem renda disponível de fonte brasileira.

4.4.4 No critério pessoal do conseqüente da regra-matriz o sujeito ativo é a União; e o sujeito passivo, o contribuinte que auferiu a renda ou provento de qualquer natureza disponível jurídica ou economicamente.

4.4.5 No critério quantitativo, a base de cálculo é o montante apreciável do acréscimo patrimonial (levando-se em consideração a capacidade contributiva); e a alíquota, como estipulada na legislação ordinária, de 15%, com adicional de 10%.

4.5 Por fim, o lucro auferido no Exterior decorrentes de participações em empresas coligadas ou controladas está excluído da tributação pelo imposto de renda se não estiver caracterizada a entrega ou não puder dele dispor o contribuinte – aquisição de disponibilidade jurídica ou econômica –, o que não ocorre com a simples apuração do montante.

4.6 A alteração introduzida pelo art. 74 da MP 2.158-34/2001, se entendida como embasada no § 2º do art. 43 do CTN, deve levar em consideração o conceito preconizado no *caput*. Caso contrário não encontra embasamento no Código Tributário Nacional, mesmo com as alterações introduzidas pela Lei Complementar 104/2001.

5. Bibliografia

BALEEIRO, Aliomar. *Direito Tributário Brasileiro*. 10ª ed., atualizada por Flávio Bauer Novelli. Rio de Janeiro, Forense, 1990.

BARRETO, Paulo Ayres. *Imposto sobre a Renda e Preços de Transferência.* São Paulo, Dialética, 2001.

BULHÕES PEDREIRA, José Luiz. *Imposto sobre a Renda: Pessoas Jurídicas.* v. I. Rio de Janeiro, ADCOAS/JUSTEC, 1979.

CARVALHO, Paulo de Barros. *Curso de Direito Tributário.* 12ª ed. São Paulo, Saraiva, 1999.

————. *Direito Tributário: Fundamentos Jurídicos da Incidência.* São Paulo, Saraiva, 1998.

FIPECAFI/Arthur Andersen. *Normas e Práticas Contábeis no Brasil.* São Paulo, Atlas, 1990.

MACHADO, Brandão. *Estudos sobre o Imposto de Renda (em Memória de Henry Tilbery).* Coord. de Ives Gandra da Silva Martins. São Paulo, Resenha Tributária. 1994.

MARIZ DE OLIVEIRA, Ricardo. *Fundamentos do Imposto de Renda.* São Paulo, Ed. RT, 1977.

MAXIMILIANO, Carlos. *Hermenêutica e Aplicação do Direito.* Rio de Janeiro, Forense, 2000.

Repertório IOB de Jurisprudência 23/1999 e 24/1999.

SOUSA, Rubens Gomes de. *Pareceres 3 – Imposto de Renda.* São Paulo, Resenha Tributária, 1976.

XAVIER, Alberto. *Direito Tributário Internacional do Brasil: Tributação das Operações Internacionais.* 5ª ed. Rio de Janeiro, Forense, 1998.

A "GUERRA FISCAL" E OS LIMITES AO PRINCÍPIO DA NÃO-CUMULATIVIDADE DO ICMS

GILBERTO AYRES MOREIRA

Advogado em Belo Horizonte/MG – Pós-graduado em Direito Tributário pelo IBET/IBDT

1. Introdução. 2. A regra-matriz constitucional de incidência do ICMS e o princípio constitucional da não-cumulatividade. 3. Da concessão de incentivos fiscais em matéria de ICMS e seus efeitos frente ao princípio constitucional da não-cumulatividade. 4. Caso concreto de abusiva "medida indireta". 5. Conclusões. 6. Bibliografia.

1. Introdução

Fruto do refinamento dos acadêmicos, advogados e administradores públicos, os impostos não-cumulativos sobre o consumo (incidentes economicamente sobre o valor acrescido às mercadorias e serviços em cada etapa da cadeia econômica) se apresentam como grande avanço em termos de política tributária.[1]

Os benefícios de tal espécie de imposto são facilmente observados; sua princi-

1. "Como, economicamente, o tributo é transferido para o adquirente pelo mecanismo dos preços, acaba sendo suportado, em definitivo, pelo consumidor final. Procura-se, então, propiciar ingressos à Fazenda em cada uma das etapas do processo econômico de produção, distribuição e comercialização, na proporção que cada uma delas incorpora, agrega ou adiciona ao produto. Daí a expressão 'valor adicionado'. Mas não existe unanimidade alguma sobre o conceito de valor adicionado, nem sobre as técnicas para se chegar ao valor adicionado ou à não-cumulatividade" (Misabel Abreu Machado Derzi e Sacha Calmon Navarro Coêlho, "A compensação de

pal característica é a neutralidade da incidência no ciclo econômico das mercadorias e serviços, impedindo o chamado "efeito cascata", reduzindo os malefícios da tributação sobre o consumo e desonerando as exportações.

Em virtude de suas vantagens, e como bem observaram os professores Alcides Jorge Costa[2] e Oliver Oldiman,[3] os impostos sobre o valor agregado, tais como o ICMS brasileiro e o IVA europeu, vêm se difundindo pelo mundo desde a segunda metade do século XX, sendo considerados opções interessantes para o financiamento da máquina administrativa estatal.

Os pontos fulcrais de sua estrutura são a não-cumulatividade da exigência fiscal nas inúmeras fases de incidência e a harmonia entre as legislações tributárias dos diversos entes tributantes envolvidos em um mesmo sistema tributário, pilares do regime jurídico do imposto que garantem sua neutralidade.

Diante de tais fatos, e tendo em vista o interesse do Poder Constituinte em garantir a autonomia das unidades federadas e o pacto federativo, a Constituição Federal de 1988 estabeleceu que o ICMS seria de competência dos Estados-membros e do Distrito Federal, assegurando-lhes uma poderosa fonte de recursos.

Entretanto – e de modo a afastar questões atinentes à desarmonia *intra-sistêmica* –, a Lei Maior dispôs acerca da estrutura básica do tributo e deixou a cabo do legislador nacional estabelecer as linhas-mestras da exigência, limitando o poder de tributar dos entes federados.

Visando a estabelecer tratamento isonômico entre os contribuintes deste imposto nacional e a afastar os danos causados ao seu regime tributário pela livre concessão de exonerações fiscais, a Carta Magna reduziu o espectro de atuação das unidades federadas no que tange à outorga de benefícios fiscais, condicionando tal prática à anterior deliberação conjunta dos Estados e do Distrito Federal.

Entretanto, em que pese a o método insculpido na Lei Maior limitar a competência exonerativa dos entes federados, estes, no intuito de trazer o desenvolvimento aos seus territórios, acabam por fazer *tabula rasa* da ordem constitucional, e passam unilateralmente a conceder incentivos fiscais de toda ordem em matéria de ICMS.

Esta é a chamada *guerra fiscal*, que tem por principal efeito reduzir ou impossibilitar a neutralidade do ICMS, restringindo drasticamente a livre concorrência[4] e trazendo dificuldades aos contribuintes instalados em outras unidades federadas, os quais terão como alternativas amargar os resultados da perda de competitividade ou requerer que lhes sejam outorgados os mesmos benefícios fiscais, sob a ameaça de se mudarem para o território de entes federados que o façam.

Em virtude do *teatro de operações militares* instalado no território nacional, onde a *arma* utilizada é a concessão ilegítima de incentivos fiscais, a *munição* para o contra-ataque por aqueles que se sintam prejudicados é fornecida pela própria Carta Magna.

A Lei Principal autoriza as unidades federadas e as associações de classe a pro-

créditos de ICMS e o princípio da não-cumulatividade: o caso da energia elétrica", in Valdir de Oliveira Rocha (coord.), *ICMS – Problemas Jurídicos*, p. 153).

2. *ICM na Constituição e na Lei Complementar*, 1979.

3. "The value added tax is intended to tax personal consumption comprehensively, and efficiently. The VAT has been the most pervasive tax reform throughout the world during the second half of the 20th century and has proved to be a major source of government revenue. The VAT is widely used in both developed and developing countries and is used at local, subnational, national, and even supranational (*e.g.*, the European Union) levels of government" (Oliver Oldiman e Alan Shenk, *Value Added Tax: a Comparative Approach, with Material and Cases*, p. 28).

4. Neste sentido, observe-se o parecer do CADE acerca dos prejuízos trazidos ao equilíbrio do mercado pela livre concessão de incentivos fiscais pelos Estados (Consulta 38/1999, Cons. Marcelo Calliari, j. 22.3.2000, *DJU* 28.4.2000, p. 1).

porem ações diretas de inconstitucionalidade perante o STF visando a extirpar do ordenamento jurídico pátrio as normas jurídicas que ilegitimamente tenham por objeto a concessão de benéficos fiscais unilaterais.[5]

No entanto, alguns Estados, objetivando afastar os efeitos da abusiva concessão unilateral destas vantagens, e veladamente procurando novas receitas tributárias, acabam por escolher um novo *inimigo* nesta *guerra fiscal* – qual seja, o contribuinte.

Ao invés de apontarem suas *armas* para as unidades federadas e as normas jurídicas que infringiram o Texto Supremo, dirigem sua *munição* contra os contribuintes que se encontram dentro de seus próprios territórios.

Estes entes tributantes preferem tomar *medidas indiretas*, como exigir dos contribuintes que adquiriram mercadorias ou que tomaram serviços das empresas unilateralmente incentivadas o valor correspondente à vantagem obtida junto ao Estado de origem. Para tanto, limitam o creditamento do imposto relativo a operações anteriores, em total agressão ao regime jurídico do ICMS estabelecido pela Constituição Federal.

Como já satirizava e profetizava o professor Alfredo Augusto Becker, trata-se de verdadeiro *Carnaval Tributário*, no qual "o ritmo é dado pelo fêmur dos contribuintes, que também forneceram a pele para as cuícas. O Presidente e seus Ministros *[no caso, governadores e Secretários da Fazenda]* lançam ao público os confetes de nossos bolsos vazios e as serpentinas de nossas tripas. No Sambódromo conquistaram, por unanimidade, o prêmio: 'Fraude contra o Contribuinte'".[6]

Tais procedimentos fazem aflorar questionamentos relativos aos limites estabelecidos ao legislador infraconstitucional pelo *princípio da não-cumulatividade*. E o presente trabalho tem por objeto verificar a constitucionalidade destas *medidas indiretas* adotadas por alguns Estados-membros.

2. A regra-matriz constitucional de incidência do ICMS e o princípio constitucional da não-cumulatividade

A Constituição Federal de 1988, ao dispor acerca do Sistema Tributário Nacional, estabeleceu, em seu art. 155, II, que compete aos Estados e ao Distrito Federal instituir a cobrança do ICMS, imposto que incide sobre operações de circulação de mercadorias e prestações de serviços de transporte e comunicação.[7]

Uma vez que o dispositivo constitucional outorga a competência tributária para a exigência do ICMS aos Estados e ao Distrito Federal, cabe a estes entes federados o poder de cobrar, fiscalizar e arrecadar o imposto, dentro dos limites estabelecidos pela Constituição Federal e pela legislação complementar.[8]

5. "ICMS e repulsa constitucional à guerra tributária entre os Estados-membros. O legislador constituinte republicano, com o propósito de impedir a 'guerra tributária' entre Estados-membros, enunciou postulados e prescreveu diretrizes gerais de caráter subordinante destinados a compor o estatuto constitucional do ICMS. Os princípios fundamentais consagrados pela Constituição da República, em tema de ICMS: (a) recalcam o perfil nacional de que se reveste esse tributo; (b) legitimam a instituição, pelo poder central, de regramento normativo unitário destinado a disciplinar, de modo uniforme, essa espécie tributária, notadamente em face de seu caráter não-cumulativo; (c) justificam a edição de lei complementar nacional vocacionada a regular o modo e a forma como os Estados-membros e o Distrito Federal, sempre após deliberação conjunta, poderão, por ato próprio, conceder e/ou revogar isenções, incentivos e benefícios fiscais" (STF, Plenário, ADIn 1.247, j. 17.8.1995; no mesmo sentido: ADIn 902, 930 e 1.999, entre outras).

6. *Carnaval Tributário*, p. 4.

7. "Art. 155. Compete aos Estados e ao Distrito Federal instituir impostos sobre: (...) II – operações relativas à circulação de mercadorias e sobre prestações de serviços de transporte interestadual e intermunicipal e de comunicação, ainda que as operações e as prestações se iniciem no exterior; (...)."

8. "Art. 6º. A atribuição constitucional de competência tributária compreende a competência legislativa plena, ressalvadas as limitações contidas na Constituição Federal, nas Constituições dos Es-

Em virtude da atribuição da faculdade impositiva, e segundo o disposto nos arts. 7º e 8º do CTN,[9] somente o ente federado pode exigir o ICMS sobre os fatos imponíveis ocorridos em seu território, sendo indelegável esta competência a outra unidade federada, mesmo quando haja inércia ou desinteresse em instituir, cobrar ou administrar o tributo.[10]

Como exposto, a competência tributária em matéria de ICMS encontra-se limitada pelo estabelecido na Constituição Federal, a qual, no intuito de garantir a não-cumulatividade do imposto e a harmonia das legislações tributárias estaduais, dispôs acerca da forma como se evitaria a incidência em cascata do tributo.

Segundo o inciso I do § 2º do art. 155 da Lei Maior,[11] os importes devidos a título de ICMS deverão ser compensados com os montantes exigidos quando da anterior operação ou prestação, gerando economicamente o efeito de incidência exclusivamente sobre o valor agregado em cada etapa do ciclo econômico.

Numa análise jurídica da questão, ponto de observação que realmente interessa aos estudiosos do Direito, o tributo incide sobre a operação ou prestação, fato imponível do ICMS, cuja base de cálculo é o valor econômico envolvido.

O montante a pagar a título de ICMS é apurado periodicamente após a compensação do tributo devido com o saldo de importes pagos no conjunto de operações anteriores, sejam estas relativas a serviços prestados ou aquisição de mercadorias destinadas à comercialização ou à produção, tais com insumos, materiais intermediários e de embalagem, ao uso e consumo e ao ativo permanente. Ou seja, o ICMS não pode ser considerado meramente como um imposto sobre o valor agregado, incidindo, sim, sobre o valor total da operação, sendo o sistema de compensações exterior à sua norma jurídica de incidência.

Neste mesmo sentido, merece destaque o magistério do professor Paulo de Barros Carvalho: "Uma coisa há de ser a base de cálculo, qualidade ínsita ao fato jurídico tributário; outra, o regime de deduções, que o Texto Constitucional impõe, para a realização do princípio da não-cumulatividade. Confundir-se as duas realidades significa detrimento de compreensão do fenômeno jurídico do imposto, porquanto a fórmula dos abatimentos corresponde a estágio ulterior à pesquisa da base de cálculo, quando se cuida de determinar os valores que devem ser recolhidos, em lapso temporal considerado".[12]

A sistemática de apuração do montante a pagar trata-se de um regime de apuração *tax on tax*, no qual "a quantia a ser desembolsada pelo contribuinte a título de ICMS é o *resultado* de uma subtração em que o

tados e nas Leis Orgânicas do Distrito Federal e dos Municípios, e observado o disposto nesta Lei" (Código Tributário Nacional).

9. "Art. 7º. A competência tributária é indelegável, salvo atribuição das funções de arrecadar ou fiscalizar tributos, ou de executar leis, serviços, atos ou decisões administrativas em matéria tributária, conferida por uma pessoa jurídica de direito público a outra.

"Art. 8º. O não-exercício da competência tributária não a defere a pessoa jurídica de direito público diversa daquela a que a Constituição a tenha atribuído."

10. Cumpre ressalvar, no entanto, que em matéria de ICMS a competência tributária do Estado ou do Distrito Federal, apesar de facultativa, deve ser exercida, sob pena de responsabilidades, em razão de imposição do Texto Constitucional, vez que o caráter nacional do imposto dispõe que a exoneração tributária do tributo deverá ser concedida apenas em caso de deliberação neste sentido das unidades da Federação, e por via transversa estabelece que aos Estados-membros e ao Distrito Federal cabe exigir o ICMS. Neste sentido as lições dos professores Paulo de Barros Carvalho e Roque Antônio Carrazza.

11. "Art. 155. (...). § 2º. O imposto previsto no inciso II atenderá ao seguinte: I – será não-cumulativo, compensando-se o que for devido em cada operação relativa à circulação de mercadorias ou prestação de serviços com o montante cobrado nas anteriores pelo mesmo ou outro Estado ou pelo Distrito Federal; (...)."

12. "Hipótese de incidência e base de cálculo do ICM", *O Fato Gerador do ICM*, *Caderno de Pesquisas Tributárias 3*, coord. de Ives Gandra da Silva Martins, p. 351.

minuente é o montante de imposto devido e o *subtraendo* é o montante de imposto anteriormente cobrado"[13] (este posicionamento se fortaleceu na doutrina dos professores Geraldo Ataliba e Cléber Giardino[14]).

O contribuinte do ICMS, ao adquirir mercadorias ou tomar serviços arrolados no art. 155 da Lei Maior, arca com o ônus financeiro relativo ao imposto incidente nas operações e prestações e, posteriormente, efetua a compensação destes importes com o tributo devido em virtude de suas próprias operações.

O direito de crédito é resultado de uma norma jurídica, representada pela *regra-matriz do direito de crédito*, cujos elementos são os mesmos da regra-matriz de incidência tributária do ICMS, a não ser no que tange ao critério pessoal da norma.

Enquanto na primeira o sujeito ativo é o adquirente da mercadoria ou tomador do serviço e o sujeito passivo é o Estado de destino, na última o sujeito ativo é o Estado de origem e a parte passiva da obrigação é o comerciante que circulou a mercadoria ou prestou o serviço.

Cumpre-nos observar que, em virtude do critério temporal da regra jurídica de *direito de crédito*, para sua incidência basta que o ICMS tenha incidido, sendo independente e externo o fato de ter sido o tributo efetivamente pago pelo contribuinte ou exigido pela Administração Tributária.[15]

Estabelece o Texto Maior que para se apurar o valor do débito de ICMS se deve levar em consideração o *montante cobrado* em *todas as operações anteriores*, sem qualquer limitação em relação à natureza do crédito, ou mesmo relativa à atividade do contribuinte, compensando-se estes importes com aquele devido na etapa anterior.

A expressão "montante cobrado" não deve ser entendida como sendo o valor exigido pelo Estado-membro ou pelo Distrito Federal, ou mesmo como aquele efetivamente pago pelo contribuinte – atos que, como salientado, ocorrem após o momento da incidência da norma jurídica de *direito de crédito* –, mas sim como a importância correspondente à aplicação da alíquota sobre a base de cálculo.

Como destaca o professor Alcides Jorge Costa em suas lições, "o sentido de cobrar só pode ser o de incidir".[16]

Há de se frisar que, apesar de o encontro de contas levar à apuração do valor a pagar a título do tributo por período de apuração, por meio desta sistemática o que se pretende, na realidade, é alcançar um resultado mais amplo, qual seja: o de que, quando da aquisição da mercadoria pelo seu consumidor final, este estará arcando exclusivamente com o montante que corresponda à aplicação da alíquota relativa à mercadoria sobre a base de cálculo que corresponde ao *quantum* envolvido na específica operação ou prestação.

Ou seja, caso durante as várias etapas da circulação da mercadoria, e, por conseqüência, de incidência do tributo, tenha o ICMS incidido em desproporção, principalmente em razão da vedação ao aproveitamento de créditos do imposto, restará ferido o princípio em questão, cujo respeito é devido tanto pelo Estado quanto pelo contribuinte.

13. Roque Antônio Carrazza, *ICMS*, 5ª ed., p. 202.

14. "ICM – Abatimento constitucional – Princípio da não-cumulatividade", *RDTributário* 29-30/117.

15. "A compreensão da norma pauta-se no sentido da existência de uma anterior operação, ou prestação, sendo de todo irrelevante exigir-se ato de cobrança, ou prova da extinção da obrigação, mesmo porque o prazo legal para a realização de tais atos pode ser maior do que o período para fruição normal do crédito fiscal" (José Eduardo Soares de Mello, *ICMS – Teoria e Prática*, 4ª ed., p. 198).

16. *ICM na Constituição e na Lei Complementar*, p. 156. Neste mesmo diapasão a jurisprudência do excelso STF, no sentido de que "não disse o constituinte que se abateria o montante *pago*, mas, imperativamente, o valor cobrado ou exigível nas operações anteriores. Não se trata de mera preferência gratuita por uma expressão ou outra, mas conseqüência necessária do antecedente – 'não será cumulativo'" (2ª T., RE 111.757, rel. Min. Célio Borja, *DJU* 4.12.1987).

Leciona o professor Marco Aurélio Greco que "para controle do atendimento à não-cumulatividade, isto é, para saber se houve violação ao princípio, o modo mais simples é aplicar a regra segundo a qual o imposto total (somados os recolhimentos efetuados em todas as etapas do ciclo) não pode ser maior que a multiplicação da alíquota aplicável pelo valor da última operação do ciclo econômico (ao consumidor final). Se o resultado apurado ultrapassar aquele valor, em alguma etapa do ciclo, houve cumulação do imposto, vale dizer, foi recolhido imposto maior que o devido".[17]

Não é outro o posicionamento da jurisprudência do STF, que define que o *princípio da não-cumulatividade* é "cânon que visa a impedir que, *na composição do preço final do produto*, o percentual representativo da parcela relativa ao imposto em causa supere a alíquota máxima deste".[18]

Caso não se possa efetuar a compensação, sendo permitido que se absorvam os créditos relativos a operações anteriores, o tributo não aproveitado passará a compor o custo das mercadorias e serviços, levando à incidência em cascata do tributo em relação às operações futuras, reduzindo a neutralidade do ICMS e trazendo todos os malefícios atinentes à cumulatividade.[19]

Ou seja, a garantia ao direito ao creditamento do imposto que incidiu anteriormente é essencial, não havendo como interpretar o dispositivo constitucional de forma diferente,[20] isto em virtude da atenção aos princípios basilares do Direito, como o que veda o enriquecimento sem causa, e aos princípios constitucionais, tais como o princípio constitucional da moralidade administrativa.[21]

Conforme destacam os professores Misabel de Abreu Machado Derzi e Sacha Calmon Navarro Coêlho, caso o contribuinte não tenha direito ao crédito relativo ao tributo devido nas operações anteriores o ICMS acabará sendo cumulativo, o que é inaceitável, vez que "tais tributos não oneram a força econômica do empresário que compra e vende ou industrializa, porém a força econômica do consumidor, segundo ensina Herting".[22]

Sendo assim, concluímos que o *princípio da não-cumulatividade do ICMS* "não encerra mera sugestão" ao legislador pátrio, como com propriedade leciona o professor Roque Antônio Carrazza; é norma constitucional que possui eficácia plena e, como tal, não depende do ordenamento infraconstitucional para produzir seus efeitos, ainda mais quando é "nos *efeitos jurídicos* da compensação determinada pela Carta Magna que se encontra a *essência* da não-cumulatividade do ICMS".[23]

17. Marco Aurélio Greco e Anna Paola Zonari, "ICMS – Materialidade e princípios constitucionais", in Ives Gandra da Silva Martins (coord.), *Curso de Direito Tributário*, 5ª ed., v. 2, p. 162.

18. RE 125.106-9, rel. Min. Ilmar Galvão, *DJU* 12.5.1995 (sem grifos no original).

19. "A aplicação de qualquer técnica, em um determinado sistema, que impeça a dedução *integral* do imposto incidente sobre o produto adquirido, que por esta razão passa a integrar como *custo* o preço dos produtos vendidos, resultará em cumulação" (Hamílton Dias de Souza, "ICMS, Não-cumulatividade, aspectos relevantes", in Condorcet Rezende (coord.), *Estudos Tributários*, p. 255).

20. Conforme destaca a jurisprudência do STF: "A cumulatividade consiste em que o imposto cobrado integra o custo da mercadoria; se não for compensado com o imposto devido na operação seguinte, vai produzir-se a incidência sobre o valor da operação, em que se inclui o imposto anteriormente cobrado, ou seja, vai haver a chamada incidência de imposto sobre imposto. É a isto que se chama cumulatividade" (ADIn 600, voto proferido pelo Min. Carlos Velloso, *DJU* 26.7.1995).

21. "Da mesma forma e com a mesma presteza com que a Fazenda Pública cobra o ICMS do contribuinte quando sua escrita fiscal acusa saldo devedor, deve ressarci-lo quando o saldo é credor. É a reciprocidade na relação jurídico-financeira sob o ponto de vista moral e ético". Ademais: "Segundo o vetusto ensinamento de Pompônio, *nemo locupletari debet cum aliena injuria vel jactura*, ou seja, 'ninguém pode locupletar-se com o dano de outrem ou com a jactura alheia'; assim, não deve o Estado furtar-se ao dever de ressarcir o contribuinte do eventual excesso do ICMS por ele arrecadado" (Aroldo Gomes de Mattos, *ICMS – Comentários à Lei Complementar 87/1996*, pp. 171-172).

22. *Direito Tributário Aplicado: Estudos e Pareceres*, p. 19.

23. *ICMS*, 5ª ed., pp. 197-234.

O Poder Constituinte, ao estabelecer que o tributo seria não-cumulativo e ao determinar qual o mecanismo a ser utilizado para realizar este intuito, acabou por limitar a competência impositiva dos Estados e do Distrito Federal, os quais estão impedidos de exigir o ICMS em inobservância a esta sistemática, a não ser nos casos previstos pela própria Constituição Federal, e que serão examinados a seguir, ao se tratar das exonerações fiscais do imposto.

3. Da concessão de incentivos fiscais[24] em matéria de ICMS e seus efeitos frente ao princípio constitucional da não-cumulatividade

Tendo em vista a capacidade contributiva dos contribuintes (finalidade fiscal), ou mesmo o interesse de estimular uma certa atividade (fim extrafiscal), os entes tributantes podem conceder exonerações fiscais aos agentes econômicos.

Como bem salientou o professor José Souto Maior Borges, a faculdade de conceder incentivos fiscais, através do exercício de competência tributária exonerativa, acompanha a capacidade tributária ativa, tratando-se do *reverso da moeda*.[25]

O ente federado competente para instituir e majorar o tributo possui competência para reduzir a exigência fiscal, seja por meio de isenção, total ou parcial, concessão de crédito presumido, restituição de tributos pagos, parcelamento, aumento do prazo para pagamento, ou qualquer outro mecanismo engendrado para incentivar financeiramente o contribuinte.

Antes de adentrar a questão relativa à competência para a concessão destes benefícios fiscais em matéria de ICMS – faculdade, como já observado, limitada pelo Poder Constituinte –, cabe-nos fazer algumas considerações acerca da exoneração tributária e suas figuras afins.

Inicialmente, devemos observar que, utilizando-se de sua competência impositiva, os entes tributantes, por meio de lei (art. 150, I, da CF),[26] e atendidos os demais limites previstos pelo Poder Constituinte, podem instituir e majorar os tributos, prevendo as hipóteses de incidência tributária.

Por outro lado, o mesmo legislador competente para estabelecer a exigência do tributo possui a faculdade de conceder exonerações fiscais, anulando ou reduzindo a carga tributária, isto por meio do mesmo veículo normativo – a lei –, como estabelece o art. 150, § 6º, da Carta Magna.[27]

Quanto às isenções, trata-se de exonerações fiscais que atuam diretamente so-

24. Conforme salientou o professor Geraldo Ataliba em parecer citado pelo Min. Marco Aurélio, do STF: "Os incentivos fiscais manifestam-se, assim, sob várias vestes jurídicas, desde a forma imunitória até a de investimentos privilegiados, passando pelas isenções, alíquotas reduzidas, suspensão de impostos, manutenção de créditos, bonificações, créditos especiais, dilatação de prazo de recolhimento e outros tantos mecanismos, cujo fim último é, sempre, o de impulsionar ou atrair os particulares para a prática das atividades que o Estado elege como prioritárias, tornando, por assim dizer, os particulares participantes e colaboradores da concretização das metas postas como desejáveis ao desenvolvimento econômico e social da ação do comportamento ao qual são induzidos" (ADIn 1.179).

25. "O poder de isentar apresenta certa simetria com o poder de tributar. Tal circunstância fornece a explicação do fato de que praticamente todos os problemas que convergem para a área do tributo podem ser estudados sob o ângulo oposto: o da isenção. Assim como existem limitações constitucionais ao poder de tributar, há limites que não podem ser transpostos pelo poder de isentar, porquanto ambos não passam de verso e reverso da mesma moeda" (José Souto Maior Borges, *Isenções Tributárias*, 2ª ed., p. 2).

26. "Art. 150. Sem prejuízo de outras garantias asseguradas ao contribuinte, é vedado à União, aos Estados, ao Distrito Federal e aos Municípios: I – exigir ou aumentar tributo sem lei que o estabeleça; (...)."

27. "Art. 150. (...). § 6º. Qualquer subsídio ou isenção, redução de base de cálculo, concessão de crédito presumido, anistia ou remissão, relativos a impostos, taxas e contribuições, só poderá ser concedido mediante lei específica, federal, estadual ou municipal, que regule exclusivamente as matérias acima enumeradas ou o correspondente tributo ou contribuição, sem prejuízo do disposto no art. 155, § 2º, XII, 'g'."

bre os efeitos da norma jurídica tributária de incidência, anulando no todo ou em parte o conseqüente da regra jurídica de incidência tributária.

Não existe um consenso na doutrina pátria em relação à natureza das isenções tributárias; alguns, como o professor José Souto Maior Borges, entendem que a norma jurídica tributária de isenção atua sobre a norma jurídica tributária de incidência, anulando seus efeitos, gerando uma espécie de "hipótese de não-incidência qualificada". Outros, tais como Aliomar Baleeiro, se posicionam no sentido de que a norma jurídica tributária impositiva incide, gerando a obrigação tributária, e a norma jurídica de isenção tem o efeito de afastar legalmente a cobrança do tributo devido.

Trata-se de mais uma daquelas intermináveis discussões doutrinárias do Direito Tributário Brasileiro, "querelas fradescas" – nos dizeres do professor Alfredo Augusto Becker –, ainda mais quando o Direito Positivo estabelece qual seriam a natureza e os efeitos das isenções tributárias.

De acordo com o art. 175, I, do CTN,[28] regra de natureza complementar à qual cabe regular as normas gerais de Direito Tributário, conforme estatui o art. 146, III, "b", da CF,[29] as isenções tributárias *excluem* o crédito tributário.

No que se refere aos efeitos da isenção tributária em matéria de ICMS, esta leva à redução ou anulação da obrigação tributária resultante da ocorrência do fato gerador do tributo, mas não tem, a princípio, o condão de afastar a produção dos efeitos da norma jurídica de *direito de crédito*.

Como já exposto, a *regra-matriz do direito de crédito* tem elemento temporal idêntico ao da *regra-matriz de incidência tributária*; desta forma, quando da ocorrência do fato imponível surge o direito à compensação nos estritos limites estabelecidos pelo *princípio da não-cumulatividade do ICMS*, norma de natureza autônoma, a qual não sofre os efeitos da norma jurídica de exoneração tributária.

Ademais, em virtude da sistemática do imposto, onde a cada elo da cadeia econômica são compensados os valores que incidiram na etapa anterior, caso o crédito do imposto não fosse autorizado a isenção tributária perderia sua razão de ser, pois esta figura exonerativa representaria mero diferimento, vez que, a não ser que a isenção tenha sido concedida na última operação, o tributo restaria integralmente exigido em relação ao responsável tributário na operação subseqüente, perdendo, inclusive, seu efeito econômico de incidência sobre o valor agregado.

Não bastasse, cumpre observar que, em virtude do disposto no art. 8º do CTN, não cabe a um ente federado exigir o imposto que não tenha sido exigido pela unidade federada de origem, ainda mais diante da sistemática da não-cumulatividade do ICMS.

Como se depreende dos julgados do STF, "se o Estado de origem não cobra o ICM sobre o produto em relação a parte do seu preço, concedendo isenção, não pode o outro Estado ao qual é destinada a mercadoria fazer incidir o ICM também sobre aquela parcela isenta, pois o tributo correspondente a esta não lhe pertencia. E se houvesse a incidência também sobre o valor relativo à isenção de nada teria, a rigor, adiantado esta, de vez que o ICM não é cumulativo, deduzindo-se a cada novo cálculo o que foi pago nas operações anteriores".[30]

Na hipótese das isenções o benefício fiscal é recebido efetivamente pelo contribuinte "de fato" em razão da direta redu-

28. "Art. 175. Excluem o crédito tributário: I – a isenção; (...)."

29. "Art. 146. Cabe à lei complementar: (...) III – estabelecer normas gerais em matéria de legislação tributária, especialmente sobre: (...) b) obrigação, lançamento, crédito, prescrição e decadência tributários; (...)."

30. 2ª T., RE 79.666, rel. Min. Aldir Passarinho, *DJU* 3.6.1983.

ção da carga tributária e da não-repercussão do tributo na cadeia econômica, vez que o imposto exonerado numa etapa da circulação da mercadoria deixa de ser repassado juridicamente ao adquirente da mercadoria.

Por conseqüência – e uma vez que a isenção deve seguir durante a cadeia produtiva –, os contribuintes e o consumidor final serão beneficiados com a redução do imposto, jurídica e economicamente.

Uma vez analisado o instituto da isenção e seus efeitos, devemos examinar as demais figuras exonerativas, espécies diversas, as quais, como se observará, não podem ser confundidas com aquelas, numa análise jurídica ou econômica.[31]

Dando início ao nosso processo científico por meio da análise jurídica dos benefícios fiscais, verificamos que nestes casos, uma vez ocorrida a hipótese de incidência dos tributos, os mecanismos legais criados pela unidade federada não têm como efeito influir diretamente no conseqüente da norma jurídica de incidência tributária, mas sim de forma externa a esta, levando por meio de mecanismos financeiros à redução do valor a ser pago a título do imposto em virtude de um recolhimento presumido, da devolução posterior do tributo pago, da concessão de condições facilitadas para o seu pagamento etc.

No caso dos impostos diretos, ao menos economicamente, a concessão de incentivos fiscais teria o mesmo resultado das isenções, gerando efeitos econômicos idênticos e transparecendo aparente influência sobre o conseqüente da norma jurídica de incidência.

Entretanto, no que tange ao ICMS e à sua sistemática de apuração o valor a recolher não possui relação direta com a obrigação tributária que surgiu em razão da ocorrência do fato imponível.

Desta forma, os incentivos fiscais *lato sensu* influenciam não o conseqüente da norma jurídica tributária, mas sim o procedimento de verificação do montante do tributo a pagar.

O tributo que incidiu na operação não deixa de ser devido, foi pago pelo adquirente da mercadoria; o que ocorre é que o contribuinte "de direito" deixa de recolher o tributo em razão da norma de benefício fiscal, por meio da qual o Estado abre mão de parte dos valores que lhe serão dirigidos em nome do contribuinte beneficiário.

As vantagens resumem-se à pessoa do contribuinte envolvido naquela operação ou prestação incentivada, não se verificando sua condução pelos demais elos do ciclo econômico, pois ocorre o repasse do ônus financeiro do ICMS na cadeia de operações e prestações.

O ICMS incide em todas as operações e prestações, mesmo naquela etapa incentivada, e será repassado entre os contribuintes do imposto até ser suportado integralmente pelo consumidor final.

O único e possível efeito benéfico em relação ao contribuinte "de fato" é indireto, pois dado contribuinte "de direito", obtendo vantagem em virtude de benefício fiscal, terá reduzido parte de seus custos, e em razão disto poderia vender suas mercadorias por menor valor, o que implicaria a redução do preço final da mercadoria e do montante a pagar a título da exação.

No entanto, mesmos nestes casos o ICMS incidirá em todos os elos da cadeia, não havendo qualquer redução na carga tributária repassada juridicamente entre os contribuintes "de direito" até o contribuinte "de fato"; o imposto recolhido sobre todo o ciclo econômico terá ao final incidido em montante equivalente ao valor da última operação, à alíquota aplicável à espécie.

31. "Deixando de lado as inúmeras teorias que se construíram a respeito, temos para nós que isenção é uma limitação legal do âmbito de validade da norma jurídica tributária, que impede que o tributo nasça ou faz com que ele surja de modo mitigado (isenção parcial)". Entretanto, "não devemos confundir os incentivos fiscais (também chamados benefícios fiscais ou estímulos fisais) com as isenções tributárias. Essas são, apenas, um dos meios de concedê-los" (Roque Antônio Carrazza, *ICMS*, 5ª ed., p. 338).

Desta forma, não há como concluir que o conceito de *isenção* possa ser confundido com o conceito de *incentivo fiscal* num sentido amplo, pois, em que pese ao fato de a primeira ser uma espécie do segundo, que é gênero, este envolve outras figuras exonerativas, incapazes de produzir os mesmos efeitos em relação ao ICMS.

Entretanto, uma vez que os incentivos fiscais como um todo têm o condão de influir no mercado, gerando maiores facilidades ou dificuldades para aqueles contribuintes que tenham sido beneficiados ou não, o Poder Constituinte entendeu que no caso de um tributo de caráter nacional, como o ICMS, não se poderia falar em autonomia de competência exonerativa, sob pena de – repise-se – mitigar a neutralidade do imposto no sistema constitucional vigente.

O sistema constitucional anterior limitava apenas a outorga de isenções em matéria de ICMS, as quais somente poderiam ser concedidas em convênios ratificados pelos Estados-membros, nos termos da legislação complementar;[32] silenciou-se em relação às demais espécies do gênero *incentivos fiscais*.[33]

Tendo em vista o disposto no art. 23, § 6º, da CF de 1967, e objetivando a regulação do procedimento para a concessão de isenções por meio de convênios, foi editada a Lei Complementar 24, 7.1.1975, a qual criou a figura do CONFAZ, órgão presidido pelo Ministro da Fazenda e constituído pelos Secretários da Fazenda, responsável pela edição dos convênios de ICMS.

Todavia, o legislador complementar extrapolou a competência que lhe foi outorgada pelo Poder Constituinte e não se resumiu a disciplinar a concessão de isenções fiscais; estabeleceu que caberia ao CONFAZ, com exclusividade, tratar da matéria atinente à concessão de toda e qualquer espécie de benefício fiscal relacionado ao ICMS.[34]

Neste ponto, verifica-se a inconstitucionalidade da lei, vez que não caberia à lei complementar dispor acerca de questões atinentes às demais espécies de benefícios fiscais que não as isenções, limite que o Poder Constituinte havia estabelecido para a atuação dos convênios de ICMS.

E nem se argumente que em virtude da natureza do tributo, que necessita de tratamento harmônico pelas legislações estaduais, a concessão de quaisquer benefícios fiscais estaria limitada em virtude de uma

32. "Art. 23. Compete aos Estados e ao Distrito Federal instituir impostos sobre: (...). § 6º. As isenções do imposto sobre operações relativas à circulação de mercadorias serão concedidas ou revogadas nos termos fixados em convênios, celebrados e ratificados pelos Estados, segundo o disposto em lei complementar."

33. "No art. 23, § 6º, da Constituição de 1967 diz-se que as isenções do imposto sobre operações relativas à circulação de mercadorias são editadas ou revogadas mediante convênios, celebrados e ratificados pelos Estados-membros, conforme se estabeleça em lei complementar. A lei complementar é federal, e há, por parte dos Estados-membros, o dever de só isentar e só ab-rogar ou derrogar as isenções em convênio, que os Estados-membros figurantes celebrem e ratifiquem. Compreende-se que assim se haja estatuído porque a isenção por uma entidade estatal pode ser nociva. O texto não se referiu ao Distrito Federal; mas ele esta incluído.

"O propósito desse dispositivo é evitar a chamada *guerra tributária*. A outorga de isenções do imposto sobre operações relativas à circulação de mercadorias, desde que feitas unilateralmente pelos Estados, se presta a que se instaure entre eles uma luta consistente nos objetivos entre si conflitantes de cada um dos Estados ganhar parcela do mercado dos outros mediante a liberação desse imposto.

Para obviar esse inconveniente, o § 6º do art. 23 dispõe que tais *isenções* serão concedidas ou revogadas nos termos fixados em *convênios* celebrados e ratificados pelos Estados, segundo o disposto em lei complementar" (Celso Bastos, *Lei Complementar – Teoria e Comentários*, p. 87).

34. "Art. 1º. As isenções do imposto sobre operações relativas à circulação de mercadorias serão concedidas ou revogadas nos termos de convênios celebrados e ratificados pelos Estados e pelo Distrito Federal, segundo esta Lei.

"Parágrafo único. O disposto neste artigo também se aplica:

"I – à redução da base de cálculo;

"II – à devolução total ou parcial, direta ou indireta, condicionada ou não, do tributo, ao contribuinte, a responsável ou a terceiro;

"II – à concessão de créditos presumidos."

interpretação ampla do conceito de isenção disposto na Constituição Federal de 1967.[35]

Entendemos que os dispositivos constitucionais e as demais normas jurídicas devem ter sua interpretação adstrita aos seus efeitos jurídicos, não cabendo uma interpretação econômica e extensiva da regra jurídica, pois não cabe ao legislador jogar com os conceitos das palavras exclusivamente em razão de conveniência política.

Não tendo o Poder Constituinte se preocupado em limitar as vantagens concedidas pelos entes federados aos contribuintes, havendo dispensado tratamento específico apenas às isenções, não há como se entender que tal limitação é extensiva aos incentivos fiscais.

Caso se pretendesse limitar a competência tributária do ente tributante também no que tange às demais figuras exonerativas, caberia alterar a ordem constitucional, como se fez por meio da Constituição Federal de 1988, que passou a limitar expressamente o poder de conceder qualquer espécie de benefício fiscal.

Não bastasse, a Lei Complementar 24/1975 não se resumiu a regular a questão relativa à concessão dos benefícios fiscais em matéria de ICMS, mas passou a dispor também acerca de "sanções" aos contribuintes de origem e destino envolvidos nas operações ilegitimamente beneficiadas.

Em total agressão ao ordenamento jurídico pátrio, estabeleceu o art. 8º da Lei Complementar 24/1975 que, além de ineficaz o crédito fiscal nas operações beneficiadas, exigível o imposto reduzido.[36]

Ou seja, independentemente de julgamento por parte do tribunal competente – o STF –, as normas relativas a concessão de benefícios não teriam presunção de validade e o princípio da não-cumulatividade do ICMS não deveria ser respeitado.

A sistemática engendrada pelo legislador desvirtua o ordenamento jurídico pátrio neste particular, posto que mesmo em caso de declaração de inconstitucionalidade da norma jurídica não seriam observados os efeitos presumidos pela Lei Complementar 24/1975.

Cumpre observar que a anulação dos efeitos da norma jurídica concessiva de benefício fiscal teria como efeito restabelecer a exigência dos valores dispensados e devolvidos pela Administração Pública ao contribuinte, e não alternativamente, ou cumulativamente, como pretendeu o legislador complementar, implicar a anulação do crédito de ICMS e a exigência do imposto dispensado pelo Estado de destino.

Sob a luz deste entendimento, observem as ponderações do professor Aliomar Baleeiro, então Ministro do STF:

"Negar o crédito implicará sempre o risco da tributação em cascata. Se o imposto é recolhido sem crédito no Estado de destino e o Estado de origem vem a exigi-lo posteriormente sobre a primeira saída – como é o caso, em que a incidência do ICM sobre a cal virgem, repelida pelos Tribunais Estaduais, foi proclamada pelo Pretório Excelso – ocorrerá bitributação. E não poderá o vendedor reclamar a diferença do comprador.

"O mesmo não sucederá se admitido o crédito fiscal. Então, se o Estado de origem vier a exigir a sua parte, haverá a alternativa: ou o primeiro contribuinte previu o imposto no preço, e não terá prejuízos, ou deixou de incluir o valor correspon-

35. "A Constituição não pode ser interpretada de modo a que se frustrem os propósitos evidentes de qualquer de suas normas. No caso, este propósito é, como dissemos acima, estabelecer um regime nacional que impeça que, através de desonerações, sujeitos passivos desta ou daquela região se vejam favorecidos pela quebra da regra de neutralidade do ICM em relação aos preços finais dos produtos ou da regra da neutralidade em relação à integração vertical das empresas" (Alcides Jorge Costa, *ICM na Constituição e na Lei Complementar*, p. 130).

36. "Art. 8º. A inobservância dos dispositivos legais desta Lei acarretará, cumulativamente: I – a nulidade do ato e ineficácia do crédito fiscal atribuído ao estabelecimento recebedor da mercadoria; II – a exigibilidade do imposto não pago ou devolvido e a ineficácia da lei ou ato que conceda remissão do débito correspondente."

dente. Nesta hipótese, que pague o tributo e o recobre do comprador. Mas cada Estado recebe o seu."[37]

Ou seja, os efeitos da declaração de inconstitucionalidade da norma jurídica não ultrapassam a relação envolvendo o Estado de origem e o contribuinte incentivado; assim, a anulação do crédito fiscal implicaria o enriquecimento ilícito do Estado de destino, o qual receberia montantes indevidos a título de ICMS, em total agressão inclusive ao *princípio da não-cumulatividade*.[38]

Em virtude da palmar inconstitucionalidade das *sanções* previstas no art. 8º da Lei Complementar 24/1975, sua aplicação era rechaçada pela doutrina[39] e pela jurisprudência dominante do STF, no sentido de que mesmo no que tange às isenções, fundadas em convênios ou não, o contribuinte adquirente da mercadoria faria jus ao direito de crédito do imposto: "ICM – Crédito nas operações interestaduais. O fato de o Estado de origem não ter cobrado dos fornecedores de matéria-prima o ICM e, por isso, não ter havido destaque do valor desse tributo nas notas fiscais não autoriza o Estado do destino a exigir o mesmo ICM sobre o todo o valor das saídas do revendedor, sem lhe garantir os créditos por suas compras, a fim de que se realize a não-cumulatividade do art. 23, II, da Constituição Federal".[40]

Do voto do ilustre Min. Aliomar Baleeiro cumpre destacar o seguinte:

"Nas operações interestaduais não inpende ao segundo Estado tributante indagar se houve ou não pagamento do imposto na saída anterior. Se há a incidência, existe a presunção de que tenha sido pago, pois a exigência do destaque do imposto na nota fiscal constitui mera indicação para fins de controle (art. 2º, § 7º, do Decreto-lei 406/1968). Assiste-lhe, apenas, o direito de tributar o *valor agregado*.

"Negar o crédito implicará sempre o risco da tributação em cascata. Se o imposto é recolhido sem crédito no Estado de destino e o Estado de origem vem a exigi-lo posteriormente sobre a primeira saída – como é o caso, em que a incidência do ICM sobre a cal virgem, repelida pelos Tribunais Estaduais, foi proclamada pelo Pretório Excelso – ocorrerá bitributação. E não poderá o vendedor reclamar a diferença do comprador.

"O mesmo não sucederá se admitido o crédito fiscal. Então, se o Estado de origem vier a exigir a sua parte haverá a alternativa: ou o primeiro contribuinte previu o imposto no preço, e não terá prejuízos, ou deixou de incluir o valor correspondente. Nesta hipótese, que pague o tributo e o recobre do comprador. Mas *cada Estado recebe o que é seu*."

Observe-se que o Poder Constituinte, ao estabelecer que o tributo seria não-cumulativo e ao determinar qual o mecanismo a ser utilizado para tanto – qual seja, o sistema de compensação dos valores cobra-

37. STF, 1ª T., RE 78.589, *DJU* 20.8.1974.

38. "Ora, o tributo era e continua a ser do Estado do Rio Grande do Norte, e o não-exercício da competência tributária de sua parte não favorece outra pessoa de direito público, que se arvore em substituir a competente, nos termos do art. 8º do Código Tributário Nacional. (...).

"Acontece, porém, que, dadas as características do ICM, deixar de reconhecer o crédito fiscal de operação realizada em outro Estado equivale a afirmar o direito de cobrar o mencionado tributo, pois, em vez de exigir o tributo sobre o valor agregado, faz-no sobre o total" (STF, 1ª T., RE 86.217, tel. Min. Cunha Peixoto, *DJU* 8.3.1977).

39. "À medida que ocorrida uma operação mercantil constitucionalmente suscetível de ser alcançada pelo ICM, seja ela tributada, isenta ou submetida pela lei estadual a qualquer forma de exoneração tributária (e hoje em dia são inúmeras as fórmulas de exoneração criadas pelo legislador: as chamadas *alíquotas zero*, reduções de base de cálculo, diferimentos, suspensões etc.), em todos esses casos, não importa tenha a lei determinado a cobrança do imposto ou declinado da incidência, o abatimento do ICM, perante operação subseqüente, é nitidamente devido na forma constitucional" (Cléber Giardino, "O ICM e o princípio da não-cumulatividade", *RDTributário* 25-26/196).

40. 1ª T., RE 78.589, rel. Min. Aliomar Baleeiro, j. 20.8.1974, v.u.

dos em operações anteriores –, limitou a competência impositiva dos Estados e do Distrito Federal no que tange ao ICMS exonerado por isenção tributária em operação anterior.

Por tais razões, e no intuito de reduzir os danos causados pela concessão unilateral de isenções tributárias, foi editada e Emenda Constitucional Passos Porto, EC 23/1983, a qual teve por objetivo restringir a não-cumulatividade do ICMS em relação às isenções.[41]

Os efeitos da isenção ilegitimamente concedida por um Estado-membro não produziriam efeitos em relação à repercussão do ICMS na cadeia produtiva, pois os créditos de ICMS não seriam transmitidos para a operação seguinte, a não ser que o Estado-membro de destino assim o autorizasse.

Como bem observou o professor Paulo de Barros Carvalho, o mecanismo de limitação à compensação do imposto que incidiu na operação anterior tem por objetivo limitar a utilização indevida das isenções unilaterais pelos Estados na *guerra fiscal*, pois tais exonerações fiscais produziriam efeitos sobre a operação interestadual que lhes sucedesse apenas em caso de autorização pela lei do Estado de destino: "Antes da Emenda Constitucional 23, de 1.12.1983, o art. 23, II, não previa o impedimento atual do *direito ao crédito*, relativo à isenção para o ICM. *A introdução do limite constitucional à não-cumulatividade e à isenção do ICMS, teve por finalidade evitar a denominada 'guerra fiscal', isto é, a disputa entre os Estados, considerada pela Constituinte de 1988 como prejudicial às Fazendas Estaduais*".[42]

A norma referiu-se exclusivamente à isenção e à não-incidência, e sua aplicação teve sua esfera reduzida a este ponto. Uma vez que o princípio da não-cumulatividade do imposto possui aplicação ampla, e como apenas os casos de isenção e não-incidência tinham este efeito, não há que se falar que se aplicaria a vedação ao aproveitamento de créditos de ICMS em outros casos.

Trata-se de exceção à regra geral (mantida pela Constituição Federal de 1988), e como tal sua interpretação há de ser restritiva,[43] ainda mais quando a própria Lei Principal diferencia os conceitos de isenções e benefícios fiscais, como se observa do art. 150, § 2º, II e XII, "g", da Carta Magna.

No que tange aos limites ao direito de crédito de ICMS o Poder Constituinte não estendeu as restrições às isenções para as demais espécies de benefícios fiscais; estabelece o art. 155, § 2º, II, da CF que apenas nos casos de isenção e não-incidência a legislação estadual poderá estabelecer, ou não, o direito ao crédito do imposto.

Como destaca o professor Aires Fernandino Barreto, "a Constituição já disciplinou os casos em que o crédito pode ser vedado. Essas hipóteses, excepcionais – só para casos de isenção ou não-incidência e,

41. "Art. 23. (...): (...) II – operações relativas à circulação de mercadorias realizadas por produtores, industriais e comerciantes, imposto que não será cumulativo e do qual se abaterá, nos termos do disposto em lei complementar, o montante cobrado nas operações anteriores pelo mesmo ou por outro Estado. A isenção e a não-incidência, salvo determinação em contrário da legislação, não implicará crédito de imposto para abatimento daquele incidente nas operações seguintes."

42. Paulo de Barros Carvalho, "Isenções tributárias do IPI, em face do princípio da não-cumulatividade", *Revista Dialética de Direito Tributário* 33/163.

43. "Apenas nas hipóteses de isenção ou não-incidência (que podem, aliás, ser afastadas pela legislação ordinária) é que o *princípio da não-cumulatividade* do ICMS cede passo. Não pode haver outras restrições aos ditames constitucionais que incidem sobre esta matéria (que, como vimos, confere um direito subjetivo ao contribuinte, oponível à própria pessoa política tributante). Este rol é taxativo (*numerus clausus*), não sendo dado nem ao legislador, nem ao julgador, nem ao intérprete, ampliá-lo, tanto mais porque as exceções devem ser interpretadas restritivamente, nos termos da conhecida parêmia *exceptio est strictissimae interpretationis*.

"Depois, *a contrario sensu'*, temos que, 'se a isenção ou não-incidência, salvo determinação em contrário da legislação, não implicará crédito para compensação com o montante devido nas operações ou prestações seguintes', *em todas as demais hipóteses* haverá obrigatoriamente o direito ao crédito" (Roque Antônio Carrazza, *ICMS*, 5ª ed., p. 257).

mesmo assim, se diversamente não dispuser norma infraconstitucional –, são exceções ao princípio constitucional da não-cumulatividade. Se a regra é constitucional, a exceção só pode estar na própria Constituição".[44]

Corroborando este entendimento, o STF firmou posicionamento no sentido de que é indevida qualquer restrição ao pleno exercício do *princípio da não-cumulatividade*, a não ser nas hipóteses previstas na Lei Maior (isenção e não-incidência), as quais não se confundem com outras exonerações fiscais. Confira-se: "ICMS – Princípio da não-cumulatividade – Mercadoria usada – Base de incidência menor – Proibição de crédito – Inconstitucionalidade. *Conflita com o princípio da não-cumulatividade norma vedadora da compensação do valor recolhido na operação anterior.* O fato de ter-se a diminuição valorativa da base de incidência não autoriza, sob o ângulo constitucional, tal proibição. *Os preceitos das alíneas 'a' e 'b' do inciso II do 2º do art. 155 da Constituição Federal somente têm pertinência em caso de isenção ou não-incidência, no que voltadas à totalidade do tributo, institutos inconfundíveis com o benefício fiscal em questão*".[45]

Desta forma, pode-se concluir que o Texto Constitucional não autoriza que os Estados de destino possam reduzir o direito de crédito de ICMS dos contribuintes sob o singelo argumento de que na operação anterior foi concedido incentivo ilegítimo pelo Estado de origem.

4. Caso concreto de abusiva "medida indireta"

Conforme observamos, extrapola a competência dos entes federados de destino cobrança da parcela do ICMS que porventura não tenha sido recolhida na origem em razão de benefício fiscal concedido unilateralmente.

Segundo o disposto no ordenamento jurídico, em especial na Constituição Federal, cabe exclusivamente à parte prejudicada propor a competente ação direita de inconstitucionalidade perante o STF e/ou requerer as reparações que entende devidas em razão dos danos que lhe tenham sido causados.

Entretanto, em que pese à garantia constitucional ao direito de aproveitamento de créditos de ICMS relativos às operações anteriores, o Poder Executivo Mineiro, alterando o disposto no Regulamento do ICMS por meio do Decreto estadual 40.508/1999, incluiu dispositivo ao decreto regulamentar determinando o estorno dos créditos do imposto correspondentes à vantagem econômica decorrente da concessão de incentivo fiscal em desacordo com o disposto na Constituição Federal.[46]

Assim, caso um contribuinte mineiro dedicado à produção de microcomputadores venha a adquirir R$ 100.000,00 em circuitos e outros componentes de fornecedor localizado no Estado da Bahia, que exige o ICMS à alíquota de 10% e concede crédito presumido de 50% sobre o imposto incidente nas operações com equipamentos eletrônicos, terá pago a empresa mineira R$ 10.000,00 a título do tributo, mas poderá se creditar apenas de R$ 5.000,00.

44. "Créditos de ICMS – Limites da lei complementar", in Valdir de Oliveira Rocha (coord.), *O ICMS, a Lei Complementar 87/1996 e Questões Jurídicas Atuais*, p. 11.

45. Plenário, RE 161.031, rel. Min. Marco Aurélio, j. 6.6.1997 (sem grifos no original).

46. "Art. 62. (...).

"Parágrafo único. Não se considera cobrado, ainda que destacado em documento fiscal, o montante do imposto que corresponder a vantagem econômica decorrente da concessão de incentivo ou benefício fiscal em desacordo com o disposto na alínea 'g' do inciso XII do § 2º do art. 155 da Constituição Federal."

"Art. 71. O contribuinte deverá efetuar o estorno do imposto creditado sempre que o serviço tomado ou a mercadoria ou bem entrado no estabelecimento: (...) VI – tiver o imposto destacado na documentação fiscal não cobrado na origem, conforme disposto no parágrafo único do art. 62 deste Regulamento."

Neste passo, deverá o contribuinte mineiro incluir em seu custo o tributo cujo direito à compensação foi negado pelo Estado de Minas Gerais, e, desta forma, quando vender suas mercadorias acabadas o ICMS estará compondo o preço, e sob este incidirá o imposto, implicando cumulatividade.

A agressão ao *princípio constitucional da não-cumulatividade* é evidente, posto que, sendo impedida a apropriação do crédito relativo a operação anterior (na qual o ICMS efetivamente incidiu), será verificada a cobrança em cascata do tributo.

Observe-se que, além de faltar competência ao contribuinte para verificar a constitucionalidade de benefícios fiscais concedidos a fornecedores, caso este venha a ser declarado inconstitucional pelo órgão competente – o excelso STF –, tornar-se-á imediatamente devido o crédito tributário relativo ao tributo não recolhido ao Estado de origem, e, desta forma, verificar-se-á a exigência dos mesmos importes por dois entes federados diferentes, o que importa ilegítima bitributação.

Assim, em casos como este, ora em comento, cabe ao Poder Judiciário afastar as ilegítimas pretensões dos Estados-membros, determinando que o ICMS seja exigido em consonância com o arcabouço constitucional do tributo, especialmente diante do *princípio da não-cumulatividade*, sendo assegurado o direito ao crédito de ICMS relativo às operações anteriores.

5. Conclusões

Ante o exposto no presente trabalho, atingimos as seguintes conclusões:

5.1 O princípio da não cumulatividade configura-se na garantia do direito ao crédito correspondente ao ICMS incidente na operação ou prestação anterior. A regra jurídica do *direito de crédito* gera efeitos no momento da ocorrência do fato imponível do ICMS, e independentemente do pagamento ou da exigência do tributo.

5.2 Em matéria de ICMS o regime jurídico e os efeitos das isenções não se confundem com o das demais espécies de incentivos fiscais. No caso dos demais benefícios fiscais, que não a isenção, não há redução da carga tributária incidente na cadeia de circulação econômica, pois a vantagem concedida é exclusiva do contribuinte "de direito" da operação incentivada, não sendo repassada ao contribuinte de "fato".

5.3 É inconstitucional a limitação ao direito de crédito de ICMS em virtude de incentivos fiscais unilateralmente concedidos pelos Estados, sendo autorizada a restrição ao aproveitamento de créditos apenas nos casos de isenção e não-incidência, conforme estabelecido na Constituição Federal.

6. Bibliografia

ATALIBA, Geraldo, e GIARDINO, Cléber. "ICM – Abatimento constitucional – Princípio da não-cumulatividade". *RDTributário* 29-30. São Paulo, Ed. RT, 1984.

BARRETO, Aires Fernandino. "Créditos de ICMS – Limites da lei complementar". In: ROCHA, Valdir de Oliveira (coord.). *O ICMS, a Lei Complementar 87/1996 e Questões Jurídicas Atuais*. São Paulo, Dialética, 1996.

BASTOS, Celso. *Lei Complementar – Teoria e Comentários*. São Paulo, Saraiva, 1985.

BECKER, Alfredo Augusto. *Carnaval Tributário*. São Paulo, Saraiva, 1989.

BORGES, José Souto Maior. *Isenções Tributárias*. 2ª ed. São Paulo, Sugestões Literárias, 1980.

CARRAZZA, Roque Antônio. *ICMS*. 5ª ed. São Paulo, Malheiros Editores, 1999.

CARVALHO, Paulo de Barros. "Hipótese de incidência e base de cálculo do ICM". *O Fato Gerador do ICM. Caderno de Pesquisas Tributárias* 3. Coord. de Ives Gandra da Silva Martins. São Paulo, Resenha Tributária, 1978.

————. "Isenções tributárias do IPI, em face do princípio da não-cumulatividade". *Revista Dialética de Direito Tributário* 33. São Paulo, Dialética.

COÊLHO, Sacha Calmon Navarro, e DERZI, Misabel de Abreu Machado. "A compensação de créditos de ICMS e o princípio da não-cumulatividade: o caso da energia elétrica". In ROCHA, Valdir de Oliveira (coord.). *ICMS – Problemas Jurídicos*. São Paulo, Dialética, 1996.

————. *Direito Tributário Aplicado: Estudos e Pareceres*. Belo Horizonte, Del Rey, 1997.

COSTA, Alcides Jorge. *ICM na Constituição e na Lei Complementar*. São Paulo, Resenha Tributária, 1979.

DERZI, Misabel de Abreu Machado, e COÊLHO, Sacha Calmon Navarro. "A compensação de créditos de ICMS e o princípio da não-cumulatividade: o caso da energia elétrica". In ROCHA, Valdir de Oliveira (coord.). *ICMS – Problemas Jurídicos*. São Paulo, Dialética, 1996.

————. *Direito Tributário Aplicado: Estudos e Pareceres*. Belo Horizonte, Del Rey, 1997.

GIARDINO, Cléber. "O ICM e o princípio da não-cumulatividade". *RDTributário* 25-26. São Paulo, Ed. RT.

————, e ATALIBA, Geraldo. "ICM – Abatimento constitucional – Princípio da não-cumulatividade". *RDTributário* 29-30. São Paulo, Ed. RT, 1984.

GRECO, Marco Aurélio, e ZONARI, Anna Paola. "ICMS – Materialidade e princípios constitucionais". In: MARTINS, Ives Gandra da Silva (coord.). *Curso de Direito Tributário*. 5ª ed., v. 2. Belém, CEJUP, 1997.

MATTOS, Aroldo Gomes de. *ICMS – Comentários à Lei Complementar 87/1996*. São Paulo, Dialética, 1997.

MELLO, José Eduardo Soares de. *ICMS – Teoria e Prática*. 4ª ed. São Paulo, Dialética, 2000.

OLDIMAN, Oliver, e SHENK, Alan. *Value Added Tax: a Comparative Approach, with Material and Cases*. Nova York, Trasnational Publishers, 2000.

REZENDE, Condorcet (coord.). *Estudos Tributários*. Rio de Janeiro, Renovar, 1999.

ROCHA, Valdir de Oliveira (coord.). *ICMS – Problemas Jurídicos*. São Paulo, Dialética, 1996.

————. *O ICMS, a Lei Complementar 87/1996 e Questões Jurídicas Atuais*. São Paulo, Dialética, 1996.

SHENK, Alan, e OLDIMAN, Olive. *Value Added Tax: a Comparative Approach, with Material and Cases*. Nova York, Trasnational Publishers, 2000.

SOUZA, Hamílton Dias de. "ICMS, não-cumulatividade, aspectos relevantes". In REZENDE, Condorcet (coord.). *Estudos Tributários*. Rio de Janeiro, Renovar, 1999.

ZONARI, Anna Paola, e GRECO, Marco Aurélio. "ICMS – Materialidade e princípios constitucionais". In: MARTINS, Ives Gandra da Silva (coord.). *Curso de Direito Tributário*. 5ª ed., v. 2. Belém, CEJUP, 1997.

CIBERESPAÇO: CONCEITO E TRIBUTAÇÃO DO SERVIÇO DE PROVIMENTO DE ACESSO

ROBERTO FIGUEIREDO PALETTA DE CERQUEIRA

Gerente de Tecnologia e Sistemas de Informação da Secretaria Municipal de Arrecadações da Prefeitura de Belo Horizonte – Auditor Fiscal de Tributos Municipais de Belo Horizonte – Membro da Junta de Recursos Fiscais da Prefeitura de Belo Horizonte

1. Sinopse. 2. Método. 3. Relações causais: 3.1 Histórico evolutivo da Internet – 3.2 Internet e ciberespaço: 3.2.1 Estrutura do ciberespaço – 3.2.2 O acesso ao ciberespaço: 3.2.2.1 Os modelos DoD e OSI. 4. "Dever-Ser": 4.1 Incidência – 4.2 Doutrina – 4.3. Subsunção. 5. Conclusão. 6. Bibliografia.

1. Sinopse

A preocupação com a regulamentação, interpretação jurídica e compreensão do fenômeno *Internet*, denominado *ciberespaço* em seu conjunto de relações e ambiente cognitivo, cresce rapidamente no mundo acadêmico e profissional, como reflexo das respectivas transformações sociais, políticas e econômicas no plano fático. A metodologia aqui empregada parte da análise multidisciplinar da grande rede, tornando clara sua natureza de complexo de recursos e meio de manifestação de inteligências coletivas. Neste processo, enfoca o serviço de provimento de acesso, pela razão de ordem prática, como demanda urgente nos Tribunais e Administrações Públicas, principalmente nas questões tributárias, e pela conveniência do tema como suporte na análise estrutural tecnológica e conjuntural jurídica.

2. Método

O mundo do sensível é regido pela lei da causalidade.[1] O fato externo é um elemento do conjunto dos sensíveis; este, por sua vez, está contido no universo-categoria "Ser". Segundo a noção kantiana, trata-se de uma categoria original, ou *a priori*, do conhecimento, o "Ser". O termo primitivo não traz consigo um auto-entendimento, apenas fixa em nossa mente uma idéia abstrata não mais decomponível. Mesmo o princípio causal pode ser tomado como uma categoria original.

Kelsen (1995) decompõe o fato externo em *ato* e *sentido*, quando do uso da vontade. Preferimos utilizar o termo sem a mencionada decomposição, não diferenciando numa primeira análise, portanto, o volitivo do não-volitivo. Assim procedemos no intuito de preservar até esta instância os elementos dentro da mesma categoria, já que o sentido do ato escapa à categoria do mesmo. A não-decomposição do termo primitivo não implica uma adjetivação e/ou elo com outros objetos ou conceitos. Seu significado completo, entretanto, não parece poder ser apreciado pela função racional, haja vista, inclusive, o próprio dualismo sujeito/objeto.

A causalidade é um modo do nexo funcional da expressão *condição* → *conseqüência*, que pode ser escrita genericamente como: a_i *ligação* a_j, sendo a_i e a_j dois elementos e *ligação* o nexo funcional. Para simplificar, escreveremos a_i *ligação* a_j como $a_i \rightarrow a_j$, não querendo com isso significar *se* a_i *então* a_j, como nas matemáticas (Lógica), mas sim a_i *ligação* a_j; esta forma será denominada, ainda, α. Ora, a importância de α reside em sua característica de elo relacional entre elementos (objetos) de uma mesma categoria. Assim teríamos: $A = \{a_1, a_2, a_3, ..., a\infty\}$; $B = \{b_1, b_2, b_3, ..., b\infty\}$; $C, D ..., H$ ... e suas relações internas $\alpha_A(a_n, a_m)$; $\alpha_A(a_i, a_j)$; $\alpha_B(b_n, b_m)$ etc. ($\alpha_C, \alpha_D, ... , \alpha_H, ...$). Nota-se, portanto, como o elo relacional α é específico para cada conjunto-categoria (A, B, C...). Esta especificidade consiste na ligação, já que a fórmula $a_i \rightarrow a_j$ é comum a todos os elos. Será uma característica, portanto, da categoria. Como exemplo, tomemos a categoria "Ser", ou seja, $A = \{$"*Ser*"$\}$; a_1 e a_2 são elementos de A: $a_1 \in A$, $a_2 \in A$; a ligação é denominada "causal" ou "causalidade" (Γ). De forma específica, teríamos: $a_1 \, \Gamma \, a_2$; assim, $A = \{a_1, a_2, a_3, ..., a\infty / \alpha(a_n \, \Gamma \, a_m)\}$, conjunto dos elementos regidos pela lei da causalidade.

Uma ligação implicará uma discrepância temporal obrigatória entre os elementos? Na categoria do exemplo, sim; mas não podemos estender tal propriedade ao universo das categorias. Como foi dito, no caso de estudo há esta discrepância temporal, a_i

1. Adota-se, aqui, a Epistemologia Clássica. Para a Biologia do Conhecer e a Cibernética de Segunda Ordem a noção de *causalidade* pertence ao domínio das descrições, sendo relevante apenas no metadomínio no qual o observador faz seus comentários, não podendo ser tida como agente no domínio fenomênico.

e a_j relacionados não se encontram no mesmo exato ponto do tempo, entre eles há um lapso λ. Seria λ mensurável? Sim, sendo seu escopo $]0, +\infty[$; note estar o zero excluído do intervalo. Assim, λ teria como limite zero, jamais o alcançando. Pela discrepância temporal denominamos o segundo elemento "conseqüência" e o primeiro "pressuposto" ou "condição". *Condição* é uma situação ou circunstância, *pressuposto* é algo imaginado ou delegado antecipadamente. Há uma diferença, portanto, embora sutil, entre os dois termos. De qualquer modo, a condição dá-se em t_a (tempo "a") e a conseqüência t_b, sendo $t_b - t_a = \lambda$. Sabemos ser λ uma função da relação (ligação) e dos elementos: $\lambda = f(\Gamma, a_i, a_j)$, onde o número de elementos é variável, sendo no mínimo dois.

A relação ou elo Γ independe de qualquer intervenção e sua cadeia parece-nos ser interminável. É comumente escrita da forma *se* a_i *é*, a_j *é*; note como esta forma ignora λ, estando, entretanto, implícito. Finalmente, acrescentamos possuírem os elementos deste conjunto duas importantes propriedades: a) qualidades naturais; b) serem passíveis de percepção pelos sentidos físicos, direta ou indiretamente.

Aumentemos o nosso quadro com uma nova categoria, denominada "Dever-Ser". Kelsen ensina, em sua *Teoria Geral das Normas*, Capítulo I, item III: "O ato, cujo sentido é que alguma coisa está ordenada, prescrita, constitui um ato de vontade (...). Quem ordena algo, prescreve, quer que algo deva acontecer. O dever-ser – a norma – é o sentido de um querer, de um ato de vontade". Também no Capítulo VIII, item V: "Não sendo este *[comando]* uma ordem autorizada, representa apenas o sentido subjetivo do ato de comando. (...). Apenas a ordem autorizada tem também o sentido objetivo de dever-ser, (...) nem todo dever-ser, que é o sentido de um ato de vontade, é uma norma obrigatória". Sobre a ligação no elo racional (α) da categoria "Dever-Ser", informa-nos Kelsen (Capítulo VII, itens I e II): "Na ligação estabelecida por uma norma geral –jurídica ou moral – entre condição e sanção como conseqüência, (...) opõe-se-nos, por ilação, um princípio, o da causalidade, (...) na verdade diferente, mas a ele sempre análogo. Eu propus qualificar este princípio como imputação. (...). A imputação é produzida por uma ato de vontade cujo sentido é uma norma". Na imputação há um número limitado de elos racionais: "A série de imputação não tem, como a série da causalidade, um número ilimitado de elos, senão fundamentalmente dois membros." Designaremos esta ligação como Z. Sendo *B* o conjunto-categoria "Dever-Ser", temos: $B = \{b_1 \ldots b_n / \alpha_B(b_n \, Z \, b_m)\}$, diferentemente de "Ser", onde $A = \{a_1 \ldots a_n / \alpha_A(a_n \, \Gamma \, a_m)\}$.

Em Kelsen, o indivíduo, atuando racionalmente, liga o ato volitivo ao sentido do mesmo. A *norma* é o dever-ser, o sentido do querer; daquele ato de vontade. A distinção entre representação subjetiva ou objetiva do ato dá-se pela disposição legal do ato criador da norma, determinante da validade da mesma. Esta validade ocorre num esquema de concatenação. A *Grundnorm* é o início da cadeia de fundamentação, trata-se de norma validante da imediatamente inferior, que por sua vez fundamentará as demais. As relações entre as normas são estabelecidas pelas proposições $\alpha(b_n \, Z \, b_m)$.

3. *Relações causais*

Na procura pelos nexos de causalidade no escopo deste trabalho, faz-se necessária uma breve digressão histórica, baseada no excelente estudo de Vinton G. Cerf e outros, *A Brief History of the* Internet (*http://www.isoc.org/internet-history/brief.html*), publicado pela *Internet Society* (*http://www.isoc.org*).

3.1 Histórico evolutivo da Internet

A história da *Internet* molda-se em quatro aspectos distintos: a evolução tecnológica, a operação e administração da rede e os aspectos sociais e comerciais. Embora tratadas didaticamente de forma separada, tais facetas interpenetram-se em grau elevado.

A primeira descrição registrada de interações que pudessem ser estabelecidas através de uma rede de computadores foi uma série de memorandos escritos por J. C. R. Licklider, do *Massachusetts Institute of Technology* – MIT (*http://www.mit.edu/*), em agosto/1962, onde era discutido o conceito da *Galactic Network*.[2] Licklider vislumbrou um conjunto de computadores globalmente interconectados através dos quais se poderia rapidamente ter acesso a dados e programas presentes em qualquer ponto da rede – conceito muito semelhante ao da *Internet* hodierna. Foi também responsável pelo programa de pesquisa de computadores na DARPA, iniciado em outubro/1962.

A DARPA é uma agência de pesquisa. Foi estabelecida pelo Departamento de Defesa Norte-Americano (*U. S. Department of Defense*) (*http://www.defenselink.mil* – se não conseguir a conexão, tente *http://131.84.1.60/*, neste e nos demais endereços iniciados por *http://defenselink.mil*, com as necessárias complementações) através da Diretiva DoD 5105.15,[3] de fevereiro/1958. Seu nome original era *Advanced Research Projects Agency* – ARPA. A mencionada diretiva dava à ARPA a responsabilidade de direção e execução de projetos de pesquisa e desenvolvimento designados pelo Secretário de Defesa. Em 1972 seu nome foi alterado para *Defense Advanced Research Projects Agency* – DARPA, voltando a se chamar ARPA em 1993, e novamente DARPA em 1996 (*http://www.arpa.mil/*).[4] A missão atual da DARPA é a pesquisa e o desenvolvimento de idéia inovadoras, que ofereçam significativo impacto tecnológico, devendo demonstrar a viabilidade de tais projetos através de protótipos.

Em julho/1961, Leonard Kleinrock, também do MIT, publicou o primeiro artigo sobre a *teoria de comutação de pacotes*, tecnologia que representava um grande passo no caminho do desenvolvimento de redes de computadores. Outro passo importante foi fazer com que os computadores conversassem entre si.

Para explorar isso, em 1965 cientistas da DARPA conectaram dois computadores através de uma linha telefônica (*dial-up*) de baixa velocidade, criando a primeira, embora pequena, WAN (*Wide Area Network*). O resultado deste experimento foi a conscientização da viabilidade do trabalho conjunto de computadores, rodando programas e recuperando informações em máquinas remotas. Entretanto, o sistema de telefonia era totalmente inadequado para a tarefa, confirmando a necessidade da comutação de pacotes.

No final de 1966, Lawrence G. Roberts, na DARPA, desenvolveu o conceito de *rede de computadores* e depressa construiu seu plano para a ARPANET, publicando-o em 1967. Depois que Roberts e a comunidade da Agência refinaram a estrutura e as especificações globais para a ARPANET, uma concorrência foi realizada pela DARPA para o desenvolvimento de um de seus principais componentes, os interruptores de pacote (*packet-switches*). A concorrência foi ganha por um grupo encabeçado pela empresa *Bolt Beranek and Newman* – BBN (*http://www.bbn.com/*). A topologia da rede foi projetada e aperfeiçoada por Roberts e outros pesquisadores da *Network Analysis Corporation* e da Universidade da Califórnia – UCLA (*http://www.ucla.edu/*).

O *Network Measurement Center*, na UCLA, foi selecionado para ser o primeiro nó na ARPANET. As peças se juntaram em

2. Rede galáctica ou global.

3. A *série 5000* de diretivas DoD trata de gerência administrativa e de aquisição, organização, segurança, e assuntos públicos e legislativos.

4. A ARPA foi criada em resposta ao lançamento do Satélite *Sputnik* pela União Soviética, para estabelecer a liderança dos EUA na ciência e tecnologia para fins militares.

setembro/1969, quando a BBN instalou o primeiro computador anfitrião (*host*) naquela Universidade. Um projeto de Doug Engelbart sobre *Aumento do Intelecto Humano* (que incluía um antigo sistema de hipertexto), no *Stanford Research Institute* – SRI (*http://www.stanford.edu/home/research/centers-eng.html*), proveu um segundo nó.

O SRI suportou o *Network Information Center*, executando funções tais como a manutenção de tabelas de nomes de *hosts* para mapeamento de endereços e diretórios da *Request for Comments* – RFC.[5] Um mês depois, quando o SRI foi conectado à ARPANET, a primeira mesagem *host-to-host* foi enviada do *Network Measurement Center* para o SRI. Mais dois nós foram adicionados na UC Santa Barbara (*http://www.ucsb.edu/*) e na Universidade de Utah (*http://www.utah.edu/*)..

Computadores foram adicionados rapidamente à ARPANET durante os anos seguintes, tendo-se prosseguido o trabalho para a conclusão de um protocolo funcional *host-to-host* e outros *softwares* de rede. Em dezembro/1970 o *Network Working Group* – NWG, trabalhando sob o comando de S. Crocker, terminou o protocolo inicial *host-to-host* da ARPANET, denominado *Network Control Protocol* – NCP. Com a implementação do NCP completada pelos *sites* durante o período 1971/1972, os usuários da rede finalmente puderam começar a desenvolver aplicativos.

Em 1972 o aplicativo de correio eletrônico foi introduzido. Ray Tomlinson, na BBN, escreveu o *software* básico de leitura e escrita de mensagens de *e-mail*, motivado pela necessidade dos desenvolvedores da ARPANET de um mecanismo fácil de coordenação de pesquisa. Logo depois o programa foi expandido, podendo listar, seletivamente ler, encaminhar e responder à mensagens.

A ARPANET original cresceu até tornar-se a ***Internet***. A *Internet* baseou-se na idéia da existência de múltiplas redes independentes, de desenho arbitrário, começando com a ARPANET como a rede pioneira de comutação de pacotes e encarnando o conceito-chave subjacente, de arquitetura aberta de rede. Nesta abordagem, a escolha de qualquer tecnologia de rede individual não era ditada por uma arquitetura de rede particular, podendo ser livremente selecionada.

Em uma rede de arquitetura aberta, as redes individuais podem ser separadamente projetadas e desenvolvidas, cada uma tendo sua própria interface oferecida a usuários e/ou outros provedores. Cada rede pode ser projetada conforme o ambiente e requisitos de usuários específicos daquela rede. Geralmente não existem restrições nos tipos de rede que podem ser incluídos ou em seu escopo geográfico, embora considerações pragmáticas ditem o que faz sentido oferecer.

O protocolo NCP contava com a ARPANET para prover confiabilidade ponto-a-ponto. Se qualquer pacote de dados fosse perdido o protocolo (e, presumivelmente, quaisquer aplicativos suportados por ele) não teria como fixar o erro, ocasionando uma parada. Neste modelo o NCP não tinha controle de erro ponto-a-ponto entre *hosts*, já que a ARPANET foi projetada para ser uma rede existente tão confiável que nenhum controle de erro seria exigido por parte dos *hosts*.

Uma nova versão do protocolo, vindo de encontro às necessidades de um ambiente de rede de arquitetura aberta, foi necessária. Tal protocolo veio a se denominar *Transmission Control Protocol/Internet Protocol* – TCP/IP. Enquanto o NCP assemelhava-se mais a um *driver* de dispositivo, o TCP/IP era efetivamente um protocolo de comunicações.

5. A RFC 1.000 descreve a origem das RFCs; um arquivo completo das RFCs está disponível no endereço *http://www.faqs.org/rfcs/*. Recomendamos a leitura da RFC 2.555: *ftp://ftp.rfc-editor.org/in-notes/rfc2555.txt*.

No desenvolvimento do TCP/IP algumas regras foram críticas, entre elas a de que cada rede distinta teria que existir por si mesma e nenhuma mudança interna poderia ser exigida para sua conexão à *Internet*. Além disso, as comunicações deveriam ocorrer na base de esforço: se um pacote não chegasse ao destino final, deveria ser retransmitido da origem. Caixas-pretas foram usadas para conectar as redes; sendo mais tarde chamadas de *gateways*[6] e roteadores.[7]

Embora a *Ethernet*[8] estivesse em desenvolvimento na *Xerox PARC* (*Xerox Palo Alto Research Center*, *http://www.xeorx.com/parc-go.html*) naquele tempo, a proliferação de redes locais (LANs) não era previsível, muito menos o aumento vertiginoso de PCs e estações de trabalho. O modelo original era baseado em um número relativamente pequeno de redes de nível nacional, como a ARPANET. Assim, um endereço IP de 32 *bits* foi utilizado, onde os primeiros 8 *bits* significavam a rede e os 24 restantes designavam o *host* (máquina) dentro desta rede. Esta presunção, de que 256 redes seria um número suficiente para o futuro, foi reconsiderada com o surgimento das LANs, em 1970.

O modelo inicial do protocolo TCP funcionava bem nas aplicações de transferência de arquivos e *login* remoto, mas alguns dos estudos pioneiros na década de 70 em aplicativos avançados de rede, principalmente relativos a voz, deixaram claro que em certos casos a perda de pacotes não poderia ser corrigida pelo TCP, mas sim diretamente pelo aplicativo. Isso levou a uma reorganização do protocolo original TCP em dois novos protocolos, o IP simples, que provia o endereçamento e encaminhamento de pacotes individuais, e o TCP isolado, que tratava de controle de fluxo e recuperação de pacotes perdidos. As aplicações que não quisessem ou necessitassem dos serviços ofertados pelo TCP tinham uma alternativa denominada *User Datagram Protocol* – UDP, adicionada de forma a prover acesso direto ao serviço básico do IP.

Uma das principais motivações da ARPANET e da Internet era o *compartilhamento de recursos*, solução muito mais econômica do que a mera duplicação dos mesmos. Apesar de a transferência de arquivos e o *login* remoto serem aplicações importantes, o *correio eletrônico* teve, provavelmente, o impacto mais significativo das inovações daquela era, mudando a natureza da colaboração entre as pessoas, inicialmente na construção da própria *Internet*, posteriormente na sociedade em geral.

A *Internet* não foi projetada para apenas uma aplicação, mas sim como *uma estrutura geral na qual novas aplicações podem ser concebidas*, como ilustrado pela emergência posterior da *World Wide Web* – WWW. É a natureza dos protocolos TCP e IP, de propósito geral, que tornou possível esta abertura.

Com o advendo dos computadores pessoais procurou-se provar que o TCP não era tão grande ou complexo que não pudesse ser executado em tais máquinas. Pesquisadores do MIT provaram que uma implementação compacta e simples do protocolo era possível, tendo-a produzido inicialmente para o computador *Xerox Alto* (um computador pessoal desenvolvido na *Xerox PARC*), e então para o *IBM PC*. Esta implementação era totalmente compatível e operacional com outros TCPs, embora direcionada aos objetivos de *performance* e aplicação dos computadores pessoais, tendo, assim, mostrado que grandes sistemas *time-sharing*[9] podiam dividir a *Internet* com máquinas mais modestas.

6. *Hardware* ou *software* que serve como ponte entre duas aplicações ou redes incompatíveis, permitindo a transferência de dados entre computadores.

7. *Hardware* ou *software* que conecta duas ou mais redes.

8. O tipo mais popular de tecnologia ou padrão de rede local.

9. Ambiente computacional que permite a múltiplos usuários trabalharem simultaneamente, normalmente a partir de terminais distintos.

O desenvolvimento vertiginoso de LANS, PCs e *workstations* na década de 80 permitiu o pleno florescimento da *Internet*. A tecnologia *Ethernet*, desenvolvida na *Xerox PARC* em 1973, é hodiernamente a tecnologia de rede dominante na *Internet*, e PCs os computadores mais difundidos na rede. Esta alteração de um número reduzido de redes com poucos *hosts* (o modelo original da ARPANET) para um volume considerável de redes resultou em novos conceitos e mudanças na tecnologia de base. Primeiramente, resultou na definição de três classes de redes (*A*, *B* e *C*), para acomodar a amplitude ou escopo das mesmas. A classe *A* representou redes nacionais ou de larga escala (número pequeno de redes com muitos *hosts*); a classe *B* representou redes de escala regional; e a classe *C* representou redes locais (maior número de redes, com relativamente poucos *hosts*).

No intuito de facilitar o uso da rede pelas pessoas, aos *hosts* foram designados nomes, não sendo mais necessário lembrar-se o endereço numérico. Originalmente existia um número limitado de *hosts*, tornando-se possível a manutenção de apenas uma tabela de associação de nomes e endereços. Com o incremento de redes gerenciadas independentemente, não era mais possível manter-se a solução da tabela única, tendo-se optado pelo *Domain Name System* – DNS, desenvolvido no *Information Science Institute* – ISI (*http://www.isi.edu/*).[10] O DNS permitiu um mecanismo distribuído escalável para resolução de nomes de *hosts*.

Com a evolução da *Internet*, a DARPA financiou a *UC Berkeley* (*http://www.berkeley.edu/*) na investigação de modificações no sistema operacional *Unix*, incluindo a incorporação do TCP/IP desenvolvido na BBN. Embora *Berkeley* tenha posteriormente reescrito o código BBN para melhor se adaptar ao sistema *Unix*, a incorporação do TCP/IP ao sistema *Unix BSD* provou ser um elemento crítico na dispersão dos protocolos na comunidade de pesquisa, que começou a usar o mesmo para suas atividades cotidianas de computação. A estratégia de incorporação dos protocolos da *Internet* a um sistema operacional apoiado pela comunidade científica foi essencial na ampliação bem-sucedida da *Internet*.

O protocolo TCP/IP foi adotado como o padrão para rede de defesa nos Estados Unidos em meados de 1980. Isso possibilitou ao Departamento de Defesa compartilhar a base de sua agência de pesquisa (DARPA), resultando diretamente em particionamentos das comunidades em militares e civis. Por volta de 1983 a ARPANET estava sendo usada por um número significativo de organizações operacionais e responsáveis por projetos de P&D na área de defesa. A transição do protocolo da ARPANET de NCP para TCP/IP, em 1983, permitiu a sua divisão em MILNET,[11] que passaria a suportar os requisitos operacionais de defesa, e ARPANET propriamente dita, ainda responsável pelo suporte às necessidades das pesquisas.

Em 1985 a *Internet* já estava bem estabelecida como tecnologia, envolvendo um grande número de pesquisadores e desenvolvedores. Outras comunidades estavam começando a utilizá-la para atividades diárias de computação, incluindo o correio eletrônico.

A utilidade das redes de computadores, demonstrada pela DARPA, não passou desapercebida a outras comunidades e institutos. Assim, na década de 70 redes de computadores começaram a aparecer onde quer que houvesse financiamento suficiente. O *U.S. Department of Energy* – DoE (*http://www.energy.gov/*)[12] criou a MFENet[13] para

10. É um dos Institutos da *University of Southern California* (*http://www.usc.edu/*).

11. *Military Network*. Rede militar, parte do *Defense Data Network* – DDN e da *Internet*. É administrada pela *Defense Information Systems Agency* – DISA. Para maiores informações, consulte os *sites* *http://www.defenselink.mil/* e *http://sun00781.dn.net/irp/program/disseminate/ddn.htm*.

12. Um órgão obscuro, talvez nefasto.

13. *Magnetic Fusion Energy Network*, substituída pela *Energy Sciences Network* – ESNet (*http://www.es.net/*).

suas pesquisas em energia de fusão; a *National Aeronautics & Space Administration* – NASA (*http://www.nasa.gov/*) e a *U. S. National Science Foundation* – NSF (*http://www.nsf.gov/*) foram outros exemplos de órgãos governamentais, além das instituições privadas, que implantaram seus projetos. Em 1985 a NSF tomou uma importante decisão: o protocolo TCP/IP seria obrigatório em seu projeto da NSFNET, reconhecendo a necessidade de uma infra-estrutura de rede federativa que suportasse as comunidades de pesquisa, buscando uma estratégia para estabelecer tal rede, mesmo na ausência de recursos governamentais.

Pudemos observar como a *Internet* é tanto uma coleção de comunidades quanto de tecnologias. Este espírito comunitário tem uma longa história, começando com a ARPANET. Cada programa de pesquisa tinha um grupo de trabalho, sendo o inical o *ARPANET Network Working Group*. Em função de seu papel de apoiador de vários projetos de pesquisa sobre a infra-estrutura da *Internet*, e com a evolução desta, o *Network Working Group* transformou-se no *Internet Working Group*. Com a expansão da rede, a DARPA deixou de ser o maior agente financiador da *Internet*. Em adição às diversas atividades governamentais e à NSFNet, o interesse do setor comercial começou a crescer.

Nos anos 80, caminhando até o presente, a *Internet* ultrapassou suas raízes originárias de ambiente de pesquisa, passando a incluir uma comunidade muito mais ampla, com atividade comercial crescente. O reconhecimento da importância do suporte à *Internet* pela comunidade levou a formação da *Internet Society*, em 1991. Já o desenvolvimento da WWW fez nascer uma nova coordenação, a *World Wide Web Consortium* – W3C (*http://www.w3.org/*).

Através de três décadas de *Internet*, vimos a contínua evolução das estruturas organizacionais destinadas a facilitar e incrementar o trabalho em colaboração em assuntos pertinentes à rede.

A comercialização da *Internet* envolveu não apenas o desenvolvimento de serviços de rede privados e competitivos, mas também o de produtos com a implementação de sua tecnologia.

Nos útimos anos temos visto uma *nova fase na comercialização da* ***Internet***. Os esforços iniciais de comercialização estavam concentrados em produtos básicos para construção de redes e serviços de conectividade. Atualmente *o mercado tem-se direcionado para sua utilização como infra-estrutura para outros serviços comerciais*.

Não se deve concluir que a dinâmica da *Internet* acabou. *Embora seja geograficamente e no nome uma rede, sua essência é muito mais abrangente e complexa, diferentemente das redes tradicionais de telefonia e transmissoras de TV*. Ela continuará evoluindo na mesma velocidade da indústria de computação, tornando-se cada vez mais relevante para a sociedade.

3.2 Internet e ciberespaço

Em outubro/1995 o *Federal Networking Council* – FNC (*http://www.fnc.gov/*) publicou uma resolução unânime definindo o termo *Internet*:

"**Resolution**: The Federal Networking Council (FNC) agrees that the following language reflects our definition of the term 'Internet'.

"'Internet' refers to the global information system that:

"(i) is logically linked together by a globally unique address space based on the Internet Protocol (IP) or its subsequent extensions/follow-ons;

"(ii) is able to support communications using the Transmission Control Protocol/ Internet Protocol (TCP/IP) suite or its subsequent extensions/follow-ons, and/or other IP-compatible protocols; and

"(iii) provides, uses or makes accessible, either publicly or privately, high level services layered on the communications and related infrastructure described herein" (*http://www.fnc.gov/Internet_res.html*).

O Ministério das Comunicações (*http://www.mc.gov.br/*) e o Ministério da Ciência e Tecnologia (*http://www.mct.gov.br/*), em junho do mesmo ano, emitiram nota conjunta (*http://www.cg.org.br/regulamentacao/notas.htm*) contendo outro conceito da rede em estudo:

"2. *A* Internet

"2.1 A *Internet* é um conjunto de redes interligadas, de abrangência mundial. Através da *Internet* estão disponíveis serviços como correio eletrônico, transferência de arquivos, acesso remoto a computadores, acesso a bases de dados e diversos tipos de serviços de informação, cobrindo praticamente todas as áreas de interesse da sociedade.

"2.2 A *Internet* é organizada na forma de *espinhas dorsais, **backbones***, que são estruturas de rede capazes de manipular grandes volumes de informações, constituídas basicamente por roteadores de tráfego interligados por circuitos de alta velocidade.

"2.3 Interligadas às espinhas dorsais de âmbito nacional, haverá espinhas dorsais de abrangência regional, estadual ou metropolitana, que possibilitarão a interiorização da *Internet* no país.

"2.4 Conectados às espinhas dorsais, estarão os *provedores de acesso ou de informações*, que são os efetivos prestadores de serviços aos usuários finais da *Internet*, que os acessam tipicamente através do serviço telefônico."

Igualmente relevante para o presente estudo é a Norma 004/1995, do Ministério das Comunicações (*http://www.anatel.gov.br/biblioteca/normas/normas_mc/norma_004_95.htm*), que regula o uso de meios da rede pública de telecomunicações para o provimento e utilização de serviços de conexão à *Internet*. São transcritos seus itens mais importantes:

"(...).

"*3. Definições*

"a) *Internet*: nome genérico que designa o conjunto de redes, os meios de transmissão e comutação, roteadores, equipamentos e protocolos necessários à comunicação entre computadores, bem como o *software* e os dados contidos nestes computadores.

b) Serviço de Valor Adicionado: serviço que acrescenta a uma rede preexistente de um serviço de telecomunicações, meios ou recursos que criam novas utilidades específicas, ou novas atividades produtivas, relacionadas com o acesso, armazenamento, movimentação e recuperação de informações.

c) Serviço de Conexão à Internet (SCI): nome genérico que designa Serviço de Valor Adicionado que possibilita o acesso à *Internet* a Usuários e Provedores de Serviços de Informações.

d) Provedor de Serviço de Conexão à Internet (PSCI): entidade que presta o Serviço de Conexão à *Internet*.

e) Provedor de Serviço de Informações: entidade que possui informações de interesse e as dispõem na *Internet*, por intermédio do Serviço de Conexão à *Internet*.

f) Usuário de Serviço de Informações: Usuário que utiliza, por intermédio do Serviço de Conexão à Internet, as informações dispostas pelos Provedores de Serviço de Informações.

g) Usuário de Serviço de Conexão à *Internet*: nome genérico que designa Usuários e Provedores de Serviços de Informações que utilizam o Serviço de Conexão à *Internet*.

h) Ponto de Conexão à *Internet*: ponto através do qual o SCI se conecta à *Internet*.

i) Coordenador *Internet*: nome genérico que designa os órgãos responsáveis pela padronização, normatização, administração, controle, atribuição de endereços, gerência de domínios e outras atividades correlatas, no tocante à *Internet*.

"*4. Serviço de conexão à* Internet

"4.1 Para efeito desta Norma, considera-se que o Serviço de Conexão à *Internet* constitui-se:

"a) dos equipamentos necessários aos processos de roteamento, armazenamento e encaminhamento de informações, e dos *software* e *hardware* necessários para o provedor implementar os protocolos da *Internet* e gerenciar e administrar o serviço;

"b) das rotinas para administração de conexões à *Internet* (senhas, endereços e domínios *Internet*);

"c) dos *softwares* dispostos pelo PSCI: aplicativos – tais como correio eletrônico, acesso a computadores remotos, transferência de arquivos, acesso a banco de dados, acesso a diretórios, e outros correlatos –, mecanismos de controle e segurança, e outros;

"d) dos arquivos de dados, cadastros e outras informações dispostas pelo PSCI;

"e) do *hardware* necessário para o provedor ofertar, manter, gerenciar e administrar os *softwares* e os arquivos especificados nas letras 'b', 'c' e 'd' deste subitem;

"f) outros *hardwares* e *softwares* específicos, utilizados pelo PSCI.

"*5. Uso de meios da Rede Pública de Telecomunicações por Provedores e Usuários de Serviços de conexão à* Internet

"5.1 O uso de meios da Rede Pública de Telecomunicações, para o provimento e utilização de Serviços de Conexão à *Internet*, far-se-á por intermédio dos Serviços de Telecomunicações prestados pelas Entidades Exploradoras de Serviços Públicos de Telecomunicações.

"5.2 O Provedor de Serviço de Conexão à *Internet* pode, para constituir o seu serviço, utilizar, a seu critério e escolha, quaisquer dos Serviços de Telecomunicações prestados pelas EESPT.

"5.3 Os meios da Rede Pública de Telecomunicações serão providos a todos os PSCIs que os solicitarem, sem exclusividade, em qualquer ponto do território nacional, observadas as condições técnicas e operacionais pertinentes e, também, poderão ser utilizados para:

"a) conectar SCIs à *Internet*, no Exterior;

"b) interconectar SCIs de diferentes provedores.

"5.4 As Entidades Exploradoras de Serviços Públicos de Telecomunicações não discriminarão os diversos PSCIs quando do provimento de meios da Rede Pública de Telecomunicações para a prestação dos Serviços de Conexão à *Internet*. Os prazos, padrões de qualidade e atendimento e os valores praticados serão os regularmente fixados na prestação do Serviço de Telecomunicações utilizado.

"5.5 É facultado ao Usuário de Serviço de Conexão à *Internet* o acesso ao SCI por quaisquer meios da Rede Pública de Telecomunicações à sua disposição.

"*6. Relacionamento entre as Entidades Exploradoras de Serviços Públicos de Telecomunicações e os PSCIs*

"6.1 No relacionamento entre as Entidades Exploradoras de Serviços Públicos de Telecomunicações e os Provedores de Serviços de Conexão à *Internet*, não se constituem responsabilidades das EESPT:

"a) definir a abrangência, a disposição geográfica e física, o dimensionamento e demais características técnicas e funcionais do Serviço de Conexão à *Internet* a ser provido;

"b) especificar e compor os itens de *hardware* e *software* a serem utilizados pelos PSCIs na prestação do Serviço de Conexão à *Internet*;

"c) definir as facilidades e as características do Serviço de Conexão à *Internet* a serem ofertadas pelos PSCIs;

"d) providenciar junto aos Coordenadores *Internet* a regularização dos assuntos referentes ao provimento de Serviços de Conexão à *Internet*;

"e) definir os Pontos de Conexão entre os PSCIs, no Brasil ou no Exterior, bem como as características funcionais de tais conexões.

"(...)."

Para a Rede Nacional de Pesquisa (*http://www.rnp.br/*) a *Internet* é um "conjunto de redes de computadores, interligadas de diversas formas, abrangendo quase todos os países".[14]

A definição ou conceituação de uma estrutura tão complexa e dinâmica quanto a *Internet* não é tarefa simples. São comuns as observações parciais sobre o tema, como as citadas, desnudando facetas técnicas, sociais, econômicas, políticas, entre outras.

Hoje somos espectadores e atores de uma grande peça de transformação, responsável pela inserção no cotidiano de um novo espaço de desenvolvimento humano, uma nova esfera de relações, dantes impossível.

Esta nova esfera denomina-se *ciberespaço*, e será o domínio de manifestação das novas relações e estruturas sociais, *interpretadas especialmente pelas modernas ciências da complexidade, entre elas a Sóciocibernética*. Ciberespaço e Internet são palavras usualmente intercambiadas. Aquela, entretanto, torna mais claro o conceito inerente à esfera relacional surgida nas últimas décadas. É um espaço antropológico, nos dizeres de Pierre Lévy (1999a), proporcionado pela emergência das tecnologias moleculares e pela Cibernética. O *Dicionário Aurélio*[15] o descreve como: "Dimensão ou domínio virtual da realidade, constituído por entidades e ações puramente informacionais; meio, conceitualmente análogo a um espaço físico, em que seres humanos, máquinas e programas computacionais interagem".

O termo "Cibernética" deriva da palavra grega *kybernetiké*, tendo o sentido de *téchne kybernetiké* ou "a arte do piloto". A Cibernética clássica, também chamada de *primeira ordem*, originou-se na década de 40, resultando na construção do primeiro computador. Sua aproximação foi basicamente determinada pela Engenharia, revelando-se extremamente útil na solução de diversos problemas práticos, especialmente de natureza tecnológica. Apesar do enfoque mecanicista, trouxe um novo ímpeto às Ciências Sociais, através de conceitos inovadores, tais como os de fronteiras, subsistemas, causalidade circular, retroalimentação, simulação e holismo.

A Cibernética de segunda ordem originou-se na década de 70, notadamente dentro das Ciências Biológicas e Sociais. O termo foi cunhado por Heinz von Foerster (v. os *sites*: *http://www.pangaro.com/abstracts/ASC-95-on-HvF.html*; *http://www.stanford.edu/group/SHR/4-2/text/varela.html*; e *http://pespmc1.vub.ac.be/CSTHINK.html*), que definiu a Cibernética de primeira ordem como a de sistemas observados, e a de segunda como a de sistemas observadores. O paradigma essencialmente biológico desta inclui o(s) observador(es) no sistema que está sendo estudado, geralmente composto por entidades vivas, e não artefatos tecnológicos inanimados, como, por exemplo, na Robótica.

Um conceito nuclear e extremamente útil da Cibernética de segunda ordem é o de *autopoiese*, uma concepção biológica que tenta explicar o fenômeno da vida, o mistério da força vital, desenvolvido por dois pesquisadores chilenos, Humberto Maturana e Francisco Varela. Nas palavras dos próprios autores, "a *autopoiese* no espaço físico constitui a condição última, necessária e suficiente da própria vida". Explicou-se que o fenômeno da vida ocorre através da autonomia e de relações dadas entre os diversos elementos de um sistema, no caso específico, biológico. O corpo sistêmico em que essas relações são desenvolvidas é dotado de uma organização formada da estrutura de seus elementos, sendo clausuramen-

14. Segundo o *Guia do Empreendedor Internet/Brasil*, *http://www.rnp.br/documentos/docs-naoatualizados.html*.

15. *Dicionário Aurélio Eletrônico – Século XXI. Software* V. 3.0, Nova Fronteira, novembro/1999.

te fechado, realizado em um meio próprio (espécie de ambiente), onde se realiza o processo de (re)produção de seus elementos, mantendo-se toda a organização, mesmo que a estrutura não seja a mesma. Esse fechamento do sistema ao meio e produção dos seus próprios elementos constituintes é visto pelos chilenos como uma autoprodução (*autós* – por si próprio; *poiesis* – criação, produção).

A teoria autopoiética aborda diretamente e analisa com sucesso as circularidades configuracional e operacional básicas dos sistemas vivos. A teoria alcança estes resultados ao *mudar o foco explicativo de referentes atômicos em um mundo objetivo para as relações essenciais entre processos em um domínio de fenômenos*. Como conseqüência, a circularidade derivativa da experiência e o paradoxo fundamental da inquirição cognitiva não são negligenciados. Ao contrário, são enfatizados como máximas básicas: "todo fazer é saber, e todo saber é fazer"; e "tudo que é dito é dito por um observador".

A teoria tem sido evocada e aplicada em campos que incluem a Imunologia, a interação homem-computador, a terapia familiar, a Sociologia, Economia, Filosofia pós-moderna e Administração Pública.

Nas sociedades modernas a visão newtoniana e mecanicista do mundo, enfatizando a estabilidade, ordem, uniformidade, equilíbrio e as relações lineares entre ou dentro de sistemas fechados, está sendo substituída por um novo paradigma. Este paradigma está de acordo com as atuais e aceleradas mudanças sociais, desordem nas coordenações, instabilidades, diversidades, desequilíbrios, relações não-lineares entre sistemas abertos e temporalidade, sendo chamado por alguns de ciência da complexidade.

Qual o nome dado a este novo paradigma ou convergência de paradigmas em processo de consolidação nas duas últimas décadas, tem importância secundária. A metáfora de vários homens cegos tateando o mesmo elefante é pertinente, aqui. Alguns o interpretam como Cibernética de segunda ordem, outros como ciência da cognição ou teoria geral dos sistemas, estudos complexos ou ciência da complexidade.

O ciberespaço é um reflexo direto deste novo paradigma, não podendo ser compreendido fora de suas referências e conceitos, sob risco de uma avaliação pobre e parcial.

Foge ao escopo deste trabalho, porém, o estudo jurídico pelo método sóciocibernético, daí termos optado pela linha tradicional kelseniana na análise das perturbações do ciberespaço no ordenamento positivo brasileiro. Tal posicionamento preserva o reconhecimento fático pelos conceitos mais avançados da Informática, ocorrendo apenas uma focalização no ponto de provimento de acesso à rede, ou complexo de relações, por razões de ordem prática.

3.2.1 Estrutura do ciberespaço[16]

Tecnicamente, o ciberespaço é construído sob uma estrutura de rede com protocolo de comunicação TCP/IP. A *Internet* é uma coleção completa de redes com esta tecnologia que foram interligadas, oferecendo conectividade mundial. Fisicamente, seus serviços são baseados em espinhas dorsais de conexões dedicadas, interligando os pontos de presença – P/P regionais. Tais *backbones* atendem à necessidade de provimento de conectividade ampla e distribuída.

Os Pontos de Interconexão de Redes – PIRs interligam redes regionais e estaduais, viabilizando conexões entre os *backbones* de serviço *Internet* – BSI. Um BSI é uma espinha dorsal, comercial ou não, nacional ou regional, que oferece conectividade *Internet* a seus usuários. Exemplos de BSIs são os pertencentes à RNP (*http://*

16. Item baseado no *Guia do Empreendedor Internet/Brasil*, *http://www.rnp.br/documentos/docs-naoatualizados.html*.

www.rnp.br/backbone/bkb-mapa.html), EMBRATEL (*http://www.embratel.com.br/internet/backbone/index.html*) e TELEMAR (*http://www.telemar.com.br/6/texto_6_1_27.asp*).

Não há no Brasil qualquer restrição a iniciativas públicas ou privadas de montagem de *backbones* próprios, incluindo conexões exclusivas ao Exterior. Muito pelo contrário, as diretrizes governamentais para a *Internet* no Brasil estimulam o surgimento de tais iniciativas. É evidente, contudo, que se regras mínimas para a articulação entre esses *backbones* não forem seguidas por todos corre-se o risco de se ter duas redes brasileiras se comunicando através dos EUA, ou, mesmo em território brasileiro, se comunicarem de forma altamente ineficiente. Pontos de Interconexão de Redes permitem que estes BSIs possam trocar tráfego entre si, respeitadas suas políticas de tráfego aceitável e roteamento.

Os serviços e aplicações *Internet* alcançam o usuário final através de Provedores de Serviços *Internet* – PSI. *Para se estabelecer, um provedor deve contratar os serviços de comunicação e conexão oferecidos por uma empresa concessionária de telecomunicações*, como linhas de comunicações de dados, ou mesmo redes metropolitanas, que permitam sua conexão à rede.

Um provedor de serviços que se interligue a uma rede estadual ou ao *backbone Internet*/Brasil pode oferecer várias modalidades de serviços a seus clientes. Uma primeira opção é tornar-se um Provedor de Acesso *Internet* – PA, e, desta forma, obter conectividade IP e repassá-la a outras instituições, ou mesmo pessoas, em caráter comercial ou não. O tipo de acesso a ser oferecido por um PA, por exemplo, vai desde o simples acesso por linha discada a seu sistema *Unix* (*shell*) para emulação de terminal, até a conexão de linhas dedicadas de outros clientes. Outra opção para um provedor de serviços é se estabelecer como um Provedor de Informação *Internet* – PI. Um PI é um provedor cuja finalidade principal é coletar, manter e organizar informações *on-line* para acesso através da *Internet*. Para isto ele pode se valer de seus próprios equipamentos e conexões à rede, ou alugar este serviço de algum PA.

Em um quadro geral, temos que um P/P Federal provê acesso nacional/internacional para uma rede estadual constituída de 'n' P/Ps, compondo uma espinha dorsal estadual, que constitui um provedor de acesso com envergadura de atuação suficiente para bancar a operação com pontos de presença distribuídos em 'n' locais, presumivelmente distanciados entre si, no Estado. Os Provedores de Acesso *Internet* – PAIs, normalmente comerciais ou para fins educacionais, estendem a espinha dorsal original, promovendo a capilaridade do sistema e diminuindo custos individuais de conexão.

Independentemente de seu porte, os PAIs precisam satisfazer alguns requisitos comuns de infra-estrutura para sua operação. São eles: a) possuir pelo menos uma conexão dedicada ao *backbone*; b) contratar um serviço *Internet*; c) instalar um roteador compatível com sua especificação; d) possuir um *computador onde são instalados os serviços Internet*, contas de usuários para acesso discado e áreas de usuários. O tamanho, capacidade de *processamento* deste computador, dependerá do número de usuários simultâneos almejados e do leque de serviços ofertados pelo PAI; e) contratar um *administrador de sistemas e serviços Internet*, profissional com sólidos conhecimentos de sistemas operacionais, redes de computadores e administração de serviços e aplicações *Internet*, sendo considerado o recurso mais importante na montagem de um provedor *Internet*. Segundo o *Guia do Empreendedor Internet/Brasil* (*http://www.rnp.br/documentos/docsnaoatualizados.html*): "O número e diversidade de aplicações e serviços existentes tornam a configuração e instalação dos sistemas servidores e de comunicação uma tarefa complexa, que pode exigir muito tempo, ou mesmo recursos humanos com perfis bastante especializados em diversas frentes", como profissionais de bancos de dados, programadores e analistas de sistemas.

Além dos requisitos obrigatórios, existem outros, opcionais. O *Domain Name System* – DNS, servidor de nome primário, é um deles. Sua função é permitir que endereços em rede na forma bastante conhecida de nomes sejam mapeados para números que identificam números e máquinas individuais. Em geral, o PAI administra seu próprio DNS, sendo possível, porém, alugar este serviço, que ficará sediado em outro equipamento. O sistema de nomeação conceitual no qual o DNS é baseado é uma estrutura de árvore lógica e hierárquica denominada *espaço do nome de domínio*. A raiz, nível mais alto, do espaço é gerenciada pelo *Internet Network Information Center* – InterNIC (*http://www.internic.com/*), responsável por delegar responsabilidade administrativa sobre porções do espaço do nome do domínio a organizações e empresas que se conectam à *Internet*.

O leque de serviços que um provedor *Internet* pode oferecer é bastante amplo. As combinações possíveis permitem estabelecer diversos tipos de PAIs. Entre os serviços ofertados encontram-se: a) Acesso *Internet* UUCP discado; b) Emulação de Terminais; c) Acesso IP discado, onde o computador do cliente se torna um nó da *Internet*, com seu próprio endereço IP, fixo ou dinâmico, determinado pelo provedor; d) Acesso IP dedicado, com conexão permanente à rede e serviço *Internet* completo, sobre uma linha dedicada.

Independentemente do tipo de acesso oferecido a seus usuários, com exceção do UUCP, que permite apenas os serviços de *e-mail* e *newsgroups*, *um provedor torna disponível a seu cliente, automaticamente, todas as aplicações e serviços "Internet". Sua função, portanto, é inserir o cliente num espaço de ofertas de serviços computacionais e de relacionamentos virtuais, isso somente é possível porque o computador do usuário passa a pertencer a um complexo e contínuo processamento de dados, efetuado em diversos níveis (camadas)*, como veremos mais adiante.

Além dos serviços já mencionados, um PAI pode disponibilizar servidores de informação, serviços de nomes (domínio *web* e correio), alimentação completa de *newsgroups*, aluguel de esquipamentos necessários à conexão e licenciamento de pacotes de programas com ênfases diversas, desenvolvimento de *sites*, aluguel de espaço em disco – numa lista meramente exemplificativa.

3.2.2 O acesso ao ciberespaço

O acesso do usuário final ao ciberespaço dá-se através dos Provedores de Acesso *Internet* – PAIs. *Quando um cliente do provedor conecta sua máquina, torna-se a extremidade da organização de fluxo da "Internet". Participa do imenso processo de compartilhamento de dados e informações, hipertexto orgânico*. Assim o faz mesmo de forma estática. Não é necessária a execução de aplicativos adicionais para que a máquina pertença ao ciberespaço, *a mera conexão é condição suficiente, por inserir o usuário ou internauta num espaço relacional e cognitivo*. Não é função do PAI dizer *como* será uma determinada relação no ciberespaço, apenas permiti-la. *De modo algum é o provedor um mero "tubo de comunicação", na concepção arcaica de meio de envio de mensagens*.

Pela metáfora do tubo, a linguagem funciona como um conduíte, transferindo pensamentos de uma pessoa para outra. Através da escrita e da fala, pensamentos e sentimentos são inseridos ou transformados em palavras, que, por sua vez, são lidas ou escutadas, ocorrendo a extração dos pensamentos do emissor.

Empresas de telefonia, por exemplo, enquadram-se nesta concepção de comunicação, na função de transporte de mensagens. Para entender como o ciberespaço está distante disso, precisamos descrever sua estrutura técnica de camadas.

3.2.2.1 Os modelos DoD e OSI

O meio de manifestação do ciberespaço é um complexo de máquinas, essencialmente computadores, capaz de processar, transmitir, armazenar e compartilhar um volume colossal e crescente de informações, onde o conjunto resultante é maior do que a soma de seus elementos. Tal estrutura tornou-se possível a partir das pesquisas em Computação, Cibernética e redes de processamento de dados, efetuadas principalmente pelo Departamento de Defesa dos EUA, conforme histórico já descrito.

O protoclo TCP/IP incorpora o conceito de *camadas*, que são *grupos de funções*. O objetivo de cada camada é oferecer serviços para as outras, protegendo-as de detalhes de como os mesmos são, na verdade, implementados. Segundo o *Windows NT Server 4.0 Networking Guide*: "Os serviços fornecidos por uma determinada camada são produtos das funções da rede alocadas àquela camada e são normalmente construídos sobre serviços oferecidos por outras camadas. O projeto do conjunto de camadas e como elas se relacionam constitui a arquitetura da rede".

Em 1978 a *International Organization for Standardization* – ISO (*http:// www.iso.ch/*) introduziu um modelo para interconectar sistemas abertos, denominado *Open Systems Interconnect* – OSI, como o primeiro passo na direção da padronização internacional de vários protocolos exigidos no processamento de rede. O referido modelo consiste em sete camadas, com um conjunto específico de funções da rede alocada a cada uma e orientações para a implementação de interfaces entre elas.

No modelo OSI as camadas são as seguintes:[17] a) a camada *física*, a mais baixa, é responsável pelo controle do fluxo de *bits*[18] num meio físico, descrevendo as interfaces elétrica, ótica, mecânica e funcional para o meio físico da rede. Transporta os sinais para todas as camadas mais altas; b) a camada de ***link de dados*** proporciona uma transferência de conjuntos de dados livres de erro entre computadores através da camada física; c) a camada de *rede* controla a operação da sub-rede, determinando que caminho físico os dados devem tomar, com base nas condições da rede, na prioridade do serviço e em outros fatores; d) a camada de *transporte* assegura que não haja perda ou duplicação de dados. Ao contrário das camadas de sub-rede mais baixas, a de transporte e as mais altas não estão preocupadas com os detalhes sobre a facilidade básica das comunicações; e) a camada de *sessão* estabelece uma ligação entre processos que estão sendo executados em computadores diferentes; f) a camada de *apresentação* serve como tradutora dos dados da rede, convertendo códigos de caracteres, comprimindo os dados e codificando-os por questões de segurança; g) finalmente, a camada de *aplicação* serve como uma janela para que os usuários e os processos de aplicação possam acessar os serviços da rede. Executa as seguintes funções: compartilhamento de recursos e redirecionamento de dispositivos, acesso a arquivos remotos, impressoras remotas, suporte a chamadas de procedimentos remotos, gerenciamento de rede, serviços de diretórios, transferências eletrônicas de mensagens, simulação de terminais virtuais – entre outras.

O modelo originalmente usado na criação do protocolo TCP/IP, porém, não foi o OSI, mas sim o do Departamento de Defesa dos EUA – DoD, onde as responsabilidades da rede são divididas em apenas quatro camadas.

No modelo DoD um computador que esteja se conectando ao ciberespaço, através de um Provedor de Acesso *Internet* – PAI, utiliza inicialmente a primeira camada, *network access*, onde se encontram os recursos de transmissão de dados a partir de sinais sobre um determinado meio de comunicação. Na segunda camada, denominada

17. Descrição baseada no *Windows NT Server 4.0 Networking Guide*, editado pela *Microsoft Press*.

18. Corruptela de *binary digit*. A menor unidade de informação passível de processamento por um computador. Um *bit* pode assumir os valores zero ou um.

Internet, são reconhecidas as localizações dos computadores integrantes da rede, através de endereços únicos. Uma série de *programas* permite que máquinas em redes locais e remotas sejam diferenciadas. A terceira camada, *host-to-host*, garante a integridade dos dados e abre conexões entre computadores na rede. Por último, a quarta camada, *processo e aplicação*, fornece serviços, tais como o correio eletrônico e páginas *web*.

Um quadro didático do funcionamento da tecnologia *Internet* é fornecido pela RFC 1.180 (disponível no endereço *http:// www.faqs.org/rfcs/*) e reproduzido abaixo:[19]

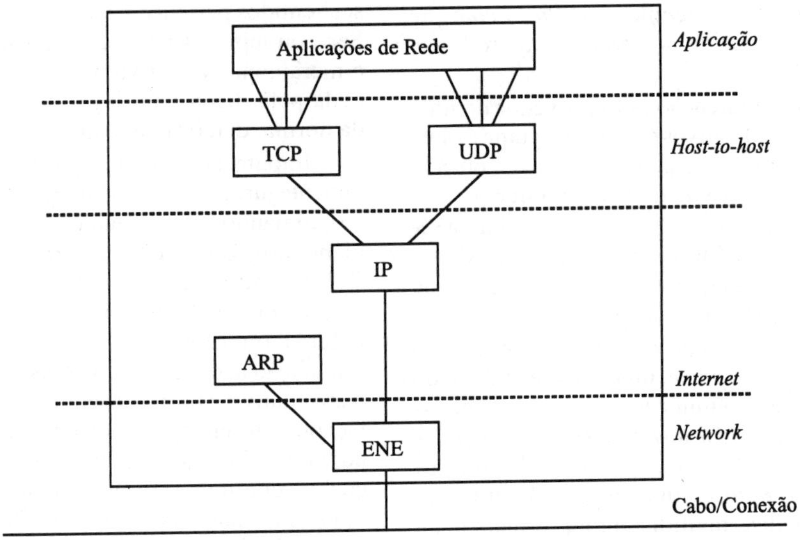

O diagrama mostra a estrutura lógica do protocolo de camadas dentro de um computador conectado à *Internet*. Esta estrutura determina o comportamento da máquina na rede. As caixas representam o *processamento dos dados* ao passarem pelos computadores. Já as linhas representam os possíveis caminhos dos mesmos.

Um dado, chamado *Ethernet frame*, passa, via *driver Ethernet*,[20] do cabo ao módulo IP ou ARP, conforme seja conhecido ou não o endereço da placa de rede. Torna-se o dado, então, um pacote IP, sendo transferido ao módulo TCP ou UDP.[21] O segmento TCP ou datagrama UDP é encaminhado, por sua vez, à aplicação correspondente, após seu *processamento* e transformação em mensagem de aplicação.

Pelo esquema apresentado observamos claramente o tráfego de *dados* entre *módulos de processamento*. O PAI não é responsável, como querem alguns autores, apenas pela camada *Internet*, mas sim pela disponibilização de *todo o protoclo TCP/IP*. A arquitetura de rede do ciberespaço é dada por um conjunto de protocolos, e não por um ou outro de forma isolada. As qua-

19. Trata-se de exemplo sob plataforma de rede *Ethernet*. *Mutatis mutandis*, o exemplo pode ser aplicado às conexões *dial-up* (via telefone).

20. Um *driver Ethernet* é um *software*, programa, que se comunica diretamente com a placa de rede, tornando-a disponível ao sistema operacional e aplicativos.

21. A diferença básica entre o protocolo TCP (não confundir com o conjunto de protocolos TCP/IP) e o UDP está no controle de recebimento dos dados pelo destinatário, somente realizado pelo primeiro.

tro camadas, valendo-nos do modelo DoD, somente existem, numa máquina qualquer conectada à *Internet*, em razão de sua inserção, pelo provedor, na rede.

Disponibilizar o protocolo TCP/IP em um computador significa torná-lo (o protocolo) passível de utilização no mesmo (computador). Em relação à ***Internet*** *esta operação é denominada "interoperabilidade* ***Internet***",[22] *significando "fazer com que um computador interopere" na rede em questão.*

A manutenção pelo provedor de uma gama de aplicativos de forma alguma é obrigatória ou determinante de haver ou não processamento de dados. Para que a *mensagem de aplicativo* pudesse existir uma série de rotinas foi acionada, ocasionando intenso processamento de representações de informações (dados).

Não funciona o provedor como mero meio de transporte, unicamente realizando serviço de comunicação entre as camadas *Network* e *host-to-host*. *Tal concepção é tecnicamente errada, sendo adotada por diversos autores*, que não se detiveram em uma análise multidisciplinar e mais detalhada da questão. O PAI não encaminha simplesmente as mensagens entre as camadas citadas, mas sim provê todo o ambiente de compartilhamento de recursos através de processamento de informações. *O provedor torna possível,* ***processando dados,*** *o processamento entre aplicativos*. Não é o servidor, como um terceiro qualquer, ou a camada de aplicação, ambos de forma exclusiva, que permite o uso de programas, *e.g.* os de comércio eletrônico, bancos, entre outros, mas sim o próprio PAI, pela *interdependência* dos elementos do ciberespaço. O PAI, pois, torna possível a oferta posterior de serviços – informações e aplicativos – por terceiros. Estas ofertas só podem ocorrer num meio não de transmissão de mensagens, mas sim computacional, natural do ambiente de rede de computadores, onde operações são realizadas continuamente com representações de dados.

22. Do Inglês *interoperability* e *interoperate*, termos técnicos inexistentes no vernáculo.

4. "Dever-Ser"

Estudamos até agora os elementos e relações da categoria "Ser", chamados fáticos. A esses elementos são ligados sentidos de um querer. Cabe-nos avaliar se esses sentidos pertencem à categoria "Dever-Ser", ou seja, se a representação do fato não é meramente subjetiva, mas sim objetiva, dada pela disposição legal do ato criador da norma, determinante de sua validade.

Imputação é a relação, de natureza puramente jurídica, entre a hipótese normativa e o comando ou mandamento, simbolicamente $a(b_n\ Z\ b_m)$, enlace formal, segundo Kelsen, entre os fatos condicionante e condicionado, resultante da vontade do legislador. Para Ataliba (1999:42) "(...) esta imputação não indica outra coisa senão que o ato coativo, como conseqüência, está enlaçado, em sentido especificamente jurídico, com o fato que condiciona sua aplicação"; e continua informando que "a tarefa mais importante da Ciência do Direito está no estudo da hipótese legal".

A validade das normas ocorre num esquema de concatenação. Em nosso ordenamento, e de forma prática, o início desta cadeia está na Constituição Federal de 1988, independentemente da área de aplicação.

4.1 Incidência

Incidência é a subsunção de um fato a uma hipótese legal, tornando-o jurídico por atribuição de conseqüências. A hipótese de incidência, nos dizeres de Ataliba (1999:58), é "primeiramente a descrição legal de um fato: é a formulação hipotética, prévia e genérica, contida na lei, de um fato (é o espelho do fato, a imagem conceitual de um fato; é o seu desenho)", conceito necessariamente abstrato. Continua: "a h.i. tributária é a hipótese da lei tributária. (...). É a conceituação (conceito legal) de um fato: mero desenho contido num ato legislativo".

Busca-se neste trabalho a verificação de existência de sentido(s) objetivo(s) em um elemento específico da categoria "Ser", através da operação de espelhamento fato/norma, na busca de elementos de "Dever-Ser" e suas respectivas imputações. Para um elemento a_n, na relação de causalidade a $(a_n$ G $a_m)$, existe um sentido b_n correspondente? Se existir, qual é sua relação de imputação a $(b_n$ Z $b_m)$?

O elemento a_n é o *provimento de acesso à **Internet***, realizado pelos PAIs aos usuários finais, e não pelos empresas operadoras de *backbones*. Como o fato em questão foi, sob o ponto de vista causal, analisado nos itens anteriores, passamos a avaliar a existência e a determinação dos elementos $b_{n..m}$, normas aplicáveis, começando nossa jornada pela doutrina publicada.

4.2 Doutrina

Uma breve investigação na doutrina brasileira mostra, sobre o tema, conclusões díspares e desarrazoadas. O estudo do fato tem causado as maiores dificuldades, daí a importância do trabalho multidisciplinar, único capaz de definir com clareza e rigor científico os conceitos dos elementos das categorias "Ser" e "Dever-Ser".

a) Para Greco (2000) o provimento de acesso à *Internet*, pelo critério da atividade para definição de serviços, é prestação de caráter imaterial a alguém, existindo ao mesmo tempo a "fruição de uma utilizade pelo internauta consistente na possibilidade de viabilizar a transmissão de mensagens com mobilidade, agilidade, menor custo etc.", satisfazendo-se o critério da utilidade.

Passa-se o debate, desta forma, à determinação da natureza do serviço em questão, se de "comunicação" ou distinto. Afirma o citado autor ser o serviço de comunicação fundamentalmente identificado pelo fornecimento dos meios para a transmissão ou recebimento de mensagens, e não o seu próprio conteúdo. Segue explanando a estrutura de camadas superpostas que abrangeriam o acesso à *Internet*, denominando-as camada de ligação física, de conexão lógica, de aplicativos. Nota não estar o serviço prestado pelo provedor na primeira camada, viabilizada pela empresa de telefonia, mas sim na segunda, assegurando a constância de comunicação e o fluxo de pacotes de dados e, eventualmente, oferecendo serviços na terceira camada.

O provedor de acesso atuaria, portanto, fornecendo "algo mais" do que o viabilizado pela telefonia, algo que se insere como um meio diferenciado de realização da transmissão de mensagens. Em razão desta superposição, trata-se de um "Serviço de Valor Adicionado", acrescendo utilidades a uma conexão clássica.

Entende o jurista que o serviço em questão é de comunicação, estando abrangido pelo âmbito de incidência do ICMS, de competência estadual, pois o "serviço prestado pelo provedor é de viabilizar um ambiente específico de transmissão de mensagens com características próprias para que haja a comunicação entre terceiros", com acréscimo de utilidades consistentes numa comunicação cercada de peculiaridades.

Contra o argumento de que o ICMS somente poderia incidir sobre os fatos definidos na Lei Geral de Telecomunicações como serviço de telecomunicação, afirma dispor a CF/1988, no inciso II do seu art. 155, do conceito de "comunicação", e não de "*tele*comunicação". Podendo existir, pela diferença de conceitos, o primeiro de fato e o segundo jurídico, no contexto da LGT, áreas de coincidência e áreas de não-coincidência, ocorrendo no caso a hipótese da existência de serviço de comunicação (para fins tributários) que não sejam de telecomunicação (para fins da LGT), sendo o conceito tributário mais amplo.

Contra o argumento da definição pela LGT, em seu art. 61, do que vem a ser Serviço de Valor Adicionado, em cujo âmbito se inclui o provimento de acesso, responde que a distinção não impossibilita a pertinência de ambos os serviços (telecomunicação e valor adicionado) ao gênero "serviço de comunicação", não sendo a LGT adequada para a solução do debate, por distinguir do serviço de telecomunicações um nítido serviço de fornecimento de meio de transmissão de mensagem, o serviço de provimento de capacidade em satélite, conforme seu art. 172.

Por fim, conclui: "O conceito de 'comunicação' utilizado pela Constituição Federal de 1988 não é um conceito legal (que se extraia de determinada lei), mas sim um conceito de fato (que resulta da natureza do que é feito ou obtido). (...). A LGT não é um parâmetro para definir o que seja , ou não, tributável pelo ICMS".

b) Para Angeiras (2000) os provedores de acesso à *Internet* prestam serviço de comunicação, surgindo o fato comunicacional entre o usuário e a *Internet*, diferentemente do fato comunicacional entre o usuário e o provedor – serviço, este, tomado em relação à empresa de telefonia.

Assim, o provedor prestaria os serviços próprios de quem detém os meios técnicos para promover o processo comunicacional, não sendo um mero *plus* à comunicação instalada entre emissor e receptor. A subcontratação, pelo provedor, de outro agente que lhe sirva de canal físico de transmissão de sinais não o descaracterizaria como mensageiro na relação comunicacional. Segundo a autora, "o provedor seria parte integrante do processo comunicacional, estando relacionado com o canal físico, sendo o responsável por levar um dado de seu cliente à *Internet*, bem como por manter a comunicação entre o emissor (*Internet*) e o receptor (usuário) através de seus computadores. (...) donde concluímos que se sujeita ao recolhimento do ICMS".

c) Para Severino Silva (2000) há impropriedade na cobrança do ICMS sobre os serviços prestados pelos provedores de acesso à *Internet*, já que o mesmo não corresponde à prestação de serviços de telecomunicação. Afirma que, ao prestarem o serviço de acesso à *Internet*, os denominados "provedores de acesso" tão-somente utilizam-se de serviço de telecomunicação já existente, prestado, *e.g.*, pela TELEMAR.

A não-caracterização da prestação de serviços de acesso à *Internet* como prestação de serviços de telecomunicação estaria expressamente reconhecida pela própria legislação vigente, especificamente pela Lei 9.295, de 19.7.1996 – LGT, cujo art. 10 define a prestação de serviços de acesso à *Internet* como sendo "a atividade caracterizada pelo acréscimo de recursos a um serviço de telecomunicações que lhe dá suporte, criando novas utilidades relacionadas ao acesso, armazenamento, movimentação e recuperação de informações, não caracterizando exploração de serviço de telecomunicações".

Já com relação ao ISS, pela não previsão de tais serviços na Lista de Serviços tributáveis pelo imposto municipal, não haveria incidência.

d) João Vicente Lavieri (2000) cita entendimento recente do Conselho Nacional de Política Fazendária – CONFAZ (*http://www.fazenda.gov.br/confaz/*) caracterizando o serviço de acesso à *Internet* como serviço de telecomunicações, estando, portanto, sujeito à incidência do ICMS.

Articula que Constituição Federal, no art. 155, II, estabeleceu que é da competência dos Estados e do Distrito Federal instituir impostos sobre operações relativas à circulação de mercadorias, prestação de serviços de transporte interestadual e intermunicipal e de comunicação, sendo que a Lei Complementar 87/1996, em seu art. 1º, repete esse dispositivo, e em seu art. 2º, III, esclarece que o imposto incide sobre prestações onerosas de comunicação, por qualquer meio, inclusive geração, emissão, recepção, transmissão, retransmissão, repetição, ampliação de comunicação de qualquer natureza.

Para o autor a conexão telefônica estabelecida entre o usuário e o provedor de serviços *Internet* é serviço público de telecomunicações, prestado não pelo provedor, mas sim pela empresa local de telecomunicações, faturada à parte da cobrança feita pelo provedor, na conta telefônica mensal, de acordo com a quantidade de pulsos utilizados, tal como se se tratasse de uma ligação telefônica comum. Assim, usuários e provedores seriam apenas partícipes da comunicação, ou seja, o provedor de serviços *Internet* não estaria fornecendo as condições e meios necessários para que a mesma ocorresse.

Informa em seguida que o provedor coloca à disposição do usuário uma plataforma de *hardwares* e *softwares* que permitem uma série de controles e facilidades relacionados a apresentação, acesso, movimentação, armazenamento e recuperação das informações, e passa a analisar a natureza jurídica de tais atividades.

Especifica que as atividades dos provedores de serviços *Internet* não são necessárias ou suficientes para possibilitar e efetivamente realizar a transmissão de sinais de telecomunicações, porque os mesmos podem prescindir dos provedores nacionais de serviços *Internet*, conectando seus computadores diretamente a uma empresa estrangeira. Além disso, sem prestação dos serviços de telecomunicações pelas concessionárias os provedores não conseguiriam possibilitar e realizar qualquer comunicação.

Conclui serem as atividades exercidas pelos prestadores de serviços *Internet* qualificadas como Serviços de Valor Adicionado (definidos pelo inciso XXXIV do art. 3º do Decreto 177/1991, pela Norma 4/1995, instituída pela Portaria 148, de 31.5.1995, do Ministério das Comunicações, e pelo parágrafo único do art. 10 da Lei 9.295, de 19.7.1996 – LGT), definidas exatamente pela adição de uma série de facilidades a uma infra-estrutura de telecomunicações preexistente, não se confundindo com o serviços de telecomunicações, ao revés tratando-se de espécie do gênero *serviços de informática*. Por não serem serviços de comunicações ou telecomunicações, não estariam os serviços de provimento de acesso sujeitos ao ICMS.

e) Marcel Souza de Cursi (2000) inicialmente distingue comunicação, telecomunicação e serviço adicionado, considerando a primeira gênero e as demais, espécie. Define comunicação, conforme o n. 17 do art. 6º do Decreto 52.026/1963, na redação dada pelo Decreto 97.057/1988, como a "transferência unilateral ou bilateral de informação por meio de sinais convencionados", ao tempo em que telecomunicação "é a transmissão, emissão ou recepção, por fios, radioeletricidade, meios ópticos ou qualquer outro processo eletromagnético, de símbolos, caracteres, sinais, escritos, imagens, sons ou informações de qualquer natureza" (art. 60 da Lei 9.472/1997).

Assim, por definição legal, a comunicação seria um processo de transferência de mensagens (informação, símbolos, caracteres, sinais, escritos, imagens, sons ou informações de qualquer natureza), que até mesmo pode ser unilateral, ocorrendo com ou sem intermediação (direta ou indireta), e que não se confundiria com telecomunicação, que é uma espécie da primeira, vez que a segunda se constitui na transmissão de mensagens à distância (prefixo "tele"), feita por meio de fio, radioeletricidade, meio óptico ou qualquer outro processo eletromagnético, podendo ser realizada no modo de telefonia (sinais sonoros ou vocais) ou no modo de comunicação de dados (sinais digitais ou ópticos) – ns. 23 e 145 do art. 6º do Decreto 52.026/1963, conforme redação dada pelo Decreto 97.057/1988.

Extrai e conclui que, em termos normativos, a mensagem não seria necessariamente expressa em sinais da linguagem falada humana, podendo revestir-se "de símbolos, caracteres, sinais, escritos, imagens, sons ou informações de qualquer natureza" (*in fine* do art. 60 da Lei 9.472/1997), vez que sabidamente haveria troca de informações entre máquinas (*sic*), tais como "conversações" eletrônicas entre terminais e computadores centrais, aparelhos de *fax*, aparelhos eletrônicos, computadores etc.

Para o autor a comunicação pode consistir na transferência de qualquer estrutura organizada de sinais (protocolo de comunicação) que servem de suporte ao ato de comunicar-se. Afirma que a Engenharia Eletrônica cunhou um novo sentido para o termo "comunicação", o qual foi "estendido para além dos limites dos sentidos humanos *[sic]* e considerado como sendo a transmissão de mensagem entre uma fonte e um destinatário, distintos no tempo e/ou no espaço, utilizando um código comum", citando o *Dicionário Aurélio*.

Indica ser a telecomunicação apenas uma das formas através das quais se processariam as comunicações, sendo espécie destas. As atividades consideradas acessórias às telecomunicações estariam designadas pela LGT como sendo Serviço de Valor Adicionado. Tais serviços não estariam sujeitos às condicionantes de exploração das telecomunicações, mas se enquadrariam perfeitamente no conceito de comunicação, até porque se agregariam às telecomunicações, espécie daquela, e neste caso o acessório seguiria o principal (*sic*).

Afirma consistir a atividade do provedor de acesso *Internet*, quanto ao acesso à *Internet*, na oferta de meios de um sistema de comunicação de dados em grande volume e velocidade, necessário ao *hiperlink* (*sic*), desenvolvendo para isto múltiplas operações, tais como as de conversão de formas de transferência de sinais (geração); de lançamento de sinais por fio, por irradiação, por propagação, por difusão etc. (emissão); de envio e recepção original de sinais (transmissão); de transmissão de sinais recebidos de terceiros (retransmissão); de diminuição da energia dos sinais, alterando sua velocidade ou freqüência, com manipulação de sua intensidade (redução); e de aumento da energia do sinal, entre outros, todos sujeitos ao ICMS.

Para o autor: "(...) o provedor de acesso à *Internet* realiza prestação onerosa, a qual corresponde à oferta de um sistema de comunicação de dados, através do qual realiza a geração, a emissão, a recepção, a transmissão, a retransmissão, a ampliação e a redução de sinais de comunicação, vinculados aos quais encontramos sua rede de clientes portadores de terminais (microcomputadores)".

f) Corrêa (2000:30), dissertando sobre a incidência de tributos no provimento de acesso à *Internet*, utiliza o conceito da mesma ditado pela Portaria 148/1995, baixada pelo Ministério das Telecomunicações, que tem por referência a Norma 004/1995 e a definição de Serviço de Valor Agregado posta no art. 61 da LGT. Afirma – citando Fábio Gonçalves Castelo Branco ("A incidência de ICMS sobre os serviços de comunicação prestados pelos provedores de acesso à *Internet*", *http://www.bureaujuridico.com.br/artigos/tribut/artigo_3.htm*) e parecer[23] elaborado pela Procuradoria-Geral da Fazenda Nacional – que o simples fato de o provedor não exercer serviço de telecomunicação não implicaria a hipótese de não-incidência do ICMS. Concorda com a conclusão apresentada, para a qual a prestação de serviço de conexão à *Internet* constitui prestação onerosa de serviço de comunicação, submetendo-se à incidência do referido imposto.

g) Para a Fazenda Pública do Município de Belo Horizonte[24] os serviços de provimento de acesso à *Internet* são perfeitamente enquadráveis nos itens 22 e 24 da Lista de Serviços do Decreto-lei 406/1968. Independentemente do enquadramento, incidiria o ISS, uma vez que admitir como taxativa a referida Lista equivaleria a permitir a concessão pela União de benesses fiscais em hipóteses tributárias atribuídas a outro ente tributante, que não ela.

h) Entendeu o TJMG[25] que o provimento de acesso à *Internet* é perfeitamente passível de ser tributado pelo Município, por compreender "serviços de qualquer na-

23. Parecer 1.093/1997, elaborado pela Procuradora Cláudia Regina Gusmão.

24. TJMG, Ap. cível 194.016-2/00, j. 17.10.2000.

25. Idem.

tureza", expressão contida no art. 156, III, da CF, prestação, a terceiro, de uma utilidade material ou imaterial, com conteúdo econômico, de caráter negocial. Em seu voto, o Des. Páris Peixoto Pena toma a Lista de Serviços como meramente sugestiva, atribuindo-lhe função original de disposição sobre conflitos de competência entre o ISS e outros tributos.

i) É também do TJMG[26] acórdão no sentido de que a prestação de serviço de acesso à rede de informações (*Internet*) caracteriza-se pela disponibilização de pesquisas, exames, informações, coleta e processamento de dados, estando tal atividade sujeita ao pagamento do tributo sobre serviços de qualquer natureza (ISS), a teor da Lista de Serviços anexa ao Decreto-lei 406/1968, item 24.

Em primeira instância[27] fora decidida a existência de previsão legal de incidência do imposto sobre exames, pesquisa e informações, coleta e processamento de dados de qualquer natureza, sendo o serviço de provimento de acesso à rede mundial *Internet* o meio necessário para que o usuário final obtivesse tais serviços. Assim, o provedor seria responsável não somente pelo meio de acesso de pesquisa, mas também pelo repasse da pesquisa à rede, recepção das informações e devolução das mesmas ao usuário, não podendo, portanto, afastar sua responsabilidade tributária pela própria pesquisa, pela coleta, pelo processamento dos dados e pelas próprias informações existentes na rede mundial. A informação e seu processamento dependeriam exclusivamente dos provedores, que inegavelmente estariam oferecendo ao usuário final um serviço de processamento de dados, descrito no item 24 da Lista de Serviços, não sendo necessário admitir-se a interpretação ampliativa da mesma, bastando a não-redução da interpretação dos serviços às suas designações formais dentro da economia. Concluindo, julgou improcedente a ação declaratória de inexistência de relação jurídico-tributária entre o provedor e o Fisco.

j) Cabe lembrar, ainda, decisão recente do TJPR,[28] para quem o "provedor de acesso à *Internet não presta serviço de comunicação ou de telecomunicação*, não incidindo sobre a atividade por ele desempenhada o ICMS".

4.3 Subsunção

Nos dizeres de Ataliba (1999:69), "subsunção é o fenômeno de um fato configurar rigorosamente a previsão hipotética da lei. (...) um fato se subsume à hipótese legal quando corresponde completa e rigorosamente à descrição que dele faz a lei".[29] *Subsumir* é conceber um indivíduo como compreendido numa espécie, ou uma espécie como compreendida em um gênero. Se a operação de subsumir é verdadeira, um fato do mundo dos sensíveis torna-se fato imponível, "(...) o fato concreto, localizado no tempo e no espaço, acontecido efetivamente no universo fenomênico, que – por corresponder rigorosamente à descrição prévia, hipoteticamente formulada pela hipótese de incidência legal – dá nascimento à obrigação tributária. (...) em termos kelsenianos: é um suposto a que a lei imputa a conseqüência de causar o nascimento do vínculo obrigacional tributário".

Verificaremos a subsunção pelos aspectos mais polêmicos da hipótese de incidência: o pessoal, determinante dos sujeitos da obrigação tributária; e o material, receptáculo dos dados de ordem objetiva, configuradores do arquétipo em que a hipótese de incidência consiste, imagem abstrata de um fato jurídico, como a prestação de serviços.

Seguiremos o procedimento detalhado no fluxograma dado abaixo.

26. 2ª C., Ap. cível 188.930-2/00, j. 7.11.2000.
27. Processo 98.013.791-3-MG, 7.12.1999.

28. Ap. cível 089.231-5/00, j. 20.6.2000.
29. Em termos mais técnicos, a *subsunção* é do conceito do fato ao conceito da norma.

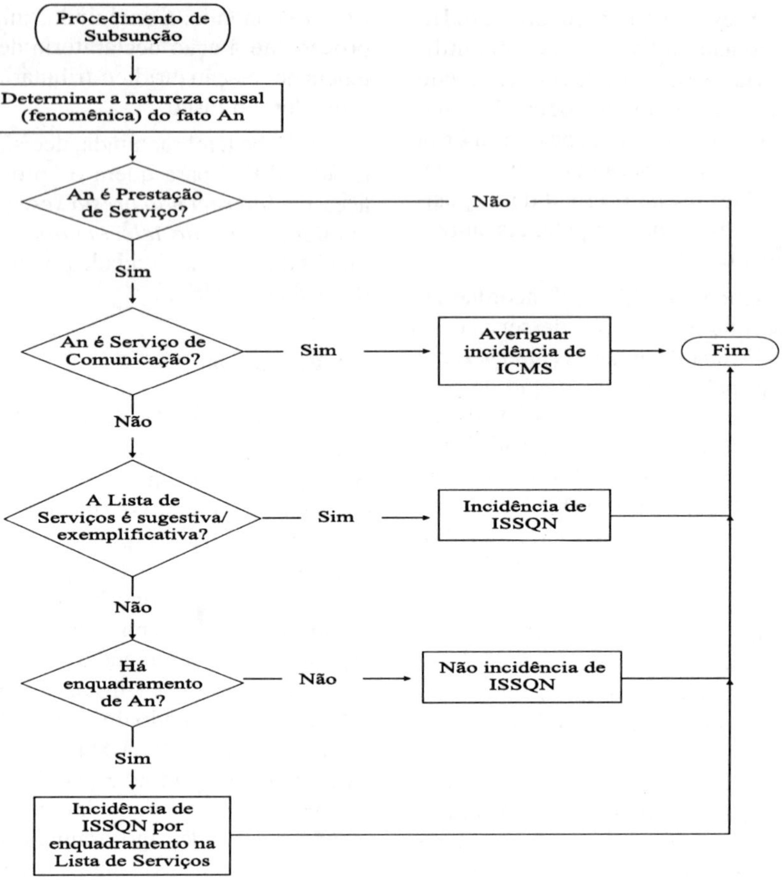

O contrato firmado entre um PAI e seu cliente ou usuário contém, obrigatoriamente, cláusula especificativa do provimento de acesso à *Internet*. O contrato adotado pela UOL[30] (*http://www.uol.com.br*) contém o seguinte texto, *e.g.*:

"1. Durante o prazo deste contrato, o UOL colocará à disposição do Contratante, (...) seus serviços abaixo descritos:

"(i) o acesso e o uso individual pelo Contratante dos serviços prestados pelo UOL, que disponibiliza também *acesso à rede mundial Internet*;

"(ii) um endereço principal de correio eletrônico (*e-mail*), exclusivo para o Contratante; e

30. *Universo On-Line*. Uma das maiores provedoras de acesso do país (março/2001).

"(iii) acesso do Contratante a áreas de conteúdo do *site* UOL restrita aos assinantes do mesmo. (...).

"4. O Contratante, uma vez que tenha se tornado assinante do UOL, terá direito:

"(i) à quantidade de horas mensais de uso, não acumuladas, especificadas no plano por ele escolhido, conforme manifestado na tela anterior; (...);

"(ii) a quantos *e-mails* adicionais desejar (...);

"(iii) os *e-mails* adicionais não fornecem acesso ao conteúdo do UOL nem à conexão na *Internet*, sendo destinados apenas para o envio e recebimento de mensagens de *e-mail*;

"(iv) os *e-mails* adicionais criados a partir de contas de pessoas jurídicas terão um custo unitário de acordo com tabela mensal publicada no *site*. (...)

"4.1 O Contratante deverá possuir o equipamento mínimo para acesso (linha telefônica, computador, *modem* e os *softwares* necessários à conexão com o UOL). (...).

"4.2 O Contratante obriga-se a arcar com todos os custos e despesas decorrentes da utilização dos serviços, ainda que durante o período de teste mencionado na cláusula 2 acima, *incluindo, sem limitação, as despesas com as ligações telefônicas utilizadas para o acesso*. (...).

"5. Para fins de cadastramento o Contratante criará um nome (*login*) e uma senha (*password*) (...).

"8. Todos os materiais, *software*, marcas, tecnologias, nomes e programas veiculados pelo UOL (com exceção dos *softwares* expressamente identificados como de domínio público) são protegidos por direitos autorais, sendo de propriedade do UOL ou dos Provedores Independentes (...)." (grifos nossos).

Trata-se de contrato de prestação de serviços. Uma das partes (PAI) se obriga para com a outra a lhe fornecer a prestação de sua atividade, mediante remuneração (cf. Caio Mário da Silva Pereira, 1999:240). É fonte da obrigação de fazer. Para Carvalho de Mendonça (1956:183) "a obrigação de fazer abrange o serviço humano em geral, seja material ou imaterial, por tempo e qualidade determinados (...) realização de certos fatos do devedor que tenham utilidade pessoal". *Facere* é o dever para com o credor de praticar ou não um determinado ato (cf. Alexandre Correia e Gaetano Sciascia, 1957).

O objeto da relação jurídica é o comportamento, no sentido de um dever jurídico, é o *praestare* do Direito Romano, termo geral que abrange qualquer objeto da obrigação, origem do termo moderno "prestação", etmologicamente "ser garante". Não se deve confundir o objeto imediato com o mediato da obrigação – no caso, o provimento de acesso à *Internet*.

Como é realizado ou traduzido o provimento de acesso? Já determinanos a natureza causal do fato An (a_n) nos itens anteriores. Ora, a_n é uma obrigação de fazer, prestação de serviço de acesso ao ciberespaço. Tal prestação, como vimos, é satisfeita pela inserção do usuário num complexo de processamento de dados, através de sistemas de telecomunicações ofertados pelas concessionárias e de modernas tecnologias de redes de computadores e da Cibernética.

A locução "processamento de dados" é de suma importância, por traduzir e sintetizar as tarefas realizadas pelo PAI; daí a necessidade de uma avaliação pormenorizada de sua significação.

a) Para o *Dicionário Aurélio Eletrônico*[31] a palavra "dado" provém do Latim *datu*, particípio passado de *dare*, "dar", e significa, entre outras coisas: "(...) elemento ou quantidade conhecida, que serve de base à resolução de um problema. (...). Princípio em que assenta uma discussão. (...). O que se apresenta à consciência como imediato, não construído ou não elaborado. (...). **Inform.**: *Elemento de informação, ou representação de fatos ou de instruções, em forma apropriada para armazenamento, processamento ou transmissão por meios automáticos*".

O termo "processamento", por sua vez, é definido como o "ato ou efeito de processar", onde "processar" equivale a "(...) *manipular dados, seguindo a seqüência de instruções codificada num programa; submeter a processamento*". Já o termo composto "processamento de dados" é explicado da seguinte forma: "(...) *manipulação dos dados em um sistema computacional, que tecnicamente equivale à execução de instruções por processador(es), e que abrange a entrada, verificação, armazenamento, recuperação, transformação e produção de novas informações a partir dos dados iniciais*. [O termo é us. esp. para apli-

31. *Dicionário Aurélio Eletrônico – Século XXI, Software* V. 3.0, Nova Fronteira, novembro/1999.

cações comerciais e administrativas, como controle de estoque e folha de pagamentos.] [Tb. se diz apenas processamento.]".

b) Para o *Cambridge Dictionaries Online* (*http://dictionary.cambridge.org/define.asp*) "dado" (*data*) significa "information, esp. facts or numbers, collected for examination and consideration and used to help decision-making, or *information in an electronic form that can be stored and processed by a computer*", enquanto "processamento de dados" (*data processing*) é definido como "the use of a computer to perform calculations on data".

c) Para o *Merriam-Webster Online Dictionary* (*http://www.m-v.com/cgi-bin/dictionary*), *data*, palavra latina, plural de *datum*, significa: "1: Factual information (as measurements or statistics) used as a basis for reasoning, discussion, or calculation (...). 2: Information output by a sensing device or organ that includes both useful and irrelevant or redundant information and must be processed to be meaningful. 3: *Information in numerical form that can be digitally transmitted or processed*" – observando o seguinte sobre o uso do termo: "*Data* leads a life of its own quite independent of *datum*, of which it was originally the plural. It occurs in two constructions: as a plural noun (like *earnings*), taking a plural verb and plural modifiers (as *these*, *many*, *a few*) but not cardinal numbers, and serving as a referent for plural pronouns (as *they*, *them*); and as an abstract mass noun (like *information*), taking a singular verb and singular modifiers (as *this*, *much*, *little*), and being referred to by a singular pronoun (*it*). Both constructions are standard. The plural construction is more common in print, evidently because the house style of several publishers mandates it".

d) Para o *American Heritage Dictionary of the English Language* (*http://www.bartleby.com/am/*), dado (*data*) significa: "1. *Factual information*, especially information organized for analysis or used to reason or make decisions. 2. *Computer Science. Numerical or other information represented in a form suitable for processing by computer.* 3. Values derived from scientific experiments"; complementando, ainda: "The word *data* is the plural of Latin *datum*, 'something given', but it is not always treated as a plural noun in English. (...). Sometimes scientists think of data as plural, as in 'These data do not support the conclusions'. But more often scientists and researchers think of data as a singular mass entity like information, and most people now follow this in general usage. Sixty percent of the Usage Panel accepts the use of data with a singular verb and pronoun in the sentence 'Once the data is in, we can begin to analyze it'. A still larger number, 77 percent, accepts the sentence 'We have very little data on the efficacy of such programs', where the quantifier *very little*, which is not used with similar plural nouns such as *facts* and *results*, implies that *data* here is indeed singular".

Já a palavra latina *datum* é definida como: "1. A fact or proposition used to draw a conclusion or make a decision. (...). **Etymology**: Latin, something given, from neuter past participle of dare, to give"; e o termo "processamento de dados" (*data processing*) é referenciado como: "1. Conversion of data into a form that can be processed by computer. 2. *The storing or processing of data by a computer*".

e) Para o *Webster Dictionary* (*http://humanities.uchicago.edu/forms_unrest/webster.form.html*), *datum* significa: "1. Something given or admitted; a fact or principle granted; that upon which an inference or an argument is based; — used chiefly in the plural. (...). 2. pl. (**Math.**) The quantities or relations which are assumed to be given in any problem".

f) Para o *Dod Dictionary of Military Terms* (*http://www.dtic.mil/doctrine/jel/doddict/*), *data* significa: "*Representation of facts, concepts, or instructions in a formalized manner suitable for communication, interpretation, or processing by humans or by automatic means.* Any representations such as characters or analog quantities to which meaning is or might be assigned"; e *datum*: "Any numerical or geometrical quantity or set of such quantities which may serve as reference or base for other quantities. Where the concept is geometric, the plural form is *datums* in contrast to the normal plural *data*".

g) Para o *Academic Press Dictionary of Science and Technology* (*http://www.harcourt.com/dictionary/*), *data* significa "the plural of *datum*. **Science**. 1. Two or more individual facts or pieces of information. 2. *A body of facts, information, or knowledge*, particularly when derived from scientific observation or experimentation.a body of facts, information, or knowledge, particularly when derived from scientific observation or experimentation. **Computer Programming**. 1. A group of one or more characters (alphanumeric, binary, or other), representing basic elements of information that can be processed or produced by a computer. 2. The representation of facts, numbers, or concepts that can be communicated, stored, and processed to form information. Used to form many compound terms, such as data analysis, data collection, data distribution, data preparation, data sharing, data transmission, and so on. *Data*, although originally a plural form, is now often regarded as a collective term and used with a singular verb, especially in computer fields (*e.g.*, 'Data *is* often stored on backup disks'). In certain academic contexts, however, a plural verb is still preferred (*e.g.*, 'The experimental data *are* not conclusive')".

Registra o referido *Dicionário* o termo "processamento de dados" (*data processing* ou *data-processing*) como "(...) *a general term referring to any operations performed on data by a computer system, in accordance with specified rules and procedures*".

h) Para o *Web Dictionary of Cybernetics and Systems* (*http://pespmc1.vub.ac.be/ASC/INdexASC.html*), *data* significa: "A formally structured set of representations of information appropriate for communication, interpretation, and processing"; tomando *information* como: "Literally that which forms within, but more adequately: the equivalent of or the capacity of something to perform organizational work, the difference between two forms of organization or between two states of uncertainty before and after a message has been received, but also the degree to which one variable of a sys depends on or is constrained by (...) another. *E.g.*, the DNA carries genetic information inasmuch as it organizes or controls the orderly growth of a living organism. A message carries information inasmuch as it conveys something not already known. The answer to a question carries information to the extent it reduces the questioner's uncertainty. A telephone line carries information only when the signals sent correlate with those received. Since information is linked to certain changes, differences or dependencies, it is desirable to refer to theme and distinguish between information stored, information carried, information transmitted, information required etc. Pure and unqualified information is an unwarranted abstraction. Information theory measures the quantities of all of these kinds of information in terms of bits The larger the uncertainty removed by a message, the stronger the correlation between the input and output of a communication cahnnel the more detailed particular instructions are the more information is transmitted".

O termo *communication* significa: "Originally transport, the system of routes for moving vehicles, people or supplies, now, the kind of entities or messages actually exchanged in the process of communication (singular) like letters, telegrams, taped messages. Communications are the carriers of information". Já *datum* é definido como: "A material unit representing information about a portion of the real world that can be processed by explicit procedures and maintains its characteristics during repeated use. (2) A fact or figure transcribed in a readable language and on a durable medium (*see* channel). *E.g.*, a completed questionnaire, a taped interview, the recorded results of an experiment. Events that leave no physical marks cannot be traced through data and physical marks that can no longer be interpreted, *e.g.*, because the code linking them to particular observations is unavailable, loose the status of data. A datum rarely stands alone, hence the common use of its plural data. Science typically processes large collections of data. In statistics each datum or a collection must contain the same kind of information".

De modo geral, *dado* é uma informação ou representação desta, enquanto *processamento de dados* é o ato ou efeito de operar os mesmos (dados) através de computadores.

No ciberespaço qualquer *recurso*, integral ou parcial, é um dado. Recursos normalmente são arquivos dos mais variados tipos – *e.g.*, textos, programas, imagens etc. – armazenados nos computadores da rede, acessados e trabalhados através de operações realizadas nas camadas do protocolo TCP/IP. O acesso à *Internet* equivale ao acesso a seus recursos, pois a grande rede é, na verdade, o conjunto dinâmico e interativo dos mesmos.

Indaga-se da natureza de comunicação do provimento de acesso. Por acrescentar a uma rede preexistente de um serviço de telecomunicações meios ou recursos que criam novas utilidades específicas ou produtivas, relacionadas com o acesso, armazenamento, movimentação e recuperação de informações, está claro ser o serviço de provimento de acesso à *Internet* um serviço de valor adicionado, nos moldes da Norma 004/1995 do Ministério das Comunicações e da LGT.

Em verdade, como demonstrado, o PAI insere o usuário no ciberespaço, implementando de forma prática a arquitetura *Internet* na máquina de seu cliente. Não se trata de comunicação de dados entre camadas, mas sim de intenso processamento de dados, única razão da *interoperação Internet*, conforme demonstrado no item 3.2.2.1 deste trabalho.

A avaliação da natureza da Lista de Serviços do Decreto-lei 406/1968 está prejudicada em função de os itens 22 e 24 da mesma já conterem a atividade de processamento de dados:

"22. Assessoria ou consultoria de qualquer natureza, não contida em outros itens desta Lista, organização, programação, planejamento, assessoria, *processamento de dados*, consultoria técnica, financeira ou administrativa. (...).

"24. Análises, inclusive de sistemas, exames, pesquisas e informações, coleta e *processamento de dados de qualquer natureza*."

A atividade aparece, portanto, em dois itens da Lista da Serviços. No item 22, ao lado de "assessoria", "consultoria" e "programação"; e no item 24, junto às palavras "análise, inclusive de sistemas" e "coleta". Não há rigor suficiente ou jurisprudência determinante de escolha absoluta entre ambos, fazendo com que a preferência pareça arbitrária. Os termos destacados permitem uma avaliação que direciona o item 24 ao processamento típico da Cibernética de primeira ordem, na forma de entrada/processamento/saída, pela presença da atividade de coleta e exames. Exemplo comum seria o processamento bancário de cheques e boletos. Já o primeiro item está mais próximo da Cibernética de segunda ordem, com seus conceitos de auto-referência, autocoordenação e autopoiese, entre outros, por trazer as atividades mais complexas de organização e planejamento. A programação e os sistemas daí derivados seriam destinados às tarefas de níveis mais altos do que aquelas do processamento simples.

Sobre o caráter da Lista de Serviços, apenas para registro, estamos com Sacha Calmon (1999), para quem o verbo "definir", do inciso III do art. 156 da CF, referese a "conceituar", e não "listar" ou "discriminar". Semelhante é a postura de Carrazza (1994:420): "(...) a Lista é apenas sugestiva (...) é manifestamente claro que a aptidão que o Município recebeu da Carta Suprema, de modo tão amplo, para instituir o

ISS não pode ser atrofiada por nenhum ato normativo de inferior hierarquia (*v.g.*, por uma lei complementar), sob pena de insanável inconstitucionalidade".

5. Conclusão

As *conclusões* tiradas deste trabalho são as seguintes:

5.1 O provimento de acesso à *Internet* é Serviço De Valor Adicionado ao serviço de telecomunicações.

5.2 Disponibilizar o protocolo TCP/IP em um computador significa torná-lo (o protocolo) passível de utilização no mesmo (computador). Em relação à *Internet* esta operação é denominada "interoperabilidade *Internet*", significando "fazer com que um computador *interopere*" na rede em questão.

5.3 O provedor de acesso à *Internet* fornece como serviço básico a *interoperabilidade Internet.*

5.4 A *interoperabilidade Internet* é ação distinta de comunicação.

5.5 O provimento de acesso à *Internet* não é espécie do gênero "serviço de comunicação".

5.6 A *interoperabilidade Internet* é ação de processamento de dados.

5.7 O provimento de acesso à *Internet* é atividade de processamento de dados, podendo ser enquadrado nos itens 22 e 24 da Lista de Serviços do Decreto-lei 406/1968.

6. Bibliografia

ANGEIRAS, Luciana. "Tributação dos provedores de acesso à *Internet*". *XIV Congresso Brasileiro de Direito Tributário*. São Paulo, Instituto Geraldo Ataliba – IDEPE, 2000.

ATALIBA, Geraldo. *Hipótese de Incidência Tributária*. 6ª ed. São Paulo, Malheiros Editores, 1999 (210 pp.).

ATLAN, Henri. *Entre o Cristal e a Fumaça; Ensaio sobre a Organização do Ser Vivo*. Rio de Janeiro, Jorge Zahar, 1992 (268 pp.).

BOBBIO, Norberto. *A Era dos Direitos*. 6ª ed. Rio de Janeiro, Campus, 1997 (217 pp.).

CARRAZZA, Roque Antônio. *Curso de Direito Constitucional Tributário*. 6ª ed. São Paulo, Malheiros Editores, 1994 (484 pp.).

CARVALHO DE MENDONÇA, Manuel Inácio. *Doutrina e Prática das Obrigações*. 4ª ed. (2 vs.). Rio de Janeiro, Forense, 1956.

COÊLHO, Sacha Calmon Navarro. *Curso de Direito Tributário Brasileiro*. 4ª ed. Rio de Janeiro, Forense, 1999 (801 pp.).

CONTI, José Maurício. *Sistema Constitucional Tributário Interpretado pelos Tribunais*. 1ª ed. São Paulo, Oliveira Mendes, 1997 (300 pp.).

CORRÊA, Gustavo Testa. *Aspectos Jurídicos da Internet*. 1ª ed. São Paulo, Saraiva, 2000 (136 pp.).

CORREIA, Alexandre, e SCIASCIA, Gaetano. *Manual de Direito Romano*. v. I. São Paulo, Saraiva, 1957.

COSTA, Wille Duarte. *Relação Jurídica – Conceito e Estrutura*. Col. *Momentos Jurídicos*. Belo Horizonte, Del Rey, 1994 (92 pp.).

CURSI, Marcel Souza de. *Tributação dos Provedores de Acesso à Internet*. Brasília, Editora Consulex Publicações Eletrônicas (*Software*), 2000.

DESCARTES, René. *Discurso do Método*. Col. *Os Pensadores*. 3ª ed. São Paulo, Abril Cultural, 1983 (332 pp.).

FRANÇA, Júnia Lessa, e outros. *Manual para Normalização de Publicações Técnico-Científicas*. 4ª ed. Belo Horizonte, UFMG, 2000 (214 pp.).

GRECO, Marco Aurélio. *Internet e Direito*. 2ª ed. São Paulo, Dialética, 2000 (223 pp.).

KELSEN, Hans. *Teoria Pura do Direito*. 4ª ed. São Paulo, Martins Fontes, 1995 (428 pp.).

LAVIERI, João Vicente. *Internet: Incidência do ICMS ou ISS?*. Brasília, Editora Consulex Publicações Eletrônicas (*Software*), 2000.

LÉVY, Pierre. *A Inteligência Coletiva; por uma Antropologia do Ciberespaço*. 2ª ed. São Paulo, Edições Loyola, 1999a (212 pp.).

————. *As Tecnologias da Inteligência; o Futuro do Pensamento na Era da Informá-*

tica. 8ª ed. São Paulo, Editora 34, 1999b (208 pp.).

————. *Cibercultura*. 2ª ed. São Paulo, Editora 34, 2000 (263 pp.).

————. *O que é o Virtual?*. 3ª ed. São Paulo, Editora 34, 1999c (160 pp.).

MARTINS, Sérgio Pinto. *Manual do ISS*. São Paulo, Malheiros Editores, 1995 (255 pp.).

MATURANA, Humberto, e VARELA, Francisco. *A Árvore do Conhecimento*. 1ª ed. Campinas, Psy, 1995 (281 pp.).

PFAFFENBERGER, Bryan. *Estratégias de Extranet*. São Paulo, Berkeley, 1998 (520 pp.).

REALE, Miguel. *Lições Preliminares de Direito*. 22ª ed. São Paulo, Saraiva, 1995 (382 pp.).

RUYER, Raymond. *A Gnose de Princeton*. 1ª ed. São Paulo, Cultrix, 1989 (224 pp.).

SCIASCIA, Gaetano, e CORREIA, Alexandre. *Manual de Direito Romano*. n. I. São Paulo, Saraiva, 1957.

SEVERINO, Antônio Joaquim. *Metodologia do Trabalho Científico*. 14ª ed. São Paulo, Cortez, 1986 (238 pp.).

SILVA, Severino. *Tributação de* Software *de Prateleira e Prestação de Serviços de Acesso à Internet*. Brasília, Editora Consulex Publicações Eletrônicas (*Software*), 2000.

SILVA PEREIRA, Caio Mário da. *Instituições de Direito Civil*. 19ª ed. (6 vs.), v. III. Rio de Janeiro, Forense, 1999.

STARLIN, Gorki. *TCP/IP* – Internet, Intranet e Extranet. 2ª ed. Rio de Janeiro, Book Express, 1998 (352 pp.).

TEIXEIRA, João de Fernandes. *Mente, Cérebro e Cognição*. Petrópolis. Vozes, 2000 (199 pp.).

VARELA, Francisco. *Principles of Biological Autonomy*. Nova York, Elsevier North Holland, 1979 (306 pp.).

————, e MATURANA, Humberto. *A Árvore do Conhecimento*. 1ª ed. Campinas, Psy, 1995 (281 pp.).

INSTITUTO GERALDO ATALIBA – IDEPE

(Instituto Internacional de Direito Público e Empresarial)

Presidente: Aires Barreto

XVI CONGRESSO BRASILEIRO DE DIREITO TRIBUTÁRIO

23, 24 e 25 de outubro de 2002

Presidente – Prof. Sacha Calmon Navarro Coêlho

COMISSÃO CIENTÍFICA

Presidente: Prof. Paulo de Barros Carvalho

Aires Barreto, Alcides Jorge Costa, Américo Lacombe, Anna Emília Cordelli Alves, Carlos Mário Velloso, Celso Antônio Bandeira de Mello, Diva Malerbi, Eduardo Domingos Bottallo, Elizabeth Nazar Carrazza, Estevão Horvath, Eugênio Doin Vieira, Heron Arzua, José Artur Lima Gonçalves, José Eduardo Soares de Melo, Lúcia Valle Figueiredo, Luciano da Silva Amaro, Marcelo Figueiredo, Maria Leonor Leite Vieira, Misabel Derzi, Ormezindo Paiva, Osíris de Azevedo Lopes Filho, Paulo de Barros Carvalho, Pedro Luciano Marrey Júnior, Regina Helena Costa, Roque Antonio Carrazza, Sacha Calmon Navarro Coêlho, Sidney Saraiva Apocalypse, José Souto Maior Borges, Tércio Sampaio Ferraz Júnior, Valdir de Oliveira Rocha,Wagner Balera, Wanderley Federighi, Yoshiaki Ichihara

COMISSÃO EXECUTIVA

Presidente: Paulo Ayres Barreto

Eurico M. Diniz de Santi, Maria Rita Ferragut, Paulo Ayres Barreto, Rosoléa Folgosi

COMISSÃO DE TRABALHOS

Presidente: Prof. Marcelo Fortes

Ângela Motta Pacheco, Antonia Aparecida Pereira, Betina T. Grupenmacher, Cristiano Carvalho, Dejalma de Campos, Edgard Neves da Silva, Eliana Barbieri Bertachini, Eurico M. Diniz de Santi, Fugimi Yamashita, José Antonio Balieiro Lima, José Roberto P. Rodrigues, Malvina Corujo A. Lopes, Marcelo Fortes, Márcio Severo Marques, Maria Rita Ferragut, Natanael Martins, Octávio Bulcão, Paulo Ayres Barreto, Paulo César Conrado, Pedro Lunardelli, Raquel Novaes, Roberto Quiroga Mosquera, Rosoléa Folgosi, Susy Gomes Hoffmann

CONFERENCISTAS

Ministra ELIANA CALMON – STJ

Professor CELSO ANTÔNIO BANDEIRA DE MELLO

Professor JOSÉ SOUTO MAIOR BORGES

Professor PAULO DE BARROS CARVALHO

TEMÁRIO:

- **ASPECTOS ATUAIS DA LEGISLAÇÃO FEDERAL**
- **CONTRIBUIÇÕES**
- **ICMS E IPI**
- **ISS**
- **IMPOSTO SOBRE A PROPRIEDADE E A TRANSMISSÃO**
- **PROCESSO ADMINISTRATIVO TRIBUTÁRIO**
- **PROCESSO JUDICIAL TRIBUTÁRIO**
- **TAXAS E PREÇOS PÚBLICOS**
- **TRIBUTAÇÃO DAS SOCIEDADES COOPERATIVAS**

CARTÕES DE CRÉDITO: SERVIÇO OU OPERAÇÃO FINANCEIRA

AIRES F. BARRETO

Professor nos Cursos de Especialização em Direito Tributário da PUC/SP, do IBET e do CEU.
Presidente do Instituto Geraldo Ataliba – Instituto Internacional de Direito Público e Empresarial.
Consultor Tributário e Advogado em São Paulo

1. Descrição resumida da atividade de administração de cartões de crédito

A expressão "administração de cartão de crédito" designa a atividade que tem por cerne assegurar ou *garantir* crédito, dentro de limites previamente definidos, às pessoas que se associam às empresas do gênero, para aquisição de mercadorias ou serviços, mediante a simples apresentação de um cartão próprio, aos fornecedores desses bens, que a elas sejam filiados.

Como o associado (o titular do cartão) não despende nenhum valor, por ocasião da aquisição de bens ou do recebimento de serviços (ou, ainda, pelo uso de bens, recebidos em locação), a importância correspondente deve ser por ele paga, posteriormente, diretamente às administradoras de cartões de crédito que, por sua vez, obrigam-se, perante o fornecedor, a entregar-lhe esse valor.

Normalmente, o chamado "sistema de cartão de crédito" possibilita, ainda, ao titular do cartão, o pagamento parcelado do valor das aquisições feitas, por meio dele, aos fornecedores filiados ao mesmo sistema.

Freqüentemente, a administradora assegura, também, a possibilidade de utilização do cartão de crédito para saque de dinheiro, nos chamados "caixas eletrônicos", tudo segundo os limites previamente estipulados e mediante prestação de garantia dada às instituições financeiras pelas empresas administradoras de cartões de crédito.

Além disso, as administradoras, muitas vezes, prestam aval aos estabelecimentos filiados, nos casos de antecipação da sua receita, por meio de financiamento.

O sistema de cartão de crédito envolve, assim, ordinariamente, vários sujeitos: (a) as emissoras e administradoras desses cartões; (b) o associado, também designado de titular do cartão; (c) o fornecedor de bens ou de serviços ou o locador de bens móveis e, eventualmente, (d) uma instituição financeira que financia (d.1) o valor das aquisições efetuadas pelo titular do cartão ou (d.2) os saques eletrônicos de dinheiro ou (d.3) a antecipação da receita dos estabelecimentos filiados ao sistema.

2. Contratos celebrados pelas administradoras de cartões de crédito ou que, com eles, guardam alguma conexão

Por conseguinte, o desenvolvimento dessa atividade implica a celebração de vários contratos, resultantes de uma série de relações jurídicas, reciprocamente conexas, travadas:

2.1 entre elas e os titulares dos cartões;

2.2 entre elas e os fornecedores de bens, locadores ou prestadores de serviços filiados ao seu sistema;

2.3 entre elas e as instituições financeiras;

2.4 entre os fornecedores, locadores ou prestadores acima referidos e os titulares dos cartões;

2.5 entre os titulares dos cartões, ou os fornecedores (ou locadores ou prestadores), e as instituições financeiras.

Do próprio enunciado de cada uma dessas relações, já se vê que elas têm por fonte atos negociais, contratos com diferentes objetos, pelos quais as partes envolvidas obrigam-se, mutuamente, a diferentes prestações.

Diante disso, só apreciação ligeira e desavisada permitiria concluir que se tem, sempre e só, prestação de serviços, sujeita ao ISS.

Advirta-se, inicialmente, que o ISS não é imposto que incide sobre contratos. Pelo contrário, o ISS é típico imposto sobre fatos. O surgimento de obrigação tributária relativa a esse imposto condiciona-se à concreta verificação, no mundo fenomênico, de fato subsumível à descrição legal: prestação de serviços.

Nada obstante, convém ter presente a impossibilidade – assim no caso desse imposto, como no de tantos outros – de ocorrer fato tributável que não resulte de contrato. Embora não se possa dizer que a todo contrato corresponda um fato tributável, é lícito afirmar que todo fato tributário, em relação ao ISS, pressupõe um contrato. O fato, de conteúdo econômico, em que se traduz o objeto do contrato é que poderá constituir-se, ou não, em fato sujeito à hipótese de incidência do ISS.

Feita essa advertência, já se pode proceder ao exame dos vários contratos que atinam com os cartões de crédito.

2.1 Contrato entre as administradoras de cartões de crédito e o titular do cartão de crédito

O titular do cartão de crédito, ao adquirir um bem ou um serviço dos fornecedores filiados ao sistema, *não* efetua nenhum desembolso no ato da aquisição. Quem entrega ao fornecedor a importância correspondente ao preço da aquisição é a administradora de cartões de crédito.

É fácil ver, portanto, que o cartão de crédito atua como moeda alternativa, seja para o titular do cartão, seja para o fornecedor de bens ou serviços a ele filiado. Serve como meio de pagamento e de crédito.

De fato, o associado da administradora de cartões de crédito legitima-se a adquirir bens, locar coisas ou tomar serviços nos estabelecimentos filiados ao sistema, sem efetuar nenhum desembolso de dinheiro, no ato da aquisição; o fornecimento do cartão de crédito assegura, portanto, uma garantia de crédito, que ele poderá, ou não, utilizar.

Pelo crédito que, por esse meio, concede ao titular do cartão – garantindo a solvência do valor das aquisições que este vier a realizar, junto aos estabelecimentos filiados – a administradora de cartões de crédito faz jus a uma remuneração, pelo período considerado, cobrada por ocasião da outorga do cartão e na oportunidade da renovação de sua adesão ao sistema, por um novo período preestabelecido. Essa remuneração, em linguagem leiga, é chamada de "taxa de anuidade" ou de "taxa de renovação", conforme se refira ao período inicial ou ao(s) período(s) subseqüente(s).

A substância do fato, a razão do pagamento da "anuidade" não decorre de uma prestação de serviços, mas da garantia de crédito que o cartão confere ao seu titular. É dizer, pode, paralela e adicionalmente, haver algum serviço, mas essencialmente o que o cartão assegura ao seu titular é um crédito.

2.2 Contrato entre as administradoras de cartões de crédito e os estabelecimentos filiados

As administradoras de cartões de crédito celebram contrato com estabelecimentos diversos (comerciantes, locadores de bens, prestadores de serviços), que denominam de "filiados", pelo qual assumem a obrigação de pagá-los pelas vendas, locações ou prestações que efetuarem aos titulares de cartões de créditos, com a mera apresentação destes, devidamente documentada. Posteriormente, as administradoras entregam aos estabelecimentos filiados os valores das respectivas vendas, locações ou prestações de serviços. Por essa atividade, recebem remuneração, chamada "taxa de desconto", calculada com base em percentual sobre o valor do negócio realizado entre o estabelecimento filiado e o titular do cartão.

Ressalte-se, logo, que esse específico fato envolve, substancialmente, uma concessão de garantia; e existência concomitante de uma prestação de serviço é eventual e não rigososamente necessária. Com efeito, o cerne desse fato é a certeza que tem o estabelecimento de que, tendo (a) promovido uma operação mercantil, prestado um serviço ou efetuado uma locação de bens, (b) verificado se o cartão é válido (se não está na lista de cancelados ou bloqueados) e (c) conferido a assinatura do titular do cartão, receberá da administradora o valor do negócio que tenha realizado. Disso, resta visível que a essência desse negócio está na garantia de recebimento do valor que a administradora oferece ao lojista e não em qualquer prestação de serviço, por ela prestado.

Não se descarta a ocorrência, paralela e eventual, de uma prestação de serviços de agenciamento, mas, esta, se houver, terá natureza acessória, sem constituir a essência desse contrato.

2.3 "Contrato" entre as administradoras de cartões de crédito e as instituições financeiras

É indiscutível que, no contrato de financiamento, as administradoras de cartões de crédito figuram, meramente, como avalistas ou fiadoras do financiado, de quem são mandatárias. As administradoras não recebem nenhuma receita das instituições financeiras. Recebem, isso sim, do financiado – o titular do cartão de crédito ou o estabelecimento filiado – uma remuneração pela prestação de fiança ou aval.

Não há, pois, como cogitar de prestação de serviço, relativamente a tais contratos – o de financiamento, celebrado entre a instituição financeira e o titular do cartão de crédito ou o estabelecimento filiado – nos quais as administradoras de cartões de crédito comparecem apenas como avalistas ou fiadoras, sendo de reiterar-se que sequer recebem remuneração ou receita da instituição financeira, sobre a qual se pudesse cogitar de exigência do ISS.

2.4 Contrato entre os estabelecimentos filiados e os titulares do cartão

Não se esqueça que, além desses contratos, há os que são celebrados pelos titulares do cartão de crédito com os fornecedores filiados ao sistema, cuja natureza depende da atividade que estes desenvolvam. Em sendo prestadores de serviço, o titular do cartão que por eles se interessar, utilizá-lo-á para pagar pelos serviços; se for um comerciante, vendedor de mercadorias, o titular do cartão utilizá-lo-á para pagar as mercadorias que deles adquirir, se for um locador de bens móveis, pela locação etc. etc.

Assim sendo, se o titular do cartão de crédito (1) adquire mercadorias, ou (2) loca bens móveis, ou (3) utiliza serviços, estará, respectivamente, celebrando, com os correspectivos fornecedores, (1) contrato de compra e venda de mercadorias, (2) contrato de locação de bens móveis, (3) contrato de prestação de serviços.

Esses contratos, do ponto de vista jurídico, em nada e por nada se particularizam – é dizer, sua natureza jurídica não se modifica nem se altera, em suas especificidades – pelo só fato de o pagamento do preço fazer-se com o cartão de crédito.

Importa salientar, entretanto, que o cartão de crédito tem efeito liberatório, de modo que sua aceitação, pelo vendedor, quita o preço. Daí que as operações que se fazem com o cartão de crédito são operações à vista. Compra e venda à vista, prestação de serviço com pagamento à vista, locação com pagamento à vista etc. Não interfere, não importa – na relação entre o estabelecimento filiado e o titular do cartão de crédito – se esse paga o total do preço à administradora ou se o financia com o aval dela.

Quando o titular do cartão efetua o pagamento do respectivo preço, com o cartão de crédito, exaure-se, nesse momento, o negócio jurídico; aperfeiçoa-se o contrato, tornando-se obrigatório (Código Comercial, art. 191; Código Civil, art. 1.126).

Note-se, então, que, se o titular do cartão não paga à administradora de cartões de crédito, de uma só vez, o valor da mercadoria, do serviço ou da locação, mas em parcelas (ou financiado), o negócio jurídico entre ele e o estabelecimento filiado é o mesmo. Há uma oferta, uma aceitação, o pagamento do preço e a entrega da coisa ou do serviço. E, nesse momento, para ambos, reciprocamente considerados, o contrato respectivo (de compra e venda, de locação ou de prestação de serviço) se aperfeiçoa.

Nesse caso, porém, têm lugar, concomitantemente, os efeitos de um outro contrato: o de financiamento.

2.5 Contrato entre os titulares do cartão e as instituições financeiras

Optando por parcelar a compra, mediante financiamento, uma outra figura intervém no negócio: uma instituição financeira. As administradoras de cartões de crédito, como mandatárias do titular do cartão, celebram, em nome deste, contrato de financiamento do bem adquirido ou do serviço prestado, atuando como sua avalista ou fiadora.

Essa alternativa concretiza-se, portanto, mediante um contrato de financiamento, ou, em outras palavras, mediante a concretização de uma operação financeira. O titular do cartão financia a aquisição de bens (embora já haja sido extinta sua obrigação para com o estabelecimento filiado).

Assim, quando o titular do cartão adquire bens ou serviços e financia essa aquisição, três atos jurídicos, distintos, são realizados:

a) um deles com o estabelecimento filiado, de compra e venda, de locação ou de prestação de serviços;

b) outro com a instituição financeira, de financiamento;

c) e um terceiro, o de garantia: o aval, concedido pela administradoras de cartões de crédito ao financiado (o titular do cartão de crédito).

É bem de ver que, quando o titular do cartão decide financiar essas aquisições, celebra um novo contrato, que nada tem a ver com a operação mercantil de compra e venda ou com tomar bens móveis em locação, ou com a prestação de serviços, mas constitui uma outra operação, fruto de outro negócio jurídico, absolutamente distinto: o negócio de financiamento.

Apesar de figurarem como cláusulas de um único contrato, no caso, tem-se, em verdade, contratos diversos, ainda que reunidos em um só instrumento contratual.

Há, verazmente, um conjunto de contratos, de variado conteúdo obrigacional que, sob o prisma jurídico, sequer derivam do mesmo núcleo. É dizer, cada contrato tem sua natureza jurídica própria, sendo sua eventual correlação peculiar ao funcionamento do sistema de cartões de crédito. Assim, não influem, não toldam, não modificam, não alteram nem, muito menos, indiferenciam suas recíprocas naturezas específicas.

Tome-se, por exemplo, as hipóteses em que o titular do cartão, segundo o contrato que celebra com a administradora de cartões de crédito, não salda, integralmente, sua dívida na data do seu vencimento. Nessas situações, sujeita-se a encargo – que inexistiria se o pagamento fosse total, na data do vencimento do cartão – fruto do parcelamento do saldo remanescente, mediante financiamento bancário, obtido em seu nome, tendo a administradora de cartões de crédito por fiadora, avalista e principal garantidora. Em tais casos, a administradora de cartões de crédito representa o titular do cartão e, como sua mandatária, celebra, no nome dele, financiamento automático, em instituições financeiras, do valor das mercadorias por ele adquiridas, das locações efetuadas ou dos serviços utilizados, nos estabelecimentos a ela filiados, ou ainda dos valores em dinheiro, sacados nos denominados caixas eletrônicos. Conseqüentemente, a remuneração que a administradora cobra do titular do cartão é pela garantia e pelo aval que lhe presta e não por qualquer serviço. O mesmo ocorre nos casos de saques eletrônicos por meio do cartão de crédito.

É visível, pois, que a concessão desse aval é uma atividade de cunho financeiro e nunca uma prestação de serviços. As administradoras, nesse caso, limitam-se, na qualidade de avalistas ou de fiadoras, a assegurar o pagamento do débito avalizado ou afiançado. Em ambos os casos, o que prometem é honrar o pagamento do débito assumido pelos seus associados.

Fiança e aval nada mais são do que espécies do gênero garantia. Sendo meras variáveis de garantia, configuram atividades que não podem ser subsumidas ao conceito constitucional de serviço. Logo, não são passíveis de tributação, por via de ISS.

Como caracterizam verdadeiras operações financeiras, só podem ser objeto de tributação pela União, reservadas que foram à sua competência privativa, *ex vi* do disposto no art. 153, V, da Constituição de 1988.

A impossibilidade de o ISS incidir sobre avais, fianças, endossos ou aceites já foi declarada pelo Poder Judiciário (veja-se, a respeito, o acórdão na apelação 369.376/6).

Assim, diante de avais e fianças (assim como de encargos financeiros, fruto de inadimplemento), não se há falar em incidência do ISS.

Em resumo, no caso das atividades desenvolvidas pelas administradoras de cartão de crédito, para não incorrer em equívocos, não pode o intérprete ou aplicador da lei deixar de examinar com percuciência cada contrato, isolando cada um deles, para fins de identificá-los, sobretudo quando têm por suporte um só instrumento contratual. É preciso analisá-los cautelosamente, a fim de que não se venha a sujeitá-los, genericamente, ao ISS, quando, no mais das vezes, se referem a fatos que têm por essência, total ou parcial, matéria financeira.

POSSIBILIDADE DE REVISÃO JUDICIAL DE DECISÕES ADMINISTRATIVAS CONTRÁRIAS À FAZENDA PÚBLICA

EDUARDO DOMINGOS BOTTALLO

Mestre e Doutor em Direito Tributário. Professor na área de Direito Público das Faculdades de Direito da USP e de São Bernardo do Campo

1. Introdução

A análise dos efeitos das decisões proferidas no processo administrativo tributário deve levar em conta seus reflexos em relação à pessoa do contribuinte e à da entidade tributante responsável pela sua edição, eis que, segundo se examine a questão sob um ou sob outro enfoque, distintas serão as soluções a serem consideradas. O tema, pois, apresenta dupla perspectiva que, a seguir, iremos considerar separadamente.

2. Efeitos em relação ao contribuinte

As decisões em pauta, quer as proferidas por autoridades singulares, quer as emanadas de órgãos colegiados, não adquirem, para o contribuinte, caráter definitivo.

Na verdade, este atributo de vincular o contribuinte, que pacificamente se reconhece ausente nos pronunciamentos administrativos ora considerados, é a expressão mais evidente de que, em nosso País, o sistema de controle pela jurisdição ordinária tem alta significação, já a partir de seu esteio básico, consagrado no art. 5º, XXXV, da Constituição: "a lei não excluirá da apreciação do Poder Judiciário lesão ou ameaça a direito".

É certo que nas sombras, muitas vezes tenebrosas, da casuística e assistemática legislação tributária são introduzidos mecanismos de repressão indireta a contribuintes que não se conformam com as imposições feitas por órgãos fazendários, como a não expedição de certidões negativas, proibição de praticar determinados atos perante repartições públicas e semelhantes.

Todavia, a tais expedientes opõe-se o tradicional posicionamento de nossa Suprema Corte, bem expresso nos verbetes 70, 323 e 547 das Súmulas.[1]

Portanto, sob o ângulo ora analisado, a decisão alcançada no processo administrativo tributário constitui, em última análise, uma proposta de composição, com vistas à possibilidade de ser evitado o apelo ao Judiciário.

Tal pronunciamento, poderá, em muitos casos, estabelecer, em termos definitivos, a composição aludida, fazendo desaparecer a própria lide; em outros, exercerá função saneadora, melhor fixando o seu objeto, pelo que facilitará sua compreensão pelo Judiciário.

Não acarretará, porém, o surgimento de situação definitiva para o contribuinte, no sentido de sobrepor-se, inelutavelmente, à sua vontade.

3. Efeitos em relação à própria Fazenda

Permanece, pois, a questão de saber quais os efeitos das decisões proferidas por órgãos administrativos, singulares ou coletivos, de julgamento, em relação à própria Fazenda, sobretudo quando elas geram direitos subjetivos para os contribuintes:

1. Súmula 70: "É inadmissível a interdição de estabelecimento como meio coercitivo para a cobrança de tributos". Súmula 323: "É inadmissível a apreensão de mercadorias como meio coercitivo para a cobrança de tributos". Súmula 547: "Não é lícito à autoridade proibir que o contribuinte em débito adquira estampilhas, despache mercadorias na Alfândega e exerça suas atividades profissionais".

Poderiam, em tais circunstâncias, ser revistas ou revogadas, pelo Judiciário, por iniciativa do próprio ente tributante?

Vamos, pois, procurar responder esta indagação.

I – A possibilidade de a Fazenda Pública ingressar em Juízo para pedir a revisão de ato emanado por órgão administrativo de julgamento, encontraria aparente fundamento no próprio art. 5º, XXXV, da Constituição, já aqui evocado. Buscar-se-ia, portanto, assegurar a igualdade de posições jurídicas entre Poder Público e particulares.

Esta paridade, entretanto, não se justifica. Como corretamente observou Alberto Xavier, na esteira das lições de Rubens Gomes de Sousa, a inafastabilidade do controle judicial é garantia *individual*, ao passo que se apresenta, para o Estado, com fisionomia antagônica, ou seja, como disposição "*limitativa e não permissiva*, de modo que nela a Administração não poderia invocar a seu favor a atuação do Poder Judiciário, qualquer que fosse a natureza do assunto".[2]

Neste passo, cabe recordar que a organização de um contencioso para possibilitar a discussão de questões fiscais, não constitui mera faculdade reconhecida à Fazenda Pública, mas, sim, imperativo constitucional, cujo propósito é exercer o autocontrole da legalidade da tributação, respeitados, entre outros, os princípios do devido processo legal e do contraditório e da ampla defesa que o Texto de 1988, de modo expresso, determinou fossem acatados na estrutura do processo administrativo.[3]

Assim, não se justifica venha a Administração rebelar-se contra os pronunciamentos regulares dos órgãos judicantes que atuam em seu interior, ou seja, *venire contra factum proprium*.[4]

Como se vê, o princípio da universalidade da jurisdição não ampara a pretensão fazendária aqui analisada.

II – Analisando a questão sob outro enfoque, o Tribunal Regional Federal da 1ª Região, embora tenha admitido que as decisões proferidas pela Administração adquirem força preclusiva, reconheceu a possibilidade desta buscar, em Juízo, a *anulação* do ato, caso venha a apresentar defeito de constituição, de legalidade, de competência, de forma ou de objeto.[5]

Para assim concluir, aquela Corte estribou-se na consideração de que, no campo do direito administrativo, a figura da *anulação* há de ser balizada pelos princípios da legalidade e da moralidade, visando a satisfação de finalidade pública.

Ora, ainda que se possa reconhecer inegáveis méritos neste raciocínio, ele não conflita, em absoluto, com o reconhecimento da imutabilidade das decisões proferidas no contencioso administrativo, até porque, como visto, está a examinar hipótese de *anulação*, que não se confunde com *revisão* ou *revogação*.

Com efeito, a anulação por vícios formais (violação da legalidade, da competência, da forma ou do objeto) restringe-se ao que poderíamos denominar de "controle externo" do ato (ou da decisão) administrativo. Neste campo, parece inteiramente plausível a linha de pensamento adotada pelo Tribunal.

Todavia, tal linha não dá respaldo ao entendimento de que, *sob a perspectiva do seu mérito*, a decisão administrativa – regular quanto à forma e definitiva quanto ao exercício de competência – possa, também, ser modificada ou revogada pelo Judiciário por iniciativa da própria Administração. Como se vê, o precedente não antagoniza a tese que sustentamos.

2. *Do Lançamento – Teoria Geral do Ato do Procedimento e do Processo Tributário*, Rio de Janeiro, Forense, 1997, p. 321.

3. Constituição Federal, art. 5º, LV.

4. Alberto Xavier, ob. e loc. cit. No mesmo sentido, Aurélio Pitanga Seixas, "Questões Relacionadas à Chamada Coisa Julgada em Matéria Fiscal", in *Processo Administrativo Fiscal*, v. 3º, coord. Valdir de Oliveira Rocha, São Paulo, Dialética, 1998, p. 28.

5. O julgamento aqui aludido é citado por Aurélio Pitanga Seixas no trabalho identificado na nota 4, supra, pp. 27-28.

III – Em outra perspectiva, são importantes e expressivos os pronunciamentos doutrinários que abonam a tese da irrevogabilidade, sob a óptica do mérito, das decisões administrativas que venham a exonerar os contribuintes de exigências fiscais.

Vejamos, então, alguns deles.

Valdir de Oliveira Rocha destaca: "O reconhecimento da coisa decidida administrativa, como impossibilidade de a administração rever judicialmente suas decisões administrativas, apóia-se em que estas são tiradas em processo administrativo que o é do próprio Poder Executivo, derivado da competência atribuída a órgão que exerce parcela do mesmo poder. A inobservância da coisa decidida administrativa pela Administração constituiria um sem-sentido esfacelador do próprio Poder que a exerceu".[6]

José Eduardo Soares de Melo, entre outras pertinentes considerações, pondera:

"Fere o princípio da moralidade e constitui deslealdade do Poder Público a propositura de medida judicial com o objetivo de anular decisão administrativa em que seus órgãos internos manifestaram a própria vontade do Estado e entenderam injurídicas as exigências tributárias, tipificando coisa julgada administrativa.

"A ação judicial representaria a falência do processo administrativo (e do próprio TIT), que representaria mera fantasia de garantia constitucional do contribuinte, na medida em que, por razões de mera conveniência financeira, a Fazenda passaria a ignorá-lo se e quando entendesse oportuno."[7]

A idéia de *coisa julgada administrativa*, a caracterizar a imutabilidade das decisões administrativas é, também, destacada por Alberto Xavier: "O princípio do efeito vinculante das decisões definitivas da administração judicante é claro corolário do princípio da jurisdicionalização do processo administrativo tributário, pois atribui a essas decisões, como às decisões dos tribunais, um efeito similar à da coisa julgada formal".[8]

A tão autorizados pronunciamentos, pedimos licença para acrescentar o nosso, construído a partir das lições de Seabra Fagundes, Gilberto de Ulhoa Canto e Sampaio Dória, e exposto em monografia publicada nos idos de 1977, onde nos empenhamos em demonstrar, mesmo sob o império de regime constitucional pouco propício à valorização das garantias individuais, que decisões administrativas em matéria fiscal não são passíveis de revisão ou revogação que possam atentar contra direitos regularmente reconhecidos, pela Fazenda Pública, aos contribuintes.[9]

IV – A par de forte consenso doutrinário, não se pode olvidar que o Código Tributário Nacional, em dois dispositivos, revela, com clareza solar, a consagração normativa da imperatividade e imutabilidade, para a Administração, das decisões administrativas finais em matéria tributária.

IV.a – O primeiro desses preceitos é o art. 146, segundo o qual a modificação dos critérios jurídicos adotados pela Fazenda para proceder ao lançamento fiscal, deverá respeitar os direitos adquiridos dos contribuintes, em relação a fatos gerados pretéritos.

De um lado, isto traduz o reconhecimento do direito do ente tributante em não ficar, de modo permanente, atrelado a determinada linha de compreensão ou interpretação da legislação tributária.

Em contrapartida, a determinação legal preserva a conduta adotada pelo contribuinte no período que antecedeu a exteriorização da nova diretriz.

Ora, sendo-lhe defeso valer-se, retroativamente, de novos critérios jurídicos de

6. *O Novo Processo Administrativo Tributário*, São Paulo, Ed. IOb, 1996, p. 36.

7. "Análise Crítica do Processo Administrativo Fiscal no Âmbito do Tribunal de Impostos e Taxas de São Paulo", in *Processo Administrativo Fiscal*, v. 4º, coord. Valdir de Oliveira Rocha, São Paulo, Dialética, 1999, p. 128.

8. Ob. cit., p. 322.

9. *Procedimento Administrativo Tributário*, São Paulo, Ed. RT, 1977, pp. 64 a 67 e 70.

lançamento, em relação ao mesmo contribuinte, pelas mesmas razões não é dado ao Erário pedir ao Judiciário que, a tanto, o autorize, visto ser este, em essência, a propósito, ao qual se volta medida judicial visando revogar a decisão administrativa exoneratória da pretensão fiscal.

Neste caso, pode-se até falar que, sob o ponto de vista estritamente processual, está-se diante de hipótese de *impossibilidade jurídica do pedido*, ou seja, de "pretensão vedada pelo direito posto", a justificar a extinção do processo sem julgamento do mérito, nos termos do art. 267, VI, do Código de Processo Civil.[10]

IV.b – O outro dispositivo do Código Tributário Nacional a merecer consideração, no contexto ora em estudo, é o art. 156, IX, que elenca, entre as causas extintivas do crédito tributário, "a decisão administrativa irreformável, assim entendida a definitiva na órbita administrativa, que não mais possa ser objeto de ação anulatória".

Conforme vimos acima (n. 1) as decisões administrativas nunca são irreformáveis sob o ponto de vista do contribuinte, já que sempre poderão, por iniciativa destes, ser "objeto de ação anulatória".

Portanto, o art. 156, IX, do CTN está a referir-se às decisões que exoneram o sujeito passivo de imposições tributárias, passando a apresentar, com este conteúdo, foros de definitividade.

Enfatiza-se, assim, o denominado "efeito vinculante", em relação à Fazenda, da decisão proferida no processo administrativo tributário, colocando-a, quanto a este aspecto, em plano de igualdade com a própria "decisão judicial passada em julgado" (art. 156, X).

Como se vê, razão não faltou a Alberto Xavier quando pontuou, com muita propriedade, que se é certo que toda a coisa julgada é imperativa e imutável, nem tudo aquilo que é imperativo e imutável é coisa julgada.[11]

4. Conclusão

Do que foi exposto, podemos concluir que as decisões proferidas por órgãos administrativos, singulares ou coletivos, encarregados do julgamento de processos fiscais, não são definitivas para os contribuintes, pelo que comportam, em todos os casos, revisão pelo Judiciário (art. 5º, XXXV, da CF).

Todavia, tais decisões, desde que regulares quanto aos requisitos de forma e de competência, não são passíveis de revisão judicial por iniciativa da própria Fazenda, em homenagem à preservação dos direitos que, delas, decorrem para os contribuintes.

10. Neste sentido, cf. *RT* 652/183.

11. Cf. *Do Procedimento Administrativo*, São Paulo, José Bushatsky Editor, 1976, p. 72.

IPI – ICMS – NATUREZA JURÍDICA DO DIREITO AO CRÉDITO, APROVEITAMENTO E TRANSFERIBILIDADE

JOSÉ EDUARDO SOARES DE MELO

Professor Doutor da Universidade Católica de São Paulo.
Visiting Scholar na Universidade da Califórnia (Berkeley)

1. Natureza do direito ao crédito

A Constituição Federal estabelece o seguinte:

IPI: "Será não-cumulativo, compensando-se o que for devido em cada operação com o montante cobrado nas anteriores" (art. 153, § 3º, II).

ICMS (art. 155, § 2º): "I – Será não-cumulativo, compensando-se o que for devido em cada operação relativa à circulação de mercadorias ou prestação de serviços com o montante cobrado nas anteriores pelo mesmo ou outro Estado ou pelo Distrito Federal.

"II – A isenção ou não-incidência, salvo determinação em contrário da legislação:

"a) não implicará crédito para compensação com o montante devido nas operações ou prestações seguintes;

"b) acarretará a anulação do crédito relativo às operações anteriores."

A *não-cumulatividade* constitui a peculiaridade dos mencionados impostos, tendo por finalidade evitar a superposição de cargas tributárias no ciclo operacional (produção-distribuição-consumo) dos produtores, industriais, comerciantes e prestadores de serviços de transporte (interestadual e intermunicipal) e de comunicação.

Concerne à evolução cultural, social, econômica e jurídica do povo. Sendo essencial, sua supressão do texto constitucional inevitavelmente causaria um sério abalo na estrutura organizacional do Estado. Constituindo-se num sistema operacional destinado a minimizar o impacto do tributo sobre o preço dos produtos, mercadorias e serviços, a sua eliminação os tornariam artificialmente mais onerosos, gerando um custo pernicioso aos aludidos preços.

Em conseqüência, esses preços estariam totalmente desvinculados da realidade, da produção, comercialização e serviços, onerando o custo de vida da população, e encareceriam o processo econômico, reduzindo os investimentos empresariais, em face do aumento de custos ocasionado por esse artificialismo tributário oriundo da cumulatividade.

Os princípios da igualdade e da capacidade contributiva mantêm congruência e coerência com o postulado da "não-cumulatividade". O consumidor final é o objetivo último da produção e circulação de mercadorias e prestação de serviços. É para a satisfação de suas necessidades que se encontra direcionada a atividade dos produtores, industriais, comerciantes prestadores de serviços etc.

Para tanto, submetem-se irrestritamente a diretrizes constitucionais (arts. 170 e ss.), que lhes impõem o dever de observância à valorização do trabalho, da existência digna e da justiça social, e o respeito e defesa ao consumidor.

Ademais, esses princípios são comandos constitucionais endereçados ao legislador ordinário, a quem incumbe a tarefa de instituir impostos que sejam uniformes e que respeitem a capacidade econômica de todos aqueles que estejam na mesma situação jurídica.

Assim, deverá o legislador impor uma única regra de comportamento aos agentes do ciclo de produção/comercialização/prestação de serviços, para que seja uniforme a carga tributária incorporada ao preço dos bens (produtos, mercadorias e serviços). Sendo os tributos submetidos ao postulado da "não-cumulatividade", não será possível que algumas pessoas sejam mais beneficiadas do que outras no transcorrer do apontado ciclo.

A lei não poderá estabelecer que a "não-cumulatividade" seja abolida em certa etapa do ciclo, sendo certo que se faz necessária a sua preservação pelo legislador ordinário, para que se mantenha o poder do consumidor ao adquirir os produtos e mercadorias, e fruir os serviços de transporte (interestadual e intermunicipal) e de comunicação.

Alinhando o princípio da proibição do confisco dos tributos com o princípio da "não-cumulatividade", pode-se observar que os mesmos se tocam e se complementam. Supondo-se que em uma determinada operação o ente tributante venha a estabelecer a proibição total ou parcial do dever-poder do contribuinte de apropriar-se do imposto incidente nas operações anteriores, estará a um só tempo provocando o efeito cumulativo, condutor de um aumento artificial no preço dos produtos, prejudicando o consumidor.

Também estará acarretando um efeito confiscatório, porque sobre o mesmo preço ocorrerá mais de uma incidência do mesmo imposto, a retirar de cada um dos agentes do ciclo mais imposto do que o efetivamente devido. Em nenhuma hipótese o contribuinte poderá ser proibido de proceder à escrituração dos valores correspondentes ao imposto incidente nas operações anteriores.

A cláusula da "não-cumulatividade" não consubstancia mera norma programática, recomendação de cunho didático ou ilustrativo, traduzindo diretriz constitucional (natureza imperativa). A apropriação dos valores tributários incidentes nas operações realizadas não pode constituir mera faculdade outorgada ao contribuinte, vislumbrando-se a sistemática operacional seguinte:

a) o *crédito* nasce de operações anteriores relativas à aquisição de bens, pelo contribuinte, de natureza diversificada, como insumos (matérias-primas, produtos intermediários), ativos (imobilizado e circulante), e materiais de uso e consumo do estabelecimento;

b) o *débito* nasce da realização de negócio jurídico, tendo por objeto produtos industrializados, mercadorias e prestações de serviços de transporte (interestadual, intermunicipal) e de comunicação.

Crédito e *Débito* concernem a categorias jurídicas distintas que implicam relações independentes, nas quais devedor e credor se alternam. Na primeira as pessoas jurídicas de direito público (União, Estados e Distrito Federal) são credoras, enquanto que os industriais, comerciantes e prestadores de serviços são devedores; na segunda as posições se invertem, submetendo-se a princípios, critérios e regras específicas.

O princípio da "não-cumulatividade" – consistente na compensação dos valores creditados com os valores debitados, em determinado período de tempo (geralmente mensal) – não integra a estrutura do IPI e do ICMS, e nem se confunde com a base de cálculo, tendo operatividade em momento posterior à configuração da operação realizada com os produtos, mercadorias e serviços.

Na apuração do movimento tributável que venha a ser realizada de ofício, o poder público (fiscalização) não pode agir de modo parcial e nem ressalvar eventual (e futuro) direito do contribuinte de apropriar os créditos relativos aos impostos, impondo-se ao procedimento fazendário a compensação de tais elementos a fim de realizar integralmente o princípio da "não-cumulatividade".

Na análise do direito de abater, há que se ter em conta o sentido da expressão "montante cobrado", que não pode ser interpretado literalmente, porque a efetiva cobrança (arrecadação) escapa ao conhecimento do adquirente dos bens e serviços.

Considerando os diversos motivos pelos quais um contribuinte deixa de recolher o IPI e o ICMS (esquecimento, ausência de suporte financeiro, questionamento), ou o fisco de lançá-lo (prazo decadencial), é elementar entender que a prévia "cobrança" (ou a liquidação do tributo) não constitui pressuposto essencial do direito ao crédito.

A compreensão da norma pauta-se no sentido da existência de uma anterior operação, sendo de todo irrelevante exigir-se ato de cobrança, ou prova de extinção da obrigação, mesmo porque o prazo legal para a realização de tais atos pode ser mais amplo do que o período para a fruição normal do crédito fiscal.

2. *Aproveitamento do crédito*

2.1 *IPI*

A CF não impõe nenhuma limitação ao direito a crédito, devendo ser pleno o seu exercício independente de desonerações tributárias (aquisições de bens imunes, isentas, sujeitas à alíquota zero, livres de direito etc.).

Não há sentido em condicionar o crédito ao consumo direto, integral ou imediato dos materiais ou produtos que participam do processo industrial, bem como inexiste base jurídica para impor a vinculação a um determinado bem adquirido, e que só possa ser mantido se o produto final (em que tenha sido utilizado, integrado ou participado), for tributado, gerando débito de IPI.

O critério jurídico que tem a virtude de implicar o nascimento do direito ao crédito abrange a pessoa participante das operações anteriores, nada tendo a ver com a mesma natureza dos bens (insumos, materiais, produtos etc.). No momento em que é realizada a operação é que nasce o direito constitucional ao crédito, que não pode sofrer deformações de qualquer natureza, nem condicionar-se ao tipo de operação que futuramente venha a ser realizada.

Assim, a legislação ordinária carece de embasamento constitucional nas situações em que determina a anulação dos créditos do IPI (Regulamento, Decreto federal n. 2.637 de 15.6.1998, art. 174), como nos casos de industrialização de produtos isentos, empregados em operações de conserto, ou relativo a produtos devolvidos etc.

O STF apreciou questão desta natureza, tendo fixado a diretriz seguinte:

"Constitucional. Tributário. IPI. Isenção Incidente sobre Insumos. Direito de Crédito.

"Princípio da não-cumulatividade. Ofensa não caracterizada.

"Não ocorre ofensa à CF (arts. 153, § 5º, II), quando o contribuinte do IPI credita-se do valor do tributo incidente sobre insumos adquiridos sob regime de isenção.

"Recurso não conhecido" (RE 212.484-2-RS, Relator para o acórdão Min. Nelson Jobim, Pleno, j. 5.3.1998, *DJU* 1, de 27.11. 1998, p. 22).

No acórdão foram assentadas as considerações seguintes:

a) a negativa do direito a crédito de IPI, em operações isentas, tornaria o imposto cumulativo, inviabilizando essas desonerações tributárias durante o processo produtivo;

b) a restrição constitucional ao crédito operou-se exclusivamente para o ICM (a partir da Emenda Constitucional n. 23, de 1983), continuando o IPI a receber (na CF de 1988) o mesmo tratamento jurídico (CF de 1967 com a Emenda n. 1/69), que havia conduzido o STF a aceitar uma jurisprudência tranqüila no sentido do direito ao crédito;

c) o crédito é imprescindível para não transformar a isenção em simples diferimento, projetando no tempo o recolhimento do tributo;

d) a negativa ao crédito corresponderia à anulação do benefício da isenção, não se podendo acolher uma diretriz que importe em reconhecer-se a possibilidade de o Estado dar com uma das mãos e retirar com a outra.

A diretriz deve continuar prevalecendo para as operações que não sofreram a restrição constitucional (âmbito do ICMS), como é o caso das aquisições de bens pertinentes a operações com produtos industrializados desonerados do IPI, mantendo-se o direito de aproveitar os créditos relativos ao IPI da operação anterior.

O aresto do STF assinala que os votos vencedores encontram-se coerentes com a jurisprudência firmada pelo mesmo tribunal a respeito do ICM, nada recomendando seja alterada somente por se cogitar, então, de cobrança de IPI. Embora se trate de tributos de mesma estrutura básica, apenas a consideração de crédito de ICM (hoje ICMS) em operações não tributadas, pode implicar reflexo financeiro entre distintos Estados (e o Distrito Federal).

Conforme captado no acórdão do STF, a Emenda Passos Porto (EC 23/83), disciplinou a relação entre os Estados. A isenção dada em um Estado não se transferia para outro, salvo havendo lei complementar em sentido contrário, ou seja, o Estado do destino não dava crédito de isenção. Assim, o Estado de destino acabava tributando a parcela isenta em face do que a isenção concedida em um Estado não se transferia para outro. A isenção – com referida Emenda – se restringia ao território do Estado que concedera a isenção, consistindo numa forma de tratar a guerra fiscal.

No âmbito do IPI inexiste a preocupação de ser reservada uma carga tributária para o Estado destinatário, ou cogitar-se de prejuízo em decorrência de créditos escriturados em razão de operações não tributadas, pelo simples fato de tratar-se de tributo federal.

Entretanto, pondero que a circunstância de o STF haver decidido que o industrial tem direito a escriturar crédito do IPI, relativamente a operações isentas do tributo, não significa uma solução definitiva para a questão, ou a inexistência de dificuldades para o contribuinte promover a realização dos créditos.

Penso não haver problema para aplicar a diretriz jurisprudencial, em consonância com a determinação constitucional, ao se tratar de aquisições originárias de produtos da Zona Franca de Manaus. Nessa situação, o adquirente dos produtos (originários da ZFM) terá condição de apropriar um específico valor, a título de crédito de IPI, bastando utilizar a alíquota prevista para o mesmo produto na Tabela de Incidência constante da legislação aplicável. Como o ordenamento jurídico – em princípio – tem estabelecido uma específica alíquota para as operações (tributadas) realizadas em demais pontos do território nacional, o adquirente dos produtos isentos nada mais fará do que utilizar a alíquota existente no ordenamento.

Portanto, ao adquirir um determinado refrigerante fabricado na ZFM – com isenção de IPI – poderá escriturar como crédito fiscal o valor correspondente à alíquota prevista na TIPI para o mesmo produto com incidência, pertinente às operações realizadas nos demais locais do país.

É patente a dificuldade para operacionalizar o preceito constitucional (irrestrito direito a crédito de IPI) nos casos em que os produtos encontram-se desonerados do imposto (não tributado, isento, alíquota zero), para todas as operações que venham a ser efetuadas em qualquer local do país. Nesse particular inexiste uma alíquota a ser considerada pelo contribuinte, não tendo essa situação sido enfrentada pelo STF, cuja decisão esteve adstrita a operações parcialmente isentas (produções na ZFM), uma vez que continuavam tributadas relativamente às demais industrializações realizadas fora daquela região.

Nesta situação, não pode ser descartada a possibilidade de fruição ao crédito sob o afoito e simplista entendimento de que o ordenamento não contém alíquota para o produto, e que não seria crível admitir-se qualquer outra espécie de alíquota prevista para o produto assemelhado.

Do mesmo modo, não se poderia conceber a utilização de alíquota que teria sido prevista anteriormente à edição de norma de desoneração tributária, uma vez que o sistema jurídico (vigente, válido e eficaz) nada estaria estabelecendo em termos de alíquota para o específico bem (insumo). Considerando o princípio da estrita legalidade em matéria tributária, a estrutura normativa do IPI só tem condição de gerar efeitos jurídicos na medida em que haja expressa previsão em texto de lei.

Um esforço exegético – para mim, de absurdo alcance – poderia conduzir ao entendimento de que, já tendo sido prevista alíquota de IPI para determinado produto, a circunstância de haver sido concedida norma de isenção não poderia ser considerada como estando temporariamente paralisada a vigência (e eficácia) da anterior norma de tributação, como estipulado pelo STF no âmbito do ICM (Súmula n. 615).

Outrossim, não é consistente a utilização de alíquotas previstas para demais insumos utilizados na fabricação do produto final (tributado), uma vez que não se tratam de bens (insumos) de idêntica qualificação (artefatos de vidro, mecânicos, elétricos, por exemplo), não atendendo à devida homogeneização com o insumo isento do IPI.

O mesmo ocorre no caso de se tratar de uma situação integralmente desonerada de IPI (aquisições e produto final sem incidência do imposto). Não vejo como possa ser aplicada a "não-cumulatividade" diante da existência de carga tributária (neutralidade fiscal), sem reflexo nos preços; além de haver a impossibilidade de se acolher algum elemento básico tributário na legislação pátria.

Entretanto, não é o caso de deixar de aplicar a regra da "não-cumulatividade", que deve ser prestigiada em razão do superior interesse da economia nacional. Parece possível considerar a alíquota prevista para o produto industrializado; e daí, então, verificar o valor que os insumos (desonerados de IPI) representaram na sua fabricação, mediante a observância de princípios, critérios adequados (contábeis, financeiros etc.), devidamente alicerçado em laudo elaborado por profissional de capacitação técnica.

No caso de fabricação de equipamento industrial, os métodos indicados permitiriam encontrar o índice (grau) de participação do insumo isento de IPI, passando-se à adoção de um critério de proporcionalidade, apurando o valor que o aludido insumo representou no montante do IPI referente ao produto final.

Concluo no sentido de que a diretriz jurisprudencial só tem condição de ser observada nos casos em que o ordenamento também tenha estipulado alíquotas – para os mesmos bens – relativamente a operações tributadas; a inexistência de alíquotas para determinados produtos (insumos), no caso de serem utilizados em operações tributadas, não pode constituir óbice para o gozo do crédito, porque o princípio da "não-cumulatividade" é aplicável ao produto final, para apurar o valor que este insumo (desonerado de IPI) representara proporcionalmente na sua elaboração, mediante a adoção de princípios contábeis.

2.2 ICMS

2.2.1 Considerações genéricas

A Constituição outorga competência à lei complementar para "disciplinar o regime de compensação do imposto" (art. 155, XII, "c"), o que jamais pode implicar limitação ao direito de abatimento do ICMS nas operações e prestações anteriores, salvo expressa e limitada restrição constitucional (art. 155, § 2º, II, "a" e "b").

Disciplinar a "não-cumulatividade" consiste na fixação de elementos necessários à operacionalização do regime de abatimento dos valores tributários, mediante a consideração de documentos periódicos de apuração, alocação a estabelecimentos do contribuinte, sistemática de transferências etc.

No ato de disciplinar não pode o legislador complementar determinar, ou especificar, os bens, produtos, mercadorias, e serviços que permitem (ou não permitem) o crédito do imposto; nem, também, fracionar esse direito a período de tempo ou utilização. O Congresso Nacional não é o dono do ICMS, pois deve obediência às diretrizes constitucionais, não podendo subverter a ordem jurídica e os postulados econômicos.

O contribuinte tem direito a apropriar os valores do ICMS – *crédito financeiro* – desconsiderando o *crédito físico* – restrito à simples circulação ou utilização material dos bens e serviços, uma vez que a limitação pertinente ao âmbito circulatório implicaria desprezar parte da carga tributária assumida pelo contribuinte; que, inevitavelmente, seria acrescida ao custo dos bens/serviços, com reflexos nos seus valores e preços respectivos.

Inaceitável restringir o direito a crédito a "mercadoria ou serviço", dentro de determinado período de tempo, ou à vista de cada operação (na forma alvitrada na LC 87/96, art. 26, I e II), uma vez que a CF/1988 não contém limitação de tal natureza.

O critério fiscalista – e divorciado da realidade constitucional – só tem permitido o crédito na medida em que exista vinculação específica dos bens materiais e dos serviços tomados com os produtos industrializados/comercializados e serviços prestados. Nas atividades industriais, os bens seriam consumidos (ainda que de forma parcial), compreendendo-se o desgaste, desbaste, o dano, a perda das propriedades físicas ou químicas, com a ação direta do mesmo sobre o produto em fabricação, ou desse sobre o insumo.

Esta questão tem primado pela controvérsia no que concerne à apropriação dos créditos relativamente a bens que têm a característica de ferramentas, partes e peças de máquinas, mediante o exame de cada caso, de nada valendo critérios formados aprioristicamente, ou a consideração de conceitos estranhos da realidade empresarial. Sempre foi questionada a limitação do crédito ao consumo direto, imediato e integral, dos materiais ou produtos participantes do processo industrial.

A única restrição do direito ao crédito encontra-se excepcionalmente prevista na Constituição, no sentido de que sempre que uma operação ou prestação forem isentas, ou não se configurar a hipótese de incidência do ICMS (casos estranhos ao negócio mercantil ou aos serviços de transporte interestadual/intermunicipal e de comunicação), o adquirente de tais mercadorias (ou serviços) não poderá apropriar os respectivos créditos do valor tributário.

A imunidade não se ajusta a esta situação, uma vez que não haveria o mínimo sentido jurídico em a Constituição proibir a incidência tributária, e, ao mesmo tempo, vedar a manutenção dos créditos. Este estranho entendimento implicaria na tributação parcial das operações/prestações tributadas.

Os casos de "isenção" e "não-incidência" – impeditivos do crédito – não se aplicam às demais espécies de desoneração tributária (benefícios e incentivos fiscais, como redução de base de cálculo, outorga de crédito presumido, ressarcimento em espécie), consoante postura do STF:

"ICMS – Princípio da não-cumulatividade – Mercadoria usada – Base de incidência menor – Proibição de crédito – Inconstitucionalidade.

"Conflita com o princípio da não-cumulatividade norma vedadora da compensação do valor recolhido na operação anterior. O fato de ter-se a diminuição valorativa da base de incidência não autoriza, sob o ângulo constitucional, tal proibição.

"Os preceitos das alíneas 'a' e 'b' do inciso II do § 2º do artigo 155 da Constituição Federal, somente têm pertinência em caso de isenção, ou não incidência, no que voltadas à totalidade do tributo, institutos inconfundíveis com o benefício fiscal em questão" (RE 151.031-0, Pleno, Rel. Min. Marco Aurélio, j. 5.2.1997, *DJU* de 6.6.1997, pp. 2.488-2.491).

2.2.2 A inidoneidade do contribuinte e o equivocado prejuízo do crédito

Questões circunscritas ao contribuinte originário – às quais os adquirentes dos bens e os tomadores dos serviços, como pessoas estranhas, nem mesmo têm acesso porque não lhes cabe o poder de polícia, de cunho fiscalizatório –, competem exclusivamente ao poder público.

É fundamental a existência dos negócios mercantis e das prestações de serviços de transportes (interestadual e intermunicipal) e de comunicação, para o gozo dos créditos do ICMS. Tratando-se de "operações" e "prestações" realizadas e comprovadas pelo contribuinte, que estejam inseridas numa cadeia negocial, não há que se impedir o direito ao crédito, sob a alegação fiscalista de que o emitente das notas fiscais é inidôneo (art. 23, da Lei Complementar 87, de 13.9.1996).

Reputo necessária, obrigatória e louvável a preocupação fazendária em coibir os negócios ilícitos, espúrios e sonegatórios, que tenham por escopo permitir transferências de créditos, simuladas em pseudovendas de bens e prestações de serviços.

A superioridade do interesse público sobre o privado constitui princípio de Direito Administrativo, delineado pela compreensão dos inúmeros postulados constitucionais. A arrecadação dos tributos decorre da competência da pessoa de direito público, significando um autêntico poder-dever, indispensável para atender à eficaz prestação de serviços, obras públicas etc.

Todavia, demais princípios constitucionais também devem ser observados de modo coerente, harmônico e sistemático, para que a ação governamental não se torne desmedida, desrespeitando o estatuto do contribuinte.

Mediante a aquisição de um bem industrial, comercial, ou de determinada espécie de serviço, nasce para o contribuinte o direito à "não-cumulatividade" tributária, operacionalizada por um crédito fiscal. Concretizado tal negócio jurídico, corporificado em nota fiscal, o adquirente pode escriturar os respectivos créditos de ICMS, independentemente da situação empresarial e fiscal, em que se encontra o fornecedor dos bens e serviços.

O que importa considerar é se a transação foi realizada com pessoa inscrita na repartição pública (justificada pela exibição da respectiva ficha cadastral), mesmo porque o STF já consagrou o entendimento de que "o comprador de boa-fé, ao IBC, ainda que sem a expedição de nota fiscal, habilita-se, quando da comercialização do produto, ao crédito do ICM que incidir sobre a operação anterior" (Súmula n. 571).

A inidoneidade dos fornecedores dos bens e serviços não pode redundar em conseqüentes glosas de créditos fiscais na escrita dos adquirentes dos bens e tomadores dos serviços, se estes ignoram tal situação; isto é, se não houve publicação formal (oficial) do respectivo ato fazendário do bloqueio de inscrição fiscal, conforme impõem as Constituições Federal (art. 37), e do Estado de São Paulo (art. 111).

Embora se argumente que o ato administrativo concernente à inidoneidade documental tem natureza declaratória de irregularidade, e que a concessão de inscrição na repartição fazendária não constitui cheque em branco para possibilitar a emissão de documentos sem amparo em efetivos negócios, é imprescindível sua publicação para projetar os pretendidos efeitos jurídicos e não serem promovidos *interna corporis*, unicamente.

O STJ já decidiu o seguinte:

"Tributário – ICMS – Mercadoria adquirida de pessoa jurídica inscrita no Cadastro de Contribuintes – Estabelecimento desconhecido – Sonegação do tributo – Responsabilidade do comprador.

"I – O comerciante que adquire mercadoria de pessoa jurídica regularmente inscrita, mediante nota fiscal e comprovado o respectivo pagamento do preço e do ICMS não pode ser responsabilizado pela omissão da vendedora, em recolher o tributo.

"Imputar responsabilidade ao comprador, em tal situação, seria atribuir a terceiro, sem previsão legal, responsabilidade tributária, em flagrante ofensa ao art. 128 do CTN.

"II – Não é licito exigir do comprador, que recolha novamente o tributo, que ele pagara ao adquirir mercadoria. Semelhante exigência ofenderia o princípio da não-cumulatividade" (REsp 96601-SP, 1ª Turma, Rel. Min. Humberto Gomes de Barros, j. 14.11.1996, *DJU* 1 de 16.12.1996, p. 50.766).

"Tributário. ICMS. Crédito decorrente de nota fiscal emitida por empresa cuja inscrição foi declarada inidônea. A inidoneidade da inscrição do vendedor só gera efeitos contra terceiros depois de publicada; todavia, ainda que idônea a inscrição, a nota fiscal só autoriza o aproveitamento dos créditos correspondentes se representativa de verdadeira compra. Hipótese em que a prova da efetividade do negócio sequer foi ensaiada. Recurso especial não conhecido" (REsp 77.631-SP, 2ª Turma, Rel. Min. Ari Pargendler, j. 18.8.1997, *DJU* 1, de 8.9.1997, p. 42.437).

Pondere-se que o instituto da solidariedade (igualação do comprador ao vendedor) não pode ter aplicação indiscriminada e absoluta, de modo a permitir ao Fisco a livre indicação ou escolha indiscriminada do sujeito passivo da obrigação tributária.

2.2.3 Bens do ativo permanente

A LC 87/96 introduziu novidade do âmbito eminentemente legal da "não-cumulatividade", ao conferir ao sujeito passivo o direito de creditar-se do imposto anteriormente cobrado em operações de que tenha resultado a entrada (real ou simbólica), no estabelecimento, de mercadorias destinadas ao ativo permanente, a partir de 1.11.1996 (arts. 20 e 33, III).

Entretanto, impusera estorno dos créditos no caso de ocorrer alienação antes de decorrido o prazo de cinco anos da data de sua aquisição, no montante de 20% por ano ou fração que faltasse para completar o qüinqüênio. Esta regra não se aplicava no caso de se referir a mercadorias ou serviços objeto de operações ou prestações destinadas ao exterior (art. 21, § 1º). Também determinara o estorno (art. 21) em específicas situações, que não são comentadas pela circunstância de modificação por legislação superveniente (Lei Complementar 102 de 12.7.2000).

A LC 102 estabelece (art. 20, § 5º, incisos I a VII) que, a partir de 1.8.2000, o procedimento específico para efeito de aproveitamento de créditos decorrentes de entrada de bens no estabelecimento destinados ao ativo permanente, passa a ser o seguinte:

a) a apropriação será feita à razão de um quarenta e oito avos por mês, devendo a primeira fração ser aproveitada no mês em que ocorrer a entrada no estabelecimento;

b) a cada período de apuração do imposto, não será admitido o creditamento de que trata o inciso I, em relação à proporção das operações de saídas ou prestações isentas ou não tributadas sobre o total das operações de saídas ou prestações efetuadas no mesmo período;

c) para aplicação do disposto nos incisos I e II, o montante do crédito a ser apropriado será obtido multiplicando-se o valor do respectivo crédito pelo valor igual a um quarenta e oito avos da relação entre o valor das operações de saídas e prestações do período, equiparando-se às tributadas, para fins deste inciso, as saídas e prestações com destino ao exterior;

d) o quociente de um quarenta e oito avos será proporcionalmente aumentado ou diminuído *pro rata die*, caso o período de apuração seja superior ou inferior a um mês;

e) na hipótese de alienação dos bens do ativo permanente, antes de decorrido o prazo de quatro anos contado da data de sua aquisição, não será admitido, a partir da data da alienação, o creditamento de que trata este parágrafo em relação à fração que corresponderia ao montante do quadriênio;

f) serão objeto de outro lançamento, além do lançamento em conjunto com os demais créditos, em livro próprio ou de outra forma em que a legislação determinar;

g) ao final do quadragésimo oitavo mês contado da data da entrada do bem no estabelecimento, o saldo remanescente do crédito será cancelado.

As regras proibindo os contribuintes de aproveitar os créditos de ICMS antes de 1.11.1996, e sujeitas a determinados requisitos e restrições, são absolutamente injurídicas, por contrariarem o sentido constitucional do princípio da "não-cumulatividade", além de implicarem a equivocada premissa de que só há condição de manter os créditos na medida em que ocorra posterior saída tributada.

Certamente, desde a edição da EC 23/83, a integração de bens no ativo permanente não pode acarretar a anulação do respectivo crédito fiscal, simplesmente porque tais situações de natureza contábil/fiscal não se subsumem às restrições constitucionais (art. 155, § 2º, II, já comentado).

Inexiste substância jurídica na afirmativa de que, somente a partir da edição da LC 87/96 é que os "créditos financeiros" (impostos pertinentes a bens que não se integram em mercadorias, produtos e serviços), passaram a ser considerados na temática da "não-cumulatividade". Além de a Lei Complementar não ser o instrumento competente para conceder ou excluir créditos – mas unicamente disciplinar essa sistemática –, de há muito tempo quaisquer espécies de bens incorpóreos já se contêm no âmbito do crédito.

É irrelevante a circunstância de tais bens serem utilizados genericamente nas atividades do contribuinte, ou integrarem bens produzidos com ou sem incidência tributária. A "não-cumulatividade" só pode compreender o confronto de créditos de ICMS *versus* débitos de ICMS, alcançando todo o universo de suas atividades operacionais e não operacionais, em razão do quê é impertinente a vedação do crédito para mercadorias ou serviços alheios à atividade do estabelecimento, inclusive os veículos de transporte, salvo prova em contrário (art. 20, §§ 1º e 2º da LC 87/96).

A mudança legislativa acarretou sensível ônus para o contribuinte, uma vez que, se antes poderia apropriar integralmente o valor do imposto, a título de crédito pertinente aos bens adquiridos; a partir de 1.8.2000 o crédito só será usufruído de modo diluído (quarenta e oito meses). Além disso, pelo fato de a LC 87/96 não dispor sobre a atualização dos referidos valores, novas perdas financeiras terão que ser suportadas, vilipendiando o princípio da "não-cumulatividade".

2.2.4 Bens de uso e consumo

A LC 87/96 havia assegurado ao sujeito passivo o direito de se creditar do ICMS anteriormente incidente em operações resultantes da entrada (real ou simbólica) de mercadorias no estabelecimento, inclusive as destinadas ao seu uso e consumo, a partir de 1.1.1998 (arts. 20 e 33, I), posteriormente adiado para 1.1.2000 (LC 92, de 23.12.1997), e prorrogado para 1.1.2003 (LC 99, de 20.12.1999).

As mesmas considerações jurídicas expendidas no tocante aos bens do ativo permanente – procedendo-se à devida adequação – são plenamente aplicáveis aos bens em causa, reiterando que o direito ao crédito de ICMS passou a ter existência com a edição da EC 23/83, e não apenas com a previsão na LC 87/96.

É despiciendo o fato de tais bens (óleos, lubrificantes, café etc.) serem utilizados genericamente nas atividades do contribuinte, sem integrarem ou participarem concretamente das mercadorias, ou dos serviços pertinentes ao tributo estadual, objeto de posterior saída ou prestação de serviços.

É o caso dos materiais refratários utilizados como insumos empregados nos processos industriais para a obtenção de gusa, aço e suas ligas, agrupando-se em placas refratárias para canais de lingoteira, como fornos de fusão de aço, e como caçambas de vazamento de aço.

Também devem conferir direito a crédito as facas, fitas, alicates, tesouras, brocas, fresas, serras, escovas, feltro, pincéis, rebolos, lixas etc. independentemente de sua utilização.

2.2.5 Energia elétrica

A CF-88 estabeleceu a incidência do ICMS sobre o fornecimento de energia elétrica (art. 155, § 3º), que, embora não constitua bem corpóreo, passou a ser considerada mercadoria para fins de incidência tributária.

Todas as empresas consumidoras de energia elétrica (oneradas pelo imposto) passaram a ter direito de escriturar os respectivos valores (ICMS) como créditos, para fins de aplicação da "não-cumulatividade".

Na vigência do Convênio ICM 66/88 algumas Fazendas Estaduais condicionavam o direito a crédito às situações seguintes:

a) consumo direto no processo de produção ou preparação de mercadoria, bem como no de comercialização das mesmas, e de outras adquiridas para revenda;

b) iluminação dos ambientes onde se desenvolvem os aludidos processos, e na dos locais destinados à guarda, depósito e conservação dos estoques, que integram as mercadorias produzidas, de materiais consumidos na produção, preparo ou utilizados na comercialização de produtos acabados ou em processo de fabricação, e de mercadorias destinadas à revenda;

c) no funcionamento de máquinas, aparelhos e recipientes usados para armazenagem ou conservação dos referidos estoques.

Recomendavam que, existindo apenas um aparelho medidor no estabelecimento, responsável pela manutenção da energia elétrica utilizada nos setores produtivos (industrial, comercial etc.), deveria o contribuinte identificar e quantificar – do valor total de energia elétrica (consignado em documento fiscal), as parcelas correspondentes ao consumo direto no processo industrial (comercial etc.).

Sugeriam ao contribuinte que se munisse de elementos capazes de justificar os cálculos que levavam à cifra lançada como créditos nos livros fiscais, tais como planilhas de apropriação de quilowatts consumidos e laudo técnico por perito.

Evidente que todo o local de consumo da energia elétrica (fábrica, pátio, estacionamento, escritório, guarita etc.) sempre permitiria o direito ao crédito do respectivo ICMS, porque a CF não estabelecera essa espécie de restrição, mas apenas a impossibilidade de creditar-se de imposto em específica situação tributária (casos de isenção ou não-incidência).

Por conseguinte, resulta equivocado o entendimento do STF com relação ao ICMS concernente a estabelecimento comercial, a saber:

"Tributário. Pretendido crédito relativo ao ICMS incidente sobre a energia elétrica consumida em estabelecimento comercial.

"Não implicará o crédito para compensação com o montante do imposto devido nas operações ou prestações seguintes, a entrada de bens destinados a consumo ou à integração no ativo fixo do estabelecimento (art. 31, II, do Convênio ICM 66/88).

"Se não há saída do bem, ainda que na qualidade de componente de produto industrializado, não há falar-se em cumulatividade tributária" (RE 20068-6, 1ª Turma, Rel. Min. Ilmar Galvão, j. 8.10.1996, *DJU* 1, de 22.11.1996, p. 458).

Realmente, o direito ao crédito não se encontra condicionado ao tipo ou espécie de contribuinte do ICMS (estabelecimento produtor, comercial, industrializador, prestador de serviço de transporte e de comunicação), muito menos se encontra restrito ou vinculado a um produto industrializado.

É indiferente a natureza da atividade do contribuinte (produtor, comerciante, prestador de serviço ou até mesmo importador), além do que o estabelecimento não deverá ser considerado como consumidor final pelo fato de que está realizando operações, ou serviços, sujeitos ao ICMS, inserido no ciclo operações/serviços.

Entretanto, a LC 102/2000 veio dispor que somente dará direito a crédito (a partir de 1.8.2000) a entrada de energia elétrica no estabelecimento (art. 33, II):

a) quando for objeto de operação de saída de energia elétrica;

b) quando consumida no processo de industrialização;

c) quando seu consumo resultar em operação de saída ou prestação para o exterior, na proporção destas sobre as saídas ou prestações totais; e

d) a partir de 1º de janeiro de 2003, nas demais hipóteses.

A vinculação do crédito de ICMS relativo à energia elétrica às exclusivas operações com energia elétrica e industrialização, injustificadamente prejudica todas as demais categorias e atividades profissionais (comerciais, prestadores de serviços e produtores), sujeitas à sistemática do imposto, porque não mais poderão apropriar (a título de crédito) os valores tributários devidos pelo consumo de energia.

2.2.6 Serviço de comunicação

Na vigência da LC 87/96, o prestador de serviços de comunicação tinha assegurado o direito ao crédito de ICMS anteriormente cobrado em operações resultantes de entrada de mercadoria (real ou simbólica), no estabelecimento, inclusive a destinada ao ativo permanente, ao seu uso e consumo, ou o recebimento de serviços de transporte interestadual e intermunicipal e de *comunicação* (art. 20).

Embora também fossem aplicadas as mesmas normas restritivas – como apontado nos itens anteriores – essa específica atividade era considerada da mesma forma que as demais operações e prestações.

A LC 102/2000 (introduzindo o inciso IV no art. 33 da LC 87/96), passou a dispor o seguinte:

"IV – Somente dará direito a crédito o recebimento de serviços de comunicação utilizados pelo estabelecimento:

"a) ao qual tenham sido prestados na execução de serviços da mesma natureza;

"b) quando sua utilização resultar em operação de saída ou prestação para o exterior, na proporção desta sobre as saídas ou prestações totais; e

"c) a partir de 1º de janeiro de 2003, nas demais hipóteses".

Constata-se que o ICMS, onerando os industriais, comerciantes, produtores e prestadores de serviços de transporte interestadual/intermunicipal e de comunicação (telefonia, por exemplo), a partir de 1.8.2000, terá que ser integralmente suportado em razão de vedação ao crédito.

3. Transferibilidade do crédito

3.1 IPI

Os créditos do valor do imposto relativos às aquisições, serão escriturados nos livros fiscais para serem compensados com os débitos fiscais, decorrentes de saídas de produtos, de conformidade com os documentos fiscais, ao fim de um determinado período de tempo previsto legalmente.

Resultando saldo devedor, o contribuinte efetuará o respectivo recolhimento; enquanto que apurando saldo credor, será este transferido para o período seguinte.

O *saldo credor* do IPI existente em cada trimestre-calendário, decorrente de aquisição de matéria-prima, produtos intermediários e material de embalagem, aplicados na industrialização – inclusive de produto isento, tributado à alíquota zero, ou imune que o contribuinte não puder compensar com o IPI devido na saída de outros produtos –, poderá ser utilizado (Lei federal 9.779 de 19.1.1999, art. 11) *mediante ressarcimento* ou *compensação* (IN-SRF n.

33 de 4.3.1999 integrada à IN-SRF n. 21 de 10.3.1997).

Poderão ser objeto de ressarcimento sob a forma de compensação com débitos do IPI, da mesma pessoa jurídica, relativos às operações no mercado interno, os créditos:

a) decorrentes de estímulos fiscais na área do IPI, inclusive os relativos aos insumos adquiridos para emprego na industrialização de produtos imunes, isentos e tributados à alíquota zero, para os quais tenham sido asseguradas a manutenção e a utilização;

b) presumidos de IPI, como ressarcimento das contribuições para o PIS-PASEP e para a COFINS (Leis 9.363, de 1996, e 9.532, de 1997).

O *ressarcimento em espécie* condiciona-se à apresentação de requerimento, juntando certidão negativa de débitos (CND), à verificação da regularidade fiscal de todos os estabelecimentos da empresa concernentes aos tributos federais administrados pela Receita Federal.

Constatada a existência de débitos, inclusive objeto de parcelamento, o valor a ressarcir será utilizado para quitá-lo (compensação em procedimento de ofício), ficando o ressarcimento restrito ao saldo resultante. No caso de suspeitas de fraude será promovida verificação contábil e fiscal na empresa.

Não será admitido pedido de pessoa jurídica com processo judicial ou procedimento fiscal de determinação e exigência de crédito de IPI, em que a decisão definitiva a ser proferida pelo Judiciário ou pelo Segundo Conselho de Contribuintes do Ministério da Fazenda possa alterar o valor do ressarcimento.

O *ressarcimento* poderá ser realizado pela *compensação entre tributos e contribuições de diferentes espécies*, ainda quando não tenham natureza constitucional, inclusive quando decorrentes de sentença judicial transitada em julgado, mediante requerimento.

Caso o valor a ser ressarcido ou restituído seja insuficiente para quitar o total do débito, o contribuinte deverá efetuar o pagamento da diferença no prazo previsto na legislação. Caso haja redução no mencionado valor, a parcela do débito a ser quitado, excedente ao valor do crédito que houver sido deferido, ficará sujeita à incidência de acréscimos legais.

A utilização do crédito decorrente de sentença judicial, transitada em julgado, para compensação, somente poderá ser efetuada após prévia análise do pedido por autoridade administrativa, que deverá se pronunciar quanto ao mérito, valor e prazo de prescrição ou decadência.

A compensação de créditos de tributos incidentes nas operações de comércio exterior, com débitos de tributos devidos na importação, será informada no momento do registro da declaração no SISCOMEX, podendo ser efetuada independentemente do local onde tenha ocorrido o pagamento indevido ou maior do que o devido. O contribuinte poderá optar pela restituição ou compensação dos créditos com débitos de outra espécie.

Os pedidos de compensação de débitos, vencidos ou vincendos, de um estabelecimento da pessoa jurídica com créditos presumidos (ressarcimento da contribuição para o PIS e para a COFINS), de titularidade de outro, apurados de forma descentralizada, serão apresentados na Delegacia ou Inspetoria da Receita Federal do domicílio fiscal do estabelecimento titular do crédito.

O direito ao aproveitamento do saldo credor decorrente da aquisição de matéria-prima, produto intermediário, e material de embalagem aplicados na industrialização de produtos, inclusive imune, isentos ou tributados à alíquota zero, alcança, exclusivamente, os insumos recebidos no estabelecimento industrial ou equiparado a partir de 1º de janeiro de 1999.

Os créditos acumulados na escrita fiscal, existentes em 31 de dezembro de 1998, decorrentes de excesso de crédito em relação ao débito e da saída de produtos isentos com direito apenas à manutenção dos créditos, somente poderão ser aproveitados para dedução do IPI devido, sendo vedado o seu ressarcimento ou compensação.

Nesse sentido, foi estabelecido que o aproveitamento dos créditos do IPI somente poderá ser efetuado com débitos decorrentes da saída dos produtos acabados, existentes em 31 de dezembro de 1998, e dos fabricados a partir de 1º de janeiro de 1999, com a utilização dos insumos originadores desses créditos. Sob esse aspecto, considera-se que os produtos que primeiro saírem foram industrializados com a utilização dos insumos que primeiro entraram no estabelecimento. Esse aproveitamento somente será admitido após esgotados os referidos créditos.

É vedada a compensação de débitos do sujeito passivo, relativos a impostos ou contribuições administrados pela Receita Federal, com créditos de terceiros (IN-SRF n. 41 de 7.4.2000).

Não poderá ser solicitada restituição, compensação ou ressarcimento de créditos decorrentes de tributos, cujo encargo financeiro tenha sido suportado por outro (IOF e IPI).

3.2 ICMS

A LC 87/96 estabelecera o seguinte:

"Art. 24. A legislação tributária estadual disporá sobre o período de apuração do imposto. As obrigações consideram-se vencidas na data em que termina o período de apuração e serão liquidadas por compensação ou mediante pagamento em dinheiro como disposto neste artigo:

"I – as obrigações consideram-se liquidadas por compensação até o montante dos créditos escriturados no mesmo período mais o saldo credor de período ou períodos anteriores, se for o caso;

"II – se o montante dos débitos do período superar o dos créditos, a diferença será liquidada dentro do prazo fixado pelo Estado;

"III – se o montante dos créditos superar o dos débitos, a diferença será transportada para o período seguinte."

"Art. 25. Para efeito de aplicação do art. 24, os débitos e créditos devem ser apurados em cada estabelecimento do sujeito passivo. Para este mesmo efeito, a lei estadual poderá determinar que se leve em conta o conjunto dos débitos e créditos de todos os estabelecimentos do sujeito passivo no Estado.

"§ 1º. Saldos credores acumulados a partir da data de publicação desta Lei Complementar por estabelecimentos que realizem operações e prestações de que tratam o inciso II do art. 3º e seu parágrafo único podem ser, na proporção que estas saídas representem do total das saídas realizadas pelo estabelecimento:

"I – imputados pelo sujeito passivo a qualquer estabelecimento seu no Estado;

"II – havendo saldo remanescente, transferido pelo sujeito passivo a outros contribuintes do mesmo Estado, mediante a emissão pela autoridade competente de documento que reconheça o crédito.

"§ 2º. Lei Estadual poderá, nos demais casos de saldos credores acumulados a partir da vigência desta Lei Complementar, permitir que:

"I – sejam imputados pelo sujeito passivo a qualquer estabelecimento seu no Estado;

"II – sejam transferidos, nas condições que definir, a outros contribuintes do mesmo Estado."

Tradicionalmente, a escrituração de créditos e débitos implicadora em apuração de saldo devedor (obrigação de recolhimento do ICMS), ou credor (direito à transferência e/ou ressarcimento), é realizada em cada estabelecimento da pessoa jurídica, o que pode acarretar distorção do ICMS efetivamente devido pelo contribuinte, considerado em sua universalidade de negócios jurídicos.

Nesse sentido, alguns Estados permitem que os saldos devedores e credores, relativos a cada um dos estabelecimentos do mesmo titular localizados dentro de seu território, poderão ser transferidos (total ou parcialmente) para um estabelecimento centralizador, para a devida compensação, sendo o resultado (quando devedor) objeto de recolhimento único.

Este estabelecimento centralizador é eleito pelo contribuinte abrangendo os estabelecimentos enquadrados no mesmo regime de apuração de imposto, podendo este regime não ser aplicado (a) ao valor do imposto devido na condição de sujeito passivo por substituição tributária com retenção antecipada do imposto; e (b) à operação ou prestação, relativamente à qual a legislação exija recolhimento do imposto em separado.

Usualmente a legislação estadual (como é o caso de São Paulo, Decreto 45.490 de 30.11.2000 – RICMS/SP) veda: a) a restituição ou a autorização para aproveitamento como crédito fiscal do valor do imposto que tiver sido utilizado como crédito pelo estabelecimento destinatário; b) a restituição ou autorização para aproveitamento, de saldo de crédito existente na data do encerramento das atividades de qualquer estabelecimento; e c) a transferência de saldo de crédito de um para outro estabelecimento.

Entretanto, é permitida a transferência de *saldo credor* em específicas situações relativas a transferências entre estabelecimentos produtores, cooperativas, interdependentes; e também de *crédito acumulado* (considerado como o valor decorrente de: a) aplicação de alíquotas diversificadas em operações de entrada e de saída de mercadoria ou em serviço prestado ou tomado; b) operação ou prestação efetuada com redução de base de cálculo; e c) operação ou prestação realizada sem o pagamento do imposto, tais como isenção ou não-incidência com manutenção de crédito, ou, ainda, abrangida pela substituição tributária com retenção antecipada do imposto ou do diferimento).

Relativamente ao *crédito acumulado* é possibilitada a transferência, nas situações seguintes:

I – de um para outro estabelecimento da mesma empresa;

II – para estabelecimento de empresa interdependente;

III – para estabelecimento fornecedor, a título de pagamento das aquisições feitas por estabelecimento industrial, nas operações de compra de (a) matéria-prima, material secundário ou de embalagem para uso pelo adquirente na fabricação de seus produtos, ou (b) máquinas, aparelhos e equipamentos industriais para integração no ativo imobilizado;

IV – para estabelecimento fornecedor, a título de pagamento das aquisições feitas por estabelecimento comercial, até determinado limite do valor de cada operação de compra de bem destinado ao ativo permanente para utilização direta na sua atividade comercial;

V – a título de pagamento de aquisições de específicos veículos, ou de combustível, efetuadas pelo estabelecimento prestador de serviço de transporte de bem, mercadoria ou valor, para utilização no exercício de sua atividade, para estabelecimento (a) fornecedor de combustível; e (b) fabricante do caminhão ou chassi com motor;

VI – do estabelecimento fabricante de álcool carburante para o estabelecimento de cooperativa centralizadora de vendas, até determinado limite do imposto incidente na remessa daquele produto;

VII – para o estabelecimento industrializador do petróleo bruto, decorrente de operação com combustível líquido ou gasoso ou lubrificante, derivado de petróleo.

Veda-se a apropriação e a utilização de crédito acumulado ao contribuinte que, por qualquer estabelecimento situado em território paulista, tiver débito do imposto, salvo se este for: a) apurado pelo Fisco, enquanto não inscrito na dívida ativa; b) objeto de pedido de liquidação inscrito na dívida ativa e ajuizado, garantido por depósito, judicial ou administrativo, fiança bancária, imóvel com penhora formalizada ou outro tipo de garantia, a juízo da Procuradoria do Estado; ou objeto de pedido de parcelamento deferido e celebrado, que esteja sendo cumprido, desde que autorizado pelo Secretário da Fazenda.

Outorga-se competência ao Secretário da Fazenda para autorizar o aproveitamento de crédito acumulado em razão de ocorrências não previstas normalmente na legislação ou a transferência de crédito acumulado entre estabelecimentos de empresas que não forem interdependentes.

4. Observações críticas

4.1 IPI

A "não-cumulatividade" tem raiz na Constituição Federal, e não se encontra sujeita a nenhuma restrição (constitucional ou legal), devendo ser efetivada mediante o aproveitamento do respectivo crédito relativo a todas as operações desoneradas do tributo.

A diretriz jurisprudencial impõe o direito a crédito nas operações sem previsão legal de alíquotas, relativamente a insumos utilizados em operações tributadas. Para tanto, pode ser considerada para o insumo (desonerado de imposto) a alíquota aplicável ao produto final, a fim de apurar o valor que representaria (proporcionalmente) na sua elaboração, mediante a utilização de princípios contábeis.

A fruição de créditos de IPI deve ser abrangente de todas as aquisições de bens (matérias-primas, produtos intermediários, materiais auxiliares, de embalagem, ativo permanente etc.), ainda que os produtos estejam desonerados do imposto (produtos isentos, sujeitos à alíquota zero, livre de direitos, imunes, e não tributados).

A determinação constitucional implica que o *saldo credor* e o *crédito acumulado* deveriam ser aproveitados pelo contribuinte de forma ampla, tais como: compensação com os débitos do IPI; transposição para o período seguinte de apuração; compensação com débitos de tributos federais de quaisquer espécies; transferência para outros contribuintes a qualquer título (liquidação de tributos, aquisição de bens etc.), e ressarcimento em espécie.

Os produtos não-tributados (NT) não poderiam ser excluídos da sistemática de aproveitamento dos créditos (ressarcimento e compensação dos saldos *credor* e *acumulado*).

A circunstância de o contribuinte estar litigando (esfera administrativa ou judicial) não pode constituir causa impeditiva de aproveitamento do crédito (natureza constitucional), por ferir princípios constitucionais (ampla defesa e universalidade da jurisdição). Os interesses da União não ficarão prejudicados no caso de as decisões denegarem a fruição dos créditos, porque poderá inscrever o respectivo valor como Dívida Ativa, aparelhando execução fiscal.

A recuperação dos créditos de IPI não pode ser obstada pelo fato de o respectivo encargo "financeiro" ter sido suportado por terceiros, porque o IOF não constitui tributo que, por sua natureza, comporte a translação do aludido ônus (a teor do art. 166 do CTN) em razão de não incidir sobre operações com produtos industrializados, que naturalmente implica na majoração do respectivo valor.

A assunção de encargo financeiro constitui relação de natureza privada, que não pode obstaculizar o ressarcimento do valor tributário, porque a jurisprudência do STF sedimentou-se no sentido de entender irrelevante para o reconhecimento do direito ao crédito do Imposto sobre Circulação de Mercadorias (aplicável ao IPI) o fato de haver ocorrido a transferência do ônus ao adquirente da mercadoria industrializada (v. RE 170830-1-SP, 2ª Turma, Rel. Min. Marco Aurélio, j. 1.4.1997, *DJU* 1 de 30.5.1997, p. 23.190).

Injurídica a fixação de termo inicial (1.1.1999) para a consideração dos insumos recebidos pelo contribuinte, uma vez que o direito a crédito tem fundamento na CF promulgada em 5.10.1988.

4.2 ICMS

O direito ao crédito de ICMS foi outorgado ao contribuinte com as edições da CF de 1967, EC-23/83 (operações mercantis), e CF de 1988 (prestações de serviços de transporte interestadual e intermunicipal, e de comunicação).

As únicas restrições (art. 155, § 2º, II, CF/1988) concernem aos casos (operações e prestações) de isenção ou não-incidência.

Assim, salvo as excepcionais limitações, todas as aquisições de bens de qualquer natureza (mercadorias, serviços, ativo permanente, uso e consumo, energia elétrica, comunicações), oneradas pelo imposto, permitem a utilização do direito a crédito.

À lei complementar apenas compete "disciplinar" o regime de compensação, para permitir a sua plena operacionalidade, mas nunca cercear, de qualquer modo, o direito à "não-cumulatividade". As Leis Complementares 87/1996, 92/1997, 99/1999 e 102/2000 são inconstitucionais nas situações em que impedem ou restringem o aproveitamento dos créditos do imposto.

Ao contribuinte é facultado apurar os valores tributários relativamente a cada estabelecimento, ou de forma centralizada, podendo promover o aproveitamento do *saldo credor* e do *crédito acumulado*, mediante diversas modalidades, e sem sofrer as restrições meramente legais ou regulamentares (basicamente na forma apontada para o IPI).

A GRAVE CUMULATIVIDADE REMANESCENTE DO ICMS E A EMENDA CONSTITUCIONAL 33/2001

MISABEL ABREU MACHADO DERZI

Professora dos Cursos de Graduação e Pós-Graduação em Direito da UFMG. Professora Titular em Direito Tributário da Faculdade Direito Milton Campos. Advogada, Consultora e Parecerista

1. Introdução

A tributação nas relações de consumo, do ponto de vista econômico, pode envolver todos os impostos ou contribuições que são transferidos pelo mecanismo dos preços, ao valor final das mercadorias e serviços, onerando o consumidor.

Afirmar que tributos como o Imposto de Importação (II), o Imposto sobre Operação de Circulação de Mercadorias e Serviços de Transporte e Comunicação (ICMS), o Imposto sobre Produtos Industrializados (IPI), o Imposto sobre Serviços de Qualquer Natureza (ISS) ou a Contribuição para o Financiamento da Seguridade (COFINS) são repassados ao consumidor final e não podem ser suportados pela empresa, porque independem dos resultados da pessoa e integram o custo da atividade, é uma verdade econômica. O ordenamento jurídico, que não conflita com a realidade econômica, autoriza que tais tributos sejam transferidos, pelo mecanismo dos preços das mercadorias e serviços, aos consumidores. Inexistisse a transferência, logo o endividamento e a insolvência comprometeriam a saúde financeira de toda a atividade econômica. Mas essa afirmação que é simplesmente econômica para a maior parte dos tributos, que oneram a pessoa independentemente do resultado da atividade, no caso do ICMS e do IPI, ao contrário, encontra apoio jurídico na Constituição brasileira.

Juridicamente, somente existem dois impostos "indiretos" por presunção: o imposto sobre produtos industrializados – IPI, de competência da União – e o imposto sobre operações de circulação de mercadorias e prestação de serviços de transporte e de comunicação – ICMS, de competência dos Estados. O caráter "indireto" dos demais tributos, como quer Aliomar Baleeiro, é apenas uma especulação econômica, pois são muitas as variáveis (condições de mercado, competitividade, de estrutura e incidência da exação, natureza do produto etc.), que podem desencadear ou não a translação. Portanto, a presunção jurídica de transferência somente se coloca em relação àqueles impostos, IPI e ICMS, cabendo ao *solvens* que fez o pagamento indevido, demonstrar que tem legitimidade para pleitear a devolução, por ter suportado o encargo. Tem assim o art. 166 do Código Tributário Nacional aplicação muito restrita, pois, juridicamente, apenas esses dois tributos presumem-se "indiretos" em sua natureza.

A rigor, a presunção decorre diretamente da Constituição Federal. Em relação a eles, IPI e ICMS, a Constituição Federal adota princípios – o da seletividade, o da não-cumulatividade e o da neutralidade – que somente podem ser explicados ou compreendidos integralmente pelo fenômeno da translação, uma vez que a redução do imposto a recolher, entre outros objetivos – em um ou outro princípio – se destina a beneficiar o consumidor, por meio da repercussão no mecanismo dos preços. E mais, não apenas há uma aceitação jurídico-constitucional da repercussão do encargo financeiro, mas ainda uma autorização para a transferência.

Em relação aos demais tributos incidentes sobre o consumo, especialmente as contribuições sociais, a Constituição tolera-lhes a cumulatividade, portanto a ausência de neutralidade, com danosas repercussões para o mercado e os agentes econômicos envolvidos. Além disso, não lhes impõe a seletividade, embora seja economicamente aceito que incidem nas relações de consumo, em decorrência da repercussão nos preços. Os fins nobilíssimos a que se prendem – custeio da Seguridade Social – vinham atenuando tais defeitos (cumulatividade, ausência de seletividade e de neutralidade), até que a tredestinação, os desvios de finalidade que se praticavam encontraram autorização na Emenda Constitucional 27/2000.

2. *Não-cumulatividade, neutralidade e capacidade contributiva no ICMS*

Por que não optar por um tributo sobre vendas mais simples, que incidisse apenas na fábrica ou somente nas vendas no varejo?

A alta produtividade de um tributo que incide em todas as etapas, em que há efetiva operação de circulação, sem exclusão de nenhuma delas, a homogeneidade na incidência sem distorções desequilibradas na formação dos preços e os interesses dos fiscos envolvidos foram as razões que prevaleceram, ditando a adoção de um tributo plurifásico amplo, tanto na União Européia como na América Latina, depois imitada por países nos demais continentes. A limitação do imposto às fábricas ou às vendas até o atacado, por exemplo, simplificariam o tributo e facilitariam a fiscalização contra a evasão, mas colheriam a mercadoria sem agregação da mais-valia subseqüente, de modo que a incidência não alcançaria o maior preço ou o maior valor do bem no mercado. Por sua vez, a incidência única nas vendas de varejo tem os altos inconvenientes de facilitar a evasão, retardar o recolhimento do imposto para os fiscos e, finalmente, de agregar cumulatividade residual de difícil eliminação.

O que releva realçar aqui é exatamente o fato de que a decisão pela plurifasia da incidência acarreta a necessidade de se decidir sobre outra questão não menos relevante, a da cumulatividade ou não-cumulatividade do tributo.

São conhecidos os efeitos do tributos cumulativos, já longamente expostos por economistas e juristas. Utilizemos a síntese de Gomez Sabaini sobre os efeitos danosos dos tributos cumulativos (v. *Coordinación de la Imposición General a los Consumos entre Nación y Provincias*, Chile, CEPAL, 1993, p. 24), que se apóia em John Due (*Indirect Taxation in Developing Economies*, Baltimore, J. Hopkins Press, 1970), ou seja:

• distorção da alocação dos recursos econômicos, já que o imposto não é neutro, alterando os preços desde o produtor até o consumidor final; rompe-se com a neutralidade na competitividade;

• distorção no preço dos bens, maior ou menor, segundo a maior ou menor possibilidade de integração vertical de cada setor;

• desestímulo à exportação já que não se pode devolver o imposto contido nos insumos e bens de capital, incorporados ao valor do bem exportado. Nessa hipótese ele onera a produção e não o consumo;

• estímulo à importação de bens, especialmente acabados, já que o tributo incidente sobre a importação alcança apenas a etapa final deles, enquanto os produtos domésticos são atingidos cumulativamente em todas as suas etapas;

• efeitos nos preços finais de aumento progressivo;

• administração mais cara pois exige fiscalização ampla, plurifásica, sem nenhum tipo de vinculação entre contribuintes, como ocorre no sistema de compensação em que o débito de um contribuinte é o crédito de outro.

A França foi o primeiro país industrializado a se aperceber das desvantagens de um imposto cumulativo, incidente em todas as fases de circulação. Se já em 1936, se fazem as primeiras tentativas de mudança, apenas no ano de 1954 se criou a *Taxe sur la Valeur Ajoutée*, tributo retocado, posteriormente, mas ainda hoje vigente na França (v. Julliot de la Morandière *et alii*, *Droit Commerciel et Droit Fiscal des Affaires*, t. II, Paris, Dalloz, 1965, pp. 628 e ss.). A rica experiência francesa se difundiu velozmente a partir da década de sessenta.

O Brasil introduziu o princípio da não-cumulatividade com a Reforma Constitucional 18, de 1965; a Comunidade Econômica Européia adota o imposto sobre o valor adicionado como projeto de sua primeira diretriz, finalmente aprovada pelo Conselho em 1967, sendo paulatinamente implementada por seus membros; a Alemanha o introduz a partir de 1968; a Dinamarca, pela lei de março de 1967; a Inglaterra, em 1º de abril de 1973; a Irlanda, em 1972; o Luxemburgo e a Bélgica, em 1969. A partir do final dos anos sessenta, também esse tipo de tributo sobre vendas líquidas se difunde por toda a América Latina (Bolívia, Uruguai, Peru, Equador, Argentina) sendo recentemente introduzido no Paraguai, em 1992, para futura harmonização no MERCOSUL (v. Manuel de Juano, *Tributación sobre el Valor Agregado*, Buenos Aires, V. P. Zavalia Ed., 1975, 287 pp.; Hugo González Cano, *Analisis de los Sistemas Tributarios en el Mercosul*, Informe apresentado no Seminário ILDAT, Itália, 29 de junho a 6 de julho de 1992).

Essas as razões pelas quais a Constituição brasileira insiste em um complicado imposto plurifásico, não-cumulativo, sobre a circulação de mercadorias. Essas as razões pelas quais a Europa adotou e mantém o mesmo tributo, em lugar de um simples imposto monofásico sobre o consumo, que não pode oferecer as mesmas conseqüências positivas.

A Comunidade Européia adotou em sua primeira diretiva (1967) para harmonização geral do imposto de consumo, o modelo IVA tal como resultou da longa experiência francesa, de pagamentos fracionados e dedução financeira dos investimentos (posteriormente desenvolvido em sua sexta diretiva, de maio de 1977) (v. Jean-Jacques Philippe, *La TVA à l'heure Européenne*, Paris, Litec, 1993; Jean-Ives Mercier e outro, *Les Impôts en France. 1995-1996*, Paris, Ed. Lefebvre, 1996; Lothar Schemmel, *Steuerharmonisierung*, Karl-Bräuer-Institut, 1990; Jean Marc Tirard, *La Fiscalité des Sociétés das la CEE*, Paris, La Villeguerin, 1993; Paul Former-Richard Lyal, *EC Tax Law*, Oxford, Clarendon Press, 1994).

Pode-se inferir mesmo que o princípio da não-cumulatividade ganhou colorido de universalidade. O IVA dos europeus e latino-americanos, muito similar ao nosso ICMS, foi adotado em todos os continentes, por mais de cem países, entre eles o Japão, a China, a Rússia, a Suíça (exceções relevantes são os EEUU e a Índia), constituindo-se em relevantíssimo imposto de *massa*, transferido ao consumo de bilhões de pessoas. Economicamente onera o consumo final e a formação bruta do capital fixo das famílias; onera ainda os consumos intermediários e a formação bruta das administrações públicas no mundo inteiro.

O que cada uma dessas legislações tem em comum?

Como, economicamente, o tributo é transferido para o adquirente pelo mecanismo dos preços, acaba sendo suportado, em definitivo, pelo consumidor final. Procura-se, então, propiciar ingressos à Fazenda em cada uma das etapas do processo econômico de produção, distribuição e comercialização, *na proporção que cada uma delas incorpora, agrega ou adiciona valor ao produto*. Daí a expressão, *valor adicionado ou agregado*, que passou a nomear o imposto em muitos países.

Enfim, todos os sistemas jurídicos procuram preservar e assimilar certos efeitos econômicos comuns tanto ao IVA da América Latina, como ao TVA europeu ou ao ICMS brasileiro: um imposto que, incidindo em todas as fases de produção e circulação, procura, por meio da "dedução do imposto pago na operação anterior, alcançar apenas a circulação mercantil líqüida de cada empresa, ou seja, tributar apenas o valor adicionado realizado por ela. Daí os conceitos de imposto sobre as vendas líqüidas ou imposto sobre o valor adicionado (*Mehrwersteuer*)" (v. Heinrich Rauser, *Steuerlehre*, Winklers Verlag, 1983, p. 32).

Mas no Brasil, ao contrário do que acontece nos países da Comunidade Européia, há mais de trinta anos, o princípio da não-cumulatividade tornou-se princípio constitucional.

A Emenda Constitucional 18, de 1.12. 1965, já o consagrara. Manteve-se intacto na evolução constitucional posterior. Na CF/ 1967, art. 22, V, § 4º (IPI) e art. 24, II, § 5º (ICM). A Emenda 1/1969 manteve o princípio para o IPI no art. 21, V, § 3º e para o ICM no art. 23, II. A Constituição de 1988, igualmente, realça o princípio da não-cumulatividade em relação a ambos os impostos, a saber: Reza a CF/1988:

Art. 153, § 3º, "o imposto previsto no inciso IV (IPI) (...) II – Será não-cumulativo, compensando-se o que for devido em cada operação com o montante cobrado nas anteriores".

Art. 155, § 2º, I, O imposto previsto no inciso I, *b* (ICMS) atenderá ao seguinte: I – "Será não-cumulativo, compensando-se o que for devido em cada operação relativa à circulação de mercadorias ou prestação de serviços com o montante cobrado nas anteriores pelo mesmo ou outro Estado ou pelo Distrito Federal".

Acresce ainda que, apesar de ter autorizado a coexistência de tributos plurifásicos e cumulativos como a CPMF, a PIS e a COFINS, reduziu-lhes a possibilidade de expansão, em relação ao exercício da competência residual da União, nos arts. 154, I, e 195, § 4º. Portanto, o princípio da não-cumulatividade não configura, na ordem jurídica nacional, uma regra tópica, mas direção, tendência, princípio (posto em norma densificada) que norteia relevantes impostos como o IPI e o ICMS, assim como quaisquer outros tributos incidentes sobre o consumo – impostos ou contribuições – que vierem a ser criados pelo legislador.

Entretanto, como se sabe, até data recente, o imposto estadual sobre a circulação guardava substancial cumulatividade. Apesar de a Constituição Federal consagrar expressamente o princípio da não-cumulatividade de forma ampla, a legislação infraconstitucional, de duvidosa constitucionalidade, reduziu-o, concedendo crédito apenas físico, limitado aos insumos que se incorporarem ao produto final ou se consumirem inteiramente no curso do processo de produção. Assim o imposto pago nas aquisições dos bens de capital (bens do ativo fixo), ao contrário do que ocorre nos países europeus e latino-americanos, não gerava crédito, onerando os preços finais no mercado interno e atenuando a competitividade dos produtos nacionais no mercado externo. Basta lembrar que, embora a manutenção dos créditos na exportação tivesse sido determinada pela Lei Complementar 65/1991, quanto aos produtos industrializados, tal regra da proibição do estorno não tinha o alcance que se desejaria. É que sendo o regime de compensação limitado, os preços dos produtos industrializados exportados refletiam os impostos pagos em operações anteriores (relativamente aos bens de capital), que não geravam crédito.

Fenômeno idêntico ocorrera em França, antes da reforma de 1954, chamado de *dupla tributação dos investimentos*. Com efeito, "o imposto, tendo gravado as compras de equipamentos não era dedutível do imposto a pagar. Eles suportavam uma primeira tributação na compra e uma segunda na venda, na medida em que uma fração de seu valor era incorporada ao preço do produto acabado, sob a forma de amortização" (cf. Jean-Jacques Philippe, *La TVA à l'lheure Européenne*, Paris, Litec, 1993, p. 10).

Exatamente tais vícios a Lei Complementar 87/1996 veio corrigir, vedando ainda o estorno dos créditos referentes a mercadorias e serviços objeto de operações de exportação, ***que são totalmente desoneradas*** (art. 21, § 2º). Assim a regra do estorno do crédito nas isenções e não-incidências é derrogada, ajustando-se o Brasil às demais economias do planeta em relação à política de exportação.

A Constituição de 1988, como se percebe pela singela leitura do art. 155, § 2º, I, não autoriza que o ICMS onere o contribuinte *de iure*. Ao contrário, por meio do princípio da não-cumulatividade, garante-se que o contribuinte, nas operações de venda que promova, *transfira* ao adquirente o ônus do imposto que adiantará ao Estado e, ao mesmo tempo, possa ele *creditar-se* do imposto que suportou nas operações anteriores.

A Lei Fundamental somente se concilia com um só entendimento: o ICMS e o IPI não devem ser suportados pelo contribuinte (comerciante, industrial ou produtor). Se o consumidor é o único que não tem direito de crédito, correspondente ao imposto suportado em suas aquisições, então a ordem jurídica supõe que sofra a repercussão (jurídica) do tributo.

O raciocínio jurídico é simples. Se a Carta brasileira impõe a observância do princípio da não-cumulatividade, de tal sorte que o contribuinte (comerciante) deve compensar com o imposto incidente sobre as operações que realizar, o imposto relativo às compras por ele efetuadas, então ela assegura, como de resto o fazem os demais países que adotam tributo similar, que o contribuinte, nas operações de venda que promova, *transfira* ao adquirente o ônus do imposto que adiantará ao Estado e, ao mesmo tempo, possa ele *creditar-se* do imposto que suportou em suas aquisições (embora na posição de adquirente apenas tenha sofrido a transferência e nada tenha pessoalmente recolhido aos cofres públicos). Assim todo adquirente (exceto o consumidor final, não contribuinte) tem o direito, constitucionalmente expresso, de deduzir o imposto que lhe foi transferido pelo vendedor ou promotor da operação.

Portanto, o princípio, consagrado na Lei Fundamental, autoriza único entendimento: o ICMS não deve ser suportado pelo contribuinte (comerciante, industrial ou produtor); o ICMS, por licença constitucional, onera o consumidor – não contribuinte – que não pode repassar o custo do imposto.

Essa, aliás, a regra universal, como alerta Klaus Tipke. Disso resulta que, numa operação entre empresas, cada uma delas pode se livrar, basicamente, através da dedução do imposto anterior, do imposto dela cobrado pela outra e transferir, na etapa de circulação, o ônus do imposto devido ao adquirente e assim, sucessivamente, até o consumidor final. Será justo, se um empresário não conseguir a transferência, por motivo de eqüidade, que ele seja beneficiado pela isenção do imposto. É a *Billigkeitserlass*, como reiteradamente menciona Tipke. Aliás, os fundamentos mais importantes para a adoção do princípio da não-cumulatividade repousam na neutralidade da concorrência, na repercussão mais justa dos preços, sem deformações e desvios perturbadores do desenvolvimento econômico, argumentos que sensibilizaram a Corte Constitucional alemã – BVerfG (cf. *Steuerrecht. Ein Systematischer Grundriss*, 9, Auf. Köln, Otto Schmidt KG, 1983, p. 410).

Como se observa, falamos de *repercussão jurídica* e não de repercussão *econômica*. Se a repercussão jurídica corresponde à econômica, essa é uma coincidência desejável ou desejada pelo legislador, mas apenas uma coincidência que muitas vezes não ocorre. Trata-se de simples presunção que fundamentou a norma. Pode se dar, ao contrário, que o contribuinte tenha adquirido a mercadoria em condições tão favoráveis, que, apesar do imposto lhe ter sido destacado na fatura de compra, o encargo econômico foi transferido para trás, contra o seu fornecedor, que lhe cedeu o bem pelo custo ou abaixo do custo.

O fato econômico, não obstante, em nada interfere com o princípio da *não-cumulatividade*, mantendo-se integral e perfeito o direito à compensação do contribuinte adquirente, que sofreu tão-somente *repercussão jurídica*, comprovada pelo destaque do imposto nas notas fiscais de entrada.

Bem se vê que os institutos econômicos são inspiradores das normas jurídicas, mas são por ela transformados em fatos jurídicos próprios (diferentes).

Assim, o princípio da *não-cumulatividade deve conferir*, tanto ao ICMS quanto ao IPI, *neutralidade*, não podendo tais tributos ferir as leis da livre concorrência e da competitividade, que norteiam os mercados. A *seletividade*, que autoriza o legislador a distinguir em razão da essencialidade dos produtos, diz respeito exatamente ao *consumidor*, que deve suportar o encargo tributário. Foi exatamente com esses princípios que adotamos tributos plurifásicos e não-cumulativos.

O interesse em um imposto plurifásico, não-cumulativo e neutro é considerado ideal em economias que tendem à integração, como nos modelos europeus ou latino-americanos. Ser *neutro* significa tanto ser indiferente na competitividade e concorrência, quanto na formação de preços de mercado. Ao mesmo tempo em que se adapta às necessidades de mercado, onerando o consumo e *nunca* a produção ou o comércio, o ICMS – Imposto sobre Operações de Circulação de Mercadorias e Serviços de Transporte e Comunicação – é plurifásico, e oferece maiores vantagens ao fisco, pois antecipa o imposto que seria devido apenas no consumo (vantagens financeiras), além de colocar todos os agentes econômicos das diversificadas etapas de circulação como responsáveis pela arrecadação (vantagens contra o risco da insolvência).

Em resumo, segundo os ditames da Constituição, tanto no IPI como no ICMS, a não-cumulatividade impõe *neutralidade*, ou seja, como tais impostos não podem interferir na formação dos preços e na competitividade, não são suportáveis pelo contribuinte (o industrial, o comerciante), mas pelo consumidor.

Não se põe assim a questão da capacidade contributiva do comerciante, pois ele não deve suportar o encargo. Em conseqüência, o que a Constituição manda medir, por meio do princípio da *seletividade*, é a *capacidade contributiva do consumidor*. Em economias de mercado, como nos modelos europeus ou latino-americanos, o imposto da modalidade do ICMS ou do IPI é considerado o ideal, exatamente por suas qualidades:

- é *neutro*, devendo ser indiferente tanto na competitividade e concorrência, quanto na formação de preços de mercado;
- *onera o consumo* e nunca a produção ou o comércio, adaptando-se às necessidades de mercado;
- *oferece maiores vantagens ao Fisco*, pois sendo plurifásico, permite *antecipar* o imposto que seria devido apenas no consumo (vantagens financeiras), e coloca ademais todos os agentes econômicos das diversificadas etapas de industrialização e circulação como *responsáveis* pela arrecadação (vantagens contra o risco da insolvência).

Apesar de a não-cumulatividade configurar uma regra fortemente universalizada, comum a mais de cem países, obrigatória em toda a Comunidade Européia, entre nós é ainda princípio constitucional (não apenas regra tópica), que marca uma tendência de todos os nossos impostos ou contribuições sobre o consumo.

3. A tributação plurifásica não-cumulativa corresponde a uma incidência única. As isenções intercorrentes e seus efeitos negativos. Problemas desencadeados pela Emenda Constitucional 33/2001

Impostos plurifásicos e não-cumulativos foram pensados para eqüivalerem a *impostos de incidência única*, com as vantagens de se antecipar, desde a primeira etapa, em parcelas, o tributo que somente seria devido ao Fisco na etapa final, sem os riscos da insolvência, ou pelo menos, sua redução. Todos os manuais de Direito Tributário europeus contêm exemplos, como esse que se segue:

EXEMPLO: IMPOSTO-CONTRA-IMPOSTO					
	Fabricante		Atacadista		Varejista
Preço de venda (R$)	300,00		360,00		450,00
Débito Imposto (18%)	54,00		64,80		81,00
- Crédito Imposto anterior	0		54,00		64,80
A recolher: o total não excederá a 81,00	54,00	+	10,80	+	16,20

O princípio da não-cumulatividade, posto na Constituição, no art. 155, § 2º, I, se assenta no método da *diferença* ou *subtração*, segundo o qual o valor do imposto a ser recolhido, em cada etapa, corresponderá à diferença entre o débito do imposto gerado pela promoção da operação de circulação de mercadorias-vendas, e o crédito fiscal oriundo do imposto incidente nas aquisições-compras no mesmo período. É a técnica do *imposto-contra-imposto*, adotada no Brasil e pela maioria dos demais países, para se calcular o montante do tributo a recolher aos cofres públicos por cada contribuinte. Observa-se que o total do imposto a recolher aos cofres públicos em todas as etapas (no exemplo, R$ 81,00) será equivalente a uma incidência única na última etapa (R$ 81,00).

Estima-se que a incidência única, no varejo, p. ex., acarretará cumulatividade, estimada em 30% do preço final do bem. Estudos desenvolveram-se em relação à *tax sale* dos norte-americanos, para demonstrar que o valor da aquisição dos bens do ativo ou de uso e consumo vem amortizado no valor de venda das mercadorias ou produtos saídos-vendidos. É evidente que se tiver havido incidência do imposto nas compras de bens de uso e consumo, ou daqueles, que se destinam a integrar o ativo permanente do estabelecimento comercial, haverá nova incidência cumulativa sobre o valor das mercadorias alienadas (que está integrado pelo custo das máquinas, equipamentos e outros). Não raramente, Estados norte-americanos autorizam os comerciantes a adquirirem bens de consumo ou ativo, sem incidência do imposto (*tax sale*).

Tributos plurifásicos e não-cumulativos realizam, pois, a proeza de incidirem em todas as fases de circulação, antecipando recursos ao Fisco, como se incidissem uma única vez na última operação de circulação de mercadorias ou prestação de serviços.

Essa também a lógica da Constituição, pois ela

• não admite nenhuma exceção ao princípio da não-cumulatividade nas operações normais, tributadas e não incentivadas;

• a Constituição brasileira somente admite o estorno de crédito, relativamente a imposto pago na etapa anterior, na hipótese de haver isenção ou não-incidência na etapa subseqüente. Confira-se o texto da Constituição:

Art. 155, § 2º, II: "a isenção ou não-incidência, salvo determinação em contrário da legislação:

"a) não implicará crédito para compensação com montante devido nas operações ou prestações seguintes;

"b) acarretará a anulação do crédito relativo às operações anteriores;"

Interessa ao caso em exame a hipótese consignada na letra *b* do inciso II, § 2º, do art. 155. A exceção apontada – em relação ao ICMS – veio para afastar jurisprudência do STF, correta e adequada, porém contrária aos interesses arrecadatórios dos Estados-membros, que vedava o estorno e concedia crédito em relação às operações isentas ou imunes. Antes da exceção, a posição jurisprudencial encontrava guarida na letra da Constituição Federal. Como a norma constitucional não condicionava o direito de compensar à incidência do imposto na etapa subseqüente, todas as operações anteriores, tributadas, eram dedutíveis, não importando que algumas ou várias operações de saída fossem isentas.

A exceção – ao permitir a Constituição o estorno – apenas devolve ao legislador infraconstitucional a decisão política de graduar o incentivo, a isenção ou a não-incidência. Os favores fiscais podem, assim, ser graduados pela pessoa que os concede (desde que não se contrarie a não-cumulatividade). Se mantidos integralmente os créditos, o incentivo será amplo; se reduzidos ou estornados, o incentivo terá alcance limitado. Em nenhuma hipótese, a decisão da lei prejudicará o contribuinte, nem transferirá o ônus do imposto ao contribuinte, pois o incentivo é um favor que poderá ser mais ou menos restrito. Apenas isso. Examinemos o teor das exceções admitidas pela Constituição Federal. Referem-se elas, invariavelmente, a benefícios fiscais como isenção ou não-incidência, ficando claro que, onde houver incentivo, caberá ao legislador complementar ou convenial que concede o favor, graduá-lo, de modo que o estorno dos créditos relativos às operações anteriores, assim como a outorga de crédito presumido constituirão decisão política a ser adotada, caso a caso, pela lei ou convênio. Não obstante, em caso de ser isenta a operação subseqüente, a anulação dos créditos somente será possível em relação a operações anteriores de circulação de mercadorias, não em relação a prestação de serviços de transporte e de comunicação. A restrição está na Constituição, na letra *b*, do inciso II, § 2º, do art. 155. Exemplifiquemos.

1. OPERAÇÃO NORMAL, SEM INCENTIVO			
	Contribuinte A (não isento)		**Contribuinte B (não isento)**
Valor da operação:	R$ 50,00		R$ 100,00
Crédito oper./anterior:	–		9,00
Imposto devido:	9,00		8,00
A recolher:	9,00	+	9,00
Total pago:	R$ 18,00		

Nota: no exemplo acima, supõe-se que o contribuinte **A**, efetivamente, não tenha crédito a deduzir, relativamente a suas operações de compra. Igualmente supõe-se que o preço de venda da mercadoria inclua sempre o valor do imposto incidente sobre a operação tributada, de modo que nem o contribuinte **A**, nem o **B** suportem o ônus do imposto. O contribuinte **B,** que adquiriu a mercadoria em uma operação tributada, não só projetará no preço da mercadoria o valor do imposto incidente na operação que promover, assim como exercerá o direito à compensação pelo imposto que lhe foi faturado pelo fornecedor (**A**). Em uma operação normal, sem incentivo (isenção ou não-incidência), inexiste licença na Constituição para estorno de crédito. *A regra não tem exceção.*

2. INCENTIVO REDUZIDO. OPERAÇÃO ISENTA (COM ESTORNO)		
	Contribuinte A (não isento)	**Contribuinte B (isento)**
Valor da operação:	R$ 50,00	R$ 100,00
Crédito oper./anterior:	–	anulado
Imposto devido:	9,00	–
Imposto pago:	9,00	–

Nota: O incentivo é reduzido porque o legislador, embora tenha concedido a isenção na última etapa, mandou estornar o crédito relativamente ao imposto que foi faturado pelo contribuinte **A** ao contribuinte **B.** A mercadoria isenta, sendo vendida por R$ 100,00, inclui o valor do imposto suportado pelo contribuinte **B.** Nesse exemplo, o incentivo se diz reduzido porque o contribuinte **B,** tendo perdido o direito ao crédito incidente na operação de compra, tenderá a manter o preço da mercadoria isenta no mesmo patamar, razão pela qual o incentivo não terá impacto no preço ao consumidor. Mas nem se dá, na hipótese, cumulatividade, nem tampouco transferência do ônus do imposto para o contribuinte. Observe-se que, segundo a redação expressa do dispositivo constitucional, o estorno do crédito somente se refere a operação anterior de circulação de mercadorias. A Constituição não faculta a anulação do crédito relativo à prestação de serviços tributada e faturada ao contribuinte isento **B.**

3. INCENTIVO PLENO. OPERAÇÃO ISENTA SEM ESTORNO DO CRÉDITO		
	Contribuinte A (não isento)	**Contribuinte B (isento)**
Valor da operação:	R$ 50,00	R$ 100,00
Crédito oper./anterior:	–	9,00
Imposto devido:	9,00	**(-9,00)**
Imposto pago:	9,00	–

Nota: o contribuinte **B,** que promove a operação isenta, tem crédito que poderá compensar com outras operações não isentas ou ressarcir-se de outro modo, conforme permitir a legislação. Se puder transferir o seu crédito a seu fornecedor **A,** por exemplo, o imposto recolhido ao Estado se anulará. O incentivo é pleno porque, dependendo da competitividade do setor, o contribuinte **B** tem condições objetivas de reduzir o preço de venda ao consumidor.

Ressalta, nos exemplos dados, que a Constituição brasileira admite exceção, estorno de crédito, apenas no caso de incentivo fiscal, ou seja, *isenção* ou *não-incidência*, exatamente porque, em tais circunstâncias, inexistirá *ônus algum* para o contribuinte (*o benefício é que poderá ser maior ou menor*). Assim, o legislador que outorga o benefício, tem a faculdade de decidir se concederá um incentivo pleno (sem estorno dos créditos relativos às operações anteriores tributadas) ou limitado (com anulação dos mesmos créditos).

Entretanto, nenhuma outra hipótese de anulação de créditos admite a Constituição.

É evidente que, se não há incidência do tributo na etapa subseqüente, mas apenas na anterior, em tese, o estorno não desencadeará a cumulatividade (dupla ou tríplice incidência sobre o mesmo valor tributado). Por isso, em tais hipóteses de isenção, também ordens jurídicas de outros países, inclusive a Comunidade Européia, autorizam a anulação do crédito.

Assim, a Constituição apenas autoriza a anulação dos créditos relativos às operações anteriores naquelas hipóteses em que o legislador cria incentivo – isenção ou não-incidência – podendo, em tal caso, a própria lei graduar o benefício, concedendo-o de forma ampla (sem estorno dos créditos) ou reduzida (com estorno dos créditos). A Constituição Federal veda o estorno total ou parcial:

- se a operação subseqüente é normalmente tributada, não sendo isenta;
- e, assim, se o ônus do imposto houver de ser transferido ao contribuinte, o qual não pode suportar-lhe o encargo.

Recentemente, a Emenda Constitucional 33, de 11 de dezembro de 2001, autorizou, no art. 155, § 2º, XII, *h*, a incidência monofásica quanto a combustíveis e lubrificantes, definidos em lei complementar. Confira-se o que se alterou em relação ao ICMS:

Art. 155, XII, cabe à lei complementar: (...) "h) definir os combustíveis e lubrificantes sobre os quais *incidirá uma única vez* qualquer que seja a sua finalidade, hipótese em que não se aplica o disposto no inciso X, *b*;"

A mudança, prevista no art. 155, § 2º, XII, *h*, da Constituição Federal não representa, pois, uma exceção ao princípio da não-cumulatividade – e nem poderia – nem deve ser considerada uma forma de substituição tributária disfarçada, nem tampouco isenção, muito menos pode dar causa a estornos de crédito, forma de quebra intolerável do princípio da não-cumulatividade.

A exceção à plurifasia, introduzida pela Emenda Constitucional 33/2001, sendo restritíssima e patível com o princípio da não-cumulatividade, de forma alguma será inconstitucional. Para isso, é preciso compreender os limites impostos pela própria Emenda 33/2001 e o sentido que a monofasia nela prevista adquire no confronto com as demais normas constitucionais, que enfeixam o sistema tributário.

Percebe-se facilmente que foi instituída a *incidência monofásica*, questão diferente da não-incidência, diferente da imunidade-isenção ou ainda da substituição tributária (v. Misabel Derzi e Sacha Calmon, "A Emenda Constitucional 33/2001 e os princípios da não-cumulatividade, da legalidade e da anterioridade", in *O ICMS e a EC 33*, São Paulo, Dialética, 2002, pp. 185-206).

Portanto, a *incidência única*, determinada no inciso acima reproduzido, em nenhuma hipótese deverá se converter em tributação em cascata do Imposto sobre Operações de Circulação de Mercadorias e Serviços de Transporte e Comunicação – ICMS, em *dúplice ou tríplice incidência*.

É evidente que, imposta a monofasia, e apesar dela, não pode ser quebrado o princípio da não-cumulatividade. A incidência única do ICMS nas operações com combustíveis e lubrificantes deve, harmonicamente, conciliar-se com a não-cumulatividade, pois incidência única significa, no contexto da Constituição da República, *não-cumulatividade*.

Ora, a *incidência única*, posta na Emenda Constitucional 33/2001, não desencadeia *nenhum estorno de crédito no estabelecimento tributado* (refinaria ou importadora). A conclusão vem fácil, pela simples leitura da Carta. É evidente que

• havendo incidência na operação de saída do combustível ou do lubrificante, o crédito relativo ao imposto pago na aquisição de insumos, bens de uso e consumo ou bens do ativo fixo do estabelecimento não poderá ser estornado, por vedação Constitucional;

• se estornado, haverá cumulatividade entre o imposto pago na aquisição e o imposto devido na operação de saída.

Como se sabe, a Constituição também veda a *dupla tributação dos investimentos*, razão pela qual os créditos relativos às compras de bens do ativo permanente devem ser mantidos. Tais bens não podem suportar "uma primeira tributação na compra e uma segunda na venda, na medida em que uma fração de seu valor for incorporada ao preço do produto acabado, sob a forma de amortização" (cf. Jean-Jacques Philippe, *La TVA à l'lheure Européenne*, Paris, Litec, 1993, p. 10).

Portanto, como a Constituição proíbe o estorno do crédito, na hipótese de estar tributada a operação, o estabelecimento que realiza operações de circulação com combustíveis ou lubrificantes, sujeitas ao ICMS (incidência única), tem direito de compensar com o imposto devido pelas operações de saída os créditos relativos ao imposto incidente em todas as suas aquisições, quer se refiram a insumos, produtos intermediários ou bens do ativo fixo.

Igualmente todos os demais contribuintes, que comercializam outros produtos e mercadorias, tributados pelo ICMS, têm o direito constitucionalmente garantido de se creditarem do imposto pago nas aquisições de seus insumos, inclusive combustíveis e lubrificantes. Nesse caso, não obstante, se a compra não é feita diretamente à refinaria (por hipótese sujeita à incidência única), dar-se-á um vácuo na cadeia de incidências, similar ao das isenções intercorrentes, com frutos danosos e efeitos cumulativos.

É que as isenções intercorrentes (precedidas de uma etapa anterior tributada e sucedidas de outra também tributada) desencadeiam cumulatividade, distorção nos preços, aumento do valor das vendas e, em certos casos, receberá a Fazenda mais imposto do que receberia se não houvesse isenção. A seguir temos exemplos extraídos da literatura francesa e adaptados ao seguinte caso: comerciante ou prestador de serviços, sujeito em suas atividades ao ICMS, adquire insumos (combustível) da distribuidora, havendo incidência única na operação da refinaria:

EXEMPLO A (incidência em todas as etapas)

	REFINARIA		DISTRIBUIDORA		COMERCIANTE
Preço	900 + 100		1.000 + 200		1.200 + 300
Margem/lucro	100		200		300
Imposto (18,6%)	86		223		279
Dedução	–		186		223
A recolher	186	+	37	+	56
Preço final: 1.500 + 279 = 1.779					
Imposto total: 279,00					

EXEMPLO B (incidência única na refinaria)

	REFINARIA		DISTRIBUIDORA		COMERCIANTE
Preço	900 + 100		1.186 + 200		1.386 + 300
Margem/lucro	100		200		300
Imposto	186		–		313
Dedução	–		–		–
A recolher	186	+	–	+	313
Preço final: 1.686 + 313 = 1.999					
Imposto total: 499,00					

Como se constata, a distribuidora, no segundo exemplo dado, calculará sua margem tomando como base o preço de compra + imposto, porque não terá direito à dedução. O comerciante, por sua vez, calculará sua margem sobre 1.386 porque a distribuidora não lhe faturará ICMS dedutível. Com isso, *no exemplo B, o preço final é mais elevado e a Fazenda recebe mais do que receberia se não houvesse incidência única* (adaptação de exemplo extraído de Jean-Yves Mercier e outro, *Les Impôts en France. Traité de Fiscalité*, Paris, Ed. Lefebre, 1996, para o caso das isenções intercorrentes).

Ora, nenhuma exceção foi criada em relação à não-cumulatividade. A Emenda Constitucional 33/2001, ao contrário, cria apenas uma *incidência única*, sem alterar, reduzir, modificar o princípio da não-cumulatividade. Portanto, a lei complementar que disciplinar a matéria deverá solucionar o impasse, remediando-lhe os inconvenientes, a saber:

1. conceder ao adquirente do combustível-insumo, direito à dedução de crédito presumido, relativamente a suas aquisições; ou

2. permitir a transferência do direito de dedução ao comerciante adquirente.

Convém lembrar que, para as isenções – hipótese diferente da incidência única de que tratamos – a Lei Complementar 87/1996 previu também a solução contida no art. 20, § 6º, assim dispondo:

"§ 6º. Operações tributadas, posteriores à saída de que trata o § 3º, dão ao estabelecimento que as praticar direito a creditar-se do imposto cobrado nas operações anteriores às isentas ou não tributadas sempre que a saída isenta ou não tributada seja relativa a:

"I – produtos agropecuários;

"II – quando autorizado em lei estadual, outras mercadorias."

As isenções intercorrentes, em seus efeitos danosos de anulação de créditos, sofrem atenuações em relação a determinadas operações. Ocorre que a Emenda Constitucional 33/2001 não cria espécie imunitória, isenção ou não-incidência. Determina, peremptoriamente, a *incidência única*, razão pela qual, em nenhuma hipótese poderá o ICMS incidir duas vezes sobre o mesmo valor já tributado em operação anterior. Daí a necessidade de manutenção de créditos ou de concessão de créditos presumidos (o que couber em cada caso), para total cumprimento do mandamento constitucional.

Portanto, a incidência plurifásica do ICMS é a regra, mas o constituinte derivado pode excepcioná-la por razões de comodidade e de combate à evasão. O constituinte derivado quis, em certas circunstâncias, que o ICMS se apresentasse monofásico sem prejuízo do princípio da não-cumulatividade, que continua a operar nas situações em que sua incidência é parcelada e contínua sobre as cadeias produtivas e comerciais (plurifasia). O que o legislador, no exercício de um poder derivado, não poderá fazer – mantida a plurifasia e, em conseqüência, a não-cumulatividade – será negar o direito de crédito do adquirente (exceto o consumidor final), que arcou com o ônus financeiro do imposto. Aí haveria lesão ao princípio constitucional da não-cumulatividade do ICMS.

4. Comparação entre a cumulatividade remanescente do IVA e do ICMS

O Brasil, desde a introdução da não-cumulatividade, como a grande massa dos países que adotam tributos similares ao IVA, inspirou-se no modelo francês. A Comunidade Européia também se valeu desse importante tributo desenvolvido na França, para realizar a mais importante conquista tributária de integração de mercado.

Segundo as diretivas européias, existem duas modalidades fundamentais de se concretizar a não-cumulatividade, ou seja, de se exercer o direito à dedução dos créditos do imposto, por meio de *imputação* ou por meio de *reembolso*. A imputação, que cronologicamente vem em primeiro lugar, se dá por meio da compensação com o imposto devido, do crédito relativo ao imposto incidente sobre as aquisições; o reembolso somente se refere ao imposto que o contribuinte não pode abater, seu saldo credor. O reembolso é, portanto, um princípio inerente à técnica do imposto, pois existem situações em que o montante do imposto dedutível não pode ser absorvido na totalidade pelo imposto devido. A 2ª Diretiva e depois a 6ª previram o reembolso de todo excedente de crédito, de modo que os países-membros da Comunidade Européia adotam a regra do reembolso, o qual, entretanto, não é automático, pois depende de solicitação do interessado. Várias hipóteses podem acarretar excesso de crédito não dedutível, a saber,

• na exportação, em que, apesar da isenção, os créditos relativos às operações anteriores são mantidos, e a ausência de reembolso constituiria uma penalização do exportador, incompatível com os princípios do imposto;

• nos casos em que o imposto incidente sobre investimentos elevados somente será absorvido pelo imposto devido em longo período de tempo, o que onera a empresa contribuinte;

• e nas hipóteses em que alíquotas distintas incidem na entrada e na operação de saída, gerando créditos acumulados em montantes consideráveis.

O regime de reembolso pode ser analisado em duas espécies distintas:

a) regime dos exportadores;

b) regime do direito comum.

Somente *os exportadores*, *todos isentos*, podem escolher uma regra preventiva, destinada a evitar a formação de créditos, segundo a qual têm o direito de adquirir matérias-primas e produtos similares livres de impostos, em montante igual às vendas de exportação do ano precedente. Tal regra é mais vantajosa para os exportadores pois o montante adquirido com isenção se ajusta em função do progresso das exportações, reduz o custo das exportações e evita que o exportador tenha que solicitar o reembolso. Entretanto, essa espécie de benefício não foi estendida às aquisições de bens de investimento. Além disso, os exportadores – havendo saldo credor a deduzir – podem escolher outra regra, a curativa, segundo a qual têm o direito de reclamar o reembolso *mensalmente*, reembolso limitado ao montante do imposto que seria devido em razão das operações de exportação.

O regime de direito comum é apenas curativo e está representado pelo direito de solicitar, *anualmente*, o reembolso de todo crédito acumulado não absorvido pelo imposto devido. O prazo, não obstante, será *trimestral* toda vez que, por três meses consecutivos, se apurar saldo credor em favor do contribuinte.

As legislações européias conhecem limitações do direito à dedução por razões diversas, quer destinadas a evitar a *dupla dedução*, quer para *coibir a evasão*, a *perda de receita* e as *dificuldades de fiscalização*. Assim fica vedado deduzir o imposto pago nas operações feitas por contribuintes, que estão autorizados a recolher o imposto apenas sobre a diferença entre o preço de compra e de venda (lucro ou margem bruta), como as agências de viagem; o imposto incidente sobre certos bens e serviços está excluído do direito à dedução, como aqueles cedidos gratuitamente ou a preço baixo; as despesas de caráter pessoal de alojamento, restaurante etc., feitas por dirigentes da empresa, assim como o transporte de pessoas (veículos e serviços). Também os combustíveis são excluídos, uma vez que é fácil fraudar o Fisco, transformando na aparência o consumo de um veículo usado para uso privado em consumo da empresa.

Na hipótese de isenções intercaladas, que provocam efeitos danosos, cumulativos, o legislador europeu adota soluções diferentes para atenuá-los. Tais soluções podem variar um pouco de país a país. No modelo francês, p. ex., ele se esforça por limitar os efeitos negativos de tais exonerações, a saber:

1. concede direito à dedução, apesar da isenção, como no caso das exportações;

2. concede reembolso do TVA à pessoa isenta. É o regime das explorações agrícolas;

3. permite a transferência do direito de dedução. Uma pessoa não contribuinte da TVA (e que não pode deduzir), por uma ficção jurídica, transfere seu direito a um outro contribuinte, como nos contratos de concessão, concluídos por coletividades públicas;

4. abre possibilidades de opção, que permitem ao isento utilizar-se do direito à dedução, submetendo-se ao imposto (é o caso das instituições financeiras e bancárias e de outras empresas isentas, somente tributáveis por um direito de escolha, garantido pelo legislador).

Pode-se concluir, pois, que a cumulatividade remanescente do IVA é praticamente nula. Os direitos à dedução são amplos, atingem os impostos incidentes nas aquisições de insumos, bens intermediários, bens do ativo fixo e bens de uso e consumo (no último caso, com algumas exceções). Os saldos credores do IVA são pagos aos contribuintes, quer por meio de compensação com o imposto devido, quer por meio de reembolso. São desconhecidas dos contribuintes europeus, situações comuns em nosso País, como o *estoque de créditos acumulados*, sem perspectiva de ressarcimento, que perecem pela prescrição e pela depreciação monetária de seu valor.

Nos países europeus, a técnica de compensação dos créditos gerados pelo imposto pago na compra de insumos, de bens do ativo fixo, de uso e de consumo, além de serviços recebidos, está voltada aos interesses da indústria e do comércio, porque propicia a capitalização do setor produtivo da economia, na medida em que

• ou se presta a absorver o imposto devido pelo contribuinte, que seria recolhido ao Estado;

• ou, em tempo curto, é reembolsado em dinheiro ao contribuinte, caso haja saldo credor.

O direito de transferir créditos a outros estabelecimentos do mesmo titular não se põe, de modo geral, exatamente porque inexiste incidência do tributo sobre meros deslocamentos físicos da mercadoria, quando inocorre real operação de circulação jurídica. (A exceção está restrita às transferências de mercadorias intracomunitárias, entre estabelecimentos do mesmo titular, situados em países-membros diferentes, que não configuram exportação.) Com isso, não se cogita de transferência de créditos de um estabelecimento a outro. Embora o reembolso em dinheiro dependa de solicitação do sujeito passivo, em se tratando de exportação, será mensal. Além disso, procura a legislação dos países europeus, preventivamente, evitar a formação de créditos, concedendo aos exportadores o privilégio de adquirir produtos – insumos em geral – livres de imposto de seus fornecedores, em montante igual às vendas de exportação do ano precedente. Com isso o capital despendido pelo exportador será menor, reduzindo-se o custo da atividade. No regime comum, diferentemente das vendas ao exterior, inexiste a regra preventiva acima referida, mas há também reembolso em dinheiro dos créditos excedentes não absorvidos pelos débitos. O prazo é anual. Entretanto, empresas que, por sua estrutura econômica, cumularem saldos credores em três meses consecutivos, podem solicitar o ressarcimento em dinheiro de seus créditos.

A Lei Complementar 87/1996 (com as modificações posteriores que lhe foram introduzidas), ao modelar o princípio da não-cumulatividade, não concede um direito amplo de crédito dedutível, relativamente a todas as aquisições (inclusive bens de uso, consumo, ativo permanente e recebimento de serviços de transporte e de comunicação), como ocorre no IVA. Ficaram excluídos do direito à compensação, temporariamente, os bens de uso e consumo. Igualmente não são integral e imediatamente dedutíveis os créditos nascidos das compras de bens do ativo fixo, mas sujeitam-se, por força da Lei Complementar 102/2000, a uma compensação parcelada em 48 meses.

E mais, como se não bastasse, a referida Lei Complementar restringe o direito de compensação a cada estabelecimento de um mesmo titular. Apesar de termos farta jurisprudência no sentido de inocorrer fato jurídico quando inexistir transferência de posse ou de propriedade da mercadoria, mas simples circulação física entre estabelecimentos de um mesmo titular, a lei insiste na ficção, para depois autorizar, como se fora um favor ou um grande avanço, a compensação entre estabelecimentos distintos de um mesmo titular dentro do Estado. Havendo assim saldo credor ou créditos acumulados, a lei "*poderá autorizar*" a compensação entre estabelecimentos de um mesmo contribuinte ou entre contribuintes distintos no mesmo Estado. E nisso se resume o sistema de compensação, reduzido pela ausência de um ressarcimento em dinheiro, mensal ou periódico, ao contribuinte. Nesse modelo, sem dúvida, a cumulatividade remanescente é intensa, a capitalização das empresas é menor e o ônus que suportam do imposto é constante. Por outro lado, nenhum critério preventivo, contra a formação de créditos cumulados na exportação vem previsto.

Assim, em nosso País, em grande parte, a não-cumulatividade não tem eficiência, eficácia e o ICMS ainda continua sendo um imposto que onera o contribuinte (comerciante ou industrial) e distorce a concorrência, ferindo a neutralidade, pois

a) o direito ao creditamento é limitado, quer por estarem excluídas as aquisições com bens de uso e consumo, quer por se ter parcelado em 48 meses a compensação dos créditos relativos aos bens do ativo fixo;

b) inexistência de reembolso ao contribuinte do saldo credor, concernente ao imposto pago em suas aquisições, quer nas exportações, quer nas hipóteses comuns;

c) impossibilidade de atualização monetária dos créditos do ICMS, que se cumulam sem possibilidade de realização, durante anos, até que perecem pela prescrição ou pela depreciação monetária, conforme jurisprudência pacífica dos tribunais superiores.

5. *Conclusões*

Tanto o IVA, como o ICMS foram pensados para tributar o consumo, jamais para onerar a produção ou o comércio. Garante-se que, em cada fase de incidência, o contribuinte de direito (produtor, comerciante ou industrial), se credite do imposto que suportou nas aquisições feitas e, ao mesmo tempo, transfira ao adquirente o tributo que deva adiantar aos cofres públicos. Somente o consumidor se torna o contribuinte de fato, porque suporta finalmente a carga tributária. Em decorrência devem ser *neutros*, como impostos ideais de mercados, indiferentes na formação dos preços e na competitividade, onerando apenas o *consumo final e a formação do capital fixo das famílias e das administrações públicas*.

Entretanto, mesmo nos países europeus, tal neutralidade é apenas parcial, conforme alerta o 19º Relatório do Conselho de Impostos ao Presidente da República da França, no ano de 2001. Não nos referimos aqui à quebra da não-cumulatividade, que, nos países europeus, é praticamente inexistente. Referimo-nos sim à transferência econômica do imposto, que nem sempre pode ser repassado pelo custo ao consumidor final. É que determinados contribuintes sujeitos ao IVA em certas atividades ou ainda empresas totalmente isentas suportam parcialmente o tributo, a saber:

• nas operações isentas, se o imposto incidente sobre elementos do preço da operação não são dedutíveis (bens do ativo fixo, p. ex.);

• nas operações das pequenas empresas isentas, o IVA incidente sobre as compras em geral não é dedutível.

Em resumo, segundo o mesmo Relatório, de todo o IVA arrecadado em França, 68% é suportado contabilmente pelas famílias, contra 15% pelas administrações públicas e 16% pelas empresas (cf. "La Taxe Sur la Valeur Ajouté, 19º Rapport au Président de la République", Paris, E. *Journaux Officiels*, 2001, p. 106). É verdade que tal suporte contábil pode não ser real do ponto de vista econômico, todas as vezes que a empresa conseguir transferir o valor do imposto indedutível para o preço final.

Em nosso País, não obstante, inexistem estudos sérios sobre o assunto. Contabilmente, as empresas nacionais sofrem os ônus do ICMS em escala muito maior (custo Brasil). As razões apontadas acima relativas à quebra da neutralidade, evidentemente, são comuns à França e ao Brasil. Também em nossa ordem jurídica, nas operações isentas, o imposto incidente sobre as aquisições de bens do ativo fixo, insumos ou bens de uso e consumo são proporcionalmente indedutíveis; igualmente restam indedutíveis os impostos pagos em todas as aquisições das microempresas.

Mas, entre nós, outros fatores muito mais graves asseguram que as empresas suportam contabilmente o ICMS em escala alarmante e proporção muito mais elevada do que os 16% dos franceses. Basta considerar que os créditos do ICMS podem ser cumulados por razões estruturais ou conjunturais, sem que o fenômeno encontre solução satisfatória, a saber:

• créditos do ICMS são gerados estruturalmente, em razão da existência de alíquotas diferenciadas nas operações interestaduais e internas;

• créditos do ICMS são cumulados na exportação;

• créditos podem nascer da aquisição de bens do ativo fixo, encontrando compensação parcial ao longo de 48 meses;

• créditos não são concedidos em relação à aquisição de bens de uso e consumo.

Tais créditos encontrariam na Europa reembolso em dinheiro por parte do Estado. No Brasil, entretanto, não há facilidade para transferência de créditos a outros contribuintes, nem tampouco reembolso em dinheiro do saldo credor. Os créditos se deterioram pela ausência de atualização monetária de seu valor, ou são extintos pela prescrição. Provavelmente aqui, do ponto de vista contábil, são as empresas que suportam 70% do valor do ICMS (não as famílias ou as administrações públicas).

Como se não bastasse o descrito acima, decisões recentes do Supremo Tribunal Federal autorizam as Administrações dos Estados a presumirem *iuris et de iure* a base de cálculo do imposto na *substituição tributária para frente*, ou progressiva. Contrariando jurisprudência historicamente assentada, que rejeitava as pautas de valores, quer em tributos como o Imposto de Importação, quer no próprio ICMS, a Corte Constitucional quebrou a tradição, surpreendendo o País, para afastar o modelo do nosso imposto, cada vez mais, do modelo ideal de imposto de mercado. Nesse contexto, o legislador complementar, ao regulamentar a Emenda Constitucional 33/2001, não pode contribuir para converter a incidência única do ICMS em mais um fator de quebra da não-cumulatividade e da neutralidade do tributo. Daí a necessidade de manutenção de créditos ou de concessão de créditos presumidos (o que couber em cada caso), para total cumprimento do mandamento constitucional, a incidência única e a neutralidade.

COMPENSAÇÃO TRIBUTÁRIA: ANÁLISE DO ART. 170-A DO CÓDIGO TRIBUTÁRIO NACIONAL

PAULO CÉSAR CONRADO

Mestre e Doutorando em Direito Tributário pela PUC/SP
– Professor nos Cursos de Especialização da PUC/SP (COGEAE) e do IBET – Juiz Federal em São Paulo

1. A compensação tributária como fenômeno complexo: causa extintiva da obrigação tributária e causa extintiva da relação de débito do fisco

No Código Tributário Nacional, art. 156, a compensação vem referida como causa extintiva da obrigação tributária.

Não obstante tal previsão, é de se referir que tal modalidade opera efeitos não apenas em face daquela relação jurídica – a obrigação tributária, repita-se –, recaindo, outrossim, sobre um outro tipo de vínculo jurídico, que aqui chamaremos de *relação de débito do fisco*.

Com efeito, se se considerar a essência da compensação (que supõe a existência de obrigações recíprocas, uma neutralizando a outra), impende convir que o fenômeno de que cuidamos não pode esgotar-se com a só extinção da obrigação tributária. Usando outro falar: compensação é *complexo*, que pressupõe, e sempre pressuporá, a inevitável preexistência de duas relações-base, em cujo bojo a posição dos sujeitos encontrar-se-ão invertidas, uma tendente a fulminar a outra.

E é exatamente isso que faz da compensação tributária uma modalidade extintiva das obrigações tributárias completamente diferente das demais anunciadas pelo art. 156 do Código Tributário Nacional: nela, compensação, o direito subjetivo do fisco (crédito tributário) e o dever jurídico do contribuinte (débito tributário) desaparecerem (desaparecendo, via de conseqüência, a própria obrigação tributária) porque reciprocamente anulados pela existência de um débito do fisco e de um correspectivo crédito do contribuinte.

Diferentemente do que se passa com as demais modalidades, portanto, com a compensação o que se percebe é que sua potência extintiva volta-se sempre contra duas relações jurídicas, uma delas a *obrigação tributária* (em cujo bojo residem *crédito do fisco* e *débito do contribuinte*), e a outra, inversa, a *relação de débito do fisco* (em cujo bojo residem, em contrapartida, *débito do fisco* e *crédito do contribuinte*).

Com isso posto, uma conclusão se nos afiguraria imperiosa já agora: a compensação, ademais de uma modalidade extintiva das obrigações tributárias – como parece querer o art. 156 do Código Tributário Nacional –, deve ser tomada em toda a sua integridade fenomênica, o que nos impõe admiti-la como uma forma de extinção, simultânea, da denominada *relação de débito do fisco*.

Mais do que convir que se trata de instituto que se dirige não apenas em face da obrigação tributária, devemos realçar, entretanto, que ela, compensação, pode não se constituir, no plano fático, como forma hábil para a extinção de uma dada obrigação tributária, sendo, entretanto e em contranota, instrumento capaz de empreender a extinção da correlata relação de débito do fisco: basta pensar, aqui, naquelas situações em que o crédito tributário é maior que o débito do fisco; nesses casos, desde que confrontadas as duas relações (crédito tributário e débito do fisco), ter-se-á, ao final, que a primeira quedará viva pela parte sobejante do correspondente tributo, ao passo que a segunda, tendo sido integralmente tocada, acabará por morrer. O que dizer em hipóteses desse jaez? Não temos dúvidas – e cremos ninguém tenha – de que a compensação operou-se! Mas, e a obrigação tributária? Extinguiu-se? Não queremos ter dúvidas, da mesma forma, e por isso seremos diretos: não, não se extinguiu!

E é por isso mesmo que reiteramos, nesse estágio, nossa preocupação com a preferência do Código Tributário Nacional em olhar para a compensação como forma de extinção da obrigação tributária *e ponto*, como que ocultando não só a sua incapacidade, em casos como o que registramos, de extinguir as obrigações tributárias, mas também, e quiçá principalmente, a sua potência extintiva das relações de débito do fisco, de molde a obscurecer, ao final de tudo, a sua face de forma de *restituição do indébito tributário*.

2. Pagamento indevido

Guardado a idéia de que a compensação é fenômeno complexo – envolvente não só da obrigação tributária, mas também da relação de débito do fisco –, necessário, nesse passo, determo-nos sobre a figura do *pagamento indevido*, entidade que, por constitutiva da relação jurídica de débito do fisco, torna-se pressuposto para o adequado exame da compensação tributária.

Pois bem. No contexto da obrigação tributária, cinco elementos se enlaçam, de molde a constitui-la: sujeito ativo, sujeito passivo, objeto, crédito e débito, para usarmos poucas palavras.

Dentre esses cinco elementos, destaca-se, à vista de nossas intenções temáticas, o objeto, que se configura numa prestação pecuniária, materializada pelo produto de certa base de cálculo e de dada alíquota, e que pode ser simplesmente designada, tal prestação, de tributo, uma das acepções que convém ao referido vocábulo.[1]

A aludida importância, recolhida a título de tributo, embora regularmente constituída mediante a norma individual e concreta de lançamento ou por força de uma norma individual e concreta produzida pelo contribuinte, pode vir a ser tida como indevida, donde adviria a correlata figura do *indébito tributário*, entidade que, segundo alguns, não hospedaria natureza verdadeiramente tributária – apresentando-se, e isso sim, como mera *prestação de fato*[2] –, mas que, para nós e a despeito de tais opiniões, é instituto tipicamente tributário.[3]

De toda sorte, pondo essa questão de lado, o que sobra de efetivo é o fato de que, verificada a ocorrência da requestada figu-

1. Tratando dos diversos sentidos que o vocábulo tributo ostenta, preleciona Paulo de Barros Carvalho (*Curso de Direito Tributário*, p. 19):

"O vocábulo *tributo* experimenta nada menos do que seis significações diversas, quando utilizado nos textos do direito positivo, nas lições da doutrina e nas manifestações da jurisprudência. São elas:

"a) *tributo* como quantia em dinheiro;

"b) *tributo* como prestação correspondente ao dever jurídico do sujeito passivo;

"c) *tributo* como direito subjetivo de que é titular o sujeito ativo;

"d) *tributo* como sinônimo de relação jurídica tributária;

"e) *tributo* como norma jurídica tributária;

"f) *tributo* como norma, fato e relação jurídica."

2. A despeito dos que entendem que o indébito tributário não configura tributo, correspondendo antes a mera prestação de fato (nesse sentido: Ives Gandra da Silva Martins, *Teoria da Imposição Tributária*, pp. 113-4; Gabriel Lacerda Troianelli, "O indébito tributário e a compensação de tributo indevidamente pago", p. 29), estamos, aqui, que a importância recolhida a título de tributo pode ser indevida, sem que perca sua fisionomia tributária.

3. Nesse diapasão, rebatendo a tese de que o denominado "indébito tributário" é desprovido de natureza tributária, argumenta Antônio Carlos de Martins Mello:

"Assim se põe o problema, porque é do entendimento desses doutrinadores que o indébito tributário, propriamente, não existe, ou melhor, existe enquanto indébito, mas não enquanto tributário. A lei ou é constitucional ou não é lei, disse o Ministro, fazendo eco ao Jurista. Se for assim, vamos mudar a denominação de ADIn, porquanto o Supremo não deve declarar a inconstitucionalidade de uma lei que, por via de conseqüência, não pode ser chamada lei, nem em semelhante circunstância. E as freqüentes e salvadoras declarações difusas como ficarão?" ("O indébito tributário e sua recuperação", pp. 33-4).

ra do pagamento indevido, surgiria para o sujeito passivo da obrigação tributária o direito subjetivo à restituição da parcela indebitamente paga.

E é justamente esse direito subjetivo que, linhas atrás, recebeu a designação *débito do fisco*.

Logo, se o pagamento é uma forma de extinção da obrigação tributária, o pagamento *indevido*, que também é causa extintiva, vai além, podendo vir a dar causa, desde quando posto como tal, a um'outra relação jurídica, a decantada relação de débito do fisco, cuja extinção ficará condicionada, a seu turno, à verificação de uma segunda ordem de acontecimentos, advertência que nos remete, em cheio, para o tema das *modalidades de extinção da relação de débito do fisco*.

3. *Extinção da relação de débito do fisco e suas modalidades*

Tanto quanto a obrigação tributária, a relação de débito do fisco não experimenta uma única forma de extinção.

É que, convenhamos, se a relação de débito do fisco é, como a obrigação tributária, uma relação jurídica, é natural que nela encontremos, tanto quanto ocorre nessa última (a obrigação tributária), seus elementos constitutivos mínimos, sem os quais não existe nem nunca existirá. Destarte, tanto quanto ocorre lá, no campo da obrigação tributária, aqui, na seara do débito do fisco, é preciso admitir que, quando um desses elementos desaparece, desaparece junto a própria relação: é o que poderíamos designar, em síntese, de *fenomenologia da extinção da relação de débito do fisco*, contraface da fenomenologia da extinção da obrigação tributária.

Tomado esse rumo, portanto, à pergunta sobre quantas seriam as formas de extinção da relação de débito do fisco, não se mostraria completa, em nosso sentir, qualquer resposta fechada, tendente a assegurar um número preciso, afigurando-se-nos cabível falar, ao revés disso e agora sim, em tantas possibilidades quantas forem as alternativas para fulminar um dos elementos integrativos da própria relação.

A par disso, entrementes, julgamos pertinente isolar, por aqui, duas ordens de mecanismos que provocam a extinção da relação de débito do fisco: a repetição do indébito tributário e a compensação tributária, seja porque importam diretamente ao objeto deste trabalho, seja porque o seu isolamento, ao que nos parece, antes de se voltar apenas aos nossos interesses especulativos, decorreria de critério perfeitamente compatível com o nosso sistema: o critério da existência, ou não, de alguma atuação do sujeito ativo da relação no processo que tende à sua extinção.

Com efeito, tomado o critério de classificação sugerido, é possível identificar formas de extinção que supõem a atividade do correlato sujeito ativo (o contribuinte), nas quais encartaríamos, desde logo, as duas hipóteses básicas que referimos há pouco – a repetição de indébito e a compensação tributária –, ademais de localizarmos, doutra parte, pelo menos uma forma de extinção que suporia, por seu turno, a inatividade do contribuinte, a sua inércia, escaninho em que é possível alocar, sem percalços, a prescrição.

Seja como for, temos isoladas, consoante postulamos, as duas realidades que efetivamente nos preocupam, quando menos no contexto em que estamos: a compensação e a repetição de indébito. Tratemos delas, então.

4. *Compensação tributária e repetição do indébito tributário*

Vistas sob a óptica em que nos colocamos, a compensação tributária e a repetição do indébito tributário seriam formas de extinção da relação de débito do fisco, pressupondo, ambas, atividade do contribuinte.

A par desse traço de aproximação, entrementes, é natural que tais entidades não se confundam, atuando cada qual, embora com a mesma perspectiva (de pôr fim à relação de débito do fisco, reitere-se), em diferentes níveis.

Nesse paradoxo de objetivos idênticos *versus* mecanismos diversos, diríamos nós, então, que repetição e compensação seriam institutos submetidos a uma clara relação de *concorrência*, muito peculiar e freqüentemente estudada nos domínios do direito processual, mas cujo núcleo, consoante entendemos, não o habita com foros de exclusividade.

Com efeito, colocando-se-as lado a lado, vê-se que compensação e repetição sempre atuarão para um mesmo fim, a extinção da relação de débito do fisco. Acaso fossem sobrepostas, teríamos que imaginar possível a sobreposição do próprio efeito que delas emerge, o que redundaria uma "dupla" (inconcebível!) extinção.

Mais que tudo, tais colocações servem para justificar, de modo sistemático, o porquê de a atuação do contribuinte ser inevitável para a consecução tanto da repetição quanto da compensação. Deveras, tomando-se em consideração o regime de *concorrência* que se hospeda entre tais institutos, é natural que se imponha ao titular do direito subjetivo o dever de optar por um outro caminho, providência que se espera seja executada para que se encerre o próprio regime (de *concorrência*), em virtude do qual o sistema do direito positivo, embora o preveja, não reserva tolerância desmedida, eterna, até porque prestigia, acima de tudo, a idéia de segurança.

E não será por outra razão, senão por força do decantado regime, que optamos por colocar compensação e repetição debaixo de uma mesma rubrica, para a qual reservamos a denominação *restituição do indébito tributário*.[4]

Com isso, temos de conclusivo, afora o que já foi expendido, que a compensação é, sob certa óptica, verdadeiro sucedâneo da repetição de indébito, o que se dá, marque-se, não porque esse último instituto esteja *à beira da falência*, ou porque o seu sistema, pela via judicial, padeça do problema do precatório.[5] Não! Tratamento desse jaez importaria, em verdade, a colocação do instituto da compensação sob a amesquinhada rubrica de um paliativo, de um remédio, imagem que até poderia ser traçada acaso se estivesse cuidando do tema sob o prisma econômico, ético etc.; juridicamente, porém, a relação que existe entre a compensação e a repetição do indébito tributário tem o seu ponto de apoio, indelével, na circunstância de a primeira, tanto quanto a segunda, configurar iniludível mecanismo de desintegração da relação de débito do fisco, pertencente a uma classe onde se supõe, segundo ressaltado, a provocação do contribuinte.

E é por isso mesmo, ao que sentimos, que a compensação, desde que prevista em lei, consubstancia um indisputável direito subjetivo do contribuinte em relação ao fisco, tanto quanto o é a repetição do indébito tributário, não se nos afigurando uma mera coincidência, nessa esteira de pensamento, o fato de, consoante ensina Cleide Previtalli

4. Ao contrário do que faz Eurico Marcos Diniz de Santi, preferimos reservar o vocábulo *restituição* para designar o gênero, do qual a *repetição* seria a espécie, porque, ademais do que já foi dito, repetição e compensação, como institutos que guardam, sob certo enfoque, um mesmo objetivo, devem integrar uma mesma classe, que não poderia ser designada simplesmente de *classe das formas de extinção da relação de débito do fisco*, denominação genérica – e, por conseguinte, inconveniente. De qualquer arte, tirante essa questão, entendemos adequado conferir o seguinte trecho do magistério do mencionado autor, confirmatório, por certo ângulo, das nossas ponderações:

"Duas, as formas do contribuinte extinguir o crédito tributário, mediante o pagamento ou a compensação. Duas também as maneiras de que o fisco dispõe para extinguir o seu débito: a restituição (o pagamento ao contribuinte) ou a compensação. O ordenamento jurídico positivo só admite o encontro entre crédito tributário e correspectivo débito do fisco por meio de expressa autorização de lei" ("Compensação e restituição de 'tributos'", p. 64).

5. Sobre tais aspectos debruçaram-se, dentre outros, José Morschbacher ("Restituição de tributos indevidos por compensação", pp. 70-1) e Ives Gandra da Silva Martins ("A compensação dos tributos e a moralidade pública", pp. 80-5).

Cais, ocorrer, tanto na sede de um como na do outro instituto, a "(...) inversão das partes: ativa da relação tributária será a passiva da relação processual e a passiva da relação tributária tornar-se-á a ativa da relação processual".[6] De igual modo, não é por qualquer razão que o fundamento da compensação está, como o da repetição de indébito em "(...) afastar a locupletação indevida, merecendo a restituição se fazer acompanhar da quantia originariamente recolhida, acrescida de juros moratórios e de correção monetária",[7] servindo para afastar, de toda sorte e ao contrário desta, "(...) a conhecida regra 'solve et repete', hoje repudiada uma vez que dos princípios constitucionais que informam as regras tributárias e processuais prevalece o entendimento de que fisco e contribuinte estão em posição paritária, não sendo de admitir-se a prevalência do primeiro em relação ao segundo, como ocorria quando aplicável a regra *solve et repete*".[8]

Essas considerações, seja como for, nos remetem a um questionamento de todo relevante: como compreender essas duas específicas formas de extinção da relação de débito do fisco, a compensação e a repetição, diante da idéia de que toda e qualquer relação jurídica advém da produção de uma norma individual e concreta?

É exatamente essa perspectiva com a qual devemos operar.

5. *As normas, geral e abstrata e individual e concreta, na relação de débito do fisco: um primeiro contato*

Quando tratamos das obrigações tributárias, temos que o seu processo de formação encontra origem na sede de uma norma geral e abstrata, especificamente denominada de *regra-matriz de incidência*. No antecedente de tal regra, é encontrada a lista de notas que um acontecimento precisa ter para ser considerado fato jurídico tributário, enquanto que em seu conseqüente o que se tem são as notas que uma relação precisa ter para ser considerada *obrigação tributária*.

Num segundo momento do aludido processo de formação das obrigações tributárias, o que se encontra é outro tipo de norma, agora de caráter *individual e concreta*, em cujo antecedente sempre constará um enunciado protocolar denotativo, obtido pela redução à unidade das classes de notas do antecedente da norma geral e abstrata (regra-matriz de incidência), e em cujo conseqüente ter-se-á, por fim, um outro enunciado, também protocolar e denotativo, construído pela redução à unidade das classes de notas do conseqüente da mesma norma geral e abstrata (regra-matriz de incidência, mais uma vez).

Ademais das referidas características, é de se registrar que a norma individual e concreta adrede mencionada seria construída, em regra, pelo sujeito ativo da obrigação tributária (o Estado-Fisco), quando então receberia (essa mesma norma) o nome *lançamento*, sem prejuízo de, em situações outras, ser ela edificada pelo sujeito passivo da obrigação (o contribuinte), quando então receberia o nome "autolançamento".

No decantado processo de formação das obrigações tributárias, teríamos, com isso e ainda que grosso modo, as seguintes fases: (i) elaboração abstrata da regra-matriz de incidência; e (ii) concepção *in concreto* do lançamento ou "autolançamento".

Muito bem. Dito isso e já deixando de lado a obrigação tributária para começar a falar da relação de débito do fisco, caberia admitir, numa comparação que nos parece verdadeiramente irresistível (mesmo porque cremos altamente lúdica), que também essa espécie de relação (a de débito do fisco) vem à luz por força de um processo em que se detecta, num primeiro momento, uma "regra-matriz" e, numa segunda etapa, um "lançamento" ou um "autolançamento".

E aí, precisamente, é que vêm as perguntas (inevitáveis): qual seria a "regra-matriz" para esse caso? E o correlato "lan-

6. *O Processo Tributário*, p. 216.
7. *O Processo Tributário*, p. 221.
8. *O Processo Tributário*, p. 222.

çamento"? Haveria, também nessas relações (de débito do fisco), a possibilidade de um "autolançamento"?

Sem querer nos alongar sobremodo no que diz com a questão da norma geral e abstrata (a precitada "regra-matriz" da relação de débito do fisco), devemos convir não ser difícil imaginá-la. Entretanto, será caminhando adiante, na precisa direção da segunda e terceira indagações formuladas, ambas respeitantes à norma individual e concreta da relação de débito do fisco (ou, como sugerimos, o seu "lançamento" ou o seu "autolançamento"), que o problema ressurgirá.

É que, ao contrário do que se passa com a obrigação tributária – fato relacional que, embora passível de extinção através de diversos mecanismos (pagamento, compensação etc.), é constituído por meio de duas e apenas duas categorias normativas: o lançamento e a norma do contribuinte (o "autolançamento") –, a relação de débito do fisco, também um fato relacional, não goza do mesmo "privilégio", experimentando meios de constituição que cambiam de acordo com a forma de extinção da própria relação.

Nesse sentido, tome-se, quando menos como referência inicial, os dois meios de extinção das relações de débito do fisco que representam exemplos cruciais para o desenvolvimento deste trabalho, o pagamento via repetição de indébito e a própria compensação tributária (nosso grande foco de atenção), e, tomada a concretude de cada qual, pense-se: qual a norma (individual e concreta) que constitui a relação de débito do fisco quando a correlata forma de extinção é o pagamento via repetição de indébito? Uma sentença judicial, responderíamos, quase que instantaneamente, sem prejuízo da alternativa administrativa, quando então falaríamos em ato administrativo constitutivo do indébito (ou, melhor dizendo, da relação de débito do fisco). Mas e quando o tema é compensação (tributária)? Haveria uma, digamos, "equivalência" de normas?

6. Retrabalhando a questão das modalidades de extinção da relação de débito do fisco para enlaçá-la com os modos de constituição do fato jurídico do pagamento indevido e da correspondente relação

Já dissemos, mas não custa repetir, não ser possível reduzir a apenas uma classe as entidades que desempenharão o papel de norma individual e concreta quando o tema é relação de débito do fisco.

E assim nos parece, reitere-se, porque os caminhos que levam à extinção da relação de débito do fisco submeter-se-iam a regimes jurídicos dotados de diferenças tão marcantes que chegariam a repercutir sobre o próprio modo de constituição do fato jurídico do pagamento indevido. É o que se detecta, consoante já mencionamos, quando confrontamos a repetição de indébito e a compensação tributária: (i) no primeiro caso, da repetição, o instrumento de constituição do fato do pagamento indevido e da conseqüente relação (débito do fisco, repita-se) seria a sentença judicial ou o ato administrativo – tudo na dependência de a repetição ser processada numa ou noutra daquelas searas; (ii) já no segundo caso, da compensação, tal não poderia ser afirmado, não pelo menos num momento inicial.

Para que sejamos mais claros a propósito desse assunto, reveja-se a circunstância de que a repetição e a compensação, embora não possam ser tomadas como os únicos meios que conduzem à extinção da relação de débito do fisco, têm, entre si, um ponto de contato que faz possível, consoante já fizemos, a sua colocação (de ambas) sob uma mesma rubrica: as duas, repetição e compensação, espécies do gênero restituição, pressuporiam, sempre, a atuação do contribuinte, a quem competiria a necessária provocação.

Pois é precisamente aqui, com esse ponto revisto, que vem à luz a razão pela qual o modo de constituição do fato jurídico do pagamento indevido num e noutro caso (repetição e compensação). Com efeito, atentando para a circunstância de o pagamento indevido, antes da provocação do contribuinte, não existir como fato jurídico – existindo, em seu lugar, apenas o fato jurídico do pagamento (sem o qualificativo *indevido*, portanto) –, o que sobra, para nós, é a certeza, única nesse campo, de que o contribuinte, ou melhor, o caminho por ele adotado para o fim de obter a restituição, é que determinará se, como e quando surgirá a norma constitutiva do fato jurídico do pagamento indevido e da correspondente relação de débito do fisco.

Diferentemente do que se vê nos domínios da obrigação tributária, aqui, nos quadrantes da denominada relação de débito do fisco, o que se percebe, por outras palavras, é que o fato jurídico que a pressupõe (o fato jurídico do pagamento indevido) só se coloca como tal se e quando definido o próprio meio de extinção da decantada relação, que, em assim sucedendo, surgirá (será constituída, melhor dizendo) no exato instante em que extinta.

É o que poderíamos chamar de "força determinante" que o modo perseguido para a extinção da relação de débito do fisco exerce sobre a constituição de seu pressuposto, o pagamento indevido. E já que essa tal "força determinante" existe, não há, para nós, qualquer desculpa para não nos dedicarmos, agora sim e definitivamente, ao modo de constituição que seria típico da *compensação tributária*, deixando de lado, a despeito das breves menções que já lançamos, o que seria peculiar da repetição de indébito.

Nessa precisa senda é que esperamos caminhar doravante, de molde a penetrar a questão da "liqüidez" e da "certeza" do débito do fisco, uma das mais cruciais no tema da compensação tributária – tanto que vem se constituindo como o centro da atenção, embora muita vez inconscientemente, dos tribunais que processam e julgam ações em que se debate a compensação –, e que guarda estreita relação com a indagação proposta, vale repetir: como se dá o processo de constituição do fato jurídico do pagamento indevido e da conseqüente relação jurídica de débito do fisco no estrito campo da compensação?

7. A compensação tributária como fato relacional

A compensação tributária pode ser focalizada (i) como uma forma de extinção da obrigação tributária (consoante faz o art. 156 do Código Tributário Nacional), (ii) como uma forma de extinção da relação de débito do fisco (convivendo, nessa condição, com outras formas que o sistema prevê, como, p. ex., a repetição do indébito tributário), e, finalmente, (iii) como uma relação jurídica, como um fato relacional.

Com efeito, devemos admitir que ela, a compensação, descortinar-se-á como laço congregador de dois sujeitos de direito, Estado-Fisco e contribuinte, em torno de um objeto, uma determinada quantia de dinheiro, interferindo, para edificação desse liame, dois vínculos distintos e que são dotados (pelo menos idealmente) de mesma potência, embora em sentidos opostos.

Esses dois vínculos a que nos referimos figuram na relação jurídica da compensação precisamente porque ela, a compensação, funciona tanto no plano das formas extintivas das obrigações tributárias, como no das formas extintivas das relações de débito do fisco, entrevendo-se, aqui e mais uma vez, a idéia de *produto de relações*.

Uma nota, contudo, faz-se necessária nesse estágio em que nos encontramos: sendo a compensação tributária um fato relacional que resulta da adição de dois outros fatos de idêntica postura (ou seja, também relacionais), poder-se-ia enxergar, nela, o *produto de quatro vínculos*, justamente aqueles que se faziam presentes nas relações que a pressupõem (dois da obrigação tributária e dois da relação de débito do fisco).

Embora não nos pareça interferir na tomada de conclusões a opção por uma ou outra forma de encarar o fato relacional da compensação – mesmo porque uma e outra implicam o mesmo resultado –, estamos convencidos sobre a relevância de admitir que a compensação não é uma relação jurídica "comum", em que intervêm, por pressuposto, duas forças; indo além, devemos assentir que a compensação é produto de relações que se qualificam como *jurídicas*, no estrito sentido do termo.

E é forte nesses aspectos, reveladores, desde sempre, da estrutura híbrida da compensação tributária, que vem à luz, mais uma vez, a indagação: qual é a norma que põe, no mundo da faticidade jurídica, o fato (relacional) da compensação?

8. A norma da compensação tributária

À guisa de responder definitivamente a repetida indagação, não custa realçar, preambularmente, que a construção da norma reveladora da compensação tributária é tarefa que se veste de um destacado grau de dificuldade.

É que, além de pressupor a relação jurídica tributária em sentido estrito (obrigação tributária) – e, conseqüentemente, a norma que a coloca no mundo –, o artífice da norma donde derivará o fato relacional da compensação haverá de pressupor, no desempenho da aludida tarefa, a existência de uma segunda norma, estruturadora, a seu turno, da relação jurídica de débito do fisco.

Serão, assim, duas normas, digamos, a matéria-prima básica com a qual se lidará; duas normas que, dada sua independência constitutiva, poderiam ser tomadas isoladamente, acaso nossa intenção fosse simplesmente revelar cada uma das correspondentes relações jurídicas (a tributária em sentido estrito – obrigação tributária – e a de débito do fisco), mas que, dada a nossa pretensão, deverão ser "combinadas", para produção de uma terceira.

Pois bem. A norma jurídica (no sentido estrito da expressão) é dotada de estrutura hipotético-condicional, única forma lógica que se compagina com o desiderato do direito, tal seja, o direcionamento do comportamento humano em suas relações intersubjetivas.

Nesse sentido, toda norma constituir-se-á de hipótese e conseqüência, pólos estruturantes do mínimo caráter deôntico que ela, norma, deve hospedar.

No específico campo da obrigação tributária, é o denominado *fato jurídico tributário* (ou fato gerador, ou fato imponível, como se queira) que assume a condição de antecedente normativo, enquanto que, na posição de conseqüente, o que se encontra é a própria *obrigação tributária* – o que nos proporciona dizer, num'outra linguagem, que: *dado o fato jurídico tributário (x, y ou z) deve ser a obrigação tributária (x', y' ou z')*.

Noutro específico campo, o da relação de débito do fisco, é o denominado *fato jurídico do pagamento indevido* que assume, por seu turno, a condição de antecedente normativo, enquanto que a própria *relação de débito do fisco* é que encarna a postura do respectivo conseqüente – o que nos habilita a falar, empregando linguagem tal qual a que foi há pouco utilizada, que: *dado o fato jurídico do pagamento indevido (x, y ou z) deve ser a relação de débito do fisco (x', y' ou z')*.

Postas tais realidades, cabe-nos ajuntá-las, combinando, noutro falar, as normas (i) da obrigação tributária e (ii) da relação de débito do fisco, donde exsurgirá, em tese, a norma da compensação tributária.

É bem de ver que, à guisa de nos desincumbir dessa tarefa, um problema, quando menos aparente, se nos apresenta, tal seja, de saber em que ordem, se é que há uma ordem, as "normas-base" da norma de compensação devem ser tomadas.

Conquanto possa parecer insignificante, a questão em apreço, preambular da construção da norma da compensação, impõe uma certa reflexão, sustentada basicamente na análise do tratamento que o direito positivo nacional dispensa à própria compensação tributária. Com efeito, uma de suas peculiaridades diz com a possibilidade de se operar não apenas entre débitos do fisco *vencidos*, mas também entre débitos do fisco *vincendos*, tudo na exata forma do art. 170, *caput*, e parágrafo único, do Código Tributário Nacional. Forte nessa característica, teríamos presente, então, que a relação de débito do fisco (na qual se encontra cravado aquilo que o sobredito dispositivo chama de "crédito do sujeito passivo") pode ou não estar constituída ao tempo da constituição da correlata obrigação tributária, de molde a sobrar, para nós, duas possibilidades: (i) a primeira, de o débito do fisco já estar constituído antes mesmo do crédito tributário, caso em que ele será considerado *vencido*, operando-se a compensação independentemente de qualquer providência; e (ii) a segunda, de o débito não estar constituído, embora o crédito já o esteja, caso em que será ele (débito) tido como *vincendo*, operando-se a compensação, aqui, desde que observadas as providências a que alude o parágrafo único do mesmo art. 170, ou seja, desde que providenciada a constituição da relação de débito do fisco.

Tomado esse rumo, surge clara a idéia de que os predicados em apreço, *vencido* e *vincendo*, apesar de recaírem sobre a relação de débito do fisco, têm a sua verificação condicionada a um contraste que é celebrado a partir (sua referência, portanto). Empregando outros termos, teríamos, então, que o débito do fisco será tido como (i) vencido, se constituído antes ou simultaneamente com o crédito tributário; e (ii) vincendo, se constituído depois do crédito tributário.

Raciocinando a partir dessas premissas e já apontando para uma resposta definitiva à questão preambularmente formulada, cabe assentir que a obrigação tributária, quando cotejada com a relação de débito do fisco, hospeda uma anterioridade lógica de tal monta, que impõe o reconhecimento de que o aspecto definidor do aparecimento do fato relacional da compensação tributária é a relação de débito do fisco, conclusão decisiva, no nosso modelo, para a construção da decantada norma de compensação.

Mais do que isso, a aludida conclusão guarda repercussão direta sobre um outro ponto de todo relevante: o que diz com a definição do momento em que aparece o direito à compensação.

Com efeito, indagando-nos sobre qual fato (obrigação tributária ou relação de débito do fisco) é predecessor do outro na norma da compensação, acabaremos chegando, por via reflexa, à pergunta (relevantíssima): "quando surgem direito/dever de proceder/suportar à/a compensação*?*", em face da qual não se há de enxergar outra resposta senão a de que *o momento decisivo será, sempre, o do surgimento, no mundo do direito, do fato do pagamento indevido e do conseqüente fato relacional do débito do fisco, e nunca o do surgimento do fato jurídico tributário e da conseqüente obrigação (tributária)*, tudo porque esses últimos, como supostos lógicos daqueloutros, não são suficientes para a focalização da compensação tributária.

A título de fechar esse item, embora destituídos de pretensão analítica maior, poderíamos dizer, então, que a norma que põe o fato relacional da compensação tributária, construída a partir da conjugação da norma da obrigação tributária e da norma da relação de débito do fisco, apresentará, em linguagem semelhante à que empregamos linhas antes, a seguinte estrutura: *dado o fato jurídico do pagamento indevido do tributo x, decorrência do cumprimento do dever jurídico inscrito na obrigação tributária x', aliado ao fato relacional da obrigação tributária y', pela qual deverá ser pago o tributo y, deve ser a relação jurídica de compensação tributária envolvendo os tributos x e y.*

9. A questão das espécies tributárias para fins de compensação e os respectivos regimes jurídicos

A análise do desenvolvimento dos debates que giram em torno do fenômeno da compensação, iniciado com a Lei 8.383/1991, dá conta de que é o sujeito ativo da obrigação tributária o norte para classificação do gênero *tributo* no específico tema da compensação, senda que, decerto, não pode ser trilhada sem se considerar a questão da destinação constitucional, da destinação orçamentária e das vinculações aos fundos de participação.

É bem de ver, registremos, que todo o debate travado ao redor de tal questão está, hoje e de certa forma, desvestida do caráter controvertido que tanto perturbava os intérpretes, seja por força da Lei 9.250/1995, cujo art. 39 delimitou a exata noção de *crédito/débito* passível de compensação, seja por obra do sistema (paralelo) inserto por obra da Lei 9.430, de 27 de dezembro de 1996.

Com efeito, os arts. 73 e 74 do indigitado diploma cuidaram de instituir um mecanismo de compensação circunscrito ao âmbito administrativo e que, coexistindo com o que foi inaugurado pela Lei 8.383/1991, vem marcado pela possibilidade de se compensar quaisquer tributos administrados pela Receita Federal, observada, para tanto, a disciplina insculpida pelo Decreto 2.138/1997, bem assim pelas Instruções Normativas SRF 21/1997, 31/1997 e 37/1997.

Logo, conquanto tenhamos pretendido exaurir a discussão sobre a definição de *tributos da mesma espécie* para fins de compensação, o que existe, hoje e em suma, é, em primeiro lugar, um sistema que permite a sua efetivação (da compensação), por ingerência imediata do contribuinte, e que se circunscreve aos tributos que tenham a mesma destinação (Leis 8.383/1991, 9.069/1995 e 9.250/1995), e, em segundo lugar, um outro sistema, coexistente com o primeiro, que autoriza a compensação entre exações de diferentes espécies (na exata acepção que procuramos expor linhas atrás), desde que administradas pela Receita Federal, mas que se processa, diversamente do que ocorre no primeiro sistema, mediante intervenção do fisco (Lei 9.430/1996 e Decreto 2.138/1997).

10. O art. 170-A do Código Tributário Nacional (finalmente)

Reunidas todas as premissas que foram edificadas nos itens anteriores, destacadamente as que se contêm no imediatamente precedente, sentimo-nos capacitados a analisar, aqui, o ponto proposto no título do presente trabalho, advindo de recente alteração do Código Tributário Nacional: falamos do art. 170-A, dispositivo que foi acrescentado pela Lei Complementar 104/2001 e cujos termos são os seguintes:

"Art. 170-A. *É vedada a compensação mediante o aproveitamento de tributo, objeto de contestação judicial pelo sujeito passivo, antes do trânsito em julgado da respectiva decisão judicial.*"

Considerado em sua literalidade, o dispositivo em questão parece consorciar-se, à perfeição, com o enunciado da Súmula 212 do Superior Tribunal de Justiça, à medida que restringe o reconhecimento do direito à compensação a um específico veículo: a sentença judicial transitada em julgado. Tal qual aparentemente fazia a referida súmula, o artigo em foco estaria a indicar, em última análise, a inaptidão de qualquer outro veículo introdutor do fato jurídico da compensação, notadamente das medidas liminares em ações judiciais.

Repete-se, com isso, mas só que agora em nível legal, a interpretação desde antes fixada pelo Superior Tribunal de Justiça, tal seja, de que *a compensação, como modalidade extintiva da obrigação tributária, estaria condicionada à existência de norma individual e concreta definitiva, mister com o qual não se compaginaria uma medida liminar, qualquer que fosse*.

Ocorre, convenhamos, que, apesar de predicada (agora) por previsão normativa – circunstância que lhe daria especial força –, tal orientação inspira objeções.

É que quando se fala em compensação tributária, relembre-se, não se está cuidando apenas de uma forma de extinção da obrigação tributária, senão também de uma forma de extinção da relação de débito do fisco. Ademais disso, tomado o direito positivo brasileiro atual, constata-se a existência de dois mecanismos distintos para efetivação da compensação tributária (leia-se: *mecanismos de produção da respectiva norma individual e concreta de compensação tributária*): (i) um, cujo pressuposto é a identidade da natureza dos tributos envolvidos, caso em que se autoriza a produção da norma individual e concreta de compensação pelo contribuinte; e (ii) outro, em que se pressupõe a não-identidade dos tributos envolvidos e no qual a construção da mesma norma individual e concreta demanda atuação do Estado-Fisco (tudo, na exata forma prescrita no item imediatamente anterior).

Com isso relembrado, tem-se, então, que a atividade processual desenvolvida pelo contribuinte não está *exclusiva e necessariamente* vinculada à obtenção de um provimento (sentença) que reconheça a existência (i) de um crédito tributário, (ii) de um débito do fisco e (iii) do correspectivo direito à compensação (decorrente do cruzamento daqueles dois primeiros conceitos). Mais do que isso, é perfeitamente possível pensar num contribuinte que, afora os mencionados pontos, vai a juízo com o objetivo adicional de, ante a norma individual e concreta de compensação que produziu ou que pretende ver produzida, obter a sustação dos efeitos que decorreriam da obrigação tributária – um dos elementos integrantes da norma de compensação.

Veja-se: (i) efetivada a compensação (ou pretendida a sua efetivação), supõe-se o desaparecimento, total ou parcial, dos vínculos que congregavam Estado-Fisco e contribuinte, ou seja, da obrigação tributária e da relação de débito do fisco; (ii) a norma individual e concreta que constitui (ou que constituirá) esse fato como jurídico, desde que tenha sido (ou vá ser) produzida pelo contribuinte, gerará a expectativa de uma ulterior confirmação (ou infirmação) estatal; (iii) na hipótese de o Estado-Fisco não aceitar (infirmar) a norma individual e concreta produzida (ou pretendida) pelo contribuinte, sobrarão, certeiros, os efeitos naturalmente decorrentes da obrigação tributária já posta na linguagem hábil do lançamento ou do "autolançamento", ou seja, estará o contribuinte debaixo das contingências da mora.

E é exatamente nesse momento que vem à luz o art. 151 do Código Tributário Nacional, já com as modificações previstas na mesma Lei Complementar 104/2001 e cujo conteúdo convive com o do art. 170-A.

De fato, se não é possível reconhecer-se a legitimidade da norma individual e concreta de compensação produzida pelo contribuinte através de decisão judicial liminar (o que se entende por sua natureza provisória), impõe-se, doutra parte e desde que presentes os requisitos legais, eventual suspensão da exigibilidade do crédito tributário envolvido no procedimento compensatório, o que há de ser providenciado pelo Poder Judiciário (desde que preenchidos, repita-se mais uma vez, os supostos legalmente exigidos), pela outorga de medida liminar em mandado de segurança, de medida liminar em ação cautelar inominada ou, ainda, de tutela antecipada em ação de rito ordinário (incisos IV e V do art. 151 do Código Tributário Nacional).

É bem certo que tal providência (a suspensão da exigibilidade do crédito tributário) por vezes é interpretada como *ato de reconhecimento do direito à compensação*, circunstância que parece ter motivado, por sinal, boa parte dos julgados que resultaram na mencionada Súmula 212.

Aclarado, todavia, o aparente paradoxo havido entre os arts. 170-A e 151, incisos IV e V, do Código Tributário Nacional, parece-nos não ser mais possível a adoção de tal orientação, havendo, antes disso, de se isolar as realidades tratadas por cada dispositivo: (i) de um lado, o art. 170-A, que explicita qual ato judicial (sentença) está capacitado a constituir o fato jurídico da compensação tributária com todos os efeitos que lhe são inerentes (extinção da obrigação tributária e da relação de débito do fisco que lhe são correspondentes); e (ii) de outro, o art. 151, especificamente em seus incisos IV e V, do qual se colhe, paralelamente, os tipos de ato judicial (medidas liminares) constitutivos do fato jurídico da suspensão da exigibilidade da obrigação tributária, inclusive da que estaria envolvida no contexto de eventual norma individual e concreta de compensação tributária.

Essa a interpretação que, frente às premissas que lançamos no decorrer deste trabalho, conserva intactos os dispositivos do Código Tributário Nacional antes mencionados (arts. 170-A e 151), sem tomar, um ou outro, com foros de exclusividade, senão combinadamente.

11. Bibliografia

CAIS, Cleide Previtalli Cais. *O Processo Tributário*, São Paulo: Ed. RT, 1993.

CARVALHO, Paulo de Barros. *Curso de Direito Tributário*, 12ª ed., São Paulo: Saraiva, 1999.

MARTINS, Ives Gandra da Silva. *A Compensação dos Tributos e a Moralidade Pública*, São Paulo: Ed. RT, 1993.

______. *Teoria da Imposição Tributária*, 2ª ed., São Paulo: LTr, 1998.

MELLO, Antônio Carlos de Martins. "O indébito tributário e sua recuperação", in *Repetição do Indébito e Compensação no Direito Tributário*, coord. Hugo de Brito Machado. São Paulo: Dialética; Fortaleza: Instituto Cearense de Estudos Tributários – ICET, 1999, pp. 33-46.

MORSCHBACHER, José. "Restituição de tributos indevidos por compensação", in *Cadernos de Direito Tributário e Finanças Públicas* 11/70-4, São Paulo: Ed. RT, abr.-jun. 1995.

SANTI, Eurico Marcos Diniz de. "Compensação e restituição de 'tributos'", in *Repertório IOB de Jurisprudência* 3-96/68-1, São Paulo: IOb, 1ª quinzena de fev. 1996.

TROIANELLI, Gabriel Lacerda. "O indébito tributário e a compensação de tributo indevidamente pago", in *Revista Dialética de Direito Tributário* 6/9-35, São Paulo: Dialética.

ASPECTOS DA CONTRIBUIÇÃO DE INTERVENÇÃO NO DOMÍNIO ECONÔMICO REFERENTE A PETRÓLEO E DERIVADOS, GÁS NATURAL E DERIVADOS E ÁLCOOL ETÍLICO COMBUSTÍVEL (CIDE)

REGINA HELENA COSTA

Mestre e Doutor em Direito do Estado pela PUC/SP. Professora Assistente-Mestre de Direito Tributário da Faculdade de Direito da PUC/SP. Juíza Federal em São Paulo

1. Introdução. 2. Contribuições interventivas. 3. A Emenda Constitucional 33/2001. 4. A Lei 10.336/2001. 5. Comentários.

1. Examinando o constitucionalismo brasileiro, verifica-se que a tributação de combustíveis e seus derivados sempre se deu de maneira diferenciada, certamente porque tais itens são considerados imprescindíveis para a vida da Nação.

O mais recente exemplo de tal assertiva vem a ser a edição da Emenda Constitucional 33, de 11 de dezembro de 2001 que, não somente inova ao consignar autorização para a instituição de inéditas contribuições sociais e de intervenção no domínio econômico, voltadas ao setor de combustíveis e derivados, como também ao alterar a disciplina do Imposto sobre Mercadorias e Serviços – ICMS nas operações que tenham por objeto esses itens.

Abordaremos, nesse pequeno estudo, resultado de primeiras reflexões, alguns aspectos do regramento da Contribuição de Intervenção no Domínio Econômico incidente sobre a importação e a comercialização de petróleo e seus derivados, gás natural e seus derivados, e álcool etílico combustível (CIDE), instituída pela Lei 10.336, de 19 de dezembro de 2001.

2. Para tanto, vale a pena relembrar, numa rápida exposição, o regime jurídico das contribuições previstas no art. 149 da Constituição da República.

Partindo-se da tradicional classificação dos tributos, que os distingue em não-vinculados (impostos) e vinculados a uma atuação estatal (taxas e contribuições), temos que, enquanto as taxas o são direta e imediatamente referidas ao contribuinte, as contribuições são vinculadas a uma atuação estatal, apenas e tão-somente, de modo indireto e mediato ao obrigado.

De todo modo, a caracterização da natureza tributária das contribuições é, hoje, inafastável, ainda que, segundo a vertente doutrinária que a nós parece mais acertada, não possam ser consideradas uma quarta categoria tributária, absolutamente distinta das demais, identificando-se, por sua materialidade, com imposto ou taxa.

As contribuições, consoante o art. 149, *caput*, da Lei Maior, apresentam as seguintes espécies: as sociais, as de intervenção no domínio econômico e as corporativas, instituídas no interesse de categorias profissionais ou econômicas. São tributos de competência legislativa privativa da União, determinando, ainda, esse dispositivo, a observância das normas gerais de direito tributário e dos princípios da legalidade, da anterioridade e da irretroatividade da lei tributária, o que só vem confirmar sua natureza jurídica fiscal.

Finalmente, no parágrafo único do mesmo artigo, está autorizada a instituição de contribuição destinada a custear sistemas de assistência e previdência dos servidores dos Estados-membros, do Distrito Federal e dos Municípios.

Da leitura de tal preceito, verifica-se que o legislador constituinte não procedeu, em relação às contribuições, do mesmo modo como o fez no tocante aos impostos (arts. 153 a 156) e às taxas (art. 145, II).

Com efeito, em relação àquelas, a Lei Maior não descreveu os fatos que ensejam a obrigação de pagar contribuições, vale dizer, não contemplou a regra-matriz de incidência dessas espécies tributárias. Apenas afetou a sua instituição à perseguição de certas finalidades. Daí porque se extrai facilmente tratar-se de competência extremamente ampla, que possibilita, à União, instituir um número ilimitado de contribuições, bastando, apenas, que se revelem como instrumentos de sua atuação nas áreas apontadas.

Tal perplexidade reflete-se na doutrina especializada, para a qual as contribuições ainda são tributos nebulosos, carecendo o tema de trabalhos mais profundos.

Em sendo tributos qualificados por suas finalidades, interessa-nos, neste brevíssimo estudo, o exame das contribuições voltadas à intervenção no domínio econômico.

Analisando-se mais de perto esses tributos, verificamos que, em verdade, revelam-se os mesmos como impostos ou taxas, com destinação específica, qual seja, o custeio da atividade interventiva da União no domínio econômico.

Caracterizam-se por serem tributos setoriais, isto é, por abrangerem ramos da atividade econômica específicos, como o canavieiro, o dos exportadores de café, o da navegação mercantil etc.

Sujeitam-se, outrossim, aos princípios tributários gerais, comuns a todos os tributos e, quando se identifiquem com os impostos – fato que ocorre na quase totalidade dos casos – às regras específicas aplicáveis a estes.[1]

Cumpre analisar, ainda que brevemente, a finalidade que legitima a exigência dessas contribuições. A instituição de contribuições interventivas somente está autorizada nas estritas hipóteses em que o Estado puder intervir na ordem econômica. E, nos termos da Lei Maior, o Estado tal pode ocorrer de duas maneiras.

Em primeiro lugar, como agente protagonizador da atividade econômica, nos termos do art. 173, *caput*, da Constituição da República, ressalvados os casos nela previstos (monopólio), explorando diretamente atividade econômica somente quando necessária aos imperativos da segurança nacional ou a relevante interesse público, conforme definidos em lei. Tal exploração se dá por intermédio de empresas públicas, sociedades de economia mista e outras entidades paraestatais.

Ou, ainda, na qualidade de agente normativo e regulador da economia, consoante o disposto no art. 174 da Lei Maior, exercendo, na forma da lei, as funções de fiscalização, incentivo e planejamento, sendo este determinante para o setor público e indicativo para o setor privado e disciplinando os preços, o consumo, a poupança e o investimento.

Dessarte, a intervenção no domínio econômico, em sentido amplo, comporta essas duas modalidades de atuação.

Todavia, a autorização constitucional para a instituição de contribuições interventivas, a nosso ver, não se aplica em qualquer hipótese de intervenção estatal no domínio econômico. Se tais imposições fiscais constituem instrumentos para o custeio da intervenção da União em setores da economia, sua instituição só estará legitimada ante situação em que não atue como protagonista, realizando, diretamente, a exploração do domínio econômico.

1. É o caso, por exemplo, do princípio da capacidade contributiva, informador dos tributos não vinculados a uma atuação estatal, que impõe a personalização dos impostos e sua graduação consoante a capacidade econômica do contribuinte (art. 145, § 1º, da CF) (cf. nosso *Princípio da Capacidade Contributiva*, p. 58).

Portanto, é justamente na segunda modalidade de intervenção estatal que vamos encontrar a situação ensejadora da instituição desse tributo, vale dizer, quando se tratar de intervenção em sentido estrito. Isto porque, a nosso ver, quando o Estado explora diretamente atividade econômica, em regra em caráter subsidiário à iniciativa privada, segundo os ditames constitucionais, não terá necessidade de criar exação para custear tal atuação, uma vez que os recursos dela provenientes remunerarão as despesas decorrentes de seu desempenho.

Em outras palavras, a contribuição interventiva somente poderá ser exigida daqueles que explorarem, sob regime de direito privado, a atividade econômica objeto da regulação estatal.[2]

Em suma, exige-se, para legitimar a instituição de contribuição interventiva, o atendimento aos seguintes requisitos: a) que a intervenção seja feita com apoio em lei; b) que o setor da economia esteja sendo desenvolvido pela iniciativa privada para que se possa configurar um ato de intervenção no domínio econômico, nos termos da Constituição, e, c) que as finalidades sejam aquelas a que se referem os princípios mencionados no art. 170 do Texto Fundamental, a saber: soberania nacional, propriedade privada, função social da propriedade, livre concorrência, defesa do consumidor, defesa do meio ambiente, redução das desigualdades regionais e sociais, busca do pleno emprego e tratamento favorecido para as empresas de pequeno porte constituídas sob as leis brasileiras e que tenham sua sede e administração no País (incisos I a IX).[3]

3. O tema das contribuições interventivas volta à baila em razão da Emenda 33, de 11 de dezembro de 2001, que traz autorização específica para a instituição de contribuições sociais e de intervenção no domínio econômico, alterando a redação dos arts. 149 e 177 da Constituição da República, e acrescentando, outrossim, diversas disposições, em sua maioria pertinentes à tributação dos combustíveis.

Ao art. 149, que prevê a competência legislativa da União para a instituição de contribuições sociais, interventivas e corporativas, foi acrescentado o § 2º, assim expresso:

"§ 2º. As contribuições sociais e de intervenção no domínio econômico de que trata o *caput* deste artigo:

"I – não incidirão sobre as receitas decorrentes de exportação;

"II – poderão incidir sobre a importação de petróleo e seus derivados, gás natural e seus derivados e álcool combustível;

"III – poderão ter alíquotas:

"a) *ad valorem*, tendo por base o faturamento, a receita bruta ou o valor da operação e, no caso de importação, o valor aduaneiro;

"b) específica, tendo por base a unidade de medida adotada.

2. No mesmo sentido, Roque Carrazza, ob. cit., p. 517.

3. A título de ilustração, vale lembrar algumas contribuições interventivas, todas instituídas ao tempo da Constituição pretérita e que, por isso, foram contestadas judicialmente, basicamente sob o fundamento de sua não recepção pela Constituição de 1988, oscilando, ainda, a jurisprudência, num e noutro sentido: 1) o *Adicional de Frete para Renovação da Marinha Mercante* – AFRMM: a intervenção, no caso, consiste no apoio ao desenvolvimento da marinha mercante e da indústria de construção e reparação naval brasileiras (art. 1º, parágrafo único do Decreto-lei 2.404/1987, com a redação dada pelo Decreto-lei 2.414/1988), sendo contribuintes as empresas brasileiras e estrangeiras de navegação que operem em porto brasileiro (art. 2º, Decreto-lei 2.404/1987); 2) a *Contribuição destinada ao Instituto do Açúcar e do Álcool*: criada pelo Decreto-lei 308/1967, visando incrementar e incentivar o setor canavieiro, bem como a garantir ao produtor os preços oficiais do açúcar e do álcool e para atender ao custeio dos programas desenvolvidos pelo Instituto do Açúcar e do Álcool (art. 4º, Decreto-lei 1.712/1979), sendo contribuintes as usinas, destilarias e cooperativas de produtores (art. 6º, § 1º, do Decreto-lei 308/1967); e 3) *Quota de contribuição incidente nas exportações de café*: instituída pelo Decreto-lei 2.295/1986, para financiamento, modernização, incentivo à produtividade da cafeicultura, da indústria do café e da exportação, devida pelas empresas exportadoras de café.

"§ 3º. A pessoa natural destinatária das operações de importação poderá ser equiparada a pessoa jurídica, na forma da lei.

"§ 4º. A lei definirá as hipóteses em que as contribuições incidirão uma única vez."

No capítulo referente aos princípios gerais da atividade econômica, foi acrescentado o § 4º ao art. 177, uma vez mais referente à contribuição de intervenção no domínio econômico relativa às atividades de importação ou comercialização de petróleo e seus derivados, gás natural e seus derivados e álcool combustível:

"§ 4º. A lei que instituir contribuição de intervenção no domínio econômico relativa às atividades de importação ou comercialização de petróleo e seus derivados, gás natural e seus derivados e álcool combustível deverá atender aos seguintes requisitos:

"I – a alíquota da contribuição poderá ser:

"a) diferenciada por produto ou uso;

"b) reduzida e restabelecida por ato do Poder Executivo, não se lhe aplicando o disposto no art. 150, III, *b*;

"II – os recursos arrecadados serão destinados:

"a) ao pagamento de subsídios a preços ou transporte de álcool combustível, gás natural e seus derivados e derivados de petróleo;

"b) ao financiamento de projetos ambientais relacionados com a indústria do petróleo e do gás;

"c) ao financiamento de programas de infra-estrutura de transportes."[4]

4. Instituindo a Contribuição de Intervenção no Domínio Econômico incidente sobre a importação e a comercialização de petróleo e seus derivados, gás natural e seus derivados, e álcool etílico combustível (CIDE), veio a Lei 10.336, de 19 de dezembro de 2001, que em seu art. 1º especifica as finalidades a serem atendidas com a instituição desse tributo, como segue:

"Art. 1º. Fica instituída a Contribuição de Intervenção no Domínio Econômico incidente sobre a importação e a comercialização de petróleo e seus derivados, gás natural e seus derivados, e álcool etílico combustível (CIDE), a que se refere os arts. 149 e 177 da Constituição Federal, com a redação dada pela Emenda Constitucional 33, de 11 de dezembro de 2001.

"§ 1º. O produto da arrecadação da CIDE será destinada, na forma da lei orçamentária, ao:

"I – pagamento de subsídios a preços ou transporte de álcool combustível, de gás natural e seus derivados e de derivados de petróleo;

"II – financiamento de projetos ambientais relacionados com a indústria do petróleo e do gás; e

"III – financiamento de programas de infra-estrutura de transportes.

"§ 2º. Durante o ano de 2002, será avaliada a efetiva utilização dos recursos obtidos da CIDE, e, a partir de 2003, os critérios e diretrizes serão previstos em lei específica."

Os contribuintes e os fatos geradores vêm regrados nos arts. 2º e 3º:

"Art. 2º. São contribuintes da CIDE o produtor, o formulador e o importador, pessoa física ou jurídica, dos combustíveis líquidos relacionados no art. 3º.

"Parágrafo único. Para efeitos deste artigo, considera-se formulador de combustível líquido, derivados de petróleo e derivados de gás natural, a pessoa jurídica, conforme definido pela Agência Nacional do Petróleo (ANP) autorizada a exercer, em Plantas de Formulação de Combustíveis, as seguintes atividades:

"I – aquisição de correntes de hidrocarbonetos líquidos;

"II – mistura mecânica de correntes de hidrocarbonetos líquidos, com o objetivo de obter gasolinas e diesel;

4. A Emenda 33 alterou também a disciplina constitucional do ICMS sobre operações que tenham por objeto combustíveis e seus derivados, alterando a redação e acrescentando dispositivos ao art. 155.

"III – armazenamento de matérias-primas, de correntes intermediárias e de combustíveis formulados;

"IV – comercialização de gasolinas e de diesel; e

"V – comercialização de sobras de correntes.

"Art. 3º. A CIDE tem como fatos geradores as operações, realizadas pelos contribuintes referidos no art. 2º, de importação e de comercialização no mercado interno de:

"I – gasolinas e suas correntes;

"II – diesel e suas correntes;

"III – querosene de aviação e outros querosenes;

"IV – óleos combustíveis (*fuel-oil*);

"V – gás liqüefeito de petróleo, inclusive o derivado de gás natural e de nafta; e

"VI – álcool etílico combustível.

"§ 1º. Para efeitos dos incisos I e II deste artigo, consideram-se correntes os hidrocarbonetos líquidos derivados de petróleo e os hidrocarbonetos líquidos derivados de gás natural utilizados em mistura mecânica para a produção de gasolinas ou de diesel, de conformidade com as normas estabelecidas pela ANP.

"§ 2º. A CIDE não incidirá sobre as receitas de exportação, para o exterior, dos produtos relacionados no *caput* deste artigo."

O aspecto quantitativo da hipótese de incidência encontra seu delineamento nos arts. 4º e 5º:

"Art. 4º. A base de cálculo da CIDE é a unidade de medida adotada nesta Lei para os produtos de que trata o art. 3º, na importação e na comercialização no mercado interno.

"Art. 5º. A CIDE terá, na importação e na comercialização no mercado interno, as seguintes alíquotas específicas:

"I – gasolinas, R$ 501,10 por m³;

"II – diesel, R$ 157,80 por m³;

"III – querosene de aviação, R$ 32,00 por m³;

"IV – outros querosenes, R$ 25,90 por m³;

"V – óleos combustíveis (*fuel oil*), R$ 11,40 por t;

"VI – gás liqüefeito de petróleo, inclusive o derivado de gás natural e de nafta, R$ 136,70 por t;

"VII – álcool etílico combustível, R$ 29,20 por m³.

"§ 1º. Aplicam-se às correntes de hidrocarbonetos líquidos que, pelas suas características físico-químicas, possam ser utilizadas exclusivamente para a formulação de diesel, as mesmas alíquotas específicas fixadas para o produto.

"§ 2º. Aplicam-se às demais correntes de hidrocarbonetos líquidos utilizadas para a formulação de diesel ou de gasolinas as mesmas alíquotas específicas fixadas para gasolinas.

"§ 3º. As correntes de hidrocarbonetos líquidos não destinadas à produção ou formulação de gasolinas ou diesel serão identificadas mediante marcação, nos termos e condições estabelecidos pela ANP.

"§ 4º. Fica isenta da CIDE a nafta petroquímica, importada ou adquirida no mercado interno, destinada à elaboração, por central petroquímica, de produtos petroquímicos não incluídos no *caput* deste artigo, nos termos e condições estabelecidos pela ANP.

"§ 5º. Presume-se como destinado a produção de gasolina nafta, adquirida ou importada na forma do § 4º, cuja utilização na elaboração do produto ali referido não seja comprovada.

"§ 6º. Na hipótese do § 5º a CIDE incidente sobre a nafta será devida na data de sua aquisição ou importação, pela central petroquímica.

"§ 7º. A CIDE devida na comercialização dos produtos referidos no *caput* integra a receita bruta do vendedor."

O art. 6º, por sua vez, dedica-se a estabelecer o prazo de pagamento de tal contribuição, estatuindo que "na hipótese de importação, o pagamento da CIDE deve ser efetuado na data do registro da Declaração de Importação" (*caput*) e que, "no caso de comercialização, no mercado interno, a CIDE devida será apurada mensalmente e será paga até o último dia útil da primeira quinzena do mês subseqüente ao de ocorrência do fato gerador".

Os arts. 7º e 8º estampam hipóteses de dedução da CIDE, do seguinte teor:

"Art. 7º. Do valor da CIDE incidente na comercialização, no mercado interno, dos produtos referidos no art. 5º poderá ser deduzido o valor da CIDE:

"I – pago na importação daqueles produtos;

"II – incidente quando da aquisição daqueles produtos de outro contribuinte.

"Parágrafo único. A dedução de que trata este artigo será efetuada pelo valor global da CIDE pago nas importações realizadas no mês, considerado o conjunto de produtos importados e comercializados, sendo desnecessária a segregação por espécie de produto.

"Art. 8º. O contribuinte poderá, ainda, deduzir o valor da CIDE, pago na importação ou na comercialização, no mercado interno, dos valores da contribuição para o PIS/PASEP e da COFINS devidos na comercialização, no mercado interno, dos produtos referidos no art. 5º, até o limite de, respectivamente:

"I – R$ 39,40 e R$ 181,70 por m³, no caso de gasolinas;

"II – R$ 15,60 e R$ 72,20 por m³, no caso de diesel;

"III – R$ 5,70 e R$ 26,30 por m³, no caso de querosene de aviação;

"IV – R$ 4,60 e R$ 21,30 por m³, no caso dos demais querosenes;

"V – R$ 2,00 e R$ 9,40 por t, no caso de óleos combustíveis (*fuel-oil*);

"VI – R$ 24,30 e R$ 112,40 por t, no caso de gás liqüefeito de petróleo, inclusive o derivado de gás natural e de nafta;

"VII – R$ 5,20 e R$ 24,00 por m³, no caso de álcool etílico combustível.

"§ 1º. A dedução a que se refere este artigo aplica-se às contribuições relativas a um mesmo período de apuração ou posteriores.

"§ 2º. As parcelas da CIDE deduzidas na forma deste artigo serão contabilizadas, no âmbito do Tesouro Nacional, a crédito da contribuição para o PIS/PASEP e da COFINS e a débito da própria CIDE, conforme normas estabelecidas pela Secretaria da Receita Federal."

O art. 9º, em atendimento ao disposto no § 4º, inciso I, alínea *b*, do art. 177, reproduz e detalha o teor desse comando, prescrevendo:

"Art. 9º. O Poder Executivo poderá reduzir as alíquotas específicas de cada produto, bem assim restabelecê-las até o valor fixado no art. 5º.

"§ 1º. O Poder Executivo poderá, também, reduzir e restabelecer os limites de dedução referidos no art. 8º.

"§ 2º. Observado o valor limite fixado no art. 5º, o Poder Executivo poderá estabelecer alíquotas específicas diversas para o diesel, conforme o teor de enxofre do produto, de acordo com classificação estabelecida pela ANP."[5]

5. A vasta modificação normativa promovida pela Emenda Constitucional 33 já aponta para as diversas perplexidades ensejadas por ocasião da interpretação dos textos constitucional e legal referentes à CIDE. Embora trate-se de um novo tributo – o que, por si só, enseja críticas veementes, diante do pluralidade de exigências fis-

5. Mediante o Decreto 4.066, de 27 de dezembro de 2001, o Presidente da República promoveu a redução das alíquotas específicas e o limite de dedução da Contribuição de Intervenção no Domínio Econômico (CIDE) para o querosene de aviação, o gás liqüefeito de petróleo, inclusive o derivado de gás natural e de nafta e o álcool etílico combustível.

cais contempladas no nosso ordenamento jurídico – encontramos, também, alguns aspectos positivos na sua instituição.

Inicialmente, cumpre anotar que, em se tratando de espécie de contribuição interventiva, bastaria, para a sua instituição, em nosso entender, a autorização constitucional genérica estampada no *caput* do art. 149.

No entanto, mediante o exercício do Poder Constituinte Derivado, não somente se contemplou a autorização expressa para a instituição de contribuições sociais e de intervenção no domínio econômico incidentes sobre a importação de petróleo e seus derivados, gás natural e seus derivados e álcool combustível (art. 149, § 1º, II), como também desceu-se a minudências concernentes à disciplina de suas alíquotas e do sujeito passivo, aspectos da hipótese de incidência tributária, reguláveis mediante lei (art. 150, I, CR).

Do mesmo modo, o § 4º acrescido ao art. 177 determina os requisitos a serem atendidos pela lei que instituir contribuição de intervenção no domínio econômico relativa às atividades de importação ou comercialização de petróleo e seus derivados, gás natural e seus derivados e álcool combustível, estabelecendo que sua alíquota poderá ser diferenciada por produto ou uso e reduzida e restabelecida por ato do Poder Executivo, não se lhe aplicando o disposto no art. 150, III, "b" (inciso I).

As finalidades às quais serão destinados o produto da arrecadação da CIDE vêm definidas no inciso II desse § 4º e reproduzidas no § 1º, do art. 1º, da Lei 10.336: a) o pagamento de subsídios a preços ou transporte de álcool combustível, gás natural e seus derivados e derivados de petróleo; b) o financiamento de projetos ambientais relacionados com a indústria do petróleo e do gás; e c) o financiamento de programas de infra-estrutura de transportes.

Vê-se que a própria Emenda já estabelece as finalidades qualificadoras dessa contribuição interventiva, embora, tecnicamente, não fosse imperioso fazê-lo, bastando que a lei instituidora o fizesse. Assim agindo, o legislador da Emenda, evidentemente, eliminou qualquer possibilidade de eleição, pelo legislador ordinário, das finalidades a serem atendidas por meio desse instrumento fiscal.

Importante atentar se esses objetivos afinam-se com os princípios gerais norteadores da atividade econômica, arrolados no art. 170 da Constituição da República. À primeira vista, a resposta é afirmativa, especialmente em razão dos princípios da defesa do consumidor e da defesa do meio ambiente (art. 170, V e VI).

Salientamos, ainda, a relevância da finalidade apontada na alínea "b" – "o financiamento de projetos ambientais relacionados com a indústria do petróleo e do gás" – norma continente de previsão constitucional expressa acerca do relacionamento entre a tributação e o meio ambiente.[6]

Questão que certamente suscitará controvérsias refere-se ao disposto no transcrito art. 177, § 4º, inciso I, alínea "b", que defere ao Poder Executivo a possibilidade de reduzir e restabelecer a alíquota da CIDE, não lhe sendo aplicável os princípios da legalidade (ao menos, no seu inteiro teor) e da anterioridade da lei tributária.

A constitucionalidade desse preceito é bastante duvidosa. Não se pode esquecer que se trata de comando introduzido no Texto Fundamental por meio de emenda, isto é, mediante ato normativo que expressa as diversas limitações a que se submete o Poder Constituinte Derivado. E, cuidando-se dos princípios da legalidade e da anterioridade da lei tributária, que conferem direitos individuais aos contribuintes, invocável a cláusula pétrea estampada no art. 60, § 4º, inciso IV, da Lei Maior.

Também, como observa Roque Carrazza, o deferimento, ao Presidente da Re-

6. Sobre o tema da tributação ambiental, vejam-se os nossos trabalhos "Tributação ambiental", in *Direito Ambiental em Evolução*, Juruá, 1998, pp. 298-309 e "Tributação e meio ambiente", *Revista de Direito Tributário* 78/73-79, 2000.

pública, da possibilidade de alterar alíquotas de tributo, veiculado por emenda constitucional, fere o princípio da separação dos poderes, já que consubstancia delegação de atribuições do Legislativo ao Executivo, não desejada pelo legislador constituinte.[7]

Outro ponto a destacar é o de que a Emenda Constitucional 33 contempla, ainda, nova hipótese de imunidade específica, ao declarar que as contribuições sociais e de intervenção no domínio econômico de que trata o *caput* do art. 149 não incidirão sobre as receitas decorrentes de exportação (art. 149, § 2º, I).[8] O intuito, evidente, é não onerar as exportações.[9]

No plano da Lei 10.336/2001, a primeira observação a ser feita é de que essa nova contribuição interventiva possui materialidade de imposto, uma vez que, nos termos de seu art. 3º, suas hipóteses de incidência consubstanciam-se na realização de operações de importação e de comercialização no mercado interno de gasolinas e suas correntes; diesel e suas correntes; querosene de aviação e outros querosenes; óleos combustíveis (*fuel-oil*); gás liqüefeito de petróleo, inclusive o derivado de gás natural e de nafta; e álcool etílico combustível, pelos contribuintes referidos no art. 2º – o produtor, o formulador e o importador, pessoa física ou jurídica, desses combustíveis líquidos.

As normas contidas nos arts. 7º e 8º desse diploma legal revelam o intuito de preservar a regra da não-cumulatividade, já que sobre as operações que tenham por objeto combustíveis e derivados e o respectivo faturamento, incidem, não somente o ICMS, o Imposto de Importação e o Imposto de Exportação, mas também as contribuições ao PIS e a COFINS (art. 155, § 3º). Exatamente por isso, autorizam, nas condições que especificam, a dedução de valores pagos a título da própria CIDE em operações anteriores, bem assim a título das contribuições ao PIS/PASEP e à COFINS. Todavia, a lei faculta ao Executivo reduzir e restabelecer os limites dessa dedução (art. 9º, § 1º).

Estes são os brevíssimos comentários que nos pareceram oportunos numa primeira análise da disciplina dessa contribuição interventiva, e que submetemos à apreciação de todos.

Bibliografia

CARRAZZA, Roque Antonio. *Curso de Direito Constitucional Tributário*, 17ª ed. revista, ampliada e atualizada, São Paulo, Malheiros Editores, 2002.

COSTA, Regina Helena. *Imunidades Tributárias – Teoria e Análise da Jurisprudência do STF*, São Paulo, Malheiros Editores, 2001.

_______. *Princípio da Capacidade Contributiva*, 2ª ed., São Paulo, Malheiros Editores, 1996.

7. Ob. cit., p. 266.

8. A expressão "não incidirá", empregada por norma constitucional, é sempre reveladora de exoneração tributária qualificada como imunidade (cf. nosso *Imunidades Tributárias – Teoria e Análise da Jurisprudência do STF*, p. 42).

9. A Constituição abriga outras normas com o propósito de não onerar as exportações, quando consigna normas imunizantes (IPI – art. 153, § 3º, inciso III; ICMS – art. 155, X, *a*) e autoriza isenção (ISS – art. 156, § 3º, inciso II).

PROPORCIONALIDADE, PROGRESSIVIDADE E SELETIVIDADE NO IPTU

RICARDO LOBO TORRES
Professor Titular de Direito Financeiro na UERJ

1. Capacidade contributiva. 2. Proporcionalidade. 3. Progressividade: 3.1 Progressividade fiscal: 3.1.1 Progressividade fiscal objetiva; 3.1.2 Progressividade fiscal subjetiva; 3.2 Progressividade extrafiscal. 4. Seletividade. 5. Conclusão.

1. Capacidade contributiva

Os impostos sobre o patrimônio, entre os quais se inclui o IPTU, quase não denotam capacidade contributiva. Podem até expressar uma situação de riqueza, mas não trazem em si a matéria tributável, se não admitem, como é o caso brasileiro, a incidência sobre a renda produzida pelos imóveis; a progressividade do tributo e o seu perfeito ajustamento ao princípio da capacidade contributiva só podem ocorrer quando o tributo incide também sobre as rendas produzidas pelo bem ou sobre a mais-valia do imóvel decorrente de obra pública.[1]

A capacidade contributiva no IPTU, nos estreitos limites nos quais pode ser surpreendida, se expressa pelos princípios da proporcionalidade e da seletividade. A progressividade apenas encontra fundamento extrafiscal, sem nenhum apoio na capacidade econômica; mas normas constitucionais inconstitucionais têm autorizado a progressividade em qualquer circunstância.

2. Proporcionalidade

O princípio de justiça típico do IPTU é o da *proporcionalidade*, segundo o qual a incidência se faz sempre pela mesma alíquota, dependendo o crescimento do débito de imposto do valor maior da base de cálculo do imóvel. Imóveis mais baratos geram, a alíquota constante, *quantum debeatur* menor; bens mais caros produzem, pela mesma alíquota, débito fiscal maior. Essa regra secular de justiça fiscal se aplica às incidências *in rem*, que são objetivas, sem se deixarem influenciar por situações subjetivas do contribuinte.

No Brasil sempre adotamos o princípio da proporcionalidade, mesmo na vigência da CF/1988, que apenas autorizou a progressividade por motivos extrafiscais. Baleeiro já dizia há muito tempo que "imposto sobre coisa, em princípio, exclui, por exemplo, a progressividade em atenção à pessoa, *salvo casos de aplicação extrafiscal*".[2] A doutrina, majoritariamente, aderiu ao mesmo entendimento.[3]

1. Cf. Richard A. Musgrave, "Is a property tax on housing regressive?", *The American Economic Review* 64(2):222, 1974; Henry Aaron, "A new view of property tax incidence", *The American Economic Review* 64(2):212, 1974; Andrea Fedele, "Gli incrementi nominali di valore nell'invim ed il principio di capacità contributiva", *Riv. Dir. Fin. e Sc. Fin.*, 1982:73; Fernando Rezende ("A empresa pública e a intervenção do Estado na economia. Ação suplementar à iniciativa privada", in *A Empresa Pública no Brasil: Uma Abordagem Multidisciplinar*, Brasília: IPEA, 1980, p. 253) anota que o tributo é regressivo, pois "a carga tributária por unidade de renda diminui à medida que se consideram classes mais altas de rendas".

2. *Limitações Constitucionais ao Poder de Tributar*, Rio de Janeiro: Forense, 1977, p. 365.

3. Cf., entre outros: Ives Gandra da Silva Martins, *Comentários à Constituição do Brasil*, v. 6, t. I,

No direito estrangeiro prevalece a mesma solução: os impostos sobre a propriedade imobiliária são *proporcionais*, proibida a *progressividade fiscal*. Na Itália o art. 53 da Constituição diz que "o sistema tributário é inspirado por critérios progressivos". Nada obstante, a jurisprudência e a doutrina esclarecem que a progressividade se refere ao sistema tributário como um todo, o que exclui da diretiva constitucional diversas incidências, especialmente os impostos sobre os terrenos, os rendimentos dos bens imóveis e os atos jurídicos.[4] Na França, L. Trotabas afirma categoricamente: "É, em definitivo, o imposto pessoal que conduz à progressividade, a fim de estabelecer uma igualdade nas relações".[5] A mesma concepção, que veda a progressividade nos impostos imobiliários, para reservá-la aos tributos pessoais, prevalece na Argentina[6] e no México.[7] Nos Estados Unidos da América do Norte a própria Constituição estabelece que os impostos diretos serão proporcionais (art. 1º, Seção 2) e que não serão lançados impostos diretos ou capitação a não ser na proporção do recenseamento da população (art. 1º, Seção 9);[8] para que fosse possível cobrar o IR progressivo foi necessário a aprovação de emenda constitucional (n. 16, de 1913); vários Estados-membros contemplam em suas Constituições a regra da proporcionalidade para os impostos sobre a propriedade.[9]

O Supremo Tribunal Federal decidiu:

"No sistema tributário nacional é o IPTU inequivocamente um imposto real.

"Sob o império da atual Constituição, não é admitida a progressividade fiscal do IPTU, quer com base exclusivamente no seu art. 145, § 1º, porque esse imposto tem caráter real que é incompatível com a progressividade decorrente da capacidade econômica do contribuinte, quer com ânimo na conjugação desse dispositivo constitucional (genérico) com o art. 156, § 1º (específico)."[10]

Depois de pacificada pelo Supremo Tribunal Federal a discussão a respeito da progressividade do IPTU, sobreveio a Emenda Constitucional 29, de 2000, que trouxe norma claramente inconstitucional, como adiante examinaremos.

3. *Progressividade*

A questão da progressividade do IPTU comporta duas abordagens distintas, conforme se leve em consideração a *progressividade fiscal* subordinada à capacidade contributiva e à idéia de justiça tributária, e a *progressividade extrafiscal*, afastada do

São Paulo: Saraiva, 1990, p. 548; Marco Aurélio Greco, "Os tributos municipais", in J. Cretella Júnior e outros, *A Constituição Brasileira de 1988: Interpretações*, Rio de Janeiro: Forense Universitária, 1988, p. 3.361; Aires Barreto, "Os Municípios na nova Constituição brasileira", in J. Cretella Júnior e outros, *A Constituição Brasileira de 1988: Interpretações*, Rio de Janeiro: Forense Universitária, 1988, p. 87.

4. Cf. Enrico de Mita, *Fisco e Costituzione*, Milão: Giuffrè, 1984, p. 240; A. Levi, *Commentario Sistematico alla Costituzione Italiana*, v. I, Florença: G. Babera, 1950, p. 284.

5. *Finances Publiques*, Paris: Dalloz, 1969, p. 302.

6. Cf. Dino Jarach, *Curso Superior de Derecho Tributario*, v. 1, Buenos Aires: Liceo Profissional "Gina", 1957, p. 125.

7. Cf. Sergio de la Garza, *Derecho Financiero Mexicano*, México: Ed. Porrua, 1969, p. 418.

8. Ainda no século passado a Suprema Corte afirmou: "É verdade que o poder tributário do Congresso é muito vasto. Ele é dado pela Constituição com uma exceção e duas limitações. O Congresso não pode taxar as exportações e deve impor tributos diretos pela regra da proporção e tributos indiretos pela regra da uniformidade" (... *and it must impose direct taxes by the rule of apportionment, and indirect taxes by the rule of uniformity*), License Taxes Cases, 5 Wall. 462.

9. Cf. Hellerstein/Hellerstein, *State and Local Taxation*, St. Paul: West Publishing, 1988, p. 49. A regra da proporcionalidade dos impostos diretos, pela sua complexidade, fez com que se tornasse estadual a imposição sobre a propriedade – cf. K. Dame, "The American Fiscal Constitution", *The University of Chicago Law Review* 44(2):289, 1977.

10. RE 153.771, Ac. do Pleno, de 20.11.1996, rel. para o acórdão Min. Moreira Alves, *RTJ* 162/726. No mesmo sentido: RE 199.281-SP, Ac. do Pleno, de 11.11.1998, rel. Min. Moreira Alves, *RTJ* 169/667.

núcleo da capacidade contributiva e atrelada à função social da propriedade, com finalidade extrafiscal.

3.1 Progressividade fiscal

A progressividade fiscal, com base no princípio da capacidade contributiva, não é admissível, nem por argumento *objetivos* nem *subjetivos*.

3.1.1 Progressividade fiscal objetiva

Como acabamos de analisar, não cabe a progressividade do IPTU fundada em argumentos de capacidade contributiva ou de justiça tributária com relação a características intrínsecas do bem imóvel (localização, tamanho, valor, cesta de serviços oferecida pelo Município etc.), em virtude de antinomia estrutural entre progressividade e incidência *in rem*. Pela indisfarçável subjetivação do tributo que incide objetivamente, implicaria discriminação entre os cidadãos, porque nada assegura ser o proprietário de um imóvel de valor elevado mais rico do que o proprietário de inúmeros bens de valores individuais menores.

Esse vício de inconstitucionalidade, coarctado pelo Supremo Tribunal Federal, retornou com a promulgação da Emenda Constitucional 29, de 2000,[11] que nos parece trazer norma constitucional inconstitucional.

Em primeiro lugar, porque a jurisprudência do Supremo Tribunal Federal já havia resolvido que, sendo o IPTU um tributo real, é insuscetível de progressividade como mecanismo de capacidade contributiva. Não houve, evidentemente, qualquer modificação substancial do IPTU que passasse a justificar a sua progressividade fiscal, que, mesmo aprovada por lei superveniente, não pode modificar aspectos estruturais dos tributos.

Em segundo lugar, a EC 29/2000 é medida fiscalista e aberrante, do ponto de vista científico, sem paralelo em outros países, o que lhe retira a legitimidade para corrigir a jurisprudência da mais alta Corte do País. Ainda mais que o acórdão do STF está apoiado na melhor doutrina nacional e estrangeira e vem expresso em votos bem elaborados dos Ministros Moreira Alves e Celso de Mello. Ora, sabe-se que as emendas constitucionais podem corrigir a jurisprudência das Cortes Constitucionais. Para isso, entretanto, é necessário que: a) tenha sido constatada a lacuna constitucional, como ocorreu no caso da Emenda 13, de 1916, que permitiu a introdução do IR nos Estados Unidos, até então vedada pela Suprema Corte; b) tenha sido observada a incongruência científica dos acórdãos, como aconteceu com a Emenda 23, de 1984 (Passos Porto), que corrigiu a jurisprudência do STF em tema de ICMS, que criava sensível anomalia na interpretação do imposto brasileiro não-cumulativo.[12] Mas, no caso da EC 29/2000, nada disso ocorreu, pois a decisão do STF estava muito bem lançada e inexistia lacuna constitucional.[13] A EC 29/2000 foi oportunista, apoiou-se no argumento de que os Municípios precisavam de dinheiro para o sistema de saúde e escamoteou a discussão sobre a progressividade do IPTU, eis que, embora cuidasse de discriminação de despesa nos serviços públicos de saúde, tratou de matéria típica de reforma tributária, ainda em andamento no Congresso (PEC 175/1995). O Prof. Lang, que sucedeu Klaus Tipke na cátedra da

11. "Art. 3º: O § 1º do art. 156 da Constituição Federal passa a vigorar com a seguinte redação:

"Art. 156. (...)

"§ 1º. Sem prejuízo da progressividade no tempo a que se refere o art. 182, § 4º, inciso II, o imposto previsto no inciso I poderá:

"I – ser progressivo em razão do valor do imóvel; e

"II – ter alíquotas diferentes de acordo com a localização e o uso do imóvel."

12. Cf. Ricardo Lobo Torres, "A interação entre a lei e a jurisprudência em matéria tributária". *Revista dos Tribunais, Cadernos de Direito Tributário e Finanças Públicas* 3/7-20.

13. Cf. Leonardo Pietro Antonelli, "A correção de decisões judiciais pelo Poder Legislativo", *Revista de Direito Administrativo* 224/151, 2001.

Universidade de Colônia, quando de sua aposentadoria, anota que é plenamente constitucional a correção legislativa, se vem para manter o caráter sistêmico do direito tributário e para adequar a interpretação de normas específicas aos pressupostos dogmáticos em que deve se apoiar; averba, ainda, que a igualdade e a segurança jurídica não são prejudicadas com a correção, se a jurisprudência se apresenta de forma contraditória e incompleta ou se contrasta com os princípios gerais do direito; a atitude do legislador só seria inconstitucional se motivada pelo interesse meramente fiscalista ou se tivesse por objetivo subverter o equilíbrio entre os poderes do Estado.[14] Parece-nos, portanto, que a EC 29/2000 é manifestamente inconstitucional, por pretender infundadamente corrigir a jurisprudência do Supremo Tribunal Federal, com o que feriu o princípio da separação de poderes, que é clausula pétrea da Constituição (art. 60, § 4º, inciso III).

Em terceiro lugar, a EC 29/2000 é inconstitucional porque ofende os direitos individuais do contribuinte, que também constituem cláusula pétrea da Constituição (art. 60, § 4º, inciso IV). Vimos que a proibição de progressividade do IPTU decorre da *inexistência de capacidade contributiva* que a possa suportar, característica comum aos tributos com incidência *in rem*. Mas a inconstitucionalidade não decorre de *juízo de justiça* ou de graduação da capacidade contributiva, insuscetíveis de controle jurisdicional, senão que advém da ofensa ao *direito de propriedade*, incluído no rol dos *direitos fundamentais* do art. 5º da Constituição (inciso XXII). Indubitável que, inexistindo capacidade contributiva para a incidência progressiva sobre o bem imóvel, a ofensa se faz sobre o próprio direito individual, que transcende a aptidão para contribuir. A proteção constitucional se exerce toda vez que a lei pretender atingir situações que não denotam existência de capacidade contributiva, seja por atingir níveis situados *aquém da faixa mínima* de riqueza suscetível de imposição (mínimo existencial), seja por alcançar excessivamente os direitos que se situam *além do limite razoável* para a atuação do poder tributário.[15] A cobrança progressiva do IPTU, por conseguinte, atinge a *não-capacidade contributiva*, que é *espaço de liberdade e não de justiça*, abrindo-se a possibilidade de controle jurisdicional para a proteção do direito fundamental à propriedade, que é cláusula pétrea (art. 60, § 4º, inciso IV).[16]

3.1.2 Progressividade fiscal subjetiva

A progressividade também não pode se fundar em considerações *subjetivas*, vinculadas à pessoa do contribuinte, em virtude de o IPTU ser um tributo real, de incidência sobre coisas. O STF, ao julgar questão relacionada com a lei do Município de Americana, que majorava as alíquotas em função do número de imóveis possuídos pelo contribuinte, declarou a constitucionalidade do dispositivo, de natureza extrafiscal;[17] ao depois, modificou a sua orienta-

14. "Reaktion der Finanzverwaltung auf missliebige Entscheidungen des Bundesfinanzhof", *Steuer und Wirtschaft* 69/22, 1922. Cf. tb. Roman Seer, "Die ertragsteuerliche Behandlung der doppelstöckingen Personengesellschaft unter besonderer Berücksichtigung des Steueränderungsgesetzes 1992", *Steuer und Wirtschaft* 69/35-47, 1992.

15. Cf. Gabriel Casado Ollero, "El principio de capacidad y el control de la imposición indirecta", *Civitas – Revista Española de Derecho Tributario* 32/196, 1982: "(...) *la capacidad susceptible de tributación debe situarse entre el mínimo de existencia y el máximo no confiscatorio, exigencias ambas que constituyen presupuestos y límites de imponibilidad*".

16. A doutrina brasileira vem se manifestando majoritariamente nesse sentido – Ives Gandra da Silva Martins e Aires F. Barreto, "IPTU: por ofensa a cláusulas pétreas, a progressividade prevista na Emenda 29/2000 é inconstitucional", *Revista Dialética de Direito Tributário* 80/105-126, 2002; Miguel Reale, "O IPTU progressivo e a inconstitucionalidade da EC 29/2000", *Revista Dialética de Direito Tributário* 81/123-126, 2002; Leonardo Pietro Antonelli, ob. cit., pp. 147-167.

17. RMS 16.798-SP, Ac. da 1ª T., de 12.12.1966, rel. Min. Víctor Nunes Leal, *RTJ* 41/607.

ção em diversos julgados,[18] para declarar a inconstitucionalidade da lei de Americana, chegando a matéria a ser incluída na Súmula: "589. É inconstitucional a fixação de adicional progressivo do imposto predial e territorial urbano em função do número de imóveis do contribuinte". Juristas, como Rubens Gomes de Souza[19] e Rui Barbosa Nogueira[20] influenciaram o STF; este último anotava que a lei municipal "criou um outro tipo de imposto simplesmente porque mudou o fato gerador, não tomou mais como fato gerador ou pressuposto da incidência o imóvel, a coisa, mas sim uma qualidade ou condição da pessoa proprietária". Porém, o assunto é polêmico e há opiniões contrárias.[21]

É interessante observar que, na hipótese oposta de redução de alíquota, o STF aceitou o critério subjetivo, fazendo inscrever na Súmula: "539. É constitucional a lei do Município que reduz o imposto predial urbano sobre imóvel ocupado pela residência do proprietário, que não possua outro".

3.2 Progressividade extrafiscal

Fora da temática da capacidade contributiva, admite-se a progressividade do tributo municipal.

A alíquotas do IPTU poderiam ser fixadas de modo diferenciado, a fim de, atendendo a motivos extrafiscais, permitir a progressividade da tributação. O legislador municipal poderia variar as alíquotas em virtude da extensão, localização, destinação, valor ou qualquer outro critério objetivo relacionado com o bem.[22] O STF já se manifestara incidentalmente, pela voz de alguns de seus Ministros, no sentido da legitimidade de leis municipais que criassem o discrime a partir de considerações sobre lotes baldios, casas arruinadas, retenção de imóveis para fins especulativos etc.[23]

Mas, em julgados ulteriores, nos quais aprofundou o exame da questão, o STF atrelou a progressividade extrafiscal do art. 156, parágrafo único, na redação originária, à do art. 182, IV, da CF. Eis a ementa da decisão:

"A interpretação sistemática da Constituição conduz inequivocamente à conclusão de que o IPTU com finalidade extrafiscal a que alude o inciso II do § 4º do artigo 182 é a explicitação especificada, inclusive com limitação temporal, do IPTU com finalidade extrafiscal aludido no artigo 156, I, § 1º.

"Portanto, é inconstitucional qualquer progressividade, em se tratando de IPTU, que não atenda exclusivamente ao disposto no artigo 156, § 1º, aplicado com as limitações expressamente constantes dos §§ 2º e 4º do artigo 182, ambos da Constituição Federal".[24]

Houve, a nosso ver, um certo exagero na decisão do STF, eis que impediu a progressividade extrafiscal em casos desvinculados do reordenamento do espaço municipal, como seriam o mau uso da propriedade, o abandono do imóvel, a falta de pintura regular, a não-conservação de imóveis em ruínas, a ausência de calçada etc.

18. Cf. RE 80.858-SP, Ac. da 2ª T., de 19.9.1975, rel. Min. Cordeiro Guerra, *RTJ* 76/909; RE 69.784-SP, Ac. do Pleno, de 5.3.1975, rel. Min. Djaci Falcão, *RTJ* 77/172, no qual o Min. Bilac Pinto disse: "O vício de inconstitucionalidade do tributo decorre de que a lei municipal de Americana fundou o seu adicional de progressividade não no valor venal dos imóveis, mas na extensão do patrimônio territorial do contribuinte".

19. "O imposto territorial urbano, a tributação extrafiscal e o art. 202 da Constituição de 1946", *RT* 386/47, 1967.

20. "Função fiscal e extrafiscal dos impostos", *RT* 380/36, 1967.

21. No julgamento do RE 80.858, referido na nota 18 (*RTJ* 76/909), o Min. Aliomar Baleeiro discordou de seus pares.

22. Aires Fernandino Barreto, em minucioso estudo do tema ("A progressividade nos impostos sobre a propriedade imobiliária", *RDT* 4/166) diz que a progressividade pode se apoiar nos elementos temporal, espacial, valorativo, superfície, destinação do imóvel, equipamentos urbanos, gabarito ou número de pavimentos e critério misto.

23. Cf. o voto do Min. Cordeiro Guerra publicado na *RTJ* 76/911.

24. RE 153.771-MG, Ac. do Pleno, de 20.11.1996, rel. Min. Moreira Alves, *RTJ* 162/72.

A Lei 10.257, de 10.7.2001, denominada Estatuto da Cidade, regulamentou o art. 182, §§ 2º e 4º, estabelecendo diversas regras para a progressividade extrafiscal.[25]

4. Seletividade

O outro subprincípio constitucional do IPTU vinculado à capacidade contributiva é o da seletividade, que sinaliza no sentido de que nos impostos patrimoniais as alíquotas podem variar em razão da localização ou do uso do bem (comercial ou residencial).

Aparece explicitamente na EC 29/2000, que prevê que o IPTU "poderá ter alíquotas diferentes de acordo com a localização e o uso do imóvel" (art. 156, § 1º, inciso II).

As legislações municipais já estabelecem valores diferenciados para a base de cálculo do IPTU, levando em conta o bairro ou região da cidade, o que se compagina com a capacidade contributiva do proprietário, que varia na medida em que o bem se situa em zonas economicamente mais valorizadas.

Nos Estados Unidos a doutrina há muito tempo defende a idéia de que os tributos patrimoniais podem distinguir entre as diversas regiões.[26] A Suprema Corte, que desde o século XIX mantém esse ponto de vista, concluiu, ainda recentemente, no discutido caso *San Antonio Ind. School Dist. V. Rodriguez*,[27] pela legitimidade do sistema financeiro-educacional do Texas, que, ao distinguir entre as diversas regiões, pela cobrança diferenciada do imposto sobre a propriedade local e pela vinculação desses recursos às escolas situadas no distrito tributado, não criou, contra as comunidades carentes de menor poder de contribuição, disparidades irracionais ou sistema odiosamente discriminatário (*invidiously discriminatory*).

A Argentina aderiu à orientação americana, abrindo a possibilidade de dividir a cidade em zonas para a incidência de impostos.[28]

Na Espanha, o Tribunal Constitucional entendeu que não afrontava o princípio da igualdade a existência de figuras tributárias de aplicação setorial, nomeadamente a revisão dos valores cadastrais em uma determinada cidade, rejeitando, ademais, o argumento de que feria a liberdade de residência.[29]

5. Conclusão

A propriedade de bens imóveis denota pequena capacidade contributiva. Por isso, além de ser reservada à tributação pelos entes públicos menores, abre-se para a incidência proporcional, admite a cobrança seletiva apenas em razão da localização ou do uso do bem, mas não tolera a progressividade, objetiva ou subjetiva, a não ser a de finalidade extrafiscal.

Rio de Janeiro, 31 de julho de 2002.

25. "Art. 7º. Em caso de descumprimento das condições e dos prazos previstos na forma do *caput* do art. 5º desta Lei, o Município procederá à aplicação do imposto sobre a propriedade predial e territorial urbana (IPTU) progressivo no tempo, mediante a majoração da alíquota pelo prazo de cinco anos consecutivos.

"§ 1º. O valor da alíquota a ser aplicado a cada ano será fixado na lei específica a que se refere o *caput* do art. 5º desta Lei e não excederá a duas vezes o valor referente ao ano anterior, respeitada a alíquota máxima de quinze por cento.

"§ 2º. Caso a obrigação de parcelar, edificar ou utilizar não esteja atendida em cinco anos, o Município manterá a cobrança pela alíquota máxima, até que se cumpra a referida obrigação, garantida a prerrogativa prevista no art. 8º.

"§ 3º. É vedada a concessão de isenções ou de anistia relativas à tributação progressiva de que trata este artigo."

26. Cf. Thomas M. Cooley, *A Treatise on the Constitutional Limitations*, Boston: Little Brown & Company, 1898, p. 722.

27. 411 US 1 (1973).

28. Cf. Segundo Linares Quintana, *El Poder Impositivo y la Libertad Individual*, Buenos Aires: Ed. Alfa, 1951.

29. Cf. Francisco Escribano López, *La Configuración Jurídica del Deber de Contribuir*, Madrid: Civitas, 1988, p. 270.

INCIDÊNCIAS DO INSS – CONTRIBUIÇÕES SOCIAIS

WAGNER BALERA
Professor da Faculdade de Direito da Pontifícia Universidade Católica de São Paulo.
Membro do Conselho Consultivo do IGA-IDEPE

1. O ordenamento jurídico estatal

O direito constitucional positivo resume e compendia os valores considerados importantes, defensáveis e indispensáveis para a vida e o desenvolvimento da sociedade.

Em nosso direito, é catalogado como fundamento da República o *valor social do trabalho* (art. 1º, IV, da Constituição da República Federativa do Brasil, de 5 de outubro de 1988).

Ora, encarar o trabalho humano como *valor social* já significa, de per si, opção dentro de determinada escala de valores que subjazem a todo o ordenamento constitucional.

Eis *a ratio* do sistema de proteção do trabalhador que a Lei Suprema erige em dois subsistemas: o do trabalho e o da seguridade social.

Considerado como valor social fundamental, o trabalho assenta sua primazia no art. 193 da Lei das Leis que assim se acha redigido: "Art. 193. A ordem social tem como base o primado do trabalho e como objetivo o bem-estar e a justiça sociais".

Sendo essa a disposição preambular de todo o título que trata da Ordem Social na Constituição, cada uma de suas palavras está carregada de sentido.

Há íntima conexão entre esse comando e a expresso contida no art. 1º, IV, da mesma Carta Magna.

O trabalho, sobre ser um valor social fundamental na República (art. 1º, IV), possui uma categoria superior aos demais valores que a Ordem Social salvaguarda (art. 193).

Tal colocação nos remete, forçosamente, a uma compreensão mais ampla do fenômeno laboral.

Sendo, o trabalho, projeção da própria vida humana, naquilo que distingue o homem dos outros seres, o direito deve protegê-lo, independentemente da proteção que, na ordem natural, o ser humano, vocacionado para o trabalho, recebe a fim de exercitar esse instrumento indispensável para a sua sobrevivência.

Estamos num terreno que, sobre ser antecedente ao próprio direito positivo, fornece a este elementos fundamentais de estruturação.

Incumbe ao ordenamento jurídico estatuir a respeito de como se efetiva a proteção da pessoa do trabalhador, não apenas na perspectiva da produção.

Ao qualificar o valor social do trabalho como fundamento do Estado brasileiro, a ordem jurídica dota tal valor de importância primacial e trata de colocá-lo junto a outro grande valor – *a dignidade da pessoa humana* – de que cuida o inciso III do art. 1º, da Constituição.

Cabe à sociedade – por considerar o valor social do trabalho como fundamental – envidar esforços a fim de proporcionar aos trabalhadores condições seguras para o desempenho das respectivas atividades.

Há, pois, em nosso direito, obrigação social (entendida como obrigação coletiva, a ser cumprida pelo Poder Público e pelos particulares) de garantir segurança no trabalho, como parte inerente e integrante do conjunto de direitos sociais destinados a proteger os trabalhadores.

Observa Gama Cerqueira: "o direito toma o trabalho no seu sentido filosófico –

mais amplo que a noção econômica – com o qual coincide, se assim se pode dizer, a noção jurídica de trabalho".[1]

Por outro lado, a Ordem Jurídica há de garantir tanto ao indivíduo como ao empresário que possam cumprir seus deveres, na relação de trabalho, sem restrições e exigências descabidas que, tornando demasiado onerosa a relação, impeçam o livre desenvolvimento das respectivas atividades.

É necessária a ampla liberdade de iniciativa na sociedade, a fim de que todos quantos assim o desejem possam cumprir com seus deveres sociais. Observe-se, ao propósito, a equiparação entre *trabalho* e *livre iniciativa*, num mesmo preceito constitucional: o art. 1º, IV.

A conexão entre livre iniciativa e trabalho quer significar, sobretudo, o prestígio concedido pela ordem jurídica aos que empreendem esforços e mobilizam recursos para a geração e expansão de novos postos de trabalho.

A empresa é chamada, na ordem social, a cumprir sérios compromissos com a segurança dos trabalhadores.

O processo de qualificação normativa da proteção jurídica do trabalhador, que se juridiciza e forma parte integrante da relação de trabalho, ganha expressão na Consolidação das Leis do Trabalho mas nela não se esgota.

Também integram o mesmo ordenamento a legislação de seguridade social e a legislação tributária, esta última como instrumental financeiro da proteção do trabalho.

A compreensão integral de toda essa complexa rede de relações não pode ignorar que, certas normas de proteção só valem para determinado grupo de trabalhadores situados dentro de uma mesma empresa, repercutindo no terreno das relações fiscais e previdenciárias, na medida autorizada pelo ordenamento jurídico.

1. João da Gama Cerqueira, *Sistema de Direito do Trabalho*, v. I, São Paulo, Ed. RT, 1961, p. 311.

Em harmônica convivência, a legislação do trabalho instituiu dois subsistemas que cuidam da tutela jurídica do trabalho, nos aspectos profilático, ou preventivo, terapêutico ou curativo e no terreno da infortunística.[2]

2. As relações de custeio

As empresas contratam segurados, que devem ser ou estar regularmente inscritos na respectiva categoria junto ao Instituto Nacional do Seguro Social.

O Instituto Nacional do Seguro Social percebe as contribuições sociais devidas não apenas pelas empresas, contribuintes obrigatórias da Seguridade Social, como também pelos segurados: empregado, doméstico, avulso, contribuinte individual ou segurado especial.

2.1 As relações de custeio – Contribuição do trabalhador

O devido processo legal, estabelecido pela legislação previdenciária, prevê que qualquer pessoa que trabalhe, no Brasil, deve formalizar sua qualificação como segurado perante o órgão previdenciário.

É, pois, dever do trabalhador regularizar sua situação perante o INSS.

Sendo empregado, o trabalhador deve exigir o respectivo registro na Carteira de Trabalho e Previdência Social, a ser efetuado pelo empregador, eis que nesse ato estará adquirindo (ou mantendo) a qualidade de segurado do regime geral de previdência social. Sendo contribuinte individual, deve o trabalhador, por si mesmo, providenciar sua inscrição junto ao INSS, observando as formalidades exigidas pelo quadro normativo.

Com a identificação do segurado, vale dizer, segundo o jargão legal, pela aquisição da qualidade de segurado, já estará

2. Cf., por todos, José Martins Catharino, *Compêndio de Direito do Trabalho*, São Paulo, Saraiva, 1981, pp. 195 e ss.

normativamente prefixado o *quantum* devido a título de contribuição social pelo segurado, sujeito passivo da obrigação tributária.

As relações de trabalho, como relações jurídicas que são decorrem da lei e do contrato.

Enquanto que as primitivas relações de trabalho se configuravam na prestação de serviços, o direito que adveio da revolução industrial instituiu o contrato de trabalho como o marco legal do liame entre os trabalhadores e o patronato. Mas, a dinâmica da economia jogou na informalidade – e na denegação da proteção previdenciária – milhões de trabalhadores. Os tempos modernos, com o fenômeno da terceirização, convivem com o acelerado retorno ao esquema da prestação de serviços.

Tudo vai depender, é certo, do enquadramento formal da relação de trabalho.

Se o registro em CTPS se faz presente, cumpre considerar como empregado aquele que presta serviços à empresa. E, mesmo sem o registro, se a situação de fato revela as características da subordinação, habitualidade e retribuição mediante salário, é desse mesmo vínculo que se cuida.

Todavia, se o trabalhador está, por sua livre e expontânea vontade, inscrito no INSS na qualidade de contribuinte individual e, em certo contrato social, está definido determinado cargo de direção ou gerência que é provido por quem não seja empregado da empresa, aquele que, sendo filiado como contribuinte individual está investido formalmente na função diretiva não pode ser qualificado senão como contribuinte individual.

Quem quer que trabalhe, no Brasil, deve ser enquadrado como segurado obrigatório.

Mas, conquanto todos os segurados tenham direito, com fulcro na diretriz da universalidade da cobertura e do atendimento, a idêntica proteção social (art. 194, parágrafo único, I, da Constituição), e se situam como sujeitos ativos das prestações de benefícios e de serviços, há distinção entre os segurados enquanto contribuintes da seguridade social.

Aliás, na própria Lei Suprema se pode constatar a distinção entre segurados de certo grupo, mencionados no § 8º do art. 195 e todos os demais, cuja situação tributária será definida nos termos da lei.

Interessa examinar, aqui, a mais elementar das classificações. A que distingue os trabalhadores remunerados em dois grupos, consoante ensina Catharino: a) os que não são empregados e; b) os que o são.[3]

Aliás, é bom que se diga, nestas preliminares, que somente o Poder Judiciário poderá operar, mediante provocação do interessado, novo enquadramento do trabalhador, o que ocorrerá, é claro, se alguém que não é dirigente como tal vier a ser qualificado no negócio jurídico privado.

Com efeito, restringindo e limitando os termos da atuação fiscal, o Secretário Executivo de Arrecadação e Fiscalização do então INPS (que, hoje é o INSS) expediu a Instrução de Serviço SAF-299.4, de 15 de abril de 1970, mediante a qual resolveu *in verbis* que:

"1. As decisões da Justiça do Trabalho que concluírem pela não existência do vínculo empregatício entre trabalhador e empresa constituirão fundamento para o fim de qualificação do segurado perante a previdência social, eis que: a) compete à Justiça do Trabalho conciliar e julgar os dissídios individuais e coletivos entre empregados e empregadores e outras controvérsias oriundas de relação de trabalho (Constituição do Brasil, art. 142; CLT, art. 643); b) em reiterados julgamentos o Supremo Tribunal Federal vem decidindo que a verificação de existência ou não de relação de emprego é atribuição exclusiva da Justiça do Trabalho, que decide soberanamente" (agravos de instrumento 14.446 e 16.265;

3. José Martins Catharino, *Compêndio de Direito do Trabalho*, 1º v., São Paulo, Saraiva, 1981, p. 154.

recurso em mandado de segurança 8.103 e outros).

É norma jurídica interna do órgão previdenciário que, definindo os termos do devido processo administrativo, e como não poderia deixar de ser, delimitando o agir da fiscalização, impede que os Agentes Públicos atuem como se estivessem investidos da qualidade de órgãos da Justiça do Trabalho, com o escopo de enquadrarem situações de fato que examinam como se fossem relações de emprego.

Quem define a categorização do segurado são as relações de direito privado formal e regularmente constituídas entre pessoas privadas.

Tanto pode existir contrato de trabalho entre a empresa e o segurado como outras modalidades de ajuste, encartadas na gama diversa da prestação de serviços.

Ademais, INSS integra relações de direito público com o segurado cujo objeto – a contribuição social – financia a proteção social previdenciária que perceberá o trabalhador.

De fato, há relações jurídicas de custeio em que o Instituto Nacional do Seguro Social, as empresas e os trabalhadores fazem parte, no interesse da proteção social.

Em primeiro lugar, há formal e regular inscrição dos trabalhadores na categoria de segurados, parte integrante do fenômeno jurídico da incidência, que em certo momento gerará contribuições sociais.

Se e quando o segurado estiver inscrito como empregado, a incidência toma como base a respectiva remuneração.

Mas, se o segurado se achar inscrito na categoria do contribuinte individual, recolherá a respectiva contribuição mediante enquadramento, como determina a Lei 8.212, de julho de 1991, na escala de salários-base e por intermédio de carnês de contribuintes individuais.

Advirta-se que, a escala, não mais se aplica aos novos contribuintes, assim entendidos aqueles inscritos após a edição da Lei 9.876, de 1999.

Temos, pois, duas modalidades de incidência relativamente aos contribuintes individuais: o salário-base para os inscritos até 25 de novembro de 1999 e a remuneração para os que depois dessa data venham a pertencer a essa categoria jurídica de segurado.

Ainda que o enquadramento do segurado não seja operado de modo adequado, não pode ser ignorado o regular recolhimento das respectivas contribuições sociais enquanto pressuposto necessário da proteção social devida pelo Estado ao trabalhador.

Ademais, a legislação não exige que o trabalhador exerça o seu mister em uma única categoria profissional.

A mesma pessoa física não pode, porém, a um só tempo, ser empregado da empresa e lhe prestar serviços como contribuinte individual ou trabalhador avulso.

Admita-se que a contribuição social incide sobre o *pro labore* pago aos empresários, atuais contribuintes individuais, definidos no art. 12, V, "f", da Lei de Organização e Custeio da Seguridade Social.

Nos termos do contrato social e da legislação de custeio, é necessário apurar o verdadeiro montante dos salários-de-contribuição dos trabalhadores.

Montante que integrará a base de incidência da contribuição social do trabalhador e da empresa.

O salário-de-contribuição é definido em lei. Trata-se da base de cálculo da contribuição social dos trabalhadores, conforme estabelece o art. 28, da Lei n 8.212, de julho de 1991.

Essa base de cálculo está sujeita a limites mínimo e máximo.

Assim, é imprescindível que os recolhimentos efetuados pelos segurados sejam considerados, a fim de que se situe entre o degrau mínimo e máximo da escala de salários-de-contribuição.

O montante recolhido pelo segurado repercutirá, como é intuitivo, no valor do benefício futuro.

Com efeito, salários-de-contribuição devidamente apurados dentro de certo período básico de cálculo, definem o salário-de-benefício.

Salário-de-benefício que é a base de cálculo dos benefícios devidos ao segurado.

Nenhuma quantia recolhida pelos segurados pode ser desprezada, sob pena de estar sendo prejudicado o cálculo futuro do benefício que será destinado ao seu amparo.

Aos segurados interessa, e muito, a determinação do montante do salário-de-contribuição que está sendo considerado.

Sendo empregado e, eventualmente, trabalhando para diversas empresas, a soma das respectivas remunerações é considerada tanto para a determinação do limite do salário-de-contribuição como para a fixação da alíquota que incidirá sobre tal base.

É o que decorre do preceito estampado na Lei 8.212, de 1991, com a redação dada pela Lei 9.528, de 1997, que assim se encontra grafado:

"Art. 28. Entende-se por salário-de-contribuição:

"I – para o empregado e trabalhador avulso: a remuneração auferida em uma ou mais empresas, assim entendida a totalidade dos rendimentos pagos, devidos ou creditados a qualquer título, durante o mês, destinados a retribuir o trabalho, qualquer que seja a sua forma, inclusive as gorjetas, os ganhos habituais sob a forma de utilidades e os adiantamentos decorrentes de reajuste salarial, quer pelos serviços efetivamente prestados, quer pelo tempo à disposição do empregador ou tomador de serviços nos termos da lei ou do contrato ou, ainda, de convenção ou acordo coletivo de trabalho ou sentença normativa; *(redação dada pela Lei 9.528, de 10.12.1997)*

"II – para o empregado doméstico: a remuneração registrada na Carteira de Trabalho e Previdência Social, observadas as normas a serem estabelecidas em regulamento para comprovação do vínculo empregatício e do valor da remuneração;

"III – para o contribuinte individual: a remuneração auferida em uma ou mais empresas ou pelo exercício de sua atividade por conta própria, durante o mês, observado o limite máximo a que se refere o § 5º; *(redação dada pela Lei 9.876, de 26.11.1999)*

"IV – para o segurado facultativo: o valor por ele declarado, observado o limite máximo a que se refere o § 5º. *(inciso incluído pela Lei 9.876, de 26.11.1999)*

"§ 1º. Quando a admissão, a dispensa, o afastamento ou a falta do empregado ocorrer no curso do mês, o salário-de-contribuição será proporcional ao número de dias de trabalho efetivo, na forma estabelecida em regulamento.

"§ 2º. O salário-maternidade é considerado salário-de-contribuição.

"§ 3º. O limite mínimo do salário-de-contribuição corresponde ao piso salarial, legal ou normativo, da categoria ou, inexistindo este, ao salário mínimo, tomado no seu valor mensal, diário ou horário, conforme o ajustado e o tempo de trabalho efetivo durante o mês. *(redação dada pela Lei 9.528, de 10.12.1997)*

"§ 4º. O limite mínimo do salário-de-contribuição do menor aprendiz corresponde à sua remuneração mínima definida em lei.

"§ 5º. O limite máximo do salário-de-contribuição é de Cr$ 170.000,00 (cento e setenta mil cruzeiros), reajustado a partir da data da entrada em vigor desta Lei, na mesma época e com os mesmos índices que os do reajustamento dos benefícios de prestação continuada da Previdência Social.

"§ 6º. No prazo de 180 (cento e oitenta) dias, a contar da data de publicação desta Lei, o Poder Executivo encaminhará ao Congresso Nacional projeto de lei estabelecendo a previdência complementar, pública e privada, em especial para os que possam contribuir acima do limite máximo estipulado no parágrafo anterior deste artigo.

"§ 7º. O décimo-terceiro salário (gratificação natalina) integra o salário-de-contribuição, exceto para o cálculo de benefício, na forma estabelecida em regulamento. *(redação dada pela Lei 8.870, de 15.4.1994)*

"§ 8º. Integram o salário-de-contribuição pelo seu valor total: *(redação dada pela Lei 9.528, de 10.12.1997)*

"a) o total das diárias pagas, quando excedente a cinqüenta por cento da remuneração mensal; *(alínea incluída pela Lei 9.528, de 10.12.1997)*

"b) *(vetado na Lei 9.528, de 10.12.1997)*

"c) *(revogado pela Lei 9.711, de 20.11.1998)*

"§ 9º. Não integram o salário-de-contribuição para os fins desta Lei, exclusivamente: *(redação dada pela Lei 9.528, de 10.12.1997)*

"a) os benefícios da previdência social, nos termos e limites legais, salvo o salário-maternidade; *(redação dada pela Lei 9.528, de 10.12.1997)*

"b) as ajudas de custo e o adicional mensal recebidos pelo aeronauta nos termos da Lei 5.929, de 30 de outubro de 1973;

"c) a parcela *in natura* recebida de acordo com os programas de alimentação aprovados pelo Ministério do Trabalho e da Previdência Social, nos termos da Lei 6.321, de 14 de abril de 1976;

"d) as importâncias recebidas a título de férias indenizadas e respectivo adicional constitucional, inclusive o valor correspondente à dobra da remuneração de férias de que trata o art. 137 da Consolidação das Leis do Trabalho – CLT; *(redação dada pela Lei 9.528, de 10.12.1997)*

"e) as importâncias: *(alínea alterada pela Lei 9.528, de 10.12.1997)*

"1. previstas no inciso I do art. 10 do Ato das Constitucionais Transitórias; *(item incluído pela Lei 9.528, de 10.12.1997)*

"2. relativas à indenização por tempo de serviço, anterior a 5 de outubro de 1988, do empregado não optante pelo Fundo de Garantia do Tempo de Serviço – FGTS; *(item incluído pela Lei 9.528, de 10.12.1997)*

"3. recebidas a título da indenização de que trata o art. 479 da CLT; *(item incluído pela Lei 9.528, de 10.12.1997)*

"4. recebidas a título da indenização de que trata o art. 14 da Lei 5.889, de 8 de junho de 1973; *(item incluído pela Lei 9.528, de 10.12.1997)*

"5. recebidas a título de incentivo à demissão; *(item incluído pela Lei 9.528, de 10.12.1997)*

"6. recebidas a título de abono de férias na forma dos arts. 143 e 144 da CLT; *(item incluído pela Lei 9.711, de 20.11.1998)*

"7. recebidas a título de ganhos eventuais e os abonos expressamente desvinculados do salário; *(item incluído pela Lei 9.711, de 20.11.1998)*

"8. recebidas a título de licença-prêmio indenizada; *(item incluído pela Lei 9.711, de 20.11.1998)*

"9. recebidas a título da indenização de que trata o art. 9º da Lei 7.238, de 29 de outubro de 1984; *(item incluído pela Lei 9.711, de 20.11.1998)*

"f) a parcela recebida a título de vale-transporte, na forma da legislação própria;

"g) a ajuda de custo, em parcela única, recebida exclusivamente em decorrência de mudança de local de trabalho do empregado, na forma do art. 470 da CLT; *(redação dada pela Lei 9.528, de 10.12.1997)*

"h) as diárias para viagens, desde que não excedam a 50% (cinqüenta por cento) da remuneração mensal;

"i) a importância recebida a título de bolsa de complementação educacional de estagiário, quando paga nos termos da Lei 6.494, de 7 de dezembro de 1977;

"j) a participação nos lucros ou resultados da empresa, quando paga ou creditada de acordo com lei específica;

"l) o abono do Programa de Integração Social-PIS e do Programa de Assistência ao Servidor Público-PASEP; *(alínea incluída pela Lei 9.528, de 10.12.1997)* "m) os valores correspondentes a transporte, alimentação e habitação fornecidos pela empresa ao empregado contratado para trabalhar em localidade distante da de sua residência, em canteiro de obras ou local que, por força da atividade, exija deslocamento e estada, observadas as normas de proteção estabelecidas pelo Ministério do Trabalho; *(alínea incluída pela Lei 9.528, de 10.12.1997)*

"n) a importância paga ao empregado a título de complementação ao valor do auxílio-doença, desde que este direito seja extensivo à totalidade dos empregados da empresa; *(alínea incluída pela Lei 9.528, de 10.12.1997)*

"o) as parcelas destinadas à assistência ao trabalhador da agroindústria canavieira, de que trata o art. 36 da Lei 4.870, de 1º de dezembro de 1965; *(alínea incluída pela Lei 9.528, de 10.12.1997)*

"p) o valor das contribuições efetivamente pago pela pessoa jurídica relativo a programa de previdência complementar, aberto ou fechado, desde que disponível à totalidade de seus empregados e dirigentes, observados, no que couber, os arts. 9º e 468 da CLT; *(alínea incluída pela Lei 9.528, de 10.12.1997)*

"q) o valor relativo à assistência prestada por serviço médico ou odontológico, próprio da empresa ou por ela conveniado, inclusive o reembolso de despesas com medicamentos, óculos, aparelhos ortopédicos, despesas médico-hospitalares e outras similares, desde que a cobertura abranja a totalidade dos empregados e dirigentes da empresa; *(alínea incluída pela Lei 9.528, de 10.12.1997)*

"r) o valor correspondente a vestuários, equipamentos e outros acessórios fornecidos ao empregado e utilizados no local do trabalho para prestação dos respectivos serviços; *(alínea incluída pela Lei 9.528, de 10.12.1997)*

"s) o ressarcimento de despesas pelo uso de veículo do empregado e o reembolso creche pago em conformidade com a legislação trabalhista, observado o limite máximo de seis anos de idade, quando devidamente comprovadas as despesas realizadas; *(alínea incluída pela Lei 9.528, de 10.12.1997)*

"t) o valor relativo a plano educacional que vise à educação básica, nos termos do art. 21 da Lei 9.394, de 20 de dezembro de 1996, e a cursos de capacitação e qualificação profissionais vinculados às atividades desenvolvidas pela empresa, desde que não seja utilizado em substituição de parcela salarial e que todos os empregados e dirigentes tenham acesso ao mesmo; *(redação dada pela Lei 9.711, de 20.11.1998)*

"u) a importância recebida a título de bolsa de aprendizagem garantida ao adolescente até quatorze anos de idade, de acordo com o disposto no art. 64 da Lei 8.069, de 13 de julho de 1990; *(alínea incluída pela Lei 9.528, de 10.12.1997)*

"v) os valores recebidos em decorrência da cessão de direitos autorais; *(alínea incluída pela Lei 9.528, de 10.12.1997)*

"x) o valor da multa prevista no § 8º do art. 477 da CLT. *(alínea incluída pela Lei 9.528, de 10.12.1997)*

"§ 10. Considera-se salário-de-contribuição, para o segurado empregado e trabalhador avulso, na condição prevista no § 5º do art. 12, a remuneração efetivamente auferida na entidade sindical ou empresa de origem." *(parágrafo incluído pela Lei 9.528, de 10.12.1997)*

A partir de 16 de dezembro de 1998, o limite máximo do salário de contribuição resultou estabelecido em preceito da Emenda Constitucional 20, de 15 de dezembro de 1998, no valor de R$ 1.200,00 (um mil e duzentos reais).

Cumpre acrescentar, ainda, que todos os contribuintes individuais inscritos até 25 de novembro de 1999 se enquadrariam, pelo menos, na classe inicial da escala de salários-base, cumprindo o comando exarado no art. 29, § 5º da mencionada Lei 8.212, de 1991, cujo teor foi mantido como transitório pela Lei 9.876, de 1999.

Mas, esse enquadramento, pode se revelar prejudicial ao segurado cuja remuneração seja superior ao montante da respectiva posição na escala.

Entendo que, prevalecendo essa situação, o texto legal estará criando prejudicial restrição ao direito previdenciário do trabalhador.

Deverá o mesmo, pois, propor medidas de reenquadramento, a fim de aproximar, tanto quanto possível, o valor do salário-de-contribuição ao valor real da remuneração que regularmente percebe.

Eis uma peculiaridade do tributo em estudo.

Além do limite máximo do salário-de-contribuição vigente para o período correspondente, nenhum segurado pode recolher qualquer quantia relacionada a esse tributo.

Mas, é de seu legítimo interesse recolher contribuição superior àquela correspondente ao respectivo enquadramento na escala de salários-base, sempre que os valores reais percebidos sejam superiores, pela natural repercussão que tais recolhimentos terá no valor futuro dos benefícios devidos ao trabalhador.

A base de cálculo da contribuição dos contribuintes individuais é a remuneração efetivamente percebida ou o respectivo salário-base.

O salário-base do empregador que, explica o preceito didático estampado no *Entendimento 41* veiculado pela Instrução de Serviço SAF-299/30, de 13 de novembro de 1973, "é fixado independentemente do valor da retirada ou dos honorários".

Dissociavam-se, claramente, o conceito de remuneração, ínsito à qualificação jurídica da base de cálculo da contribuição dos empregados, do conceito de salário-base, inerente à base de cálculo da contribuição do segurado contribuinte individual.

Deveras, quando providenciava a inscrição o contribuinte individual se enquadrava em determinada classe da escala de salários-base e, a partir de então, pagaria o tributo mediante a aplicação de uma alíquota que incidiria sobre aquela base de cálculo.

Salário-base, insista-se, não é salário.

Trata-se da base de cálculo da contribuição social devida pelo segurado contribuinte individual.

Compete ao contribuinte, munido do respectivo carnê, efetuar o recolhimento da contribuição individual.

Esse dever jurídico é pessoal e intransferível.

A figura do responsável, como constituindo uma categoria à parte, surge no bojo da relação tributária aqui examinada de forma ambígua, mais como expediente de técnica jurídica, destinada a produzir efeito de ordem secundária, na perspectiva previdenciária.

O contribuinte individual é coadjuvado, na relação fiscal, pela figura do responsável, a quem cabe deduzir as contribuições por aquele devidas ao sistema de previdência social, no ato do pagamento da remuneração.

Cabe ao tomador dos serviços do diretor ou gerente, no momento em que efetuou o crédito das quantias devidas, providenciar a retenção da contribuição que, conforme o caso, incida sobre o salário-base.

A responsabilidade é criatura da lei, como registra a parte final do citado art. 121, do CTN.

O tomador dos serviços do administrador deve a tal pessoa certa importância, a título de recompensa pelos serviços prestados. O direito não admite trabalho sem retribuição, salvo bem caracterizadas hipóteses de voluntariado.

É responsável, o tomador dos serviços do administrador, pelo pagamento da retribuição contratada e pela retenção da contribuição social devida pelo contribuinte individual.

Aliás, constituiria discriminação, em favor do tomador dos serviços do gerente, a não incidência de contribuições sociais sobre o salário-base no qual se enquadre o contribuinte individual.

Quem deve, individualmente, a contribuição previdenciária incidente sobre o respectivo salário-base é o segurado, que resultou enquadrado, como demonstrado, no inciso V, do art. 12 da Lei 8.212, de 1991.

Quem deve reter as quantias devidas pelo gerente, nos termos da lei, é o tomador dos serviços, assim considerada a pessoa jurídica que o contratou e que lhe paga a respectiva retribuição pecuniária.

Com a duplicidade de bases de calculo, que convivem no presente momento na ordem jurídica, em qualquer das quais pode estar enquadrado o segurado, algumas distorções podem prejudicar a proteção social devida ao trabalhador.

Insisto, pois, que o segurado não está obrigado a permanecer atrelado à escala de salários-base, se tal vinculação revelar-se prejudicial à respectiva proteção previdenciária.

Ademais, em outra ordem de considerações, alguém que seja, a um só tempo, empregado de mais de uma empresa ou, ainda, contribuinte individual e empregado, deve atentar para os limites do salário-de-contribuição, recolhendo o tributo com base na soma dos salários-de-contribuição relativos a cada período mensal de apuração, respeitada a vinculação mais antiga, seja a condizente com a condição de empregado ou a concernente ao trabalho sem vínculo empregatício.

O fato econômico terá relevância, repercutindo na vida previdenciária dos segurados, quando se conforme adequadamente a base de cálculo das contribuições sociais devidas pelos trabalhadores e empregadores com os valores efetivamente percebidos por este último.

2.2 As relações de custeio – Contribuição da empresa relacionada com o grau de risco da atividade do trabalhador

Trabalhando sobre outro tema da incidência da contribuição social devida ao INSS, observemos como as recentes reformas na legislação previdenciária provocou alterações na classificação do grau de risco para efeitos de pagamento da contribuição que custeia o Regime Geral de Previdência Social, gerido pelo INSS.

O pagamento passou a ser aquele da atividade principal da empresa (atividade preponderante), de acordo com o número de empregados dessa atividade.

Fica difícil a configuração dessa situação de fato nas hipóteses em que o grau de risco é diferenciado entre os distintos estabelecimentos de uma mesma empresa contribuinte da seguridade social.

Essa situação pode, inclusive, estar oficialmente demonstrada naquelas hipóteses em que ocorrem enquadramentos distintos da atividade da empresa, ora para efeito de segurança e medicina do trabalho, ora para efeito da incidência da contribuição social.

É importante elemento de reflexão o da diversidade das atividades laborais no país.

Segundo a Relação Anual de Informações Sociais (RAIS) há, pelo menos, 40 tipos de atividades no Brasil. Pelo menos, pois a RAIS diz que há "*outras*" atividades. Será que prestigiaria a diretriz constitucional da isonomia (art. 5º, *caput*, da Constituição) a fixação do mesmo grau de risco para ramos de atividade que, pela diversidade que apresentam, exercem, sem sombra de dúvida, influência distinta na relação de trabalho e na relação previdenciária, provocando desgaste físico e psíquico diferentes aos trabalhadores?

Penso que, nesse caso, está em jogo a isonomia constitucional entre contribuintes, com possibilidade de ajustes aptos a melhor contemplarem a exigência específica da isonomia quanto ao custeio da seguridade: a eqüidade (imposta como objetivo, nos termo do art. 194, parágrafo único, V, da Superlei).

Comportaria aperfeiçoamento, para afeiçoar-se à isonomia e para operar como redutora das desigualdades, na medida em que trata desigualmente populações – comunidades de risco, enfim – que são distintas, a Relação de Atividades e Correspondentes Graus de Risco, que foi anexada, anteriormente, ao Regulamento de Organização e de Custeio da Seguridade Social e não a simples adaptação de outro rol, elaborado com propósito meramente estatísticos.

Tratarei do tema sob dois enfoques.

Na primeira parte estarei ocupado somente com a contribuição social enquanto que, na segunda, cuidarei do tema relativo à segurança e medicina do trabalho.

2.2.1 A legalidade dos tributos

Ao tratar da legalidade como o princípio fundamental da tributação, melhor dizendo, da atividade fiscal do Estado, no Estado de Direito, a doutrina mais autorizada intenta caracterizá-lo como "reserva de lei".

É como reserva de lei que a expressão ganha, no contexto constitucional, seu verdadeiro sentido.

Escrevi, em outra oportunidade: "podemos considerar a reserva de lei como o conteúdo mínimo do princípio da legalidade a significar que somente a Lei (ato emanado do Poder Legislativo) pode obrigar os cidadãos a cumprirem determinadas prestações que possam representar restrições à sua liberdade, a sua segurança e ao seu patrimônio".[4]

A formulação de norma jurídica que crie ou aumente tributo, em nosso Direito Positivo, adstrita se acha à esfera de competência do Poder Legislativo.

A própria Constituição, em seu art. 150, I, estabelece, de modo taxativo, essa diretriz.

Saliente-se que, esse princípio constitui um dos atributos fundamentais do Estado de Direito.

Há razões históricas determinantes da importância que possui o princípio da legalidade, na caracterização do Direito Tributário como dotada de autonomia didática, salienta Victor Uckmar.[5]

É mesmo esse princípio definido como uma *limitação do poder de tributar* de que o Estado é detentor (cf. a denominação estampada na Seção II, do Título VI, da Lei das Leis).

Condicionado e limitado por essa regra, o Direito Tributário Positivo não pode dela escapar sem se descaracterizar como Direito.

No modelo constitucional brasileiro, no qual o sistema é rigidamente demarcado (como acentuava o saudoso Mestre Geraldo Ataliba), mesmo aquelas regras que possam vir a ser veiculadas por meio de normas de natureza infralegal restam condicionadas e limitadas pelos travejamentos definidos nas leis tributarias.

Porém, de conformidade com o quadro instaurado pela Constituição de 1988, em seu art. 59, a atividade legislativa do Estado pode se manifestar por intermédio de diferentes espécies normativas, algumas das quais não são chamadas de leis.

Aliás, o vigente Código Tributário Nacional estatui em seu art. 96 que: "Art. 96. A expressão 'legislação tributária' compreende as leis, os tratados e as convenções internacionais, os decretos e as normas complementares que versem, no todo ou em parte sobre tributos e relações jurídicas a eles pertinentes".

É claro que, em tal contexto, a expressão "leis" foi utilizada em sentido bastante genérico.

Na verdade, o art. 96 é um dos inúmeros preceitos didáticos de que se acha refer-

4. Wagner Balera, "Do princípio da legalidade no Direito Tributário", in *Caderno de Pesquisas Tributárias* 6/410, Ed. Resenha Tributária.

5. Victor Uckmar, *Princípios Comuns do Direito Constitucional Tributário*, Ed. RT, trad. Marco Aurélio Greco, pp. 9-20.

to o Código, fruto – principalmente – do espírito desbravador de Rubens Gomes de Sousa que queria, a todo custo, disciplinar a matéria de um modo acessível ao leigo.

Aliás, Gomes de Sousa nenhuma dúvida possuía a respeito da voz "Lei Tributária", que empregava como elemento definidor do conteúdo privativo dos atos legislativos, por oposição aos demais atos normativos dotados de sanção, como deixou esclarecido no magnífico Relatório dos Trabalhos da Comissão Especial do CTN.

2.2.1.1 Legalidade e contribuições sociais – É nota característica do financiamento do sistema de seguridade social que o mesmo seja regido pelo denominado *Plano de Custeio.*

Criaturas da lei, como determina o art. 59 do Ato das Disposições Constitucionais Transitórias, os programas e projetos de atuação do Estado na Ordem Social, especialmente os planos de seguridade, dependem de prévia definição sobre o regime financeiro de todo o arcabouço de proteção; de fixação precedente das *contribuições* por meio das quais o segurado e a empresa a eles aderem e, finalmente, de disciplina de aplicação de reservas a serem auferidas em cada exercício.

Editada a Lei Orgânica da Previdência Social (Lei 3.807, de 23 de agosto de 1960) seu Regulamento (afinal consubstanciado no Decreto 72.771, de 1973), assim definia o Plano de Custeio: "Art.273. O Plano de Custeio consistirá em um conteúdo de normas e previsões de despesas e receitas estabelecidas com base em avaliações atuariais e destinadas à planificação econômica do regime e seu conseqüente equilíbrio técnico-financeiro".

Como se constata, são fins do Plano de Custeio: a) a planificação econômica do regime e; b) a busca do equilíbrio técnico-financeiro do sistema.

Para a edição dessa peça, como parece curial, exige-se a colaboração entre o Legislativo e o Executivo.

Compete ao Congresso discutir rumos da seguridade social, fixar-lhe metas e prioridades e fornecer meios aptos a garantir o equilíbrio financeiro de todos os respectivos projetos e programas. Ao Governo, por seu turno, cabe envidar esforços a fim de que o plano de proteção cumpra integralmente os elevados objetivos que lhe comina o Estatuto Fundamental.

Embora a respectiva ementa assim tenha enunciado, a Lei 8.212, de 24 de julho de 1991, não é um verdadeiro Plano de Custeio.

Referido Diploma Legal, falto de qualquer tipo de levantamento (estatístico, demográfico e atuarial), cria bases de financiamento sem nenhum apoio técnico.

Nele é fixado, decerto, o catálogo das diversas fontes financeiras do sistema de seguridade social. Todavia, não cuida das projeções que legitimariam tanto a criação como a majoração de contribuições sociais.

E, como isso ocorreu, o esquema em questão nem se amolda ao Sistema Tributário Nacional nem se autentica em normas que dão a disciplina jurídica do tipo de tributo (contribuição social) adrede definido como base financeira da seguridade social.

Lei que cria ou aumenta contribuições deve ter por pressupostos estudos, elaborados na seara técnica, que cabalmente demonstrem as necessidades financeiras do sistema e o destino do incremento de receita decorrente.

Aliás, a lei orçamentária, derivada da Lei de Diretrizes Orçamentárias (art. 165, § 2º, da CF) há de conter, necessariamente, o demonstrativo aqui referido.

Deveras, grafa o art. 96 da Lei 8.212/1991 que: "Art. 96. O Poder Executivo enviará ao Congresso Nacional, anualmente, acompanhando a Proposta Orçamentária da Seguridade Social, projeções atuariais relativas à Seguridade Social, abrangendo um horizonte temporal de, no mínimo, 20 (vinte) anos, considerando hipóteses alternativas quanto às variáveis demográficas, econômicas e institucionais relevantes".

Ainda que de modo sutil, o esquema em que se calca o financiamento da seguridade social guarda relação com o arquétipo do vetusto contrato de seguro que, como sabemos, inspirou o modo bismarckiano de proteção social.

Há ali a relação *sinistro/prêmio* segundo a qual: *quanto maior venha a ser estimado o risco de sinistro tanto maior será o prêmio vertido pelo tomador, na relação securitária.*

Esse esquema mediante o qual são instituídas e cobradas as contribuições sociais de seguridade é essencial à respectiva conformação jurídica como tributos diferentes dos impostos e das taxas.

Nota distintiva da contribuição para a seguridade é o nexo entre contribuição e prestação.

A chave para a intelecção dessa relação entre contribuição e risco e entre contribuição e prestação encontro no que denomino "*regra da contrapartida*" que funciona, em meu entendimento, como limitação constitucional específica ao poder de criar as contribuições para a seguridade social.[6]

A existência de discriminação constitucional das receitas e despesas a serem gerenciadas pelos órgãos do sistema de seguridade social, encontra fundamento em tal regra assim insculpida no § 5º, do art. 195 da CF:

"Art. 195. (...)

"§ 5º. Nenhum benefício ou serviço da seguridade social poderá ser criado, majorado ou estendido sem a correspondente fonte de custeio total."

A idéia nuclear de um sistema estatal de proteção se associa a noção elementar de contabilidade: a noção de *caixa.*

Para a "*caixa*" – e, em tempos pretéritos, como se sabe, o órgão previdenciário tinha o significativo nome de *Caixa de Aposentadoria e Pensões* – são vertidas contribuições. Da "*caixa*" devem ser sacadas prestações (benefícios e de serviços).

É senso comum que nenhuma caixa terá equilíbrio quando as retiradas sejam maiores do que as entradas.

A regra da contrapartida é o comando constitucional que torna compulsório esse equilíbrio entre entradas e saídas da "*caixa*".

Pode o legislador criar, majorar ou estender as prestações.

Mas, só terão validade constitucional providências desse teor se houver expressa previsão, em lei, das fontes de custeio de tais novas prestações.

É claro que o desejado equilíbrio, gerador de seguridade, não se efetiva sem ampla avaliação técnica e atuarial do sistema. Tal diagnóstico depende, como já assinalado antes, de Plano de Custeio bem engendrado.

Aliás, quando aprovou a revisão efetuada no Anexo I do Regulamento de Custeio da Previdência Social, para efeito da taxação de riscos das atividades das empresas, para o custeio do Seguro de Acidentes do Trabalho, o Ministro de Estado da Previdência e Assistência Social colocou em relevo essa função fundamental que desempenha o dado técnico. É o dado técnico, e nenhum outro, o determinante de certa empresa em determinado grupo de riscos.

Assim se acha grafado o considerando estampado na Portaria 3.609, de 13 de dezembro de 1985:

"Considerando os estudos realizados na Secretaria de Estatística e Atuária, com base nos dados fornecidos pela DATAPREV, calcados na experiência de risco, no desempenho das empresas agrupadas por atividade, no último triênio, resolve:

"1. Aprovar a revisão efetuada no Anexo I do Regulamento do Custeio da Previdência Social, para efeito da taxação de riscos das atividades das Empresas, para o custeio do Seguro de Acidentes do Trabalho.

6. Wagner Balera, *A Seguridade Social na Constituição de 1988*, São Paulo, Ed. RT, 1989, p. 68.

"2. Os efeitos da presente Portaria terão vigência por três anos, a partir de 1.1.1986, revogadas as disposições em contrário."[7]

A diferença substancial entre o comando dessa Portaria, que cumpria, no particular, o esquema de avaliação engendrado pela Lei Orgânica da Previdência Social – Lei 3.807, de 1960 – e o direito atual, definido no art. 96 da Lei 8.212, de 1991, é a periodicidade da avaliação das atividades das empresas. No direito atual, a avaliação *deve ser* anual enquanto que o direito anterior admitia, conforme esclarece o considerando acima transcrito, revisão trienal.

De todo modo, é inadmissível que, sem base em dados econômicos, estatísticos e atuariais, a legislação defina grau de risco de atividades das empresas. Se não houve avaliação atuarial do grau de risco das atividades é evidente que nenhum enquadramento que se faça resiste ao teste de legalidade.

O tratamento discriminatório a que ficaria sujeito quem não estivesse situado em determinado grupo de riscos seria intolerável, na perspectiva constitucional.

Mais do que violação da regra da contrapartida, o tratamento discriminatório afrontaria um dos fundamentos do sistema de financiamento da seguridade social que é o da *eqüidade na forma de participação no custeio.*

A eqüidade no custeio (art. 194, parágrafo único, V, da Constituição), é a dimensão específica da isonomia na seara previdenciária.[8]

A isonomia, principal garantia constitucional, a garantia das garantias, se expressa, em termos de custeio, por intermédio da eqüidade. Todos os contribuintes devem suportar iguais encargos sociais, proporcionalmente aos riscos que suas atividades geram para o sistema de proteção social dos brasileiros.

7. Publicada no *DOU* de 20 de dezembro de 1985.

8. Wagner Balera, *A Seguridade Social...*, cit., p. 42.

Aliás, há referência à isonomia tributária que, enquanto tal, se expressa tanto na consideração da capacidade econômica do contribuinte relativamente aos impostos (art. 145, § 1º, da CF), como na enfática proibição insculpida no inciso II do art. 150, do Estatuto Fundamental, assim formulada:

"Art. 150. Sem prejuízo de outras garantias asseguradas aos contribuintes, é vedado à União, aos Estados, ao Distrito Federal e aos Municípios: (...)

"II – instituir tratamento desigual entre contribuintes que se encontrem em situação equivalente, proibida qualquer distinção em razão de ocupação profissional ou função por eles exercida, independentemente da denominação jurídica dos rendimentos, títulos ou direitos;"

Observe-se: "independentemente da denominação jurídica dos títulos (...)".

Se é que me posso expressar assim, a igual teor de proteção conferido pelo sistema de seguridade social corresponde igual carga tributária no item específico das contribuições a serem vertidas para tal sistema, sem que caiba consideração quanto à preponderância fiscal ou numérica – apenas fiscal ou numérica, cumpre dizer – definidora do estabelecimento que qualifica a empresa perante o sistema de seguridade social.

Se as distinções são aferíveis estabelecimento por estabelecimento, posto que essa circunstância temporal relevante, é esse o *único possível critério de incidência*, que decorre do fato do *risco*, gerador do dever de contribuir.

Constituiria discriminação, em favor daqueles que só desenvolvessem atividades em situações de grave risco, que deles se cobrasse proporcionalmente menor tributo na medida em que se constatasse (o que decorre da integração normativa) que os segurados que trabalham em estabelecimento onde o risco é manifestamente menor estivessem sendo qualificados como integrantes da mesma comunidade de riscos.

O grau de risco da atividade dos segundos seria menor, proporcionalmente, do que o dos primeiros e, no entanto, a incidência seria a mesma, o que tornaria proporcionalmente maior a contribuição devida pela empresa que aloca pessoas em lugares nos quais o risco é menor.

Essa paradoxal situação é intolerável afronta à isonomia e à eqüidade no custeio.

A pessoa jurídica que submete seus segurados a maiores riscos, que deve contribuir com alíquota maior, fica favorecida, em detrimento das demais.

Está presente a vantagem diferencial proporcionada à empresa pela existência de um sistema de seguridade que protege o empregado, em seu lugar. Sistema que é financiado com base em Plano de Custeio formado a partir da *experiência de risco*, como bem expressou o considerando da Portaria Ministerial que acabamos de transcrever.

Antes da socialização (a expressão é de Augusto Portugal) do seguro de acidentes de trabalho, como se sabe, o risco acidentário deveria ser coberto mediante seguro obrigatório privado.

O plano privado, como qualquer plano de seguro, avaliava o grau de risco de conformidade com a situação de fato de cada estabelecimento no qual se desenvolvem negócios da empresa tomadora do seguro.

Sistema de tarifação individual, que personificava o risco dentro de ampla tabela, considerando as variáveis de cada grupo de empresas e de cada empresa em particular, a fim de fixar a relação sinistro/prêmio.

Quando o Poder Público assumiu os encargos de gestão do seguro de acidentes do trabalho, a legislação optou pela simplificação, mantendo no entanto os vestígios do antigo sistema.

Houve, é verdade, equiparação das atividades manifestamente heterogêneas.

Aquela situação tinha em seu favor a pobre disciplina constitucional da previdência social.

Mas, a Constituição de 1988 mudou tudo!

Nela se encontra estampada a garantia maior da eqüidade no custeio que, de per si, faria derruir todo o esquema normativo anterior.

O direito atual não recepcionou, é bom que se diga, o direito anterior, no particular.

Eis, entre outras, a razão da exigência constitucional de novas leis de seguridade, estampada no já referido art. 59 das Disposições Transitórias da Lei Magna.

Para além da simples adaptação normativa, o sistema constitucional reordenou o conceito, a natureza e o regime jurídico das contribuições de seguridade social.

A espécie tributária denominada *contribuição* é daquelas em que o destino dos recursos é assumido como dado que integra o regime jurídico do tributo.

Ensina Geraldo Ataliba que, nesses tributos: "a destinação já está constitucionalmente encampada. Ela é, aliás, a própria razão de ser da instituição do tributo".

Estaria desfigurada a natureza jurídica das contribuições se toda a verba não fosse destinada ao financiamento das prestações. Dito por outras palavras, se toda a verba que se arrecadasse a título de contribuição adicional para o custeio da complementação das prestações por acidentes do trabalho não fosse utilizada para essa especial e específica finalidade, o tributo não teria fundamento no sistema da Constituição de 1988.

Aliás, a jurisprudência – expressa no seguinte julgado, que decretou a inconstitucionalidade de certa exação desse tipo – adverte: "(...) a vinculação da receita é fundamental, pois do contrário não haveria como distinguir uma contribuição social de um imposto. É essa vinculação a garantia de que a contribuição será aplicada na finalidade justificadora de sua instituição".[9]

A revisão da Relação de Atividades conforme o grau de risco é imperativo das

9. Remessa *ex-officio* 89.01.11499-2-BA, TRF-1ª Região, *Repertório IOB de Jurisprudência* 8-90/119 e ss.

variações que o risco social pode apresentar no período de tempo de um ano dentro do qual a atividade laborativa é exercida pelo segurado e conforme exige o art. 96 da Lei 8.212/1991. Revisão que não se efetuou em tempo algum, uma vez que houve simples aproveitamento da CNAE, gerada para cumprir outros fins.

Quanto maior o risco, maior a alíquota.

Quanto menor o risco, menor a alíquota.

O tempo faz com que as exigências de segurança do trabalho sejam ampliadas.

Novos e modernos equipamentos proporcionam ambiente de trabalho mais saudável e maior conforto para os trabalhadores.

Artefatos que antes não existiam – suponhamos, apenas para argumentar, que o equipamento de ar condicionado não tivesse sido inventado até hoje – e que presentemente já se incorporam à produção de determinado bem acrescentam outras tantas parcelas de proteção individual, ambiental e social ao plano de seguridade do trabalho.

Assim como, com a idade, aumenta o risco da doença; com a velhice, aumenta o risco da morte etc., com o tempo tornam-se obsoletas certas fórmulas de proteção individual e coletiva, que devem ser aperfeiçoadas em ordem a proporcionar melhor proteção aos trabalhadores.

São, pois, exigências da legalidade as que determinam a distinção entre ambientes de trabalho para efeito de enquadramento das empresas na tabela de atividades classificadas por grau de risco.

Decorre dessa exigência a impossibilidade jurídica e constitucional de equiparação fictícia de estabelecimentos, a partir do critério de preponderância, quando e se o suporte fático demonstra a distinção entre os estabelecimentos de uma mesma empresa ou de um grupo de empresas pertencentes ao mesmo ramo de atividades.

É, cumpre concluir esta primeira parte, inconstitucional a Lei 8.212, de 1998, quando cria situação irreal e fictícia de equiparação de situações de fato distintas para efeitos de incidência da contribuição adicional para o custeio do seguro de acidentes do trabalho.

2.2.1.2 A base de cálculo da contribuição – Vamos passar, a partir deste momento, a considerar o dado normativo estrutural, indispensável para a compreensão do tema sob o específico enfoque da incidência.

Cada norma jurídica é revestida de estrutura que a ciência identificou, para melhor compreensão do objeto.

Paulo de Barros Carvalho assevera, com precisão, que cada norma jurídica é dotada de hipótese e de conseqüência. Tanto a hipótese como a conseqüência, explica o Mestre são: "*meros conjuntos de critérios que nos instrumentalizam para verificar os fatos jurídicos e as relações que a eles se imputam*".[10]

Segundo esse cientista, na *hipótese*, antecedente normativo, estão configurados os critérios para identificação do fato tributável, cabendo à *conseqüência* identificar a relação jurídica que se instaura no momento em que o fato jurígeno (que tanto pode ser fato jurídico como fato econômico com relevância jurídica, na feliz distinção de Amílcar Falcão), adrede descrito na hipótese, acontece no mundo do fenômeno.

Para nós, a base de cálculo não se pode alojar no mesmo lugar lógico que o aspecto material da hipótese de incidência. É que, este último, está configurado como critério da hipótese; enquanto aquela é critério da conseqüência da regra de tributação.[11]

Com efeito, na lei se encontra hipoteticamente prevista a situação da vida que, se e quando acontecida, gera a relação ju-

10. Paulo de Barros Carvalho, *Teoria da Norma Tributária*, São Paulo, LAEL, 1984, p. 81.

11. Cf. o nosso "Base de cálculo dos tributos", in *Caderno de Pesquisas Tributárias* 7, coord. Ives Gandra Martins, São Paulo, Resenha Tributária, 1982, pp. 357 e ss.

rídica tributária. Essa previsão hipotética, quanto à consistência material, foi designada por Ataliba como *aspecto material da hipótese de incidência.*[12]

Dado um fato, que configura essa materialidade descrita na lei, o direito (ordenação do agir humano) prescreve o comportamento que resulta, automaticamente, desse fato. Tal comportamento, comandado pelo imperativo preceito legal, é o *dever-ser* determinado na conseqüência.

O dever-ser tributário, que o Código Tributário Nacional denomina obrigação principal, consiste no recolhimento do tributo aos cofres públicos.

Recolhimento que só deve ser efetuado quando a norma jurídica determinante obedece aos padrões de legalidade exigíveis pela Constituição Federal.

O critério quantitativo, alojado na conseqüência da estrutura normativa, conseqüência que ordena: pague o tributo, é o vetor apto a determinar o montante a ser vertido ao cofre público.

É no bojo do critério quantitativo que iremos encontrar assim a *base de cálculo* (ou base imponível, prefere Geraldo Ataliba) como a *alíquota.*

A base é de *cálculo* por representar quantidade aferível mediante operação determinante de certa grandeza numérica.

São íntimos os liames existentes entre a base de cálculo e o aspecto material da hipótese de incidência. Aquela expressará o valor deste em termos quantitativos, no momento mesmo em que, pelo fenômeno jurídico da incidência, a ocorrência do fato instaura a relação jurídica tributária.

No candente magistério de Becker, da base de cálculo, colocada no núcleo da hipótese de incidência, podemos partir para a descoberta da natureza jurídica específica dos tributos. Conforme expôs o grande publicista: "Haverá tantos distintos gêneros jurídicos de tributo quantas diferentes bases de cálculo existirem".[13]

Como medida do aspecto material, a base de cálculo faz parte, obrigatoriamente, da norma tributária. A base integra a estrutura legal da obrigação tributária cujos contornos genéricos cabe ao legislador, para bem cumprir a Constituição, definir com claridade.

Podemos dizer que, com a determinação da base de cálculo, o legislador está elegendo determinada medida do aspecto material. Donde deva situar-se no *critério quantitativo* (Paulo de Barros Carvalho), no interior do conseqüente da norma tributária, convém insistir. A tanto eqüivale dizer que, a base de cálculo, é a medida do comportamento que o Poder Público pode exigir do sujeito passivo da obrigação tributária.

Como já se afirmou precedentemente, o direito positivo não define base de cálculo. Mas estabelece, no plano constitucional, princípios que necessariamente serão observados pelo legislador comum quando da fixação normativa dessa medida. E cada lei de tributação descreverá, na conseqüência da norma, esse critério quantitativo.

Esgota-se, pois, a incidência, no momento mesmo em que, mediante a aplicação da alíquota à base de cálculo normativamente estabelecida, se deduz o montante do tributo devido pelo contribuinte.

No critério quantitativo da conseqüência estabelecida pela lei de tributação vamos encontrar a base de cálculo e a alíquota.

Leciona Aires Fernandino Barreto que a base de cálculo é o padrão para medir, por comparação, grandezas da mesma espécie que estão conformadas no fato tributário.[14]

A base de cálculo da exação que estamos estudando – a contribuição incidente

12. Geraldo Ataliba, *Hipótese...*, cit., pp. 99 e ss.

13. Alfredo Augusto Becker, *Teoria Geral do Direito Tributário*, 2ª ed., São Paulo, Saraiva, 1972, p. 318.

14. Aires Fernandino Barreto, *Base de Cálculo, Alíquota e Princípios Constitucionais*, São Paulo, Ed. RT, 1987, pp. 38-43.

sobre a folha de salários – pode ser singelamente descrita como sendo: o total das remunerações pagas aos trabalhadores.

Trata-se de criatura constitucional, pois a Norma Máxima distinguiu as contribuições sociais devidas pelo empregador designando as base de cálculo – folha de salários e demais rendimentos do trabalho, faturamento ou receita e lucro (art. 195) – e vinculando, desse modo, a legislação infraconstitucional quanto aos tributos que resultaram estabelecidos desde o Estatuto Supremo.

E, mesmo os novos tributos, que venham a ser instituídos de futuro, terão como limitação constitucional as já definidas bases de cálculos catalogadas na Superlei.

A remuneração (ou retribuição), *porque representa a base de cálculo dos benefícios a serem pagos ao segurado* é medida apta a avaliar, determinar, a situação descrita em lei na sua materialidade, naquilo que há de substancial na hipótese de incidência da contribuição social vertida pelos empregadores para o sistema de seguridade.

É boa e adequada a base de cálculo para as contribuições do empregador.

Guarda íntimo liame com o valor das prestações pecuniárias (denominadas benefícios) que serão pagas ao trabalhador, se e quando implementada a situação de fato que a lei define como risco social (ocorrido o *sinistro*, para ficarmos com o linguajar do seguro).

A base de cálculo do benefício toma em conta, como determina o art. 201, § 3º, da Constituição, a base de cálculo das contribuições. É essa, aliás, característica securitária do tributo em estudo.

Cumpre ao legislador associar à base de cálculo a alíquota, definindo a parcela do total das remunerações pagas aos trabalhadores que irá custear as prestações decorrentes de acidentes do trabalho.

Para entendermos o porque da alíquota adicional devemos remontar ao que ficou dito acima.

Antes de 1967, o seguro de acidentes do trabalho se desenvolvia como negócio privado, que o empregador contratatia com a seguradora que melhor lhe conviesse.

A partir de 1967, o SAT passou a integrar o sistema de seguro social, no qual o Estado é o segurador.

Para, cumprindo a regra da contrapartida, poder determinar o fornecimento das prestações acidentárias, a lei teve que prover a base de financiamento respectiva, instituindo a alíquota adicional, incidente sobre a mesma base de cálculo: a folha de salários.

Como, à evidência, a experiência do risco revelava diversidade de situações entre as empresas, a legislação estabeleceu alíquotas diferenciadas, variáveis segundo o grau de risco da atividade desempenhada pelos distintos empregadores.

Ocorre que a situação normativa resultou mantida no regime contributivo instituído pela Lei 8.212, de julho de 1991, em conformidade com o sistema da Constituição de 1988, que considerou o seguro de acidentes do trabalho como parte integrante do regime geral de previdência social. O regime legal se ajustava ao sistema constitucional.

A lei que concede benefícios seguia distinguindo as prestações acidentárias das previdenciárias.

Todavia, com o advento da Lei 9.032, de 1995, quase todas as prestações, previdenciárias e acidentárias, foram parificadas.

Se todas elas formassem um corpo comum, não mais poderia ser cobrada qualquer alíquota diferenciada das empresas, pois seria de todo indiferente a causa (o risco) que enseja a prestação.

Remanesceu, no catálogo de prestações estampado na Lei 8.213/1991 (Plano de Benefícios da Previdência Social) uma prestação que decorria do fato do acidente.

Tratava-se do auxílio-acidente que seria devido nas seguintes condições:

"Art. 86. O auxílio-acidente será concedido ao segurado quando, após a consolidação das lesões decorrentes do acidente do trabalho, resultar seqüela que implique:

"I – redução da capacidade laborativa que exija maior esforço ou necessidade de adaptação para exercer a mesma atividade, independentemente de reabilitação profissional;

"II – redução da capacidade laborativa que impeça, por si só, o desempenho da atividade que exercia à época do acidente, porém não o de outra, do mesmo nível de complexidade após a reabilitação profissional; ou

"III – redução da capacidade laborativa que impeça, por si só, o desempenho da atividade que exercia à época do acidente, porém não o de outra, de nível inferior de complexidade, após a reabilitação profissional."

Essa era a redação primitiva do preceito estampado na Lei 8.213, de julho de 1991, justificativa básica da alíquota adicional devida pelo empregador.

A regra da contrapartida é uma via de duas mãos: não há prestação sem contribuição e também não há (não pode haver) contribuição sem prestação.

Trata-se de regra que, nos dizeres da lógica, desvela um bicondicional evidente.

Ocorre que a Lei 9.129, de 1995, redefiniu a natureza jurídica do auxílio-acidente, tratando do benefício nos seguintes termos: "Art. 86. O auxílio-acidente será concedido, como indenização, ao segurado quando, após a consolidação das lesões decorrentes de acidente de qualquer natureza, resultar seqüelas que impliquem redução da capacidade funcional".

Desaparecia, desse modo, o nexo necessário entre a prestação e a contribuição adicional que lhe dava suporte.

O acidente do trabalho, como situação de fato, perdia qualquer relevância jurídica quanto à repercussão nas prestações de benefícios devidas aos segurados.

Qualquer que seja a causa (o risco) da qual resulte a seqüela, o segurado perceberá, como indenização, a prestação continuada denominada auxílio-acidente.

A partir da publicação da Lei 9.129, de 1995, deixou de encontrar fundamento constitucional a alíquota adicional incidente sobre a folha de salários que se baseava, conforme explicitado desde 1967, na necessidade de financiamento da complementação das prestações decorrentes de acidente do trabalho.

Como no sistema atual tanto faz que o fato seja acidente de qualquer natureza quanto que seja acidente do trabalho, não é a causa que define a prestação e sim a conseqüência – a seqüela – sendo incabível, para efeitos previdenciários, sublinhe-se, a investigação da causa.

Cabe aqui um parênteses *de lege ferenda.*

Admitimos que o legislador poderia, se assim entendesse, majorar a alíquota básica da contribuição sobre a folha de salários.

Poderia, dentro da discrição legislativa que lhe foi outorgada pela Constituição, aumentar a alíquota básica para 23% (vinte e três por cento) e, em termos de arrecadação, carrearia maior parcela de recursos para o fundo previdenciário, uma vez que as empresas que pagavam adicionais de 1% ou de 2% teriam que suportar maior encargo.

Mas, não é permitido, pela Constituição, que se crie uma só contribuição de seguridade sem plano de custeio.

Também não é autorizado, pela Constituição, que se especialize a contribuição e que não se dê à receita o destino legalmente definido.

Antigamente, havia contribuições adicionais para o custeio do salário-família, do salário-maternidade e do abono anual.

Conglobadas todas na alíquota única, as prestações seguiram sendo devidas, retirados os recursos do fundo previdenciário comum.

No direito atual, não poderia ser criada nova contribuição adicional para o custeio do salário-família, por exemplo, sem que se destinasse o produto da arrecadação dessa exação ao fundo especialmente constituído a propósito do pagamento da prestação familiar referida.

Do mesmo modo, não poderia seguir sendo cobrada contribuição adicional para o financiamento da complementação das prestações por acidentes do trabalho se e quando não mais houvesse distinção possível, como no presente, entre tais prestações e todas as demais.

Concluo, por conseguinte, que carece de fundamento constitucional a manutenção, pela legislação de custeio, da contribuição adicional prevista no inciso *II*, alíneas *a*, *b* e *c*, do art. 22, da Lei 8.212/1991, situação que entendo configurada desde *20 de novembro de 1995*, momento a partir do qual deixaram de existir, no ordenamento jurídico brasileiro, prestações diferenciadas em razão do fato do acidente de trabalho.

Perdendo relevância a causa da prestação, perdeu substância jurídica a causa da contribuição.

Mas, esse dado, que é da maior relevância na construtura constitucional das contribuições sociais, não resultou ignorado pelo legislador.

Tanto que a Medida Provisória 1.523, de 11 de outubro de 1996, tratou de dar nova redação ao referido inciso II, do art. 22, da Lei de Custeio.

Tal medida provisória foi reeditada treze vezes com o mesmo número e mais uma vez com o número 1.596, até ser convertida na Lei 9.528, de 10 de dezembro de 1997.

Anoto, com destaque, que no período entre 20 de dezembro de 1995 e 11 de janeiro de 1997 *nenhuma* contribuição social adicional para o custeio do SAT poderia incidir sobre a folha de salários.

Quem quer que tenha vertido contribuições adicionais relativamente a tal período pode pleitear a respectiva devolução, posto que não havia o que custear com a verba recolhida a esse título.

Mas, há mais.

A Lei 9.528, de 10 de dezembro de 1997, imprimiu a seguinte redação ao inciso II, do art. 22, da Lei de Organização e Custeio da Seguridade Social:

"Art. 22. (...)

"II – para o financiamento dos benefícios concedidos em razão do grau de incidência de incapacidade laborativa decorrente de riscos ambientais do trabalho, conforme dispuser o regulamento, nos seguintes percentuais, sobre o total das remunerações pagas ou creditadas, no decorrer do mês, aos segurados empregados e trabalhadores avulsos:

"a) 1% (um por cento) para as empresas em cuja atividade preponderante o risco de acidentes do trabalho seja considerado leve;

"b) 2% (dois por cento) para as empresas em cuja atividade preponderante o risco de acidentes do trabalho seja considerado médio;

"c) 3% (três por cento) para as empresas em cuja atividade preponderante o risco de acidentes do trabalho seja considerado grave."

Individualizada que foi, no Texto Constitucional, a prestação por acidente do trabalho, mediante financiamento a cargo exclusivo do empregador, a lei poderia exigir-lhes referida contribuição social se e somente se configurasse, ao mesmo tempo, as prestações que dessem cobertura a tal risco.

Mas, já o demonstramos, a situação do acidente do trabalho, enquanto causa da cobertura previdenciária, deixou de merecer qualquer tratamento diferenciado.

Destarte, não pode ser cobrada qualquer contribuição para dar cobertura a benefício que não existe.

Eis a razão pela qual o legislador seguiu o tortuoso caminho de encontrar uma fórmula genérica para definir a causa (risco) que justificasse a instituição do tributo: "riscos ambientais do trabalho".

Desencadeando problemática nova, o legislador retirou a nota de especificidade com que se revestia o adicional, e descaracterizou a exação dos traços específicos da figura jurídica da contribuição social.

Com o fim de impor ao gravame fiscal que, de manifesto, não cumpria a finalidade para a qual fora a seu tempo instituído, uma vez que já não punha à disposição da comunidade a utilidade específica da prestação acidentária, o legislador foi buscar outro fundamento, fundamento que, é verdade, se enquadra no marco genérico dos bens de seguridade social, mas que não comporta contribuição a cargo exclusivo da empresa.

O risco ambiental do trabalho, que decorre de ofensas provocadas no ambiente pelas atividades agressivas, deve ser objeto de medidas de prevenção.

Compete ao Poder Público, e em especial ao sistema único de saúde (art. 200, VIII) defender e preservar o meio ambiente, que a Lei das Leis define elegantemente como *bem de uso comum do povo e essencial à sadia qualidade de vida* (art. 225).

Mas essa atividade pública não é custeada pela contribuição social do empregador e, sim, pelas receitas tributárias gerais.

A uma porque todos – todos – se beneficiam do bem de uso comum e não apenas os sujeitos de direitos previdenciários.

A duas, por não se poder atribuir ao meio ambiente saudável qualquer imunidade a acidentes.

Semprônio pode, em plena floresta, fazendo um passeio ecológico, desfrutando maravilhosa paisagem e respirando ar puro, quebrar a perna direita em razão do tropeço em tronco de árvore derrubada pelo raio.

E Semprônio, sendo segurado do regime previdenciário, terá direito, se depois de consolidadas as lesões provocadas pela fratura, resultar seqüela do acidente ecológico, ao auxílio-acidente, que os empregadores em geral irão custear com a contribuição adicional que se lhes quer impor mediante o citado preceito legal.

Parece evidente que a Lei 9.528, de 1997, obrou *in fraudis constitucionis*, agravando contribuição social do empregador cuja hipótese de incidência repousa num fato qualquer e não no fato que se relaciona com o trabalho a ele prestado pelos trabalhadores.

Note-se, contudo, não haver dúvida de que em face do disposto no art. 195, da Constituição, há um nexo entre contribuição e prestação. Nexo que decorre da regra da contrapartida e do regime jurídico do tributo, calcado em Plano de Custeio apto a encontrar a experiência de risco que justifique a diversidade de alíquotas para o financiamento, com eqüidade, das prestações.

A vantagem indireta que, para o empregador, resulta da proteção ambiental, não lhe é conferida pelo sistema de seguridade social, para quem o adicional da contribuição sobre a folha é vertido.

Assim sendo, o adicional se transforma em imposto, tributo que não sendo vinculado a uma atuação estatal direta ou indiretamente referida ao obrigado,[15] pode ser cobrado de qualquer um.

Ocorre que a Constituição não permite que se vincule a receita de imposto a órgão, fundo ou despesa, reza o art. 167, IV.

Criou o legislador para o Poder Executivo, pois, um verdadeiro beco sem saída.

Nem poderia determinar a cobrança de contribuição sem contrapartida de prestação, nem tampouco cobrar imposto vinculando a receita para o fundo previdenciário.

Tudo a apontar para a inconstitucionalidade da verba adicional estabelecida pelo inciso II, do art. 22 da Lei 8.212, de 1991, com a redação que lhe deu a já antes citada Lei 9.528, de 1997.

Ao intentar revestir o adicional de outra característica, querendo supor que incapacidade laborativa pode decorrer (como de fato pode) do risco ambiental do trabalho, o legislador deveria retirar dessa possibilidade todas as conseqüências.

15. Cf. Para a compreensão da classificação jurídica dos tributos em vinculados (taxas e contribuições) e não-vinculados (impostos), Geraldo Ataliba, *Hipótese*..., cit., pp. 109-182.

A principal delas é a da aferição direta da qualidade do ambiente do trabalho.

O lugar que pode provocar acidente é dado indispensável à definição do risco.

O lugar é, por assim dizer, a variável que mantém, modifica ou neutraliza (dentro da falibilidade da condição humana) o potencial de risco.

O lugar, nas empresas, é o estabelecimento. As condições ambientais variam, de estabelecimento para estabelecimento. Dentro de um mesmo quarteirão, por exemplo, pode o Município instalar a Secretaria de Educação; a Secretaria de Saúde e a Oficina de Reciclagem de Sucatas Metálicas recolhidas pelo Departamento de Limpeza Pública. Três lugares que não permitem a qualificação de nenhuma atividade preponderante da Municipalidade posto que todas contribuem para que o Município desempenhe bem a respectiva missão constitucional. No entanto, a educação pode demandar maior mão-de-obra e, sendo risco leve (conforme item 80.1 da Relação anexa ao Regulamento de Organização e Custeio) preponderará sobre a atividade de saúde, de risco médio (item 85.1, da mesma relação) e sobre a oficina da sucata, de risco grave (item 37.1, da mesma relação).

Mas, o que demonstra a grave distorção da legislação que comentamos, quem definirá o risco não será a atividade e, sim, o regulamento.

A base de cálculo eleita pelo legislador é, inequivocamente, má medida da materialidade do fato.

Aliás, Geraldo Ataliba conseguiu sublinhar a importância do critério sob exame quando destacou: "Efetivamente, fica evidente a posição central da base imponível – relativamente à hipótese de incidência pela circunstância de ser impossível que um tributo, sem se desnaturar, tenha por base imponível uma grandeza que não seja ínsita na hipótese de incidência".[16]

A base é criatura de lei, impregnada que se encontra à hipótese de incidência.

16. Geraldo Ataliba, *Hipótese...*, cit., p. 104.

Tendo o legislador estabelecido o risco ambiental do trabalho como o fato que gera o tributo destinado ao custeio da seguridade social, abandonou o fato do trabalho que, gerando a remuneração, enseja a cobrança do tributo incidente sobre a folha.

O adicional, acessório, assume ares distintos do principal, o que não se conforma nem com a natureza do tributo, com a estrutura constitucional da exação.

No magistério do inesquecível Gomes de Souza: "a escolha pelo legislador, de uma base de cálculo inadequada pode desvirtuar não só a natureza *específica* do tributo transformando-o, por exemplo, de imposto sobre a renda em imposto sobre o capital, mas também a sua natureza *genérica* transformando-o de imposto em taxa, ou vice-versa".[17]

Não contente com a deformação que acabava de impor à figura tributária, parece que o legislador resolveu tomar outra providência que acabará por banir, de vez, a referida exação do ordenamento normativo.

É que o art. 22, II, da Lei de Organização e Custeio pretendeu relegar ao regulamento a tarefa de disciplinar a base de cálculo do tributo, conferindo poderes normativos que o Estatuto Supremo, em matéria fiscal, não autoriza sejam deferidos ao Poder Executivo.

Estamos diante de delegação de poderes inconstitucional e de inconstitucional omissão da lei que, devendo disciplinar a base de cálculo, negou-se a fazê-lo, impedindo que o tipo tributário surgisse às inteiras no sistema normativo brasileiro.

Concluímos que a norma legal, ao disciplinar o assunto, pejada de inconstitucionalidades, não definiu nenhuma base de cálculo – posto que a folha de salários é base de cálculo de outra contribuição social e, tampouco, nenhuma alíquota, posto que as alíquotas variáveis de um a três por cento fazem referência ao passado gradiente do

17. Rubens Gomes de Souza, "Um caso de ficção legal no Direito Tributário: a pauta de valores como base de cálculo do ICM", in *Revista de Direito Público* 11/17-32.

risco de acidente do trabalho que, em nossos dias, não mais merece especial proteção no regime geral de previdência social.

Tampouco se pode considerar conforme com a ordem jurídica a outorga de poderes normativos ao Executivo a fim de que este fixe a alíquota da contribuição – sempre considerando, *ad argumentandum*, que a mesma estivesse conforme com o sistema jurídico pátrio – adicional.

Mas, compreendo que a empresa pode querer solução mais prática, mais conforme com o contexto dos seus negócios e com o relacionamento com as autoridades fiscais.

E, para tanto, o contribuinte pode tomar como base de incidência o dado que mais se aproxima do objeto da contribuição social.

De fato, ordenados para repercutirem na relação de trabalho, são identificados quatro graus de risco nas diferentes atividades das empresas.

Evidentemente, o enquadramento não é aleatório.

Querendo pagar contribuição social, pode a empresa aplicar a menor das alíquotas – a alíquota de 1% (um por cento) – sobre o total das remunerações pagas aos trabalhadores a seu serviço.

Entendo, porém, que para ser coerente com essa posição jurídica, deve aplicar a alíquota de 1% (um por cento) sobre todas as remunerações que paga, ainda que tenha diversos estabelecimentos; ainda que tenha diversas fábricas; ainda que tenha escritórios administrativos e fábricas situados no mesmo ou em distintos locais.

Mas, não é essa a melhor solução, a solução melhor ajustada ao ordenamento jurídico no seu todo considerado.

De fato, podemos buscar certo *modus convivendi*, digamos assim, entre os dois subsistemas normativos que atuam sobre o mundo do trabalho: o subsistema da legislação do trabalho e o subsistema da legislação de seguridade social.

Quando trata do tema do risco do trabalho, o primeiro subsistema é configurado pela Norma Regulamentadora 4, aprovada pela Portaria 3.214, de junho de 1978, do Ministro do Trabalho.

Também interessa examinar, no particular, a assim chamada Norma Regulamentadora 5, igualmente aprovada pela mesma Portaria Ministerial.

Chamo a atenção para a cadeia normativa, como estabelecida em nosso Direito.

O Capítulo V, do Título II, da Consolidação das Leis do Trabalho, alterado pela Lei 6.514, de 1977, autorizou o Ministério do Trabalho a regulamentar as normas sobre Segurança e Medicina do Trabalho.

Essas normas, que cuidam do fator humano do trabalho em seus diversos aspectos, põe em funcionamento o aparelho de proteção jurídica do trabalhador.

No exercício da faculdade regulamentar, o Ministro de Estado expediu a Portaria 3.214 que aprovou as Normas Regulamentadoras (NR) relativas a essa matéria.

Há, na pirâmide normativa, infralegal, via de regra, duas modalidades de normas regulamentares: os decretos e as instruções.

Os primeiros são atos que, nos termos do art. 84, da Constituição, cabe ao Presidente da República expedir enquanto que, as segundas, são normas jurídicas expedidas pelos Ministros de Estado, em conformidade com o disposto no art. 87, II, da Lei Fundamental.

No jargão usual do nosso direito, as Instruções são vulgarmente denominadas Portarias.

A CLT permitiu, expressamente, que a faculdade regulamentar fosse exercida diretamente pelo Ministro de Estado que, no exercício da competência constitucional dará cumprimento fiel à legislação.

Temos assim configurado o ordenamento jurídico estatal que permitirá nossa intelecção a respeito da matéria *sub examine*.

É dever das empresas, conforme estabelecido no art. 162 da CLT, manterem serviços especializados em segurança e em medicina do trabalho.

Dando fiel cumprimento ao preceito consolidado, a Norma Regulamentadora (NR) comanda: "*4.1* As empresas privadas e públicas, os órgãos públicos da administração direta e indireta e os poderes Legislativo e Judiciário que possuam empregados regidos pela Consolidação das Leis do Trabalho – CLT manterão, obrigatoriamente, Serviços Especializados em Engenharia de Segurança e em Medicina do Trabalho, com a finalidade de promover a saúde e proteger a integridade do trabalhador no local de trabalho".

Por seu turno, a NR 4.2 assim está grafada: "*4.2* O dimensionamento dos Serviços Especializados em Engenharia de Segurança e em Medicina do Trabalho vincula-se à gradação do risco da atividade principal e ao número total de empregados do estabelecimento constantes dos Quadros I e II anexos, observadas as exceções previstas nesta NR".

Entendo que a incidência da contribuição social está atrelada, necessariamente, à averiguação do grau de risco de atividade da empresa.

Aferição essa que deve ser efetuada pelo Serviço Especializado em Engenharia de Segurança e em Medicina do Trabalho que o contribuinte há de manter, nos termos do citado ato normativo ministerial.

Repercutirá, pois, na relação de custeio da seguridade social e, portanto, na incidência, a apuração do grau de risco da atividade da empresa levada a efeito pelo setor especialmente constituído para aferir tal situação.

É de ponderar que o sistema de proteção do trabalho deve cotejar o infortúnio do trabalho com outros aspectos de fato de igual ou superior relevância.

A prevenção contra o infortúnio do trabalho integra o direito maior do trabalhador, quanto à saúde e a integridade física: o direito a não ficar doente.[18]

18. Como assinalei em meu livro *O Direito dos Pobres*, São Paulo, Paulinas, 1982, p. 50.

Mesmo quando a contribuição social tinha bom fundamento de validade (o que ocorreu, conforme explicado antes, quando o sistema de proteção social conferia cobertura diferenciada ao risco acidentário) não era cobrada como artefato destinado à prevenção.

Nenhum tipo de investimento com os recursos auferidos pelo sistema previdenciário se destinava a financiar programas de prevenção do risco acidentário.

As alíquotas diferenciadas cobriam prestações devidas *ex post facto*. Depois do acidente, e pelo fato do acidente impedir o exercício do trabalho, o obreiro fazia jus ao benefício previdenciário e ao serviço médico.

Há, pois, distinção ontológica fundamental entre a segurança do trabalho, parcela do arsenal da medicina do trabalho e a prestação previdenciária.

Enquanto que a CLT cuida da Tutela do Trabalho, vale dizer, da prevenção, a legislação previdenciária cuida da proteção.

Em suma, o trabalho é a *causa* da qual o acidente é o *efeito*.

A qualidade das medidas de segurança pode reduzir, no trabalho, a situação de risco social.

Entretanto, é impossível a eliminação do risco, o fato fortuito, o inesperado, da vida do trabalhador.

Poderiam coincidir, de fato, os graus de risco, como definidos nas normas de prevenção e nas normas de proteção. Mas não se confundem *de iure*, e é essa a razão pela qual a Classificação Nacional das Atividades Econômicas, publicada pelo Instituto Brasileiro de Geografia e Estatística, e vigente a partir de 1º de janeiro de 1995, foi adotada pela Secretaria de Segurança e Saúde do Trabalho, para efeitos de prevenção, mas não foi incorporada ao Regulamento de Custeio da Seguridade Social que mantinha a sua própria Relação de Atividades Preponderantes e Correspondentes Graus de Risco (vide anexo do Regulamento aprovado pelo Decreto 612, de 21 de julho de 1992).

Ocorre que, quando foi, de todo, descaracterizada a estrutura das prestações por acidentes do trabalho – obra da que se deve à Lei 9.032, de 1995, no plano das prestações, como expliquei acima –, perdeu sentido jurídico a classificação das atividades calcada na experiência do risco, fundamento da relação.

Donde que, com a edição do novo Regulamento de Custeio, aprovado pelo Decreto 2.173, de 1997, foi ao mesmo anexada a Classificação do IBGE, reduzindo-se do nível 4 para o nível 3 as situações de risco grave.[19]

Esse só fato vem demonstrar, mais uma vez, que a alíquota da contribuição adicional não cumpre o princípio da legalidade, posto que fundamentada em mero preceito de regulamento, instrumento inábil para inovar a ordem jurídica em tema tributário.

Insisto, no entanto, que permanecem distintas, *de iure*, as duas relações, ainda que coincidentes de fato.

Entendo que podem coincidir os enquadramentos; que podem ser os mesmos – e para sabermos se são os mesmos deveríamos descer ao exame detalhado da atividade da empresa – mas que tudo não passará de mera coincidência no plano fático, sem qualquer efeito no mundo do direito positivo.

Outra solução que, em minha opinião, pode ser buscada, depende por igual de instâncias de deliberação interna da empresa.

Deveras, a Comissão Interna de Prevenção de Acidentes deve, ouvindo os trabalhadores de todos os setores do estabelecimento e com a colaboração do Serviço Especializado em Engenharia de Segurança e em Medicina do Trabalho, elaborar o *mapa de riscos* que definirá a situação genérica em que se enquadra a empresa.

É o que determina o item 5.16 da NR 5 estabelecendo a verdadeira hierarquia no setor.

São convizinhos, é verdade o SESMT e a CIPA.

Mas é a esta última que cabe, *ex vi legis*, a última palavra no assunto de que aqui cuidamos, conforme determina, aliás, o art. 163 da CLT.

A CIPA é o foro apropriado, com dignidade constitucional conferida pelo art. 10 da Lei Suprema, para deliberar sobre as medidas pertinentes ao tema da prevenção.

Os trabalhadores municiam os especialistas dos elementos que definirão a real situação de risco da empresa. Deles depende a proposta de formulação da política de prevenção de acidentes (item 5.16, *a*, da NR 5) e o controle das ações, bem como a observância dos regulamentos e instrumentos de serviço, estimulando os obreiros a adotar comportamento preventivo durante o trabalho (idem, *b* e *c*).

Ao criar medida (base de cálculo) inteiramente inadequada ao estado de fato que pretendia avaliar, o Regulamento de Organização e Custeio entendeu de tornar flexível matéria que deve ser rigidamente estatuída pela lei.

Nessa medida, facultou ao MPAS rever o enquadramento das empresas, reduzindo as alíquotas, desde que comprovados investimentos em prevenção e em sistemas gerenciais de risco que impactem positivamente na redução dos agravos à saúde do trabalhador.

Essas as regras estampadas no art. 203 e seus §§ do Regulamento da Previdência Social, aprovado pelo Decreto 3.048, de 1999.

Como sublinhei antes, tudo isso não se ajusta ao perfil constitucional da contribuição, criatura da lei e só da lei que deve definir o fato gerador, a base de cálculo e a alíquota do tributo.

O auto-enquadramento aqui aventado, conquanto conforme com a inusitada estrutura normativa infralegal do assunto, não resiste a uma análise sob o prisma ortodoxo da legalidade tributária que, bem denominava Ataliba, é estrita.

19. A mesma Relação corresponde ao Anexo V do atual Regulamento da Previdência Social, aprovado pelo Decreto 3.048, de 1999.

IMPOSTO SOBRE TRANSMISSÃO "CAUSA MORTIS" E DOAÇÃO, DE QUAISQUER BENS OU DIREITOS – ITCMD

YOSHIAKI ICHIHARA

Juiz de Direito Substituto em 2º grau, atualmente auxiliando na 9ª Câmara de Direito Público do Tribunal de Justiça do Estado de São Paulo. Professor Titular de Direito Tributário da UniFMU. Mestre e Doutor em Direito Público (área de concentração Direito Tributário) pela Pontifícia Universidade Católica de São Paulo – PUC/SP

1. Introdução

Inicialmente, queremos agradecer o amável convite do Professor Aires Fernandino Barreto, MD. Diretor Presidente do IDEPE – Instituto Geraldo Ataliba, para participar do XVI Congresso Brasileiro de Direito Tributário e abordando o tema: *Causa Mortis* e doações.

Examinamos o perfil constitucional do ITCMD – Imposto sobre transmissão *causa mortis* e doação, de qualquer bens e direitos considerando a materialidade, os aspectos temporal, pessoal, espacial e valorativo, inclusive em comparação com o modelo anterior.

Incursionamos sobre os aspectos progressividade, isonomia e capacidade contributiva, antes de ingressarmos na análise casuística das Leis 10.705/2000 e 10.992/2001.

Na lei específica do Estado de São Paulo, examinamos as matérias relacionadas com a incidência, base de cálculo, alíquota, não-incidência, isenção e imunidade.

Abrimos, ainda, um item específico para a análise das multas de mora, juros de mora (taxa SELIC) e correção monetária pela UFESP, além das considerações sobre a aplicabilidade da progressividade, bem como a relevância do momento da ocorrência do fato gerador, visto que este aspecto determina a lei aplicável.

Por último, apresentamos as conclusões.

2. Perfil constitucional do ITCMD

Na Constituição Federal de 1967 e Emenda Constitucional 1, de 1969, denominava-se "imposto sobre transmissão a qualquer título, de bens imóveis, por natureza e acessão física e de direitos reais sobre imóveis exceto os de garantia, bem como sobre a cessão de direitos à sua aquisição" (art. 23, I).

Na vigente Constituição Federal, o art. 155, I, preceitua o seguinte:

"Compete aos Estados e ao Distrito Federal instituir impostos sobre:

"I – transmissão 'causa mortis' e doação, de quaisquer bens ou direitos."

Atualmente, o imposto de transmissão *causa mortis* e doação, de quaisquer bens ou direitos (art. 155, I, da CF/1988), de competência estadual, apresenta como critério determinador a transmissão "não onerosa", já que a transmissão *inter vivos* com caráter oneroso de imóveis, a competência foi atribuída aos Municípios (art. 156, II, da CF/1988).

No caso, se a Constituição Federal de 1988, desde 5.10.1988, desdobrou o antigo imposto previsto no art. 23, I, da Constituição anterior, para os Estados, houve uma ampliação material do campo de tributação, já que incluiu a transmissão *causa mortis* e doação, de quaisquer bens ou direitos, isto é, bens imóveis, móveis, imateriais e direitos.

Até o ano de 2000, não obstante a clara ampliação do campo material deste imposto pela Constituição Federal de 1988, o Estado de São Paulo não tinha exercido efetivamente a sua competência tributária.

Assim, no Estado de São Paulo, em 28 de dezembro de 2000, por meio da Lei 10.705/2000, foi instituído o Imposto sobre transmissão *causa mortis* e doação, de quaisquer bens ou direitos – ITCMD, adaptando a lei específica ao texto da Carta de 1988.

Em relação ao imposto previsto no art. 23, I, da Constituição de 1967, o atual sofreu algumas alterações, uma vez que o anterior falava em "transmissão a qualquer título, de bens imóveis".

Releva ressaltar que o imposto de transmissão só incidia sobre os bens imóveis.

Pela Constituição de 1988, ganhou o Estado e o Distrito Federal na extensão de sua materialidade, já que todos os "bens e direitos", ou seja, pode tributar bens imóveis, móveis, materiais e imateriais, além dos direitos. Perdeu, todavia, na natureza das operações incluídas, visto que agora as transmissões *inter vivos* e por ato oneroso de bens imóveis, passaram para a incidência do imposto municipal.

Para os contribuintes, na prática e juridicamente, só houve aumento da carga tributária, como ocorre em todas as alterações legislativas e constitucionais promovidas a título de "reforma tributária".[1]

A Constituição fixa a regra-matriz de incidência,[2] isto é, estabelece um modelo completo do imposto e atribui competência à pessoa política para instituir por meio de lei específica.

Portanto, na regra-matriz ou no modelo constitucional do ITCMD, já é possível visualizar os limites da materialidade, aspectos temporal, pessoal, espacial e valorativo.

A *materialidade* deste novo imposto, que é a *transmissão "causa mortis" e doação, de bens ou direitos*, ressaltando que a transmissão *inte-vivos* está incluída na competência dos Municípios (art. 156, II, da CF/1988). A transmissão é a passagem jurídica da propriedade ou de bens e direitos de uma pessoa para outra, seja por *causa mortis* ou por doação. Inclui, não só imóveis, mas bens móveis e direitos. A lei complementar a que se refere o inciso XII, do art. 155, que até hoje não foi editada, deverá especificar quais os bens e direitos que poderão ser objeto desta tributação. O § 1º, III, do art. 155 da CF/1988 expressamente diz que a "instituição será regulada por lei complementar". A regra divisora em relação à competência municipal é a de que no imposto de competência estadual a transmissão ocorre em caráter não oneroso, seja pela ocorrência da morte (*transmissão 'causa mortis'*) ou doação (*ato de liberalidade que poderá ser 'inter vivos', mas sempre não oneroso*). Por esta característica diferenciadora poderão ocorrer conflitos de competência entre Estado e Município, especialmente, se houver uma simulação de doação em transmissão de caráter oneroso ou vice-versa. Nestes casos, vale a transmissão real ocorrida, com o afastamento da forma simulada, desconsiderando-se a aparência para tributar a operação real. Tal situação poderá ocorrer, se a alíquota dos impostos estadual e municipal for muito diferenciada ou, ainda, nos casos em que uma das operações é proibida legalmente. A lei complementar retrocitada, no que se refere às regras para dirimir conflitos, até hoje, não foi editada. Não impede, todavia, de os Estados e o Distrito Federal exercerem as suas competências, observando as regras previstas nos §§ 1º ao 4º, do art. 24 da CF/1988.[3]

1. Todas as alterações do Sistema Tributário, desde 1965, não passou de modificações sempre para aumentar a carga tributária. Nada mais que isso! Uma "reforma tributária" só pode receber este rótulo, se buscar a justiça fiscal e social. Todos devem pagar pouco, respeitando a isonomia e a capacidade contributiva, transparência na aplicação dos recursos públicos e o povo sentir que as receitas tributárias retornam em forma de serviços públicos, em última análise, legitimando a tributação.

2. Paulo de Barros Carvalho, *Curso de Direito Tributário*, 8ª ed., São Paulo, Saraiva, pp. 192 ss.

3. Art. 24 da CF/1988: "Compete à União, aos Estados e ao Distrito Federal legislar concorrente-

O *aspecto temporal* deste imposto ocorre no momento em que a transmissão é concretizada, seja pela morte ou por doação de bens imóveis, móveis e/ou direitos. A cada transmissão ocorre um fato gerador, mesmo que aconteça no mesmo ano ou mês. Neste aspecto, o momento da ocorrência do fato gerador (até que surja uma legislação dizendo o contrário), aquilo que era considerado o momento da transmissão do imposto, previsto na forma do art. 23, I, da Constituição anterior, não sofreu qualquer alteração. Mesmo quando a transmissão por doação for um bem imóvel, no momento da lavratura da escritura de doação e, considerando-se que o proprietário do imóvel é aquele que tem o título registrado no Cartório de Registro de Imóveis competente, o entendimento é de que só naquele momento ocorre a transmissão. Todavia, a outra tese é defensável, considerando o falecimento como momento da transmissão, já que esta ocorre instantaneamente com a morte, aparecendo a regularização, como o inventário, registro etc., apenas como formalidades exigidas pela lei. Estas colocações relacionadas com o momento da transmissão tem relevância capital, pois fixa a lei aplicável, além do *termo a quo* da incidência dos juros de mora, multa e correção monetária. No caso dos bens móveis a transmissão ocorre com a tradição, muitas vezes difícil de comprovar o momento exato.

No *aspecto pessoal*, como sujeito ativo aparecem os Estados e o Distrito Federal. No pólo passivo, como contribuinte, enquanto não houver uma alteração legislativa, prevalece o disposto no art. 42 do CTN, quando diz que o "contribuinte do imposto é qualquer das partes na operação tributada, como dispuser a lei". Com efeito, aqui se fala em contribuinte no sentido de "contribuinte de direito", uma vez que na maioria dos casos o sucessor ou o beneficiário da transmissão é o que suporta o ônus. Ademais, o contribuinte deste imposto só pode ser o sujeito do verbo transmitir ou ser beneficiário da transmissão, se assim a lei instituidora definir, porquanto não poderá prevalecer a escolha de quaisquer das pessoas que não sejam estas ou que não tenham ligação direta com o fato escolhido pelo legislador como hipótese de incidência, mesmo que seja através de lei. A sujeição passiva na condição de responsável tributário (art. 121, parágrafo único, II, do CTN), ou seja, aquele que tem relação indireta com o fato gerador, havendo nexo causal, desde que eleito pela lei é possível. Por exemplo, o tabelião por ocasião da lavratura do instrumento público é obrigado por lei a exigir a prova da quitação do imposto de transmissão *causa mortis* e/ou de doação. Não o fazendo, fica responsável pelo pagamento deste tributo.

Quanto ao *aspecto espacial*, sendo um imposto de competência dos Estados e do Distrito Federal, o âmbito espacial de aplicação é o território do respectivo Estado-membro, por exemplo, o Estado de São Paulo, o Estado do Paraná etc. ou o Distrito Federal. Sobre o âmbito espacial de aplicação, ou o que pode se enquadrar como no aspecto pessoal, preceitua o § 1º, do art. 155, I, II e III, que diz: "O imposto previsto no inciso I (...) : I – relativamente aos bens imóveis e respectivos direitos, compete ao Estado da situação do bem, ou ao Distrito Federal; II – relativamente a bens móveis, títulos e créditos, compete ao Estado onde se processar o inventário ou arrolamento, ou tiver domicílio o doador, ou ao Distrito Federal; III – terá a competência para sua instituição regulada por lei complementar: a) se o doador tiver domicílio ou resistência no exterior; b) se o "de cujus" possuía bens, era residente ou domiciliado ou teve o seu inventário processado no exterior". Assim, no caso do item I retro, se forem bens imóveis, o objeto da

mente sobre: (...) § 1º. No âmbito da legislação concorrente, a competência da União limitar-se-á a estabelecer normas gerais. § 2º. A competência da União para legislar sobre normas gerais não exclui a competência suplementar dos Estados. § 3º. Inexistindo lei federal sobre normas gerais, os Estados exercerão a competência legislativa plena, para atender a suas peculiaridades. § 4º. A superveniência de lei federal sobre normas gerais suspende a eficácia da lei estadual, no que lhe for contrário".

transmissão *causa mortis* ou por doação, será competente o Estado onde se situar o imóvel, ou ainda, o Distrito Federal, se o imóvel for localizado no território deste. Quando o bem for móveis, títulos ou créditos, se a transmissão for por *causa mortis*, é competente o Estado onde se processar o inventário ou arrolamento do *de cujus*; se a transmissão dos mesmos bens for por doação, competente é o Estado onde tiver domicílio o doador, na forma do item II retro. A competência nos casos previstos no item III, letras "a" e "b" será fixada através de lei complementar a que se refere o item XII, do art. 155 da CF/1988. Em outras palavras, o imposto incidente nas transmissões tipificadas nesta hipótese fica dependente da existência da lei complementar. Todavia, entendemos que a omissão do legislador federal não pode inibir o legislativo estadual e nem o Estado-membro ou o Distrito Federal, pois o entendimento em contrário acabaria por atentar contra o princípio das autonomia dos Estados e do Distrito Federal (art. 18 da CF/1988). Sobre esta questão o disposto nos §§ 1º ao 4º, do art. 24 da CF/1988, especialmente quando diz que "a inexistência de lei federal sobre normas gerais, os Estados exercerão a competência legislativa plena, para atender a suas peculiaridades", que deve prevalecer.

O *aspecto valorativo* que abrange a base de cálculo e a alíquota, se não houver uma fixação por lei, prevalece o disposto no art. 38 do CTN, quando diz que "a base de cálculo do imposto é o valor venal dos bens ou direitos". Esta base aparece como limite máximo, podendo a lei fixar valor inferior, mas nunca superior. Quanto aos bens móveis, apesar de estar implícito que é o valor de bem, tal fixação deverá ser efetuada nos termos da lei. Nos termos do art. 155, § 1º, IV, CF/1988, as alíquotas máximas deste imposto serão fixadas pelo Senado Federal.[4] A falta de Resolução do Senado fixando as alíquotas máximas, não impedem os Estados e o Distrito Federal de instituírem este imposto, inclusive fixando as alíquotas aplicáveis. Entretanto, com a fixação da alíquota máxima pelo Senado Federal, naquilo que for incompatível, importará na perda da eficácia.[5]

Em síntese, este é o perfil constitucional do imposto de transmissão *causa mortis* e doação, de quaisquer bens ou direitos, sem se esquecer que aplicam aos tributos os princípios gerais, as limitações constitucionais ao poder de tributar, o respeito aos direitos e garantias fundamentais, além dos princípios específicos, implícitos e expressos, na vigente Constituição Federal de 1988.

3. Progressividade, isonomia e capacidade contributiva

A isonomia na Constituição Federal de 1988 está prevista no preâmbulo, nos princípios fundamentais do Estado, como direitos e garantias fundamentais, como princípios gerais do sistema tributário, da atividade econômica, entre muitos outros.

Enfim, está presente em todo o sistema jurídico, pois encontra raízes no direito natural, podendo-se afirmar que sem isonomia não existe justiça, justiça social, muito menos justiça fiscal.

Américo Lourenço Masset Lacombe denomina-o de princípio básico e fundamental da isonomia: "A isonomia é o princípio nuclear de todo o nosso sistema constitucional. É o princípio básico do regime democrático. Não se pode mesmo pretender ter uma compreensão precisa de democracia, se não tivermos um entendimento real do alcance do princípio da isonomia. Sem ele não há República, não há Federação, não há Democracia, não há Justiça. É a cláusula

4. A Resolução 9, de 5.5.1992, que fixou a alíquota máxima, diz o seguinte: "Art. 1º. A alíquota máxima do Imposto de que trata a alínea *a*, inciso I, do art. 155 da Constituição Federal será de oito por cento, a partir de 1º de fevereiro de 1992. Art. 2º. As alíquotas dos impostos, fixados em lei estadual, poderão ser progressivas em função do quinhão que cada herdeiro efetivamente receber, nos termos da Constituição Federal".

5. Confira a redação dos §§ 1º ao 4º , do art. 24 da CF/1988.

pétrea por excelência. Tudo o mais poderá ser alterado, mas a isonomia é intocável, bem como suas decorrências lógicas".[6]

Com efeito, se a isonomia é algo que deve estar presente na lei, no tratamento das pessoas, na tributação etc., existem em matéria tributária outros princípios que aparecem como medidas para a implementação da igualdade, não no sentido da igualdade de fato em termos absolutos, mas na igualdade jurídica de tratamento igual aos iguais e desigual aos desiguais.

O princípio da capacidade contributiva (art. 145, § 1º, da CF), na vigente Constituição Federal de 1988, aparece como cogente, que diz:

"*Sempre que possível*, os impostos terão caráter pessoal e serão graduados segundo a capacidade econômica do contribuinte, facultado à administração tributária, especialmente para conferir efetividade a esses objetivos, identificar, *respeitando os direitos individuais e nos termos da lei, o patrimônio, os rendimentos e as atividades econômicas do contribuinte*" (grifo nosso).

A dicção constitucional (...) *sempre que possível* direciona-o como uma diretriz cogente, visando graduar os impostos segundo a capacidade econômica do contribuinte e respeitar os direitos individuais, tomando como critérios da graduação o patrimônio, os rendimentos e as atividades econômicas do contribuinte. Colocando-se não só a obrigatoriedade, mas também necessidade de dar efetividade a esse princípio,[7] que a Constituição entrega cheio, perfeito e acabado.

Enfático sobre essa questão o Prof. Américo Lourenço Masset Lacombe:

"A primeira observação é que a expressão 'sempre que possível' só pode referir-se ao caráter pessoal dos impostos. Não é de ser conectada com a expressão seguinte, vale dizer, graduação segundo a capacidade econômica do contribuinte. Isto porque a graduação dos impostos segundo a capacidade econômica é um corolário lógico do princípio da igualdade, e, assim sendo, a sua referência expressa é desnecessária. A conclusão, portanto, é que os impostos sempre deverão ser graduados conforme a capacidade econômica do contribuinte".[8]

É, também, a capacidade contributiva critério para a implementação do princípio da isonomia.

O mesmo se diga em relação ao princípio da progressividade que não se confunde com a proporcionalidade.

Alfredo Augusto Becker, dissertando sobre a proporcionalidade e progressividade do tributo conclui: "A proporção e a progressividade de qualquer tributo em relação a base de cálculo, não lhe altera a natureza jurídica, ainda que a proporção final seja superior a cem por cento".[9]

A rigor, quando se tributa quem ganha mais (renda), quem possui mais (bens) ou quem consome mais (poder aquisitivo), com progressividade, na realidade, está implementando e dando vida ao princípio da igualdade. Ao contrário, não teria nem sentido, tributar com maior ônus pessoas que ostentam menor capacidade contributiva. Sem dúvida, tal tributação, se acontecer, será inconstitucional.

Portanto, a tributação progressiva do ITCMD, em tese, é constitucional.[10]

6. *Princípios Constitucionais Tributários*, São Paulo, Malheiros Editores, 1996, p. 9.

7. Luís Roberto Barroso, *O Direito Constitucional e a Efetividade de Suas Normas: Limites e Possibilidade da Constituição Brasileira*, Rio de Janeiro, Renovar, 1993, p. 79, escreve: "A noção de efetividade, ou seja, desta específica eficácia, corresponde ao que Kelsen – distinguindo-a do conceito de vigência da norma – retratou como sendo 'o fato real de ela ser efetivamente aplicada e observada, da circunstância de uma conduta humana conforme à norma se verificar na ordem dos fatos'. A efetividade significa, portanto, a realização do Direito, o desempenho concreto de sua função social. Ela representa a materialização, no mundo dos fatos, dos preceitos legais e simboliza a aproximação, tão íntima quanto possível, entre o *dever-ser* normativo e o *ser* da realidade social".

8. Ob. cit., 1996, p. 27.

9. *Teoria Geral do Direito Tributário*, São Paulo, Saraiva, 1970, p. 262.

10. Não se ignora aqui os precedentes do STF em relação à decisão contrária ao nosso entendimento

Entendemos ser inconsistentes os argumentos da tese contrária quando alegam que a progressividade fere "cláusulas pétreas", que o imposto de transmissão é "imposto real" ou que a Constituição não consigna expressamente a "tributação progressiva", entre outros.

A aplicação da progressividade na tributação não agride direito fundamental e nem fere as cláusulas pétreas (art. 60, § 4º, I ao IV, da CF/1988).

A vedação prevista no art. 60, § 4º, IV, da CF/1988, fala em emenda tendente a abolir os "direitos e garantias fundamentais". A aplicação da tributação progressiva, além de não importar em "abolir direitos e garantias fundamentais", implementam os princípios da capacidade contributiva e da isonomia e, só existe um limite proibitivo: quando configura o confisco (art. 150, IV, da CF/1988).

O argumento relacionado com a afirmação de que "o imposto de transmissão" é imposto real, não encontra sustentáculo em nenhum dispositivo expresso ou implícito na vigente Constituição de 1988. O que é imposto real? Que incide sobre o patrimônio ou sobre transações imobiliárias? Real ou pessoal, direto ou indireto, além de não ser uma classificação científica, não oferece nenhum subsídio de utilidade, já que toda a tributação é dirigida e suportada por uma pessoa, seja este contribuinte ou responsável. O art. 145, § 1º, da CF/1988. determina que na implementação do princípio da capacidade contributiva tome como parâmetro *o patrimônio, os rendimentos e as atividades econômicas do contribuinte*.

No que for pertinente à objeção de que não existe a previsão expressa de progressividade em relação ao imposto de transmissão, decorrem de uma interpretação literal do texto, que, na realidade, na expressão do Prof. Paulo de Barros Carvalho, esta espécie de hermenêutica é apenas pressuposto de interpretação. Nas lições do Prof. Geraldo Ataliba, a interpretação literal não é a única e nem a última, mas apenas o primeiro do processo interpretativo.

De outra parte, a progressividade encontra respaldo nos princípios constitucionais que entrelaçam o sistema.

Sobre os princípios constitucionais, escreve o Prof. Celso Ribeiro Bastos: "Os princípios constitucionais são aqueles que guardam os valores fundamentais da ordem jurídica. Isto só é possível na medida em que estes não objetivam regular situações específicas, mas sim desejam lançar a sua força sobre todo o mundo jurídico. Alcançam os princípios esta meta à proporção que perdem em seu caráter de precisão de conteúdo, isto é, conforme vão perdendo densidade semântica, eles ascendem a uma posição que lhes permite sobressair, pairando sobre uma área muito mais ampla do que uma norma estabelecedora de preceitos. Portanto, o que o princípio perde em carga normativa ganha como força valorativa a espraiar-se por cima de um sem-número de outras normas".[11]

Por último, apesar de entendermos ser constitucional a progressividade do ITCMD, no caso concreto, dependendo dos critérios adotados pela lei específica competente, é possível vislumbrar inconstitucionalidades, seja pela má implementação do princípio da isonomia, progressividade que seja além da capacidade contributiva, entre outros.

4. Análise casuística da Lei 10.705/2000, com as alterações da Lei 10.992/2001, do Estado de São Paulo

4.1 Considerações iniciais

No Estado de São Paulo, a Lei 10.705, de 28.12.2000, revogou expressamente as

em relação ao imposto de transmissão *inter vivos*, de competência municipal.

RE 220.240-1: "ITBI. Alíquota. Progressividade. Inconstitucionalidade", rel. Min. Sepúlveda Pertence (*Revista Dialética de Direito Tributário* 58/213).

11. *Curso de Direito Constitucional*, São Paulo, Saraiva, 1995, pp. 143-144.

Leis 9.591, de 30.12.1966 e 3.199, de 23.12.1981, adaptando o novo imposto ao teor e aos limites da materialidade da competência atribuída aos Estados e ao Distrito Federal, nos termos do art. 155, I, da CF/1988.

Respeitados os princípios da legalidade e da anterioridade, a Lei 10.705/2000, passou a ter eficácia a partir de 1.1.2001.

Foi regulamentado pelo Decreto 45.837, de 4.6.2001.

A Lei 10.705/2000, com as alterações introduzidas pela Lei 10.992, de 21.12.2001, o Decreto 46.655, de 1.4.2002, aprovou o Novo Regulamento e revogou o Decreto 45.837/2001.

Releva destacar que as alterações introduzidas pela Lei 10.992/2001, respeitando o princípio da anterioridade de lei, só passaram a ter eficácia a partir de 1.1.2002.

Dentro deste panorama, passaremos a abordar algumas questões relacionadas com a legislação do Estado de São Paulo.

4.2 Da incidência do ITCMD

O art. 2º da Lei 10.705/2000 diz que o Imposto sobre a Transmissão de qualquer bem incide sobre a sucessão legítima ou testamentária, inclusive a provisória e a doação. Inclui, ainda, a sucessão por fideicomisso.[12]

A sucessão *causa mortis* ou por doação, mesmo de bens gravados com ônus, sujeitam-se a este imposto.

No caso do cônjuge ou a um dos conviventes e sujeitos à meação, se não incide sobre a parte cabente da meação, já que não ocorre a transmissão, a parte que exceder, por disposição testamentária ou não, está sujeito ao ITCMD.

Sobre todos os bens ou direitos transmitidos por sucessão ou por doação, como regra, se não forem considerados imunes ou isentos, incidem este imposto.

No art. 3º da lei estadual, exemplificativamente, diz que incide o imposto na transmissão de quotas de capital de sociedade ou companhia, tais como: ações, quotas, quinhões, participação civil ou comercial, nacional ou estrangeira, incluindo, dividendos, debêntures e créditos de qualquer natureza; dinheiro, depósitos, créditos em conta corrente, cadernetas de poupança ou qualquer aplicação financeira; bens incorpóreos, direitos autorais, bens imóveis, móveis etc.

Por fim, a análise deste imposto sob a óptica da incidência, considerando o modelo constitucional e o previsto no art. 2º, *caput*, da Lei 10.705/2000, incide a rigor sobre a transmissão de todos os bens e direitos, desde que por sucessão *causa mortis* ou por doação e não caracterizada como não-incidência, isentas ou imunes. Desnecessária, assim, a previsão exaustiva de todos os bens e direitos nominalmente, mesmo considerando a prevalência do princípio da estrita legalidade em matéria tributária (art. 97 do CTN).

4.3 Base de cálculo e alíquota

A materialidade do ITCMD é a transmissão *causa mortis* e por doação de bens e direitos. Portanto, no que se refere à base de cálculo está implícita que deve ser o valor da transmissão dos bens ou dos direitos.

Entretanto, a lei complementar (art. 38 do CTN) e a lei específica (art. 9º da Lei 10.705/2000), diz expressamente que a base cálculo deve ser o valor venal do bem ou do direito transmitido, o que, além de legal é constitucional.

Também, diz que o valor deve ser considerando o do momento da transmissão, ou seja, da ocorrência do fato gerador, em moeda nacional ou convertido em UFESP, o que no nosso entender, está em perfeita harmonia com o disposto no art. 143 do Código Tributário Nacional.

No que pertine à alíquota, com a alteração do art. 16 da Lei 10.705/2000 pela

12. Art. 1.733 do Código Civil.

Lei 10.992/2001, passou a ser única de 4% (quatro por cento), eliminando a progressividade prevista na lei originalmente. Também aqui, nenhuma inconstitucionalidade se revela, seja considerando a alíquota única de 4%, que não aparece como confiscatória e está abaixo do limite máximo previsto na Resolução do Senado 9, de 5.5.1992, fixado em 8%.

A base de cálculo prevista expressamente como sendo o "valor venal", deve ser interpretado como o valor máximo ou o limite.[13]

A fixação da base de cálculo deste imposto, na prática, poderá fazer emergir muitas questões controvertidas, visto que a transmissão por *causa mortis* ou por doação, por ser uma transmissão com caráter não oneroso, entre as partes, não existe um valor como ocorre no caso da compra e venda.

Apesar de a lei específica e o regulamento estabelecerem regras para a apuração da base de cálculo, quando atrelado ao processo de arrolamento, inventário ou alvará, sendo judicial o procedimento, todas as formas previstas na lei tributária ou no Código de Processo Civil (perícia, declaração do imposto de renda, lançamento do IPTU, ITR etc.), podem ser adotadas e a homologação pelo Juiz aparece como criação de uma norma individual ao caso concreto, sujeitas aos recursos próprios com a observância do devido processo legal, a ampla defesa e o contraditório, que são válidas.

O mesmo se diga na apuração do valor venal no caso de doação, pois não sendo possível, administrativamente, o afastamento da controvérsia, a questão deve ser dirimida pelo Poder Judiciário, tendo em vista o princípio da inafastabilidade da jurisdição nos termos do art. 5º, XXXV, da CF/1988.

Também, nenhuma ilegalidade ou inconstitucionalidade vislumbra a aceitação, ou que a base de cálculo não pode ser inferior ao do valor venal do ano, tomando o lançamento do IPTU ou ITR, nos casos em que a lei expressamente especifica (art. 13 da Lei 10.705/2000).

4.4 Não-incidência, isenção e imunidade

De forma bem simples, a não-incidência, ao contrário da incidência, refere-se a fatos que estão fora do campo da hipótese de incidência; a isenção é a descaracterização da incidência tributária por meio de lei específica e a imunidade é a previsão expressa da incompetência tributária na lei constitucional.

As diferenças existentes entre os institutos da não-incidência, da imunidade e da isenção são relevantes na resolução dos problemas emergentes.

As conhecidas lições de Rubens Gomes de Sousa dizem que "*incidência* é a situação em que um tributo é devido por ter ocorrido o fato gerador; *não-incidência* é o inverso da incidência: é a situação em que um tributo não é devido por não ter ocorrido o respectivo fato gerador; *isenção* é o favor fiscal concedido por lei, que consiste em dispensar o pagamento de um tributo devido; e quanto às *imunidades*, afirma que são limitações da competência, proibições constitucionais e, também, isenções outorgadas diretamente da Constituição".[14]

No nível da Constituição, mesmo a regra de conduta que prescreve os fatos incluídos na competência tributária apenas outorga legitimidade para instituir tributos nas condições previstas e aos entes políticos expressamente indicados.

De outro lado, a norma imunitória que delimita negativamente o campo da incidência criando um campo de incompetência, já neste nível, outorgando aos destinatários beneficiados direito subjetivo de não ser tributado nas condições especificadas.

13. Art. 9º da Lei 10.705/2000.

14. *Compêndio de Legislação Tributária*, São Paulo, Resenha Tributária, 1975, pp. 96-97 e 186-187.

Este é o perfil da imunidade.

O mesmo fenômeno ocorre na isenção, só que no nível legal, onde a lei que isenta ataca algum dos critérios da hipótese de incidência,[15] isto é, a materialidade (está isenta as transmissões relacionadas com o FGTS, PIS etc.); ou o critério pessoal (está isento o proprietário de um único imóvel e com valor inferior a 2.500 UFESP) e assim por diante.[16]

Ademais, se a imunidade é norma constitucional, a isenção é lei, norma legal ou correspondente autorizado pela Lei Maior, mas sempre veículo implementador do princípio da legalidade.

Lapidar a diferenciação apresentada por Luciano Amaro, entre a isenção e a imunidade, quando diz: "Basicamente, a diferença entre imunidade e a isenção está em que a primeira atua no plano da definição da competência, e a segunda opera no plano do exercício da competência".[17]

O estudo preliminar da diferenciação jurídica entre não-incidência, isenção e imunidade, é de fundamental importância para a análise casuística da legislação do ITCMD do Estado de São Paulo, uma vez que as Leis 10.705, de 28.12.2000 e 10.992, de 21.12.2001, utilizam as expressões "isentas" ou "não-incidência", quando na realidade deveria ser "imunes".

A não-incidência prevista no art. 5º da Lei 10.705/2000, a rigor são hipóteses que mesmo sem qualquer referência na lei específica não poderia ser objeto de incidência do ITCMD.

Na renúncia à herança ou ao legado não ocorre a transmissão, portanto não poderia nunca ser objeto de incidência deste imposto.

Os rendimentos produzidos após a transmissão, igualmente, nunca poderia integrar a base de cálculo do imposto de transmissão, uma vez que os frutos produzidos pelo bem após a data da ocorrência do fato gerador não pode ser incluído para os efeitos da incidência, já que importaria na aplicação retroativa ou atípica da lei tributária, vedada pelo sistema jurídico brasileiro em respeito ao princípio da segurança jurídica (art. 5º, XXXVI, da CF/1988).

Também, a importância deixada ao testamenteiro a título de prêmio ou remuneração, sem dúvida, não caracteriza transmissão e sim remuneração, afastando a incidência da lei tributaria analisada pelo critério da tipicidade.

Nos casos das isenções previstas no art. 6º da Lei 10.705/2000, algumas são verdadeiras isenções, especialmente quando a dispensa do imposto leva em consideração a natureza dos bens ou em consideração do valor.

Todavia, algumas são verdadeiras imunidades, ou seja, quando a doação é feita ao Poder Público ou às entidades com fins sociais (promoção social, direitos humanos, cultura, meio ambiente etc.), quanto aos requisitos a serem observados são os previstos a Lei Complementar, isto é, art. 14 do Código Tributário Nacional.[18]

15. Paulo de Barros Carvalho, *Curso de Direito Tributário*, São Paulo, Saraiva, 1999, pp. 178 ss.

16. Arts. 6º e 15 da Lei 10.705/2000, com a nova redação dada pelo art. 1º da Lei 10.992/2001.

17. *Direito Tributário Brasileiro*, São Paulo, Saraiva, 1997, p. 146.

18. "Art. 14. O disposto na alínea *c* do inciso IV do art. 9º é subordinado à observância dos seguintes requisitos pelas entidades nele referidas: I – não distribuírem qualquer parcela de seu patrimônio ou de suas rendas, a qualquer título; II – aplicarem integralmente, no País, os seus recursos na manutenção dos seus objetivos institucionais; III – manterem escrituração de suas receitas e despesas em livros revestidos de formalidades capazes de assegurar sua exatidão. § 1º. Na falta de cumprimento do disposto neste artigo, ou no § 1º do art. 9º, a autoridade competente pode suspender a aplicação do benefício. § 2º. Os serviços a que se refere a alínea *c* do inciso IV do art. 9º são exclusivamente os diretamente relacionados com os objetivos institucionais das entidades de que trata este artigo, previsto nos respectivos estatutos ou atos constitutivos".

No Estado de São Paulo, o Decreto 46.655/2002 (RITCMD, arts. 7º ao 9º) e Resolução Conjunta SF/SC 1, de 23.4.2002, estabelecem as regras e condições para o reconhecimento da isenção e não-incidência, na realidade, "imunidades".

O mesmo ocorre quando diz no art. 4º do Decreto 46.655/2002 (RITCMD) que "não incide na transmissão de bens ou direitos ao patrimônio da União, dos Estados, do Distrito Federal, dos Municípios; de templos de qualquer culto, partidos políticos e suas fundações, das entidades sindicais dos trabalhadores, das instituições de educação e de assistência social, sem fins lucrativos", entre outros. Tais transmissões, na realidade, incluem-se entre as imunidades previstas no art. 150, IV, e seus §§, da CF/1988.[19]

Por exemplo, no caso da isenção só se aplica a interpretação literal nos termos do art. 111 do Código Tributário Nacional, o que não ocorre com a imunidade e a não-incidência.

Por último, apesar de a não-incidência, a isenção e a imunidade sempre importarem como resultado final no não pagamento do imposto, as diferenciações são relevantes, já que são regidos por regimes jurídicos diferentes.

4.5 Multas de mora, juros de mora (taxa SELIC) e correção monetária (UFESP)

No que se refere à multa de mora, fixado no máximo de 20%, com a previsão de multa diária, ou com descontos dependendo do tempo de atraso, pagamento com descontos etc. (arts. 19, 21 e 24 da Lei 10.705/2000), não vislumbram nenhuma ilegalidade ou inconstitucionalidade.

Não se apresenta a multa de mora como confiscatória, cabendo ressaltar que a incidência dos juros de mora de forma cumulada não importa em uma penalização *bis in idem*, já que além de possuírem naturezas jurídicas diferentes, apesar do rótulo "mora" que aparece em comum, as causas determinantes são diferentes.

Também, não é possível a aplicação da lei federal que limita a multa de mora em 2%,[20] uma vez que tal entendimento agride o princípio da autonomia dos Estados (art. 18 da CF/1988). Não existe nenhuma contradição, pois a lei federal enquadra-se como genérica, enquanto a multa tributária é específica, devendo prevalecer esta última.[21]

No que se refere ao termo inicial ou *a quo* da incidência, seja dos juros de mora ou da multa moratória, desde que contado a partir da data em que ficou caracterizada a inadimplência, também aqui, não vislumbra nenhuma ilegalidade ou inconstitucionalidade.

De outra parte, o fato gerador do imposto de transmissão *causa mortis* ou doação ocorre no momento da transmissão, ou seja, no caso da sucessão *causa mortis*, no momento em que ocorreu o evento morte;[22] no caso da doação, no momento em que ocorreu a doação.

Todavia, considerando que a lei específica fixou o aspecto temporal ou o momento da ocorrência do fato gerador diferente ao do momento da efetiva transmissão, por ser benéfica ao contribuinte, não caracteriza nenhuma ilegalidade.

Também aqui, o momento da ocorrência da transmissão deve ser interpretado como sendo a partir da implementação fática e lógica da transmissão, o legislador pode determinar na lei tributária específica postergando o momento da ocorrência do fato gerador, mas nunca antes, uma vez que se isso ocorrer importaria na aplicação da lei tributária a fato pretéritos, ou seja, ficaria caracterizada a violação do princípio da irretroatividade de lei.

A correção monetária não é renda, lucro e nem um *plus*, sendo apenas um mecanismo adotado pelos sistemas onde a infla-

19. Confira nosso *Imunidades Tributárias*, São Paulo, Atlas, 2000, pp. 216 ss.

20. Lei Federal 9.298/1996.

21. Norberto Bobbio, *Teoria do Ordenamento Jurídico*, 6ª ed., Brasília, UnB, p. 92: "As regras fundamentais para a solução das antinomias são três: a) o critério cronológico; b) o critério hierárquico; c) *o critério da especialidade*" (grifo nosso).

22. Art. 1.572 do Código Civil.

ção é persistente, um paliativo para que o devedor não se enriqueça em detrimento do credor e sem causa relevante.[23]

Assim sendo, não existe nenhuma ilegalidade ou inconstitucionalidade o fato de os arts. 9º e 15 da Lei 10.705/2000, com a nova redação dada pela Lei 10.992/2001, determinarem a correção, tanto da base de cálculo ou do imposto, com a aplicação como corretor a UFESP. Sobre esta questão existem precedentes do STF, no que se refere à correção do ICMS, considerando constitucional.[24]

No que se refere à aplicação dos juros de mora que nunca poderá ser inferior a 1% (art. 20, § 3º, da Lei 10.705/2000) não vislumbra nenhuma ilegalidade.

Todavia, quando se fala em aplicação da taxa SELIC (rendimentos do **S**istema **E**special de **L**iquidação e de **C**ustódia), a inconstitucionalidade é manifesta.

Primeiramente, como escreve o Ministro Domingos Franciulli Neto,[25] não existe conceito legal de taxa SELIC, uma vez que criado por Resolução do Banco Central, ou seja, representa a remuneração média dos títulos públicos.

Realmente, não tendo sido a taxa SELIC criada por lei, não vislumbra o preenchimento do princípio da estrita legalidade (art. 97 do CTN).

Mas não é só isso!

A taxa SELIC não é apenas juros, mas sendo rendimento médio dos títulos públicos, além dos juros, inclui correção monetária. Assim, se o conceito de rendimento não se confunde com o de juros de mora, inclui a correção monetária e a situação de mercado do momento.

Por final, se a Lei 10.705/2000 prevê a incidência da correção monetária, sem dúvida, está caracterizada a dupla incidência da correção, o que torna insustentável a legalidade da pretensão estatal.

4.6 Progressividade do ITCMD

Como já dito anteriormente, a progressividade do imposto de transmissão *causa mortis* e doação de bens ou direitos, filiamonos entre os que entendem ser constitucional.

No caso da Lei 10.705/2000 (art. 16), na sua redação original, apesar de a alíquota ser de 4%, as transmissões até o valor de 12.000 UFESPs, a alíquota era de 2,5% (art. 25 do Decreto 45.837/2001, antigo RITCMD), passando a incidir, sobre o valor excedente a este limite, a alíquota de 4%.

Todavia, o Estado de São Paulo, através da Lei 10.992/2001, deu nova redação ao art. 16 da Lei 10.705/2000, agora suprimindo a progressividade, isto é, todos devem pagar 4%.

Na prática, quem perdeu foi o contribuinte, uma vez que inexistindo a tão combatida progressividade daqueles que entendem ser inconstitucional, agora sem nenhuma inconstitucionalidade, o Estado legalmente pode cobrar 4% sobre todas as transmissões, já que o limite máximo previsto na Resolução do Senado 9/1992 é de 8%.

Vale a pena pensar nisso!

23. Sobre a natureza da correção monetária já decidiu o E. Tribunal: "A correção monetária não constitui parcela que se agrega ao principal, mas simples recomposição do valor e poder aquisitivo do mesmo. Trata-se, apenas, na verdade, de nova expressão numérica do valor monetário aviltado pela inflação. Quem recebe com correção monetária não recebe um *plus*, mas apenas o que lhe é devido, em forma atualizada" (*JTA* 109/372).

24. "*Tributo*. Correção monetária. UFESP. Legalidade do indexador. *Ementa Oficial*: O Plenário desta Corte firmou o entendimento no sentido da legalidade da UFESP e refutou a eiva de inconstitucionalidade suscitada. *Ementa da Redação*: A Unidade de Valor Fiscal do Estado de São Paulo (UFESP) não pode ser considerada inconstitucional, visto que foi introduzida por decreto estadual, ante a extinção do IPC pelo 'Plano Collor', para servir como indexador para cálculo de atualização monetária de tributos de competência da Fazenda do Estado, assim, não constitui aumento de tributo; tendo havido somente uma substituição de indexador ante a extinção do índice oficial" (AgRg em RE 167.848-9-SP, 2ª T., j. 13.5.1996, v.u., rel. Min. Maurício Corrêa, *DJU* 21.6.1996, *RT* 734/228).

25. "Da inconstitucionalidade da taxa SELIC para fins tributários", *Revista Dialética de Direito Tributário* 58/7 ss., São Paulo, Dialética, jul. 2000.

4.7 Momento da ocorrência do fato gerador

Não discrepamos da posição científica dos que entendem ser incindível o fato gerador, fato jurídico, fato jurígeno ou hipótese de incidência, entre muitas outras expressões empregadas em direito tributário.

Portanto, quando se fala em materialidade, aspectos temporal, espacial, pessoal e valorativo, apenas visam facilitar a apreciação dos diversos aspectos do fato gerador e, com isso, estudar objetivando a melhor compreensão, além da localização das ilegalidades ou inconstitucionalidades.

A fixação e compreensão do momento da ocorrência do fato gerador é de fundamental importância, pois determina a lei aplicável (art. 143 do CTN), o momento da conversão do valor em moeda nacional, em UFESP etc., como determina a lei específica do Estado de São Paulo.

Os conceitos de irretroatividade de lei, anterioridade de lei, de lei que institui, majora ou isenta, estão atrelados ao momento da ocorrência do fato gerador, que é o determinante da lei aplicável.

Esta matéria envolve algumas relevantes questões jurídicas.

Uma doação feita por tradição ou por contrato denominado de "gaveta": qual o momento da ocorrência do fato gerador ou transmissão?

Quando se tratar de bens móveis que se transferem por simples tradição, tudo depende de provas, respeitadas as regras do ônus da prova, se for discutido administrativa ou judicialmente, mas, como regra, deve prevalecer a do momento da tradição.

Entretanto, quando se tratar de bens cuja transmissão necessita de documentação específica, por exemplo, doação de ações, quotas, veículos, imóveis etc., mesmo comprovando que existe um instrumento particular de doação, tal documento se pode ser considerado como lei entre as partes, para efeitos tributários, por ser o Estado "terceiro", sem dúvida, não produz nenhuma eficácia. Portanto, eventual alegação de prescrição, aplicação retroativa da Lei 10.705/2000 etc. não podem ser acolhidas. A doação com eficácia *erga omnes* ou contra o Estado, só produz efeitos com a escritura de doação, transferência do certificado de propriedade (veículo) etc.

No caso da transmissão *causa mortis*, como regra a sucessão ocorre com o evento morte, sendo, assim, aplicável a Lei 10.705/2000, para efeitos tributários, somente aos óbitos ocorridos depois de 1.1.2001.[26]

A vigente Constituição Federal de 1988 outorga expressa e privativamente aos Estados e ao Distrito Federal a competência para instituir, aumentar e isentar o imposto previsto no art. 155, I (ITCMD).

Atualmente, desapareceu a figura da isenção heterônoma e com isso podemos dizer que somente a pessoa que tem competência constitucional para instituir determinado imposto possui competência para isentar.

Está vedada a aplicação retroativa da lei tributária, seja aquela que institui ou aumenta, como também aquela que isenta.

No que se refere à isenção prevista no art. 11 da Lei 10.705/2000, no agravo de instrumento 220.403-4/9-SP, com voto vencido do Desembargador Munhoz Soares, o Tribunal de Justiça reconheceu a isenção do imposto de transmissão cujo óbito ocorreu em 22.11.1999, entendendo ser aplicável o princípio *lex benigna amplianda*. No nosso entender, o substancioso e fundamentado voto vencido deveria prevalecer, já que sob a óptica da lei aplicável, não cabe aplicação retroativa da lei nova, mesmo que seja para isentar. Ademais, o princípio *lex benigna amplianda*, por ser a isenção relacionada com a obrigação tributária, que exclui a sanção do seu conceito (art. 3º do CTN), inaplicável o princípio adotado pelo ilustre relator e voto vencedor.

Concluindo, com a mudança de composição dos membros da 4ª Câmara de Di-

26. Confira art. 1.572 do Código Civil.

reito Privado do E. Tribunal de Justiça, a posição adotada no citado voto vencido está pacificado atualmente, pelo menos, no Tribunal de Justiça do Estado de São Paulo.

5. Conclusões

1. O perfil constitucional do Imposto de Transmissão na Constituição Federal de 1988 (art. 155, I, da CF/1988), ao incluir "quaisquer bens", a rigor houve um alargamento da materialidade, mas perdeu o Estado-membro quando as transmissões *inter vivos* e por ato oneroso de imóveis passaram para a competência dos Municípios (art. 156, I, da CF/1988).

2. Visto a mesma questão pela óptica dos contribuintes, houve aumento da carga tributária, uma vez que o sistema da Constituição anterior só tributava a transmissão de bens imóveis e, agora, bens móveis, materiais e imateriais, inclusive direitos autorais (direitos).

3. Na instituição do imposto de transmissão é possível a aplicação da alíquota progressiva, especialmente para implementar os princípios da capacidade contributiva e isonomia, sendo frágeis os argumentos fundamentados na violação das "cláusulas pétreas", agressão aos direitos e garantias fundamentais, por se tratar de imposto real ou que a Constituição não faz menção expressa sobre a possibilidade de aplicação da progressividade.

4. A fixação da alíquota única de 4%, além de ser constitucional, está dentro dos limites da alíquota máxima de 8% fixado pela Resolução do Senado 9/1992.

5. Não-incidência, isenção e imunidade, apesar de todos resultarem na não obrigatoriedade de pagamento dos tributos, são figuras jurídicas que não se confundem e são regidos por regimes jurídicos diferentes.

6. A lei tributária que cria o imposto de transmissão estão sujeitos aos princípios da estrita legalidade, da isonomia, da anterioridade de lei, da irretroatividade de lei, da capacidade contributiva, do não confisco, da segurança jurídica, entre outros.

7. A lei tributária que cria a isenção não pode ser aplicada retroativamente a pretexto da aplicação do princípio *lei benigna amplianda.*

8. As multas de mora de 20% e a correção monetária pela UFESP são constitucionais.

9. A aplicação dos juros de mora utilizando a taxa SELIC em substituição ao percentual de 1%, além de ilegal é inconstitucional. Fere o princípio da estrita legalidade, uma vez que a taxa SELIC não foi criada por lei, mas por Resolução do Banco Central; não se trata de juros, mas rendimentos dos títulos públicos que incluem a correção monetária e as tendências do mercado por ocasião da medição.

10. A aplicação da taxa SELIC, na prática, importa na incidência de dupla correção, já que o imposto é corrigido pelo UFESP.

* * *

RDT 85

XV CONGRESSO BRASILEIRO DE DIREITO TRIBUTÁRIO* • *SESSÃO DE ABERTURA* • *CONFERÊNCIA – SÚMULAS VINCULANTES E DIREITO TRIBUTÁRIO – Eduardo Domingos Bottallo • ***MESA DE DEBATES "A"*** – TAXA E PREÇO PÚBLICO • ***MESA DE DEBATES "B"*** – PROGRESSIVIDADE NO IPTU E NO IMPOSTO SOBRE DOAÇÕES • ***CONFERÊNCIA*** – PROBLEMÁTICA CONSTITUCIONAL DA CRIAÇÃO INDISCRIMINADA DE CONTRIBUIÇÕES PARAFISCAIS – SEBRAE, CIDE ETC. – Andrade Martins • ***MESA DE DEBATES "C"*** – SIGILO BANCÁRIO E A LEI COMPLEMENTAR 105/2001 • ***MESA DE DEBATES "D"*** – PLANEJAMENTO TRIBUTÁRIO E A NORMA ANTIELISIVA • ***CONFERÊNCIA*** – RENÚNCIA À RECEITA TRIBUTÁRIA, EM FACE DA NOVA LEI DE RESPONSABILIDADE FISCAL – Roque Antonio Carrazza • ***MESA DE DEBATES "E"*** – EFICÁCIA DAS NOVAS ALTERAÇÕES DO CTN • ***MESA DE DEBATES "F"*** – ICMS – CARÁTER NACIONAL – GUERRA FISCAL • ***MESA DE DEBATES "G"*** – SERVIÇOS DE COMUNICAÇÃO – INTERNET – TRIBUTAÇÃO • ***MESA DE DEBATES "H"*** – CONTRIBUIÇÕES – CONSTITUCIONALIDADE • ***MESA DE DEBATES "I"*** – IMPOSTO SOBRE A RENDA – CONCEITO – ALTERAÇÕES NO ART. 43 DO CTN • ***CONFERÊNCIA*** – INCONSTITUCIONALIDADE E ILEGALIDADE DA TAXA SELIC PARA FINS TRIBUTÁRIOS – Domingos Franciulli Neto • ***SESSÃO DE ENCERRAMENTO* • *TESES APROVADAS NO XV CONGRESSO*** • RELEVÂNCIA DA QUEBRA DE SIGILO BANCÁRIO PARA COMPROVAÇÃO DE DELITOS CONTRA A ORDEM TRIBUTÁRIA E "LAVAGEM" DE DINHEIRO – José Antônio Farah Lopes de Lima • ALTERAÇÃO DO ART. 43 DO CTN E A DISPONIBILIZAÇÃO DOS LUCROS DE COLIGADAS E CONTROLADAS ESTABELECIDAS NO EXTERIOR – Nereida de Miranda Finamore Horta • A "GUERRA FISCAL" E OS LIMITES AO PRINCÍPIO DA NÃO-CUMULATIVIDADE DO ICMS – Gilberto Ayres Moreira • CIBERESPAÇO: CONCEITO E TRIBUTAÇÃO DO SERVIÇO DE PROVIMENTO DE ACESSO – Roberto Figueiredo Paletta de Cerqueira • ***XVI CONGRESSO BRASILEIRO DE DIREITO TRIBUTÁRIO:*** CARTÕES DE CRÉDITO: SERVIÇO OU OPERAÇÃO FINANCEIRA – Aires F. Barreto • POSSIBILIDADE DE REVISÃO JUDICIAL DE DECISÕES ADMINISTRATIVAS CONTRÁRIAS À FAZENDA PÚBLICA – Eduardo Domingos Bottallo • IPI – ICMS – NATUREZA JURÍDICA DO DIREITO AO CRÉDITO, APROVEITAMENTO E TRANSFERIBILIDADE – José Eduardo Soares de Melo • A GRAVE CUMULATIVIDADE REMANESCENTE DO ICMS E A EMENDA CONSTITUCIONAL 33/2001 – Misabel Abreu Machado Derzi • COMPENSAÇÃO TRIBUTÁRIA: ANÁLISE DO ART. 170-A DO CTN – Paulo César Conrado • ASPECTOS DA CONTRIBUIÇÃO DE INTERVENÇÃO NO DOMÍNIO ECONÔMICO REFERENTE A PETRÓLEO E DERIVADOS, GÁS NATURAL E DERIVADOS E ÁLCOOL ETÍLICO COMBUSTÍVEL (CIDE) – Regina Helena Costa • PROPORCIONALIDADE, PROGRESSIVIDADE E SELETIVIDADE NO IPTU – Ricardo Lobo Torres • INCIDÊNCIA DO INSS – CONTRIBUIÇÕES SOCIAIS – Wagner Balera • IMPOSTO SOBRE TRANSMISSÃO "CAUSA MORTIS" E DOAÇÃO, DE QUAISQUER BENS OU DIREITOS – ITCMD – Yoshiaki Ichihara

MALHEIROS EDITORES